Illustrator CS6

Dagmar Löffler

BEIJING · CAMBRIDGE · FARNHAM · KÖLN · SEBASTOPOL · TOKYO

Die Informationen in diesem Buch wurden mit größter Sorgfalt erarbeitet. Dennoch können Fehler nicht vollständig ausgeschlossen werden. Verlag, Autoren und Übersetzer übernehmen keine juristische Verantwortung oder irgendeine Haftung für eventuell verbliebene Fehler und deren Folgen.
Alle Warennamen werden ohne Gewährleistung der freien Verwendbarkeit benutzt und sind möglicherweise eingetragene Warenzeichen. Der Verlag richtet sich im wesentlichen nach den Schreibweisen der Hersteller. Das Werk einschließlich aller seiner Teile ist urheberrechtlich geschützt. Alle Rechte vorbehalten einschließlich der Vervielfältigung, Übersetzung, Mikroverfilmung sowie Einspeicherung und Verarbeitung in elektronischen Systemen.

Kommentare und Fragen können Sie gerne an uns richten:
O'Reilly Verlag
Balthasarstr. 81
50670 Köln
E-Mail: kommentar@oreilly.de

Copyright:
© 2012 by O'Reilly Verlag GmbH & Co. KG

Adobe® Illustrator® CS6 ist in den USA und in anderen Ländern ein Warenzeichen oder ein registriertes Warenzeichen von Adobe Systems, Inc.

Bibliografische Information Der Deutschen Bibliothek
Die Deutsche Bibliothek verzeichnet diese Publikation in der
Deutschen Nationalbibliografie; detaillierte bibliografische Daten
sind im Internet über *http://dnb.d-nb.de* abrufbar.

Lektorat: Susanne Gerbert, Köln
Fachliche Begutachtung: Walter Brandstetter, Wien und Daniela Löbbert, Lüdinghausen
Korrektorat: Eike Nitz, Köln
Fotografin Autorinnenportrait: Mirjam Reither, Wien, www.mirjam-reither.at
Gestaltung des Reihenlayouts und Satz: Roman Bold & Black, Köln
Umschlaggestaltung: Michael Oreal, Köln
Produktion: Karin Driesen, Köln
Belichtung, Druck und buchbinderische Verarbeitung:
Mediaprint, Paderborn

ISBN 978-3-86899-242-7

Dieses Buch ist auf 100% chlorfrei gebleichtem Papier gedruckt.

Stimmen zur ersten Auflage

"Die Autorin Dagmar Löffler erklärt leicht verständlich, wie mit Illustrator verktorbasierte Grafiken erzeugt werden. Sie zeigt anschaulich, warum Illustrator genau das richtige Programm für diese Projekte ist. Dabei baut sie ihre Erklärungen völlig logisch aufeinander auf und zeigt so den gängigen Workflow."

DigitalPHOTO Photoshop, 3/2011

"Ein komplexes Programm wie Illustrator lernt man nicht an einem Wochenende. Dieses schwere und durchgehend farbig gestaltete Buch wird dabei eine wertvolle Hilfe sein. Die Autorin, eine erfahrene Designerin, legt mit diesem Band ein gelungenes Lern- und Arbeitsbuch vor. Der Inhalt ist leicht nachvollziehbar. Mit von der Partie sind alle Bildbeispiele."

Mac Life, 08/2011

Inhalt

Einleitung 7

1 Vorbereitung 11
    Vektor- und Pixelgrafiken 12
    Aufbau von Objekten 14
    Die Arbeitsumgebung 18
    Werkzeuge 30
    Dokumente 47
    Farbe 59

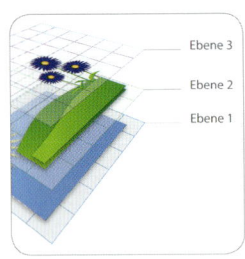

2 Inhalte organisieren 69
    Sicherer Umgang mit Objekten: Ebenen, Gruppen & Co. 71
    Arbeitshilfen 89
    Dateien importieren 100

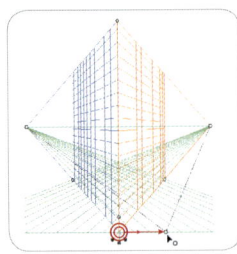

3 Objekte erstellen 107
    Geometrische Objekte zeichnen 110
    Workshop 3-1:
    Das Grundformen-Schweinchen 120
    Malen und Freihandzeichnen 124
    Präzises Zeichnen mit dem Zeichenstift 135
    Workshop 3-2:
    Einen Schmetterling zeichnen 142
    Perspektivisch Zeichnen 148
    Workshop 3-3:
    Korrektes Perspektivisches Zeichnen in Illustrator 164

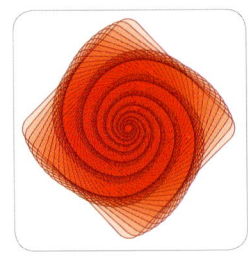

4 Objekte verändern 173
    Objekte transformieren durch Skalieren, Drehen & Co. 175
    Workshop 4-1:
    Eine Rose aus einem abgerundeten Rechteck erstellen 184
    Objekte verformen 187
    Pfade direkt bearbeiten 198
    Workshop 4-2:
    Aus einer Ellipse entsteht ein Schmetterling 206

5 Neue Formen aus Objekten ... 209

Pathfinder ... 211

Zusammengesetzte Pfade ... 218

Workshop 5-1:
Gras über eine Sache wachsen lassen ... 220

Schnittmasken ... 223

Interaktiv neue Formen erstellen ... 226

Objekte angleichen ... 230

Nachzeichnen von Bildmaterial ... 234

Interaktiv Malen ... 241

Objekte umwandeln ... 247

Symbole ... 249

6 Objekte gestalten ... 263

Fläche und Kontur ... 266

Workshop 6-1:
Ein Schwein sieht Rosa ... 284

Konturlinien ... 295

Workshop 6-2:
Bilderrahmen einmal anders ... 304

Pinselkonturen ... 307

Transparenz und Füllmethoden ... 322

Aussehen bearbeiten und kopieren ... 329

Farben bearbeiten ... 332

Workshop 6-3:
Jetzt geht's ans Eingemachte ... 338

7 Text ... 343

Punkttext ... 347

Flächentext ... 348

Pfadtext ... 356

Textobjekte transformieren und bearbeiten ... 359

Schrift und Schriftformatierung ... 361

Zeichen- und Absatzformate speichern ... 371

Glyphen, Satz- und Sonderzeichen ... 374

Tabulatoren ... 376

Rechtschreibung und Silbentrennung ... 379

8 Effekte und Grafikstile 383
Effekte 385
Grafikstile 420

Workshop 8-1:
Erstellen einer Blume mit dem Zusammenziehen- und Aufblasen-Effekt 423

Workshop 8-2:
Schlagschatten für Objekte definieren 426

9 Ausgabe 431
Dokument vorbereiten 432
Speichern 437
Drucken 456

10 Neu in CS6 461
Und was war neu in CS5? 468

Index 475

Die Autorin 487

Kolophon 488

Einleitung

Als ich angefangen habe, an der ersten Auflage dieses Buchs zu arbeiten, habe ich mich gefragt, was Sie als Leser wohl erwarten: Sind Sie noch ungeübt im Umgang mit Adobe Illustrator, brennen aber schon darauf, endlich Ihre eigenen Ideen umzusetzen? Haben Sie bereits Erfahrungen mit dieser populären Grafikdesign-Software gesammelt, wollen aber noch mehr herausholen? Möchten Sie gezielt etwas nachlesen oder erst einmal einen Einblick in die vielen Möglichkeiten der Gestaltung von Vektorgrafiken gewinnen? Vielleicht sind Sie ja bereits Profi im Umgang mit Illustrator und möchten sich nun über die Neuerungen der aktuellen Version informieren?

Mein Anspruch ist, für Sie alle die passenden Informationen bereitzustellen. So kann Sie dieses Buch beim Erlernen von Illustrator begleiten und Ihnen schrittweise dabei helfen, ein stabiles Fundament für Ihre eigenen Experimente zu schaffen. Sie können natürlich immer wieder auch ein paar Seiten nur überfliegen, um sich bei Bedarf an die Möglichkeiten zurückzuerinnern und dann genauer nachzuschauen.

Das Buch ist ebenso gut geeignet, um gezielt etwas über bestimmte Themen oder Techniken nachzulesen – die neuen Features von Adobe Illustrator in der Version CS6 sind speziell gekennzeichnet, so dass Sie diese rasch im richtigen Zusammenhang erkennen können.

Und falls Sie die vorige Version Illustrator CS5 übersprungen haben, ist das auch kein Problem – sämtliche Abweichungen von CS6 sind ebenfalls mit Icons markiert.

Gute Kommunikation besteht nicht darin, viele Worte zu verwenden, sondern klare und prägnante Aussagen zu machen – und das ist sowohl verbal als auch visuell möglich. Sie werden vielleicht überrascht sein, dass dieses Buch fast alle Funktionen behandelt, die Adobe Illustrator bietet, obwohl diese Software extrem vielseitig und daher notwendigerweise auch komplex ist. Möglich wird das durch die vielen anschaulichen Illustrationen, die großteils recht minimalistisch gehalten sind, um eben den Blick auf das Wesentliche zu ermöglichen.

Meine Aufgabe als Trainerin im Bereich Grafik- und Webdesign sowie als Autorin sehe ich primär darin, Ihnen nahezubringen, was **Sie** mit dem richtigen Know-how für tolle Dinge kreieren können. Die Workshops in diesem Buch zeigen Ihnen Schritt für Schritt, wie Sie unterschiedliche Techniken miteinander kombinieren können. Diese Beispiele aus der Praxis sollen Sie inspirieren und zum eigenständigen Experimentieren verleiten.

Ich bin überzeugt, dass ich Sie mit meiner Begeisterung für Adobe Illustrator anstecken kann, denn das Gestalten damit macht großen Spaß, wenn Sie erst einmal vertraut damit sind. Dieses Buch soll Ihnen dabei helfen, dass das schon bald der Fall ist!

Aufbau des Buchs

▶ In Kapitel 1 **Vorbereitung** lernen Sie die wichtigsten Begriffe und Konzepte von Adobe Illustrator und den Umgang mit der Software kennen. Die Werkzeug-Übersicht gibt Ihnen schon einen kleinen Vorgeschmack auf die weiteren spannenden Themen in diesem Buch. Hier finden Sie auch Informationen darüber, wie Sie Dokumente und Zeichenflächen erstellen, sowie eine hilfreiche Einführung zum Thema Farbe.

▶ Das Kapitel 2 **Organisieren** hat das Ziel, Ihnen den sicheren Umgang mit Objekten zu zeigen und auf Programmhilfen hinzuweisen, die Ihnen die Arbeit erheblich erleichtern werden.

▶ In Kapitel 3 **Objekte erstellen** lernen Sie, wie der Name schon verrät, wie Sie Objekte erstellen – beginnend bei geometrischen Grundformen über intuitives Zeichnen und Malen bis hin zur präzisen Konstruktion von Bézier-Pfaden. Nachdem Sie mit den grundsätzlichen Methoden zum Erstellen von Objekten vertraut sind, lernen Sie auch das neue Feature des Perspektivischen Zeichnens kennen.

▶ Kapitel 4 **Objekte verändern** zeigt Ihnen verschiedene Techniken, mit denen Sie bestehende Objekte anpassen und verändern können, zum Beispiel das Skalieren und Drehen, aber auch komplexere Methoden wie das Verformen und das direkte Bearbeiten von Pfaden.

▶ In Kapitel 5 **Neue Formen aus Objekten** lernen Sie, wie Sie bestehende Objekte so miteinander kombinieren, dass daraus interessante neue Formen und Ansichten entstehen. Zum Beispiel mit dem Formerstellungs-Werkzeug, den Pathfinder-Funktionen, dem Bildnachzeichner oder mit Schnittmasken – um nur einige der hier vorgestellten Techniken zu nennen.

▶ Das Kapitel 6 **Objekte gestalten** steht ganz im Zeichen des Aussehens von Objekten. Hier lernen Sie, wie Sie Konturen und Flächen auf wirklich vielfältige Weise designen können.

▶ Kapitel 7 **Text** stellt Ihnen die verschiedenen Arten von Textobjekten, Zeichen- und Absatzformaten vor. Außerdem zeigt es Ihnen, wie Sie auch große Textmengen unkompliziert handhaben, zum Beispiel durch das Verketten von Textrahmen und durch das Speichern häufig verwendeter Formate.

▶ In Kapitel 8 **Effekte und Grafikstile** lernen Sie, wie Sie mit Effekten auf flexible Weise das Aussehen von Objekten verändern, ohne diese dauerhaft umzuwandeln. Effekte legen sich »verkleidend« über das Objekt und können jederzeit geändert oder entfernt werden. Mit Grafikstilen sammeln Sie Objekt-Eigenschaften wie zum Beispiel Flächen- und Konturfarbe, Transparenz, Füllmethoden und Effekte, um sie gemeinsam rasch auf andere Objekte anwenden zu können.

▶ Das Kapitel 9 **Ausgabe** hilft Ihnen dabei, Ihre Grafiken für die unterschiedlichen Ausgabemedien aufzubereiten: sei es als Ausdruck, als Grafik für Web oder Präsentationen oder zur weiteren Bearbeitung in anderen Programmen.

▶ In Kapitel 10 **Neu in CS6** können Sie sich noch einmal rasch einen Überblick über die neuen Programmfeatures und die wichtigsten Änderungen in Adobe Illustrator CS6 verschaffen, die Neuerung aus CS5 sind auch noch einmal zu bewundern.

Facebook

Wenn Sie Fragen, Wünsche und Anregungen haben, Anregungen suchen, mit der Autorin in Kontakt treten oder einfach Ihre Erfolge teilen möchten, können Sie dies gerne auf der Facebook-Seite des entsprechenden Buchs machen:

Adobe Illustrator CS6 – Einstieg, Praxis, Profitipps:
 http://www.facebook.com/AdobeIllustratorCS5.DagmarLoeffler

Adobe Illustrator CS5 – Einstieg, Praxis, Profitipps:
 http://www.facebook.com/AdobeIllustratorCS6.DagmarLoeffler

Materialien zum Buch

Unter der URL http://examples.oreilly.de/german_examples/adocs6illusger/ können Sie sich eine Auswahl der Grafiken aus den einzelnen Kapiteln herunterladen, mit denen Sie auch selbst experimentieren können. Auch das Ergebnis sämtlicher Workshops aus diesem Buch ist darin als fertig bearbeitete Datei hinterlegt. Sie dürfen die Grafiken für die Übungen und für den privaten Gebrauch nutzen – für eine kommerzielle Nutzung ist die Einwilligung des Verlags erforderlich.

Schmökern Sie auch in den **Links**, die Sie ebenfalls unter der oben genannten URL herunterladen können. Sicher finden Sie dort noch den einen oder anderen für Sie interessanten Hinweis.

Unter der URL http://www.adobe.com/de/downloads/ können Sie die **Software** in einer Testversion für Windows und für MacOS herunterladen und 30 Tage lang gratis testen. Bei Testversionen kann es eventuell zu geringfügigen Abweichungen bei den beschriebenen Programmfunktionen kommen.

Danke an …

… meine Lektorin **Susanne Gerbert** für die kompetente, einfühlsame und humorvolle Betreuung des Buchs und der Autorin, und für die vielen tollen Anregungen.

… **Inken Kiupel**, dass sie mich 2010 gefragt hat, ob ich dieses Buch schreiben möchte.

… **Walter Brandstetter** und **Daniela Löbbert** für das kompetente Fachkorrektorat. Walter Brandstetter möchte ich ganz speziell auch dafür danken, dass er mich bei der ersten Auflage oft unterstützt und manchmal auch beruhigt hat, und für das tolle Beispiel für perspektivisches Zeichnen und die schönen Grafiken im Textkapitel.

… **Johann Probst** für die grafische Unterstützung.

… **Gerald**. Für alles.

Kapitel 1

Vorbereitung

Vektor- und Pixelgrafiken

Aufbau von Objekten

Die Arbeitsumgebung

Werkzeuge

Dokumente

Farbe

Das Was-ist-was in Illustrator: Hier lernen Sie die wichtigsten Begriffe und Konzepte sowie den Umgang mit der Software kennen. Außerdem erwarten Sie wichtige Grundlagen zu Werkzeugen, Dokumenten, Zeichenflächen und dem Thema Farbe.

Sie brennen schon darauf, Ihre ersten Grafiken zu erstellen? Haben Sie bitte noch ein klein wenig Geduld – dieses Kapitel möchte Sie erst mit einigen grundlegenden Dingen vertraut machen, die Ihnen den Umgang mit der Software erheblich erleichtern werden. Sie lernen hier nicht nur die wichtigsten Begriffe und Konzepte in Zusammenhang mit Adobe Illustrator kennen, Sie erhalten auch wertvolle Informationen darüber, wie Sie dieses Programm am effizientesten für Ihr Projekt nutzen können.

Auch wenn Sie schon etwas vertrauter mit Adobe Illustrator sind, werden sich hier ein paar Tipps und Tricks finden, die Ihr Verständnis für die Software verbessern können.

Was ist Adobe Illustrator überhaupt? Im März 1987 wurde die ursprünglich für Macintosh entwickelte Software erstmals auf den Markt gebracht – Illustrator war Adobes erstes Softwareprodukt!

Inzwischen ist Adobe Illustrator schon lange sowohl für Windows als auch Macintosh die führende Software für Grafikdesigner und Illustratoren. Es ist ein mächtiges Werkzeug zur Erstellung von Vektorgrafiken und Illustrationen für nahezu jedes Ausgabeformat, speziell für den Druck, das Web oder auch Mobilgeräte.

> **Hinweis**
>
> Adobe Illustrator ist bereits 25 Jahre alt – herzliche Gratulation!!
>
> Auf http://www.youtube.com/watch?v=8Vj37x2jScU können Sie sogar einen Blick auf das allererste Release werfen.

Vektor- und Pixelgrafiken

Mit Adobe Illustrator werden **Vektorgrafiken** erstellt, die im Unterschied zu Pixelbildern (etwa Fotos, die Sie mit Ihrer Digitalkamera gemacht haben) verlustfrei skaliert werden können. Auf diesen Unterschied möchte ich hier etwas genauer eingehen:

Eine **Pixelgrafik**, auch Bitmap oder Rastergrafik genannt, besteht aus einer bestimmten Anzahl an quadratischen (oder selten auch rechteckigen) Bildpunkten – eben Pixeln –, die zu einer rechteckigen Fläche aneinandergereiht sind. Jedes dieser Pixel kann exakt eine Farbinformation beinhalten.

Wenn man nun also viele Spalten und Reihen dieser verschiedenfarbigen Pixel zusammensetzt, entsteht daraus ein Gesamtbild. In einer starken Vergrößerung sehen wir jedoch nur einzelne Bildpunkte mit Farbinformationen.

▲ **Abbildung 1-01** Eine Pixelgrafik und eine starke Vergrößerung davon

Das größte Problem bei Pixelgrafiken ist das Skalieren – also das Verkleinern oder Vergrößern des Bildes, das eine Erhöhung oder Reduzierung der Anzahl an Bildpunkten verursacht.

Stellen Sie sich vor, Sie haben ein Foto mit Ihrer digitalen Kamera aufgenommen, das 2.400 x 1.600 Pixel groß ist. Das bedeutet also, dass Ihr Foto aus 2.400 Spalten und 1.600 Zeilen an Pixeln besteht, in Summe sind das 3,84 Millionen einzelne Pixel. Wenn Sie nun dieses Foto – zum Beispiel für Ihre Website – auf die Größe von 800 x 600 Pixeln verkleinern möchten, dann werden Pixel (3,36 Millionen Pixel, um genau zu sein!) – und somit wertvolle Informationen – weggeworfen. Ähnlich problematisch ist natürlich auch eine Vergrößerung, denn hier müssen die fehlenden Pixel »erfunden« und mit Farbinformation gefüllt werden. Obwohl Programme wie Adobe Photoshop mit guten Algorithmen zur Veränderung von Bildgrößen arbeiten, bedeutet doch jede Änderung einen erheblichen Qualitätsverlust.

Gänzlich anders verhalten sich **Vektorgrafiken**. Vektorgrafiken beschreiben Bilder gemäß ihren geometrischen Formen. Der Verlauf jeder Linie wird erst einmal durch Strecken und Kurvenalgorithmen definiert.

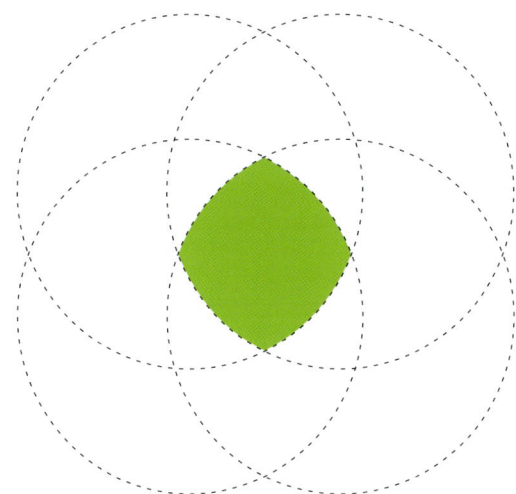

> **Hinweis**
>
> Adobe Illustrator verwendet den in den 1960er-Jahren von *Pierre Bézier* im Rahmen seiner Tätigkeit für Renault entwickelten Kurvenalgorithmus, daher spricht man oft auch von »Bézier-Kurven«.

▲ **Abbildung 1-02** Der Pfad der grünen Form wird durch vier Kreissegmente beschrieben.

Dieses Objekt beispielsweise wird durch vier sogenannte **Ankerpunkte** konstruiert, deren Richtungslinien jeweils die Richtung und Krümmung der Kurve beschreiben. Wenn Sie das Objekt ändern, indem Sie zum Beispiel einen Punkt verschieben, so wirkt sich das auf seine benachbarten Ankerpunkte und deren Richtungslinien aus – die Kurve dazwischen wird neu berechnet. Da die Objekte also auf mathematische Weise definiert werden, bleiben Vektorgrafiken gänzlich auflösungsunabhängig (weil eben keine Bildpunkte definiert werden). Die Schärfe bleibt auch nach dem Skalieren komplett erhalten.

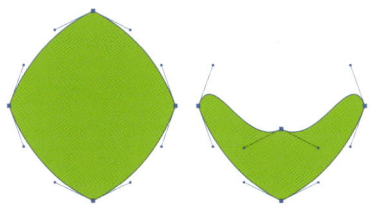

▲ **Abbildung 1-03**
Ankerpunkte und Richtungslinien definieren ein Objekt.

> **Hinweis**
>
> Bei fast allen Werkzeugen werden Pfade samt ihrer Ankerpunkte automatisch gesetzt. Wenn Sie mit dem Prinzip von Bézier-Kurven vertraut sind, können Sie mit dem **Zeichenstift-Werkzeug** (siehe Abschnitt »Präzises Zeichnen mit dem Zeichenstift« in Kapitel 3) auch schon während des Konstruierens volle Kontrolle über den Verlauf eines Pfades ausüben.
>
>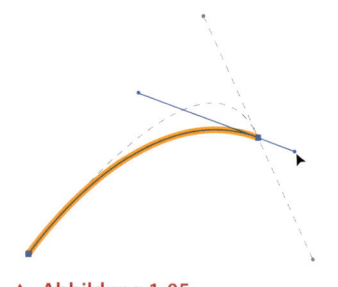
>
> ▲ **Abbildung 1-05**
> Zeichnen mit dem Zeichenstift

▲ **Abbildung 1-04** Vektorgrafik und Pixelgrafik in starker Vergrößerung

Bei der Erstellung von Grafiken, die in verschiedenen Größen und Ausgabemedien verwendet werden sollen – wie zum Beispiel Logos –, ist das Arbeiten mit Vektorgrafiken also unumgänglich. Sehen wir uns nun an, wie ein Vektorobjekt aufgebaut ist.

Aufbau von Objekten

Wann immer Sie ein Objekt zeichnen oder malen, erstellen Sie im Grunde eine Linie, die als **Pfad** bezeichnet wird. Der Verlauf eines Pfades wird durch das Setzen von Punkten – sogenannten **Ankerpunkten** – bestimmt, die am Beginn, am Ende und gegebenenfalls an Positionen, an denen der Pfad die Richtung ändert, gesetzt werden. Der Pfad bestimmt also die Grundform des Objekts.

Ein Pfad kann eine **Kontur** erhalten. Eine einfache Kontur definieren Sie durch die Stärke (Dicke) und die Färbung beziehungsweise das Muster der durchgehenden oder gestrichelten Konturlinie. In den meisten Fällen können Sie Pfaden auch eine **Fläche** zuweisen: eine Farbe, einen Farbverlauf oder ein Muster.

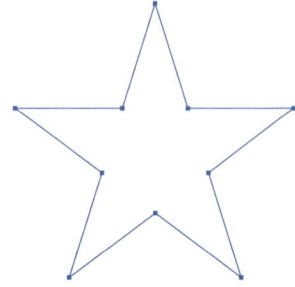

▲ **Abbildung 1-06**
Ein geschlossener Pfad mit zehn Ankerpunkten

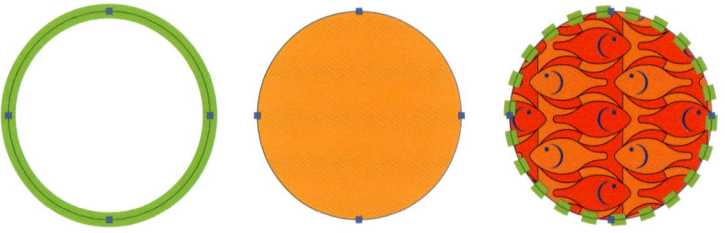

▲ **Abbildung 1-07** Objekt mit Kontur (links), mit Fläche (Mitte), mit Kontur und Fläche (rechts)

Wurde einem Pfad weder eine Kontur noch ein Aussehen für die Fläche zugewiesen, ist er unsichtbar.

Sowohl die Form als auch das Aussehen eines Pfades können auch nach dem Erstellen noch verändert werden. Die Gestaltungsmöglichkeiten von Konturen und Flächen sind letztlich so vielseitig und wesentlich für das kreative Gestalten, dass ihnen ein Großteil von Kapitel 6 gewidmet ist.

Pfade können **geschlossen** oder **offen** sein. Bei einem geschlossenen Pfad gibt es keine »Öffnungen«, was bedeutet, dass der Anfangspunkt gleichzeitig auch der Endpunkt des Pfades ist. Wenn Sie einem offenen Pfad eine Fläche zuweisen, dann wird als Begrenzung dafür immer die kürzeste Strecke zwischen dem Anfangs- und dem Endpunkt gewählt.

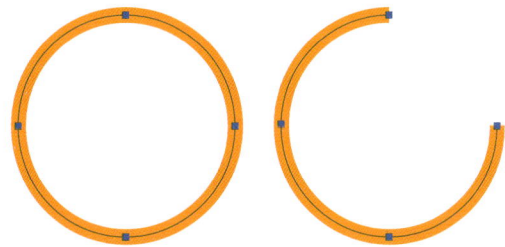

▲ **Abbildung 1-08** Geschlossener Pfad und offener Pfad

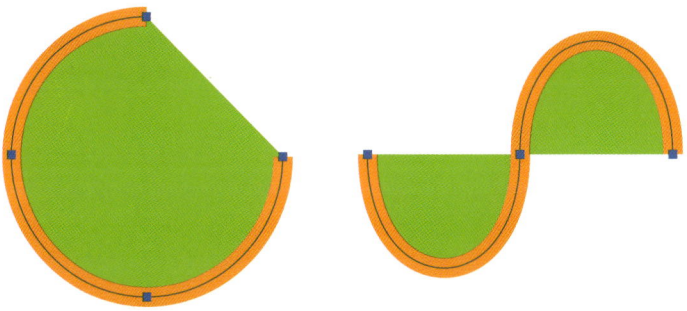

▲ **Abbildung 1-09** Offene Pfade mit Fläche

Jeder Pfad wird in Illustrator als unabhängiges Objekt gehandhabt. Daher lohnt es sich, ein paar Überlegungen in das Organisieren der – rasch zahlreich werdenden – Objekte zu investieren. Lesen Sie mehr dazu im Abschnitt »Sicherer Umgang mit Objekten: Ebenen, Gruppen & Co.« in Kapitel 2.

Pfade besser verstehen

Adobe Illustrator stellt Ihnen viele Werkzeuge zur Verfügung, mit denen Sie Objekte intuitiv erstellen können – Sie müssten sich also nicht zwingend Gedanken über die mathematische Beschreibung der Pfade machen. Ein Grundverständnis für Pfade und ihren Aufbau kann Ihnen jedoch die Arbeit sehr erleichtern, denn mit diesem Wissen können Sie die einzelnen Komponenten eines Pfades gezielt auswählen und nach Ihren Vorstellungen beeinflussen, wie ich Ihnen im Abschnitt »Pfade direkt bearbeiten« in Kapitel 4 zeigen werde.

Betrachten wir Pfade also etwas genauer.

Der zwischen zwei Ankerpunkten liegende Bereich des Pfades wird als **Segment** bezeichnet. Im einfachsten Fall ist ein Segment die kürzeste Strecke zwischen zwei Ankerpunkten, also eine gerade Linie. Ein Segment mit zwei Ankerpunkten kann aber auch eine Kurve darstellen.

▲ **Abbildung 1-10**
Durch zwei Ankerpunkte erzeugter gerader Pfad

▲ **Abbildung 1-11** Durch zwei Ankerpunkte erzeugter gebogener Pfad

Wie ist das möglich? Ankerpunkte, die ein oder zwei gebogene Segmente verbinden, haben **Richtungslinien** – manchmal auch Grifflinien oder Tangenten genannt –, die die Krümmung und die Länge des Segments bestimmen. Diese Richtungslinien haben an den Enden **Griffpunkte**, an denen man durch Ziehen und Verschieben den Verlauf der Kurve beeinflussen kann.

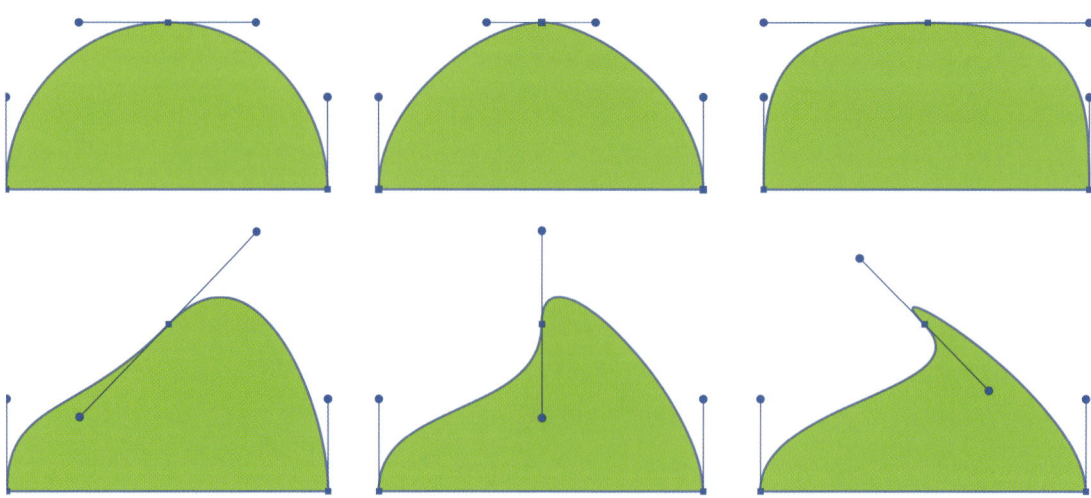

▲ **Abbildung 1-12** Hier wurden nur die Grifflinien eines Ankerpunkts in Länge und Ausrichtung verändert.

Es gibt übrigens zwei verschiedene Arten von Ankerpunkten: **Eckpunkte** und **Übergangspunkte**.

- **Eckpunkte** sind Punkte, an denen der Pfad abrupt die Richtung ändert und deshalb Ecken bildet. Ein Eckpunkt kann gerade Segmente und auch Kurvensegmente verbinden.

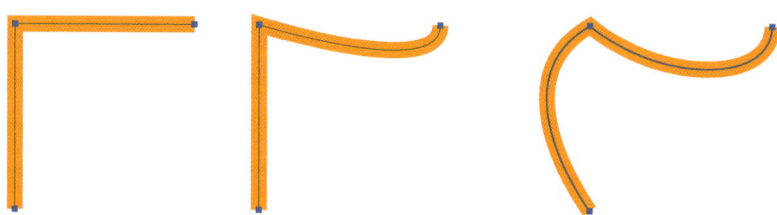

▲ **Abbildung 1-13** Gerade und gekrümmte Segmente aus einem Eckpunkt

- **Übergangspunkte**, auch Kurvenpunkte genannt, verbinden zwei Segmente zu einer sanften, durchgehenden Kurve. Ein Übergangspunkt kann immer nur zwei Kurvensegmente verbinden.

▲ **Abbildung 1-14** Pfad mit Übergangspunkt in der Mitte

Eck- und Übergangspunkte können in einem Pfad beliebig miteinander kombiniert werden.

Nachdem Sie nun über die Vorteile von Vektorgrafiken und ihren grundsätzlichen Aufbau Bescheid wissen, möchte ich Sie nun mit dem Programm selbst vertraut machen.

▲ **Abbildung 1-15**
Kombination aus drei Eckpunkten und einem Übergangspunkt

Aufbau von Objekten

Die Arbeitsumgebung

Adobe Illustrator ist eine komplexe Software mit vielen Werkzeugen, Menüs, Fenstern und Bedienhilfen, die Ihnen das Arbeiten erleichtern. Die meisten Komponenten können Sie frei arrangieren und verschiedene Ansichten dafür wählen, sodass Sie rasch auf die benötigten Informationen zugreifen können.

> **Neu in CS6**
>
> ## Modernisierung
>
> Wer bereits mit Adobe Illustrator gearbeitet hat, wird es sofort nach dem Programmstart bemerken: Die Benutzeroberfläche wurde komplett überarbeitet und modernisiert!
>
> Natürlich handelt es sich bei den Änderungen nicht nur um eine kosmetische Maßnahme, sondern um eine grundsätzliche Überarbeitung der gesamten Software, die nicht nicht zuletzt dazu diente, die Software den schnelleren Prozessoren und RAMs über 3GB gerecht werden zu lassen – Illustrator ist nun sowohl für Mac wie auch für Windows-Computer in einer 64-bit Version erhältlich. Dadurch wurde eine Basis geschaffen, in zukünftigen Versionen von Illustrator moderne Prozessor- und Grafikkarten-Architekturen optimal auszunutzen und dadurch dramatische Geschwindigkeitsgewinne zu erreichen.
>
> Dank der modernen User Interface-Architektur und der kompletten Überarbeitung sämtlicher Bedienfelder und Dialogfenster wurde ein robustes Arbeitsumfeld geschaffen, das es Ihnen nun zum Beispiel erlaubt, Ebenen direkt im Ebenen-Bedienfeld zu benennen und selbst mehr Einfluss auf das Aussehen Ihrer Arbeitsumgebung zu nehmen.
>
> PlugIns von Drittanbietern für ältere, und somit auf 32-bit basierende, Illustrator-Versionen können nun leider nicht mehr verwendet werden, sollten mittlerweile jedoch auch in einer Illustrator CS6-kompatiblen 64-bit-Form erhältlich sein. Bitte erkundigen Sie sich direkt beim Hersteller.

Die Anordnung dieser Elemente nennt man **Arbeitsbereich**. Sie können aus mehreren vordefinierten Arbeitsbereichen wählen oder sich Ihren Arbeitsbereich so arrangieren, dass Sie sich gut darin zurechtfinden, und ihn dann auch für weitere Verwendung speichern.

Es lohnt sich auf jeden Fall, sich mit der Programmoberfläche und seinen Einstellungen vertraut zu machen, um das Programm so intuitiv und effizient wie möglich nutzen zu können.

Der Arbeitsbereich

Über das Menü *Fenster → Arbeitsbereich* können Sie aus mehreren vordefinierten **Arbeitsbereichen** auswählen, zum Beispiel *Grundlagen* (Standard), *Malen*, *Typografie* oder *Web*. Jede Wahl bewirkt, dass thematisch relevante Bedienfelder geöffnet und angeordnet werden.

Nachdem Sie sich auf den Folgeseiten mit dem Einrichten des Arbeitsbereichs vertraut gemacht haben werden, können Sie die einzelnen Elemente nach Wunsch anordnen und auch eine geeignete Darstellung dafür wählen und als eigenen Arbeitsbereich speichern. Nutzen Sie das Speichern eigener Arbeitsbereiche auch, wenn Sie Ihren Computer mit anderen Personen teilen, sodass jeder raschen Zugriff auf seine bevorzugten Einstellungen hat. Auch wenn Ihre Tätigkeiten unterschiedliche Elemente oder Elementanordnungen mit sich bringen – beispielsweise benötigen Sie für textlastiges Arbeiten oder für die Erstellung von Logos jeweils andere Bedienfelder –, ist das Speichern eigener Arbeitsbereiche eine wirkliche Bereicherung.

Sehen wir uns die einzelnen Komponenten des Arbeitsbereichs und ihre Darstellungsmöglichkeiten näher an.

Anwendungsrahmen

Was für Windows-User seit jeher Standard ist, ist Mac-Usern seit CS4 möglich: Sie können mit dem **Anwendungsrahmen** alle Programmkomponenten zu einer Einheit mit grauem Hintergrund zusammenzufassen. Sollte Ihnen das Arbeiten ohne Anwendungsrahmen lieber sein, können Sie diesen im Menü *Fenster → Anwendungsrahmen* aus- beziehungsweise auch wieder einschalten – die »schwebende« Anordnung mit Blick auf den Schreibtisch ist weiterhin möglich.

Der Vorteil des Anwendungsrahmens liegt vor allem darin, dass Sie Bedienfelder an bestimmten Stellen dieses Rahmens andocken können und sich das Verschieben oder Skalieren des Anwendungsrahmens auf alle darin befindlichen verankerten Komponenten auswirkt.

Wo ist der Startbildschirm?

Falls Sie den Startbildschirm bisher genutzt haben, muß ich Ihnen leider die schlechte Nachricht überbringen, dass er aus Illustrator CS6 entfernt wurde. Ich darf Sie aber beruhigen: Nahezu alle Funktionen des Startbildschirms stehen Ihnen auch über die Menüs zur Verfügung.

Schon in Illustrator CS5 wird der Startbildschirm standardmäßig nicht mehr gezeigt, weil er das Öffnen des Programms verlangsamt. In Illustrator CS5 können Sie den Startbildschirm aber jederzeit über das Menü *Hilfe → Startbildschirm...* aktivieren.

▲ **Abbildung 1-16** Der **Anwendungsrahmen** hält alle verankerten Programmkomponenten zusammen.

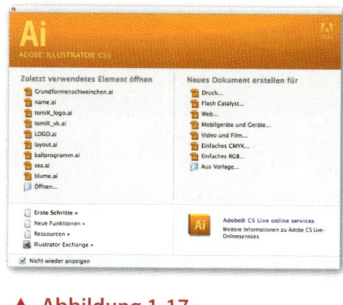

▲ **Abbildung 1-17**
Der Startbildschirm von Illustrator CS5

Anwendungsleiste

Die **Anwendungsleiste** ist Bestandteil des Anwendungsrahmens und befindet sich an dessen oberem Rand. Haben Sie den Anwendungsrahmen deaktiviert, können Sie die Leiste über das Menü *Fenster → Anwendungsleiste* ein- und ausschalten.

Darin zu finden sind unter anderem Drop-down-Menüs für die Dokumentanordnung und für die verfügbaren Arbeitsbereiche, unter Windows auch die Programm-Menüs.

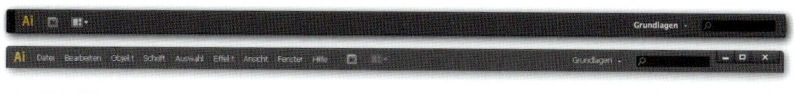

▲ **Abbildung 1-19** Anwendungsleiste unter Mac OS (oben) und unter Windows (unten)

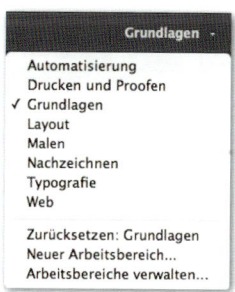

▲ **Abbildung 1-18**
Auch über die **Anwendungsleiste** können Sie aus den Arbeitsbereichen wählen.

Die Arbeitsumgebung

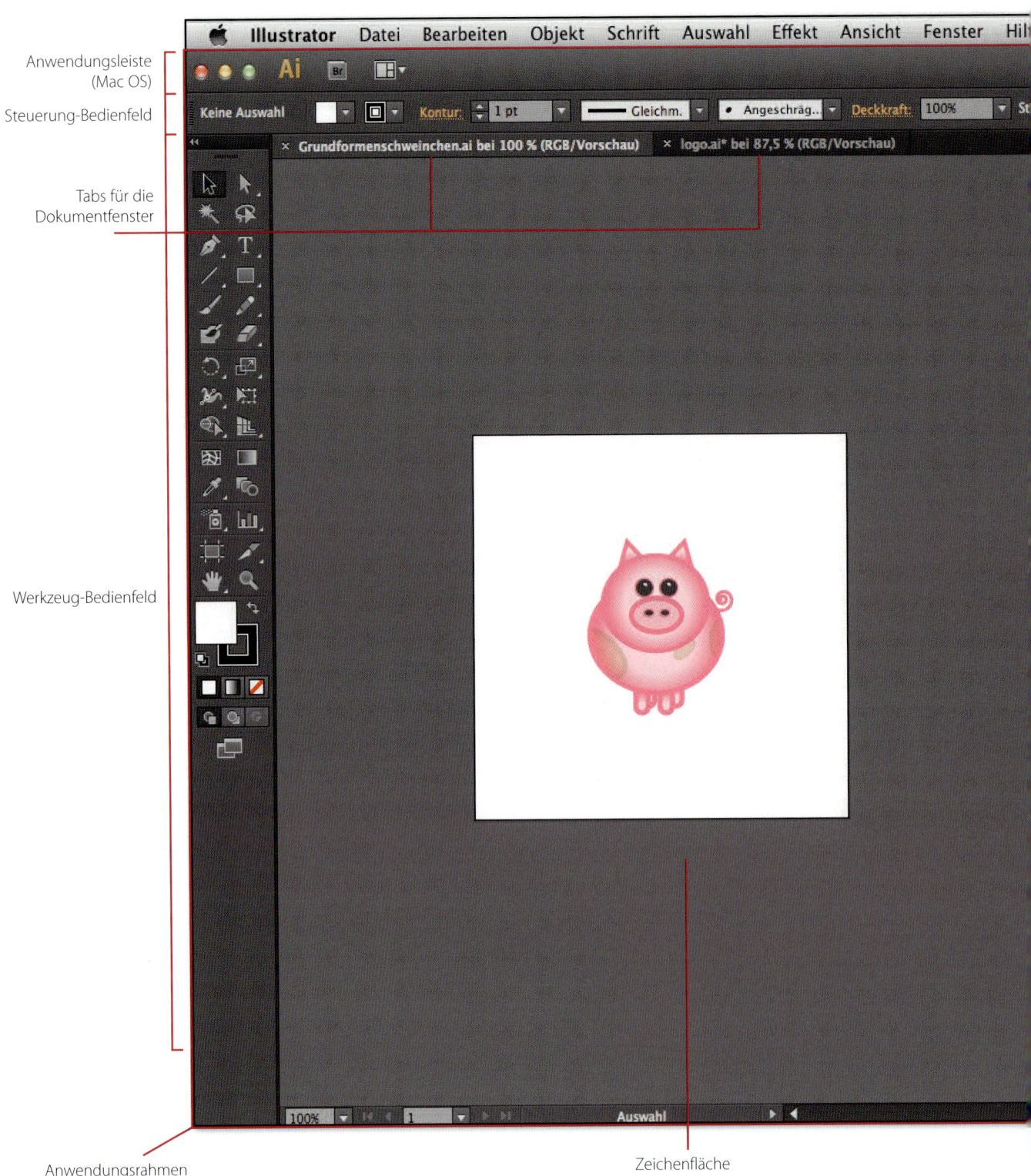

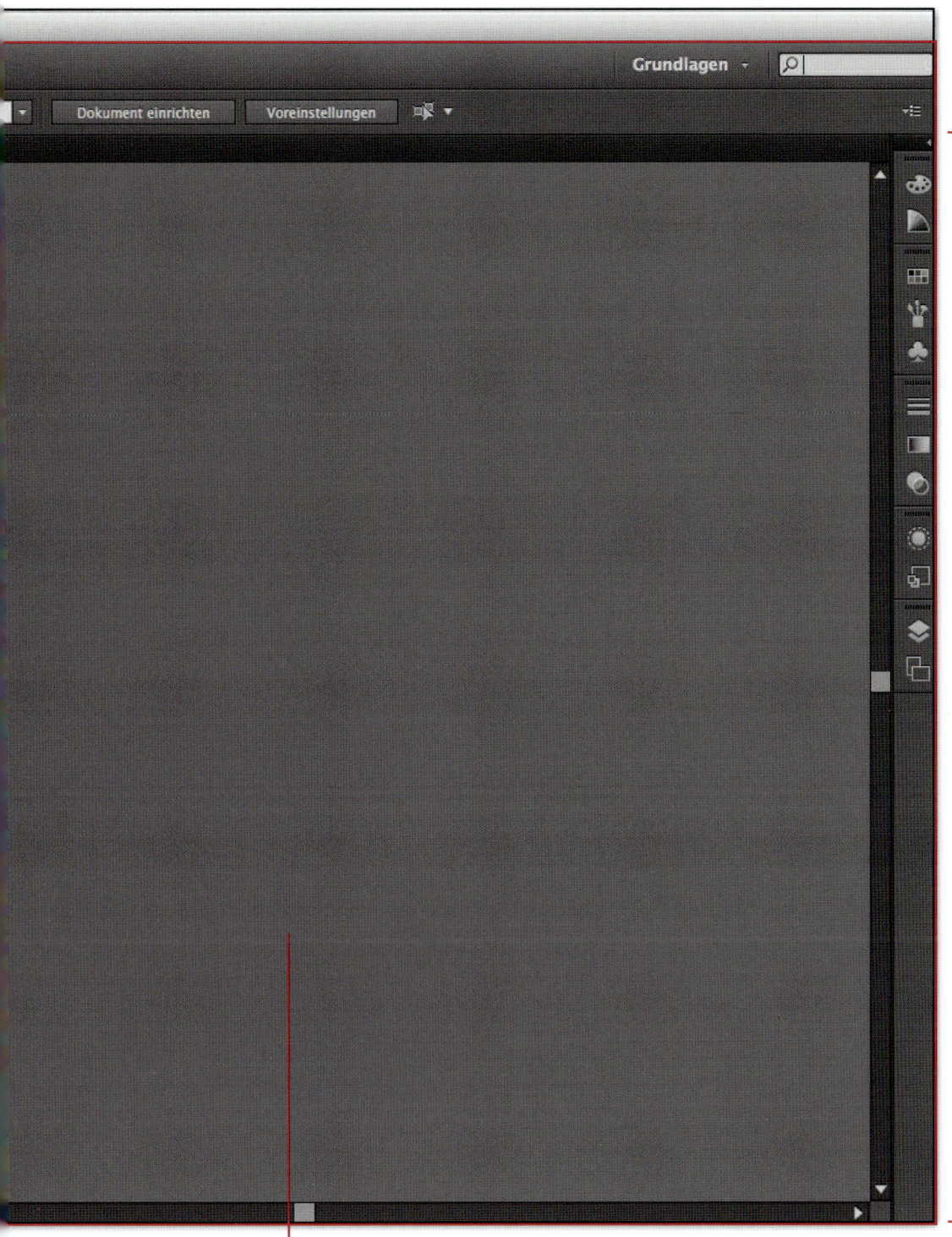

Bedienfelder

Arbeitsfläche

Die Arbeitsumgebung

`Neu in CS6`

Optionen für die Benutzeroberfläche

Im Zuge der kompletten Überarbeitung des mittlerweile etwas veralteten und schwerfälligen Codes von Adobe Illustrator wurden auch etliche Verbesserungen am User Interface vorgenommen.

Illustrator-erfahrene User werden sofort nach Programmstart bemerken, dass die Benutzeroberfläche nun sehr dunkel ist – vielleicht ist der Anblick manchen von ihnen bereits aus Adobe After Effects vertraut.

Bereits in den vorherigen Illustrator-Versionen konnten Sie über das Menü *Illustrator* → *Voreinstellungen* → *Benutzeroberfläche…* (Mac OS) oder *Bearbeiten* → *Voreinstellungen* → *Benutzeroberfläche* (Windows) zwischen fünf vordefinierten Helligkeiten wählen, jedoch war kein User Interface so dunkel, wie das in CS6 nun standardmäßig verwendete.

In CS6 wählen Sie nicht nur zwischen den vier vordefinierten Optionen für **Helligkeit** *Dunkel*, *Mitteldunkel*, *Mittelhell* oder *Hell* – Sie können auch mit Hilfe des Reglers beziehungsweise des Eingabefelds am Rand einen beliebigen Wert (0 % bis 100 %) für die Helligkeit Ihrer Benutzeroberfläche bestimmen.

Für die **Arbeitsflächenfarbe** können Sie nun ebenfalls wählen zwischen *Benutzeroberflächenhelligkeit anpassen*, oder *Weiß*.

Durch das Verändern der Helligkeit werden auch sämtliche Bedienfelder, Werkzeuge und Dialogfenster angepasst.

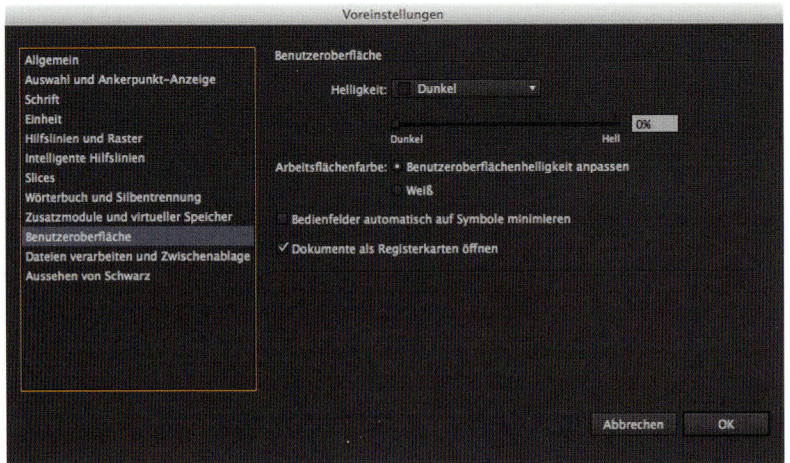

▲ **Abbildung 1-20**
Ändern Sie in den Programm-Voreinstellungen die Helligkeit des User Interface

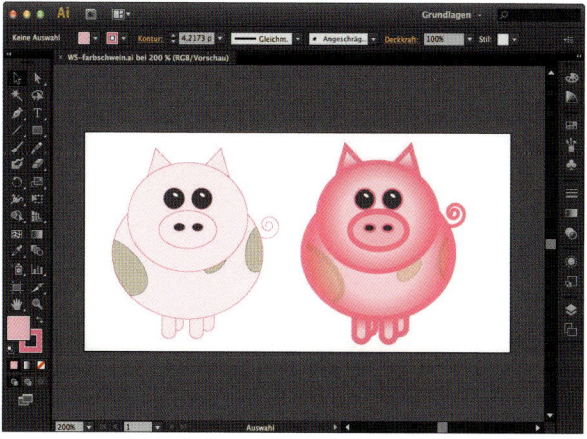
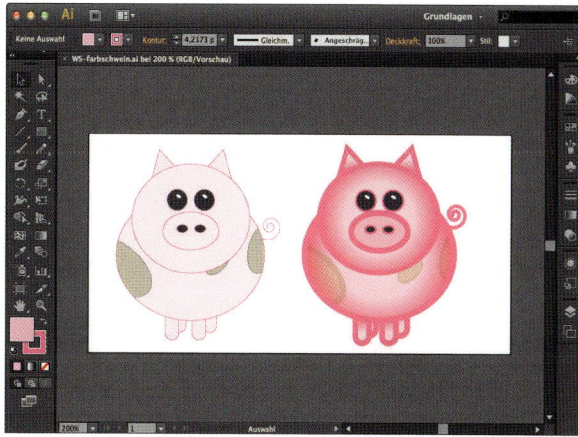
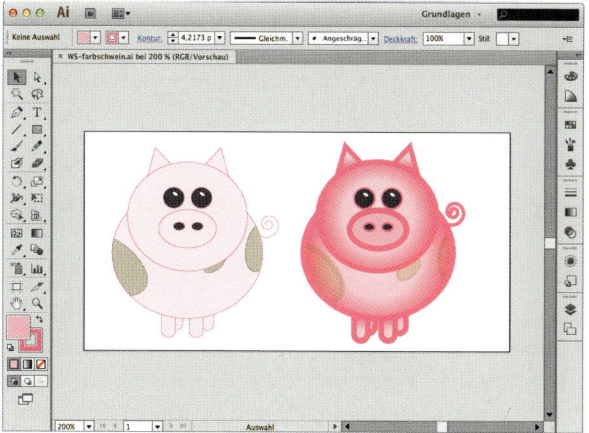
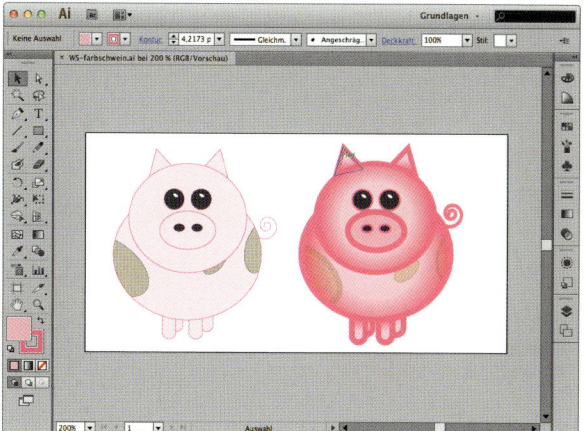

▲ **Abbildung 1-21** Die Benutzeroberfläche in vier unterschiedlichen Helligkeiten

Dokumentfenster

Im **Dokumentfenster** sehen Sie die Datei, an der Sie augenblicklich arbeiten. Jede Datei wird in einem eigenen Dokumentfenster geöffnet, standardmäßig sind mehrere Dokumentfenster nebeneinander in einer Leiste in Registerkarten – auch Tabs genannt – zusammengefasst. Die Dokumente sind hintereinander angeordnet.

> **Hinweis**
>
> Alle geöffneten Dokumente werden im Menü *Fenster* an unterster Stelle aufgelistet. Auch dort können Sie zwischen den Dokumenten wechseln.

× Grundformenschweinchen.ai bei 100 % (RGB/Vorschau)   × logo.ai* bei 87,5 % (RGB/Vorschau)   × sea.ai bei 410 % (CMYK/Vorschau)

▲ **Abbildung 1-22** Tableiste

Um zwischen den geöffneten Dokumentfenstern zu wechseln, klicken Sie einmal auf den gewünschten Tab – dies macht ihn aktiv und holt das Dokument in den Vordergrund.

Wenn Sie viele Dokumente geöffnet haben, sodass die Tabs nicht nebeneinander Platz finden, erscheint in der Leiste rechts neben den Tabs ein Doppelpfeil. Klicken Sie darauf, um das gewünschte Dokument aus einer Liste mit den Namen aller geöffneten Dokumente auszuwählen.

▲ **Abbildung 1-23** Klicken Sie auf den Doppelpfeil, um aus der Liste der geöffneten Dokumente wählen zu können.

Sie können die Anordnung der Dokumentfenster ändern. Legen Sie selbst fest, in welcher Form und Reihenfolge die Dokumentfenster in Ihrem Arbeitsbereich dargestellt werden sollen. Sie können Dokumente an ihren Tabs greifen und an eine andere Position in der Leiste oder aus der Leiste heraus ziehen. Wenn Sie einen Tab herausziehen, bringt das das Dokumentfenster in einen »schwebenden« Zustand.

▲ **Abbildung 1-24** Ziehen Sie einen Tab an eine andere Stelle.

Hinweis

Über das Menü lösen Sie alle Dokumentfenster aus der Tableiste mit *Fenster → Anordnen → Alle in Fenstern verschiebbar machen* beziehungsweise nur das aktuelle Dokument mit *Fenster → Anordnen → In Fenstern verschiebbar machen*.

Bei schwebenden Dokumentfenstern können Sie nun weiter wählen, ob diese überlappend (*Fenster → Anordnen → Überlappend*) oder nebeneinander (*Fenster → Anordnen → Nebeneinander*) angeordnet werden. Das Nebeneinander-Anordnen ist übrigens auch für Tabs möglich und praktisch, wenn Sie gleichzeitig an mehreren Dokumenten arbeiten oder diese vergleichen möchten.

Um die Dokumentfenster wieder als Tabs in der Leiste zu sammeln, wählen Sie *Fenster → Anordnen → Alle Fenster zusammenführen*.

▲ **Abbildung 1-25** Dokumentfenster **überlappend** (links) und **nebeneinander** (rechts) angeordnet

Für die Anordnung **Nebeneinander** steht Ihnen in der Anwendungsleiste das Drop-down-Menü **Dokumente anordnen** zur Verfügung, in dem Sie aus mehreren Verteilungsschemata wählen können.

Bedienfelder

Bedienfelder sind kleine themenspezifische Optionenfenster, mit denen Sie auf gewisse Funktionen und Eingabefelder zugreifen können. Die Funktionalität der einzelnen Bedienfelder wird in den einzelnen Kapiteln näher beschrieben. Den Umgang mit Bedienfeldern und einige Gemeinsamkeiten möchte ich Ihnen bereits an dieser Stelle vorstellen.

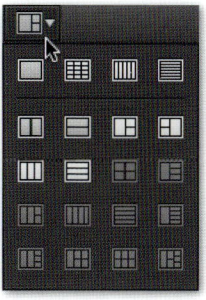

▲ **Abbildung 1-26**
Optionen zum Anordnen der Dokumentenfenster

Alle Bedienfelder haben in der rechten oberen Ecke ein **Menü**, das Ihnen weitere thematisch relevante Optionen zur Ansicht oder Bearbeitung bereitstellt. In einigen Bedienfeldern finden Sie am unteren Rand das Symbol **Neu**, mit dem Sie dem jeweiligen Bedienfeld entsprechend neue Elemente schaffen können – etwa im Ebenen-Bedienfeld eine neue Ebene oder im Farbfelder-Bedienfeld ein neues Farbfeld. Ein weiteres Symbol, das sich auch über einige Bedienfelder erstreckt, ist das Symbol **Löschen**.

Bedienfelder können je nach verfügbarem Platz unterschiedliche Größe und Anordnung haben. Wählen Sie die für Sie angenehmste Darstellungsmöglichkeit, oder variieren Sie je nach Bedarf.

Die Darstellung von Bedienfeldern kann in der Breite variieren: Es gibt zwei Symbolansichten und eine Komplettansicht. Die Symbolansicht können Sie wahlweise mit oder ohne Bedienfeldnamen anzeigen lassen. Ziehen Sie dazu das Symbol am linken oder rechten Rand kleiner beziehungsweise größer.

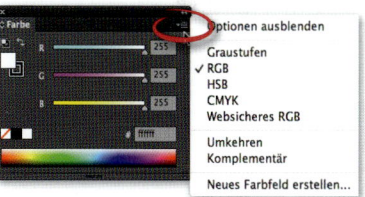

▲ **Abbildung 1-27**
Jedes Bedienfeld hat ein Menü.

 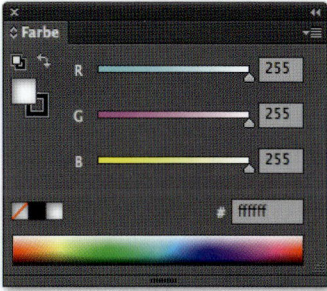

▲ **Abbildung 1-28** Bedienfeld Symbolansicht ohne (links) und mit Bedienfeldname (Mitte) und in der Komplettansicht (rechts)

Auch in der Höhe können Bedienfelder variieren, Sie können bei Platzmangel alles bis auf die Titelleiste wegklappen. Doppelklicken Sie dazu direkt auf den Tab.

Manche Bedienfelder sind so angelegt, dass Sie entweder nur Basisoptionen oder auch erweiterte Optionen anzeigen, beispielsweise das Farbe-Bedienfeld. In die-

Hinweis

Mit dem Doppelpfeil am rechten oberen Rand können Sie das Bedienfeld auf- beziehungsweise zurück in die eingestellte Symbolansicht klappen. Dieselbe Funktion hat ein Doppelklick in die Titelleiste, das ist der oberste Rahmen.

▲ **Abbildung 1-29**
Doppelpfeile zum Wechseln zwischen Symbol- und Komplettansicht

Die Arbeitsumgebung

> **Hinweis**
>
> Die Verfügbarkeit weiterer Optionen erkennt man im Tab an dem vertikalen Doppelpfeil links neben dem Bedienfeldnamen, der auf Klick auch die erweiterten Optionen ein- oder ausblendet.

sem Fall bewirkt ein Doppelklick auf den Bedienfeldnamen eine weitere Ansichtsmöglichkeit, nämlich mit und ohne diese zusätzlichen Optionen. Zusätzliche Optionen können Sie auch über das jeweilige Bedienfeld-Menü ein- und ausblenden.

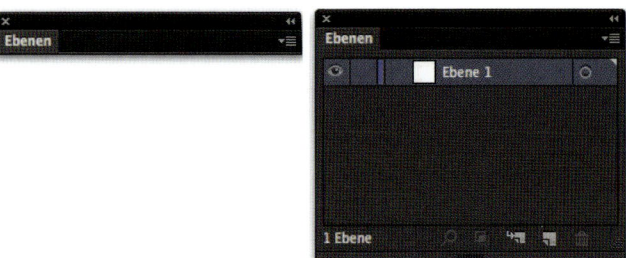

▲ **Abbildung 1-30** Bedienfeld zugeklappt und offen

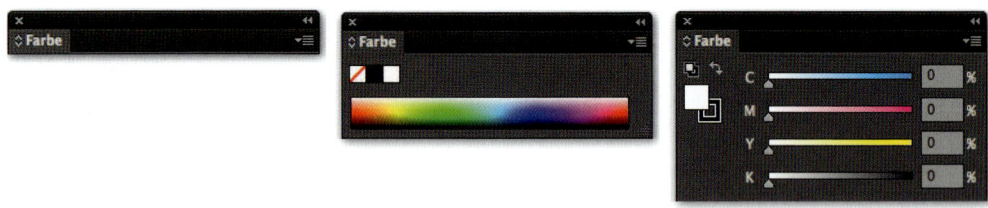

▲ **Abbildung 1-31** Das Farbe-Bedienfeld in den drei möglichen Höhen

Das Bedienfeld-Dock

Standardmäßig sind alle Bedienfelder des ausgewählten Arbeitsbereichs einzeln oder gruppiert vertikal entlang der rechten Kante des Anwendungsrahmens angeordnet. Diese Sammlung von Bedienfeldern nennt man **Dock**, die Darstellung ist auch hier als Symbol, Symbol mit Bedienfeldnamen und geöffnet möglich. Klicken Sie im Dock auf ein Bedienfeld-Symbol, so klappt es an dieser Stelle auf; ist es Teil einer Gruppe, sind die anderen Bedienfelder in der geöffneten Ansicht als anklickbare Tabs sichtbar.

> **Hinweis**
>
> In der vollen Darstellung mancher Bedienfelder – nämlich solcher, die mehrere Informationen auflisten (zum Beispiel Ebenen) und daher in der Menge des darzustellenden Inhalts variieren – erscheint die rechte untere Ecke schraffiert. Wenn Sie an dieser Ecke ziehen, können Sie das Bedienfeld kleiner oder größer machen.
>
>
>
> ▲ **Abbildung 1-32**
> Ziehen Sie an der rechten unteren Ecke, um das Bedienfeld kleiner oder größer zu ziehen.

▶ **Abbildung 1-33**
Klicken Sie auf ein gruppiertes Bedienfeld-Symbol, klappt die Gruppe an dieser Stelle auf.

Wenn Sie möchten, dass das Bedienfeld automatisch wieder schließt, sobald Sie an eine andere Stelle klicken, können Sie über *Illustrator → Voreinstellungen → Benutzeroberfläche* (Mac OS) oder *Bearbeiten → Voreinstellungen → Benutzeroberfläche* (Windows) die Option **Bedienfelder automatisch auf Symbole minimieren** aktivieren.

Erstellen Sie sich Ihre eigene Anordnung, indem Sie Bedienfelder oder Bedienfeldgruppen – unabhängig von ihrer Darstellung – nehmen und über, unter oder zwischen andere Bedienfelder beziehungsweise Bedienfeldgruppen ziehen. Wenn die blaue Markierung die gewünschte Position anzeigt, lassen Sie die Maus los.

▼ **Abbildung 1-34**
Das **Dock** mit kleinen (links) und großen Bedienfeld-Symbolen (Mitte) und geöffnet (rechts)

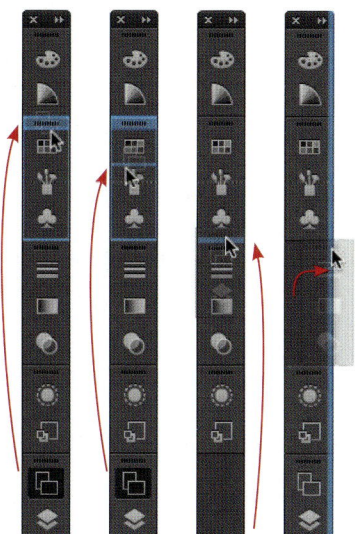
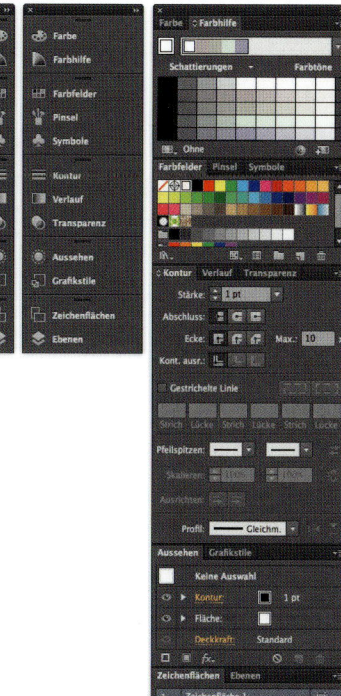

▶ **Abbildung 1-35**
Verschieben Sie Bedienfelder oder Bedienfeld-Gruppen an eine für Sie passende Stelle und lassen Sie die Maus los, sobald die blaue Markierung die gewünschte Position anzeigt.

Sie können auch neben einem bestehenden Dock ein neues Dock erstellen. Ziehen Sie dazu das Bedienfeld an den Rand und lassen Sie es los, sobald Sie eine senkrechte blaue Markierung sehen. Bedienfeldgruppen fassen Sie an der doppelten gepunkteten Linie.

Schwebende Bedienfelder

Falls Ihnen die Fixierung im Dock nicht praktisch erscheint, können Sie Bedienfelder und Bedienfeldgruppen auch schwebend anordnen. Ziehen Sie das Bedienfeld oder die Bedienfeldgruppe aus dem Dock heraus und lassen sie es oder sie an einer beliebigen Stelle fallen.

Auch schwebende Bedienfelder können Sie unterschiedlich organisieren: Sie können einzeln, als **Gruppe** oder als **Stapel** angeordnet werden. Ein Stapel ist eine Sammlung schwebender Bedienfelder oder Bedienfeldgruppen, die untereinanderliegend miteinander verbunden sind – eine Art schwebendes Dock.

Nehmen Sie schwebende Bedienfelder an ihren Tab, Bedienfeldgruppen an der Titelleiste (oberer Rahmen). Das Anordnen wird wieder durch eine blaue Markierung signalisiert.

Hinweis

Schwebende Bedienfelder sind nicht mit dem Anwendungsrahmen verbunden – verändern Sie also die Größe oder Position des Rahmens, bleiben die Bedienfelder an ihrer ursprünglichen Position.

Die Arbeitsumgebung

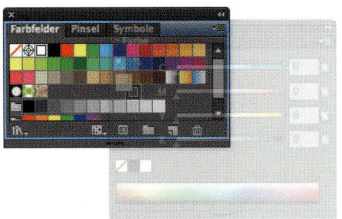
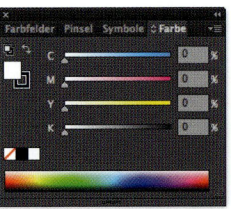

▲ **Abbildung 1-36** Auch schwebende Bedienfelder lassen sich gruppieren (oben) oder zu einem Stapel zusammenfassen (unten).

Schnelles Ein- und Ausblenden von Bedienfeldern

Wenn Sie freien Blick auf Ihr Dokument benötigen, können Sie sämtliche Bedienfelder durch einfaches Drücken der ⇥-Taste ausblenden, erneutes Drücken blendet alle wieder ein. Um das Steuerung- und das Werkzeug-Bedienfeld nicht gemeinsam mit allen anderen Bedienfeldern auszublenden, halten Sie zusätzlich zur ⇥-Taste auch die ⇧-Taste gedrückt.

Eingaben in Eingabefelder und einfache Berechnungen

Alle Felder, in die Sie numerische Werte eingeben, können auch einfache mathematische Berechnungen durchführen – sowohl Bedienfelder wie auch allen anderen Dialogfelder. Wenn Sie zum Beispiel einen Wert verdoppeln möchten, können Sie nach dem aktuellen Wert *2 eingeben.

Sobald Sie aus dem Eingabefeld wegklicken – zum Beispiel mit der ⇥-Taste in das nächste Eingabefeld springen oder ↵ drücken –, wird der neue Wert errechnet und angewendet. Es ist immer jeweils nur eine Berechnung auf einmal möglich, verwenden Sie +, -, * oder x, / und %.

▲ **Abbildung 1-37** Einfache Berechnungen können Sie in Eingabefeldern machen.

Es ist auch möglich, bei Berechnungen Maßeinheiten zu mischen (zum Beispiel 5pt – 1mm), wie es auch generell möglich ist, eine andere als die angezeigte Maßeinheit in Eingabefelder zu tippen – Illustrator wandelt nach dem Bestätigen automatisch in die Standardmaßeinheit um.

▲ **Abbildung 1-38** Maßeinheiten werden in die Standardmaßeinheit umgewandelt.

Scrollbare Eingabefelder!!

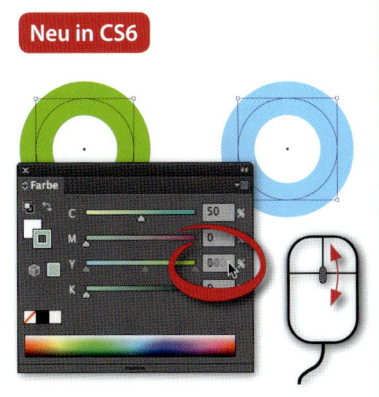

Eine wunderbare Neuerung in der Benutzeroberfläche von Illustrator CS6 sind die scrollbaren Eingabefelder und Drop-down-Menüs (Ausnahme sind weiß hinterlegte Felder). Bewegen Sie den Cursor einfach darüber und drehen Sie das Mausrad – die Werte verändern sich entsprechend der Drehrichtung. Halten Sie während des Scrollens die ⇧-Taste gedrückt, erfolgt die Eingabe – wie auch bei der Verwendung der Pfeiltasten – in größeren Schritten. Auch Benutzer von Trackpads können nun in Bedienfeldern und Dialogfenstern Werte einfach durch Scrollen anpassen! Ich bin überzeugt, Sie werden diese neue Funktionalität bald lieben!

Das Steuerung-Bedienfeld

Das **Steuerung-Bedienfeld** hat – wie auch das Werkzeug-Bedienfeld – eine besondere Rolle, deshalb möchte ich es bereits an dieser Stelle näher beschreiben.

Im Steuerung-Bedienfeld (*Fenster → Steuerung*) werden die jeweils wichtigsten Optionen für das aktuell ausgewählte Werkzeug oder die Objektauswahl angezeigt, es ist kontextsensitiv. Aufgrund dieser Mulitfunktionalität lohnt es sich, das Steuerung-Bedienfeld immer geöffnet zu lassen und im Auge zu behalten. Orange und unterstrichene Bezeichnungen im Steuerung-Bedienfeld können Sie anklicken und dadurch direkt an dieser Stelle die entsprechenden Bedienfelder öffnen und darin Bearbeitungen vornehmen.

▲ **Abbildung 1-39**

Das Steuerung-Bedienfeld mit unterschiedlicher Objektauswahl (von oben: Objekt, Text, eingebettete Pixelgrafik) – durch einen Klick auf eine orange unterstrichene Bezeichnung öffnen Sie das relevante Bedienfeld direkt an der entsprechenden Stelle (unten).

Eigene Arbeitsbereiche

Nachdem nun alle Elemente für Sie ideal positioniert und angeordnet sind, können Sie den Arbeitsbereich speichern und jederzeit wiederverwenden. Wählen Sie dazu *Fenster → Arbeitsbereich speichern* aus und vergeben Sie einen aussagekräftigen Namen. Ihre eigenen Arbeitsbereiche werden nun im Menü *Fenster → Arbeitsbereich* und im Drop-down-Menü der Anwendungsleiste an oberster Stelle aufgeführt und können von dort aus aktiviert werden.

Neu in CS6

Wenn Sie an dem von Ihnen gewählten Arbeitsbereich Änderungen vornehmen, also zum Beispiel Bedienfelder aus dem Bedienfelddock herauslösen, können Sie über das Menü *Fenster* → *Arbeitsbereich* → *Zurücksetzen: (Name des Arbeitsbereichs)* jederzeit zur ursprünglichen Konfiguration dieses Arbeitsbereichs zurückkehren.

Über das Menü *Fenster* → *Arbeitsbereich* → *Arbeitsbereiche verwalten…* können Sie Ihre eigenen Arbeitsbereiche umbenennen, duplizieren und löschen. Möchten Sie einen bereits gespeicherten Arbeitsbereich ändern, nehmen Sie zuerst alle Anpassungen vor und speichern ihn dann erneut unter demselben Namen. Die Standard-Arbeitsbereiche von Illustrator können nicht verändert werden.

Bildschirmmodus

Eine einfache Möglichkeit, um die Ansicht auf Ihren Arbeitsbereich zu optimieren, sind die drei Bildschirmmodi. Sie sind im untersten Abschnitt des Werkzeug-Bedienfelds oder durch ein- oder mehrmaliges Drücken der Taste F aufrufbar:

- **Normaler Bildschirmmodus** – das Dokumentfenster wird mit einer Menüleiste am oberen Rand und mit Scrollbalken an den Seiten angezeigt.
- **Vollbildmodus mit Menüleiste** – das Dokumentfenster wird bildschirmfüllend mit Menüleiste am oberen Rand und mit Scrollbalken angezeigt.
- **Vollbildmodus** – das Dokumentfenster wird bildschirmfüllend ohne Titelleiste und Menüleiste angezeigt. Um im Vollbildmodus auf Bedienfelder zuzugreifen, bewegen Sie den Cursor an den linken oder rechten Bildschirmrand, und die Bedienfelder klappen temporär auf.

Werkzeuge

Die zahlreichen Werkzeuge, die im **Werkzeug-Bedienfeld** (*Fenster* → *Werkzeuge*) zu finden sind, sind Ihre zentralen Arbeitsmittel. Sie können damit in erster Linie Objekte erstellen, auswählen und verändern.

Über das Werkzeug-Bedienfeld können Sie aber nicht nur auf alle verfügbaren Werkzeuge zugreifen, sondern – wie in Kapitel 6 näher beschrieben – auch Farben für Flächen und Konturen wählen, zwischen den neuen Zeichenmodi (siehe Kapitel 3) wechseln sowie die Bildschirmanzeige für das Programm wechseln.

Damit Sie jederzeit raschen Zugriff auf alle Werkzeuge haben, sollte das Werkzeug-Bedienfeld immer geöffnet sein – standardmäßig ist es bereits am linken Rand des Anwendungsfensters angedockt. Einige der Werkzeuge sind auch über Shortcuts aufrufbar, die in diesem Buch immer an der Stelle vermerkt sind, an der das Werkzeug vorgestellt wird, sowie in der Werkzeugübersicht auf den folgenden Seiten.

▲ Abbildung 1-40
Die Bildschirmmodi im Werkzeug-Bedienfeld

Das Werkzeug-Bedienfeld

In der Titelleiste des Werkzeug-Bedienfelds finden Sie – wie bei nahezu allen Bedienfeldern – den Doppelpfeil, über den Sie hier zwischen einer einspaltigen und einer zweispaltigen Ansicht wechseln können.

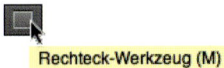

▲ **Abbildung 1-41** Bewegen Sie den Cursor über ein Werkzeug, erscheinen sein Name und der Shortcut.

Werkzeuge lassen sich durch einen einfachen Klick auf das entsprechende Symbol oder den entsprechenden Shortcut aktivieren. Navigieren Sie mit dem Cursor über ein Werkzeug, erscheinen nach kurzer Zeit sein Name und das Tastaturkürzel, mit dem Sie es aufrufen können.

Die Auswahl an Werkzeugen ist so groß, dass Sie immer nur einen kleinen Teil davon sehen können. Verwandte Werkzeuge sind zu Gruppen zusammengefasst. Da das Werkzeug-Bedienfeld aus jeder dieser Werkzeuggruppen immer jeweils nur eines darstellen kann, sehen Sie dort das zuletzt verwendete Werkzeug. Wenn Sie in der rechten unteren Ecke eines Werkzeugs ein kleines schwarzes Dreieck sehen, bedeutet das, dass sich darunter weitere ähnliche Werkzeuge verstecken. Um darauf zugreifen zu können, halten Sie die Maustaste etwas länger über dem Werkzeug gedrückt.

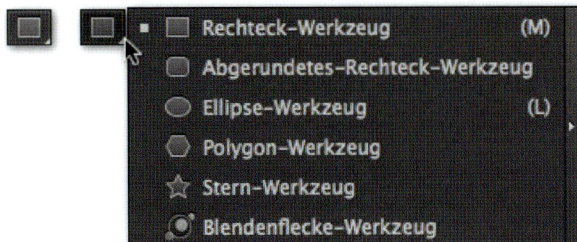

▲ **Abbildung 1-42** Klicken Sie etwas länger auf ein Werkzeug, um die darunterliegenden Werkzeuge auszuklappen.

Wenn Sie häufig zwischen den einzelnen Werkzeugen einer Gruppe hin- und herwechseln müssen, können Sie die Werkzeuggruppe herauslösen, sodass Sie mit einem Klick auf alle darin befindlichen Werkzeuge zugreifen können. Halten Sie die Maustaste über dem Werkzeug gedrückt und lassen Sie sie erst über dem Pfeil am rechten Rand der Werkzeuggruppe los.

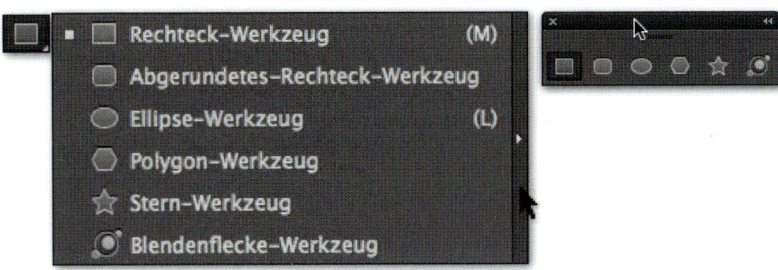

▲ **Abbildung 1-44** Lösen Sie eine Werkzeuggruppe aus dem Werkzeug-Bedienfeld.

◀ **Abbildung 1-43** Das Werkzeug-Bedienfeld

Hinweis

Eine weitere Möglichkeit, um auf versteckte Werkzeuge zuzugreifen, ist, mit gedrückter alt -Taste so oft auf den entsprechenden Werkzeugbutton zu klicken, bis das gewünschte obenauf liegt.

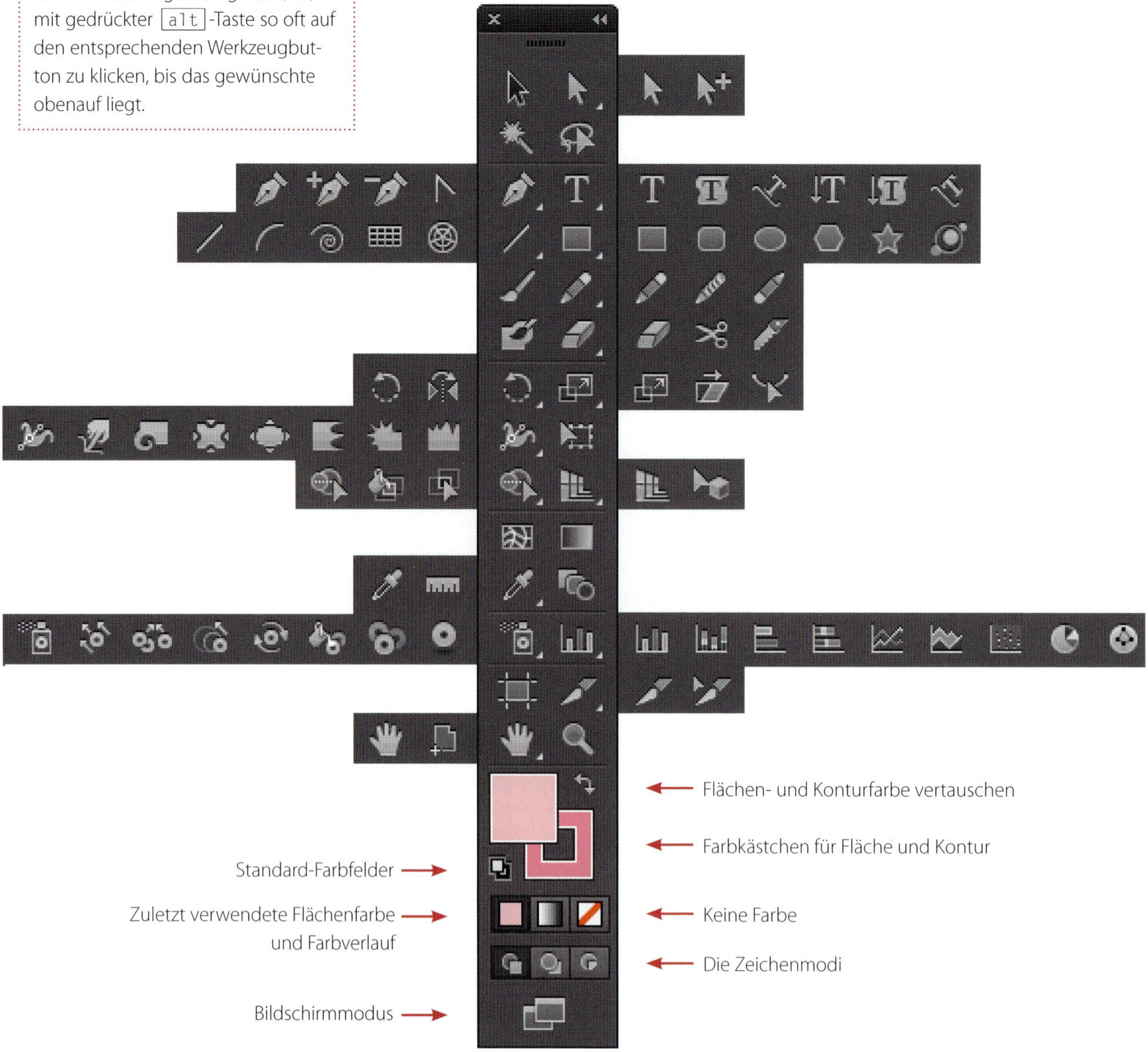

▲ **Abbildung 1-45** Welches Werkzeug versteckt sich wo?

Tipp

Auch herausgelöste Werkzeuggruppen lassen sich mit dem Arbeitsbereich mitspeichern!

Kapitel 1 · Vorbereitung

Die Werkzeuge im Überblick

Hier finden Sie eine kurze Einführung in die reichhaltige Werkzeugauswahl. Der genaue Umgang mit diesen Werkzeugen wird in den folgenden Kapiteln ausführlicher beschrieben.

Arbeitswerkzeuge

Diese Werkzeuge helfen Ihnen bei Ansichts- und weiterführenden Bearbeitungsfunktionen.

Mit dem **Zoom-Werkzeug** [Z] verkleinern oder vergrößern Sie die Ansicht auf das Dokument.

Das **Hand-Werkzeug** [H] können Sie dazu verwenden, das Dokument im Dokumentfenster zu verschieben.

Das **Mess-Werkzeug** misst Abstände in Ihrem Dokument.

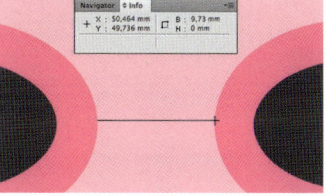

Das **Perspektivenraster-Werkzeug** ([⇧] + [P]) aktiviert ein dreidimensionales Raster, in dem Sie in der korrekten Perspektive zeichnen können.

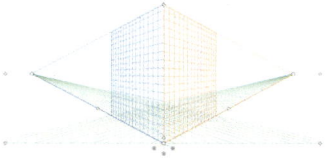

Seit CS5

Mit dem **Zeichenflächen-Werkzeug** ([⇧] + [O]) erstellen Sie neue Zeichenflächen in Ihrem Dokument.

Werkzeuge 33

Mit dem **Slice-Werkzeug** ([⇧] + [K]) können Sie Ihr Layout in rechteckige Slices unterteilen, die anschließend getrennt optimiert und gespeichert werden können.

 Mit dem **Druckaufteilungs-Werkzeug** definieren Sie, wo auf dem Ausdruck Objekte gedruckt werden sollen.

Auswahlwerkzeuge

Auswahlwerkzeuge benötigen Sie, um Objekte oder Teile von Objekten für eine weitere Bearbeitung zu aktivieren.

Das **Auswahl-Werkzeug** [V] wählt ganze Objekte oder Objektgruppen aus und verschiebt, skaliert und dreht sie.

Mit dem **Direktauswahl-Werkzeug** [A] wählen und bearbeiten Sie die einzelnen Komponenten eines Pfades.

 Das **Gruppenauswahl-Werkzeug** wählt einzelne Objekte innerhalb einer Gruppe aus.

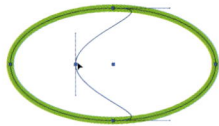

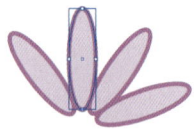

Das **Zauberstab-Werkzeug** [Y] wählt Objekte mit ähnlichem Aussehen aus.

Das **Lasso-Werkzeug** [Q] wählt anhand einer freigezeichneten Auswahl Komponenten eines oder mehrerer Pfade aus.

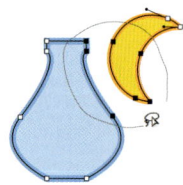

34 Kapitel 1 · Vorbereitung

Mit dem **Interaktiv-malen-Werkzeug** (⇧ + L) lassen sich Flächen und Kanten in interaktiven Malgruppen auswählen.

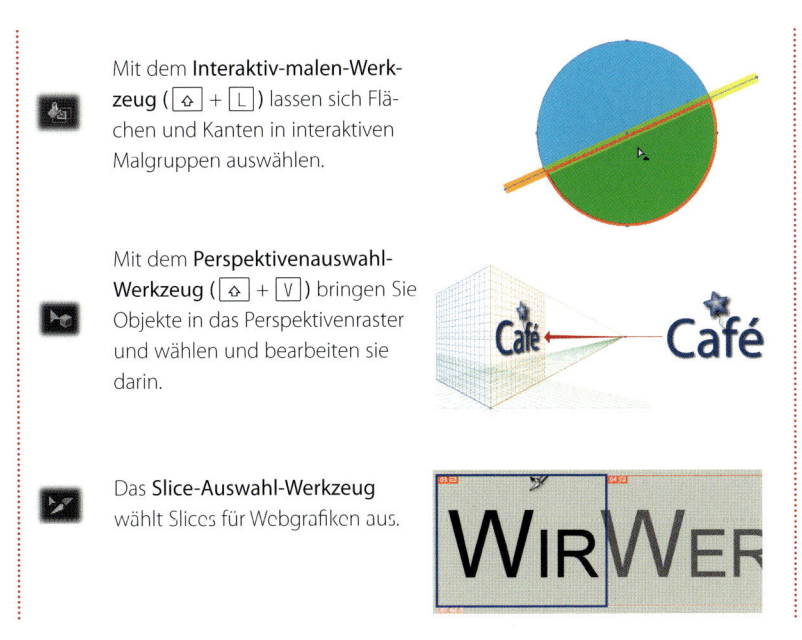

Mit dem **Perspektivenauswahl-Werkzeug** (⇧ + V) bringen Sie Objekte in das Perspektivenraster und wählen und bearbeiten sie darin.

Seit CS5

Das **Slice-Auswahl-Werkzeug** wählt Slices für Webgrafiken aus.

Mal-, Zeichen- und Konstruktionswerkzeuge

Zum Erstellen neuer Objekte haben Sie unterschiedliche Methoden zur Auswahl: Sie können freihändig – also mit der Maus oder einem Grafiktablett – malen und zeichnen, Sie können Bézier-Kurven samt Ankerpunkten und Richtungslinien erstellen, und Sie können geometrische Grundformen und Linien konstruieren.

Freihändiges Zeichnen und Malen

Mit den Mal- und Zeichenwerkzeugen können Sie Objekte erstellen, indem Sie mit der Maus oder dem Stift eines Grafiktabletts die Bewegung des natürlichen Zeichnen und Malens nachahmen.

Mit dem **Pinsel-Werkzeug** B malen Sie Pfade mit unterschiedlichen Pinselkonturen.

Mit dem **Buntstift-Werkzeug** N zeichnen Sie einfache Linien und bearbeiten sie.

Werkzeuge 35

Das **Tropfenpinsel-Werkzeug** (⇧ + B) malt Pfade, die automatisch in Flächen umgewandelt werden und mit gleichfarbigen Flächen verschmelzen.

Bézier-Kurven

Mit dem **Zeichenstift-Werkzeug** P erzeugen Sie die Ankerpunkte eines Pfades samt Richtungslinien, also gerade oder gebogene Pfade.

Geometrische Objekte

Mit diesen Form- und Linienwerkzeugen können Sie Grundformen erstellen – auch direkt im neuen Perspektivenraster mit der korrekten perspektivischen Verzerrung.

Mit dem **Rechteck-Werkzeug** M zeichnen Sie Rechtecke und Quadrate.

Das **Abgerundetes-Rechteck-Werkzeug** erstellt Rechtecke und Quadrate mit abgerundeten Ecken.

Das **Ellipse-Werkzeug** L konstruiert Ellipsen und Kreise.

Das **Polygon-Werkzeug** erzeugt regelmäßige Vielecke.

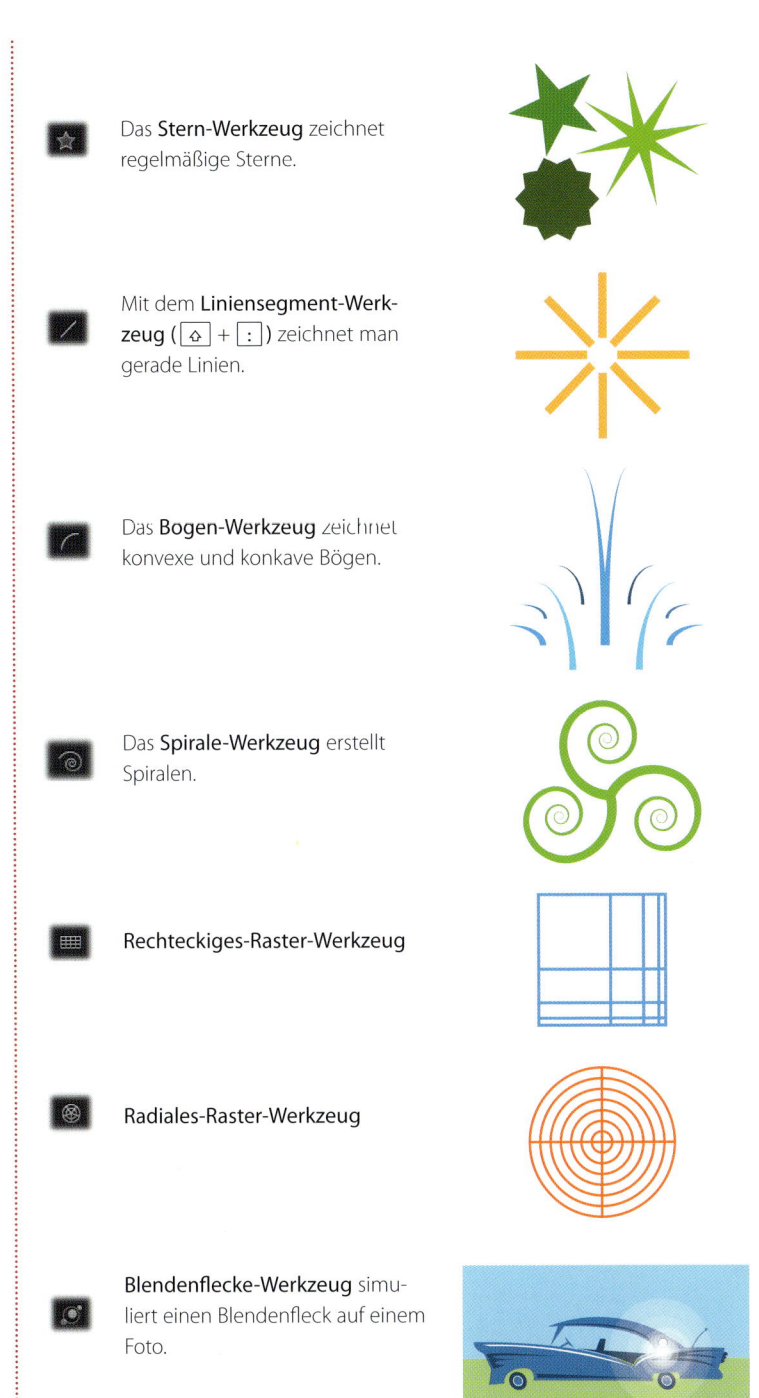

Das **Stern-Werkzeug** zeichnet regelmäßige Sterne.

Mit dem **Liniensegment-Werkzeug** (⇧ + \) zeichnet man gerade Linien.

Das **Bogen-Werkzeug** zeichnet konvexe und konkave Bögen.

Das **Spirale-Werkzeug** erstellt Spiralen.

Rechteckiges-Raster-Werkzeug

Radiales-Raster-Werkzeug

Blendenflecke-Werkzeug simuliert einen Blendenfleck auf einem Foto.

Werkzeuge 37

Textwerkzeuge

Mit den Textwerkzeugen erstellen Sie Punkttext-, Flächentext- und Pfadtext-Objekte wahlweise mit horizontaler oder vertikaler Textausrichtung.

Mit dem **Text-Werkzeug** [T] erstellen Sie Punkttext und Textrahmen für Flächentext.

Das **Flächentext-Werkzeug** wandelt geschlossene Pfade in Flächentext-Objekte um.

Mit dem **Pfadtext-Werkzeug** wandeln Sie Pfade um, sodass Sie daran entlang Text eingeben können.

Mit dem **Vertikaler-Text-Werkzeug** erstellen Sie vertikalen Punkttext und Textrahmen für vertikalen Flächentext.

Mit dem **Vertikaler-Flächentext-Werkzeug** wandeln Sie geschlossene Pfade in Flächentext-Objekte mit vertikaler Textausrichtung um.

Das **Vertikaler-Pfadtext-Werkzeug** wandelt Pfade in Textpfade mit vertikaler Textausrichtung um.

Transformierenwerkzeuge

Mit den Transformierenwerkzeugen können Sie Objekte drehen, spiegeln, skalieren und neigen.

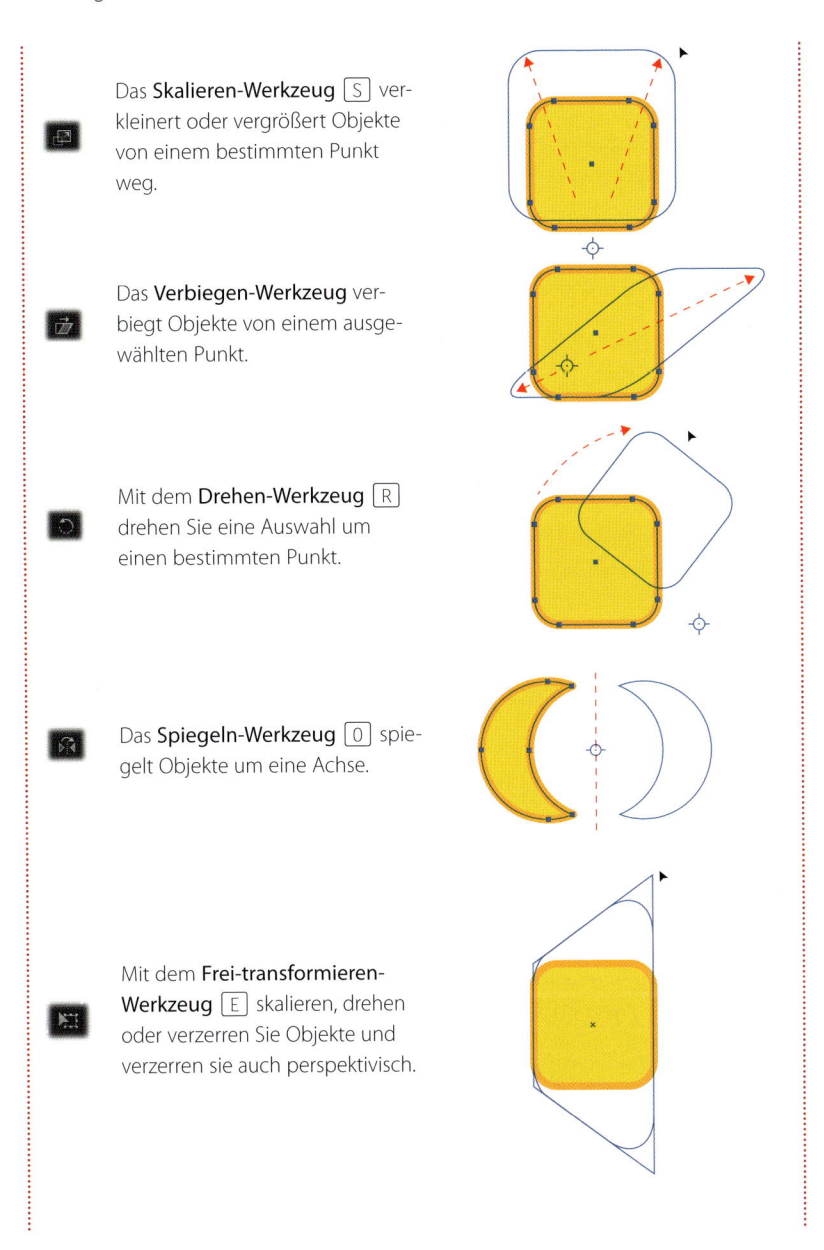

Das **Skalieren-Werkzeug** `S` verkleinert oder vergrößert Objekte von einem bestimmten Punkt weg.

Das **Verbiegen-Werkzeug** verbiegt Objekte von einem ausgewählten Punkt.

Mit dem **Drehen-Werkzeug** `R` drehen Sie eine Auswahl um einen bestimmten Punkt.

Das **Spiegeln-Werkzeug** `O` spiegelt Objekte um eine Achse.

Mit dem **Frei-transformieren-Werkzeug** `E` skalieren, drehen oder verzerren Sie Objekte und verzerren sie auch perspektivisch.

Pfad- und formverändernde Werkzeuge

Es gibt eine Reihe von Werkzeugen, mit denen Sie direkt Einfluss auf Pfade nehmen können, indem Sie Ankerpunkte, Richtungslinien und Pfadsegmente verändern oder löschen.

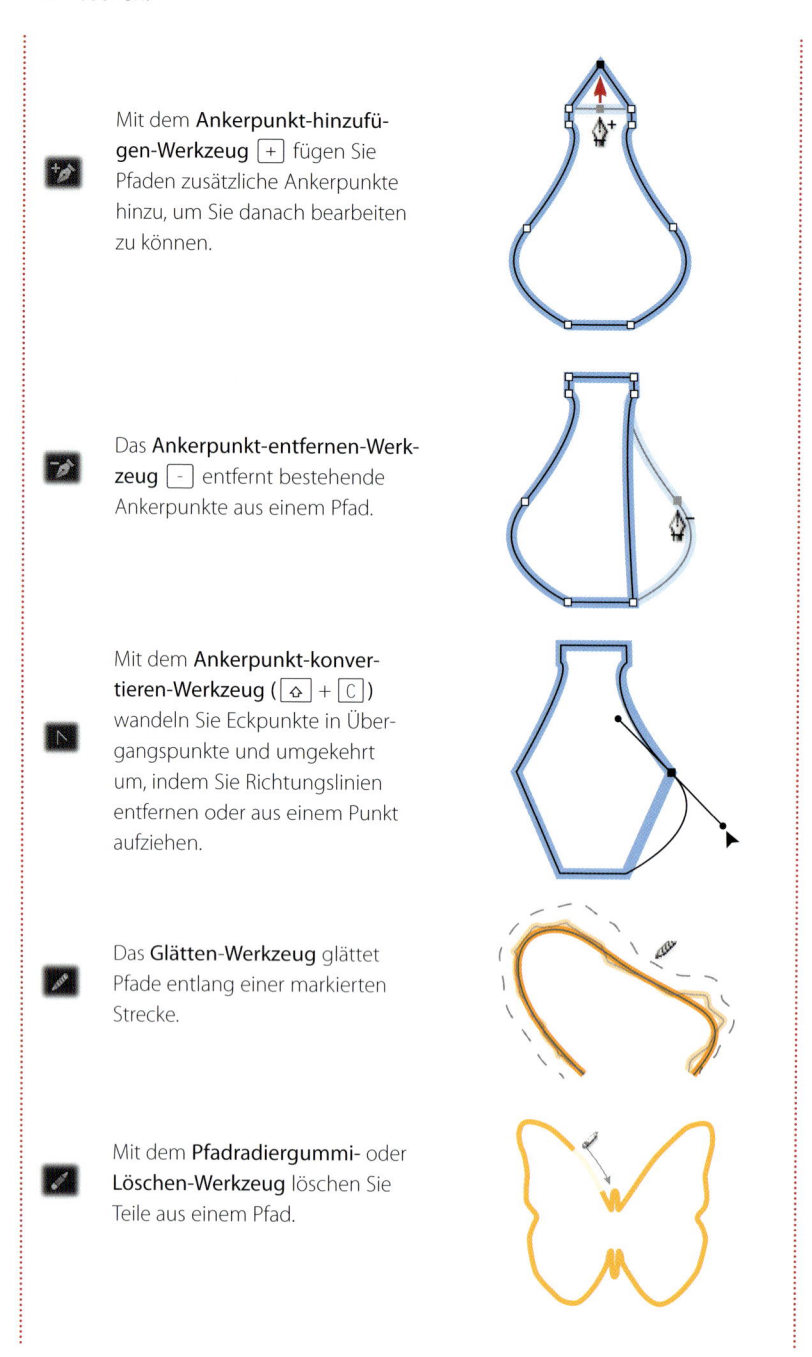

Mit dem **Ankerpunkt-hinzufügen-Werkzeug** [+] fügen Sie Pfaden zusätzliche Ankerpunkte hinzu, um Sie danach bearbeiten zu können.

Das **Ankerpunkt-entfernen-Werkzeug** [-] entfernt bestehende Ankerpunkte aus einem Pfad.

Mit dem **Ankerpunkt-konvertieren-Werkzeug** ([⇧] + [C]) wandeln Sie Eckpunkte in Übergangspunkte und umgekehrt um, indem Sie Richtungslinien entfernen oder aus einem Punkt aufziehen.

Das **Glätten-Werkzeug** glättet Pfade entlang einer markierten Strecke.

Mit dem **Pfadradiergummi-** oder **Löschen-Werkzeug** löschen Sie Teile aus einem Pfad.

40 Kapitel 1 · Vorbereitung

Mit dem **Radiergummi-Werkzeug** (⇧ + E) können Sie Bereiche von Objekten ausradieren.

Mit dem **Schere-Werkzeug** C zerschneiden Sie Pfade an ausgewählten Punkten.

Mit dem **Messer-Werkzeug** können Sie Stücke aus einem Objekt herausschneiden, indem Sie damit einen freien Auswahlbereich zeichnen.

Das **Form-ändern-Werkzeug** macht Teile eines Pfades veränderbar, während andere Teile gleich bleiben.

Mit dem **Verkrümmen-Werkzeug** (⇧ + R) drücken oder ziehen Sie an einem Objekt und verformen es dadurch.

Das **Strudel-Werkzeug** dreht Objektpfade ein.

Mit dem **Zusammenziehen-Werkzeug** stauchen Sie Teile von Objekten zusammen.

Werkzeuge 41

Das **Aufblasen-Werkzeug** vergrößert den Teil, auf den Sie klicken.

Das **Ausbuchten-Werkzeug** fügt einem Pfad zufällige Kurven hinzu.

Das **Kristallisieren-Werkzeug** erzeugt Spitzen auf einem Pfad.

Mit dem **Zerknittern-Werkzeug** zerknittern Sie einen Objektpfad.

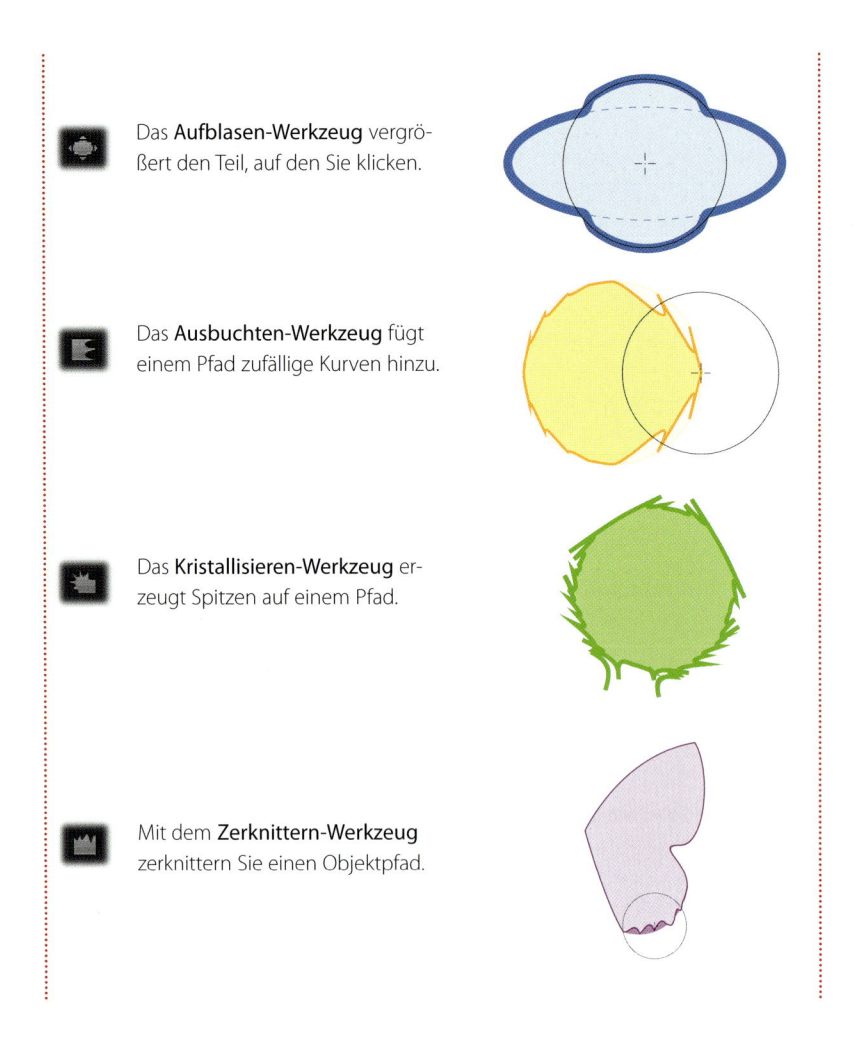

Symbolwerkzeuge

Mit den vielfältigen Symbolwerkzeugen verwenden und bearbeiten Sie Objektinstanzen – das sind sozusagen Abbilder eines Originalobjekts, die Ihnen dabei helfen, die Dateigröße gering zu halten, und Ihnen so viel Arbeit ersparen können.

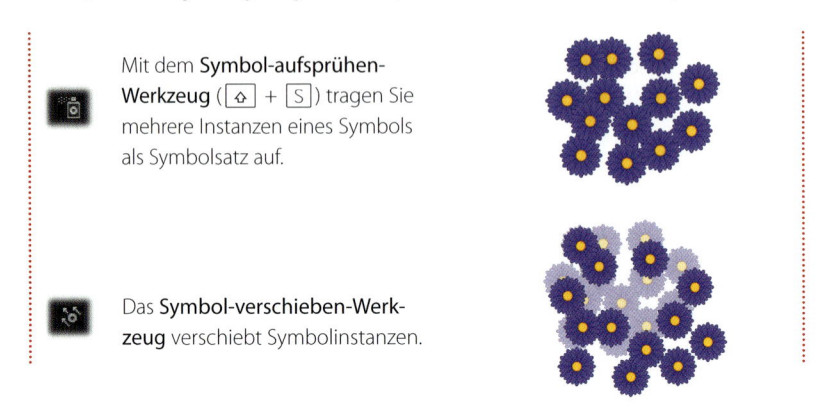

Mit dem **Symbol-aufsprühen-Werkzeug** (⇧ + S) tragen Sie mehrere Instanzen eines Symbols als Symbolsatz auf.

Das **Symbol-verschieben-Werkzeug** verschiebt Symbolinstanzen.

Mit dem **Symbol-stauchen-Werkzeug** ziehen Sie Instanzen weiter auseinander oder enger zusammen.

Das **Symbol-skalieren-Werkzeug** verkleinert oder vergrößert Symbolinstanzen.

Mit dem **Symbol-drehen-Werkzeug** drehen Sie Symbolinstanzen.

Das **Symbol-färben-Werkzeug** färbt Symbolinstanzen mit ausgewählten Farben.

Mit dem **Symbol-transparent-gestalten-Werkzeug** reduzieren Sie die Deckkraft von Symbolinstanzen.

Das **Symbol-gestalten-Werkzeug** wendet Grafikstile auf Symbolinstanzen an.

Werkzeuge zum Kombinieren von Objekten

Mit diesen Werkzeugen können Sie mehrere Objekte miteinander kombinieren, um neue Objekte zu erzeugen.

Das **Angleichen-Werkzeug** [W] passt Farben und Formen von Objekten in Zwischenschritten aneinander an.

Seit CS5

Das **Formerstellungs-Werkzeug** erkennt bei überlappenden Objekten neue Bereiche und Kanten und löscht diese oder fügt sie zusammen.

Mit dem **Interaktiv-malen-Werkzeug** [K] färben Sie Teilflächen und Kanten überlappender Objekte in interaktiven Malgruppen.

Werkzeuge zum Gestalten von Objekten

Diese Werkzeuge geben Objekten ihr Aussehen.

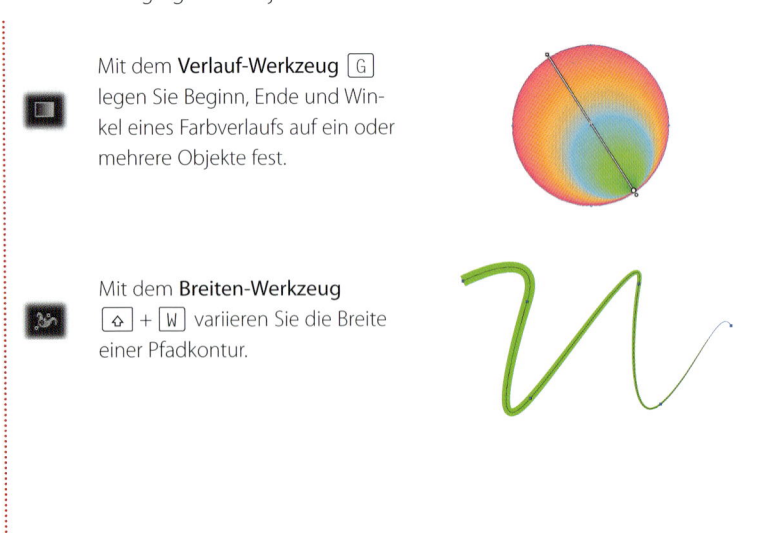

Mit dem **Verlauf-Werkzeug** [G] legen Sie Beginn, Ende und Winkel eines Farbverlaufs auf ein oder mehrere Objekte fest.

Seit CS5

Mit dem **Breiten-Werkzeug** [⇧] + [W] variieren Sie die Breite einer Pfadkontur.

Das neue **Musterelement-Werkzeug** mit dem Sie die Begrenzung für ein Muster definieren, finden Sie nicht bei den anderen Werkzeugen im Werkzeug-Bedienfeld, sondern im Musteroptionen-Bedienfeld (*Fenster → Musteroptionen*).

Neu in CS6

Das **Pipette-Werkzeug** `I` überträgt Aussehen- oder Text-Attribute von einem Objekt auf ein anderes.

Mit dem **Gitter-Werkzeug** `U` werden Gitter erstellt und bearbeitet.

Diagrammwerkzeuge

Mit den Diagrammwerkzeugen können Sie komplexe Inhalte einer Tabelle grafisch darstellen.

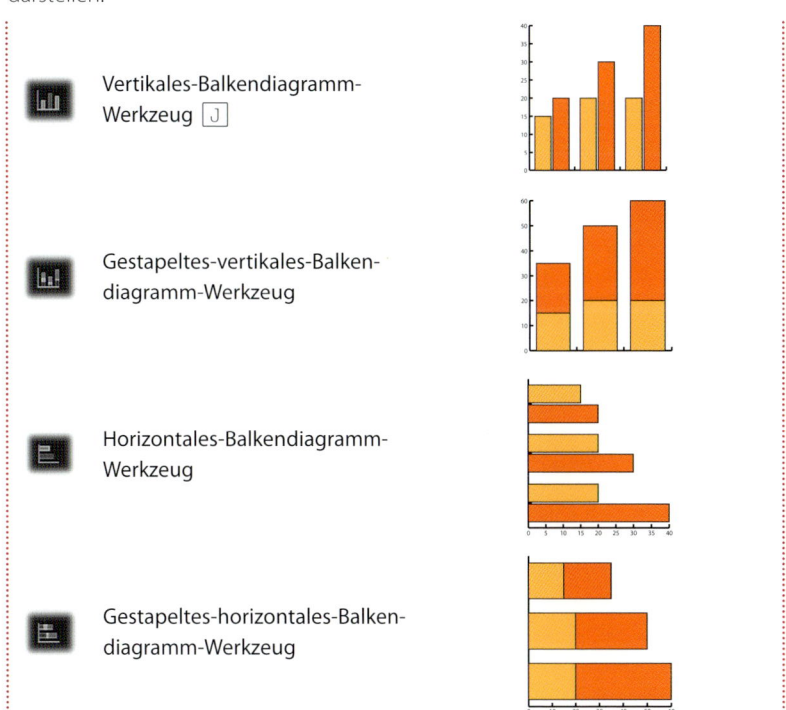

Vertikales-Balkendiagramm-Werkzeug `J`

Gestapeltes-vertikales-Balkendiagramm-Werkzeug

Horizontales-Balkendiagramm-Werkzeug

Gestapeltes-horizontales-Balkendiagramm-Werkzeug

Werkzeuge 45

Liniendiagramm-Werkzeug

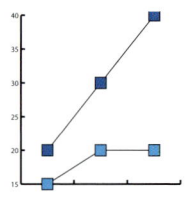

Flächendiagramm-Werkzeug

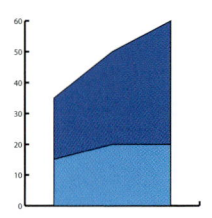

Streudiagramm-Werkzeug

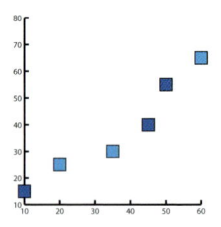

Kreisdiagramm-Werkzeug

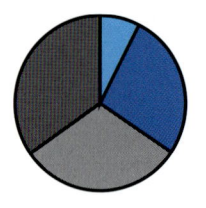

Netzdiagramm-Werkzeug

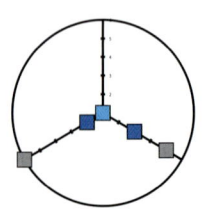

Kapitel 1 · Vorbereitung

Dokumente

In einem Arbeitsdokument – im Adobe Illustrator-eigenen Dateiformat .ai – können Sie Objekte erstellen, die Sie ohne Qualitätsverlust bearbeiten und skalieren können, sogenannte Vektorgrafiken. Damit Sie auch bei der geplanten Verwendung (zum Beispiel als Ausdruck oder als Webgrafik) maximale Qualität erhalten, wählen Sie schon beim Anlegen eines neuen Dokuments aus sogenannten **Dokumentprofilen**, die dann für die Ausgabeart geeignete Einstellungen verwenden.

Wenn Sie eine Reihe ähnlich aussehender Dokumente erstellen möchten, können Sie auf vielseitige **Vorlagen** zugreifen – beispielsweise für Visitenkarten, Etiketten oder Websites –, aber auch eigene Vorlagen definieren. Vorlagen können sich wiederholende Objekte wie zum Beispiel Logos, aber auch bestimmte Einstellungen enthalten.

Schon seit Adobe Illustrator CS4 können Dokumente mit mehreren **Zeichenflächen** erstellt werden. War es davor – wenn Sie zum Beispiel für eine Visitenkarte eine Vorder- und eine Rückseite unterschiedlich gestalten wollten – nur möglich, dies entweder in mehreren Dokumenten zu tun oder über das Ein- und Ausblenden übereinanderliegender Ebenen, so können Sie seither Zeichenflächen nebeneinander anordnen und Ihre Grafiken auf mehreren »Seiten« erstellen. In Illustrator CS5 wurden die Funktionen für das Arbeiten mit mehreren Zeichenflächen nochmal deutlich erweitert und verbessert.

Wenn Sie schließlich mit Ihrer Arbeit zufrieden sind, können Sie aus Ihrem Arbeitsdokument – je nach Bedarf – weitere Dateien in einer Vielzahl von Dateiformaten speichern oder exportieren. Unterstützung dabei erhalten Sie in Kapitel 9.

> **Hinweis**
>
> Löschen Sie Ihre Arbeitsdokumente nach getaner Arbeit nicht leichtfertig – darin sind schließlich alle einzelnen Bildkomponenten gesammelt, wodurch Änderungen jederzeit leicht durchgeführt werden können.

▲ **Abbildung 1-46** Erstellen Sie Ihre Illustrationen im Adobe Illustrator-eigenen Dateiformat und exportieren Sie nach Bedarf.

Neues Dokument erstellen

Neue Dokumente (Dokumente, die nicht auf einer Vorlage basieren) erstellen Sie über das Menü *Datei* → *Neu…* (`Strg`/`⌘` + `N`). Im folgenden Optionenfenster **Neues Dokument** treffen Sie alle Einstellungen für Ihr Dokument, die aber auch nachträglich noch verändert werden können.

> **Hinweis**
>
> Über das Feld **Name** können Sie das Dokument benennen. Der Name, den Sie hier vergeben, wird Ihnen zwar beim Speichern als Dokumentname vorgeschlagen, das Dokument wird aber allein durch die Benennung noch nicht gespeichert!

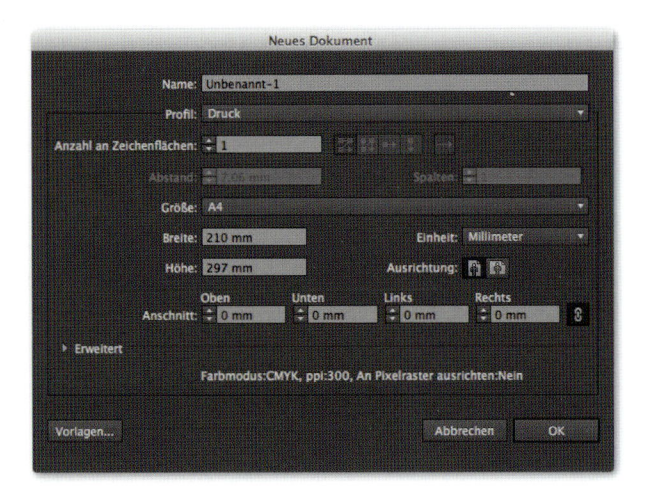

▲ **Abbildung 1-47** Optionen für ein neues Dokument

Klicken Sie als Nächstes bitte im unteren Bereich des Dialogfensters auf den Pfeil neben **Erweitert**, um meine Erläuterungen zu den einzelnen Dokumentprofilen besser nachvollziehen zu können. Das Optionenfenster wird nun nach unten um einige Eingabefelder erweitert.

▲ **Abbildung 1-48** Erweiterte Optionen für das neue Dokument

Wählen Sie nun unter **Neues Dokumentprofil** aus, für welche Ausgabeart das neue Dokument erstellt werden soll. Jedes Dokumentprofil enthält bereits standardmäßig spezielle Einstellungen für Farben, Grafikstile, Pinsel, Symbole, Aktionen, Anzeigevoreinstellungen und weitere Optionen.

Über das Drop-down-Menü **Größe** greifen Sie auf entsprechende vordefinierte Formate für das gewählte Dokumentprofil zu, deren Maße dann in den folgenden Eingabefeldern ausgewiesen werden. Die Größe bezieht sich auf die Zeichenfläche(n). Selbstverständlich können Sie auch eigene Werte in die Felder **Breite** und **Höhe** eingeben, sowie als **Ausrichtung** *Hochformat* oder *Querformat* und die gewünschte **Einheit** festlegen. Auch die Auswahlmöglichkeiten in den Eingabefeldern **Größe**, **Breite**, **Höhe** und **Einheit** variieren je nach gewähltem Dokumentprofil.

Der **Anschnitt** ist standardmäßig auf *Alle Einstellungen gleichsetzen* eingestellt, was bedeutet, dass jeder Wert für alle vier Seiten übernommen wird. Lösen Sie das Kettensymbol, um unterschiedliche Werte definieren zu können.

> **Hinweis**
>
> Einen **Anschnitt** brauchen Sie, wenn Sie Farbe bis zum Rand des Papiers drucken möchten. Um sicherzustellen, dass nicht versehentlich weiße Stellen entlang der Kanten entstehen, erstellen Sie Ihr Dokument etwas größer, als Sie es brauchen, und zeichnen bis zu diesem Anschnitt. Ihre Druckerei schneidet dann den überschüssigen Bereich weg. 
>
> ▲ **Abbildung 1-49** Anschnitt

Über **Anzahl an Zeichenflächen** (1 bis 100) bestimmen Sie, ob Illustrator schon beim Erstellen des Dokuments automatisch mehr als eine Zeichenfläche in der zuvor festgelegten Größe erstellen soll. Ist ein anderer Wert als *1* aktiviert, werden Eingabefelder zum Anordnen und Reihen der Zeichenflächen aktiv. Zeichenflächen können übrigens auch nachträglich jederzeit angelegt und bearbeitet werden.

▲ **Abbildung 1-50** Optionen für die Anordnung mehrerer Zeichenflächen

Die vier Buttons neben dem Feld *Anzahl an Zeichenflächen* betreffen die Anordnung und Reihenfolge der Zeichenflächen, die dann zum Beispiel für den Ausdruck von Bedeutung sind.

- **Raster nach Zeile** ordnet mehrere Zeichenflächen in einer anzugebenden Anzahl von Zeilen an. Hier ist die Reihenfolge der Anordnung erst von oben nach unten und dann in die nächste Spalte.

- **Raster nach Spalte** ordnet mehrere Zeichenflächen in der im Feld *Spalten* zu definierenden Anzahl von Spalten an. Die Reihenfolge der Zeichenflächen verläuft erst in einer Zeile von links nach rechts, und nach dem Erreichen der Spaltenanzahl in der nächsten Zeile wieder von links nach rechts.

- Durch Aktivieren von **Nach Zeile anordnen** werden alle Zeichenflächen nebeneinander in einer einzigen geraden Zeile angelegt.

- **Nach Spalte anordnen** legt alle Zeichenflächen untereinander in einer einzigen geraden Spalte an.

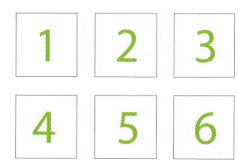

▲ **Abbildung 1-51**
Zeichenflächen mit Raster nach Zeilen angeordnet

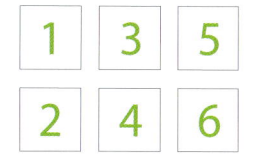

▲ **Abbildung 1-52**
Zeichenflächen mit Raster nach Spalten angeordnet

Rechts neben diesen vier Buttons finden Sie noch den Button (*Ändern in Layout von rechts nach links*), mit dem Sie zusätzlich zu der ausgewählten Anordnung die Reihenfolge der Zeichenflächen automatisch umkehren können.

Welches Dokumentprofil verwenden?

Zur Auswahl stehen folgende Dokumentprofile, die auf vordefinierte Werte für *Größe*, *Farbmodus* (mehr dazu am Ende dieses Kapitels), *Maßeinheit*, *Ausrichtung*, *Transparenz* und *Auflösung* zugreifen:

- **Druck** verwendet standardmäßig eine Zeichenfläche in der Größe von A4, was einer Breite von 210 mm und einer Höhe von 297 mm entspricht, als Maßeinheit ist **Millimeter** aktiviert. Wählen Sie dieses Profil, wenn Sie die Datei professionell über eine Druckerei drucken lassen möchten. In den erweiterten Optionen sehen Sie, dass als **Farbmodus** *CMYK* und für **Rastereffekt** *Hoch (300 ppi)* eingestellt ist.

Hinweis

Auch einige Bedienfelder passen sich dem Dokumentprofil an, zum Beispiel das Farbe-Bedienfeld, das automatisch im zum Profil passenden Farbmodus bereitsteht.

▲ **Abbildung 1-53**
Farbe-Bedienfeld im RGB- (links) und im CMYK-Farbmodus (rechts)

Dokumente 49

> **Hinweis**
>
> Nahezu alle Desktopdrucker wandeln automatisch RGB-Dateien für den Druck um. Für nähere Informationen sehen Sie bitte im Handbuch Ihres Druckers nach.

- **Einfaches RGB** verwenden Sie, wenn Sie entweder für das Web gestalten oder Ihr Dokument auf einem Desktopdrucker ausgeben möchten. Nicht geeignet ist es für professionellen Druck. Dieses Profil hat eine Zeichenfläche in der Größe 960 x 560 (CS5: 800 x 600) in der Standardmaßeinheit *Millimeter* vordefiniert, der **Farbmodus** ist *RGB*. Die Rastereffekt-Einstellung ist für die Bildschirmdarstellung, also 72 ppi, eingestellt.

- **Web** ist etwas spezieller als das Dokumentprofil **Einfaches RGB**, denn hier sind als Maßeinheit bereits Pixel ausgewählt. Außerdem ist die in Illustrator CS5 neue Option *Neue Objekte an Pixelraster ausrichten* bereits aktiviert. Über das Pixelraster erfahren Sie mehr im Abschnitt »Ausrichtung am Pixelraster« in Kapitel 2.

Neu in CS6

- **Geräte** (CS5: **Mobilgeräte und Geräte**) stellt Ihnen für das Gestalten für mobile Devices einige Zeichenflächengrößen bereit, zum Beispiel für das iPad, iPhone oder Galaxy S. Der **Farbmodus** ist *RGB*, die Rastereffekt-Einstellung ist mit 72 ppi eingestellt.

- **Video und Film** bietet Ihnen gerätespezifische Schnittbereiche (hierfür wird die Option *Zeichenfläche* verwendet). Mit diesem Dokumentprofil erstellte Dateien verwenden ausschließlich quadratische Pixel – Illustrator passt die Werte aber an, sodass die Größenangaben korrekt für Videoanwendungen ausgegeben werden. Über das zusätzliche Eingabefeld *Transparenzraster* legen Sie das Hintergrundmuster für transparente Bereiche fest.

Neu in CS6

- **Flash Builder** (CS5: **Flash Catalyst**) ist grundsätzlich identisch mit dem Dokumentprofil *Web* und bietet Unterstützung für den Austausch mit Programmen wie Flash Catalyst und Flash Builder.

- **[Benutzerdefiniert]** erscheint im Feld *Dokumentprofil*, sobald Sie durch Änderung eines oder mehrerer Werte von einem der Standardprofile abgewichen sind.

Neu in CS6

Das Dokumentprofil **Einfaches CMYK** wurde in Illustrator CS6 nicht mehr übernommen.

CS5 Tipp

- **Einfaches CMYK** wählen Illustrator CS5-User am besten dann aus, wenn Ihr Dokument mit unterschiedlichen Medien ausgegeben werden soll. Die Standardeinstellungen für dieses Profil unterscheiden sich vom Dokumentprofil **Druck** nur durch den Wert für *Rastereffekt*, der hier mit *Bildschirm (72 ppi)* voreingestellt ist. Falls Sie das Dokument auch an eine Druckerei senden, stellen Sie den Wert manuell auf *Hoch (300 ppi)*.

Dokumentvorlagen

Vorlagen sind Dokumente, in denen bestimmte Einstellungen wie zum Beispiel Größe, Ausgabemedium und Hilfslinien bereits fixiert wurden und die auch Grafikelemente – wie Logos – enthalten können. Wenn Sie ein neues Dokument auf Basis einer Vorlage erstellen, bleibt die Originalvorlage stets unberührt, und sie arbeiten an einer Kopie.

Adobe Illustrator bietet Ihnen eine Reihe fertiger Vorlagen aus den unterschiedlichsten Bereichen, stöbern Sie sie doch einmal durch, vielleicht ist etwas Passendes für Sie dabei. Sie können aber auch eigene Vorlagen erstellen.

Auf Vorlagen greifen Sie über das Menü *Datei → Neu aus Vorlage* oder mit dem Shortcut ⇧ + strg /⌘ + N zu – Sie befinden sich dann automatisch im richtigen Verzeichnis. Wählen Sie darin die gewünschte Vorlage aus und bestätigen Sie mit *OK*. Das neue Dokument enthält nun alle Einstellungen und Elemente aus der Vorlage, ist aber eine ungespeicherte Kopie davon. Speichern Sie daher die Datei am besten am gewünschten Ort auf Ihrem Datenträger, bevor Sie mit Änderungen beginnen.

▲ **Abbildung 1-54** Teile einer fertigen Vorlage für ein CD/DVD-Cover und einen passenden CD/DVD-Aufkleber; zu finden ist die Vorlagendatei »CD-DVD-Druckelemente« im Ordner »Tech« im Vorlagenverzeichnis über das Menü *Datei → Neu aus Vorlage*.

Eigene Vorlagen erstellen

Sie können jedes Dokument, das Sie erstellt haben, als eigene Vorlage speichern. Besonders sinnvoll ist es natürlich, wenn Sie das Dokument so aufbereiten, dass alle Einstellungen und Elemente in der Vorlage enthalten sind, wenn Sie sie zu einem späteren Zeitpunkt brauchen. Passen Sie also das Dokument sorgfältig an.

Wenn Sie zufrieden sind, wählen Sie aus dem Menü *Datei → Als Vorlage speichern* und legen Sie den Namen und Speicherort für die Vorlage fest – als Speicherort schlägt Illustrator das Verzeichnis vor, in dem auch die anderen Vorlagen gespeichert sind. Vorlagen haben die Dateiendung **AIT (Adobe Illustrator Template)**.

> **Hinweis**
>
> Mit einer **Vorlage** können Sie nicht nur ansichtsspezifische Einstellungen wie über Hilfslinien, Raster und Lineale vornehmen, sondern auch den Inhalt bestimmter Bedienfelder anpassen: Erstellen Sie alle Farbfelder, Grafik- und Textstile, Symbole und Pinsel, die Sie benötigen, und löschen Sie alle, die Sie nicht brauchen, bevor Sie die Vorlage speichern.

Dokument einrichten

Beim Erstellen eines neuen Dokuments haben Sie bereits viele Einstellungen getroffen, die Sie aber auch nachträglich jederzeit anpassen sowie um weitere dokumentspezifische Einstellungen (zum Beispiel für Transparenzen) ergänzen können.

Wählen Sie aus dem Menü *Datei → Dokument einrichten* und bestimmen Sie Anschnitt- und Anzeigeoptionen sowie Transparenz- und Textoptionen.

▲ **Abbildung 1-55** Dokument einrichten

▲ **Abbildung 1-56**
Ersetzte Schriften hervorheben markiert fehlende Schriften im Dokument.

In den **Anschnitt- und Anzeigeoptionen** wählen Sie die *Einheit* für Ihr Dokument sowie den *Anschnitt* für Dokumente, die bis zum Rand gedruckt werden. Aktivieren Sie die Option *Bilder in Pfadansicht anzeigen*, um die Pfadansicht (siehe Kapitel 2) als Standardansicht für dieses Dokument festzulegen. Durch Aktivieren der Optionen *Ersetzte Schriften hervorheben* und *Ersetzte Glyphen hervorheben* machen Sie Schriften beziehungsweise Glyphen (siehe Kapitel 7) sichtbar, die nicht zur Verfügung stehen und deshalb ersetzt wurden.

Klicken Sie auf den Button *Zeichenflächen bearbeiten*, so schließt das Optionenfenster und Sie kehren mit aktiviertem Zeichenflächen-Werkzeug zurück zum Dokument. Nun können Sie Änderungen an den Zeichenflächen vornehmen, was ich Ihnen auf den folgenden Seiten noch zeigen werde.

> **Hinweis**
>
> Das **Transparenzraster** kann über das Menü *Ansicht → Transparenzraster einblenden* sichtbar gemacht werden und macht Sie auf Transparenzen in Ihrem Dokument aufmerksam, für die Sie beim Drucken und bei der Ausgabe in andere Dateiformate zusätzliche Einstellungen treffen müssen (siehe Kapitel 9).

▲ **Abbildung 1-57** Dokument einrichten

Im Abschnitt **Transparenz** können Sie die *Rastergröße* und die *Rasterfarben* des *Transparenzrasters* (klicken Sie auf das weiße Farbkästchen) für dieses Dokument bestimmen und *Farbiges Papier simulieren*. Letzteres ist praktisch, wenn Sie Ihre Grafiken auf farbigem Papier drucken möchten, funktioniert aber nur, wenn das

Transparenzraster ausgeblendet ist. *Vorgaben* für das Reduzieren von Transparenz können Sie hier oder – wie in Kapitel 9 näher erklärt – über *Objekt → Transparenz reduzieren...* wählen.

Die Einstellungsmöglichkeiten für die Darstellung von Anführungszeichen, hoch- und tiefgestellten Zeichen, Kapitälchen und für das Exportieren von Text im untersten Abschnitt *Textoptionen* können Sie in Kapitel 7 nachlesen.

Unter *Datei → Dokumentfarbmodus ändern → RGB* oder *Datei → Dokumentfarbmodus ändern → CMYK* können Sie außerdem den Farbmodus des Dokuments ändern.

Exkurs: Ändern der Standardmaßeinheit

Die Standardmaßeinheit in Illustrator ist **Punkt** (ein Punkt entspricht 0,3528 mm) und wird – unabhängig davon, welche Einheit Sie für das Dokument gewählt haben – für Konturen und Text verwendet.

Wenn Sie eine andere Einheit verwenden möchten, können Sie diese direkt anstelle von »pt« in die Eingabefelder tippen. Gültige Abkürzungen sind: " für Zoll, mm, Q (ein Q entspricht 0,25 mm), cm, pt für Punkt, pc für Pica und px für Pixel.

Möchten Sie für Konturen- und Texteingabefelder dauerhaft eine andere Maßeinheit aktivieren, können Sie dies über *Illustrator → Voreinstellungen → Einheit* (Mac OS) oder *Bearbeiten → Voreinstellungen → Einheit* (Windows) tun.

▲ **Abbildung 1-58**
Ändern der Standardmaßeinheit

Wurde in den Schrift-Voreinstellungen *Asiatische Optionen einblenden* aktiviert, können Sie auch eine Einheit für asiatische Schriften wählen.

Zeichenflächen

Als **Zeichenflächen** bezeichnet man die Bereiche innerhalb der Arbeitsfläche, in denen Sie Ihre druckbaren Objekte erstellen oder anordnen. Mehrere Zeichenflächen verwenden Sie zum Beispiel für mehrseitige Dokumente – durchaus auch in unterschiedlicher Größe – oder für individuelle Layouts, zum Beispiel für Webseiten. Zeichenflächen können individuell gedruckt, gespeichert oder exportiert werden und weisen das gleiche Ausgabeformat (Druck, Web etc.) auf.

Die umgebende graue **Arbeitsfläche** des Dokuments ist etwa 5,78 x 5,78 Meter groß, was gleichzeitig auch die maximale Dimension ist, die ein Illustrator-Dokument annehmen kann. Sie können die Arbeitsfläche dazu benutzen, Objekte zu erstellen und zu bearbeiten. Diese Objekte sind zwar sichtbar, werden aber nicht gedruckt oder beim Export mit einbezogen.

Im folgenden Beispiel sehen Sie Objekte, die teilweise zwischen den Zeichenflächen, also auf der Arbeitsfläche angeordnet sind (oben). Ausgegeben werden nur die Inhalte der Zeichenflächen (unten).

Hinweis

Zeichenflächen können einzeln, aufgeteilt oder gemeinsam auf einer einzigen Seite ausgedruckt werden. Lesen Sie mehr darüber in Kapitel 9.

> **Tipp**
>
> Seit Illustrator CS5 gibt es die hilfreiche Funktion *Bearbeiten → In alle Zeichenflächen einfügen* (siehe Kapitel 2), mit der Sie kopierte oder ausgeschnittene Objekte an einer bestimmten Position in sämtliche Zeichenflächen des Dokuments einfügen können.

▲ **Abbildung 1-59** Objekte in der Arbeitsfläche (oben) werden bei der Ausgabe ignoriert, nur der Inhalt der Zeichenflächen wird ausgegeben (unten).

Jedes Dokument kann eine bis 100 Zeichenflächen beinhalten, die Sie entweder bereits bei der Erstellung des Dokuments mit einer einheitlichen Größe definieren oder auch jederzeit nachträglich in unterschiedlichen Größen hinzufügen können. Egal, wie viele Zeichenflächen Sie erstellt haben, aktiv ist immer nur jeweils eine.

Das Zeichenflächen-Bedienfeld

Unterstützung für das Arbeiten mit Zeichenflächen haben Sie nicht nur durch das Zeichenflächen-Werkzeug, sondern auch durch das in Illustrator CS5 eingeführte Zeichenflächen-Bedienfeld. Das **Zeichenflächen-Bedienfeld** (*Fenster → Zeichenflächen*) können Sie dazu verwenden, Zeichenflächen auszuwählen, zu erstellen, anzuordnen und zu löschen, sowie sie neu zu nummerieren.

> **Tipp**
>
> Sie können das Bedienfeld auch zu Ansichtszwecken nutzen: Ein Doppelklick neben den Namen einer Zeichenfläche stellt diese maximal groß und zentriert auf Ihrem Bildschirm dar.

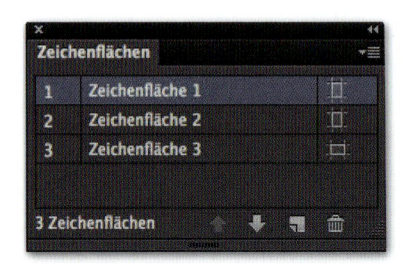

▲ **Abbildung 1-60** Das Zeichenflächen-Bedienfeld

Sehen wir uns nun aber erst an, wie man neue Zeichenflächen erstellt. Wie so oft in Illustrator, gibt es hier mehrere Möglichkeiten:

Neue Zeichenflächen erstellen

Sobald Sie das ▦ **Zeichenflächen-Werkzeug** (⇧ + O) im Werkzeug-Bedienfeld auswählen, erscheint die Arbeitsfläche als farblich leicht veränderter Bereich, in dem die bestehende(n) Zeichenfläche(n) weiß hervorgehoben ist bzw. sind. Klicken und ziehen Sie mit dem Werkzeug ein Rechteck in der benötigten Größe auf, um eine neue Zeichenfläche zu erstellen. Die neue Zeichenfläche bleibt anschließend ausgewählt und Sie haben die Möglichkeit, gegebenenfalls Anpassungen vorzunehmen.

> **Tipp**
>
> Um den Zeichenflächen-Modus zu beenden, wählen Sie ein anderes Werkzeug oder drücken Sie die esc -Taste.

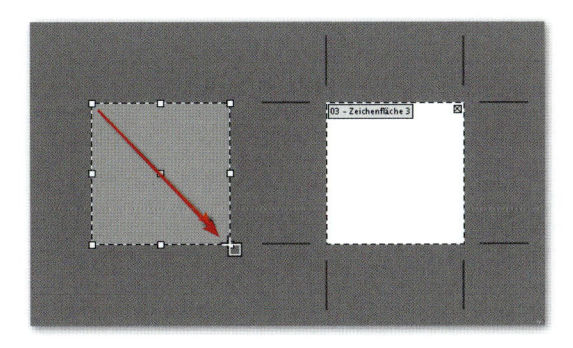

▲ **Abbildung 1-61** Ziehen Sie eine Zeichenfläche auf (links), und sie bleibt ausgewählt (rechts).

Möchten Sie eine neue Zeichenfläche in der Größe einer existierenden Zeichenfläche erstellen, klicken Sie diese im **Zeichenflächen-Bedienfeld** einmal an und anschließend auf den Button ▣ **Neue Zeichenfläche**.

Falls Sie eine Zeichenfläche gleich mit bestimmten Dimensionen erstellen möchten, öffnen Sie durch einen Doppelklick auf das Zeichenflächen-Werkzeug im Werkzeug-Bedienfeld die Zeichenflächen-Optionen und definieren Sie darin präzise Werte für Größe und Position.

Neue Zeichenflächen durch Duplizieren

Auch durch Duplizieren bestehender Zeichenflächen können Sie neue Zeichenflächen erstellen. Auch hier gibt es wieder mehrere Möglichkeiten:

Klicken Sie mit dem Zeichenflächen-Werkzeug auf die Zeichenfläche, die Sie kopieren möchten, und anschließend im Steuerung-Bedienfeld auf den Button ▣ **Neue Zeichenfläche**. Der Cursor hat nun die Maße dieser Zeichenfläche geladen, Sie müssen lediglich an die Position klicken, an der die neue Zeichenfläche positioniert sein soll. Halten Sie dabei die alt -Taste gedrückt, bleiben die Maße weiterhin im Cursor geladen und Sie können durch Klicken beliebig viele weitere Zeichenflächen erzeugen.

Eine rasche Möglichkeit ist es, mit aktivem Zeichenflächen-Werkzeug eine Zeichenfläche zu nehmen und mit gleichzeitig gedrückter alt -Taste zur Seite zu ziehen – etwa so, wie Sie es bei Objekten mit dem Auswahlwerkzeug tun würden. Lassen Sie erst die Maustaste und dann die auf der Tastatur los.

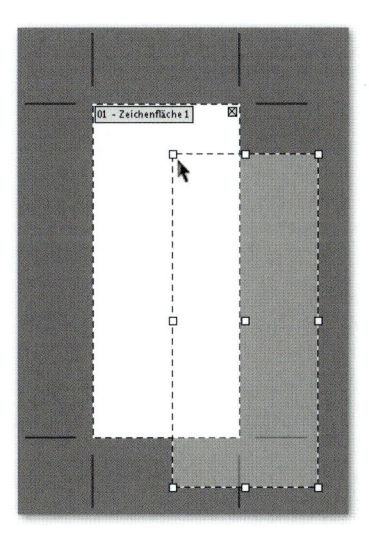

▲ **Abbildung 1-62**
Die Maße einer Zeichenfläche sind im Cursor geladen.

Dokumente 55

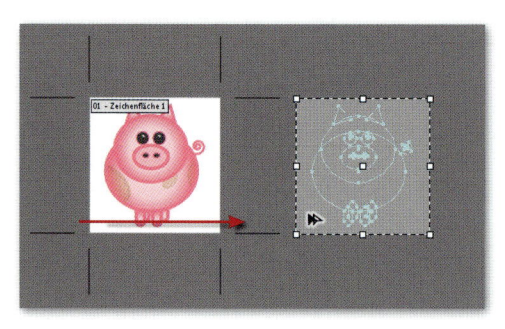

▲ **Abbildung 1-63** Kopie einer Zeichenfläche mit Inhalt

> **Tipp**
>
> Ist das Zeichenflächen-Werkzeug aktiv, können Sie übrigens durch Drücken der `alt`-Taste und Klicken der Pfeiltasten durch die Zeichenflächen navigieren.

Im Zeichenflächen-Bedienfeld können Sie eine oder mehrere Zeichenflächen kopieren, indem Sie diese auf den Button **Neue Zeichenfläche** ziehen. Bei dieser Methode wird immer der Inhalt der Zeichenfläche mitkopiert.

Bearbeiten von Zeichenflächen

Ist eine Zeichenfläche durch einfaches Anklicken mit dem Zeichenflächen-Werkzeug ausgewählt, können Sie sie intuitiv verschieben und skalieren und auch ganz präzise Änderungen daran vornehmen. Im Steuerung-Bedienfeld finden Sie relevante Informationen und Eingabefelder.

▼ **Abbildung 1-64**
Das Steuerung-Bedienfeld mit ausgewählter Zeichenfläche

Wenn Sie schon mit dem Verschieben und Skalieren von Objekten vertraut sind, wird Ihnen vieles bekannt vorkommen, etwa der **Ursprung**, mit dem Sie festlegen, von welchem Punkt der Zeichenfläche aus das Verschieben oder Skalieren durchgeführt wird.

Die Größe ändern

Die Größe einer ausgewählten Zeichenfläche verändern Sie zum Beispiel, indem Sie an einer ihrer Seiten oder Ecken ziehen. Halten Sie dabei die ⇧-Taste gedrückt, um das Seitenverhältnis beizubehalten. Präzise Größenangaben können Sie über die Felder **B** (Breite) und **H** (Höhe) im Steuerung-Bedienfeld eingeben. Klicken Sie zwischen den beiden Eingabefeldern auf **Proportionen für Höhe und Breite erhalten**, um durch Eingabe eines der beiden Werte den anderen proportional mitzuverändern.

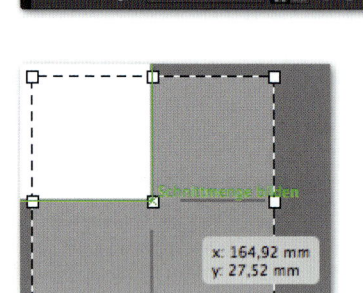

▲ **Abbildung 1-65**
Intelligente Hilfslinien unterstützen Sie auch beim Bearbeiten von Zeichenflächen.

> **Hinweis**
>
> Möchten Sie das derzeitige Verhältnis Breite zu Höhe umkehren, klicken Sie im Steuerung-Bedienfeld auf **Hochformat** oder **Querformat**.

Zeichenfläche mit oder ohne Inhalt verschieben

Zeichenflächen lassen sich mit dem Zeichenflächen-Werkzeug verschieben. Halten Sie beim Verschieben die ⇧-Taste gedrückt, um die Bewegung auf 45°-Schritte festzulegen. Statt zu ziehen, können Sie neue Koordinaten in die Eingabefelder **X** und **Y** eingeben. Je nachdem, ob Sie vor dem Ziehen im Steuerung-Bedienfeld die Funktion **Bildmaterial mit Zeichenfläche verschieben/kopieren** aktivieren oder nicht, wird nur die Zeichenfläche oder die Zeichenfläche mit allen Inhalten verschoben.

Zeichenflächen automatisch anordnen

Ist Ihnen das manuelle Verschieben zu mühsam, können Sie die Anordnung aller Zeichenflächen in Ihrem Dokument über die Option **Zeichenflächen neu anordnen** vereinfachen, die Sie über das Menü des Zeichenflächen-Bedienfelds aufrufen können.

▲ **Abbildung 1-66** Optionen, um Zeichenflächen neu anzuordnen

Im Optionenfenster können Sie die Zeichenflächen – wie schon bei der Erstellung von neuen Dokumenten beschrieben – wie in einem Raster verteilen. Zur Auswahl stehen folgende Anordnungen: **Raster nach Zeile**, **Raster nach Spalte**, **Nach Zeile anordnen** und **Nach Spalte anordnen**. Je nach getroffener Anordnung legen Sie außerdem die Anzahl der **Spalten** oder **Zeilen** und den zwischen den Zeichenflächen liegenden **Abstand** fest.

Zeichenflächen benennen

Seit der Einführung des Zeichenflächen-Bedienfeldes in Illustrator CS5 ist es auch möglich, jeder Zeichenfläche einen Namen zu geben. Zeichenflächen zu benennen, dient nicht nur der Übersichtlichkeit in Ihrem Dokument, sondern ist auch nützlich, wenn Sie die Zeichenflächen getrennt speichern: Der Name der Zeichenfläche wird dem jeweiligen Dateinamen hinzugefügt.

▶ **Abbildung 1-67**
Der Zeichenflächenname erscheint in der linken oberen Ecke der Zeichenfläche neben der Nummer und im Zeichenflächen-Bedienfeld.

Namen für Zeichenflächen können Sie seit CS6 direkt im Zeichenflächen-Bedienfeld durch einen Doppelklick auf den Namen der Zeichenfläche vergeben.

Um Zeichenflächen in Illustrator CS5 benennen zu können, müssen Sie erst durch das Aktivieren des Zeichenflächen-Werkzeugs in den Bearbeitungsmodus gehen. Wählen Sie eine Zeichenfläche aus und benennen Sie sie im Steuerung-Bedienfeld im Eingabefeld **Name**. Der neue Name wird natürlich auch im Zeichenflächen-Bedienfeld angezeigt.

Hinweis

Auch im Bearbeitungsmodus für Zeichenflächen können Sie Ihre Objekte als Pfade ohne Aussehen anzeigen lassen, zum Beispiel wenn Sie Objekte mit rechenaufwendigen Effekten haben. Klicken Sie dazu mit der rechten Maustaste auf eine Zeichenfläche und wählen Sie **Pfade** aus dem Kontextmenü. Die Option **Vorschau** zeigt Objekte wieder farbig an.

Zeichenfläche mit oder ohne Inhalt verschieben oder kopieren

Der kleine Button **Bildmaterial mit Zeichenfläche verschieben/kopieren** im Steuerung-Bedienfeld entscheidet immer darüber, ob nur die Zeichenfläche oder auch der Inhalt der Originalzeichenfläche kopiert oder verschoben wird.

Neu in CS6

CS5 Tipp

Dokumente

> **Hinweis**
>
> Die Reihung hat keinerlei Einfluss auf die Position der Zeichenflächen in Ihrem Dokument.

Ändern der Zeichenflächen-Reihenfolge

Wie Sie vielleicht schon bemerkt haben, erhält jede Zeichenfläche eine Nummer, durch die sie eindeutig identifizierbar ist – standardmäßig in der **Reihenfolge** des Erstellens. Die Reihenfolge bestimmt aber auch die Reihenfolge bei der Ausgabe, zum Beispiel beim Druck.

Damit die Ausgabe in der richtigen Reihenfolge stattfindet, können Sie Zeichenflächen reihen. Verwenden Sie dazu im Zeichenflächen-Bedienfeld die beiden Buttons ⬆ **Nach-oben** und ⬇ **Nach-unten**, um ausgewählte Zeichenflächen neu zu reihen, oder nehmen und ziehen Sie Zeichenflächen im Bedienfeld an eine andere Stelle.

Zeichenflächen löschen

Zum Löschen wählen Sie die Zeichenfläche aus und drücken Sie wahlweise die `entf`-Taste oder im Steuerung- beziehungsweise Zeichenflächen-Bedienfeld auf den Button 🗑 **Löschen**.

Bei aktivem Zeichenflächen-Werkzeug können Sie Zeichenflächen über das **Löschen-Symbol** ⊠ in der rechten oberen Ecke der Zeichenfläche löschen.

Zeichenflächen-Optionen

Doppelklicken Sie im Werkzeug-Bedienfeld auf das Zeichenflächen-Werkzeug, um die Zeichenflächenoptionen für die ausgewählte Zeichenfläche zu öffnen. Bei aktivem Zeichenflächen-Werkzeug können Sie auch im Steuerung-Bedienfeld auf den Button 🔲 **Zeichenflächenoptionen** klicken.

▲ **Abbildung 1-68**
Verändern der Reihenfolge im Zeichenflächen-Bedienfeld

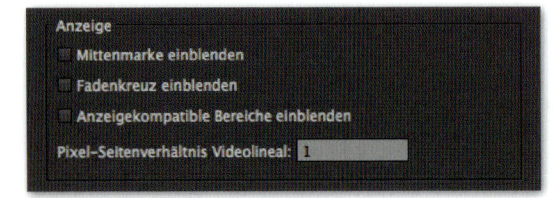

Im oberen Bereich können Sie – wie zuvor im Steuerung-Bedienfeld – **Name**, **Breite**, **Höhe**, **Ausrichtung** sowie **Ursprung** und entsprechende X- und Y-Koordinaten festlegen oder aus vordefinierten **Vorgaben** wählen.

Im Abschnitt **Anzeige** können Sie drei Anzeigehilfen aktivieren, die Ihnen beim Erstellen von Videos helfen.

Mittenmarke einblenden zeigt in der Mitte der Zeichenfläche einen Punkt an, **Fadenkreuz einblenden** zeigt auf jeder Seite der Zeichenfläche durch die Seitenmitte verlaufende Linien an, und **Anzeigekompatible Bereiche einblenden** zeigt Ihnen für die Erstellung des Videos Hilfslinien an, die den sichtbaren Bereich markieren. Alle Objekte, die im Video sichtbar sein sollen, müssen sich darin befinden. **Pixel-Seitenverhältnis für Videolineal** legt das für Videolineale verwendete Pixel-Seitenverhältnis fest, da Pixel in Videos üblicherweise nicht quadratisch sind.

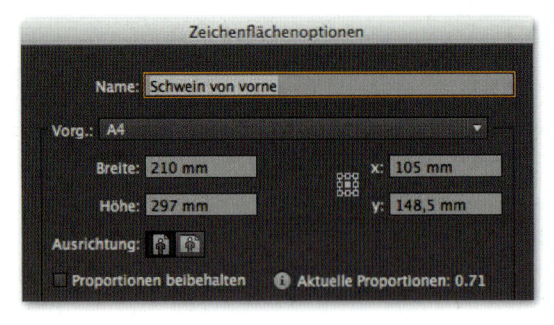

▲ **Abbildung 1-69**
Zeichenflächenoptionen

▼ **Abbildung 1-70**
Weitere Zeichenflächenoptionen

Kapitel 1 · Vorbereitung

Dass bei aktivem Zeichenflächen-Werkzeug die Bereiche außerhalb der Zeichenflächen grau dargestellt werden, liegt daran, dass standardmäßig im Abschnitt **Global** die Option **Bereiche außerhalb der Zeichenfläche abblenden** ausgewählt ist. **Beim Ziehen aktualisieren** sorgt dafür, dass auch während des Skalierens der Zeichenfläche der außen liegende Bereich anders färbig dargestellt wird.

Farbe

Bevor Sie Farben auf Ihre Objekte anwenden, möchte ich Ihnen hier einen kleinen Überblick für den sicheren Umgang mit Farbe geben. Je nachdem, wie Sie Ihr Dokument ausgeben möchten – die häufigsten Arten sind die Darstellung am Bildschirm (Webgrafiken), Ausgabe am Desktopdrucker und professioneller Druck –, müssen Sie das richtige Farbmodell und die richtigen Farbdefinitionen verwenden.

Das ist deshalb so wichtig, weil Farben in den unterschiedlichen Ausgabemedien unterschiedlich erzeugt werden. Am Monitor etwa entstehen Farben durch Mischung von farbigem Licht (rot, grün und blau), während im Druck die gewünschte Farbe durch Auftragen von vier Farben (Cyan, Magenta, Gelb und Schwarz) gemischt wird. Erhält also zum Beispiel eine Druckmaschine den Auftrag, eine bestimmte Farbe zu drucken, kann sie relativ wenig damit anfangen, wenn Sie ihr das Mischverhältnis aus farbigem Licht mitteilen.

Zu diesem Zweck definieren Sie beim Erstellen von Dokumenten das zum Ausgabemedium passende **Farbmodell**. Adobe Illustrator stellt Ihnen dann diesem Farbmodell entsprechende Bearbeitungsmöglichkeiten und Bedienfelder zur Verfügung.

▼ **Abbildung 1-71**

Farbe-Bedienfeld in den Farbmodi CMYK (links) und RGB (rechts)

Im Zusammenhang mit der Darstellung von Farben ist außerdem der **Farbraum** von Ausgabegeräten wichtig. Jedes Ausgabegerät kann Farben nur in einem bestimmten Umfang reproduzieren. So ist es beispielsweise nicht möglich, eine absolute Übereinstimmung zwischen den Farben auf Ihrem Bildschirm und denen auf einem Ausdruck auf einem Desktopdrucker zu erzielen. Manche auf dem Monitor dargestellten Farben lassen sich nicht mit Druckfarben erzeugen, wie auch manche Druckfarben nicht auf dem Monitor dargestellt werden können.

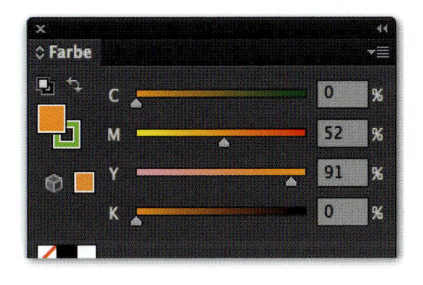

Der Farbbereich, den ein Farbraum umfasst, wird als **Farbumfang** bezeichnet. Liegt eine Farbe außerhalb des Farbumfangs eines Gerätes, kann sie von diesem Gerät nicht richtig dargestellt werden. Obwohl keine perfekte Abstimmung zwischen verschiedenen Geräten möglich ist, garantiert die Verwendung von Farbmanagement, dass die meisten Farben übereinstimmen oder zumindest sehr ähnlich und konsistent dargestellt werden.

> **Hinweis**
>
> Beispiele für Farbräume sind **Adobe RGB**, **Apple RGB** und **sRGB**. Alle drei basieren auf dem RGB-Farbmodell, der jeweilige Farbumfang ist aber unterschiedlich.

> **Hinweis**
>
> Die Komponenten zur Beschreibung von Farbe in einem digitalen Bild nennt man **Farbkanal**. So sehen Sie zum Beispiel in einem Dokument im Farbmodus RGB das Farbe-Bedienfeld mit den drei Farbkanälen für Rot, Grün und Blau, während das Farbe-Bedienfeld in einem CMYK-Dokument vier Farbkanäle für Cyan, Magenta, Gelb und Schwarz anzeigt.

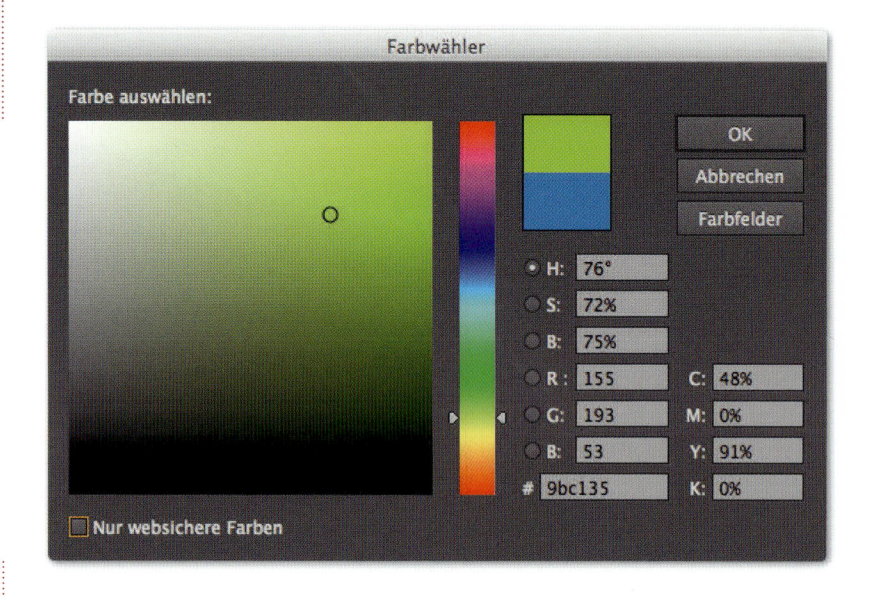

Farbmodelle

Farbmodelle wie RGB, CMYK oder HSB beschreiben Farben mit numerischen Werten, jedes Farbmodell verwendet hier andere Methoden.

Der Farbwähler, den Sie über einen Doppelklick auf eines der Farbkästchen im Werkzeug-Bedienfeld öffnen, zeigt die Farbdefinitionen in RGB, CMYK und HSB sowie als hexadezimalen Farbwert. Lesen Sie mehr darüber in Kapitel 6.

▲ **Abbildung 1-72** Der Farbwähler

> **Hinweis**
>
> Additive Farben werden bei Monitoren und den Displays mobiler Geräte, beim Fernsehen und bei der Beleuchtung eingesetzt.

RGB

Das **RGB-Farbmodell** (Red Green Blue) kann durch Mischung von rot, grün und blau gefärbtem Licht einen großen Teil des sichtbaren Spektrums reproduzieren. Es wird als »additives Farbsystem« bezeichnet, denn weißes Licht (Licht, das vollständig zum Auge zurückreflektiert wird) entsteht durch Zusammenfügen von **Rot**, **Grün** und **Blau**.

▼ **Abbildung 1-73**
Das RGB-Farbmodell wird für die Bildschirmdarstellung verwendet.

Sind die rote, grüne und blaue Lichtquelle nicht aktiv (also kein Licht), entsteht schwarz (der Monitor bleibt an dieser Stelle dunkel). Wenn sich die drei **Primärfarben** Rot, Grün und Blau überlagern, entstehen daraus die **Sekundärfarben** Cyan, Magenta und Gelb. Überlagern alle drei Primärfarben sich in maximaler Stärke, wird weißes Licht erzeugt.

Alle weiteren Farben werden erzeugt, indem die Intensität der drei Primärfarben reduziert wird – vergleichbar mit einer Lampe, die Sie dimmen. Für jede der drei Farbkomponenten können Sie Werte zwischen *0* (kein Licht) und *255* (maximales Licht) definieren und auf diese Weise beinahe 16,8 Millionen Farben erzeugen. Im folgenden Beispiel wurde links der Wert für Rot, in der Mitte der Wert für Grün und rechts der Wert für Blau von 255 auf 127 reduziert, was neue Farben erzeugt.

> **Hinweis**
>
> Sind alle drei Werte *0*, entsteht **Schwarz**, sind hingegen alle drei Werte *255*, so erzeugen Sie **Weiß**. Jede Kombination aus drei gleichhohen Werten zwischen *1* und *254* erzeugt einen **neutralen (farbstichfreien) Grauton**.

◀ **Abbildung 1-74**
Links: R/G/B 127/255/255, Mitte: R/G/B 255/127/255, Rechts: R/G/B 255/255/127

Hexadezimalsystem

Das **hexadezimale Farbsystem** beruht auf dem RGB-Farbmodell, wird aber anders notiert – üblicherweise nach dem Schema #RRGGBB, zum Beispiel #ff0000 für Rot. Verwendung findet es vor allem im Bereich des Web- und Screendesigns. Die Anteile für Rot, Grün und Blau werden aus Kombinationen der Ziffern 0-9 und der Zeichen a-f ausgedrückt, was für jeden der drei Farbkänale wiederum 256 Möglichkeiten ergibt.

CMYK

Das **CMYK-Farbmodell** (Cyan, Magenta, Yellow, Key color) reproduziert Farben durch die Kombination aus Farbpigmenten auf – zum Beispiel – Papier und basiert auf der Lichtabsorptionsfähigkeit.

Mischen Sie eine Kombination von Pigmenten aus reinem Cyan, Magenta und Gelb, so entsteht Schwarz, da alle Farben absorbiert (subtrahiert) werden. Daher bezeichnet man das CMYK-Farbmodell auch als »subtraktives Farbmodell«. Als vierte Druckfarbe wird Schwarz hinzugefügt, um eine höhere Schattendichte zu erzeugen. Diese Kombination zur Farbenreproduktion wird als »Vierfarbdruck« bezeichnet.

> **Websichere Farben**
>
> Illustrator unterstützt Sie noch bei der Wahl sogenannter »websicherer« Farben. Als **websichere Farben** bezeichnet man eine stark reduzierte Untergruppe von 216 RGB-Farben, die jeder Monitor darstellen kann. Die Palette der websicheren Farben wurde Mitte der 1990er-Jahre festgelegt – also in den Anfangszeiten des Internet –, als Monitore und Grafikkarten mit 8 Bit Farbtiefe Standard waren. Moderne Monitore und Grafikkarten arbeiten mit 24 Bit Farbtiefe (Tendenz steigend), daher hat die Palette websicherer Farben quasi keine Bedeutung mehr.

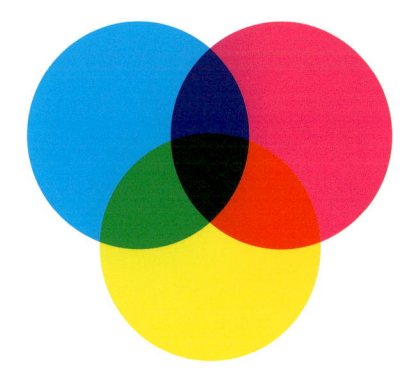

◀ **Abbildung 1-75**
Das CMYK-Farbmodell

Farbe 61

Weiß drucken

Sind alle vier Werte auf *0 %* gestellt, oder anders gesagt: ist keine Farbe angewendet, wird an dieser Stelle keine der vier Prozessfarben aufgetragen. Dies erzeugt aber kein Weiß, sondern lässt lediglich den Blick auf das Papier frei!

Möchten Sie auf farbigem Papier weiß drucken, müssen Sie auf eine Volltonfarbe zugreifen. **Volltonfarben** sind – wie ich später noch genauer erklären werde – fertig gemischte Farben.

Generell können Farben auf farbigem Untergrund zu abweichenden Resultaten führen.

Für jede der vier Farbkomponenten, die sogenannten **Prozessfarben**, können Sie Werte zwischen 0 % (keine Pigmente) und 100 % (maximal viele Pigmente) definieren. Niedrigere Werte erzeugen helle Farben, höhere dunkle.

HSB

Das **HSB-Farbmodell** (Hue, Saturation, Brightness) basiert auf der menschlichen Wahrnehmung von Farbe. Beschrieben wird es durch drei Komponenten: Farbton, Sättigung und Helligkeit.

Der **Farbton** (H) ist die Farbe, die von einem Objekt reflektiert wird oder durch ein Objekt hindurchscheint. Er wird als Gradzahl zwischen 0° und 360° auf dem Standard-Farbrad angegeben.

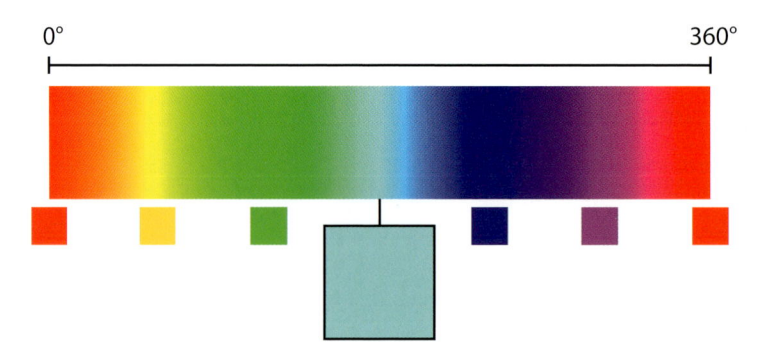

▲ **Abbildung 1-76** HSB-Farbton

Als **Sättigung** (S) bezeichnet man die Stärke oder Reinheit einer Farbe. Sie beschreibt die Mischung eines Farbtons mit Weiß. Ein Prozentwert von 100 % bedeutet volle Sättigung, ein Wert von 0 % hingegen stellt Weiß dar.

▲ **Abbildung 1-77** HSB-Sättigung

Die **Helligkeit** (B) ist die relative Helligkeit oder Dunkelheit einer Farbe durch Mischung mit Schwarz. Hier definieren Sie wieder einen Prozentwert zwischen 0 % (Schwarz) und 100 % (kein Schwarz).

0° 100°

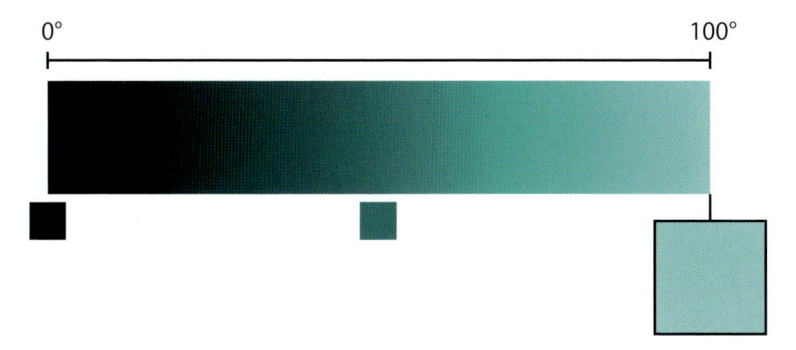

▲ **Abbildung 1-78** HSB-Helligkeit

Lab

Das von der Commission Internationale de l'Eclairage (CIE) geschaffene **Lab-Farbmodell** (Luminanz, a und b) basiert ebenfalls auf dem menschlichen Farbwahrnehmungsvermögen und beschreibt das Aussehen einer Farbe, anstatt festzulegen, wie viel einer bestimmten Farbkomponente ein Ausgabegerät zur Darstellung benötigt. Somit gilt es als geräteunabhängiges, genauestes Farbmodell und wird von Farbmanagementsystemen beim Konvertieren von Farben aus einem Farbraum verwendet.

> **Hinweis**
>
> Die CIE (Commission Internationale de l'Eclairage) mit Sitz in Wien ist eine Organisation, die sich dem internationalen Informationsaustausch zum Thema Licht, Beleuchtung und Farbe widmet und Lichtmessungsnormen entwickelt.

Graustufen

Das **Graustufenmodell** verwendet Abstufungen von Schwarz für die Darstellung von Farben. Hierbei werden Helligkeitswerte zwischen 0 % (kein Schwarz) und 100 % (Schwarz) definiert. Konvertieren Sie farbiges Material in das Graustufenmodell, ignoriert Illustrator alle ursprünglichen Farbinformationen und wendet lediglich die Luminanz der ursprünglichen Farbwerte an.

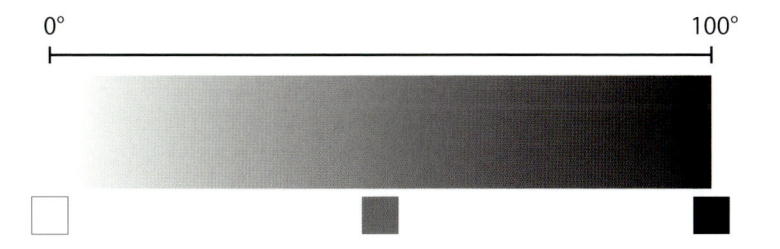

0° 100°

▲ **Abbildung 1-79** Graustufen

▲ **Abbildung 1-80**
Zeichnung in Farbe (links) und Graustufen (rechts)

Graustufenobjekte können jederzeit in RGB oder CMYK konvertiert werden, wobei die Grauwerte durch die dem jeweiligen Farbmodell eigene Methode beschrieben werden.

Farbe

Farbarten

Hier bekommen Sie einen Einblick in die unterschiedlichen Arten von Farben, die von Illustrator unterstützt werden.

Prozessfarben und Volltonfarben

Sie können in Ihrem Dokument entweder mit Vollton- oder mit Prozessfarben arbeiten.

Eine **Prozessfarbe** entsteht durch die Kombination der vier Standard-Prozessdruckfarben Cyan, Magenta, Gelb und Schwarz und wird in Ihrem Dokument durch die entsprechenden CMYK-Farbwerte definiert. Verwenden Sie Prozessfarben, wenn Sie ein Dokument mit vielen Farben drucken möchten, etwa ein Foto.

> **Tipp**
>
> Je nach Druckgerät, Drucktechnik und Papierart kann es bei Prozessfarben zu unterschiedlichen Ergebnissen kommen – lassen Sie daher immer erst einen **Probedruck** machen.

▲ **Abbildung 1-81** Die vier Prozessfarben zum farbigen Bild kombiniert

Eine **Volltonfarbe** (Schmuckfarbe) hingegen ist eine spezielle Druckfarbe, die statt der oder zusätzlich zu Prozessdruckfarben verwendet werden kann. Für jede Volltonfarbe ist in der Offset-Druckmaschine eine eigene Druckplatte notwendig (was zu höheren Druckkosten führen kann), beim Digitaldruck werden Volltonfarben in den CMYK-Farbraum konvertiert. Verwenden Sie Volltonfarben spärlich. Sinnvoll sind sie, wenn Farbgenauigkeit wichtig ist, etwa bei Logos.

Optimale Ergebnisse mit Volltonfarben erzielen Sie, wenn Sie das Farbsystem verwenden, mit dem Ihre Druckerei arbeitet. Illustrator stellt Ihnen über das Farbfelder-Bedienfeld die gängigsten Farbsysteme von Herstellern wie PANTONE, HKS, Trumatch, FOCOLTONE, DIC und TOYO als Bibliothek (siehe Kapitel 6, Seite 271) zur Verfügung.

Wenn Sie für den Druck eines Dokuments Volltonfarben und Prozessfarben benötigen – zum Beispiel, weil auf demselben Blatt sowohl ein Logo als auch ein Foto gedruckt werden soll –, können Sie diese auch kombinieren.

Globale Farben

In Illustrator können Sie Farben als »global« definieren. Das bedeutet, dass sich alle Objekte, auf die eine globale Farbe angewendet wurde, farblich anpassen, wenn Sie das Farbfeld bearbeiten. Die Objekte sind also mit dem Farbfeld verknüpft. Standardmäßig sind Farbfelder nicht global; wenn Sie bei der Wahl von öfter verwendeten Farben flexibel bleiben möchten, definieren Sie ein Farbfeld als globale Farbe, bevor Sie es anwenden.

Ob ein Farbfeld global oder nicht global ist, hat keinerlei Auswirkungen auf das Verhalten beim Druck und in anderen Ausgabemedien – es ist lediglich eine Bearbeitungsfunktion, die Ihnen das Anpassen bei Farbänderungen erleichtern soll.

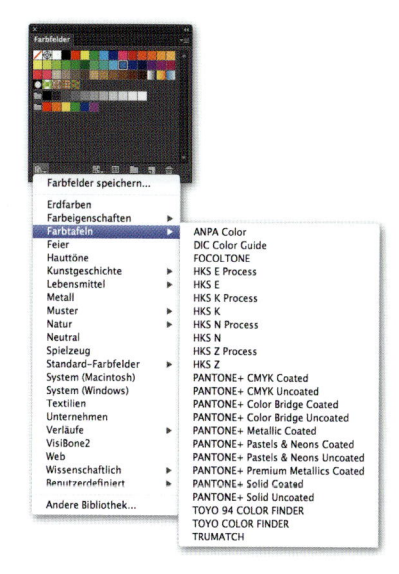

▲ **Abbildung 1-82**
Farbfelder-Bibliotheken über das Farbfelder-Bedienfeld

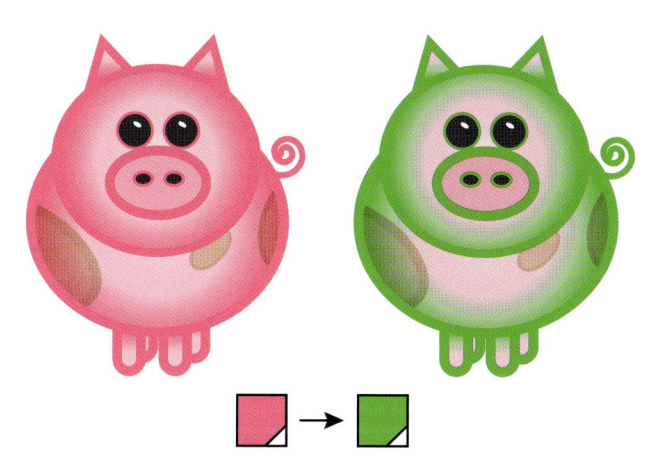

▲ **Abbildung 1-83** Hier wurde eine Farbe vor der Anwendung global definiert und später verändert (rechts) – jedes Objekt des Schweins, das die globale Farbe verwendet, wird dadurch angepasst.

Anzeige der Farbarten

In den Listenansichten des **Farbfelder-Bedienfelds** (unter *Fenster → Farbfelder* wählen Sie aus dem Bedienfeldmenü **Kleine Liste** oder **Große Liste**) wird die Farbart durch ein Symbol neben dem Farbnamen angezeigt, in den Miniaturansichten (**Kleine Miniaturen**, **Mittlere Miniaturen** oder **Große Miniaturen**) werden **Volltonfarben** und **globale Farben** durch ein Symbol gekennzeichnet.

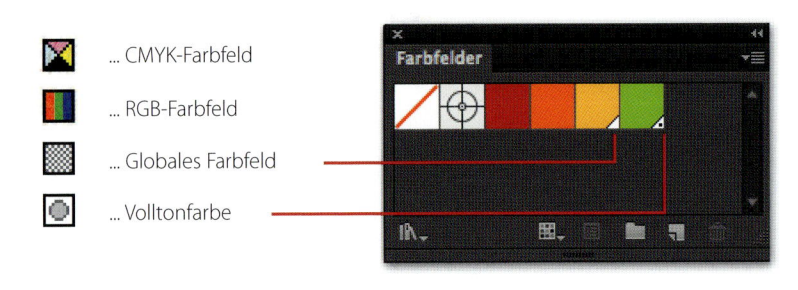

▲ **Abbildung 1-84** Farbfelder-Bedienfeld in einer Listenansicht (links) und in einer Miniaturansicht (rechts)

... CMYK-Farbfeld

... RGB-Farbfeld

... Globales Farbfeld

... Volltonfarbe

Tipps für Farbqualität

Um eine qualitativ hochwertige Reproduktion von Farben zu erhalten, sollten Sie mehrere Aspekte bedenken.

Farben sehen auf dem Monitor immer anders als auf dem Ausdruck aus! Selbst die für den professionellen Druck verwendeten CMYK-Farben werden auf dem Bildschirm letztlich wieder durch Licht erzeugt. Außerdem leuchtet ein Monitor, was Farben strahlender und heller erscheinen lässt. Halten Sie ein weißes Blatt neben eine weiße Fläche auf dem Monitor und bestaunen Sie den Unterschied. Stellen Sie den Monitor dunkler, wenn Sie Druckdokumente erstellen.

Eine gewisse Farbsicherheit gibt Ihnen ein sogenannter **Farbfächer**, den Sie bei einem der Hersteller von Volltonfarben und auch in manchen Druckereien und Papierfachgeschäften beziehen können. Auf diesen Farbfächern sind die vom Hersteller vertriebenen Volltonfarben gedruckt; einige davon enthalten auch zusätzlich das ähnlichste Farbfeld, das mit CMYK-Farben erzeugt werden kann, inklusive der dazugehörigen Werte. Dadurch können Sie eine relativ gute Vorstellung davon bekommen, wie Farben im Ausdruck aussehen werden. Vergleichen Sie auch die Darstellung der CMYK-Farbfelder im Farbfächer mit Farben auf dem Monitor, die dieselben CMYK-Werte haben.

> **Hinweis**
>
> Dem Erscheinungsbild auf dem Monitor können Sie nur vertrauen, wenn Sie einen kalibrierten Monitor und ein korrekt eingerichtetes **Farbmanagementsystem** haben und erfahren im Umgang damit sind.

> **Tipp**
>
> Besitzen Sie einen Farbfächer, dann behandeln Sie ihn gut. Legen Sie ihn keinesfalls in die Sonne, denn das lässt die Farben ausbleichen.

▲ **Abbildung 1-85** Farbfächer © Pantone LLC, 2010

Lassen Sie immer erst einen **Probedruck** auf exakt der Druckmaschine machen, auf der Sie am Ende auch den Auftrag drucken (lassen) werden; das Ergebnis variiert auch zwischen den unterschiedlichen Druckmaschinen und -techniken. Auch die Art des Papiers wirkt sich auf die Darstellung von Farben aus. Wie Sie Ihre Dateien am besten für den Ausdruck vorbereiten, lesen Sie in Kapitel 9.

Wie die von Ihnen gewählten Farben in **Webgrafiken** auf den unterschiedlichen Monitoren aussehen, können Sie leider nicht beinflussen – auch hier kann es durch die Qualitätsunterschiede der Monitore, den vom jeweiligen Monitor verwendeten Farbraum und die jeweils getroffenen Einstellungen (wie Kontrast, Helligkeit etc.) zu unterschiedlichen Darstellungen kommen.

Was Sie allerdings tun können, ist, auf so **wenige Farben** wie möglich zuzugreifen und **Farbharmonien** zu verwenden. Erzielen Sie die Farbvielfalt dieser ausgesuchten Farben durch Abstufungen der Farben – in diesem Fall spielt es keine große Rolle, wie die Farben letzlich dargestellt werden, sie passen jedenfalls zusammen. Und ganz nebenbei sieht das Resultat auch noch eleganter aus, natürlich auch im Druck.

> **Hinweis**
>
> Wie Sie Farbharmonien und Farbschattierungen bilden, erfahren Sie in Kapitel 6.

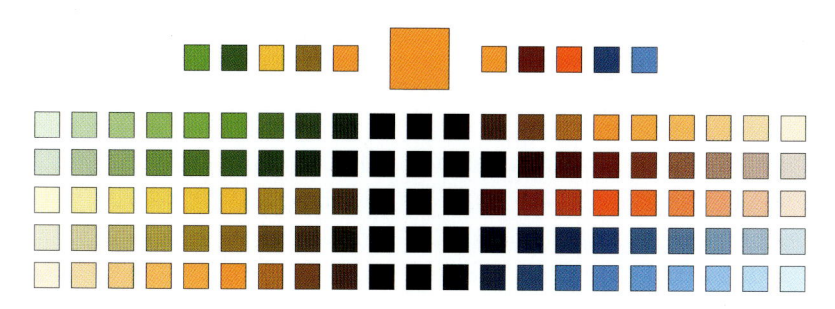

▲ **Abbildung 1-86** Von einer zentralen Farbe (hier Orange) ausgehend, können Sie auf Farbharmonien zugreifen, die Sie dann in unterschiedlichen Schattierungen verwenden können.

1 2 3 4 5 6 7 8 9 10

Kapitel 2

Inhalte organisieren

Sicherer Umgang mit Objekten: Ebenen, Gruppen & Co.

Arbeitshilfen

Dateien importieren

Das Kapitel stellt Ihnen eine Vielzahl an Techniken und Funktionen vor, die Sie bald nicht mehr missen möchten: vom Auswählen, Platzieren, Verschieben und Gruppieren über den Umgang mit Ebenen bis hin zum Ausrichten an Lineal, Pixelraster und Intelligenten Hilfslinien.

> **Tipp**
>
> Mit dem in Illustrator CS5 eingeführten Zeichenmodus **Dahinter Zeichnen** (siehe Abschnitt »Zeichenmodi« in Kapitel 3) können Sie die Objektreihenfolge für neue Objekte auch umkehren und sie hinter anderen Objekten erstellen.

In diesem Kapitel möchte ich Ihnen den sicheren Umgang mit Objekten erläutern und Ihnen ein paar Programmhilfen zeigen, die Ihnen die Arbeit erheblich erleichtern können. Lernen Sie, wie Sie gezielt Objekte oder Teile von Objekten auswählen, um sie zum Beispiel verschieben und ausrichten zu können. Holen Sie sich Inspiration dazu, wie Sie durch das Organisieren und Anordnen der Objekte Ihren Vorlieben entsprechend unterschiedliche Sichtbarkeit der Objekte erzielen können. Auch das Importieren von Bildmaterial ist nicht schwierig, wenn man es richtig angeht.

Objekte, die Sie in Ihrem Dokument erstellen, haben immer eine bestimmte Reihenfolge – sie werden **übereinander** gestapelt. Die **Objektreihenfolge** entspricht standardmäßig der Reihenfolge des Erstellens – neue Objekte liegen immer oben –, sie kann aber nachträglich geändert werden. Dabei verdecken oben liegende Objekte die Sichtbarkeit auf darunterliegende Objekte komplett oder teilweise.

▲ **Abbildung 2-01** Mehrere nacheinander erstellte Objekte liegen übereinander.

> **Hinweis**
>
> Auch Objekte, die scheinbar nebeneinanderliegen, folgen dieser **Objektreihenfolge** – sobald Sie diese Objekte übereinander bewegen, werden die Unterschiede in der Sichtbarkeit bemerkbar.
>
> ▲ **Abbildung 2-02**
> Beim Übereinanderlegen wird die Objektreihenfolge sichtbar.

Wenn es darum geht, den Überblick über die Elemente Ihres Dokuments zu bewahren – und das können rasch sehr viele werden –, sollten Sie die Möglichkeiten nutzen, die Ihnen Adobe Illustrator zur Organisation von Objekten zur Verfügung stellt: **Gruppen**, **Ebenen** und **Unterebenen**, die Struktur kann Ihren Vorlieben entsprechend ganz einfach oder sehr komplex sein. Ein weiterer Vorteil dieser Gruppierungsmöglichkeiten ist, dass sich die zusammengefassten Objekte wie eine Einheit verhalten und daher rasch gemeinsam bearbeiten lassen.

Unterstützung für das Organisieren von Objekten erhalten Sie durch das **Ebenen-Bedienfeld**, in dem jedes Element – lose oder zusammengefasst – aufgelistet ist. Über das Ebenen-Bedienfeld können Sie auch Objekte duplizieren, löschen und zum Bearbeiten auswählen, wofür Ihnen auch eine Reihe an **Auswahl-Werkzeugen** zur Verfügung steht. Mit den Auswahl-Werkzeugen können Sie – je nach Bedarf – ganze Objekte und Gruppen, einzelne Objekte in Gruppen oder Teile von Pfaden (z. B. Ankerpunkte, Segmente und Richtungslinien) auswählen und auch in der Arbeitsfläche verschieben.

> **Tipp**
>
> Wenn Sie Grafiken für das Web erstellen, machen Sie sich bitte auch mit der Ausrichtung von Objekten am neuen Pixelraster vertraut. Damit werden Objekte für das Web optimiert ausgerichtet.

Für das Arrangieren von Objekten auf den Zeichenflächen bietet Ihnen Adobe Illustrator viele Möglichkeiten, zum Beispiel Ausrichtungsfunktionen, aber auch Dokumenthilfen wie Lineale, Hilfslinien und Raster.

Sicherer Umgang mit Objekten: Ebenen, Gruppen & Co.

Wenn Sie, wie im vorherigen Kapitel beschrieben, ein neues Dokument erstellen, wird dieses bereits mit einer **Ebene** in der Größe der gesamten Arbeitsfläche angelegt. Sämtliche Objekte, die Sie erstellen, werden zunächst einmal darin gesammelt.

◄ **Abbildung 2-03**
Dieser Schmetterling besteht derzeit aus 20 einzelnen Objekten, die vom Programm alle in der ersten Ebene abgelegt wurden.

Wenn Sie möchten, können Sie es bei dieser einen Ebene belassen – das ist allerdings ein bisschen so, als würden Sie einen Stapel loser Blätter in eine Mappe legen. Sie werden mir zustimmen, dass das nicht besonders übersichtlich ist. Deshalb ist es in vielen Fällen besser, für neue Elemente auch neue Ebenen anzulegen. Sie können zum Beispiel alle Objekte, die als Hintergrund dienen sollen, in einer eigenen Ebene zusammenzufassen.

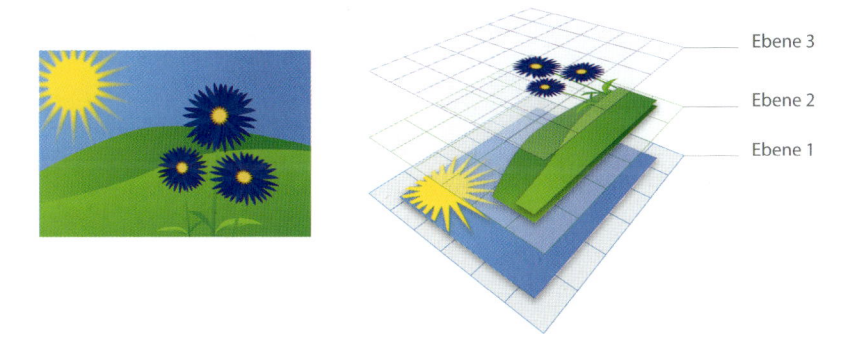

▲ **Abbildung 2-04** Beispiel für die Anordnung von Objekten in mehreren Ebenen

Der große Vorteil bei mehreren Ebenen liegt vor allem darin, dass Sie die in einer Ebene gesammelten Objekte als Einheit handhaben können. Wenn Sie beispielsweise eine Ebene ausblenden (vorübergehend unsichtbar machen), so werden alle Objekte in dieser Ebene ausgeblendet. Wählen Sie eine Ebene aus, sind alle darin befindlichen Objekte ausgewählt – dadurch können diese Objekte rasch gemeinsam bearbeitet oder gestaltet werden.

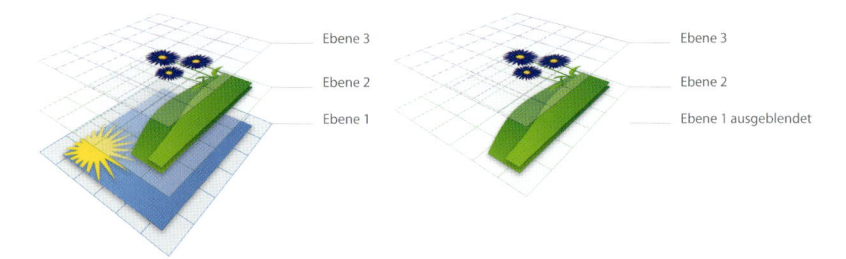

▲ **Abbildung 2-05** Objekte auf Ebenen verteilt (links), die unterste Ebene ausgeblendet (rechts)

Einen ähnlichen Zweck haben Gruppen. **Gruppen** sind Sammelmöglichkeiten innerhalb von Ebenen. Um bei dem Vergleich mit den losen Blättern zu bleiben: Eine Gruppe verhält sich, als würden Sie einige der losen Zettel in der Mappe zusammenheften, weil sie zusammengehören. Auf diese Weise können Sie sie rasch herausnehmen und zum Beispiel an eine andere Position reihen.

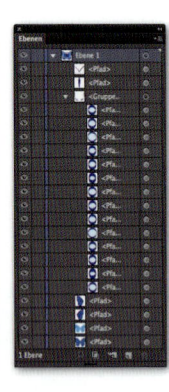

▶ **Abbildung 2-06**
Die 14 einzelnen Kreisobjekte, die das Flügelmuster des Schmetterlings darstellen, sind als Gruppe in der Handhabung viel einfacher.

In der Praxis sorgen also Gruppen mehr für die Zusammengehörigkeit von Objekten, während Ebenen eher dafür gedacht sind, Objekte von anderen Objekten abzugrenzen. Bevor ich Ihnen die Möglichkeiten zum Organisieren von Objekten näher zeige, möchte ich Ihnen zuerst das Ebenen-Bedienfeld vorstellen.

Das Ebenen-Bedienfeld

Zum Auflisten, Auswählen, Strukturieren und Organisieren von Objekten steht Ihnen das **Ebenen-Bedienfeld** (*Fenster* → *Ebenen* oder F7) zur Verfügung. Darin können Sie ganze Ebenen, Unterebenen, Gruppen oder einzelne Objekte auswählen, diese ein- beziehungsweise ausblenden und sie sperren, um Objekte vor versehentlichen Bearbeitungen zu schützen.

Wenn Sie das Ebenen-Bedienfeld öffnen, sind die Ebenen vermutlich »zugeklappt« – klicken Sie auf den grauen Pfeil neben der Ebene, um die darin liegenden Inhalte anzuzeigen.

Jedes Objekt erhält im Ebenen-Bedienfeld seinen eigenen Eintrag, auch die durch die Reihenfolge des Erstellens bestimmte Objektreihenfolge spiegelt sich dort wider – das im Ebenen-Bedienfeld an oberster Stelle aufgeführte Objekt liegt auch auf Ihrer Zeichenfläche ganz oben, das unterste liegt ganz unten.

▲ **Abbildung 2-07**
Der graue Pfeil klappt die Inhalte auf und auch wieder zu.

▲ **Abbildung 2-08** Objekte, die im Ebenen-Bedienfeld oben liegen, liegen auch in der Zeichenfläche oben.

Objekte aus- und wieder einblenden

Wenn Sie vorübergehend ein oder mehrere Objekte, Gruppen oder Ebenen ausblenden möchten, können Sie dies durch einen Klick auf das **Sichtbarkeitssymbol (Augensymbol)** in der linken Spalte des Ebenen-Bedienfeldes machen. Das fehlende Symbol signalisiert Ihnen, dass diese Komponente nicht sichtbar ist, also ausgeblendet. Durch einen nochmaligen Klick in das – nun leere – Feld schalten Sie die Sichtbarkeit wieder ein.

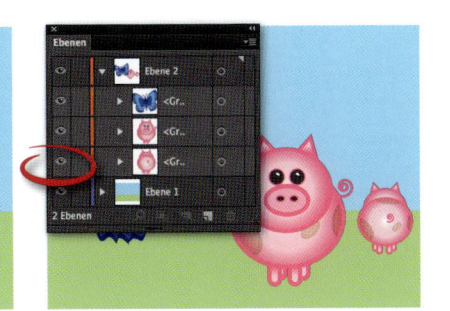

> **Tipp**
>
> Sie können auch im Menü des Ebenen-Bedienfelds durch den Befehl **Andere Ausblenden** alle Ebenen bis auf die Ebene mit der aktuellen Auswahl ausblenden, beziehungsweise danach wieder alle Ebenen einblenden.

◀ **Abbildung 2-09**
Das zweite Schweinchen ausgeblendet (links) und sichtbar (rechts)

Sicherer Umgang mit Objekten: Ebenen, Gruppen & Co.

Objekte als Pfade ohne Aussehen anzeigen

In Adobe Illustrator werden standardmäßig alle Objekte mit Farbe und allen anderen Aussehensattributen dargestellt. In sehr komplexen Illustrationen kann das den Bildschirmaufbau stark verlangsamen. Zu diesem Zweck können Sie im Menü *Ansicht* → *Pfadansicht* oder ⌘ / strg + Y alle Objekte des Dokuments nur als Pfade ohne Aussehen darstellen lassen.

Die Pfadansicht kann aber auch für nur eine oder für mehrere Ebenen aktiviert werden. Klicken Sie dazu im Ebenen-Bedienfeld mit gedrückter ⌘ / strg -Taste auf das Augensymbol 👁. Das Symbol verändert sich in 👁. Erneutes Klicken mit gedrückter ⌘ / strg -Taste in das Feld stellt die Ebenen wieder im Vorschaumodus dar. Kombinieren Sie damit noch die alt -Taste, so verändern Sie den Vorschaumodus für alle Ebenen außer der angeklickten.

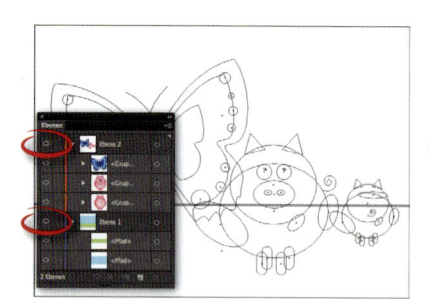

▲ **Abbildung 2-10** Alle Dokument-Ebenen (links) und nur eine Ebene (rechts) in der Pfadansicht

Über das Ebenen-Bedienfeld-Menü können Sie mit dem Befehl **Alle Ebenen Vorschau** den Darstellungsmodus für alle Ebenen wieder auf Vorschau setzen.

Objekte schützen

Oftmals investiert man viel Zeit in das präzise Positionieren eines Objekts und möchte verhindern, dass man es versehentlich verschiebt oder anderweitig bearbeitet. Zu diesem Zweck kann man Objekte, Gruppen und Ebenen durch Klicken auf das **Sperren-/Entsperren-Symbol (Schloss-Symbol)** 🔒 im Ebenen-Bedienfeld sperren. Ein nochmaliger Klick auf das Schloss-Symbol gibt die Komponenten wieder zur Bearbeitung frei.

▲ **Abbildung 2-11**
Wenn Sie eine Ebene sperren, sind auch alle darin liegenden Komponenten gesperrt.

> **Tipp**
>
> Über das Menü des Ebenen-Bedienfelds können Sie die Ebenenbedienfeldoptionen öffnen und darin die **Größe der Miniaturen** ändern und festlegen, für welche Komponenten eine Miniatur angezeigt wird.
>
> ▲ **Abbildung 2-12**
> Ebenen-Bedienfeldoptionen

74 Kapitel 2 · Inhalte organisieren

Wenn Sie Objekte ausgewählt haben, können Sie diese auch über das Menü *Objekt → Sperren → Auswahl* oder ⌘ / `strg` + `2` sperren. Alternativ können Sie über *Objekt → Sperren* auch **Sämtliches Bildmaterial darüber** oder **Andere Ebenen** sperren.

Eigene Namen vergeben

Namen wie *Ebene 1*, *Ebene 2*, *Pfad*, *Gruppe* etc. sind rasch nicht mehr geeignet, um sich schnell zurechtzufinden. Es empfiehlt sich daher, möglichst früh ein wenig Zeit zu investieren, um eigene Namen zu vergeben.

In der neuen Benutzeroberfläche können Sie Namen nun direkt in den Bedienfeldern editieren, indem Sie darauf doppelklicken!

Benutzer älterer Illustrator-Versionen vergeben eigene Namen weiterhin über die **Ebenenoptionen**.

Objekte duplizieren

Sie können Objekte direkt über das Ebenen-Bedienfeld duplizieren. Ziehen Sie die zu kopierenden Objekte im Ebenen-Bedienfeld an der Miniatur oder dem Namen auf das Symbol **Neu**. Der Cursor stellt nun ein Plus dar und Sie können die Maus loslassen. Die Duplikate werden direkt über das Original gelegt.

Objekte löschen

Im Ebenen-Bedienfeld löschen Sie Objekte, Gruppen und Ebenen, indem Sie die zu löschenden Komponenten an der Miniatur oder dem Namen greifen und auf das **Löschen-Symbol** ziehen. Gesperrte Komponenten können nicht gelöscht werden.

Noch schneller löschen Sie ausgewählte Objekte und Gruppen: Drücken Sie einfach die ←-Taste. Windows-User können zum Löschen auch die `entf`-Taste drücken. Ist eine ganze Ebene ausgewählt, löschen Sie auf diese Weise lediglich den Inhalt, nicht aber die Ebene selbst.

Objektreihenfolge ändern

Wenn Sie Objekte über oder unter andere Objekte oder auch in andere Ebenen oder Gruppen verschieben möchten, können Sie dies präzise im Ebenen-Bedienfeld tun. Bedenken Sie aber, dass sich durch Neuordnung überlappender Objekte in der Objektreihenfolge auch deren sichtbare Bereiche verändern.

Ziehen Sie ein Objekt innerhalb des Ebenen-Bedienfelds an seinem Namen oder seiner Miniatur über, unter oder zwischen andere Objekte. Ein Balken oder eine farbliche Veränderung zeigt Ihnen die Position an, an der Sie es einfügen können. Lassen Sie los, wenn der Balken an der gewünschten Position erscheint.

Neu in CS6

▲ **Abbildung 2-13**
Doppelklicken Sie in den Bedienfeldern, um Namen zu bearbeiten.

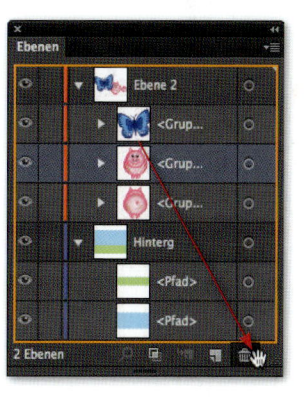

▲ **Abbildung 2-14**
Ziehen Sie Inhalte auf das Löschen-Symbol.

▲ **Abbildung 2-15** Objekte in umgekehrter Objektreihenfolge

Sicherer Umgang mit Objekten: Ebenen, Gruppen & Co.

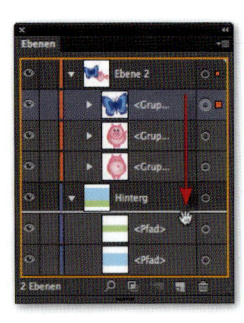

▲ **Abbildung 2-16** Schieben Sie Komponenten einfach an eine andere Position im Ebenen-Bedienfeld.

Mit dieser Vorgehensweise können Sie Objekte beliebig verschieben (übrigens auch gesperrte Objekte), sowohl innerhalb einer Ebene oder Gruppe als auch in andere Ebenen und Gruppen, diese dürfen aber nicht gesperrt sein.

Sind Objekte ausgewählt – dazu gleich mehr –, bietet sich für das Verschieben in andere Ebenen oder Gruppen auch das Ziehen an der ■ **Auswahlanzeige** (in der in den Ebenenoptionen definierten Ebenenfarbe) an.

Neu in CS6

Objekte suchen

Eine Funktion, die in Dokumenten mit vielen oder stark verschachtelten Objekten sehr nützlich sein kann, ist das Lokalisieren von in der Arbeitsfläche ausgewählten Objekten im Ebenen-Bedienfeld: Nutzen Sie dazu den neuen Button ■ **Objekt suchen**.

In früheren Versionen finden Sie die Funktion **Objekt suchen** bei entsprechender Auswahl im Bedienfeld-Menü.

Neue Ebenen anlegen

Neue Ebenen anzulegen, ist einfach: Klicken Sie im Ebenen-Bedienfeld auf das Symbol ■ **Neue Ebene** oder auf ■ **Neue Unterebene**. Die neue Ebene wird immer oberhalb der gerade aktiven Ebene angelegt.

Jeder Ebene wird eine eigene Farbe zugewiesen. Im Ebenen-Bedienfeld wird die Farbe links neben dem Namen als schmaler Balken angezeigt, und bei ausgewählten Objekten auch rechts neben dem Ebenen- und Objektnamen in der ■ **Auswahlanzeige**.

In der Zeichenfläche wird die Farbe zur Darstellung von Begrenzungsrahmen, Pfaden, Ankerpunkten und Mittelpunkten ausgewählter Objekte verwendet. So können Sie rasch an der Farbgebung erkennen, in welcher Ebene sich ein Objekt befindet.

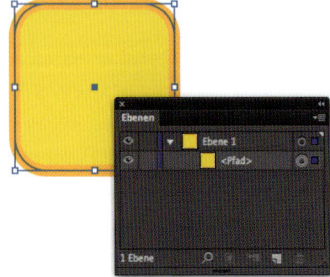

Tipp

Wenn Sie ein Objekt ausgewählt haben, können Sie es auch über das Menü *Objekt* → *Anordnen*, das Sie auch als Kontextmenü durch einen Rechtsklick auf die Auswahl erhalten, neu anordnen. Sie haben allerdings nur vier Möglichkeiten zur Positionierung: **Schrittweise nach vorne**, **Schrittweise nach hinten**, **In den Vordergrund** (an oberste Stelle) und **In den Hintergrund** (an unterste Stelle).

▶ **Abbildung 2-17**
Objekte sind in der Zeichenfläche und dem Ebenen-Bedienfeld in der Ebenenfarbe gekennzeichnet. Ändern Sie die Ebenenfarbe in den Ebenenoptionen, wenn Ihre Objekte in ähnlichen Farben sind, sodass Sie die Markierungen gut sehen können.

Kapitel 2 · Inhalte organisieren

Ebenen-Optionen

Doppelklicken Sie im Ebenen-Bedienfeld auf das Vorschaubild oder neben den Namen, und es öffnen sich die Ebenen-Optionen, in denen Sie unter anderem eigene, aussagekräftige Namen definieren können.

> **Tipp**
>
> Auf dieselbe Weise verfahren Sie, wenn Sie Gruppen oder einzelne Objekte umbenennen möchten.
>
> ▲ **Abbildung 2-18**
> Optionen für Gruppen und einzelne Pfade

▲ **Abbildung 2-19** Ebenen-Optionen

Die **Farbe**, die Sie über das Drop-down-Menü oder über das danebenliegende Farbkästchen wählen, bezieht sich auf die Farbe der Objektmarkierungen, also die Darstellung der Pfade und des Begrenzungsrahmens.

Die Option **Fixieren** entspricht dem Schloss-Symbol zum Sperren von Komponenten, **Einblenden** entspricht der Funktion des Augensymbols. Deaktivieren Sie die Option **Drucken**, werden die Inhalte der Ebene weder gedruckt noch in anderen Dateiformaten gespeichert.

Die beiden Optionen **Vorlage** und **Bilder abblenden auf** beziehen sich darauf, eine Ebene in eine **Vorlagenebene** umzuwandeln, wie ich Ihnen in Kapitel 5 zeigen werde.

▲ **Abbildung 2-20**
Vorlagen-Ebene

Objekte gruppieren

Gruppen sind eine der Möglichkeiten, um Objekte innerhalb einer Ebene zusammenzufassen und als Einheit zu behandeln. Gruppen selbst können wiederum beliebig weiter gruppiert werden.

Wählen Sie die Objekte, die Sie gruppieren möchten, auf der Zeichenfläche oder im Ebenen-Bedienfeld aus, und wählen Sie aus dem Menü *Objekt → Gruppieren* oder ⌘ / strg + G . Alle ausgewählten Objekte werden – an der Position des obersten Objekts – zu einer Gruppe zusammengefasst, auch wenn sie vorher zum Beispiel auf mehrere Ebenen verteilt waren. Innerhalb der Gruppe bleibt die ursprüngliche Objektreihenfolge erhalten.

Objekt → Gruppierung aufheben oder ⇧ + ⌘ / strg + G löst zwar diese Gruppierung wieder auf, führt die Objekte aber nicht wieder an ihre ursprüngliche Position zurück.

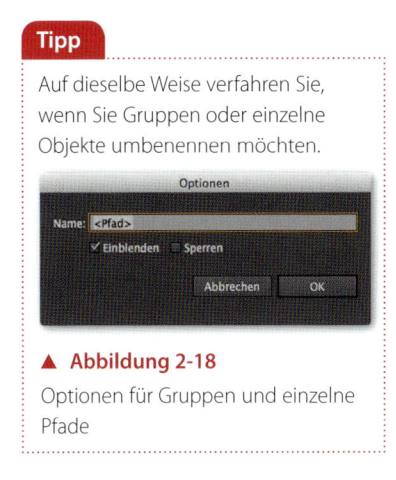

> **Hinweis**
>
> Objekte, die bereits in unterschiedlichen Gruppen sind, können nicht miteinander gruppiert werden!

Sicherer Umgang mit Objekten: Ebenen, Gruppen & Co.

Auswählen

Bevor Sie bestehende Objekte bearbeiten, gruppieren oder ihnen Aussehensattribute zuweisen können, müssen Sie Adobe Illustrator erst mitteilen, welches Objekt oder welchen Teil des Pfades Sie meinen, indem Sie die entsprechenden Komponenten **auswählen**.

Sie haben mit unterschiedlichen Werkzeugen und Methoden die Möglichkeit, ein oder mehrere Objekte, Gruppen von Objekten und Ebeneninhalte auszuwählen, sowie zur Feinjustierung Ihrer Pfade einzelne oder mehrere Ankerpunkte, Richtungslinien und Pfadsegmente. Probieren Sie die unterschiedlichen Optionen durch, und Sie werden rasch Ihre Lieblingsvorgehensweise herausfinden.

Exkurs: Begrenzungsrahmen

Der **Begrenzungsrahmen** ist ein rechteckiger Rahmen um eine Auswahl. Er stellt Ihnen acht Griffpunkte zum Transformieren (siehe Kapitel 4) der Auswahl zur Verfügung.

Der Begrenzungsrahmen verläuft immer entlang des Objektpfades. Wenn Sie dem Objekt eine Kontur (Verweis) zuweisen, legt sich diese standardmäßig auf beide Seiten des Pfades und ist somit teilweise außerhalb des Begrenzungsrahmens.

Sind mehrere Objekte ausgewählt, erscheint ein Begrenzungsrahmen um alle ausgewählten Objekte.

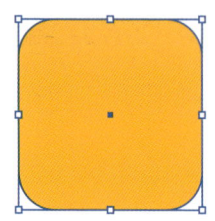

▲ **Abbildung 2-21**
Begrenzungsrahmen

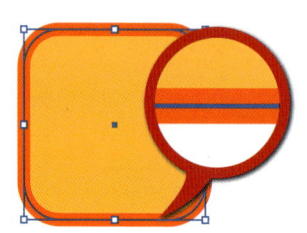

▲ **Abbildung 2-22**
Begrenzungsrahmen um ein Objekt mit Kontur

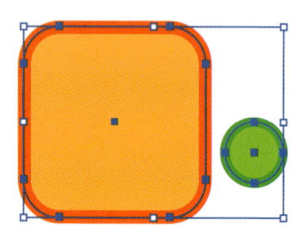

▲ **Abbildung 2-23**
Begrenzungsrahmen um mehrere Objekte

Ganze Objekte und Gruppen auswählen

Zum Auswählen eines oder mehrerer ganzer Objekte bzw. Gruppen haben Sie grundsätzlich zwei Möglichkeiten zur Auswahl: Sie können die Objekte mit Werkzeugen direkt in der Arbeitsfläche anwählen, oder Sie können Ihre Auswahl im Ebenen-Bedienfeld vornehmen. Diese Methoden sind kommunizierend: Egal auf welche Art Sie die Auswahl treffen, sind das oder die Objekte und Gruppen auch auf die andere Art ausgewählt.

Ausgewählte Objekte erkennen Sie auf der Arbeitsfläche daran, dass sie von einem rechteckigen **Begrenzungsrahmen** umgeben sind. Im Ebenen-Bedienfeld erkennen Sie eine Auswahl in der ⓐ Zielspalte durch einen Ring um das Symbol und in der ⓑ Auswahlspalte am Farbkästchen.

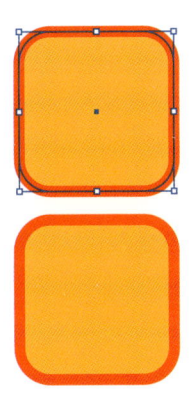

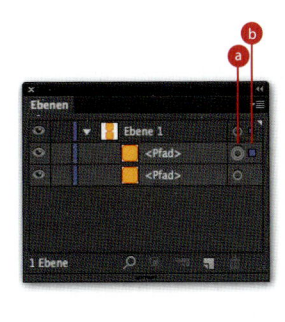

▲ **Abbildung 2-24** Ausgewähltes Objekt auf der Arbeitsfläche und im Ebenen-Bedienfeld

Sehen wir uns nun die unterschiedlichen Möglichkeiten des Auswählens an.

Mit dem ■ **Auswahl-Werkzeug** [V] können Sie direkt auf Ihrer Zeichenfläche ein Objekt oder eine Gruppe von Objekten auswählen, indem Sie einmal darauf klicken. Um ganz präzise zu sein: Sie müssen auf den Pfad selbst (und nicht auf seine Kontur) klicken, oder – bei Objekten, die auch eine Flächenfarbe zugewiesen haben – einfach irgendwo innerhalb des Pfades.

Falls das angeklickte Objekt Teil einer Gruppe ist, wird dadurch die gesamte Gruppe ausgewählt. Bitte beachten Sie im folgenden Beispiel, dass das rechte untere Quadrat nicht ausgewählt ist – es liegt nicht in der ausgewählten Gruppe –, obwohl es spontan vielleicht aufgrund des Begrenzungsrahmens den Eindruck erweckt. Der Begrenzungsrahmen stellt immer ein Rechteck mit der maximalen Ausdehnung der ausgewählten Objekte dar (auch bei mehreren Objekten), dadurch kann es den Anschein haben, als wären Objekte, die in diesem Bereich liegen, mit ausgewählt.

Hinweis

Der Cursor des Auswahl-Werkzeugs verändert sein Aussehen je nachdem, ob er sich über nicht ausgewählten Objekten oder Gruppen (▶■), über ausgewählten Objekten oder Gruppen (▶) oder über einem Ankerpunkt eines ausgewählten Objektes (▶□) befindet.

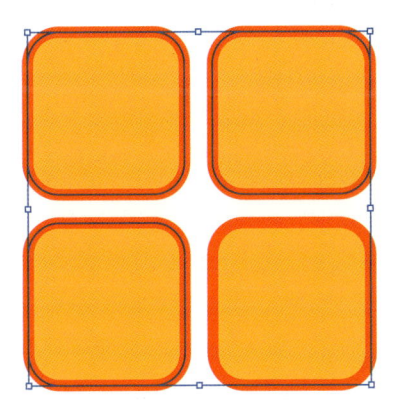

▲ **Abbildung 2-25** Durch Klicken auf ein gruppiertes Objekt wählen Sie die gesamte Gruppe aus.

Sicherer Umgang mit Objekten: Ebenen, Gruppen & Co.

> **Tipp**
>
> Klicken Sie mit gedrückter ⇧-Taste auf weitere Objekte oder Gruppen, um diese einer Auswahl hinzuzufügen. Sind bereits Objekte ausgewählt, können Sie auf dieselbe Weise Objekte wieder aus der Auswahl entfernen. Diese Methode funktioniert in der Arbeitsfläche und im Ebenen-Bedienfeld.

Sie können mit dem Auswahl-Werkzeug übrigens auch mit gedrückter Maustaste einen Rahmen aufziehen und dadurch alle Objekte oder Gruppen auswählen, deren Pfade in diesen Auswahlrahmen ragen. Beginnen Sie aber an einer freien Stelle in der Arbeitsfläche zu ziehen, da Sie sonst Objekte verschieben.

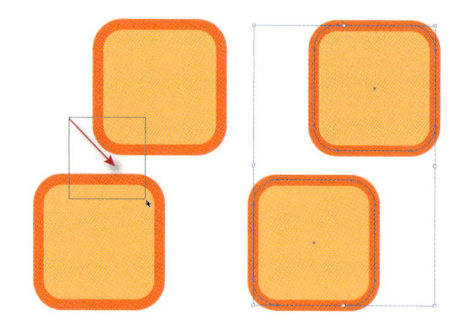

▲ **Abbildung 2-26** Ziehen Sie einen Auswahlrahmen auf, werden alle Objekte ausgewählt, die in die Auswahl ragen.

Im **Ebenen-Bedienfeld** wählen Sie Objekte oder Gruppen aus, indem Sie entweder auf das Kreissymbol in der Zielspalte klicken oder rechts daneben in die (noch leere) Auswahlspalte. Auf diese Weise wählen Sie auch den Inhalt einer gesamten Ebene aus.

▲ **Abbildung 2-27**
Klicken Sie auf das Kreissymbol oder in den Bereich, in dem Sie das blaue Farbkästchen sehen, um Objekte oder Gruppen auszuwählen.

Hinter anderen Objekten liegende Objekte auswählen

Neu seit CS5 ist, dass Sie durch Zuhilfenahme der ⌃strg/⌘-Taste direkt in der Arbeitsfläche Objekte auswählen können, die hinter anderen Objekten liegen – was nur dann etwas Besonderes ist, wenn diese Objekte verdeckt sind, sonst könnten Sie sie ja direkt anklicken.

Klicken Sie so oft mit gedrückter ⌃strg/⌘-Taste auf das oben liegende Objekt, bis das gewünschte Objekt ausgewählt ist. Diese Auswahlmethode berücksichtigt alle unterhalb des Cursors befindlichen Objekte, Sie müssen also innerhalb des Objektbereichs klicken, den Sie suchen.

◄ **Abbildung 2-28**
Der gestrichelte rote Kreis (links) markiert den Bereich, in den Sie klicken müssen, um das Objekt (rechts) auszuwählen.

> **Tipp**
>
> Diese Methode funktioniert mit dem Auswahl-, dem Direktauswahl-, dem Gruppenauswahl-, dem Lasso- und sogar mit dem neuen Perspektivenauswahl-Werkzeug.

Sie können hinten liegende Objekte auch über das Ebenen-Bedienfeld auswählen oder das Menü *Auswahl → Nächstes Objekt darunter* verwenden.

Gruppeninhalte auswählen

Um einzelne Objekte innerhalb von Gruppen auszuwählen, haben Sie wieder mehrere Möglichkeiten:

- Mit dem **Gruppenauswahl-Werkzeug** wählen Sie Objekte in der Arbeitsfläche durch Anklicken oder Aufziehen eines Auswahlrahmens so aus, als wären sie überhaupt nicht gruppiert.
- Im Ebenen-Bedienfeld können Sie durch einen Klick auf den Pfeil links neben der Gruppe die Inhalte aufklappen und einzeln auswählen.

◀ **Abbildung 2-29**
Das Ebenen-Bedienfeld

- Doppelklicken Sie mit dem Auswahl-Werkzeug auf eine Gruppe, so wird diese Gruppe im **Isolationsmodus** dargestellt – das bedeutet, Sie sind in Ihrer Dokumentstruktur einen Schritt in die Tiefe gegangen und befinden sich nun direkt in dieser Gruppe, wo Sie alle darin befindlichen Objekte wie gewohnt anwählen können. Doppelklicken Sie in eine leere Stelle auf der Zeichenfläche, so verlassen Sie auf schnellstem Weg den Isolationsmodus.

Sie können in CS6 jetzt ausgewählte Objekte auch direkt im Steuerung-Bedienfeld durch einen Klick auf **Ausgewähltes Objekt isolieren** in den Isolationsmodus bringen.

Ähnliche oder gleiche Objekte auswählen

Das **Zauberstab-Werkzeug** [Y] erkennt im Dokument alle Objekte mit gleichen oder ähnlichen Flächenattributen und wählt sie aus. Im **Zauberstab-Bedienfeld**, das Sie durch einen Doppelklick auf das Zauberstab-Werkzeug oder das Menü *Fenster → Zauberstab* öffnen, lassen sich weitere Suchkriterien definieren.

▲ **Abbildung 2-33**
Das Zauberstab-Bedienfeld

Exkurs: Isolationsmodus

Im Isolationsmodus isolieren Sie die Inhalte bestimmter Gruppen wie Objektgruppen, Symbolgruppen oder interaktiver Malgruppen – um nur einige zu nennen. Durch das Isolieren machen Sie nur die Inhalte dieser Gruppe bearbeitbar.

▲ **Abbildung 2-30**
Isolierte Objekte sind in voller Farbe dargestellt, während alle außerhalb liegenden Objekte abgesoftet zu sehen sind.

▲ **Abbildung 2-31**
Im Ebenen-Bedienfeld wird nur noch der Inhalt der isolierten Gruppe angezeigt.

Zum Verlassen des Isolationsmodus doppelklicken Sie entweder an eine freie Stelle in der Arbeitsfläche, oder Sie klicken im Isolationsmodusrahmen am oberen Rand des Dokumentfensters auf einen Namen oder auf **Isolationsmodus beenden**.

▲ **Abbildung 2-32**
Der **Isolationsmodusrahmen** gibt auch Aufschluss darüber, wo Sie sich gerade befinden.

Flächenfarbe ist standardmäßig bereits aktiviert, der Regler daneben legt die *Toleranz* für die Suche fest. Hier können Sie Werte zwischen *0* und *255* für RGB-Dokumente oder zwischen *0* und *100* für CMYK-Dokumente festlegen (Abschnitt »Farbmodelle« in Kapitel 1). Je niedriger der eingestellte Wert ist, desto ähnlicher müssen Objekte aussehen, um ausgewählt zu werden.

Darunter können Sie weitere Kriterien aktivieren, nach denen Objekte gesucht und ausgewählt werden, das sind **Konturfarbe** und **Konturstärke** sowie **Deckkraft**. Nach dem Aktivieren einer dieser Optionen können Sie dafür einen Toleranzwert definieren. Auch nach **Füllmethode** (Abschnitt »Transparenz und Füllmethoden« in Kapitel 6) kann gesucht werden.

Nachdem Sie die gewünschten Kriterien definiert haben, klicken Sie mit dem Zauberstab-Werkzeug auf ein Objekt mit den gesuchten Attributen – es werden alle Objekte ausgewählt, die den Suchkriterien entsprechen. Wenn Sie möchten, können Sie nun mit gedrückter ⇧-Taste weitere Objekte anklicken, was wiederum alle passenden Objekte zur Auswahl hinzufügt.

Durch Halten der alt-Taste und Klicken auf ein Objekt entfernen Sie es selbst und auch seine verwandten Objekte wieder aus der Auswahl.

Weitere Methoden, um gleiche Objekte auszuwählen

Wählen Sie ein Objekt aus und klicken Sie im Steuerung-Bedienfeld auf den Button **Ähnliche Objekte auswählen**, so können Sie aus dem daneben liegenden Drop-down-Menü **Ähnliche Optionen auswählen** festlegen, worauf sich die Auswahl beziehen soll.

Soll entweder die Fläche oder die Kontur als Kriterium herangezogen werden, wählen Sie erst ein Objekt aus und danach aus dem Menü *Auswahl* → *Gleich* → *Flächenfarbe* oder *Auswahl* → *Gleich* → *Konturfarbe*.

Teile eines Objekts auswählen

Unabhängig davon, mit welchem Werkzeug Pfade erstellt wurden, sind sie aus Segmenten und Ankerpunkte und deren Richtungslinien aufgebaut (Abschnitt »Aufbau von Objekten« in Kapitel 1), die nachträglich bearbeitet werden können. Für das Auswählen einzelner oder mehrerer Ankerpunkte, Richtungslinien oder Pfadsegmente zur weiteren Bearbeitung stehen Ihnen unterschiedliche Methoden zur Verfügung.

Mit dem **Direktauswahl-Werkzeug** A können Sie jede einzelne Pfadkomponente auswählen und sogar Bearbeitungen daran vornehmen (Abschnitt »Pfade direkt bearbeiten« in Kapitel 4). Die Suche nach Ankerpunkten kann sich schon etwas schwieriger gestalten, daher stellt sich der Cursor über Segmenten und über Ankerpunkten unterschiedlich dar.

Wenn sie die ungefähre Position der Ankerpunkte kennen, können Sie mit dem Direktauswahl-Werkzeug auch einen großzügigen Rahmen um diesen Bereich aufziehen – das wählt alle innerhalb des Rahmens liegenden Komponenten aus.

Tipp

Über *Auswahl* → *Erneut auswählen* können Sie übrigens die zuletzt definierten Auswahlkriterien mit einem neuen ausgewählten Objekt wiederholen.

Hinweis

Ausgewählte Ankerpunkte werden im Gegensatz zu nicht ausgewählten durch ein gefülltes kleines Quadrat dargestellt. Dafür lohnt sich schon Mal ein genauerer Blick.

Sollte in einem Ankerpunkt ein gebogenes Segment münden, erscheinen auch die entsprechenden Richtungslinien.

▲ **Abbildung 2-34**
Das gefüllte Quadrat stellt einen ausgewählten Ankerpunkt dar, das nicht gefüllte Quadrat markiert einen nicht ausgewählten Ankerpunkt.

◀ **Abbildung 2-35**
Mit dem Lasso-Werkzeug können Sie Segmente und deren Ankerpunkte durch freihändiges Zeichnen auswählen.

Ähnlich wählen Sie Ankerpunkte mit dem ![] **Lasso-Werkzeug** [Q] aus, es erlaubt Ihnen, durch das freihändige Zeichnen eines Bereichs die darin liegenden Ankerpunkte auszuwählen.

Objekte verschieben

Anders als gezeichnete Objekte auf Papier lassen sich Objekte in der Arbeitsfläche frei verschieben. Das Verschieben fällt eigentlich unter das Transformieren von Objekten, ist aber so grundlegend, dass ich es nicht erst mit den anderen Möglichkeiten des Transformierens im Abschnitt »Objekte transformieren durch Skalieren, Drehen & Co.« in Kapitel 4 behandeln möchte.

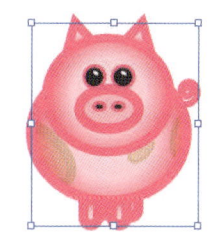

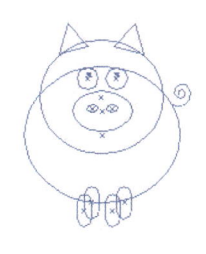

▲ **Abbildung 2-36**
Halten Sie während des Verschiebens die ⇧-Taste gedrückt, können Sie die Verschiebung auf 45°-Schritte festlegen – also Objekte präzise waagerecht, senkrecht oder in einem 45°-Winkel zur Ursprungsposition bewegen.

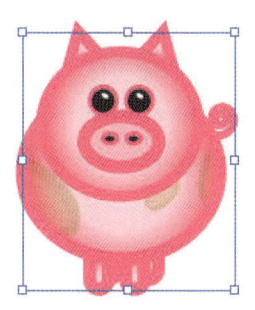

▲ **Abbildung 2-37** Während des Ziehens sehen Sie das oder die ausgewählten Objekte als Umriss.

Ist die Fläche eines Objekts mit einer Farbe, einem Muster oder einem Farbverlauf gefüllt, können Sie es mit dem ![] **Auswahl-Werkzeug** [V] oder mit dem ![] **Frei-transformieren-Werkzeug** [E] an fast jeder beliebigen Stelle nehmen und an eine andere Position ziehen – für das Frei-transformieren-Werkzeug muss das Objekt vorher ausgewählt sein. Vermeiden Sie, das Objekt an einer der Griffpunkte des Begrenzungsrahmens zu nehmen, da Sie es sonst skalieren.

Auch mit dem ![] **Direkt-Auswahl-Werkzeug** [A] lassen sich ausgewählte Objekte problemlos verschieben. Bei nicht ausgewählten Objekten müssen Sie aber das Anfassen am Pfad selbst und auch den Ankerpunkten und Richtungslinien

> **Hinweis**
>
> Etwas später in diesem Kapitel werde ich Ihnen etwas über die Verwendung von intelligenten Hilfslinien erzählen, die beim Verschieben sehr nützlich sein können!

Sicherer Umgang mit Objekten: Ebenen, Gruppen & Co.

> **Tipp**
>
> Den Abstand, um den sich Objekte mit den Pfeiltasten bewegen, können Sie in den Progammvoreinstellungen verändern: *Bearbeiten* → *Voreinstellungen* → *Allgemein* (Windows) beziehungsweise *Illustrator* → *Voreinstellungen* → *Allgemein* (Mac OS). Ändern Sie dort den Wert für *Schritte per Tastatur*.

vermeiden, weil Sie sonst den Pfad verändern könnten. Wie Sie das professionell tun, lesen Sie übrigens im Abschnitt »Pfade direkt bearbeiten« in Kapitel 4.

Mit den Pfeiltasten verschieben

Ausgewählte Objekte können auch schrittweise mit den Pfeiltasten verschoben werden. Diese Methode bietet sich an, wenn Sie sehr kleine Verschiebungen vornehmen möchten, die mit der Maus oft schwierig sind.

Der Abstand, um den das Objekt mit jedem Drücken einer Pfeiltaste bewegt wird, ist in den Programm-Voreinstellungen standardmäßig mit 1 Punkt (0,3528 mm) definiert. Halten Sie während des Klickens die ⇧-Taste gedrückt, bewegen Sie das Objekt um das Zehnfache der eingestellten Einheit.

Um einen bestimmten Wert verschieben

Möchten Sie ein oder mehrere ausgewählte Objekte um einen bestimmten Wert verschieben, können Sie dies in den Optionen über das Menü *Objekt* → *Transformieren* → *Verschieben* tun.

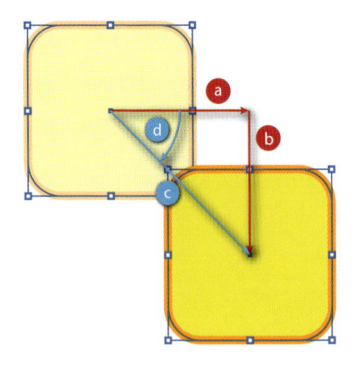

▲ **Abbildung 2-38**
Verschieben Sie eine Auswahl **Horizontal** und **Vertikal**, oder um einen bestimmten **Abstand** und **Winkel**.

▲ **Abbildung 2-39** Verschieben-Optionen

Im Abschnitt *Position* können Sie die Distanz zur Ausgangsposition auf zwei unterschiedliche Arten definieren:

- Im Feld ⓐ **Horizontal** können Sie positive Werte für eine Verschiebung nach rechts oder negative Werte für eine Verschiebung nach links eingeben. Positive Wert im Eingabefeld ⓑ **Vertikal** verschieben Objekte nach unten, negative Werte nach oben. Durch Festlegen dieser beiden Werte errechnen sich dann die Werte der nächsten beiden Eingabefelder *Abstand* und *Winkel* automatisch.

- Alternativ können Sie auch die Werte für ⓒ **Abstand** und ⓓ **Winkel** definieren und die Werte für horizontale und vertikale Abweichung automatisch bestimmen lassen.

> **Hinweis**
>
> Bestätigen Sie Ihre Einstellungen in den Verschieben-Optionen mit **Kopieren** anstelle von **OK**, wird ein Duplikat erstellt und verschoben!

Im unteren Abschnitt des Dialogfensters legen Sie **Optionen** für Objekte fest, die gemusterte Flächen enthalten. Hier bestimmen Sie, ob nur das Objekt, nur das Muster oder das Objekt samt Muster verschoben werden soll. Lesen Sie mehr dazu im Abschnitt »Muster« in Kapitel 6.

Verschieben durch Verändern der Koordinaten

Eine weitere praktische Option zum Neupositionieren von ausgewählten Objekten ist das Verändern der Objektkoordinaten – genauer gesagt: der Koordinaten eines im ▦ **Ursprungsfeld** definierten Punktes des Begrenzungsrahmens der Auswahl. Über die Eingabefelder *X* und *Y* legen Sie für den angeklickten Ursprungspunkt neue Koordinaten fest, wahlweise im Steuerung- oder im Transformieren-Bedienfeld (*Fenster → Transformieren*).

▲ **Abbildung 2-40** Hier die **x**- und **y-Koordinaten** eines Objekt-Mittelpunkts im Transformieren-Bedienfeld

---

Unterstützung beim Ausrichten von Objekten

Zur präzisen Ausrichtung von Objekten stellt Ihnen Adobe Illustrator eine Funktion zur Verfügung, die diese an bestimmten Stellen »einrasten« lässt – an Hilfslinien, Rastern oder auch Ankerpunkten anderer Objekte.

Der Punkt, an dem Sie das Objekt greifen und verschieben (also die Position des Cursors und nicht etwa die Kante des Objekts) wird in einer standardmäßigen Entfernung von 2 Pixeln zu Hilfslinien oder Ankerpunkten zu diesen hingezogen und rastet daran ein.

Aktivieren Sie die Einrastfunktion an Hilfslinien und Ankerpunkten im Menü *Ansicht → An Punkt ausrichten* beziehungsweise das Hinschnappen zu Rastern (aktivieren Sie diese Option nur, wenn Sie mit Rastern arbeiten) unter *Ansicht → Am Raster ausrichten*. Ist das neue Pixelraster aktiviert, ändert sich die Option **Am Raster ausrichten** in **An Pixel ausrichten**.

Mehr über Ausrichtfunktionen, Hilfslinien, Raster und das in CS5 eingeführte Pixelraster erfahren Sie etwas später in diesem Kapitel.

Objekte duplizieren

Wenn Sie Duplikate von ausgewählten Objekten und Gruppen erstellen möchten, können Sie das mit der gebräuchlichen Methode über das Menü *Bearbeiten* → *Kopieren* (⌘ / strg + c) und *Bearbeiten* → *Einfügen* (⌘ / strg + v) machen – vermutlich kennen Sie das bereits aus anderen Programmen. Hierbei wird die Kopie immer mittig ins Dokumentfenster eingefügt und in der Ebene an oberste Stelle gelegt.

Meistens möchte man Duplikate aber wieder genau an derselben Stelle einfügen, zum Beispiel, um die Kopien von dort aus zu verschieben oder zu transformieren. Zu diesem Zweck können Sie auf vier Funktionen zugreifen: Über das Menü *Bearbeiten* → *An Originalposition einfügen* (⇧ + ⌘ / strg + v) fügen Sie das Duplikat an der ursprünglichen Position ein, in der Objektreihenfolge wird es in der Ebene ganz obenauf gelegt. Mit *Bearbeiten* → *Davor einfügen* (⌘ / strg + f) oder *Bearbeiten* → *Dahinter einfügen* (⌘ / strg + b) wird das Duplikat direkt über beziehungsweise unter das Original gelegt.

Die Option *Bearbeiten* → *In alle Zeichenflächen einfügen* (alt + ⇧ + ⌘ / strg + x) fügt die Objekte der Zwischenablage in jeder Zeichenfläche an derselben Position ein (übrigens auch noch einmal in die ursprüngliche Zeichenfläche).

> **Hinweis**
>
> Befinden Sie sich im neuen **Zeichenmodus Dahinter Zeichnen** (siehe Abschnitt »Zeichenmodi« in Kapitel 3), wird die Kopie über das Menü *Bearbeiten* → *Einfügen* in der Objektreihenfolge direkt unter das Original gereiht.

> **Hinweis**
>
> Seit Illustrator CS5 kann jede Zeichenfläche einen eigenen Linealursprung haben, wie ich Ihnen etwas später ausführlich zeigen werde. Die Funktion **In alle Zeichenflächen einfügen** bezieht sich nicht auf den Linealursprung, sondern immer auf die linke obere Ecke jeder Zeichenfläche.

▲ **Abbildung 2-41** Eine kopierte Objektgruppe in alle Zeichenflächen eingefügt

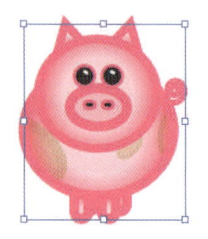

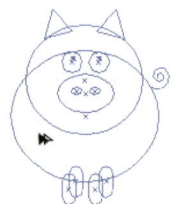

▲ **Abbildung 2-42**
Objekte mit gedrückter alt-Taste direkt in der Arbeitsfläche ziehen und dadurch duplizieren

Ist eines des Auswahl-Werkzeuge aktiv, können Sie Objekte auch direkt in der Arbeitsfläche duplizieren. Halten Sie die alt-Taste gedrückt (der Cursor verändert sich beim Ziehen in ▶) und ziehen Sie das Objekt an die gewünschte Stelle im Dokument. Lassen Sie dann erst die Maustaste und dann die alt-Taste los.

Ausrichten und Verteilen

Oft kommt es vor, dass man nach dem Erstellen von Objekten ihre Position relativ zueinander oder gemessen an der Zeichenfläche verändern möchte, beispielsweise sollen alle Objekte auf der Zeichenfläche in einer Reihe angeordnet werden. Nun wäre es sehr mühsam, Koordinaten abzulesen und anderen Objekten zuzuweisen, oder Objekte in mühevoller Kleinarbeit an Hilfslinien auszurichten.

Adobe Illustrator hilft Ihnen dabei, ausgewählte Objekte oder Ankerpunkte automatisch auszurichten und zu verteilen, treffen Sie also zuerst eine Auswahl. Sobald Sie mehr als ein Objekt ausgewählt haben, erscheinen im Steuerung-Bedienfeld die Ausrichten-Buttons. Diese und weitere Funktionen stehen auch im **Ausrichten-Bedienfeld** (*Fenster → Ausrichten*) zur Verfügung.

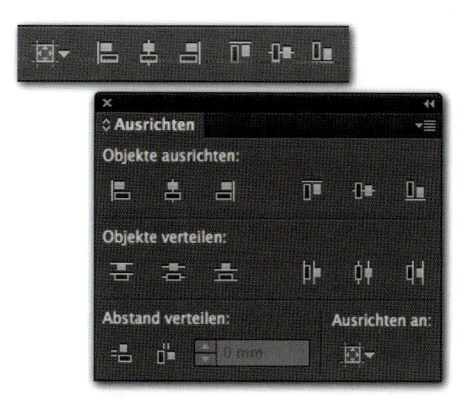

▲ **Abbildung 2-44** Ausrichten- und Verteilen-Buttons im Steuerung-Bedienfeld (oben) und das Ausrichten-Bedienfeld (unten)

> **Hinweis**
>
> Objekte werden standardmäßig an den Pfaden und nicht an der Kontur ausgerichtet! Objekte unterschiedlicher Konturstärke erscheinen deshalb rein optisch nicht ausgerichtet.
>
> Aktivieren Sie im Menü des **Ausrichten-Bedienfelds** die Option **Vorschaubegrenzungen verwenden**, um Objekte an ihren Konturen auszurichten.
>
> ▲ **Abbildung 2-43**
> Objekte am Pfad (links) und an der Kontur ausgerichtet (rechts)

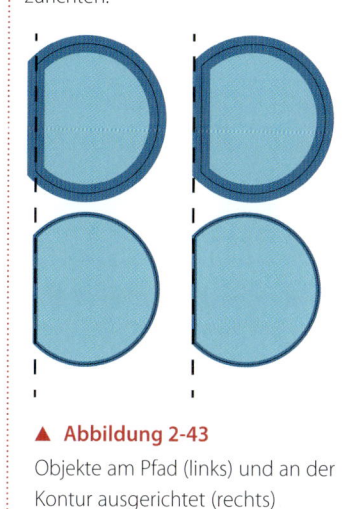

Als Nächstes definieren Sie über das Drop-down-Menü **Ausrichten an**, relativ wozu die ausgewählten Objekte oder Ankerpunkte positioniert werden sollen.

- **An Auswahl ausrichten** bezieht sich auf den Begrenzungsrahmen, der sich um alle ausgewählten Objekte/Ankerpunkte ergibt.

- **An Basisobjekt/Basisankerpunkt ausrichten:** Klicken Sie, nachdem Sie alle auszurichtenden Objekte/Ankerpunkte ausgewählt haben, ein weiteres Mal auf ein Objekt oder einen Ankerpunkt, um es/ihn als Basisobjekt/Basisankerpunkt festzulegen.

- **An Zeichenfläche ausrichten:** Die ausgewählten Ankerpunkte werden relativ zu ihrer Zeichenfläche ausgerichtet.

Nun klicken Sie im Ausrichten- oder Steuerung-Bedienfeld auf die gewünschte Ausrichtung oder Verteilung, die ich Ihnen anhand der folgenden Skizzen veranschaulichen werde.

Ausrichten

Beim Ausrichten werden Objekte an einer ausgesuchten Objektkomponente (zum Beispiel an den Mittelpunkten oder an den oberen Kanten) auf eine Linie gebracht. Dies ist sowohl entlang einer senkrechten Linie als auch entlang einer waagerechten möglich.

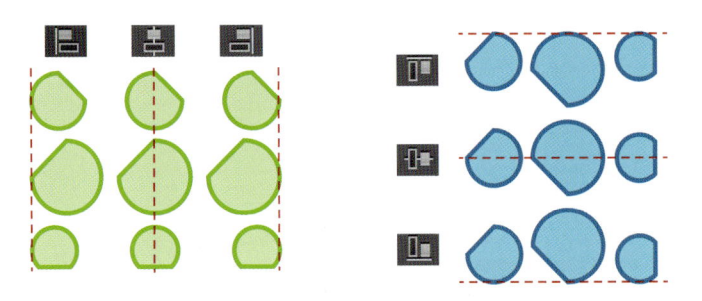

Verteilen

Beim Verteilen von Objekten werden gleiche Abstände zwischen die ausgewählten Komponenten von Objekten gesetzt. Sie verteilen Objekte, um den gleichen Abstand zum Beispiel zwischen allen linken Kanten der Objekte zu erzielen. Sind diese Objekte unterschiedlich breit beziehungsweise hoch, entsteht zwischen den Objekten selbst ein uneinheitlicher Abstand.

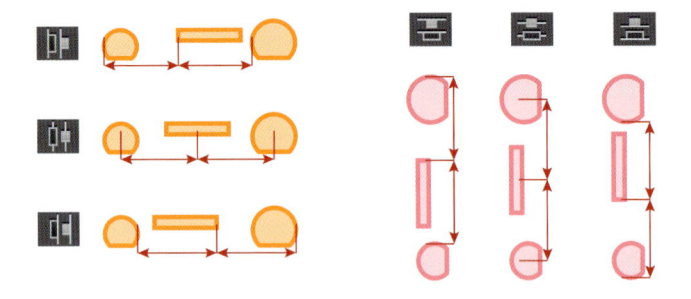

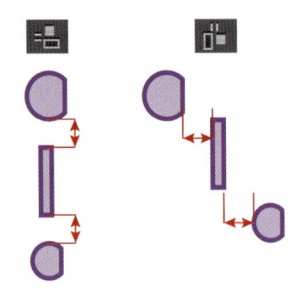

Abstände verteilen

Eine Funktion, die nur über das Ausrichten-Bedienfeld zur Verfügung steht, ist das gleichmäßige Verteilen der Abstände zwischen den ausgewählten Objekten. Dadurch wirken die Objekte selbst gleichmäßig verteilt.

Die Ausrichten- und Verteilen-Funktionen sind natürlich nicht die einzige Unterstützung, die Sie beim Arrangieren von Objekten haben. Adobe Illustrator bietet eine Vielfalt an Hilfen, die Sie auf den folgenden Seiten kennenlernen.

Arbeitshilfen

Die Funktionen, die ich Ihnen auf den folgenden Seiten vorstellen möchte, geben Ihnen weitere praktische Hilfestellung beim Arbeiten mit Adobe Illustrator. Lesen Sie zum Beispiel, wie Sie Ihre Objekte für präzises Arbeiten gezielt in der geeigneten Vergrößerung darstellen und wie Sie Hilfslinien, Lineale und Raster für das Arrangieren von Objekten benutzen. Auch das in CS5 eingeführte Pixelraster werden Sie nicht mehr missen wollen, denn es optimiert die Ausrichtung von Objekten so, dass diese in Webgrafiken besonders scharf aussehen.

Zoomen

Das Illustrieren mit Adobe Illustrator oder ähnlichen Programmen erfordert oftmals unterschiedliche Ansichten auf den Inhalt des Dokuments – manchmal braucht man den Überblick über den gesamten Inhalt der Zeichenfläche oder sogar aller Zeichenflächen, manchmal muss man ein Objekt aber auch in besonders starker Vergrößerung sehen, zum Beispiel um einen Ankerpunkt zu bearbeiten.

Zoomen ohne Werkzeugwechsel

Das **Zoom-Werkzeug** kann temporär aktiviert werden, während Sie mit anderen Werkzeugen arbeiten. Das ist sehr praktisch, wenn Sie zum Beispiel mit dem Zeichenstift einen Pfad zeichnen und währenddessen die Ansicht verändern möchten: Drücken Sie die Leertaste + ⌘ / strg zum Vergrößern, oder Leertaste + ⌘ / strg + alt zum Verkleinern. Klicken oder ziehen Sie, bis die gewünschte Ansicht erreicht ist. Sobald Sie die Tasten wieder loslassen, können Sie mit dem vorherigen Werkzeug weiterarbeiten.

▲ **Abbildung 2-45** Motiv in unterschiedlichen Zoomstufen

Um den Blick auf den Dokumentinhalt zu verändern, ermöglicht Adobe Illustrator einen Zoombereich zwischen 3,13 % und 6400 %. In der linken unteren Ecke des Dokumentfensters finden Sie ein Eingabefeld, in dem der aktuelle Zoomfaktor angezeigt wird, aber auch verändert werden kann – entweder durch Eintippen eines beliebigen Prozentwerts oder durch Auswahl voreingestellter Zoomschritte aus dem Drop-down-Menü.

Viel intuitiver aber funktioniert das **Zoom-Werkzeug** Z : Mit ihm können Sie durch ein- oder mehrfaches Klicken in Ihr Dokument die Ansicht darauf vergrößern – der Cursor zeigt 🔍 –, wobei immer zu der Stelle hin vergrößert wird, auf die Sie klicken. Jeder Klick vergrößert zum nächstgrößeren, voreingestellten Zoomfaktor hin.

Durch gleichzeitiges Gedrückthalten der alt -Taste wechselt das Werkzeug in den Verkleinern-Modus, der Cursor verändert sich in 🔍 .

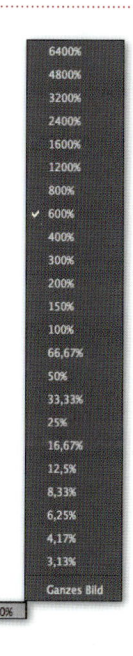

▲ **Abbildung 2-46**

Der Zoomfaktor wird im Tab hinter dem Dokumentnamen und in der linken unteren Ecke des Dokumentfensters angezeigt.

Falls Sie gezielt einen bestimmten Bereich des Dokuments vergrößern möchten, können Sie mit dem Zoom-Werkzeug rund um diesen Bereich einen gepunkteten Rahmen aufziehen. Beginnen Sie an einer Ecke des gewünschten Zoombereichs mit dem Ziehen.

Definierte Ansichten

- Ein Doppelklick auf das Zoom-Werkzeug im Werkzeug-Bedienfeld oder das Tastenkürzel `strg` / `⌘` + `1` bringt Sie immer in die 100%-Ansicht.

- Ein Doppelklick auf das Hand-Werkzeug im Werkzeug-Bedienfeld oder das Tastenkürzel `strg` / `⌘` + `0` passt die aktuelle Zeichenfläche an die Größe des Dokumentfensters an.

- Wenn Sie alle Zeichenflächen im Dokumentfenster sehen möchten, so wählen Sie *Ansicht → Alle in Fenster einpassen*.

Ansicht verschieben

Wenn Sie die Ansicht im Dokumentfenster verändern möchten, müssen Sie nicht an den beiden Scrollbalken an der rechten und unteren Kante des Fensters ziehen, Sie können auch mit dem ✋ **Hand-Werkzeug** `H` den Ausschnitt durch Klicken und Ziehen in jede beliebige Richtung verändern, als würden Sie ein Blatt Papier auf dem Schreibtisch verschieben.

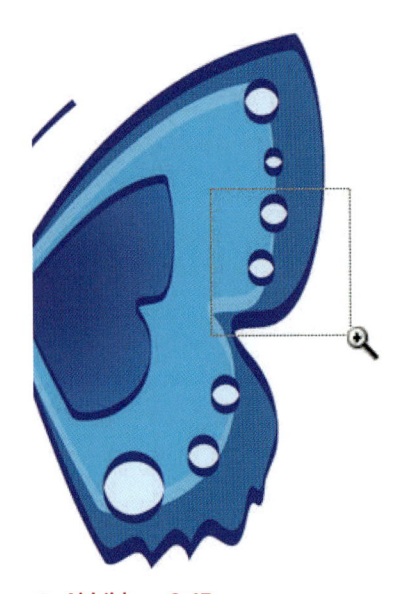

▲ **Abbildung 2-47**
Ziehen Sie mit dem Zoom-Werkzeug einen Rahmen auf.

▲ **Abbildung 2-48** Verschieben Sie den dargestellten Ausschnitt des Dokuments.

Kapitel 2 · Inhalte organisieren

Das Hand-Werkzeug lässt sich auch temporär aktivieren, während Sie mit anderen Werkzeugen arbeiten, ohne dass Sie die Bearbeitung unterbrechen müssen, nämlich durch Gedrückthalten der Leertaste. Nun können Sie im Fenster ziehen. Sobald Sie die Leertaste wieder loslassen, sind Sie wieder im Bearbeitungsmodus des ursprünglichen Werkzeugs und können Ihre Arbeit fortsetzen. Das ist sehr praktisch, wenn Sie zum Beispiel gerade mit dem Zeichenstift einen Pfad in starker Vergrößerung konstruieren und in einem anderen Bereich weiterzeichnen möchten.

Das Navigator-Bedienfeld

Das **Navigator-Bedienfeld** (*Fenster → Navigator*) zeigt Ihnen zur Orientierung eine stark verkleinerte Ansicht des gesamten Dokuments und kennzeichnet den Bereich, den Sie durch den derzeit gewählten Zoombereich sehen, mit einem roten Rahmen.

▲ **Abbildung 2-49** Dokument im Navigator-Bedienfeld

Sie können direkt im Navigator-Bedienfeld einen anderen Ausschnitt des Dokuments sichtbar machen, indem Sie den roten Rahmen verschieben. Auch können Sie darin die Zoomstufe verändern. Geben Sie dazu im Eingabefeld in der linken unteren Ecke einen Wert ein oder schieben Sie den Regler.

Die Grundeinstellung des Navigator-Bedienfelds ist die auf Zeichenflächeninhalte begrenzte Darstellung. Wenn Sie auch diejenigen Bereiche der Objekte dargestellt haben möchten, die außerhalb der Zeichenflächen liegen, dann deaktivieren Sie im Bedienfeld-Menü die Option **Nur Zeichenflächeninhalt anzeigen**.

▲ **Abbildung 2-50** Zoombereich im Navigator-Bedienfeld

Ansichten speichern

Pro Dokument können bis zu 25 Ansichten eingerichtet und mit dem Dokument zusammen gespeichert werden. Das ist sehr nützlich, wenn Sie mehrere Fenster desselben Dokuments öffnen möchten, um zum Beispiel abwechselnd in einer starken Vergrößerung und der Gesamtansicht zu arbeiten.

Nachdem Sie die Ansicht in Ihrem Dokument so gewählt haben, dass Sie sie wiederverwenden möchten, wählen Sie aus dem Menü *Ansicht* → *Neue Ansicht*. In dem daraufhin erscheinenden Dialogfenster geben Sie einen aussagekräftigen Namen für diese Ansicht ein.

Gespeicherte Ansichten werden im Menü **Ansicht** an unterster Stelle aufgelistet und können auf diese Weise rasch aktiviert werden. Unter *Ansicht* → *Ansicht bearbeiten…* können Sie die gespeicherten Ansichten jederzeit neu benennen oder löschen.

Um Ansichten in mehreren Fenstern darzustellen, müssen Sie erst neue Fenster dafür öffnen.

▲ **Abbildung 2-51** Navigator-Bedienfeld mit (links) und ohne (rechts) Standardeinstellung **Nur Zeichenflächeninhalt anzeigen**

Mehrere Fenster desselben Dokuments

Sie können parallel mehrere Fenster desselben Dokuments zum Beispiel in unterschiedlichen Zoomstufen darstellen und – je nach Bedarf – abwechselnd in all diesen Fenstern arbeiten. Die Änderungen werden live in allen Fenstern übernommen!

Um mehrere Fenster eines Dokuments aufzurufen, öffnen Sie erst das Dokument und wählen dann aus dem Menü *Fenster* → *Neues Fenster*. Um die Fenster geeignet anzuordnen, wählen Sie dann über *Fenster* → *Anordnen* zum Beispiel **Nebeneinander**, sodass Sie alle Fenster auf einen Blick sehen. Für die Anordnung **Nebeneinander** steht Ihnen in der Anwendungsleiste das Drop-down-Menü **Dokumente anordnen** zur Verfügung, in dem Sie aus mehreren Verteilungsschemata wählen können.

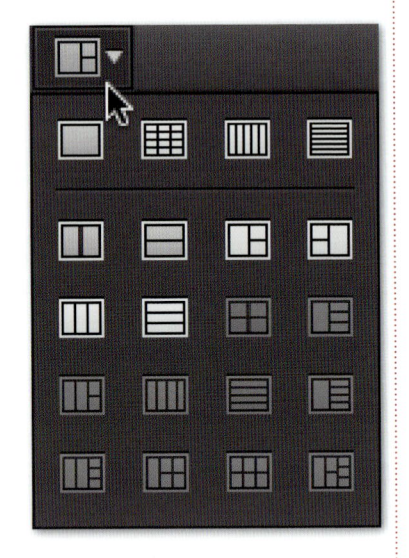

▲ **Abbildung 2-52**
Möglichkeiten, nebeneinanderliegende Dokumente anzuordnen

92 Kapitel 2 · Inhalte organisieren

Lineale

Lineale können innerhalb des Dokumentfensters am linken und am oberen Rand eingeblendet werden und helfen Ihnen dabei, Objekte im Dokument präzise zu positionieren oder zu messen. Aktivieren Sie Lineale im Menü *Ansicht → Lineale → Lineale einblenden* oder mit `strg` / `⌘` + `R`.

> **Hinweis**
>
> In Illustrator CS5 wurde die Funktionalität der Lineale der anderer Creative Suite-Programme wie Photoshop und InDesign angepasst. Der Linealnullpunkt liegt nicht mehr wie zuvor links unten, sondern links oben. Der Quadrant des Koordinatensystems wurde gedreht, positive y-Werte erstrecken sich nach unten, positive x-Werte nach rechts.

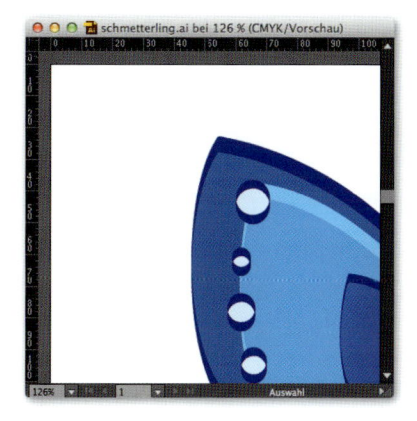

▲ **Abbildung 2-53** Dokumentfenster mit eingeblendeten Linealen am oberen und linken Rand

Linealarten

Um das Arbeiten mit mehreren Zeichenflächen zu erleichtern, kann man seit Illustrator CS5 zwischen zwei Arten von Linealen wählen: **globalen Linealen** und **Zeichenflächenlinealen**.

Der Unterschied zwischen diesen beiden Arten ist die Handhabung des Linealursprungs (des Nullpunkts im Koordinatensystem). Konnte man zuvor pro Dokument nur einen Linealursprung für alle Zeichenflächen nutzen und nur von diesem einen Punkt aus Koordinaten bestimmen, so kann mit Zeichenflächenlinealen automatisch für jede Zeichenfläche ein eigener Linealursprung verwendet werden.

Sie haben z.B. zwei direkt nebeneinanderliegende Zeichenflächen mit jeweils 55 mm Breite, und der Linealursprung ist links oben. Wenn Sie globale Lineale verwenden, hat die linke obere Ecke der ersten Zeichenfläche die Koordinaten 0/0, die linke obere Ecke der zweiten Zeichenfläche die Koordinaten 55/0. Wenn Sie aber auf Zeichenflächenlineale umschalten, springt der Linealursprung sozusagen mit und es verändern sich die Koordinaten der linken oberen Ecke der zweiten Zeichenfläche ebenfalls auf 0/0.

> **Hilfslinien in älteren Illustrator-Dokumenten**
>
> Wenn Sie Dateien für Illustrator-Versionen älter als CS5 speichern, bleibt der Linealursprung an der »alten« Position unten links, die positiven y-Werte verlaufen aber nach unten.

Sie können zwar immer nur eine Art von Linealen gleichzeitig verwenden, aber jederzeit zwischen ihnen hin- und herschalten. Ändern Sie die Art des Lineals über das Menü *Ansicht → Lineale → In globale Lineale ändern* beziehungsweise *Ansicht → Lineale → In Zeichenflächenlineale ändern*. Dies geht auch per Rechtsklick in ein Lineal oder mit `alt` + `strg` / `⌘` + `R`.

Arbeitshilfen

Linealursprung verändern

Wenn Ihnen die Position des Linealursprungs nicht passend erscheint, können Sie einen neuen Nullpunkt setzen – bei Verwendung von Zeichenflächenlinealen sogar für jede Zeichenfläche unterschiedlich.

Klicken Sie an die Stelle, an der die beiden Lineale sich überschneiden, und ziehen Sie mit stilisierten Koordinatenachsen einen neuen Linealursprung heraus. Ein Doppelklick an dieser Stelle setzt den Linealursprung wieder an die Standardposition zurück.

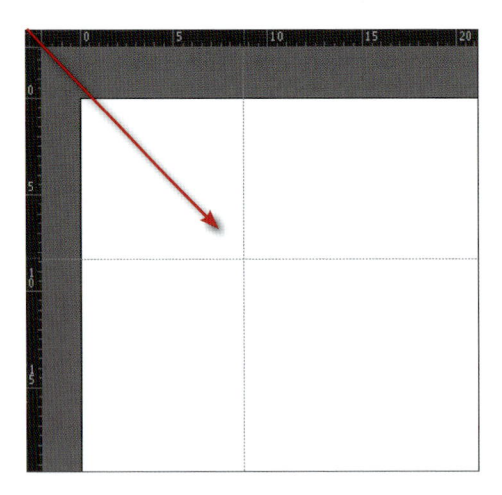

▲ **Abbildung 2-54** Ziehen Sie einen neuen Linealursprung aus der linken oberen Ecke an die gewünschte Stelle.

Lineal-Maßeinheiten ändern

Ein Rechtsklick in eines der Lineale stellt Ihnen alle verfügbaren Maßeinheiten zur Auswahl. Sie können für jede Zeichenfläche unterschiedliche Maßeinheiten definieren.

Hilfslinien

Zur präzisen Ausrichtung von Objekten können Sie Hilfslinien positionieren. Hilfslinien werden nicht gedruckt, sondern sind nur eine Arbeitshilfe. Ihnen stehen zwei Arten von Hilfslinien zur Verfügung: **Linealhilfslinien**, das sind gerade vertikale oder horizontale Linien, und aus eigenen Vektorobjekten erstellte Hilfslinien, sogenannte **Hilfslinienobjekte**.

Linealhilfslinien ziehen Sie aus den eingeblendeten Linealen (*Ansicht* → *Lineale* → *Lineale einblenden* oder [strg]/[⌘] + [R]) heraus – aus dem oberen Lineal horizontale und aus dem linken Lineal vertikale Hilfslinien. Lassen Sie sie an der gewünschten Position los.

Einstellungen für Hilfslinien und Raster

Die Abstände zwischen den Rasterlinien sowie die Darstellung von Hilfslinien und Rastern können Sie im Menü *Bearbeiten* → *Voreinstellungen* → *Hilfslinien und Raster* (Windows) beziehungsweise *Illustrator* → *Voreinstellungen* → *Hilfslinien und Raster* (Mac OS) bestimmen.

Eigene Vektorobjekte wandeln Sie in Hilfslinien um, indem Sie das gewünschte Objekt auswählen und im Menü *Ansicht → Hilfslinien → Hilfslinien erstellen* oder `Strg` / `⌘` + `5` wählen. Auf diese Weise erstellen Sie beispielsweise aus einer Linie eine diagonale Hilfslinie.

Hilfslinien bearbeiten

Standardmäßig sind Hilfslinien vorerst gesperrt, damit sie nicht versehentlich verschoben werden können. Um diese Sperrung aufzuheben und die Hilflinien bearbeiten zu können, müssen Sie *Ansicht → Hilfslinien → Hilfslinien sperren* deaktivieren. Danach können ausgewählte Hilfslinien wie normale Objekte verschoben oder mit der `←`-Taste gelöscht werden. Vergessen Sie nicht, nach der Bearbeitung die Hilfslinien wieder zu sperren!

Sollen alle Hilfslinien des Dokuments gelöscht werden, können Sie dies über das Menü *Ansicht → Hilfslinien → Hilfslinien löschen* machen.

> **Hinweis**
>
> **Hilfslinienobjekte** können über das Menü *Ansicht → Hilfslinien → Hilfslinien zurückwandeln* wieder in normale Vektorobjekte konvertiert werden.

Raster

Zusätzlich zu Hilfslinien können Sie in Ihrem Zeichenfenster auch ein **Raster** anzeigen lassen. Dieses wird standardmäßig hinter allen Objekten angezeigt und nicht gedruckt. Aktivieren oder deaktivieren Sie das Raster im Menü *Ansicht → Raster einblenden* oder *Ansicht → Raster ausblenden*.

Ausrichtung am Pixelraster

Das in CS5 eingeführte **Pixelraster** richtet horizontale und vertikale Objektpfade so aus, dass Grafiken bei der für das Web geeigneten Auflösung von 72 ppi gestochen scharf aussehen, und wird für Webdesigner bald nicht mehr wegzudenken sein.

▲ **Abbildung 2-55**
Das Raster liegt standardmäßig hinter allen Objekten.

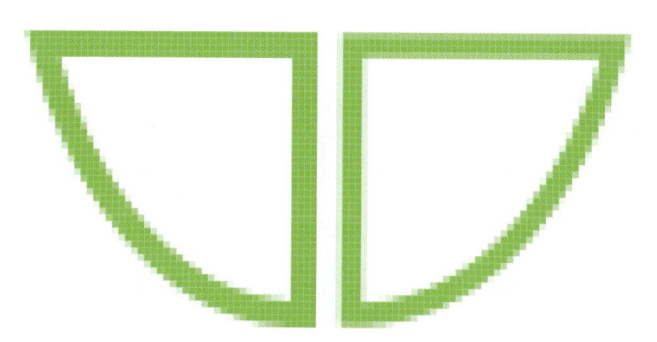

▲ **Abbildung 2-56** Objekt mit (links) und ohne (rechts) **Ausrichtung am Pixelraster**

Die Ausrichtung von Objekten am Pixelraster kann bereits beim Erstellen eines neuen Dokuments (siehe Abschnitt »Neues Dokument erstellen« in Kapitel 1) in den erweiterten Optionen aktiviert werden.

> **Hinweis**
>
> Bei den **Dokumentprofilen** *Web* und *Flash Builder* ist die Ausrichtung am Pixelraster standardmäßig aktiviert.

> **Hinweis**
>
> Objekte ohne gerade horizontale oder vertikale Pfade werden nicht geändert, um sie am Pixelraster auszurichten.

▲ **Abbildung 2-57** Für Webgrafiken aktivieren Sie beim Erstellen eines neuen Dokuments die Option **Neue Objekte am Pixelraster ausrichten**.

Das Aktivieren dieser Funktion hat zur Folge, dass alle im Dokument erzeugten geraden horizontalen und vertikalen Objektpfade vom Pixelraster angezogen werden. Das kann auch Auswirkungen auf die Objektgröße und die Stärke von geraden Konturen haben, denn beide nehmen im Pixelraster ganzzahlige Pixelwerte an. Verschieben und Transformieren von Objekten werden ebenfalls dem Pixelraster entsprechend durchgeführt.

Auch wenn Sie die Pixelausrichtung für das gesamte Dokument aktiviert haben, ist sie doch eigentlich eine **Objekteigenschaft**, die für jedes Objekt getrennt eingestellt werden kann. Haben Sie die Pixelausrichtung beim Erstellen des Dokuments ausgewählt, ist sie für in diesem Dokument erzeugte Objekte bereits standardmäßig aktiviert. Falls Sie aber Objekte aus anderen Dokumenten einfügen, ist das eventuell nicht der Fall. Über *Auswahl → Objekt → Nicht an Pixelraster ausgerichtet* wählen Sie sämtliche Objekte des Dokuments aus, die nicht am Pixelraster ausgerichtet sind, und können nun für diese Auswahl im **Transformieren-Bedienfeld** (*Fenster → Transformieren*) die Option **An Pixelraster ausrichten** aktivieren.

> **Hinweis**
>
> **Symbole** (siehe Abschnitt »Symbole« in Kapitel 5) können in den Optionen beim Erstellen oder nachträglich über das Menü des Symbole-Bedienfelds die Eigenschaft **An Pixelraster ausrichten** erhalten. Dadurch bleiben sie in ihrer Originalgröße immer am Pixelraster ausgerichtet, skalierte Symbole liefern dennoch eventuell keine gestochen scharfen Ergebnisse.

Über die Pixelvorschau sehen Sie, wie sich Objekte als gespeicherte Webgrafik verändern werden.

Pixelvorschau

Über das Menü *Ansicht → Pixelvorschau* aktivieren beziehungsweise deaktivieren Sie eine **Pixelvorschau**, die simuliert, wie Objekte nach der Umwandlung in Pixelbilder (zum Beispiel *.jpeg*, *.gif* oder *.png*) mit 72 ppi aussehen.

Hier sehen Sie, dass die geraden horizontalen und vertikalen Pfade von Objekten mit der Eigenschaft **An Pixelraster ausrichten** deutlich schärfer aussehen.

Intelligente Hilfslinien

Intelligente Hilfslinien sind äußerst praktische temporäre Hilfestellungen, die Ihnen dabei helfen, Objekte oder Zeichenflächen zu transformieren, zu bearbeiten oder an anderen Objekten oder Zeichenflächen auszurichten. Die Ausrichtung basiert auf der Geometrie von Objekten und Zeichenflächen. Intelligente Hilfslinien sind standardmäßig aktiviert und können im Menü *Ansicht → Intelligente Hilfslinien* (`strg` / `⌘` + `U`) deaktiviert und auch wieder aktiviert werden.

Hinweis

Wenn die Funktion **Am Raster ausrichten** oder **Pixelvorschau** aktiviert ist, können intelligente Hilfslinien nicht verwendet werden (selbst wenn sie aktiviert sind).

▲ **Abbildung 2-58** Hier beim Verschieben blenden sich die intelligenten Hilflinien ein, sobald sich aus den Mittelpunkten des linken Nachbarobjekts und des Objekts, das verschoben wird, eine Schnittmenge bildet.

Bei der Erstellung von Objekten mit dem Zeichenstift-Werkzeug oder den Form-Werkzeugen erscheinen diese intelligenten Hilfslinien automatisch, wenn das Werkzeug in eine bestimmte Beziehung zu einer Kante oder einem Ankerpunkt eines anderen Objekts tritt. So erfahren Sie zum Beispiel, wenn sich das Werkzeug auf gleicher Höhe mit dem Mittelpunkt oder einer Kante eines benachbarten Objekts befindet.

Beim Erstellen neuer Zeichenflächen erscheinen intelligente Hilfslinien übrigens auch in Relation zu anderen Zeichenflächen oder Objekten, allerdings nur, wenn diese im Dokumentfenster sichtbar sind. Zoomen Sie gegebenenfalls etwas heraus.

Intelligente Hilfslinien helfen auch beim Erstellen oder Transformieren eines Objekts, um Ankerpunkte in bestimmten vorgegebenen Winkeln – zum Beispiel 45° oder 90° – zu positionieren.

Anpassen der intelligenten Hilfslinien

Windows-User können unter *Bearbeiten* → *Voreinstellungen* → *Intelligente Hilfslinien* und Mac-User unter *Illustrator* → *Voreinstellungen* → *Intelligente Hilfslinien* definieren, wie und in welchen Situationen intelligente Hilfslinien angezeigt werden, sodass Sie maximalen Nutzen aus diesem tollen Feature ziehen können.

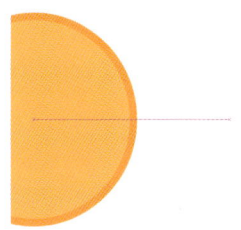

▲ **Abbildung 2-59**
Hier sehen Sie, dass eine intelligente Hilfslinie erscheint, wenn sich zum Beispiel der Cursor des Rechteck-Werkzeugs auf Höhe des benachbarten Mittelpunkts befindet.

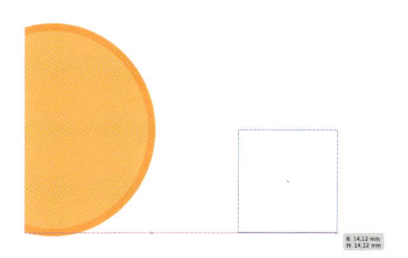

▲ **Abbildung 2-60**
Während des Aufziehens des Rechtecks erscheinen nun wieder Hilfslinien, wenn das Werkzeug die Kante des Nachbarobjekts erreicht.

Arbeitshilfen

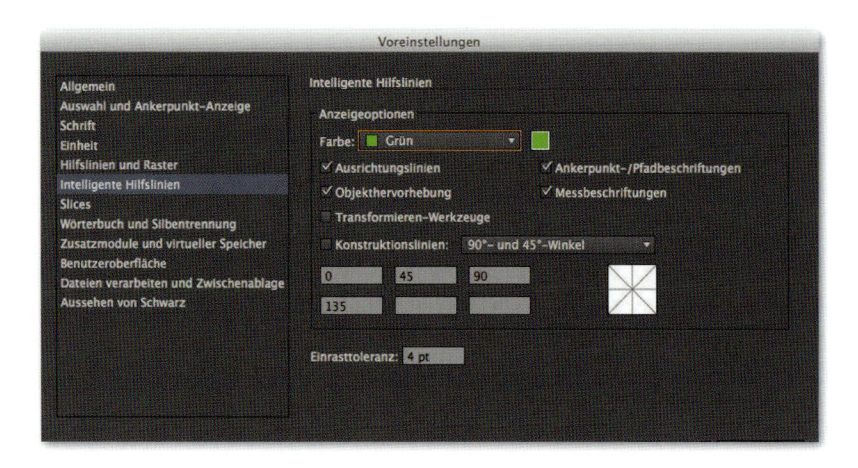

▲ **Abbildung 2-61** Standardeinstellungen für intelligente Hilfslinien

▼ **Abbildung 2-62**
Die **Messbeschriftung** zeigt beim Erstellen, Auswählen, Verschieben und Transformieren von Objekten den x- und y-Abstand zur ursprünglichen Position des Objekts an.

Durch Aktivieren der **Ausrichtungslinien** werden beim Verschieben, Transformieren und Zeichnen mit dem Zeichenstift-Werkzeug oder den Werkzeugen zur Erstellung geometrischer Objekte Hilfslinien angezeigt, die in Mittelpunkten und an den Rändern von geometrischen Objekten, Zeichenflächen und Anschnitten erzeugt werden. **Ankerpunkt-/Pfadbeschriftungen** zeigt relevante Informationen an, wenn sich Pfade überschneiden oder an einem Ankerpunkt zentriert sind.

Mit den **Messbeschriftungen** können Sie mit vielen Werkzeugen Informationen zur aktuellen Position des Cursors anzeigen lassen, wenn Sie ihn über einem Ankerpunkt positionieren. **Objekthervorhebung** hebt das Objekt unter dem Cursor hervor, während Sie ihn bewegen, und zwar in der jeweiligen Ebenenfarbe des Objekts. Während des Skalierens, Drehens und Verbiegens von Objekten erhalten Sie durch Aktivieren der Option **Transformieren-Werkzeuge** Informationen. **Konstruktionslinien** sind Hilfslinien, die beim Konstruieren neuer Objekte angezeigt werden, für die Sie bis zu sechs Winkel festlegen können.

Über die **Einrasttoleranz** legen Sie den Abstand des Cursors zum Objekt fest, ab dem die intelligenten Hilfslinien aktiv werden.

Info-Bedienfeld

Das **Info-Bedienfeld** (*Fenster* → *Info*) liefert grundsätzlich Informationen zur Geometrie und Farbe des unter dem Cursor liegenden Bereichs und zu ausgewählten Objekten. Die Informationen variieren je nach der Art des aktiven Werkzeugs. Sind mehrere Objekte ausgewählt, werden im Informationen-Bedienfeld nur die Informationen angezeigt, die auf alle ausgewählten Objekte zutreffen.

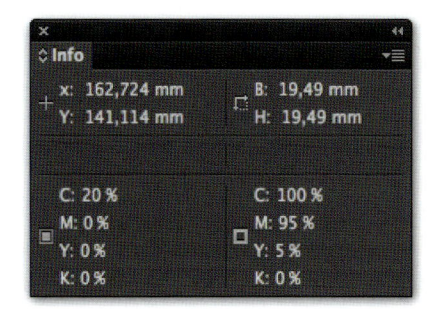

▲ **Abbildung 2-63** Das Info-Bedienfeld mit verfügbaren Informationen zu einem ausgewählten Objekt

Ist ein Objekt ausgewählt, werden im Info-Bedienfeld die x-Koordinate **X** und die y-Koordinate **Y**, die Breite **B** und Höhe **H** des Objekts angezeigt. Im unteren Bereich des Bedienfelds sehen Sie weitere Informationen wie zum Beispiel Flächen- und Konturfarbe.

Abstände messen

Das **Mess-Werkzeug** benutzen Sie, um die Entfernung zwischen zwei Punkten zu messen. Klicken Sie entweder auf die beiden Punkte, die Sie messen möchten, oder ziehen Sie von einem Punkt zu einem anderen. Gleichzeitiges Ziehen und Gedrückthalten der ⇧-Taste erzwingt 45°-Winkel. Die gemessene Distanz **D** und der **Winkel** werden im sich automatisch öffnenden **Info-Bedienfeld** angezeigt.

> **Hinweis**
>
> Falls Sie in den Programmvoreinstellungen oder – wie im Abschnitt »Ausrichten und Verteilen« in Kapitel 2 beschrieben – im Ausrichten-Bedienfeld die Option **Vorschaubegrenzungen verwenden** aktiviert haben, beziehen sich die angezeigten Werte auf das Objekt in seiner Sichtbarkeit. Zum Beispiel werden auch Effekte wie Schlagschatten mit einbezogen.

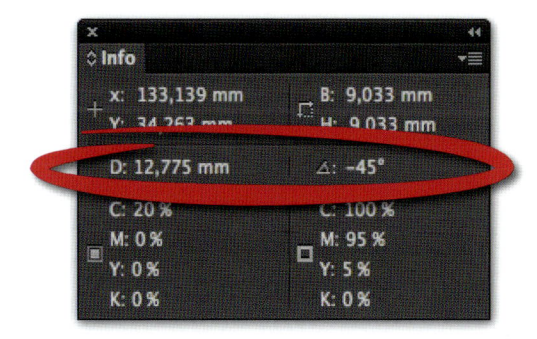

▲ **Abbildung 2-64** Das Messergebnis im Info-Bedienfeld zeigt die Distanz und den Winkel zwischen den beiden Punkten.

> **Tipp**
>
> Pixelgrafiken benötigen oft viel Speicherplatz, gehen Sie daher bedacht damit um. Idealerweise sollte die Datei vor dem Import in einem Bildbearbeitungsprogramm wie Adobe Photoshop mit den passenden Einstellungen für das Illustrator-Dokument komprimiert werden.

> **Tipp**
>
> Über *Bearbeiten* → *Voreinstellungen* → *Dateien verarbeiten und Zwischenablage* (Windows) beziehungsweise *Illustrator* → *Voreinstellungen* → *Dateien verarbeiten und Zwischenablage* (MacOS) können Sie festlegen, ob Verknüpfungen automatisch oder manuell aktualisiert werden sollen.

> **Hinweis**
>
> Pixelgrafiken können in Illustrator **interaktiv nachgezeichnet**, also in Vektorobjekte umgewandelt werden. Lesen Sie mehr darüber im Abschnitt »Pixelbild automatisch nachzeichnen« in Kapitel 5.

▲ **Abbildung 2-66**
Interaktiv nachgezeichnetes Foto

Dateien importieren

Adobe Illustrator erkennt alle gängigen Grafikdateiformate, Sie können also Vektorgrafiken und Pixelgrafiken importieren, die in anderen Anwendungen erstellt wurden. Vektor- und Pixelgrafiken lassen sich unkompliziert im Dokument platzieren oder durch Kopieren und Einfügen in die Datei holen.

Verknüpfen oder Einbetten?

Beim Platzieren einer Grafik sehen Sie im Layout eine Version der Datei in der Bildschirmauflösung – die eigentliche Grafikdatei ist jedoch entweder verknüpft oder eingebettet. Mit dem **Verknüpfungen-Bedienfeld** (*Fenster* → *Verknüpfungen*) bestimmen und ändern Sie den jeweiligen Importstatus.

Verknüpfte Dateien

Verknüpfte Grafiken sind mit dem Dokument verbunden, bleiben aber davon unabhängig. Dadurch wird die Dateigröße gering gehalten und Sie können jederzeit außerhalb des Dokuments in anderen Anwendungen Änderungen vornehmen – die verknüpfte Datei wird in Adobe Illustrator immer aktuell gehalten.

▲ **Abbildung 2-65** Wird eine verknüpfte Datei verändert, werden Sie gewarnt.

Verknüpftes Bildmaterial kann zwar als gesamtes, viereckiges Objekt mit den Transformierungs-Werkzeugen und Effekten bearbeitet werden, es ist jedoch nicht möglich, einzelne Komponenten daraus auszuwählen und getrennt zu bearbeiten.

Erst wenn Sie Grafiken exportieren oder drucken, wird das Original abgerufen, um so die endgültige Ausgabe mit der vollen Auflösung durchzuführen.

Eingebettete Dateien

Eingebettetes Bildmaterial wird mit voller Auflösung in das Dokument kopiert, wodurch die Illustrator-Datei größer wird. Die Verbindung zum Original ist unterbrochen. Wenn Sie die Datei also außerhalb von Illustrator verändern, bleibt das eingebettete Bildmaterial unverändert.

Wenn das eingebettete Bildmaterial mehrere Komponenten enthält, können diese separat bearbeitet werden. Enthält das Bildmaterial beispielsweise Vektordaten, werden diese von Illustrator in Pfade umgewandelt. Illustrator bewahrt außerdem die Objekthierarchie (Ebenen, Gruppen etc.) in eingebettetem Bildmaterial bestimmter Dateiformate.

Platzieren von Dateien

Zum Importieren von Dateien wählen Sie *Datei → Platzieren* und suchen im folgenden Optionenfenster die gewünschte Datei aus. Diese Methode unterstützt den Import der meisten Dateiformate.

Durch Bestätigen mit **Platzieren** betten Sie diese Datei in das Dokument ein. Falls Sie die Datei nur verknüpfen möchten, aktivieren Sie vor dem Betätigen die Option **Verknüpfen**.

▲ **Abbildung 2-67** Entscheiden Sie, ob Sie die Datei verknüpfen oder einbetten möchten.

Abhängig vom gewählten Dateiformat können Sie nun weitere Platzierungs- und Importoptionen öffnen.

Adobe PDF-Platzierungsoptionen

Beim Platzieren mehrseitiger PDF-Dateien wählen Sie am besten erst unterhalb der Vorschau, welche Seite platziert werden soll. Diese wird Ihnen dann in der Vorschau angezeigt.

> **Hinweis**
>
> Ein **PDF** (Adobe Portable Document Format) ist ein Dateiformat für Vektor- und Pixeldaten und kann über *Datei → Öffnen*, *Datei → Platzieren*, *Bearbeiten → Einfügen* oder per **Drag-and-Drop** in Illustrator importiert werden.

▲ **Abbildung 2-68** PDF-Platzierungsoptionen

Über das Drop-down-Menü **Beschneiden auf** legen Sie nun fest, wie das Bildmaterial zugeschnitten werden soll:

- **Begrenzungsrahmen** platziert den Begrenzungsrahmen und wählt dabei den kleinsten Bereich, der alle Seitenobjekte umfasst.

- **Bildmaterial** platziert nur den rechteckigen Bereich, den der Autor der Datei als platzierbares Material definiert hat.

- **Beschneiden (CS5: Zuschneiden)** verwendet den Bereich, der von Adobe Acrobat angezeigt beziehungsweise gedruckt wird.

- **Überlappungsbereich entfernen** platziert den für die Ausgabe definierten Schnittbereich, sofern im PDF Schnittmarken vorhanden sind.

- **Anschnitt** platziert den als Anschnittbereich definierten Bereich, sofern vorhanden.

- **Medien** platziert sämtliche Inhalte der im PDF festgelegten Papiergröße.

Adobe Photoshop-Platzierungsoptionen

Beim Platzieren einer Photoshop-Datei können Sie wählen, wie Photoshop-Ebenen umgewandelt werden und – falls Ebenenkompositionen enthalten sind – welche Version des Bildes importiert werden soll.

> **Hinweis**
>
> Bildmaterial aus einer **PSD**-Datei (Adobe Photoshop Datei) kann über *Datei → Öffnen, Datei → Platzieren, Bearbeiten → Einfügen* oder per **Drag-and-Drop** in Illustrator importiert werden.

▲ **Abbildung 2-69** Photoshop-Importoptionen

Falls die Photoshop-Datei Ebenenkompositionen enthält, legen Sie über das Drop-down-Menü **Ebenenkomposition** fest, welche Version des Bildes importiert werden soll. Etwaige Kommentare werden neben der Vorschau angezeigt.

Aus dem Drop-down-Menü **Bei Aktualisierung des Links** definieren Sie Einstellungen zur Ebenensichtbarkeit, wenn eine verknüpfte Photoshop-Datei aktualisiert wird, die Ebenenkompositionen enthält. Wählen Sie zwischen *Benutzerdefinierte Ebenensichtbarkeit beibehalten* (aktualisiert das Bild auf Basis der ursprünglichen Ebenensichtbarkeit beim Platzieren) und *Ebenensichtbarkeit von Photoshop verwenden* (das Bild wird in der aktuellen Ebenensichtbarkeit der Photoshop-Datei aktualisiert).

Im Abschnitt **Optionen** wählen Sie zwischen folgenden Möglichkeiten:

- *Ebenen in Objekte umwandeln* importiert die Datei mit der enthaltenen Ebenenstruktur und behält die Textbearbeitbarkeit so weit wie möglich bei. Falls die Datei Eigenschaften beinhaltet, die von Illustrator nicht unterstützt werden, werden Ebenen zusammengefügt und gerastert, sodass das Aussehen wie in der Photoshop-Datei erhalten bleibt.

- *Ebenen zu einzelnem Bild reduzieren (Textaussehen beibehalten)* importiert die Datei als ein einzelnes Bitmap-Bild, die einzelnen Objekte der Photoshop-Datei werden verworfen und können daher auch nicht bearbeitet werden.

Ausgeblendete Ebenen importieren kann nur ausgewählt werden, wenn Sie die Datei einbetten, und importiert auch Ebenen, die in der Photoshop-Datei ausgeblendet sind. Sollte die Photoshop-Datei Slices beinhalten, können Sie diese durch Aktivieren von *Slices importieren* in Illustrator übernehmen.

TIFF-Importoptionen

Die TIFF-Importoptionen sind identisch mit den Photoshop-Importoptionen.

Importieren von EPS-Dateien

Wenn Sie in Adobe Illustrator eine EPS-Datei öffnen oder einbetten, werden alle von Illustrator erkannten Objekte in Illustrator-Objekte umgewandelt. Unbekannte Objekte gehen möglicherweise verloren – am besten, Sie verknüpfen solche Dateien.

Verknüpfte EPS-Dateien werden standardmäßig mit einer hochauflösenden Vorschau angezeigt, sofern diese mit der EPS-Datei für Ihre Plattform tauglich gespeichert wurde.

Importieren von DCS-Dateien

DCS (Desktop Color Separation) ist eine Variante des EPS-Formats. DCS-Dateien können in Illustrator verknüpft, aber nicht eingebettet oder geöffnet werden. Illustrator erkennt Beschneidungspfade in DCS-Dateien, wenn sie in Photoshop erstellt wurden.

Importieren von AutoCAD-Dateien

AutoCAD-Dateien (DXF oder DWG) können von Version 2.5 bis Version 2006 in Illustrator importiert werden. Die meisten AutoCAD-Daten (wie 3-D-Objekte, 3-D-Formen, 3-D-Pfade, externe Referenzen, Bereichsobjekte, Spline-Objekte, Rasterobjekte, Textobjekte) werden von Illustrator unterstützt.

> **Hinweis**
>
> **EPS** (Encapsulated PostScript) ist ein Dateiformat, das sich wegen der breiten Unterstützung durch verschiedene Programme für den Austausch von Dateien anbietet. Sie können über *Datei → Öffnen*, *Datei → Platzieren*, *Bearbeiten → Einfügen* oder per **Drag-and-Drop** in Illustrator importiert werden.

Importierte Dateien verwalten

Ist eine importierte Datei ausgewählt, sehen Sie im Steuerung-Bedienfeld die wichtigsten Informationen dazu und erhalten dort auch einige Bearbeitungsfunktionen.

▲ **Abbildung 2-70** Das Steuerung-Bedienfeld mit einer eingebetteten (oben) und einer verknüpften Datei (unten) ausgewählt

Mit dem **Verknüpfungen-Bedienfeld** (*Fenster → Verknüpfungen*) können Sie alle verknüpften oder eingebetteten Komponenten des Dokuments anzeigen und verwalten – sie werden dort namentlich, durch eine kleine Miniatur des Bildmaterials sowie durch den aktuellen Status angezeigt.

▲ **Abbildung 2-71** Das Verknüpfungen-Bedienfeld

Dateistatus

- Ist eine verknüpfte Datei auf dem aktuellen Stand, wird sie nur mit der Miniatur und dem Dateinamen dargestellt. Wollen Sie eine verknüpfte Datei einbetten, wählen Sie diese im Verknüpfungen-Bedienfeld aus und wählen im Bedienfeld-Menü **Bild einbetten**. Alternativ klicken Sie im Steuerung-Bedienfeld auf **Bild einbetten**.

- Eingebettete Dateien hingegen werden neben dem Namen durch das Symbol ▣ gekennzeichnet. Falls Sie eine eingebettete Datei doch nur verknüpfen möchten, wählen Sie diese im Verknüpfungen-Bedienfeld aus und klicken auf **Erneut verknüpfen** ⇔ . Aktivieren Sie diesmal im Optionenfenster die Option *Verknüpfen*.

- Wenn eine verknüpfte Datei in einer neueren Version auf dem Datenträger vorhanden ist, gibt Ihnen das Symbol ⚠ einen Hinweis darauf. Um die geänderte Version für Ihr Dokument zu übernehmen, müssen Sie diese Verknüpfung aktualisieren. Wählen Sie dazu im Verknüpfungen-Bedienfeld eine oder mehrere Verknüpfungen aus und klicken Sie auf **Verknüpfung aktualisieren** . Die Verknüpfung ist nun auf dem aktuellen Stand.

- Wenn sich der Speicherort einer verknüpften Datei nach dem Import verändert hat, kann Adobe Illustrator nicht feststellen, ob sie auf dem letzten Stand ist. Dies wird durch das Symbol gekennzeichnet. Wenn Sie ein mit diesem Symbol gekennzeichnetes Dokument drucken oder exportieren, wird dabei eventuell nicht die volle Auflösung verwendet. Über **Erneut verknüpfen** öffnet sich ein Dialogfenster, über das Sie eine neue Datei auswählen oder den Pfad zur verschobenen Datei festlegen können. Die neue Grafik erhält die Größe, Position und Transformationseigenschaften der zuvor verknüpften Grafik.

Dateiinformationen

Ein Doppelklick auf einen Link im Verknüpfungen-Bedienfeld öffnet ein Dialogfenster mit Informationen (wie Dateiname, Speicherort, Größe etc.) zu der verknüpften oder eingebetteten Datei. Diese Informationen können Sie auch über das Steuerung-Bedienfeld öffnen, wenn die Datei ausgewählt ist. Klicken Sie auf den **Dateinamen** und anschließend auf **Verknüpfungsinformationen**.

Verknüpfte Originaldateien bearbeiten

Ein Klick auf **Original bearbeiten** im Verknüpfungen-Bedienfeld oder auf den Button **Original bearbeiten** im Steuerung-Bedienfeld öffnet in den meisten Fällen die Datei in der Anwendung, in der sie erstellt wurde, sodass Sie dort die notwendigen Änderungen vornehmen können. Unmittelbar nach dem Speichern der veränderten Datei ist die Verknüpfung im Dokument aktualisiert.

Verknüpfte/Eingebettete Dateien auswählen

Im Verknüpfungen-Bedienfeld haben Sie außerdem die Möglichkeit, durch einen Klick auf **Gehe zu Verknüpfung** das entsprechende Bildmaterial im Dokument auszuwählen.

1   2   3   4   5   6   7   8   9   10

Kapitel 3

Objekte erstellen

Geometrische Objekte zeichnen

Malen und Freihandzeichnen

Präzises Zeichnen mit dem Zeichenstift

Perspektivisch Zeichnen

In Illustrator können Sie Objekte auf unterschiedliche Weise erstellen: durch Malen und Zeichnen, auf Basis geometrischer Grundformen, als präzise Konstruktion von Bézier-Pfaden oder mit der Funktion Perspektivisches Zeichnen.
Hier lernen Sie, wie es geht.

In diesem Kapitel lernen Sie, wie Sie Objekte erstellen – beginnend bei **geometrischen Grundformen** über intuitives **Zeichnen und Malen** bis hin zur präzisen Konstruktion von **Bézier-Pfaden**. Wenn Sie mit den grundsätzlichen Methoden zum Erstellen von Objekten vertraut sind, darf ich Ihnen das tolle Feature des **perspektivischen Zeichnens** vorstellen, mit dem Sie auf ein dreidimensionales Raster zugreifen können, in dem Sie Objekte direkt in der korrekten perspektivischen Verzerrung erstellen und bearbeiten können.

Falls Sie zwischendurch schon einen kleinen Blick (in Kapitel 6 Objekte gestalten) werfen möchten, versüßt das Ihnen bestimmt das Erlernen der Erstellungstechniken aus diesem Kapitel.

Zuvor möchte ich Ihnen aber ein Feature vorstellen, das in Illustrator CS5 vorgestellt wurde: die **Zeichenmodi**. Wenn Sie die verschiedenen Methoden der Objekterstellung anwenden, ist es hilfreich, diese Zeichenmodi zu kennen und sie gezielt einsetzen zu können.

▲ **Abbildung 3-01**
Das Zeichenmodi-Bedienfeld im Werkzeug-Bedienfeld

Zeichenmodi

Im Illustrator Standard-Zeichenmodus wird jedes neue Objekt – der üblichen Objektreihenfolge entsprechend – oberhalb existierender Objekte erstellt. Seit Illustrator CS5 können Sie nun außerdem festlegen, dass Sie Objekte hinter anderen – also in der Objektreihenfolge darunter – oder sogar in einem anderen Objekt erstellen möchten. Neben dem Standard-Zeichenmodus **Normal zeichnen** stehen Ihnen nun also zwei weitere Zeichenmodi zur Verfügung: **Dahinter Zeichnen** und **Innen Zeichnen**.

▲ **Abbildung 3-02** Objekt mit den Zeichenmodi **Normal zeichnen** (Links), **Dahinter zeichnen** (Mitte) und **Innen zeichnen** (Rechts) erstellt

▲ **Abbildung 3-03**
Zeichenmodi **Normal zeichnen** (Links), **Dahinter zeichnen** (Mitte) und **Innen zeichnen** (Rechts)

Auf die insgesamt drei Zeichenmodi greifen Sie über das Zeichenmodi-Bedienfeld zu, das im unteren Bereich des Werkzeug-Bedienfelds zu finden ist. Mit der Tastenkombination ⇧ + D können Sie ebenfalls zwischen den drei Zeichenmodi wechseln. Zum Beenden der beiden neuen Modi wechseln Sie einfach wieder in den Modus **Normal Zeichnen**.

Kapitel 3 · Objekte erstellen

Hinter existierenden Objekten zeichnen

Wenn Sie möchten, sind die Zeiten des manuellen Verschiebens von Objekten innerhalb der Objektreihenfolge Vergangenheit. Sie können direkt hinter anderen Objekten zeichnen, ohne Ebenen auswählen oder die Objektreihenfolge nachträglich verändern zu müssen.

Wechseln Sie einfach in den Zeichenmodus Dahinter Zeichnen und zeichnen Sie mit dem Werkzeug Ihrer Wahl. Haben Sie zuvor ein Objekt ausgewählt, zeichnen Sie direkt hinter diesem Objekt. Falls kein Objekt ausgewählt ist, wird das neue Objekt an unterster Stelle in der aktiven Ebene erstellt. Damit Sie nicht »blind« zeichnen müssen, sehen Sie den Pfad während des Zeichnens übrigens noch oben liegend. Sobald Sie mit dem Zeichnen fertig sind, wird das Objekt automatisch nach hinten verschoben.

◀ **Abbildung 3-04**
Sobald Sie im Modus **Dahinter zeichnen** ein neues Objekt erstellt haben, wird es nach hinten verschoben.

Neben dem Erstellen neuer Objekte gibt es weitere Funktionen, die Sie im Modus **Dahinter zeichnen** durchführen können: das Erstellen neuer Ebenen, das Platzieren von Symbolen, das Platzieren von Dateien über das Menü, das Duplizieren von Objekten durch Ziehen mit gedrückter alt -Taste sowie die Einfügeoptionen über das Menü *Bearbeiten* → *An Originalposition einfügen* und *Bearbeiten* → *In alle Zeichenflächen einfügen*.

In anderen Objekten zeichnen

Mit dem dritten Modus können Sie innerhalb von Objekten – sogar innerhalb von Text – zeichnen oder darin Dateien platzieren. Alle neu erstellten Pfade verwenden ein vorher ausgewähltes Objekt als den Bereich, in dem sie sichtbar sind. Verwenden Sie den Modus **Innen zeichnen** am besten, wenn Sie schon vorher wissen, dass Ihre Zeichnung auf einen bestimmten Umriss begrenzt werden soll. Es wird automatisch eine Schnittmaske (siehe Kapitel 5) erstellt.

Wählen Sie zuerst ein einzelnes Objekt aus, das als Maske fungieren soll, und wechseln Sie in den Zeichenmodus **Innen zeichnen**. Das ausgewählte Objekt wird nun von einem gepunkteten Rechteck umgeben, das Sie auf den Zeichenmodus aufmerksam macht. Heben Sie besser die Auswahl auf, damit Sie Flächen- und Kontureigenschaften (siehe Kapitel 6) für das gewünschte Zeichen-Werkzeug festlegen können, ohne diese auch für das Maskenobjekt zu übernehmen. Zeichnen Sie nun wie gewohnt. Auch in diesem Modus kann es – je nach gewähltem Zeichen-Werkzeug – sein, dass sich erst die fertige Zeichnung in das Maskenobjekt legt.

Hinweis

Im Unterschied zum Erstellen von Schnittmasken über das Menü *Objekt* → *Schnittmaske* → *Erstellen* behalten Schnittmasken, die durch den Zeichenmodus **Innen zeichnen** erstellt wurden, ihr Aussehen im Zuschneidungspfad teilweise bei: Erhalten bleiben die Flächenattribute und auch einfache Konturen. Verloren gehen leider Breitenprofile, sämtliche Pinselkonturen und Effekte.

Objekte erstellen

> **Hinweis**
>
> Die Zeichenmodi können Sie gleich im Workshop im Anschluss an den Abschnitt »Geometrische Objekte zeichnen« ausprobieren.
>
> ▲ **Abbildung 3-06**
> Die Zeichenmodi **Innen zeichnen** und **Dahinter zeichnen**.

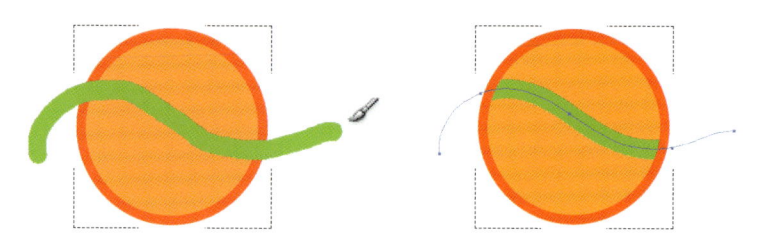

▲ **Abbildung 3-05** Sobald Sie im Modus **Innen zeichnen** ein neues Objekt erstellt haben, wird es innen angeordnet.

Wenn Sie eine Bilddatei durch ein ausgewähltes Objekt maskieren möchten, wechseln Sie in den Zeichenmodus **Innen zeichnen** und platzieren Sie über das Menü *Datei* → *Platzieren* (siehe Abschnitt »Dateien importieren« in Kapitel 2) die gewünschte Datei.

▲ **Abbildung 3-07** Im Modus Innen zeichnen kann man auch Dateien platzieren, die automatisch maskiert werden.

Geometrische Objekte zeichnen

Auf den ersten Blick wirken die Werkzeuge zum Konstruieren geometrischer Objekte vielleicht ein wenig langweilig. Unterschätzen Sie aber nicht die Möglichkeiten dieser zunächst simplen **Grundformen**, denn sie sind einerseits viel präziser in der Handhabung als freihändiges Zeichnen und bilden andererseits eine wichtige Basis für das Konstruieren komplexerer Formen. Freuen Sie sich auf den Workshop »Das Grundformen-Schweinchen« etwas später in diesem Kapitel.

▲ **Abbildung 3-08**
Die Grundformen-Werkzeuge im Werkzeug-Bedienfeld

▲ **Abbildung 3-09** Diese Grafiken sind durch Kombinieren von Grundformen entstanden.

Adobe Illustrator unterstützt Sie bei der Erstellung geometrischer Grundformen mit einer Vielzahl von Werkzeugen. Es gibt Werkzeuge, die Formen erzeugen – dazu zählen Rechtecke, abgerundete Rechtecke, Ellipsen, Polygone und Sterne –, und welche, die Linien – gerade Linien, Bögen, Spiralen, rechteckige und radiale Raster – erzeugen.

▲ **Abbildung 3-10** Die Werkzeuge zur Erstellung geometrischer Formen und Linien

Hinweis

Objekte können natürlich nachträglich noch verändert werden, wie ich Ihnen ausführlich in Kapitel 4 zeigen werde.

Alle diese Werkzeuge können Sie – je nach Bedarf – auf zwei Arten verwenden: Sie können damit **intuitiv** durch Klicken und Ziehen Linien und Formen zeichnen – wobei Sie während des Zeichnens durch unterschiedliche Tastenkombinationen Anpassungen vornehmen können – , oder Sie definieren in den jeweiligen Werkzeugoptionen **präzise Werte**.

Objekte intuitiv aufziehen

Objekte intuitiv zu erstellen, funktioniert ganz einfach: Wählen Sie aus dem Werkzeug-Bedienfeld das gewünschte Linien- oder Formen-Werkzeug aus und ziehen Sie so lange mit gedrückter Maustaste, bis Ihnen das Objekt gefällt. Lassen Sie anschließend die Maustaste los.

Genau genommen ziehen Sie aber nicht das Objekt selbst, sondern seinen **Begrenzungsrahmen** auf, was speziell bei nicht viereckigen Objekten bemerkbar wird. Sobald Sie mit dem Werkzeug klicken, legen Sie den ersten Eckpunkt dieses Begrenzungsrahmens fest. Durch Ziehen mit gedrückter Maustaste – Sie können in alle Richtungen ziehen – legen Sie immer den diagonal gegenüberliegenden Eckpunkt des Begrenzungsrahmens fest.

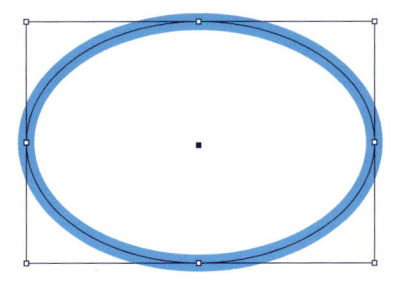

▲ **Abbildung 3-11**
Der viereckige Begrenzungsrahmen einer Ellipse

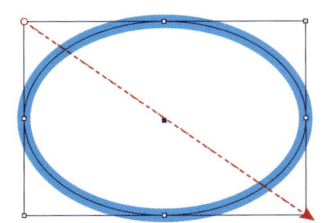

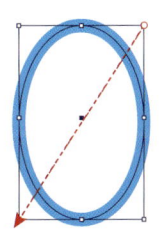

▲ **Abbildung 3-12** Klicken und ziehen Sie mit gedrückter Maustaste zur gegenüberliegenden Ecke des Begrenzungsrahmens.

Tastaturhilfen während des intuitiven Aufziehens

Noch während Sie mit gedrückter Maustaste Ihr Objekt aufziehen, können Sie daran mit der Tastatur Modifizierungen vornehmen. Die Funktionen der meisten Tasten variieren je nach aktivem Werkzeug, einige Tasten lassen sich kombinieren. **Wichtig:** Lassen Sie immer zuerst die Maustaste los und danach die Taste(n).

▲ **Abbildung 3-13**
Objekte mit der ⇧-Taste ausrichten

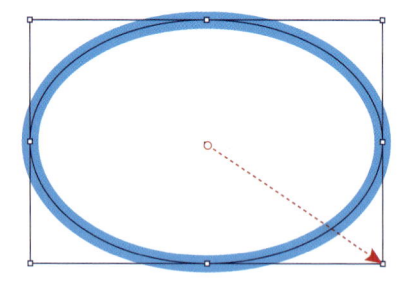

▲ **Abbildung 3-14**
Objekte mit gedrückter alt -Taste aus der Mitte aufziehen

- Die ⇧-**Taste** sorgt bei einigen Objekten für regelmäßige Form. Halten Sie sie zum Beispiel beim Aufziehen eines Rechtecks gedrückt, erzwingen Sie gleiche Seitenlängen, es entsteht also ein Quadrat. Bei anderen Werkzeugen hat sie Funktionen zum Ausrichten des Objekts, so bewirkt sie zum Beispiel beim Zeichnen eines Sterns, dass dessen oberste Spitze senkrecht mittig ausgerichtet wird.

- Halten Sie während des Aufziehens die **Leertaste** gedrückt, um das Objekt an eine andere Stelle zu verschieben. Sobald Sie die Leertaste loslassen, können Sie an der neuen Stelle Ihr Objekt weiter erstellen.

- Mit gedrückter alt -**Taste** können Sie Objekte aus ihrer Mitte aufziehen (für das Spirale-, Polygon- und Stern-Werkzeug benötigen Sie diese Funktion nicht – sie werden immer aus der Mitte heraus konstruiert).

- Eine interessante, aber sehr spezielle Funktion hat die <-**Taste**. Halten Sie sie während des Aufziehens gedrückt und bewegen Sie die Maus. Illustrator erzeugt der Drehung der Maus folgende Duplikate des Objekts aus demselben Ursprung heraus. Halten Sie zeitgleich auch die **Leertaste** gedrückt, lösen Sie die Duplikate aus dem Ursprung – sie folgen der Mausbewegung.

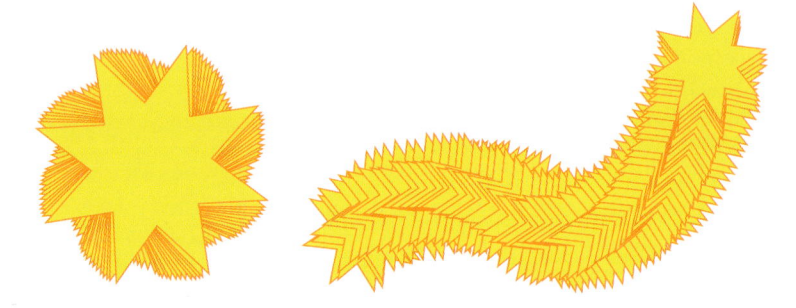

▲ **Abbildung 3-15** Interessante Effekte mit gedrückter <-Taste

Weitere werkzeugspezifische Funktion lernen Sie auf den folgenden Seiten kennen.

Objekte präzise erstellen

Wenn Sie Objekte anhand bestimmter Werte erstellen möchten, klicken Sie – statt zu ziehen – mit dem gewünschten Werkzeug einmal in die Zeichenfläche. Dieser Punkt gilt immer als der Ursprung des Objekts. Der Klick öffnet die jeweiligen Werkzeug-Optionen, wo Sie – je nach Werkzeug – sämtliche Parameter zum Konstruieren selbst definieren können. Erst nach dem Bestätigen mit **OK** wird das Objekt erstellt.

Kapitel 3 · **Objekte erstellen**

Gerade Linien

Mit dem ■ **Liniensegment-Werkzeug** (⇧ + \ ) können Sie durch Klicken und

Tipp

Wenn Sie während des Ziehens die ⇧ -Taste gedrückt halten, rastet die Linie in 45°-Schritten ein.

▲ **Abbildung 3-16**

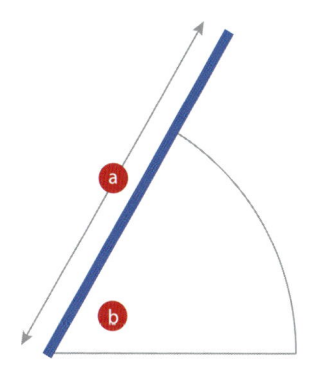

▲ **Abbildung 3-17** Liniensegment-Optionen

Ziehen gerade Linien in jedem beliebigen Winkel aufziehen.

In den Liniensegment-Optionen können Sie die **Länge** der Linie und ihren **Winkel** definieren. Wenn die Option **Linie füllen** aktiviert ist, wird dem Liniensegment die derzeit aktive Füllfarbe zugewiesen. Die zugewiesene Füllfarbe wird erst sichtbar, falls das Liniensegment nachträglich gekrümmt wird!

Rechtecke und Quadrate zeichnen

Mit dem ▪ **Rechteck-Werkzeug (M)** erzeugen Sie Rechtecke und Quadrate. Klicken und ziehen Sie ein beliebiges Rechteck auf, oder klicken Sie nur einmal in die Zeichenfläche, um die Rechteck-Optionen zu öffnen. In den Rechteck-Optionen können Sie **Breite** und **Höhe** des Rechtecks definieren, bei gleichen Werten erhalten Sie ein Quadrat.

▲ **Abbildung 3-18**
Eine Füllfarbe ist an geraden Linien nicht sichtbar.

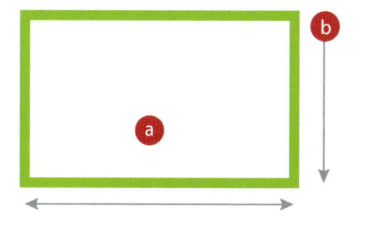

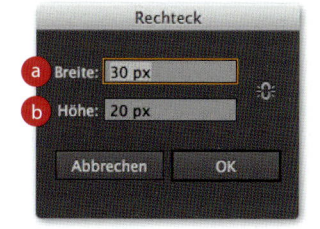

▲ **Abbildung 3-19** Rechteck-Optionen

Hinweis

Wenn Sie **Grafiken für das Web** erstellen, machen Sie sich bitte auch mit der Ausrichtung von Objekten am neuen **Pixelraster** in Kapitel 2 vertraut, mit dessen Hilfe Webgrafiken gestochen scharf aussehen.

Geometrische Objekte zeichnen

Abgerundete Rechtecke und Quadrate

Mit dem ▢ **Abgerundetes-Rechteck-Werkzeug** erstellen Sie Rechtecke oder Quadrate mit Rundungen statt Ecken.

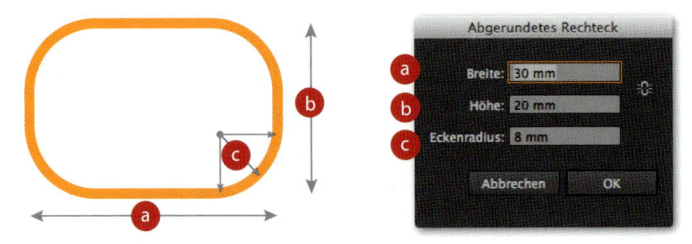

> **Hinweis**
>
> Wenn Sie während des Konstruierens von Rechtecken, abgerundeten Rechtecken und Ellipsen die ⇧-Taste gedrückt halten, erzwingen Sie gleiche Seitenlängen. Auf diese Weise erstellen Sie Quadrate, abgerundete Quadrate beziehungsweise Kreise.

▲ **Abbildung 3-20** Abgerundetes-Rechteck-Optionen

Beim intuitiven Erstellen bestimmen Sie den **Eckenradius** durch Tastenhilfen: ↑ erhöht den Eckenradius schrittweise, ↓ verkleinert ihn. → wählt den größtmöglichen Eckenradius, ← entfernt die Abrundung der Ecken und konstruiert somit ein normales Rechteck.

> **Hinweis**
>
> **Abgerundete Rechtecke** werden häufig als Buttons verwendet. Illustrator stellt Ihnen hierfür einige vordefinierte Grafikstile (im Abschnitt »Grafikstile« in Kapitel 8) zur Verfügung, die Sie darauf anwenden können. 
>
> ▲ **Abbildung 3-21**
> Abgerundete Rechtecke werden mit Grafikstilen zu Buttons.

▲ **Abbildung 3-22** Größtmöglicher **Eckenradius** (links) und **Eckenradius** null (Rechteck)

Ellipsen und Kreise zeichnen

Mit dem ⬭ **Ellipse-Werkzeug (L)** erstellen Sie Ellipsen oder Kreise, indem Sie einen Begrenzungsrahmen aufziehen oder seine **Breite** und **Höhe** in den Ellipse-Optionen definieren. Bei gleichen Seitenverhältnissen erhalten Sie einen Kreis.

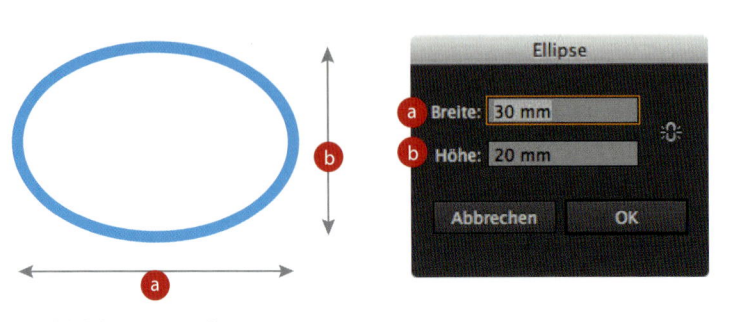

▲ **Abbildung 3-23** Ellipse-Optionen

Kapitel 3 · Objekte erstellen

Polygone (Vielecke) erstellen

Mit dem ⬢ **Polygon-Werkzeug** konstruieren Sie gleichmäßige Vielecke, zum Beispiel Dreiecke. Die Anzahl der Seiten bestimmen Sie in den Polygon-Optionen oder durch Zuhilfenahme von Tastenhilfen, die Sie übrigens auch beim Ausrichten des Polygons unterstützen.

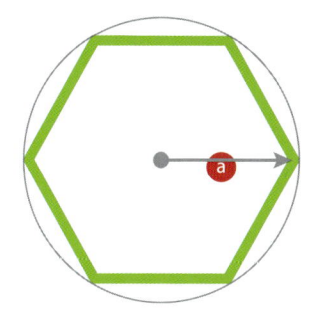

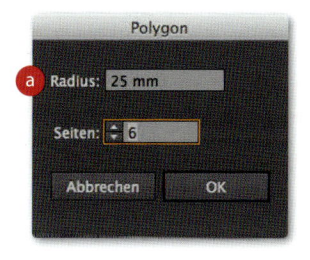

Tipp

Während Sie ein Polygon aufziehen, dreht sich das Objekt mit, wenn Sie die Maus bewegen. Halten Sie die ⇧-Taste gedrückt, wird das Polygon waagerecht ausgerichtet.

▲ **Abbildung 3-24** Polygon-Optionen

▲ **Abbildung 3-25**
Polygon mit der ⇧-Taste ausrichten

Drücken Sie während des Aufziehens so oft die ↑-Taste (mehr Seiten) oder ↓-Taste (weniger Seiten), bis das Polygon die gewünschte Anzahl an **Seiten** hat.

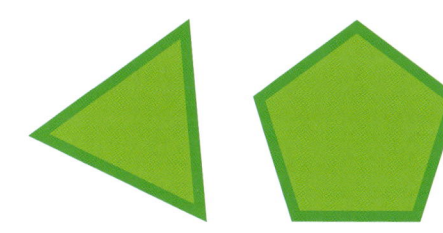

▲ **Abbildung 3-26** Die **Seitenanzahl** erhöhen beziehungsweise reduzieren Sie mit der ↑- und ↓-Taste

▲ **Abbildung 3-27**
Beispiel für ein Polygon

Sterne konstruieren

Mit dem ☆ **Stern-Werkzeug** erstellen Sie spitze oder flache Sterne mit variabler Anzahl an Zacken.

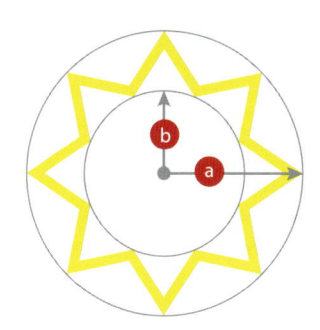

◀ **Abbildung 3-28**
Stern-Optionen

Geometrische Objekte zeichnen

▲ **Abbildung 3-29**
Verändern der Zackenlänge mit gedrückter `strg`/`⌘`-Taste

Tipp

Wenn Sie während des Konstruierens den Cursor bewegen, dreht sich der Stern. Das Gedrückthalten der `⇧`-Taste richtet die oberste Spitze des Sterns senkrecht mittig aus.

▲ **Abbildung 3-31**
Stern mit der `⇧`-Taste ausrichten

Tipp

Bögen ergeben ganz wunderbare Pfeile – wie Sie bestimmt oft in diesem Buch bemerken werden –, wenn Sie ihnen über das Kontur-Bedienfeld eine Pfeilspitze (siehe Kapitel 6) zuweisen.

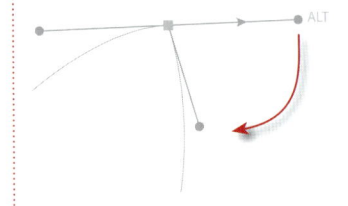

▲ **Abbildung 3-33**
Bogen mit Pfeilspitze

Beim freien Aufziehen eines Sterns haben Sie viele Einstellungsmöglichkeiten mit Tastenhilfen: Drücken Sie erst die `↑`-Taste oder `↓`-Taste, bis der Stern die gewünschte Anzahl an **Zacken** hat. Durch Drücken der `strg`/`⌘`-Taste fixieren Sie den Innenradius (Radius 2) des Sterns und können die Zacken länger oder kürzer ziehen.

Halten Sie die `alt`-Taste gedrückt, wird automatisch der Innenradius so angepasst, dass sich jede zweite Spitze auf einer Linie befindet.

▲ **Abbildung 3-30** Verändern der Kanten mit gedrückter `alt`-Taste

Bögen zeichnen

Mit dem ![] **Bogen-Werkzeug** erstellen Sie offene oder zu einem Dreieck ergänzte Bögen. Die Bogensegment-Optionen sind etwas komplex, sehen wir uns deshalb im Zuge des intuitiven Erstellens die einzelnen Optionen an.

Wenn Sie mit dem Bogen-Werkzeug frei zu ziehen beginnen, bestimmen Sie selbst, wo Sie starten (**Ursprungspunkt**), sowie die Breite (**Länge der x-Achse**) und Höhe (**Länge der y-Achse**) des Bogens.

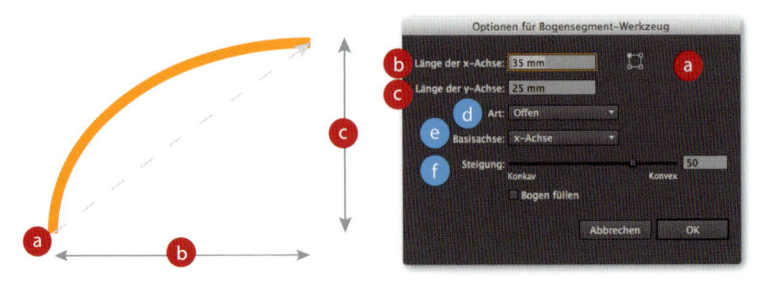

▲ **Abbildung 3-32** Vom **Ursprungspunkt** (a) weg ziehend bestimmen Sie die **Länge der** x-Achse (b) und der y-Achse (c).

Drücken Sie während des Ziehens einmal die Taste `C`, um zwischen einem offenen Bogen und einer geschlossenen Bogenform zu wechseln. In den Bogensegment-Optionen wählen Sie unter ⓓ **Art** zwischen **Offen** und **Geschlossen**.

Kapitel 3 · **Objekte erstellen**

Drücken Sie einmal die Taste [F] oder [X], um zwischen einem konvexen und einem konkaven Bogen zu wechseln. In den Bogensegment-Optionen bestimmen Sie zuerst die ⓔ **Basisachse** (x-Achse oder y-Achse) und anschließend die ⓕ **Steigung** (–100 bis 100), indem Sie entweder den Regler Richtung **Konkav** oder **Konvex** ziehen, oder direkt einen Wert eingeben. Während des Ziehens erhöhen Sie die Steigung schrittweise mit [↑] und reduzieren Sie mit [↓].

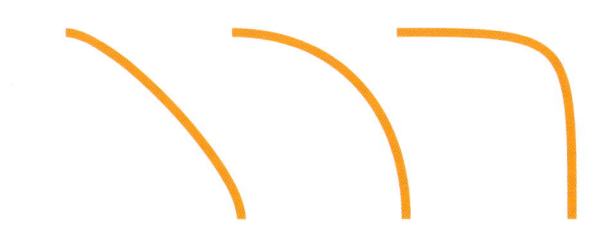

▲ **Abbildung 3-35** Bögen mit unterschiedlicher **Steigung**

Durch Aktivieren der Option **Bogen füllen** weisen Sie dem Bogen das derzeit aktive Flächenattribut zu.

Spiralen zeichnen

Mit dem ![] **Spirale-Werkzeug** erstellen Sie Spiralen, die aus kleiner werdenden Viertelkreisen besteht.

Durch Klicken und Ziehen bestimmen Sie die Größe der Spirale. Während des Ziehens dreht der Cursor die Spirale. Halten Sie die [⇧]-Taste gedrückt, fixieren Sie die Ausrichtung der Spirale in 45°-Schritten. In den Spirale-Optionen im Feld **Radius** können Sie den Radius des ersten – üblicherweise größten – Viertelkreises der Spirale festlegen.

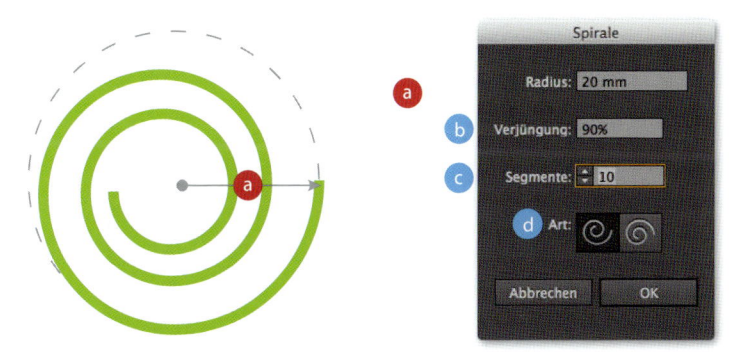

Die ⓑ **Verjüngung** (5% bis 150%) beeinflusst die Dichte der Windungen, der eingegebene Wert verkleinert das jeweils nachfolgende Kreissegment um den angegebenen Prozentwert. Um die Verjüngung direkt beim Ziehen zu verändern, drücken Sie – nachdem Sie bereits zu ziehen begonnen haben – die [strg]/[⌘]-Taste und ziehen dann weiter.

▲ **Abbildung 3-34**

Wählen Sie unter *Art* **Offen** oder **Geschlossen** oder drücken Sie die Taste [C].

Tipp

Ein **Steigungswert** von **Null** erzeugt eine Gerade, –50 und 50 einen Viertelkreis.

Halten Sie beim Konstruieren die [⇧]-Taste gedrückt, um Bögen mit gleicher Länge der x- und y-Achse zu zeichnen.

▲ **Abbildung 3-36**
Bögen mit der [⇧]-Taste zeichnen

◀ **Abbildung 3-37**
Radius der Spirale

▲ **Abbildung 3-38**
Geometrischer Aufbau einer Spirale

Geometrische Objekte zeichnen

▼ **Abbildung 3-39**
Spirale mit unterschiedlicher Anzahl an **Segmenten**

Unter **c Segmente** definieren Sie die Anzahl der Viertelkreise, die sich zu einer Spirale zusammenschließen sollen. Jeder Klick auf die ↑-Taste fügt während des Ziehens innen ein Segment hinzu, Klicken der ↓-Taste entfernt eines. Sie können aber auch die `strg`/⌘-Taste gedrückt halten: Nähern Sie den Cursor dem Mittelpunkt der Spirale, so erhöhen Sie die Anzahl an Windungen, entfernen Sie den Cursor vom Mittelpunkt, so reduzieren Sie die Windungen. Bedenken Sie, dass die Segmente nach innen hinzugefügt werden, daher hat diese Einstellung nur so lange Auswirkungen, wie gemäß der restlichen Einstellung Platz verfügbar ist.

Über **d Art** können Sie festlegen, in welche Richtung die Spirale gedreht wird. Beim Ziehen ändert übrigens ein Klick auf die Taste `R` die Drehrichtung.

> **Hinweis**
>
> Die dichteste Spirale erstellen Sie mit einem Verjüngungswert von 99 %. Bei 100 % entsteht ein Kreis, alle Werte größer als 100 % kehren die Anordnung der Segmente um und die Spirale wird nach außen hin erweitert.

▲ **Abbildung 3-40** Spiralen in unterschiedlicher Drehrichtung

Rechteckiges und radiales Raster

Die beiden Raster-Werkzeuge – das ▦ **Rechteckiges-Raster-Werkzeug** und das ⊛ **Radiales-Raster-Werkzeug** – konstruieren durch Linienraster unterteilte Rechtecke/Quadrate oder Ellipsen/Kreise. Beide Werkzeuge erstellen jeweils eine Gruppe einzelner Linien, und – je nach Einstellung – einen umschließenden Rahmen. Die Einstellungsoptionen **Breite**, **Höhe** und **Ursprung** kennen Sie ja bereits zur Genüge von den anderen Grundformen.

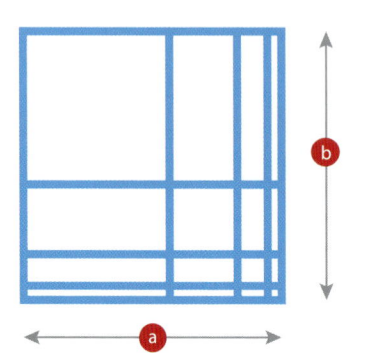

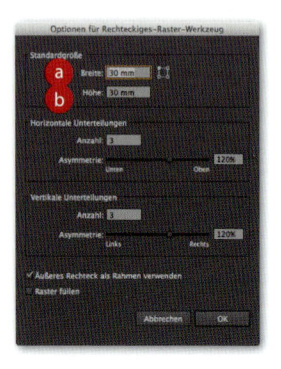

▲ **Abbildung 3-41** Optionen für Rechteckiges-Raster-Werkzeug

Kapitel 3 · Objekte erstellen

Was Sie bei einem Raster noch wählen können, ist die Anzahl der Unterteilungen sowie deren Verteilung.

Die **Anzahl** der waagerechten Unterteilungen steuern Sie während des Aufziehens über die Tasten ↑ (mehr Unterteilungen) und ↓ (weniger Unterteilungen). Beim radialen Raster erfolgt die Unterteilung nicht horizontal oder vertikal, sondern in Ringe (konzentrische Unterteilung) und in Segmente (radiale Unterteilung). Die ↑ - und ↓ -Taste erhöht beziehungsweise reduziert die Anzahl der Ringe. Mit der → -Taste erhöhen Sie die **Anzahl** der vertikalen Teilungen beziehungsweise Segmente, mit der ← -Taste reduzieren Sie sie.

Standardmäßig ist für jede der Unterteilungsmöglichkeiten der Regler oder Wert für **Asymmetrie** auf 0 % gestellt, es erfolgt also eine gleichmäßige Verteilung. Möchten Sie eine logarithmische Verteilung, ziehen Sie beide Asymmetrie-Regler oder verändern Sie die dazugehörenden Werte. Bei negativen Werten verdichten sich die Linien eines rechteckigen Rasters nach unten (F) beziehungsweise links (X) hin, bei Werten größer als null werden die Linien nach oben (V) beziehungsweise rechts (C) hin dichter.

Bei einem radialen Raster verdichten sich die Linien nach innen (X) beziehungsweise außen (C), wenn Sie eine konzentrische Asymmetrie definieren, sowie mit dem (V) beziehungsweise gegen den Uhrzeigersinn (F), wenn Sie eine radiale Asymmetrie herbeiführen.

Die Option **Zusammengesetzten Pfad aus Ellipsen erstellen** ermöglicht es Ihnen, aus den konzentrischen Kreisen Ring-Formen zu erstellen, um beispielsweise jeden zweiten Ring zu färben (siehe Abschnitt »Zusammengesetzte Pfade« in Kapitel 5).

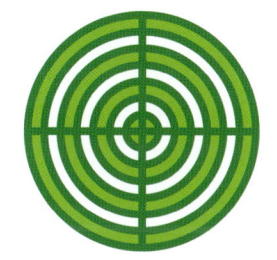

> **Hinweis**
>
> Die Option **Äußeres Rechteck als Rahmen verwenden** ersetzt die obere, untere, linke und rechte Linie durch einen rechteckigen Rahmen. Durch Aktivieren dieser Option können Sie sichergehen, dass sich an den Ecken ein lückenloser Übergang bildet. 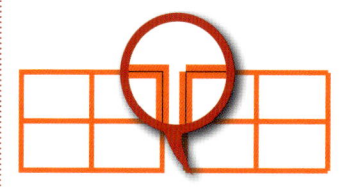
>
> ▲ **Abbildung 3-42**
> Raster mit äußerem Rechteck-Rahmen und Raster mit einzelnen Linien

▲ **Abbildung 3-43** Radiales Raster ohne und mit zusammengesetztem Pfad aus Ellipsen

Raster füllen färbt – je nach vorheriger Einstellung – den äußersten Kreis oder den zusammengesetzten Pfad aus Ellipsen mit der aktuell eingestellten Flächenfarbe.

> **Hinweis**
>
> **Raster füllen** färbt das äußere Rahmen-Rechteck mit der aktuell eingestellten Flächenfarbe, deshalb hat diese Option nur dann sichtbare Auswirkungen, wenn Sie **Äußeres Rechteck als Rahmen verwenden** aktiviert haben.

Workshop 3-1

Das Grundformen-Schweinchen

Dieses niedliche Schwein ist nur aus **geometrischen Grundformen** aufgebaut. Lesen Sie hier, wie Sie es mit den unterschiedlichen Werkzeugen erstellen und auch gleich mit wenigen zusätzlichen Schritten die Rückansicht erzeugen.

▶ **Abbildung 3-44**
Das Grundformen-Schwein von vorne und hinten

> **Hinweis**
> Beginnen Sie am besten mit der Ellipse für den Körper und erstellen Sie dann Kopf und Gesicht – dann liegen die Objekte gleich in der richtigen Reihenfolge.

1 Körper, Kopf und Rüssel

Beginnen wir mit den Ellipsen und Kreisen, die einen Großteil des Schweins ausmachen. Sowohl der Körper (mitsamt den schicken Fleckchen) als auch Kopf und Gesicht werden mit dem **Ellipse-Werkzeug (L)** gezeichnet. Weil das hier ein eher spaßiges Beispiel ist, geht es nicht darum, mit präzisen Werten zu arbeiten, sondern nach Gefühl. Klicken und ziehen Sie die ersten drei Ellipsen auf. Zu diesem Zeitpunkt müssen Sie sich auch noch keine Gedanken über die perfekte Ausrichtung machen, darum werden wir uns später kümmern.

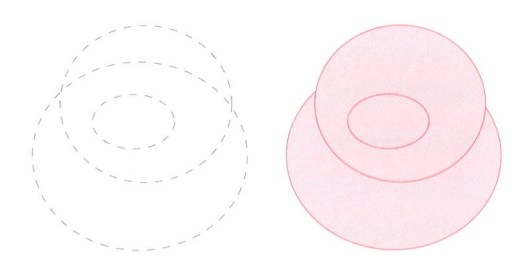

▲ **Abbildung 3-45** Drei Ellipsen für Körper, Kopf und Rüssel

2 Nasenlöcher

Für den Rüssel benötigen wir noch zwei Nasenlöcher, die gleich groß sein sollten. Zeichnen Sie das erste Nasenloch und ziehen Sie es anschließend mit dem **Auswahl-Werkzeug** bei gedrückter `alt`-Taste zur Seite, dadurch wird eine Kopie erstellt.

> **Tipp**
> Halten Sie am besten für perfekt waagerechtes Verschieben zusätzlich die `⇧`-Taste gedrückt.

Kapitel 3 · Objekte erstellen

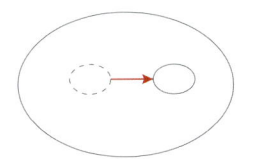

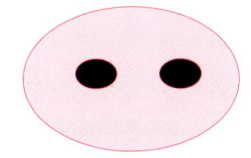

▲ **Abbildung 3-46** Durch zwei weitere Ellipsen kann das Schwein atmen

3 Augen und Glanz

Die Augen erstellen Sie auf eine ganz ähnliche Weise: Diesmal halten Sie beim Aufziehen der Ellipse die ⇧-Taste gedrückt, um einen Kreis zu erstellen. Fügen Sie auch gleich der Einfachheit halber den Glanz hinzu, bevor Sie das Auge kopieren – er wird durch eine weiße, leicht gedrehte Ellipse dargestellt.

Tipp

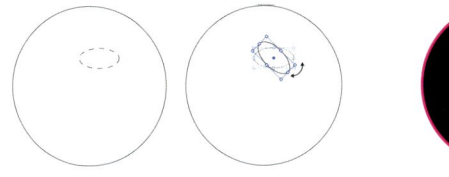

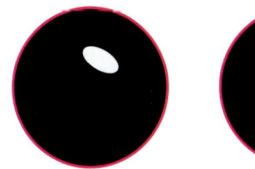

Drehen (siehe Abschnitt »Drehen« in Kapitel 4) Sie die Ellipse am einfachsten mit dem Auswahl-Werkzeug knapp außerhalb einer Ecke des Begrenzungsrahmens.

▲ **Abbildung 3-47** Auge aus einem Kreis und einer leicht gedrehten Ellipse

4 Objekte anordnen

Nun wird es Zeit, die bisher gezeichneten Kreise und Ellipsen richtig anzuordnen. Gruppieren Sie dazu erst die drei Komponenten des Rüssels miteinander, sowie die beiden Augen mit dem Glanz. Nachdem sich mittlerweile auch schon einige Objekte angesammelt hatten, werden Sie durch das Gruppieren wieder eine bessere Übersicht im Ebenen-Bedienfeld bekommen. Wählen Sie nun die beiden Gruppen, den Körper und den Kopf aus. Im Steuerung-Bedienfeld erscheinen Buttons zur Ausrichtung. Klicken Sie mit dieser Auswahl einmal auf ⊞ **Horizontal zentriert ausrichten**, um die ausgewählten Komponenten entlang der senkrechten Achse zentriert anzuordnen.

▲ **Abbildung 3-48**

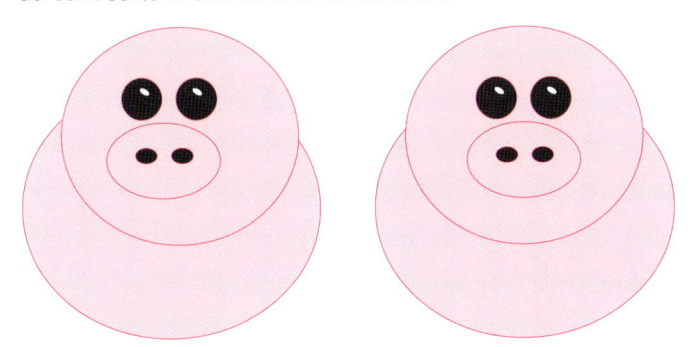

▲ **Abbildung 3-50** Das Schwein findet seine Mitte.

▲ **Abbildung 3-49**
Ebenen-Bedienfeld

Workshop 3-1 · Das Grundformen-Schweinchen

▲ **Abbildung 3-51**
Kopieren Sie das gespiegelte Ohr.

5 **Ohren aus Dreiecken**

Einige Teile des Grundformen-Schweinchens fehlen noch: die Ohren, Beine und der Schwanz. Zeichnen Sie ein Ohr, indem Sie mit dem **Polygon-Werkzeug** in die Zeichenfläche klicken und in den Polygonoptionen die **Seitenanzahl** mit **3** bestimmen. Drehen Sie das entstandene dreieckige Ohr wieder – wie vorher beschrieben – leicht zur Seite. Nun erstellen Sie zum Beispiel über das Menü *Objekt* → *Transformieren* → *Spiegeln* das zweite Ohr. Wählen Sie die **vertikale Achse** und klicken Sie auf **Kopieren**, dadurch wird die Spiegelung an einem Duplikat gemacht. Schieben Sie das zweite Ohr an die richtige Position, gruppieren Sie die beiden Ohren und reihen Sie die neue Gruppe in der Objektreihenfolge hinter den Kopf.

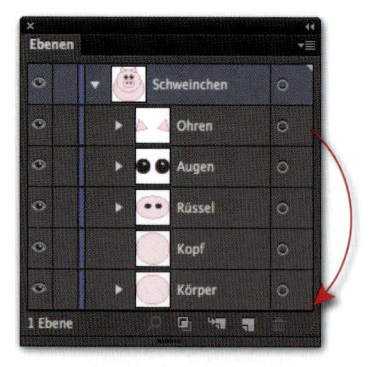

▲ **Abbildung 3-53**
Verschieben Sie die Ohren nach hinten.

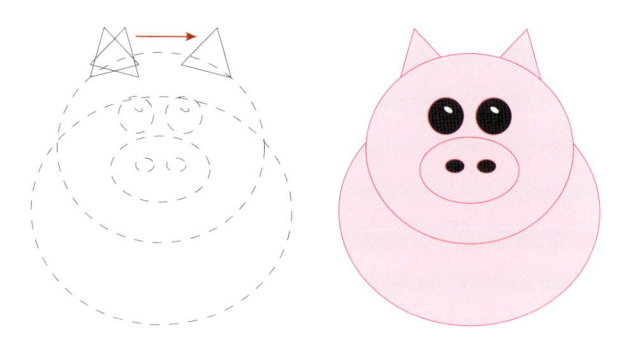

▲ **Abbildung 3-52** Dreieckige, leicht gedrehte Ohren

6 **Beine aus abgerundeten Rechtecken**

Die vier Beine zeichnen Sie mit dem **Abgerundetes-Rechteck-Werkzeug**. Zeichnen Sie diesmal gleich hinter allen Objekten, indem Sie im Werkzeug-Bedienfeld den **Zeichenmodus** **Dahinter zeichnen** auswählen, den ich am Beginn dieses Kapitels vorgestellt habe. Heben Sie am besten zuerst jegliche Auswahl aus, dadurch werden die neuen Objekte in der aktiven Ebene immer an unterste Stelle gereiht, und zeichnen Sie nun die vier Beine.

▲ **Abbildung 3-54**
Die Zeichenmodi im Werkzeug-Bedienfeld

▲ **Abbildung 3-55** Abgerundete Rechtecke als Beine, das Kringelschwänzchen eine Spirale

Wechseln Sie anschließend wieder in den **Zeichenmodus** ![] **Normal zeichnen** und erstellen Sie – wie auf den vorherigen Seiten beschrieben – das Kringelschwänzchen mit dem ![] **Spirale-Werkzeug**.

7 Im Körper Flecken zeichnen

Nun soll das Fell des Grundformen-Schweins noch etwas fleckig werden. Auch diese Flecken sind mit Ellipsen konstruiert, diesmal allerdings im **Zeichenmodus** ![] **Innen zeichnen** direkt im Körper. Wählen Sie erst die Ellipse aus, die den Körper darstellt, und wechseln Sie dann über das Werkzeug-Bedienfeld in den **Innen Zeichnen**-Modus. Der Körper ist nun von einem gepunkteten Rechteck umgeben – jedes Zeichen-Werkzeug zeigt nun ausschließlich innerhalb der gewählten Maske sichtbare Auswirkungen. Zeichnen Sie wie gewohnt ein paar Ellipsen und drehen Sie diese wieder ein wenig.

> **Tipp**
>
> Falls Sie andere Flächen- oder Konturattribute für die neuen Ellipsen festlegen möchten, heben Sie die Auswahl wieder auf, da Sie sonst auch das Objekt ändern, in dem Sie zeichnen.

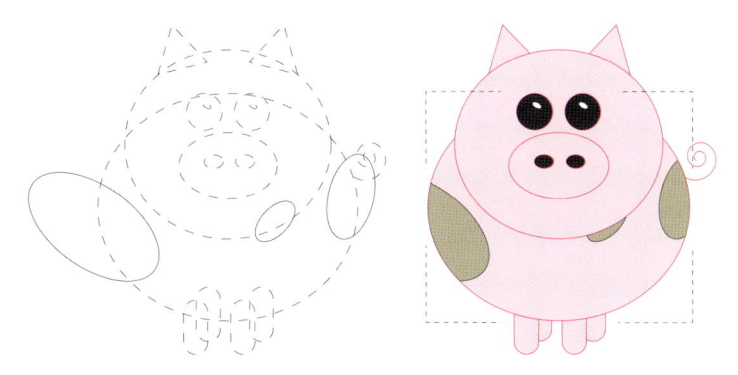

▲ **Abbildung 3-56** Flecken im Zeichenmodus **Innen zeichnen**

▲ **Abbildung 3-57**

Im Modus **Innen zeichnen** wird eine **Schnittmaske** (siehe Kapitel 5) erstellt.

8 Die Rückansicht

Die hübsche Färbung erhält das Grundformen-Schwein übrigens im Workshop »Ein Schwein sieht Rosa« in Kapitel 6. Machen wir aber noch rasch die Rückansicht des Schweinchens. Erstellen Sie von allen Objekten mit Ausnahme der Augen und des Rüssels eine Kopie und positionieren Sie die neuen Objekte an einer freien Stelle. Nun müssen Sie lediglich den Kopf in der Objektreihenfolge hinter den Körper (aber vor die Ohren) reihen und das Spiralschwänzchen in die Mitte verschieben.

◀ **Abbildung 3-58**

Das Grundformen-Schwein von seiner besten Seite

Malen und Freihandzeichnen

Adobe Illustrator stellt Ihnen mehrere Methoden und Werkzeuge für freihändiges **Malen** und **Zeichnen** zur Verfügung. Freihändig zu malen bedeutet im Grunde, dass Objekte durch Bewegen der Maus gezeichnet werden. Die unterschiedlichen Werkzeuge liefern zwar unterschiedliche Resultate, der Umgang mit ihnen ist aber grundsätzlich gleich: Klicken Sie an die Stelle, an der Sie zu zeichnen beginnen möchten, und halten Sie die Maustaste gedrückt. Ziehen Sie nun die Maus, als würden Sie einen Stift bewegen.

▲ **Abbildung 3-59**
Mit unterschiedlichen Pinseln gemaltes Herz

▲ **Abbildung 3-60** Zeichnen mit der Maus

Sobald Sie loslassen, beenden Sie die Linie – erzeugt wurde ein Pfad mit den für den Verlauf notwendigen Ankerpunkten und deren Richtungslinien. Diese Pfade können natürlich – wie auch anders erzeugte Pfade – nachbearbeitet werden (mehr dazu im Abschnitt »Pfade direkt bearbeiten« in Kapitel 4).

Was zunächst intuitiv erscheint, kann sich in der Praxis als durchaus schwierig erweisen, denn es fehlen im Vergleich zu echten Mal- und Zeichen-Werkzeugen wichtige Ausdrucksformen wie Druck des Werkzeugs auf der Zeichenfläche, die Neigung des Zeichengeräts zur Zeichenfläche sowie die Drehung der Spitze. Auch ist das Zeichnen mit der Maus gewöhnungsbedürftig und schwieriger als mit realen Zeichengeräten.

Malmethoden

Adobe Illustrator stellt mehrere Malmethoden zur Verfügung, die auch unterschiedliche Ergebnisse liefern.

Gestalten mit einzelnen Objekten

Das ist die ursprüngliche Zeichen- und Malmethode von Adobe Illustrator, bei der Sie nach und nach neue Objekte malen und diese übereinander stapeln. Stellen Sie sich diese Methode so vor: Sie haben verschiedenfarbiges Papier, schneiden daraus Formen aus und legen diese – wie bei einer Collage – übereinander, sodass sich die gewünschte Sichtbarkeit ergibt.

> **Tipp**
>
> Adobe Illustrator unterstützt – wie auch viele andere Programme – die Verwendung von **Grafiktabletts**. Das sind mit Ihrem Computer verbundene Zeichengeräte (auch drahtlos), auf denen Sie mit speziellen Stiften zeichnen können. Grafiktabletts reagieren im Gegensatz zur Maus auch auf Druck, Neigung und Drehung unterschiedlicher Spitzen. Die Daten werden in digitaler Form an Adobe Illustrator übermittelt und in Ihr Dokument eingebunden.

▲ **Abbildung 3-61** Einzelne Objekte werden gezeichnet und übereinander gelegt.

Bei dieser Methode stehen für freihändiges Malen und Zeichnen das **Buntstift-Werkzeug** und das **Pinsel-Werkzeug** zur Verfügung, und außerdem sämtliche Werkzeuge zur Erstellung geometrischer Formen und das Zeichenstift-Werkzeug.

Verschmelzendes Malen

Seit der Illustrator-Version CS4 gibt es eine weitere, sehr intuitive Technik, die sich ähnlich wie flüssige Malfarben verhält: das **Tropfenpinsel-Werkzeug**. Wenn Sie nacheinander überlappende Pfade derselben Farbe malen, verschmelzen diese zu einer einzigen Form.

▲ **Abbildung 3-62**
Einzelne Objekte im Ebenen-Bedienfeld

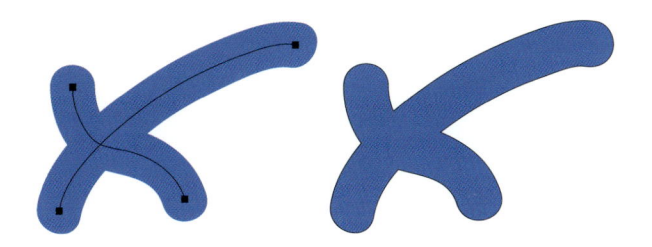

▲ **Abbildung 3-63** Der Tropfenpinsel verschmilzt gleichfarbige Pfade zu Formen.

Interaktive Malgruppe

Die dritte Methode ähnelt einem Malbuch. Objekte in einer **interaktiven Malgruppe** wirken so, als würden sie an den Stellen, an denen sie überlappen, zerschnitten und wieder zusammengesetzt. Dadurch ist es möglich, die einzelnen durch scheinbare Teilung entstandenen Flächen und die Teilstücke der Kontur unterschiedlich zu färben. Werden die ursprünglich erstellten Pfade nachträglich verändert, passen sich die Flächen und Konturen automatisch an, sie fließen sozusagen mit ihren Umrissen mit.

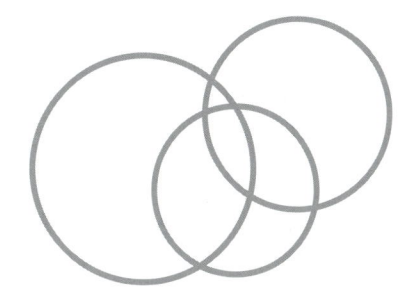

▼ **Abbildung 3-64**
Schon drei überlappende Objekte ergeben in einer interaktiven Malgruppe zahlreiche Flächen und Konturen.

Malen und Freihandzeichnen

Für diese Malmethode steht das Interaktiv-malen-Werkzeug zur Verfügung. Damit wandeln Sie Objekte in eine interaktive Malgruppe um und färben die neu entstandenen Bereiche und Konturen. Da die Methode des interaktiven Malens nicht im eigentlichen Sinn eine Mal- oder Zeichenfunktion bietet, finden Sie nähere Informationen dazu in Kapitel 6 »Objekte gestalten«.

Mit dem Buntstift zeichnen

Das **Buntstift-Werkzeug (N)** verwenden Sie am besten für rasche Handzeichnungen oder Skizzen, die dementsprechend aussehen dürfen. Die Buntstiftspitze ist immer rund und die resultierende Linie gleichmäßig, ein wenig wie ein harter Bleistift, dessen Spitze sich durch den Gebrauch nicht abflacht.

Der Buntstift zeichnet Pfade mit der Konturfarbe. Standardmäßig wird den mit dem Buntstift-Werkzeug erstellten Objekten während des Zeichnens keine Füllung zugewiesen, auch wenn vorher eine Flächenfarbe eingestellt wurde. Nachträglich können für diese Pfade aber durchaus auch Füllungen eingestellt werden.

Sobald Sie das Buntstift-Werkzeug aktiviert haben, verwandelt sich der Cursor in das Symbol um anzuzeigen, dass Sie einen neuen Pfad beginnen können. Sie können schon vor dem Zeichnen die Farbe der Kontur und die Konturstärke festlegen, oder mit beliebigen Einstellungen zeichnen und das Aussehen nachträglich ändern.

Ist das Buntstift-Werkzeug aktiv, stellt Ihnen das Steuerung-Bedienfeld mehrere Einstellungsmöglichkeiten zur Verfügung. Lassen Sie sich bitte von dieser Vielfalt an Möglichkeiten nicht täuschen, nur die Einstellungen für Konturfarbe und Konturstärke werden auch wirklich beim Zeichnen übernommen!

Erst nach dem Zeichnen stehen Ihnen mit ausgewähltem Pfad alle diese Attribute zur Verfügung.

▲ **Abbildung 3-65**
Mit dem **Buntstift-Werkzeug** handgezeichnet

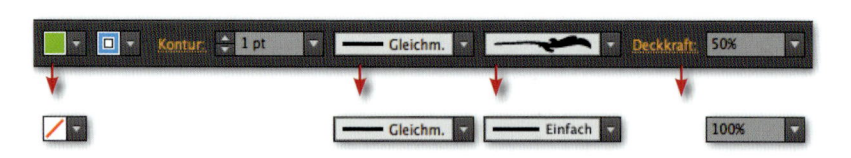

▲ **Abbildung 3-66** Viele der vor dem Zeichnen im Steuerung-Bedienfeld getroffenen Einstellungen werden nicht angewendet.

Während Sie mit dem Buntstift-Werkzeug einen Pfad zeichnen, erscheint dieser als gepunktete Linie. Wenn Sie die Maus loslassen (oder den Stift des Grafiktabletts heben) – den Pfad somit als fertig deklarieren –, wird Ihre Zeichnung mit den eingestellten Attributen versehen. Der gezeichnete Pfad definiert sich – wie jeder Pfad – durch Ankerpunkte und Richtungslinien und wurde – je nach Werkzeugeinstellung – geglättet. Lesen Sie mehr über das Glätten von Pfaden in Kapitel 4.

Kapitel 3 · Objekte erstellen

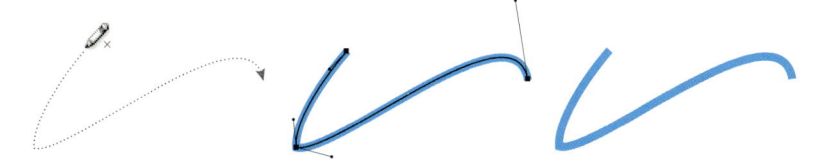

▲ **Abbildung 3-67** Mausbewegung erzeugt einen Pfad mit Ankerpunkten und Richtungslinien.

Achten Sie sorgfältig auf den Cursor, denn das Buntstift-Werkzeug hält ein interessantes Feature bereit: Man kann damit ausgewählte Pfade auch verändern. Falls Ihr Cursor in der rechten unteren Ecke kein »x« haben sollte, ist der Buntstift im Bearbeitungsmodus und Sie verändern diesen Pfad, sobald Sie zeichnen.

Pfadverlauf mit dem Buntstift-Werkzeug verändern

Sofern ein Pfad ausgewählt ist, können Sie diesem direkt mit dem Buntstift-Werkzeug einen neuen Verlauf geben. Überlegen Sie die Stelle, ab der Sie den Pfad anders verlaufen lassen möchten, und nähern Sie den Cursor dem Pfad so weit an, dass das »x« neben dem Werkzeug verschwindet. Sie befinden sich nun im Bearbeitungsmodus des Buntstift-Werkzeugs. Zeichnen Sie den neuen Verlauf der Linie. Sobald Sie die Maus loslassen, wird das vorherige Teilstück durch die neue Linie ersetzt.

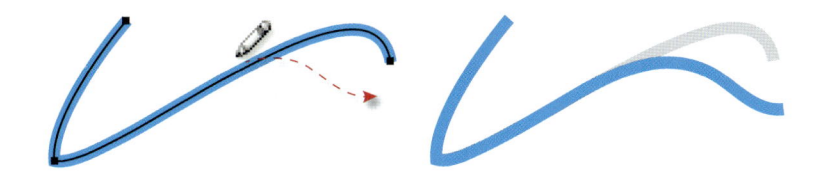

Hinweis

Diese Linien zum Beispiel wurden mit dem **Buntstift-Werkzeug** gezeichnet. Um so nahe beieinanderliegende Linien zeichnen zu können, ohne sie ständig zu verändern, deaktivieren Sie in den **Buntstift-Optionen** am besten die Option **Auswahl beibehalten**. Auf diese Weise können Sie sofort neue Linien zeichnen, aber selbst ausgewählte Pfade nach wie vor bearbeiten.

Die *Füllmethode* **Weiches Licht** (lesen Sie mehr über Füllmethoden im Abschnitt »Transparenz und Füllmethoden« in Kapitel 6) sorgt für den schönen Transparenzeffekt.

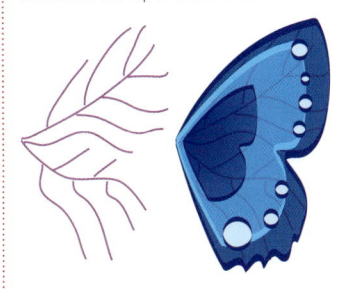

▲ **Abbildung 3-68**
Mit dem **Buntstift-Werkzeug** gezeichnete Linien

▲ **Abbildung 3-69** Das Buntstift-Werkzeug im Bearbeitungsmodus

Pfade mit dem Buntstift-Werkzeug verlängern

Wenn Sie einen Pfad mit dem Buntstift-Werkzeug verlängern möchten – also von einem der beiden Endpunkte weiterzeichnen –, aktivieren Sie zuerst den Pfad und wechseln anschließend zum Buntstift-Werkzeug. Nähern Sie sich dem Endpunkt so weit, bis der Cursor in wechselt. Nun können Sie den Pfad von dort weg beliebig weiterzeichnen.

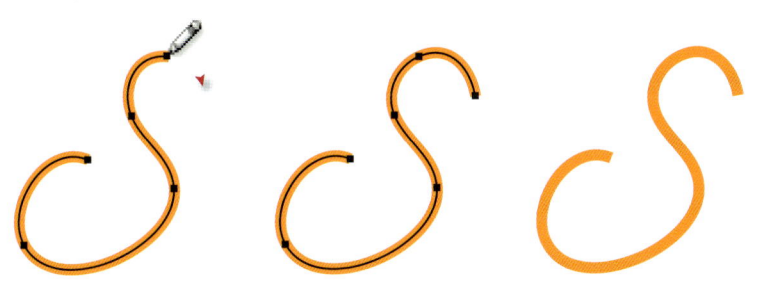

◀ **Abbildung 3-70**
Bei aktiviertem Pfad vom Endpunkt weg verlängert

Malen und Freihandzeichnen

Eine weitere Möglichkeit ist, die Erweiterung an einer beliebigen Stelle zu beginnen und zum Pfad hin zu zeichnen. Auch bei dieser Vorgehensweise müssen Sie vor dem Zeichnen der Verlängerung den alten Pfad aktivieren. Beginnen Sie von einer beliebigen Stelle aus zu zeichnen und drücken Sie – sobald Sie die beiden Pfade vereinen möchten – die [strg]/[⌘]-Taste. Der Cursor verändert sich zu ✏️. Lassen Sie erst die Maus und dann die [strg]/[⌘]-Taste los.

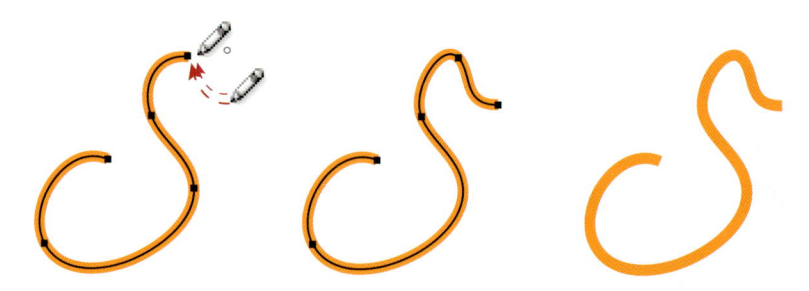

▲ **Abbildung 3-71** Bei aktiviertem Pfad zum Endpunkt hin verlängert

Mit dem Buntstift-Werkzeug geschlossene Pfade zeichnen

Wenn Sie mit dem Buntstift-Werkzeug einen geschlossenen Pfad erstellen möchten – also einen Pfad, dessen Anfangs- und Endpunkt in einem Punkt zusammenfallen –, müssen Sie diese zusätzliche Funktion aktivieren, denn normalerweise bleibt ein mit dem Buntstift erstellter Pfad immer offen, auch wenn Sie zum Anfangspunkt zurück zeichnen.

▲ **Abbildung 3-72**
Offener Pfad

Beginnen Sie, wie gewohnt den Pfad zu zeichnen. Wenn Sie den Pfad schließen möchten, drücken Sie die [alt]-Taste und halten Sie sie gedrückt. Der Cursor verändert sich in ✏️, um Ihnen anzuzeigen, dass der Pfad geschlossen werden soll. Das Gedrückthalten der [alt]-Taste garantiert, dass – wo auch immer Sie die Maus loslassen – der Pfad zum Anfangspunkt hin auf kürzestem Wege geschlossen wird. Lassen Sie bitte erst die Maus und anschließend die [alt]-Taste los.

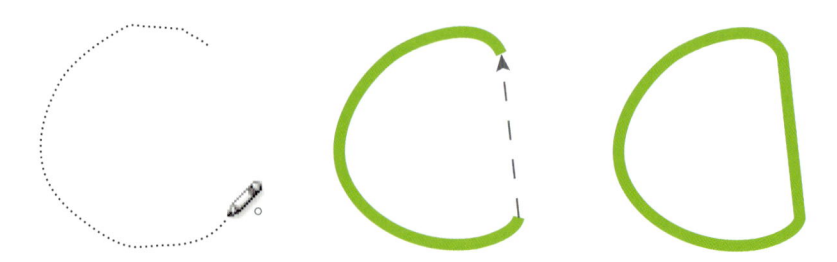

▲ **Abbildung 3-73** Drücken Sie, nachdem Sie zu zeichnen begonnen haben, die [alt]-Taste, um einen geschlossenen Pfad zu zeichnen.

Kapitel 3 · Objekte erstellen

Optionen des Buntstift-Werkzeugs

Sie können, indem Sie im Werkzeug-Bedienfeld auf das Buntstift-Werkzeug doppelklicken, die Optionen für das Buntstift-Werkzeug öffnen und Einstellungen daran vornehmen.

> **Hinweis**
>
> Eine Änderung der Buntstift-Optionen verändert existierende Pfade nicht, sondern wirkt sich lediglich auf neue Pfade aus.

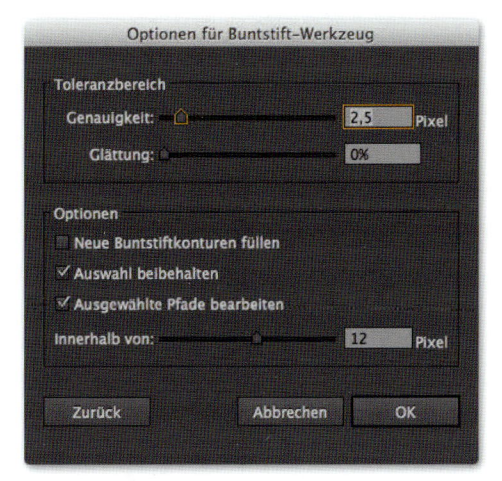

▲ **Abbildung 3-74** Buntstift-Optionen

Im **Toleranzbereich** können Sie zwei Werte definieren, oder die dazugehörigen Schieberegler betätigen: Der Wert für **Genauigkeit** (0,5 bis 20) gibt an, in welchem Abstand neue Ankerpunkte gesetzt werden, während Sie zeichnen. Je kleiner der Wert ist, desto präziser, aber auch zackiger folgt der Pfad der Mausbewegung, und je höher, desto glatter und runder ist der Pfad.

Die **Glättung** (0 % bis 100 %) definiert zusätzlich, wie stark der Pfad während des Zeichnens geglättet wird. Je höher der Wert, desto runder erscheint der Pfad.

▲ **Abbildung 3-75** Mit dem Buntstift mit unterschiedlich starker **Glättung** gezeichnet

Normalerweise wird ein mit dem Buntstift-Werkzeug erstellter Pfad ohne Füllung gezeichnet, auch wenn zuvor eine Flächenfarbe eingestellt war. Er kann aber nachträglich gefüllt werden. Durch Aktivieren der Option **Neue Buntstiftkonturen füllen** bestimmen Sie, dass bereits beim Zeichnen eingestellte Flächenattribute angewendet werden.

▲ **Abbildung 3-76** Pfad mit **Neue Buntstiftkonturen füllen** gefüllt

Auswahl beibehalten bestimmt, ob der Pfad nach dem Zeichnen ausgewählt bleibt – und somit unmittelbar veränderbar. **Ausgewählte Pfade bearbeiten** legt fest, ob Sie den ausgewählten Pfad mit dem Buntstift weiterbearbeiten – verändern oder verbinden – können oder nicht, unter **innerhalb von _ Pixeln** legen Sie selbst die Distanz zum Pfad fest, innerhalb der ein Pfad bearbeitbar ist.

Mit dem Pinsel malen

Das **Pinsel-Werkzeug (B)** verwenden Sie für handgezeichnete Pfade, deren Linienführung Sie durch variierende Pinselspitzen grafische Stile zuweisen möchten. Auch der Pinsel zeichnet Pfade nur mit der Konturfarbe, eventuell eingestellte Füllungen werden vorerst ignoriert. Im Gegensatz zum Buntstift-Werkzeug werden beim Pinsel-Werkzeug vorher getroffene Einstellungen für Breitenprofil, Pinselart, Grafikstil und Deckkraft angewendet. Das Aussehen lässt sich natürlich auch nachträglich ändern.

Es gibt übrigens fünf Arten von Pinseln: Kalligrafie-Pinsel, Spezialpinsel, Bildpinsel, Musterpinsel und den in CS5 eingeführten Borstenpinsel. Diese Pinsel stehen nicht nur für das Pinsel-Werkzeug zur Verfügung, sondern können auf jeden beliebigen Pfad angewendet werden, unabhängig davon, mit welchem Werkzeug dieser erstellt wurde. Auf diese Weise können Sie Objekten interessante Konturen geben. Auch das Gestalten eigener Pinsel ist möglich. Lesen Sie mehr über Pinselkonturen in Kapitel 6.

Wählen Sie das Pinsel-Werkzeug aus dem Werkzeug-Bedienfeld aus und treffen Sie – wenn Sie möchten – im Steuerung-Bedienfeld die gewünschten Einstellungen für Konturfarbe, Konturstärke, Breitenprofil, Pinselart und Grafikstil oder reduzieren Sie die Deckkraft. Während Sie die Linie zeichnen, erscheint Sie gepunktet, die Dichte der Punkte ist proportional zur Dichte der benötigten Ankerpunkte. Sobald Sie das Werkzeug absetzen, erscheint Ihre Zeichnung mit dem gewünschten Aussehen.

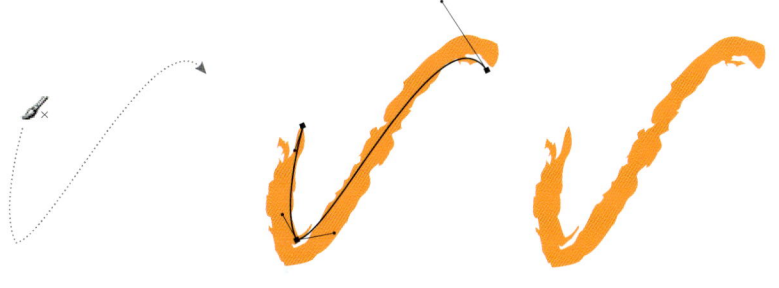

▲ **Abbildung 3-77** Mausbewegung erzeugt einen Pfad mit Ankerpunkten und Richtungslinie.

▲ **Abbildung 3-78**
Diese Tafel wurde mit Ausnahme von Text und einem schwarzen Quadrat nur mit unterschiedlichen Pinseln gestaltet.

Pfade mit dem Pinsel-Werkzeug verändern, verlängern und schließen

Auch mit dem Pinsel-Werkzeug können Sie – mit der gleichen Vorgehensweise wie beim Buntstift-Werkzeug – aktivierten Pfaden einen neuen Verlauf geben, sie aus einem Endpunkt heraus verlängern und sie durch Drücken der alt -Taste schließen (nachdem Sie zu zeichnen begonnen haben). Die Möglichkeit einer Verlängerung von einer beliebigen Stelle zum Pfad hin gibt es allerdings nicht.

Optionen des Pinsel-Werkzeugs

Sie können Einstellungen am Pinsel-Werkzeug vornehmen, indem Sie im Werkzeug-Bedienfeld doppelt darauf klicken. Diese Einstellungen entsprechen denen des Buntstift-Werkzeugs.

Mit dem Tropfenpinsel malen

Mit dem Tropfenpinsel-Werkzeug (⇧ + B) können Sie wie mit einem Pinsel einen Pfad erzeugen, der aber nach dem Malen automatisch in ein Flächenobjekt umgewandelt wird. Als Flächenfarbe wird die zuvor gewählte Konturfarbe verwendet. Wenn Sie anschließend überlappend einen neuen gleichfarbigen Pfad malen, verschmelzen die beiden entstandenen Flächen miteinander. Das lässt sich beliebig oft fortsetzen.

Tipp

Der Tropfenpinsel ist auch ideal, wenn Sie Flächenobjekten noch ein handgezeichnetes Element hinzufügen möchten.

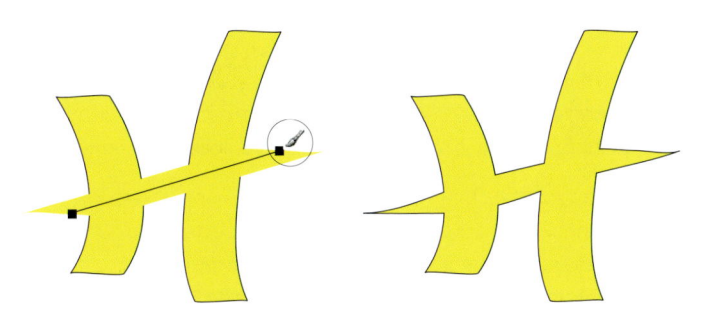

▲ **Abbildung 3-79** Jeder Strich mit dem Tropfenpinsel erzeugt eine Fläche, die mit überlappenden gleichfarbigen Flächen verschmilzt.

▲ **Abbildung 3-80**
Der Rauch wurde mit dem **Tropfenpinsel** einer gleichfarbigen Fläche hinzugefügt.

Malen und Freihandzeichnen

Die Handhabung des Tropfenpinsels ist vorerst identisch mit der des Pinsel-Werkzeugs. Wählen Sie das Tropfenpinsel-Werkzeug aus dem Werkzeug-Bedienfeld aus und wählen Sie gegebenenfalls im Steuerung-Bedienfeld die gewünschte Konturfarbe, Konturstärke und kalligrafische Pinselspitze aus. Alle weiteren Einstellungen über das Steuerung-Bedienfeld werden nicht angewandt, brauchen also auch nicht eingestellt zu werden. Malen Sie nun wie gewohnt einen Strich. Der Tropfenpinsel malt mit der Konturfarbe und wandelt nach dem Beenden den erstellten Pfad in eine mit dieser Konturfarbe gefüllte Fläche um. Das neue Objekt selbst hat keine Kontur.

> **Hinweis**
>
> Drücken Sie – wie auch beim Buntstift- und Pinsel-Werkzeug – die ⎡alt⎤-Taste, nachdem Sie mit dem Malen begonnen haben, so können Sie den Pfad schließen. Lassen Sie erst das Werkzeug und dann die ⎡alt⎤-Taste los.

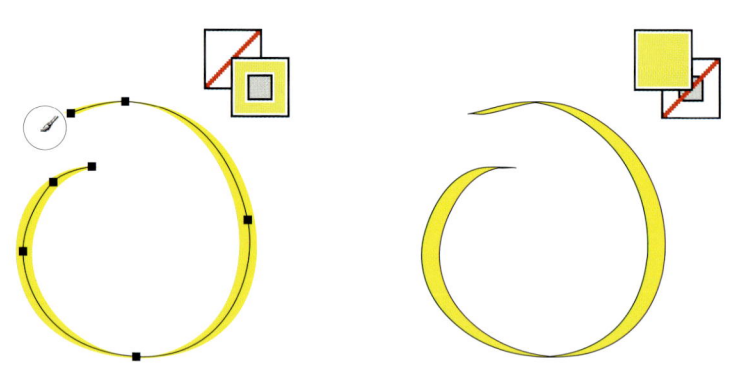

▲ **Abbildung 3-81** Mit dem Tropfenpinsel erzeugte Fläche (rechts)

Zeichnen Sie nun überlappend einen zweiten Strich mit dem Tropfenpinsel, wird dieser wieder erst wie ein Pfad mit Kontur erstellt, verschmilzt aber – sobald Sie das Zeichnen beenden – mit dem darunter liegenden gleichfarbigen Pfad. Das Verschmelzen mit dem Tropfenpinsel funktioniert auf allen gleichfarbigen Objekten, unabhängig davon, mit welchem Werkzeug diese erstellt wurden – vorausgesetzt, sie erfüllen alle weiteren Kriterien. Der Tropfenpinsel erzeugt einen zusammengesetzten Pfad (siehe Kapitel 5).

> **Hinweis**
>
> Um Objekte mit dem Tropfenpinsel zu verschmelzen, dürfen diese keine Konturen haben.

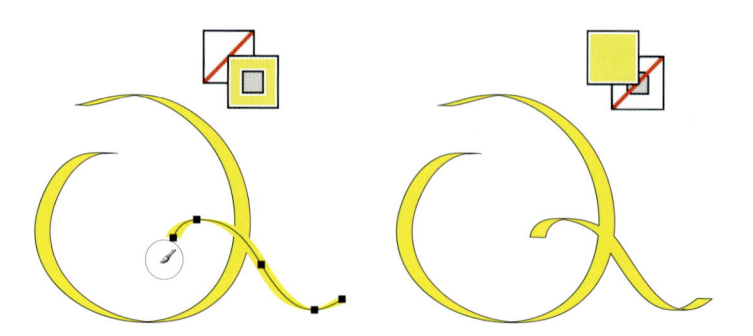

▲ **Abbildung 3-82** Weitere mit dem Tropfenpinsel erzeugte Fläche (rechts)

Folgendes ist bei der Verwendung des Tropfenpinsel-Werkzeugs zu beachten

- Die Pfade, die zusammengefügt werden sollen, müssen dieselbe Fläche verwenden und innerhalb der Objektreihenfolge benachbart sein – es darf also kein Objekt dazwischen positioniert sein.
- Das Tropfenpinsel-Werkzeug funktioniert mit Kalligrafie-Pinselspitzen, aber nicht mit Spezialpinseln, Bildpinseln, Musterpinseln und Borstenpinseln.
- Wenn Sie mit dem Tropfenpinsel-Werkzeug über mehr als ein übereinstimmendes Objekt malen, werden alle relevanten Objekte vereint.

Einstellungen des Tropfenpinsel-Werkzeugs

Sie können – indem Sie im Werkzeug-Bedienfeld einen Doppelklick auf das Tropfenpinsel-Werkzeug machen – Einstellungen daran vornehmen.

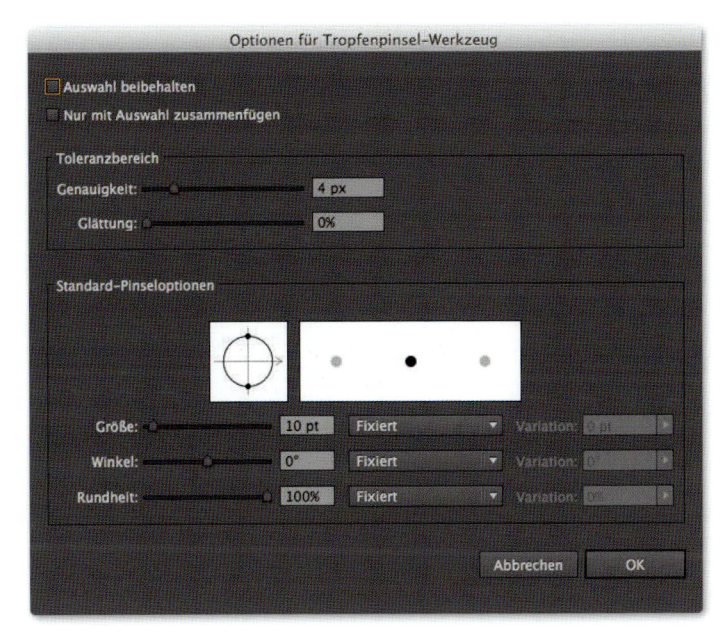

▲ **Abbildung 3-83** Optionen für das Tropfenpinsel-Werkzeug

Auswahl beibehalten behält den neu erstellten zusammengefügten Pfad ausgewählt. Das zeigt Ihnen deutlich an, welche Pfade zusammengefügt wurden und wie das neue Objekt aussieht. **Nur mit Auswahl zusammenfügen** bedeutet, dass neue Pfade nicht automatisch mit allen Pfaden zusammengefügt werden, die die Voraussetzungen erfüllen, sondern nur auf eine Auswahl. Falls allerdings keine Auswahl getroffen wurde, werden neue mit dem Tropfenpinsel gemalte Pfade mit allen passenden Objekten zusammengefügt.

Unter **Toleranzbereich** können Sie Einstellungen für den entstehenden Pfad treffen. Geben Sie entweder direkt einen Wert ein, oder schieben Sie die entsprechenden Regler: **Genauigkeit** (0,5 bis 20 Pixel) legt fest, nach welcher Distanz dem Pfad frühestens ein neuer Ankerpunkt hinzugefügt wird. Je höher der Wert, desto seltener werden Ankerpunkte gesetzt, daher wird der Pfad weniger komplex. Die **Glättung** (0 % bis 100 %) legt zusätzlich fest, wie stark Illustrator bei Verwendung des Werkzeugs den Pfad glättet. Je höher der Wert, desto glatter wird der Pfad.

Unter **Standard-Pinseloptionen** können Sie Einstellungen zur Pinselspitze treffen. Über die interaktive Vorschau können Sie Ihre weiteren Einstellungen testen. Im Feld **Größe** bestimmen Sie den Durchmesser des Pinsels. Der **Winkel** (−180° bis 180°) bestimmt den Drehwinkel der Pinselspitze. Ziehen Sie entweder in der Vorschau die Pfeilspitze an die gewünschte Position oder geben Sie direkt einen Winkel in das Eingabefeld ein. Die **Rundheit** (0 % bis 100 %) der Pinselspitze können Sie wahlweise in der Vorschau durch Ziehen eines schwarzen Punkts nach innen oder außen festlegen, oder durch direkte Eingabe des Werts. Je höher der Wert ist, desto runder ist die Pinselspitze.

Für die drei Optionen *Größe*, *Winkel* und *Rundheit* können Sie bestimmen, ob die Werte immer **fixiert** bleiben oder innerhalb des von Ihnen definierten Variationsumfangs per **Zufallswert** variiert werden.

▲ **Abbildung 3-84** Zeichnung mit Zufallswerten für Größe, Winkel und Rundheit des Tropfenpinsels

Präzises Zeichnen mit dem Zeichenstift

Das Zeichenstift-Werkzeug ist die Basis der **Vektorzeichnung**. Mit ihm erstellen Sie präzise Vektorpfade, indem Sie selbst Ankerpunkte und deren Richtungslinien setzen und somit den Verlauf und die Krümmung des Pfades von Beginn an bestimmen. Es gibt außerdem zahlreiche Möglichkeiten, den Pfad nachträglich zu bearbeiten. Wenn Sie mit dem Aufbau von Pfaden noch nicht so vertraut sind, lesen Sie bitte zuerst den entsprechenden Abschnitt in Kapitel 1.

Das Erlernen des Umgangs mit dem Zeichenstift erfordert Geduld, denn mit einem einzigen Werkzeug können Sie Eckpunkte und Übergangspunkte setzen, Richtungslinien aufziehen, Punkte verschieben und Richtungen ändern. Sie müssen also zusätzlich zu dem Werkzeug noch zahlreiche Tastenkombinationen verwenden, um zum gewünschten Ergebnis zu kommen. Lassen Sie sich nicht dadurch abschrecken, dass der Lernprozess ein wenig komplex ist. Wie viele, wo und wie Sie Ankerpunkte setzen müssen und wie Sie mit Richtungslinien umgehen, werden Sie mit ein wenig Übung bald intuitiv beherrschen.

Pfade mit dem Zeichenstift konstruieren

Anders als mit den Mal- und Zeichen-Werkzeugen zieht Illustrator beim Zeichenstift-Werkzeug nicht den Pfad Ihren Mausbewegungen folgend auf, sondern erweitert den Pfad jedesmal, wenn Sie einen neuen Ankerpunkt setzen.

Gerade Linie zeichnen

Der einfachste Pfad, den Sie mit dem Zeichenstift-Werkzeug konstruieren können, ist eine gerade Linie. Wählen Sie das **Zeichenstift-Werkzeug (P)** aus dem Werkzeug-Bedienfeld aus, der Cursor sieht dann so aus: .

Klicken Sie mit dem Zeichenstift-Werkzeug auf die Zeichenfläche und lassen Sie die Maus wieder los – Sie haben den ersten Ankerpunkt gesetzt. Klicken Sie nun an eine andere Stelle und lassen Sie wieder los. Die Strecke zwischen den beiden Punkten (das Pfadsegment) wird nun durch eine Linie verbunden.

▲ **Abbildung 3-86** Zwei Klicks mit dem Zeichenstift-Werkzeug erzeugen eine gerade Linie.

> **Tipp**
>
> Analysieren Sie die Form: Bei der Erstellung eines symmetrischen Objekts ist es einfacher, nur eine Hälfte zu zeichnen und diese anschließend mit einer gespiegelten Kopie zu vereinen, zum Beispiel mit den Pathfinder-Funktionen oder dem neuen Formerstellungs-Werkzeug, die ich Ihnen beide in Kapitel 5 vorstelle. 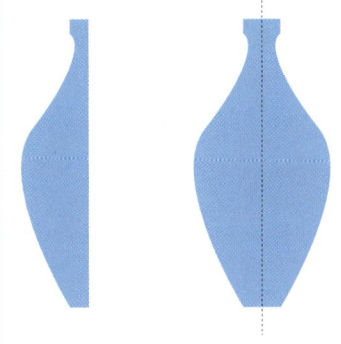
>
> ▲ **Abbildung 3-85**
> Diese Flasche besteht aus zwei gespiegelten Hälften.

> **Tipp**
>
> Wenn Sie für das Zeichenstift-Werkzeug eine Fläche eingestellt haben, wird sie immer zwischen dem Anfangspunkt und dem jeweiligen Endpunkt als kürzeste Strecke angewendet. Wenn Sie dieses Verhalten irritiert, stellen Sie die Fläche auf **Ohne**. 
>
> ▲ **Abbildung 3-87**
> Die Fläche wird immer zwischen dem Anfangspunkt und dem jeweiligen Endpunkt als kürzeste Strecke dargestellt.

> **Tipp**
>
> Wenn Sie **Intelligente Hilfslinien** (siehe Kapitel 2) aktiviert haben, erhalten Sie im Cursor des Zeichenstift-Werkzeugs Informationen über den **Abstand A** zum zuletzt gezeichneten Ankerpunkt.

Offenen Pfad beenden

Nun haben Sie eine gerade Linie gezeichnet, befinden sich aber weiterhin im Konstruktionsmodus: Wenn Sie also erneut in der Zeichenfläche klicken, wird ein dritter – mit dem zweiten Ankerpunkt verbundener – Punkt gesetzt.

Um einen Pfad zu beenden, können Sie im Werkzeug-Bedienfeld ein beliebiges anderes Werkzeug auswählen, womit Sie auch das Zeichenstift-Werkzeug beenden. Eine weitere Möglichkeit zum Beenden eines Pfads ist es, die `strg`/⌘-Taste so lange gedrückt zu halten, bis Sie den Begrenzungsrahmen des Pfades sehen. Klicken Sie (bei weiterhin gedrückter Taste) an eine andere Stelle auf der Zeichenfläche. Diese zweite Möglichkeit beendet zwar den Pfad, es ist aber weiterhin das Zeichenstift-Werkzeug aktiv – Sie können also sofort mit einem neuen Pfad beginnen.

Pfad aus mehreren Ankerpunkten zeichnen

Probieren Sie nun einen Pfad, der aus mehr als zwei Punkten besteht. Klicken Sie mit dem Zeichenstift-Werkzeug einfach an mehrere Stellen auf der Zeichenfläche. Jedes Mal, wenn Sie einen neuen Punkt gesetzt haben, wird die Linie zum vorherigen Punkt vervollständigt. Es bilden sich Ecken entlang des Pfads, denn einfache Klicks erzeugen immer **Eckpunkte**.

> **Hinweis**
>
> **Eckpunkte** sind Ankerpunkte, an denen der Pfad abrupt die Richtung ändert.

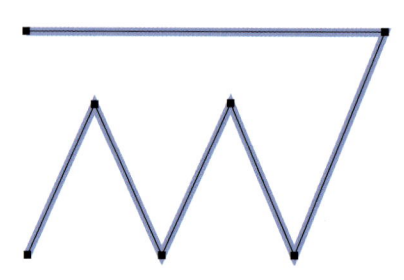

▲ **Abbildung 3-88** Jeder Klick mit dem Zeichenstift-Werkzeug erstellt einen neuen Ankerpunkt und verbindet ihn mit dem vorherigen.

Pfade schließen

Wenn Sie den Pfad schließen möchten, navigieren Sie mit der Maus in die Nähe des ersten Ankerpunkts, den Sie gesetzt haben – also zurück zum Pfadbeginn. Sobald sich der Cursor in 🖋₀ verändert, können Sie den Pfad mit einem einfachen Klick schließen: Sie geben sozusagen die Anweisung, dass der letzte Ankerpunkt identisch mit dem ersten sein soll.

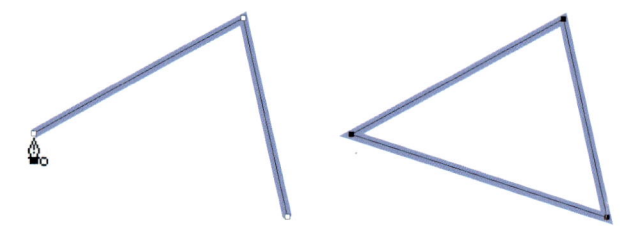

▶ **Abbildung 3-89**
Um einen Pfad zu schließen, klicken Sie zum Schluss auf den Anfangspunkt.

Möchten Sie zwei offene Pfade miteinander verbinden, klicken Sie erst wie eben beschrieben auf einen Endpunkt und anschließend auf einen Endpunkt des anderen Pfades. Der Cursor verändert sich über dem zweiten Pfad zu 🖋 .

Ankerpunkte während des Zeichnens löschen

Mit der ←-Taste können Sie den zuletzt gesetzten Ankerpunkt wieder löschen. Sie können danach aber den begonnenen Pfad nicht einfach weiterzeichnen, sondern müssen ihn erst wieder zum Weiterzeichnen aufnehmen. Achtung: Ein zweiter Klick auf die ←-Taste löscht den gesamten Pfad.

Offene Pfade weiterzeichnen

Bewegen Sie den Cursor in die Nähe des Ankerpunkts, an dem Sie weiterzeichnen möchten, so verändert sich der Cursor zu 🖋. Klicken Sie nun einmal darauf und zeichnen Sie weiter.

Ankerpunkte während des Zeichnens verschieben

Solange Sie beim Setzen eines Ankerpunkts die Maustaste nicht loslassen, können Sie diesen Punkt noch an eine beliebige andere Stelle ziehen, indem Sie die Leertaste gedrückt halten und ihn an eine andere Position bewegen. Wenn Sie zufrieden sind, lassen Sie die Leertaste los und konstruieren Sie den Pfad weiter.

Gebogenene Pfade zeichnen

Nachdem Sie nun mit geraden Linien vertraut sind, sehen wir uns an, wie man gebogene Pfade erstellt. Beginnen Sie wie bisher durch einfaches Klicken einen neuen Pfad.

Den zweiten Punkt müssen Sie nun allerdings anders handhaben: Klicken Sie an die Stelle, an der der neue Punkt gesetzt werden soll, lassen Sie aber die Maustaste noch nicht los. Bewegen Sie stattdessen die Maus vom Punkt weg. Dadurch ziehen Sie aus diesem Ankerpunkt Richtungslinien auf und erstellen einen **Übergangspunkt**. Solange Sie die Maustaste nicht loslassen, wird die Verbindung zum vorherigen Ankerpunkt erst angedeutet, Sie können den Verlauf der Kurve noch durch Ziehen und Drehen der Richtungslinien beeinflussen.

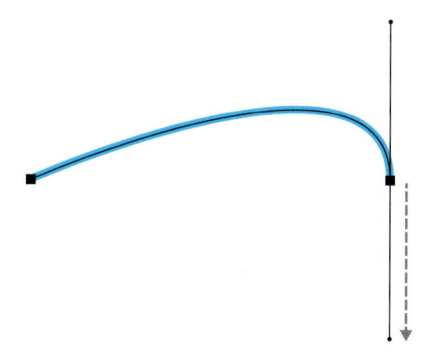

> **Hinweis**
>
> Wenn Sie neue Ankerpunkte präzise waagerecht, senkrecht oder im 45°-Winkel zum vorherigen Punkt setzen möchten, halten Sie die ⇧-Taste gedrückt, während Sie klicken. Auch intelligente Hilfslinien (siehe Kapitel 1) unterstützen Sie bei der Ausrichtung neuer Ankerpunkte. 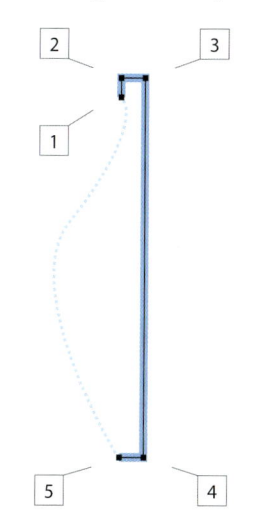
>
> ▲ **Abbildung 3-90**
> Halten Sie die ⇧-Taste gedrückt, um neue Punkte horizontal, senkrecht oder im 45°-Winkel zum vorherigen Punkt zu setzen.

▲ **Abbildung 3-91** Richtungslinien bestimmen den Verlauf einer Kurve.

Diese Richtungslinie, an der Sie ziehen, sind genau genommen zwei Richtungslinien, auf jeder Seite des Ankerpunkts eine. Die beiden Richtungslinien sind aber – und das ist die Definition eines Übergangspunktes – geradlinig miteinander verbunden. Sie stellen immer eine direkte Verlängerung zueinander dar und bewegen sich nur gemeinsam.

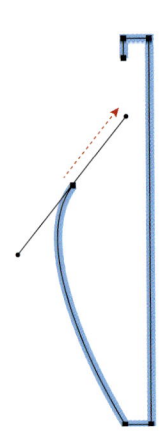

▲ **Abbildung 3-92**
Ziehen Sie mit gedrückter Maustaste Richtungslinien aus einem Ankerpunkt auf.

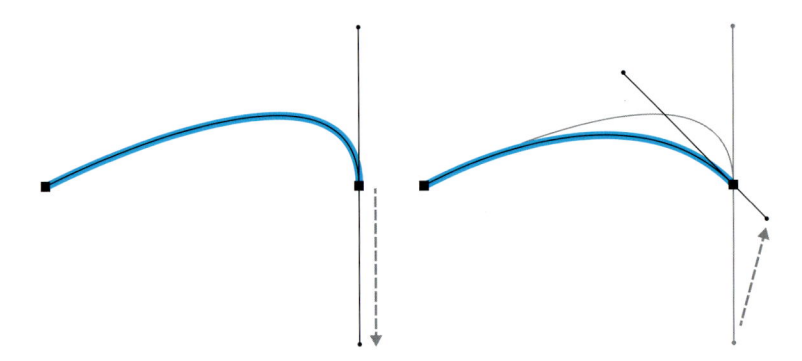

▲ **Abbildung 3-93** Die beiden Richtungslinien eines Übergangspunkts sind miteinander verbunden.

Indem Sie die Richtungslinien eines Übergangspunktes bewegen, verändern Sie die Krümmung des Pfadsegments sowohl zum vorherigen Ankerpunkt als auch schon die zum nächsten – der noch gar nicht gezeichnet ist. Sie ziehen übrigens immer an der Richtungslinie, die für das nachfolgende Segment gilt. Das möchte ich Ihnen gerne anhand einiger vorbereiteter Pfade zeigen.

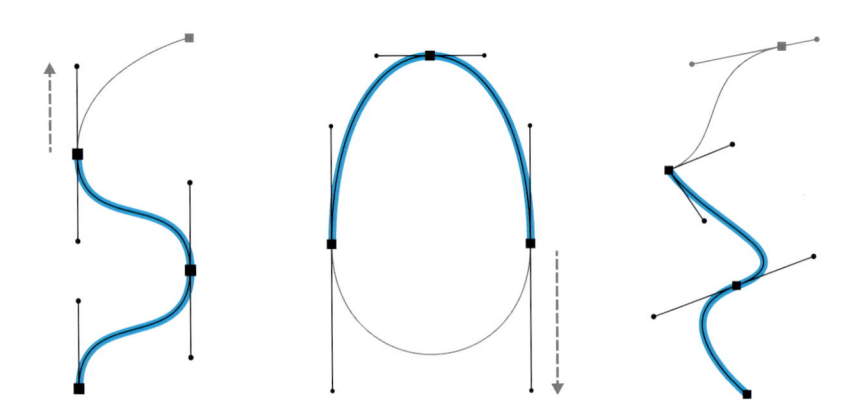

▲ **Abbildung 3-94** Kombination aus Ankerpunkten und Richtungslinien bestimmt den Verlauf des Pfads.

Versuchen Sie also beim Ziehen der Richtungslinien vor dem geistigen Auge zu haben, dass das nächste Pfadsegment dem Ende der Richtungslinie folgt, an der Sie ziehen. Wie genau sich der weitere Pfad entwickelt, hängt aber natürlich auch stark vom zweiten Punkt ab, der das nachfolgende Segment begrenzt. Behalten

Sie auch die Richtung im Auge, in die Sie ziehen, denn wenn Sie die Richtungslinien in die falsche Richtung ziehen, kann sich eine Schlaufe bilden (was natürlich auch beabsichtigt sein kann!).

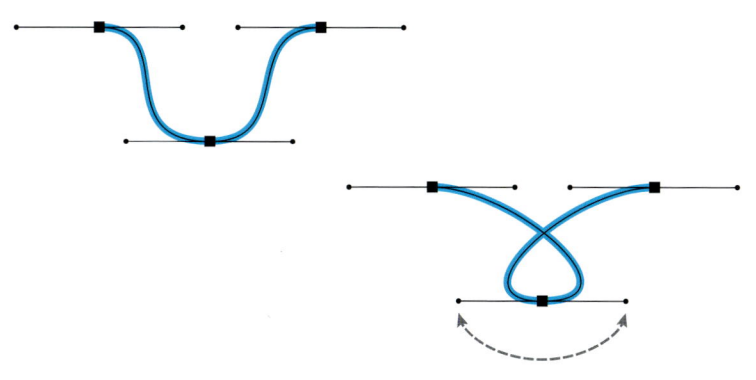

▲ **Abbildung 3-95** Schlaufe

Nachdem Sie die Richtungslinie sorgfältig ausgerichtet haben, lassen Sie (endlich) die Maustaste los und erstellen den nächsten Punkt durch Klicken (oder klicken und ziehen aus diesem wieder Richtungslinien auf).

Pfad mit einer Biegung beginnen

Es ist auch möglich, einen Pfad direkt mit einem Übergangspunkt – also einem gebogenen Segment – anzufangen. Beginnen Sie mit Klicken und Ziehen, so weisen Sie dem ersten Ankerpunkt bereits (beide) Richtungslinien zu. Die Richtungslinie, die in der dem Zeichnen entgegengesetzten Richtung aufgezogen wurde, wird übrigens nur wirksam, wenn der Pfad geschlossen wird.

> **Hinweis**
>
> Wenn Sie einen Pfad bereits mit einer Biegung beginnen, können Sie im Grunde u-förmige oder s-förmige Segmente zeichnen, je nachdem, in welche Richtung Sie die Richtungslinien des zweiten Ankerpunktes ziehen.

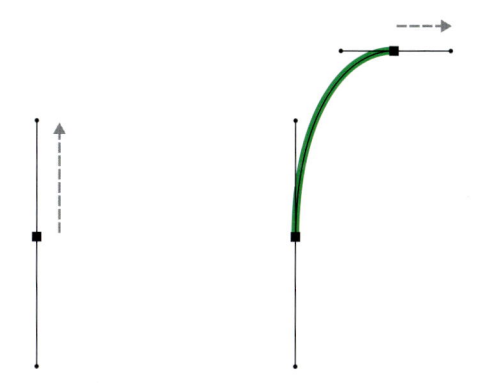

▲ **Abbildung 3-96** Pfad mit einer Biegung beginnen

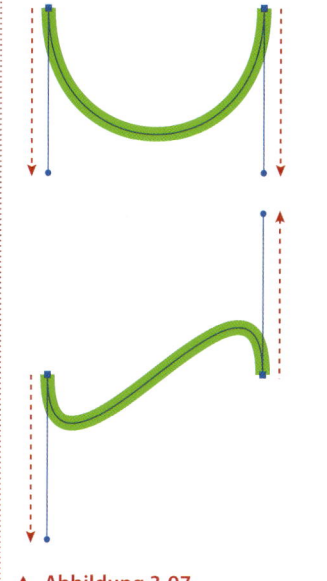

▲ **Abbildung 3-97**
Zeichnen Sie ein u- oder ein s-förmiges Segment.

Pfad an einer Biegung schließen

Wenn Sie einen Pfad, den Sie mit einem Übergangspunkt begonnen haben, schließen möchten, haben Sie drei Möglichkeiten:

- Wenn Sie den Startpunkt einfach anklicken, löschen Sie die bisher unbenutzte Richtungslinie. Der Punkt ist nun ein Eckpunkt: Das erste Segment, das Sie gezeichnet haben, bleibt unberührt.

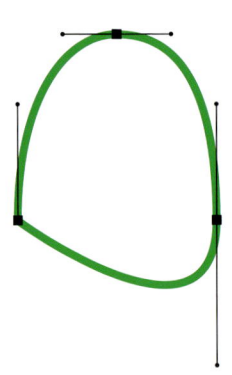

> **Hinweis**
>
> Handelt es sich bei dem Startpunkt um einen Punkt ohne Richtungslinien, können Sie beim Schließen des Pfads eine Richtungslinie (für das zuletzt gezeichnete Segment) daraus aufziehen. 
>
> ▲ **Abbildung 3-99**
> Ziehen Sie mit gedrückter Maustaste Richtungslinien aus einem Ankerpunkt auf.

▲ **Abbildung 3-98** Pfad durch Klicken auf den zu Beginn gesetzten Übergangspunkt schließen

- Wenn beim Klicken auf den Startpunkt wieder Richtungslinien aufziehen, so konstruieren Sie einen Übergangspunkt und justieren beide (!) aus diesem Punkt wegführenden Richtunglinien, also auch das Segment, mit dem Sie begonnen haben.

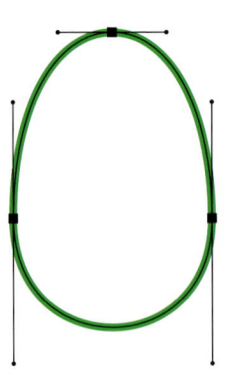

▲ **Abbildung 3-100** Pfad durch Ziehen auf den zu Beginn gesetzten Übergangspunkt schließen

- Die dritte Möglichkeit ist, am startenden und zugleich schließenden Ankerpunkt die Richtungslinien auseinanderzubrechen, damit sie unabhängig voneinander werden. Somit können Sie nur das Segment biegen, das Sie beenden. Drücken Sie dazu die `alt`-Taste, bevor Sie den Ankerpunkt anklicken. Nun sind die Richtungslinien getrennt bearbeitbar, Sie können die `alt`-Taste jederzeit loslassen.

Das »Brechen« der Richtungslinien hat zur Folge, dass Sie den Ankerpunkt in einen Eckpunkt konvertieren.

> **Hinweis**
>
> Aus Hälften einer symmetrischen Form lassen sich übrigens mit dem **Kreiseln-Effekt** wunderbare 3-D-Objekte erstellen. Lesen Sie mehr dazu im Abschnitt »3D-Objekte durch Kreiseln erstellen« in Kapitel 8. 
>
> ▲ **Abbildung 3-102**
> Flasche mit dem Kreiselneffekt erstellt.

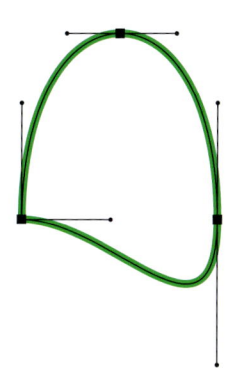

▲ **Abbildung 3-101** Übergangspunkt durch Ziehen mit gedrückter `alt`-Taste in einen Eckpunkt konvertieren

Eckpunkt mit Biegung

Das Auseinanderbrechen von Richtungslinien durch Drücken der `alt`-Taste funktioniert nicht nur beim Schließen eines Pfades, sondern mit jedem Ankerpunkt, während Sie ihn zeichnen.

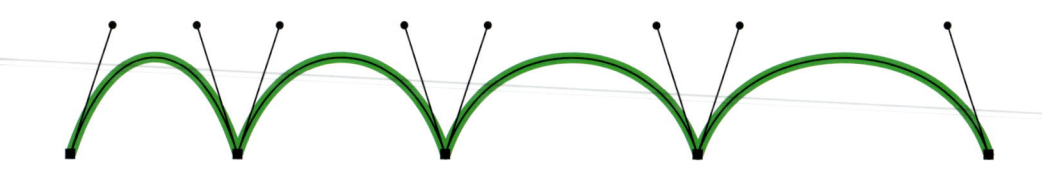

▲ **Abbildung 3-103** Halten Sie die `alt`-Taste gedrückt, um die Richtungslinien zu brechen.

Präzises Zeichnen mit dem Zeichenstift

Workshop 3-2

Einen Schmetterling zeichnen

Auf den folgenden Seiten zeige ich Ihnen, wie Sie diesen Schmetterling erstellen können – beginnend mit dem Zeichenstift-Werkzeug. Sehen wir uns aber erst den Aufbau genauer an.

1 Form verstehen

Wenn man ein konkretes Motiv vor dem geistigen Auge hat, lohnt sich immer eine kurze Analyse, wie die Form denn aufgebaut sein soll. Bei diesem Schmetterling zum Beispiel sind der linke und der rechte Flügel identisch, daher ist es völlig ausreichend, nur einen Flügel zu erstellen und später ein gespiegeltes Duplikat als zweiten zu verwenden.

Der Flügel selbst ist aus drei sehr ähnlichen, übereinander liegenden Flügelformen und einigen Kreisen aufgebaut. Mittig zwischen den Flügeln wird später der Körper positioniert.

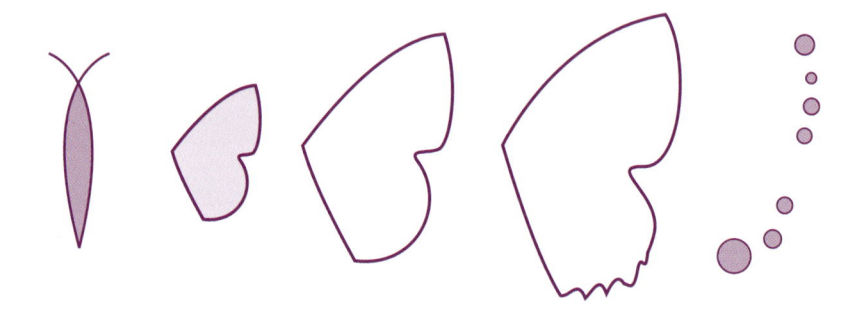

▲ **Abbildung 3-104** Die Komponenten, aus denen der Schmetterling aufgebaut ist

Mit Ausnahme der Kreise können wir auf keine naheliegenden geometrischen Grundformen zurückgreifen, daher beginnen wir damit, den Flügel mit dem Zeichenstift zu zeichnen.

2 Die große Flügelform zeichnen

Wählen Sie das Zeichenstift-Werkzeug (P) aus dem Werkzeug-Bedienfeld aus und klicken Sie damit einmal in Ihre Zeichenfläche, um den **ersten Punkt** zu setzen.

Der **zweite Punkt** fordert nun schon deutlich mehr Konzentration. Durch ihn wird festgelegt, wie der Pfad zwischen den ersten beiden Punkten verläuft. Mehr noch: Durch die Länge und Ausrichtung seiner Richtungslinien nehmen Sie auch schon Einfluss auf das nachfolgende Pfadsegment.

Workshop 3-2 · Einen Schmetterling zeichnen

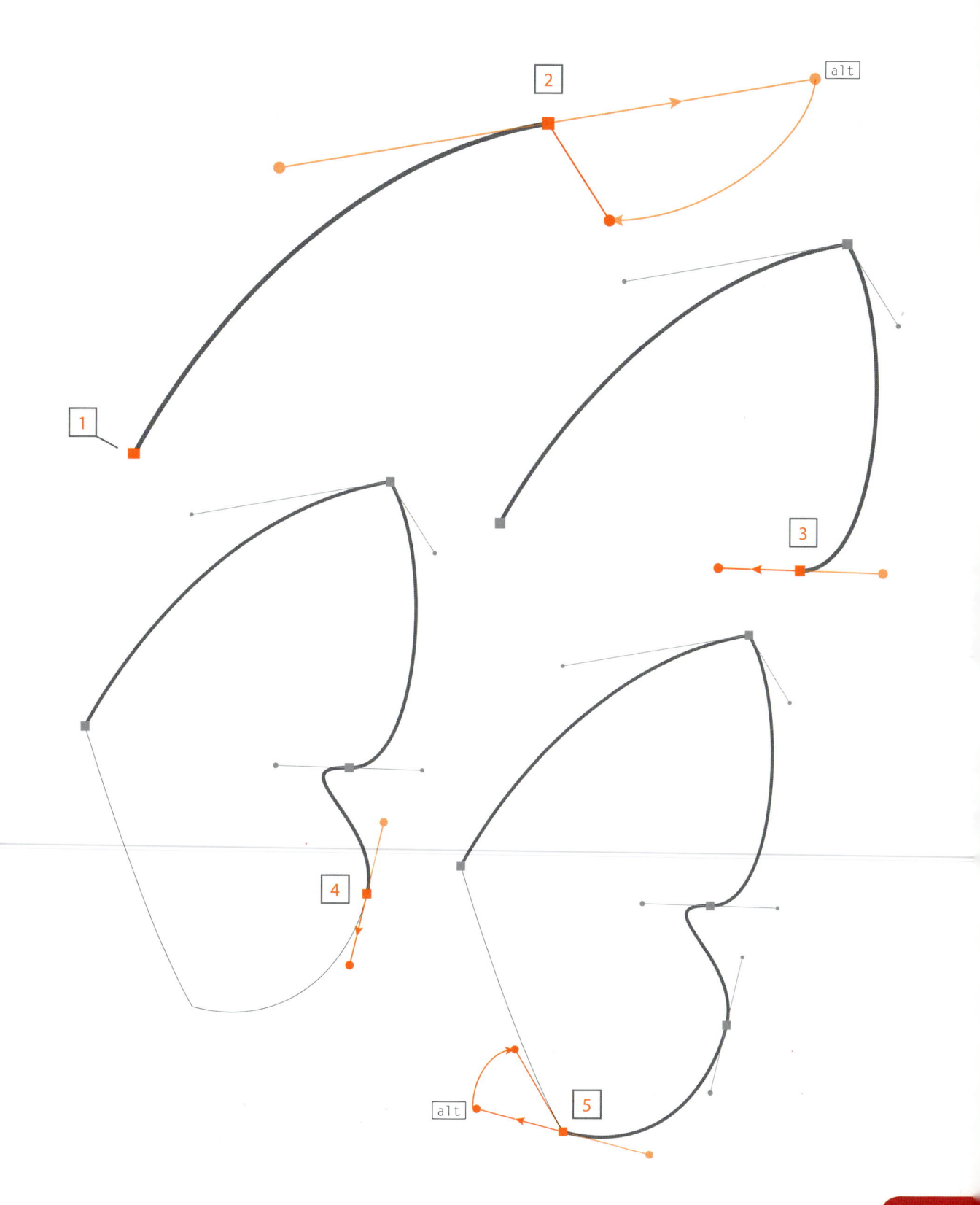

> **Tipp**
>
> Sie können die geradlinig miteinander verbundenen Richtungslinien in jede Richtung frei ziehen und beobachten, wie sich das Segment verändert. Je länger die Richtungslinien sind, desto stärker wird die Biegung.

Klicken Sie an die gewünschte Stelle, lassen Sie aber die Maustaste noch nicht los. Ziehen Sie stattdessen mit der Maus **Richtungslinien** aus diesem Ankerpunkt auf – und zwar weg von dem Segment, das Sie im Augenblick zeichnen. Wenn Ihnen die Biegung gefällt, lassen Sie die Maus noch immer nicht los, denn nun müssen die beiden Richtungslinien auseinandergebrochen werden, weil das nachfolgende Segment abrupt die Richtung wechselt, also einen **Eckpunkt** benötigt. Zum **Brechen der Richtungslinien** halten Sie zusätzlich kurz die `alt`-Taste gedrückt – nun lässt sich die zweite Richtungslinie frei und unabhängig von der ersten bewegen. Ziehen Sie die Richtungslinie entsprechend der Skizze, danach können Sie endlich die Maustaste loslassen.

Der **dritte und vierte Punkt** sind ein wenig einfacher, denn sie sind **Übergangspunkte** – der Pfad ändert darin seine Richtung fließend. Dennoch brauchen Sie auch hier Richtungslinien. Klicken Sie an die passende Stelle und ziehen Sie mit gedrückter Maus gemäß der Skizze, bis Ihnen die neuen Segmente gefallen.

Der **fünfte und letzte Ankerpunkt** muss nun wieder – wie auch schon der zweite Punkt – mit auseinandergebrochenen Richtungslinien konstruiert werden. Danach schließen Sie den Pfad durch einen simplen Klick auf den Startpunkt, sobald der Cursor zeigt.

3 Die mittlere und kleine Flügelform

Falls Sie das Zeichnen von Bézier-Pfaden noch weiter üben möchten, können Sie nun auch die zwei kleineren Flügelformen mit dem Zeichenstift-Werkzeug konstruieren – ihr grundsätzlicher Aufbau entspricht fast genau dem von gerade eben.

Einfach ist es natürlich, die bestehende Flügelform zu duplizieren und anzupassen. Erstellen Sie sich mit ausgewähltem Objekt über das Menü *Bearbeiten* → *Kopieren* (`strg`/⌘ + `C`) ein Duplikat und fügen Sie es über *Bearbeiten* → *Davor einfügen* (`strg`/⌘ + `F`) an derselben Position, aber in der Objektreihenfolge darüber liegend wieder ein – es verdeckt im Augenblick komplett den Blick auf das darunter liegende Objekt.

Skalieren (im Abschnitt »Skalieren« in Kapitel 4) Sie den duplizierten Flügel nun frei nach Ihrem Geschmack mit dem **Auswahl-Werkzeug**, indem Sie an den Griffpunkten des **Begrenzungsrahmens** ziehen und ihn dadurch verkleinern. Verschieben Sie den Flügel an eine geeignete Stelle. Wenn Ihnen der mittlere Flügel gefällt, können Sie wieder eine Kopie davon erstellen, davor einfügen und so weit skalieren, dass sich auch der kleine Flügel gut einfügt.

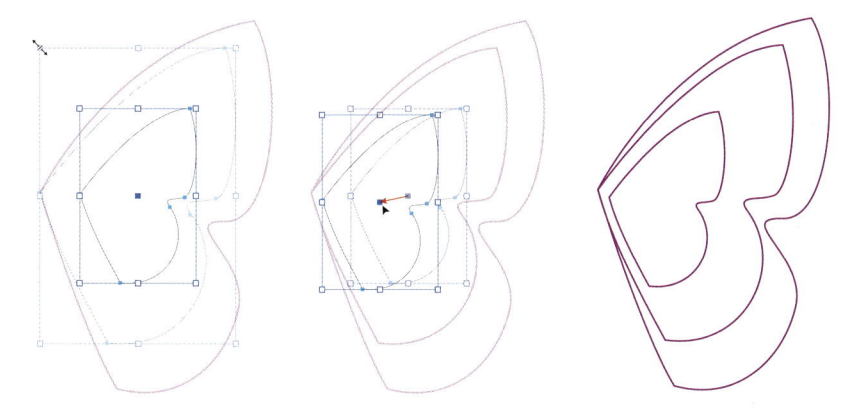

▲ **Abbildung 3-105** Ziehen Sie am Begrenzungsrahmen, um den Flügel zu verkleinern, und verschieben Sie ihn.

4   Den großen Flügel zerknittern

Der große Flügel wird nun, um ein wenig realistischer zu wirken, noch mit einem **Verflüssigen-Werkzeug** (siehe Abschnitt »Verflüssigen« in Kapitel 4) etwas zerknittert. Achten Sie unbedingt darauf, dass nur das eine Objekt ausgewählt ist, und aktivieren Sie im Werkzeug-Bedienfeld das **Zerknittern-Werkzeug**. Wie sich dieses Werkzeug verhält, hängt unter anderem stark davon ab, wie groß seine Werkzeugspitze eingestellt ist. Doppelklicken Sie auf das Zerknittern-Werkzeug, so können Sie in den Eingabefeldern **Breite** und **Höhe** darauf Einfluss nehmen. Wählen Sie die Größe etwa der folgenden Skizze entsprechend und bestätigen Sie mit **OK**. Halten Sie nun für 1-2 Sekunden die Maustaste über dem Pfad gedrückt.

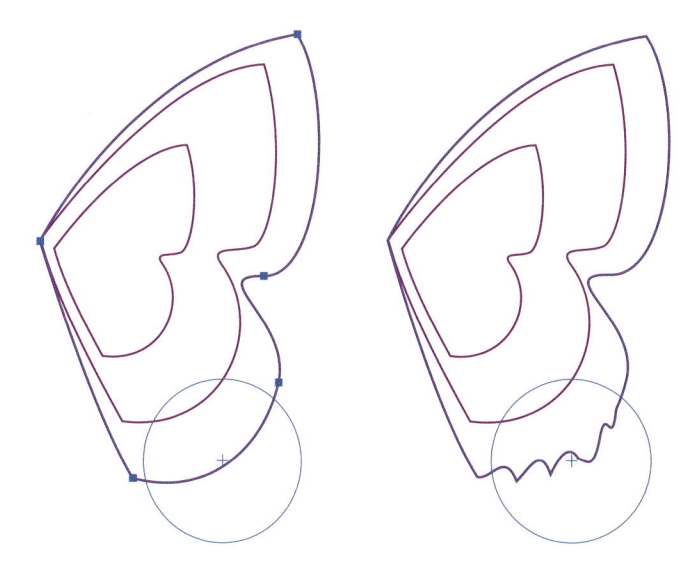

▲ **Abbildung 3-106** Flügel mit dem **Zerknittern-Werkzeug** realistischer gestaltet

Workshop 3-2 · **Einen Schmetterling zeichnen**

5   Das Flügelmuster zeichnen

Nachdem Sie noch – wie Abschnitt »Ellipsen und Kreise zeichnen« etwas weiter vorne in diesem Kapitel beschrieben – mit dem ⬤ **Ellipse-Werkzeug (L)** einige Kreise erstellt haben, die dem Schmetterling sein Muster geben, sind alle Komponenten des Flügels erstellt. Nun können Sie zum Beispiel noch die Kreise und danach den gesamten Flügel miteinander gruppieren, um die künftige Handhabung zu erleichtern.

6   Der zweite Flügel

Verwenden Sie das 🪞 **Spiegeln-Werkzeug (O)**, um den ausgewählten Flügel gleichzeitig zu duplizieren und um 180 Grad zu spiegeln. Klicken Sie damit ein wenig links neben die innere Flügelspitze, um dort den Ursprung der Spiegelung zu platzieren. Nehmen Sie nun in einem zweiten Schritt den gruppierten Flügel an einer beliebigen Stelle, halten Sie die ⇧-Taste gedrückt (um die Spiegelung auf 45°-Schritte zu begrenzen) und zusätzlich die alt-Taste, um das gespiegelte Objekt zu duplizieren. Lassen Sie an der richtigen Position erst die Maus und dann die beiden Tasten los.

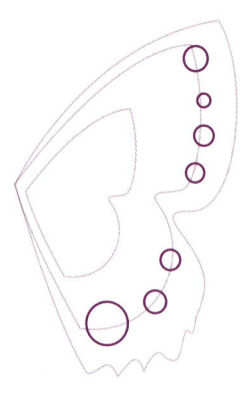

▲ **Abbildung 3-107**
Ein paar Kreise vervollständigen den Flügel.

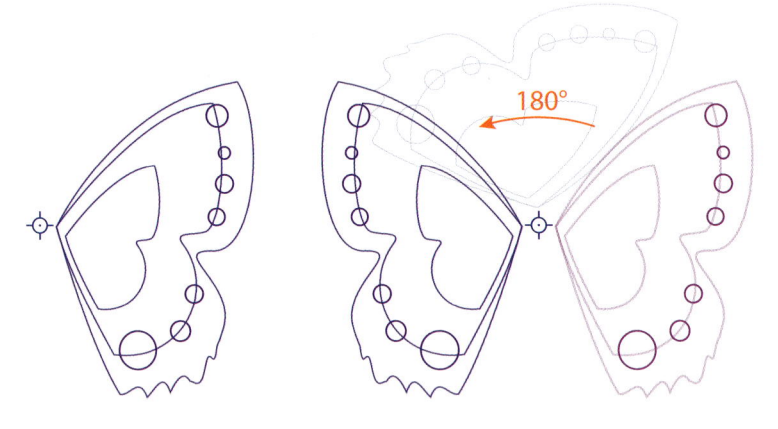

▲ **Abbildung 3-108**   Setzen Sie den **Ursprung** leicht außerhalb: Um ihn wird der Flügel gedreht.

7   Der Schmetterlingskörper

Der Körper des Schmetterlings wird nun wieder mit dem Zeichenstift erstellt; mit dem Prinzip des Brechens von Richtungslinien während des Zeichnens sind Sie ja mittlerweile schon vertraut. Erstellen Sie einen Pfad aus drei Ankerpunkten entsprechend der nebenstehenden Skizze. Achtung vor weiteren Klicks in die Zeichenfläche: Um den offenen Pfad zu beenden, wechseln Sie am besten gleich zum Auswahl-Werkzeug, denn damit verschieben Sie den fertigen Körper nun zwischen die beiden Flügel.

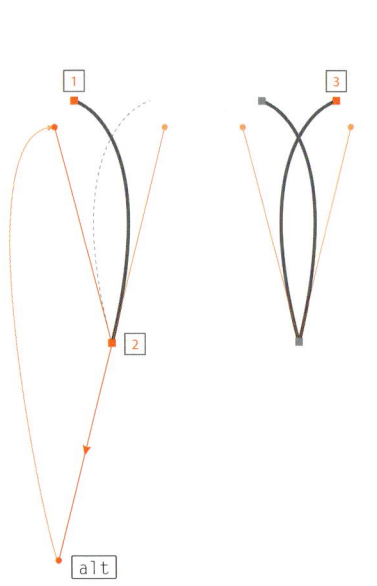

▲ **Abbildung 3-109**
Der Schmetterlingskörper

Kapitel 3 · Objekte erstellen

Sollten Sie den Pfad bereits mit einer Flächenfarbe gezeichnet haben, sehen Sie es sofort: Damit die darunterliegenden Pfade nicht sichtbar sind, wollen wir den Körper einfärben. Es handelt sich dabei aber um einen offenen Pfad, weshalb die Flächenfarbe durch eine gerade Linie zwischen Anfangs- und Endpunkt – also auch zwischen den Fühlern – begrenzt wird. Um die Farbe richtig anzuwenden, benötigen wir ein eigenes Objekt, das nur das Innere darstellt.

Hier kann das neue **Formerstellungs-Werkzeug** (⇧ + M), das ich Ihnen im Abschnitt »Optionen für das Formerstellungswerkzeug« in Kapitel 147 noch genau vorstelle, gute Dienste leisten. Stellen Sie zuerst für das aktive Werkzeug im Steuerung-Bedienfeld die Flächenfarbe auf weiß und navigieren Sie anschließend damit über den Schmetterlingskörper. Sie sehen nun kleinere, durch die einzelnen Pfade scheinbar unterteilte Flächen, die schraffiert dargestellt werden. Klicken Sie in einen dieser Bereiche und ziehen Sie mit gedrückter Maustaste über alle weiteren Bereiche, mit denen Sie ihn verbinden möchten. Sobald Sie die Maustaste loslassen, sind diese Bereiche vereint und haben die zuvor gewählte Flächenfarbe erhalten. Wiederholen Sie diesen Schritt, falls Sie nicht alle relevanten Bereiche erwischt haben.

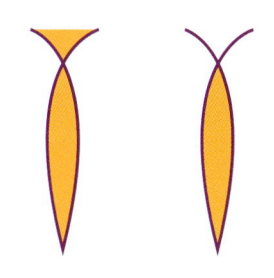

▲ **Abbildung 3-110**
Falsch (links) und richtig (rechts) gefärbt

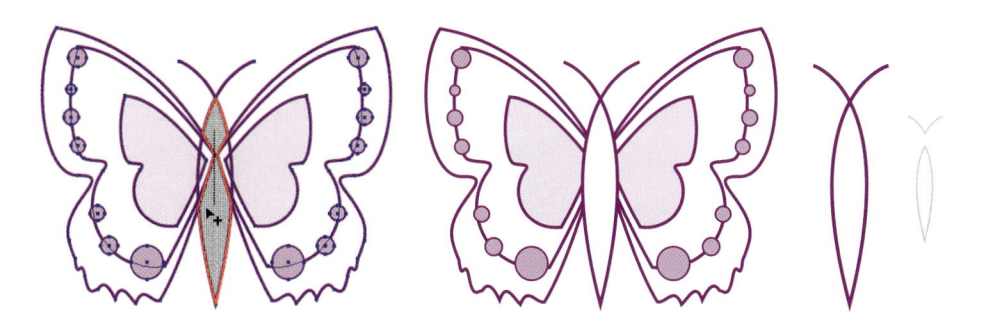

▲ **Abbildung 3-111** Vereinen Sie überlappende Bereich mit dem **Formerstellungs-Werkzeug**.

Wenn Sie den Schmetterling nun weiter mit Farben, Farbverläufen und Konturen verschönern möchten, werfen Sie doch auch einen Blick in Kapitel 6.

Workshop 3-2 · Einen Schmetterling zeichnen

Perspektivisch Zeichnen

Das wohl revolutionärste Feature, das Illustrator CS5 hervorgebracht hat, ist das perspektivische Zeichnen. Sie können auf ein **dreidimensionales Raster** zugreifen, in dem Sie Objekte direkt in der korrekten perspektivischen Verzerrung erstellen und bearbeiten können.

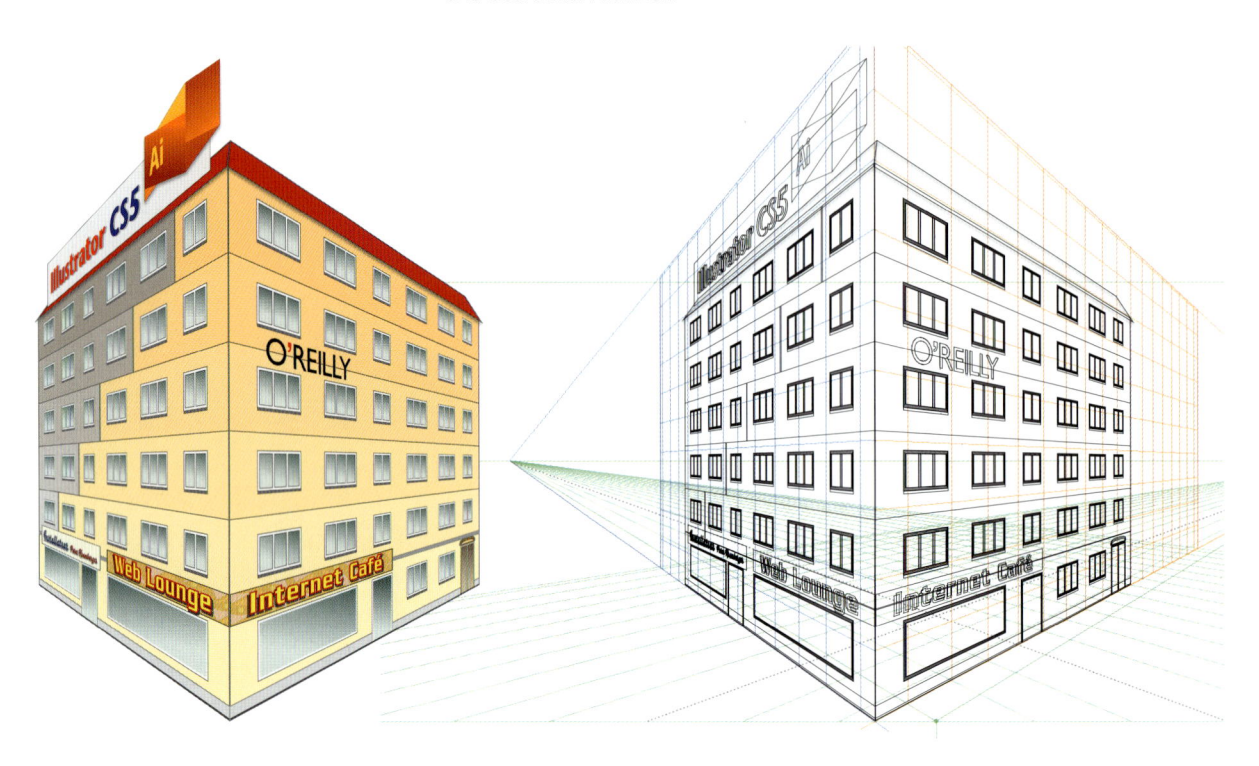

▲ **Abbildung 3-112**
Mit dem **Perspektivenraster** erstellte 3-D-Zeichnung

Mit dem Perspektivenraster-Werkzeug können Sie das Standard-2-Punkt-Perspektivenraster einblenden und auf vielfältige Weise Ihren Bedürfnissen anpassen. Illustrator bietet Ihnen aber nicht nur das Standard-2-Punkt-Perspektivenraster, sondern auch Vorgaben für 1-Punkt-, 2-Punkt- und 3-Punkt-Perspektiven.

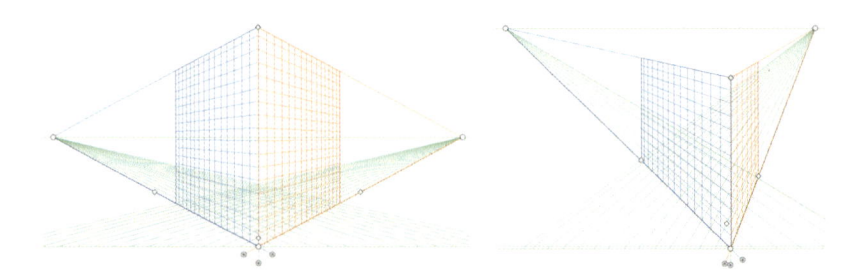

▲ **Abbildung 3-113** Das Standard-2-Punkt-Perspektivenraster (links) kann vielfältig angepasst werden.

Kapitel 3 · Objekte erstellen

Perfekte Unterstützung bietet das Perspektivenraster für das Zeichnen mit den Werkzeugen zur Erstellung geometrischer Grundformen, die – sofern das Perspektivenraster eingeblendet ist – direkt in der korrekten perspektivischen Verzerrung konstruiert werden können. Es ist übrigens auch möglich, Objekte »normal« – also ohne Perspektive – zu erstellen und sie erst später in eine Perspektivenebene zu verschieben. Dort werden sie dann entsprechend verzerrt. Mit dem Perspektivenauswahl-Werkzeug lassen sich Objekte in der Perspektive bewegen, skalieren, duplizieren und transformieren.

Was Sie in dieser Version von Illustrator allerdings (noch?) nicht können, ist, das Perspektivenraster nachträglich gemeinsam mit den in Perspektive gebrachten Objekten anzupassen. Nachträgliche Änderungen des Rasters wirken sich also nicht auf die darin liegenden Objekte aus. Sie sollten also unbedingt das Perspektivenraster einblenden und gründlich anpassen, bevor Sie zu zeichnen beginnen.

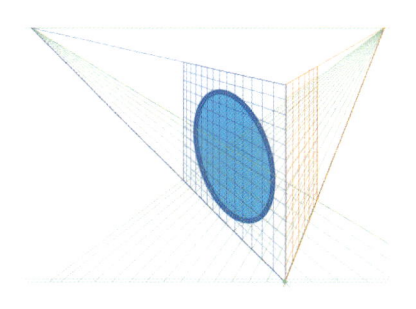

▲ **Abbildung 3-114**
Mit dem Ellipse-Werkzeug direkt in Perspektive gezeichnet

Im Perspektivenraster zeichnen

Um Objekte perspektivisch erstellen zu können, muss erst das Perspektivenraster eingeblendet werden. Wählen Sie dazu aus dem Menü *Ansicht → Perspektivenraster → Raster einblenden* (strg / ⌘ + ⇧ + I) oder aktivieren Sie im Werkzeug-Bedienfeld das ▊ **Perspektivenraster-Werkzeug** (⇧ + P). Auf der Zeichenfläche wird nun das Standard-2-Punkt-Perspektivenraster angezeigt, mit mehreren Griffpunkten zum Anpassen des Rasters. In der linken oberen Ecke sehen Sie das Widget zum Wechseln der Ebene.

In welcher Perspektivenebene möchten Sie zeichnen?

Mit dem **Widget zum Wechseln der Ebene** legen Sie fest, in welcher Perspektivenebene Sie das neue Objekt erstellen möchten. Klicken Sie auf eine der drei Flächen für linke, horizontale oder rechte Perspektivenebene, aktivieren Sie diese. Die Farben der Flächen im Widget entsprechen der Farbe der Gitterlinien der jeweiligen Perspektivenebene im Raster.

> **Hinweis**
>
> **Intelligente Hilfslinien** (*Ansicht → Intelligente Hilfslinien*) erleichtern Ihnen das Konstruieren und Ausrichten im perspektivischen Raster, die Ausrichtung erfolgt anhand der perspektivischen Geometrie von Objekten. Sobald Sie sich mit dem Werkzeug einer Ecke oder einem Ankerpunkt eines anderen Objekts nähern, erscheinen die intelligenten Hilfslinien.

▲ **Abbildung 3-115** Das Widget zum Wechseln der drei Perspektivenebenen, rechts ohne Auswahl

Alternativ können Sie auch rasch mit den Tasten 1 (linke Perspektivenebene), 2 (horizontale) und 3 (rechte) zwischen den Ebenen oder mit der Taste 4 in den normalen Modus wechseln.

> **Hinweis**
>
> Klicken Sie im **Widget zum Wechseln der Ebene** neben den Würfel, ist keine Perspektivenebene ausgewählt – auf diese Weise können Sie im »normalen« Modus, also unverzerrt, arbeiten.

Neue Objekte direkt in Perspektive zeichnen

Ist im Widget zum Wechseln der Ebene eine der Perspektivenebenen ausgewählt, zeichnen Sie darin mit den Werkzeugen zur Erstellung geometrischer Grundformen direkt mit der richtigen perspektivischen Verzerrung. Der Umgang mit diesen Werkzeugen erfolgt auf dieselbe Weise wie beim Erstellen im normalen Zeichenmodus, alle werkzeugspezifischen Shortcuts funktionieren wie gewohnt.

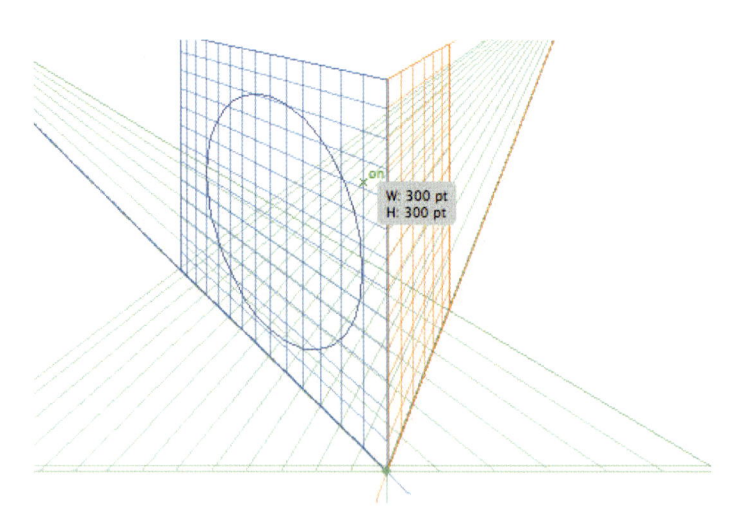

▲ **Abbildung 3-116** Zeichnen Sie zum Beispiel mit dem Ellipse-Werkzeug direkt mit der richtigen perspektivischen Verzerrung.

Hinweis

Der Cursor des Perspektivenauswahl-Werkzeugs verändert sein Aussehen entsprechend der ausgewählten Perspektivenebene ▸H für die linke, ▸H für die rechte und ▸⊤ für die horizontale Rasterebene.

Vorbereitete Objekte der Perspektive hinzufügen

Für Objekte, die Sie mit anderen Werkzeugen erstellen – wie etwa mit dem Pinsel oder Zeichenstift gemalte Objekte sowie Text oder Symbole –, gibt es keine direkte Verzerrung im Perspektivenraster. Hier empfiehlt es sich, diese Objekte erst im normalen Modus zu erstellen und sie dann dem Perspektivenraster hinzuzufügen. Konturattribute wie Konturstärke oder Pinselkonturen werden übrigens nicht perspektivisch angepasst, Sie können sie aber vorher in Flächenobjekte umwandeln (siehe Kapitel 5).

▼ **Abbildung 3-117**
Vorbereiteter Text und Symbol in Perspektive gebracht

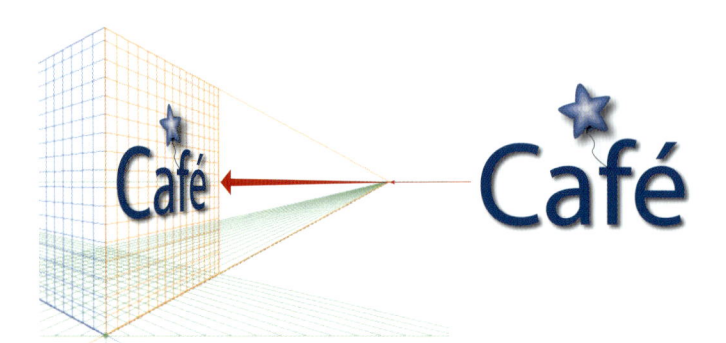

Wählen Sie zuerst im Widget die Perspektivenebene, in die Sie das Objekt einfügen möchten, und ziehen Sie das Objekt mit dem Perspektivenauswahl-Werkzeug (⇧ + V) an die gewünschte Stelle der aktiven Rasterebene. Aussehen und Skalierung des Objekts werden entsprechend verändert.

Perspektivische Objekte bearbeiten

Mit dem Perspektivenauswahl-Werkzeug wählen Sie Objekte in Perspektive aus, verschieben sie und führen Transformationen an ihnen durch. Sobald ein Objekt mit dem Perspektivenauswahl-Werkzeug angeklickt wurde, erscheint – wie auch im nicht perspektivischen Zeichenmodus – der Begrenzungsrahmen des Objekts.

Objekte verschieben

Verschieben Sie ein ausgewähltes Objekt mit dem Perspektivenauswahl-Werkzeug, passt es sich der perspektivischen Verzerrung an. Ausgewählte Objekte können auch in kleinen Schritten mit den Pfeiltasten bewegt werden.

> **Hinweis**
> Die standardmäßig aktivierte Option *Ansicht → Perspektivenraster → Am Raster ausrichten* lässt Objekte zu den Rasterlinien hin schnappen, und zwar in einer Entfernung eines Viertels der Rasterzellengröße.

> **Hinweis**
> Beim Ziehen des Objekts können Sie – wie auch im nicht perspektivischen Zeichenmodus – durch Drücken der alt-Taste das ausgewählte Objekt duplizieren, sowie durch Drücken der ⇧-Taste die Verschiebung auf 45°-Winkel begrenzen.

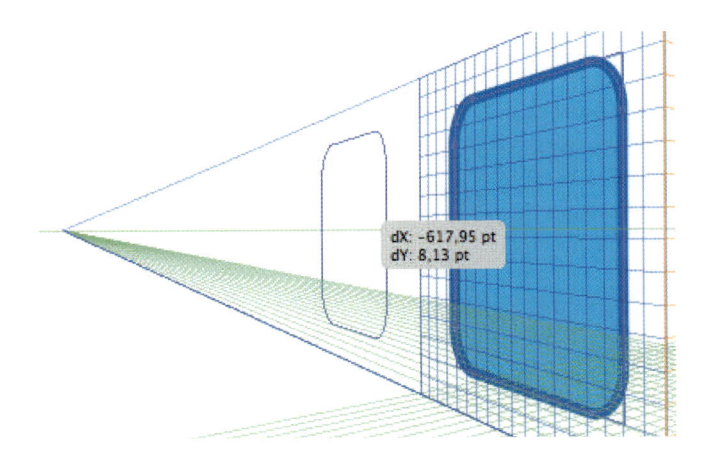

▲ **Abbildung 3-118** Objekt mit dem Perspektivenauswahl-Werkzeug verschieben

Objekte in andere Perspektivenebenen verschieben

Beginnen Sie das Objekt mit dem Perspektivenauswahl-Werkzeug zu ziehen und drücken Sie dann die Taste 1*, 2* oder 3*, um die Ziel-Perspektivenebene zu definieren. Das Objekt wird der ausgewählten Perspektivenebene entsprechend angepasst.

> **Hinweis**
> * Die Tastenbefehle funktionieren nur über die Haupttastatur und nicht über die erweiterte Zehnertastatur.

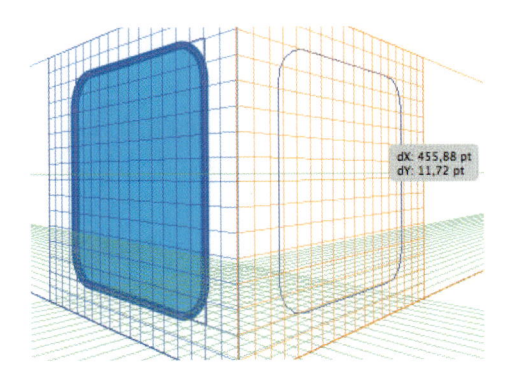

▲ **Abbildung 3-119** Objekt in eine andere Perspektivenebene verschieben

Objekte parallel verschieben

Objekte können auch in der korrekten perspektivischen Verzerrung parallel zu ihrer Ursprungsposition verschoben werden. Wählen Sie dazu das Objekt mit dem Perspektivenauswahl-Werkzeug aus und halten Sie die Taste [5] gedrückt, während Sie ziehen. Kombinieren Sie das mit der [alt]-Taste, wird während des Parallelverschiebens ein Duplikat des Objekts erstellt.

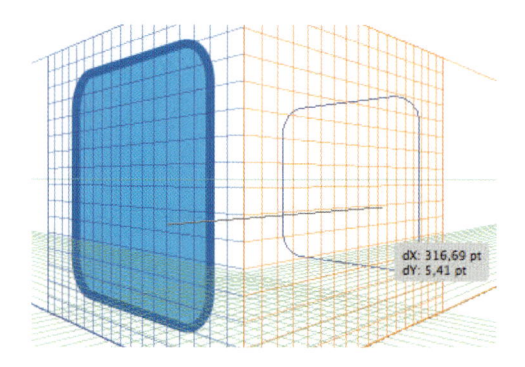

▲ **Abbildung 3-120** Objekte parallel verschieben

Parallelverschiebung durch Ziehen von Rasterebenen

Wählen Sie das Perspektivenauswahl-Werkzeug und ziehen Sie mit gedrückter [⇧]-Taste an dem **Ebenen-Widget**, in dem das Objekt liegt. Halten Sie dabei die [alt]-Taste gedrückt, erstellen Sie eine Kopie des Objekts.

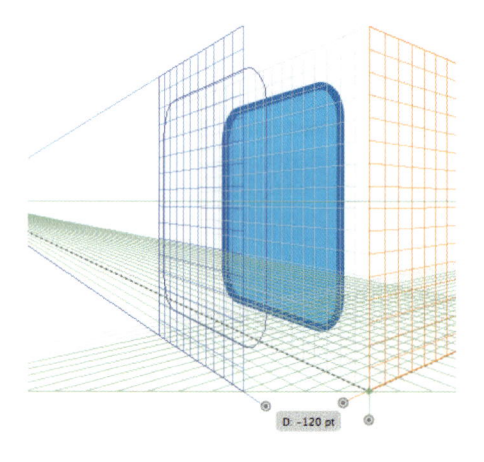

▲ **Abbildung 3-121** Objekt samt Rasterebene parallel verschieben

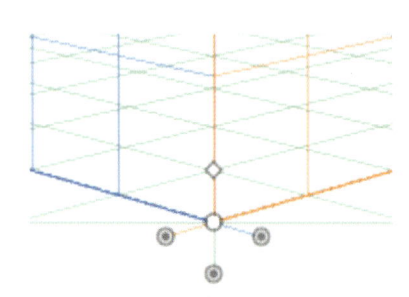

▲ **Abbildung 3-122**
Ebenen-Widgets für rechte, horizontale und linke Fluchtebene

Präziser können Sie Objekte parallel verschieben, indem Sie mit dem Perspektivenauswahl-Werkzeug einen Doppelklick auf das entsprechende Ebenen-Widget machen und im folgenden Optionenfenster Einstellungen treffen.

▲ **Abbildung 3-123** Optionen für das parallele Verschieben aller Objekte einer Perspektivenebene

> **Beim perspektivischen Skalieren und Verschieben beachten:**
>
> - Objekte werden – unabhängig davon, welche Perspektivenebene ausgewählt ist – immer in genau der Perspektivenebene skaliert oder parallel verschoben, in der sie liegen.
> - Wenn Sie mehrere Objekte auswählen, werden immer nur die Objekte skaliert, die in derselben Perspektivenebene liegen.

Unter **Pfad** wird standardmäßig die aktuelle Position des Objekts angezeigt; definieren Sie dort die Position, an die verschoben werden soll. Im Abschnitt **Objektoptionen** wählen Sie, was Sie verschieben oder kopieren möchten: Wählen Sie **Nicht verschieben**, wird das Raster verschoben, das oder die darin liegenden Objekte bleiben aber an ihrer ursprünglichen Position. **Alle Objekte verschieben** positioniert sowohl das Raster als auch alle darin liegenden Objekte neu, **Alle Objekte kopieren** verschiebt das Raster und erstellt Kopien aller Objekte.

Möchten Sie nicht alle, sondern nur ausgewählte Objekte verschieben, wählen Sie diese zuvor aus und doppelklicken Sie dann auf das entsprechende Ebenen-Widget. Die Optionen beziehen sich nun auf die getroffene Auswahl.

▲ **Abbildung 3-124** Optionen für das parallele Verschieben ausgewählter Objekte

Objekte perspektivisch skalieren

Mit dem Perspektivenauswahl-Werkzeug können Sie Objekte genau so skalieren, wie Sie es mit dem Auswahl-Werkzeug im nicht perspektivischen Zeichenmodus machen würden.

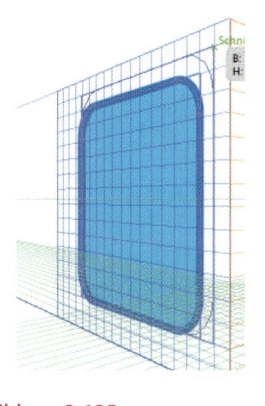

▲ **Abbildung 3-125**
Objekte perspektivisch skalieren

Perspektivischen Text oder Symbol bearbeiten

Sind perspektivischer Text oder ein Symbol mit dem Perspektivenauswahl-Werkzeug ausgewählt, können Sie sie in den Isolationsmodus bringen und dort genau so bearbeiten, wie Sie es im nicht perspektivischen Modus machen würden.

Um in den Isolationsmodus zu gelangen, haben Sie drei Möglichkeiten: Sie doppelklicken mit dem Auswahl-Werkzeug oder mit dem Perspektivenauswahl-Werkzeug direkt auf den Text beziehungsweise das Objekt, oder wählen *Objekt* →

Perspektive → Text bearbeiten beziehungsweise *Objekt → Perspektive → Symbol bearbeiten*. Auch über das Steuerung-Bedienfeld können Sie in den Isolationsmodus wechseln, indem Sie auf den Button **Text/Symbol bearbeiten** klicken.

▲ **Abbildung 3-126** »Text/Symbol bearbeiten« und »Perspektive bearbeiten« im Steuerung-Bedienfel

▲ **Abbildung 3-127**
Textbearbeitung im Isolationsmodus

Objekte mit Verzerrung aus der Perspektive lösen

Möchten Sie ein ausgewähltes Objekt wieder aus dem perspektivischen Raster lösen, so wählen Sie *Objekt → Perspektive → Aus Perspektive freigeben*. Das wendet die perspektivische Verzerrung auf das Objekt an, löst es dabei jedoch aus dem perspektivischen Raster heraus.

Objekte unverzerrt in Perspektive setzen

Es ist auch möglich, im normalen Zeichenmodus erstellte Objekte einer Perspektivenebene ohne Verzerrung hinzuzufügen. Das brauchen Sie zum Beispiel, falls das Objekt bereits perspektivisch konstruiert wurde, da es sonst ein weiteres Mal perspektivisch verzerrt würde. Wählen Sie erst die Perspektivenebene aus, der das ausgewählte Objekt hinzugefügt werden soll und wählen Sie aus dem Menü *Objekt → Perspektive → Aktiver Ebene anhängen*. Das Objekt wird unverändert der Perspektive hinzugefügt.

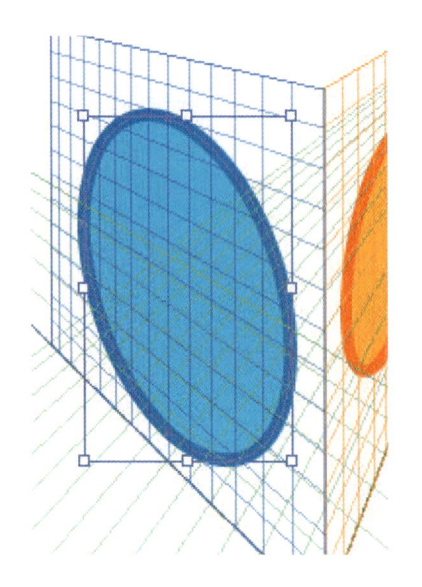

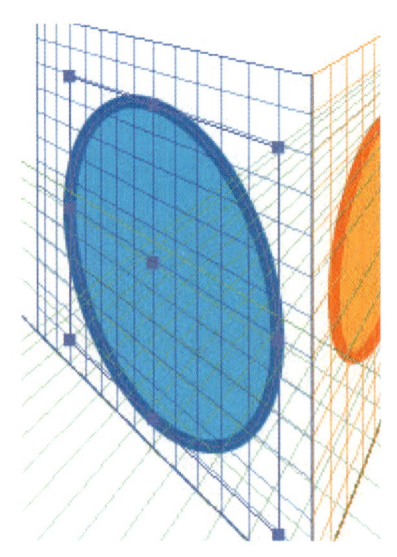

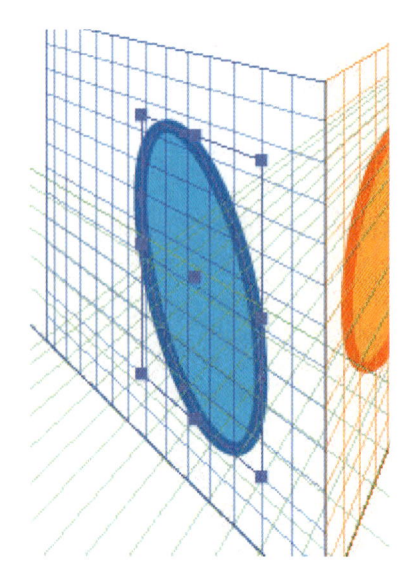

▲ **Abbildung 3-128** Objekt »normal erstellt«, ohne zusätzliche Verzerrung und doppelt verzerrt

Kapitel 3 · Objekte erstellen

Automatische Ebenenpositionierung

Durch die automatische Ebenenpositionierung erhalten Sie eine wertvolle Hilfe beim Zeichnen von Objekten in den Perspektivenebenen, indem die Höhe und Tiefe anderer Objekte abgeleitet und das gewünschte Perspektivenraster temporär an der passenden Stelle anzeigt wird.

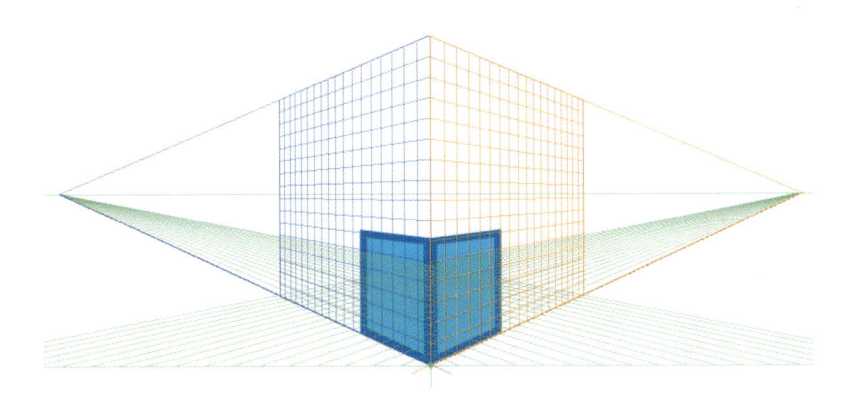

▲ **Abbildung 3-129** Zwei bereits gezeichnete Seiten eines Würfels

Wenn Sie zum Beispiel für einen Würfel bereits die linke und rechte Seite gezeichnet haben, können Sie für das Zeichnen der oberen Würfelseite das Raster an die richtige Position heben.

Wählen Sie erst die richtige Perspektivenebene aus. Navigieren Sie dann mit dem Perspektivenauswahl-Werkzeug über den Ankerpunkt, an dem das Perspektivenraster angezeigt werden soll, und klicken Sie die ⇧-Taste. Die anderen Rasterebenen werden vorübergehend versteckt und Sie können nun die Würfeloberseite mit dem Rechteck-Werkzeug erstellen. Anschließend sollte das Raster automatisch wieder in den ursprünglichen Zustand zurückgewandelt werden.

> **Hinweis**
>
> Die **automatische Ebenenpositionierung** funktioniert nicht nur an Ankerpunkten, sondern auch an Gitterlinien. Navigieren Sie an einen Überschneidungspunkt zweier Gitterlinien und drücken Sie dort die ⇧-Taste.

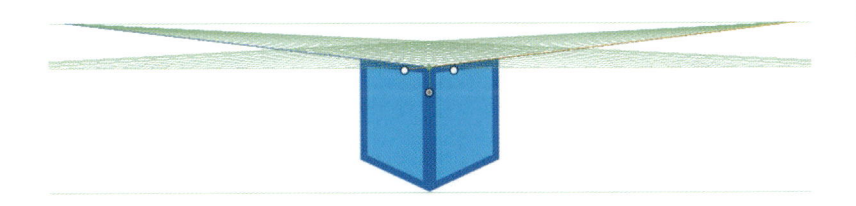

▲ **Abbildung 3-130** Die horizontale Rasterebene auf der richtigen Höhe

Rasterebene einem Objekt anpassen

Wenn Sie Objekte in der perspektivischen Verzerrung eines anderen Objekts erstellen oder einfügen möchten und deshalb dazu eine Rasterebene an diesem Objekt ausrichten wollen, wählen Sie erst das betreffende Objekt in der Perspektive aus und anschließend *Objekt* → *Perspektive* → *Ebene an Objekt ausrichten*.

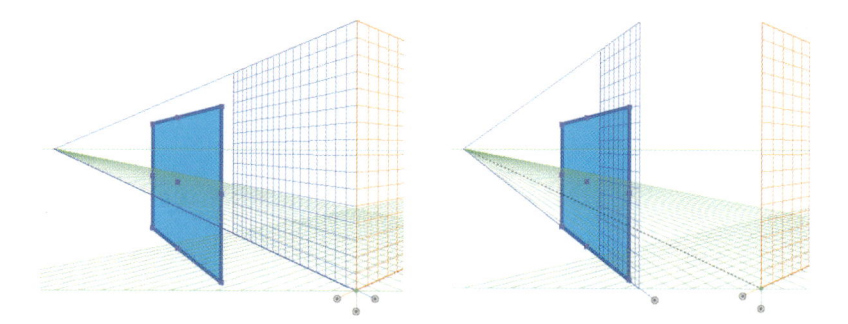

▲ **Abbildung 3-131** Rasterebene an ein Objekt angepasst

Perspektivenraster anpassen

Wie bereits erwähnt, sollten Sie – bevor Sie beginnen, Objekte in Perspektive zu erstellen und zu bearbeiten – das Perspektivenraster erst Ihren Vorstellungen entsprechend einrichten. Illustrator bietet Ihnen insgesamt drei Vorgaben für Perspektivenraster. Es ist auch möglich, eigene Perspektivenraster zu speichern.

Bearbeiten können Sie das Raster entweder mit dem Perspektivenraster-Werkzeug oder durch präzises Definieren von Werten. Variieren können Sie nicht nur den Sichtwinkel und den Sichtabstand auf das Raster, sondern auch die Höhe des Horizonts, die Position und Anzahl der Fluchtpunkte, die Bodenebene und den Ursprung des Rasters. Aktivieren Sie zum Bearbeiten das Perspektivenraster-Werkzeug. Zunächst erscheint das Standard-2-Punkt-Perspektivenraster.

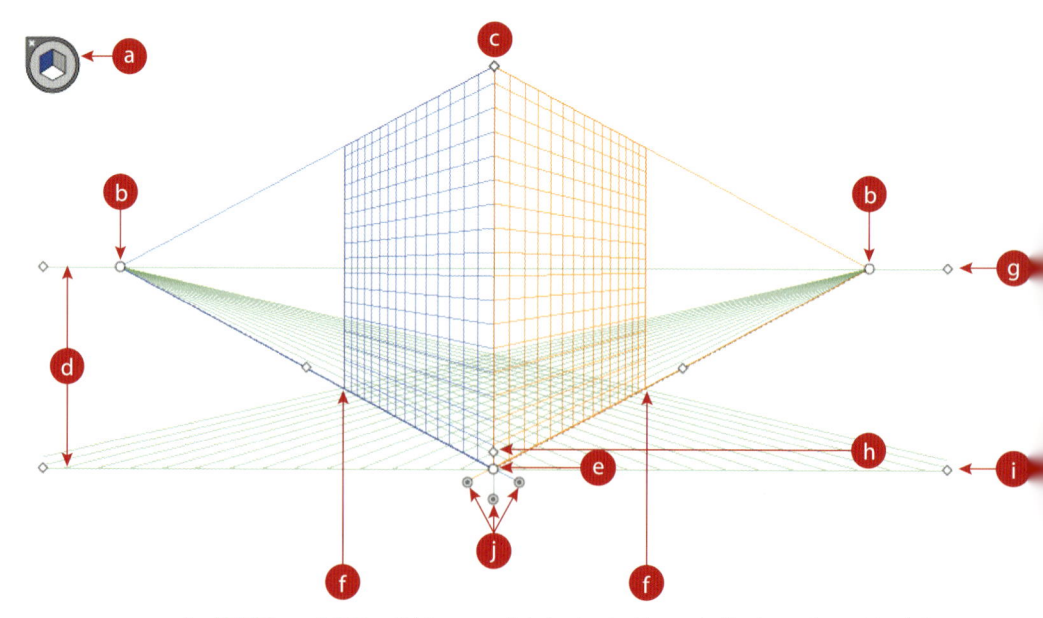

▲ **Abbildung 3-132** a: Widget zum Wechseln der Ebene, b: Fluchtpunkte, c: Vertikale Rasterausdehnung, d: Horizonthöhe, e: Ursprung, f: Rasterausdehnung, g: Horizontebene, h: Rasterzellengröße, i: Bodenebene, j: Widgets für die drei Rasterebenen

Perspektivenarten

Im Menü *Ansicht → Perspektivenraster* können Sie zwischen drei Rastervorgaben wählen: 1-Punkt-Perspektive, 2-Punkt-Perspektive (Standard) und 3-Punkt-Perspektive. Der Unterschied zwischen diesen drei Arten besteht im jeweiligen Blickwinkel des Betrachters auf die Objekte.

In der **1-Punkt-Perspektive** läuft das Bild auf einen einzigen Fluchtpunkt zu, der sich auf Augenhöhe des Betrachters befindet.

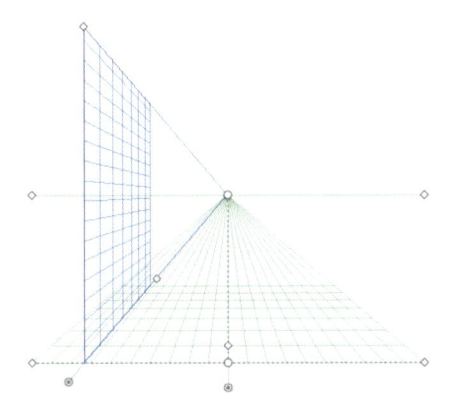

▲ **Abbildung 3-133** 1-Punkt-Perspektive

In der **2-Punkt-Perspektive** läuft das Bild auf zwei in Augenhöhe des Betrachters liegende Fluchtpunkte zu; der Betrachter befindet sich vor dem dreidimensionalen Raum.

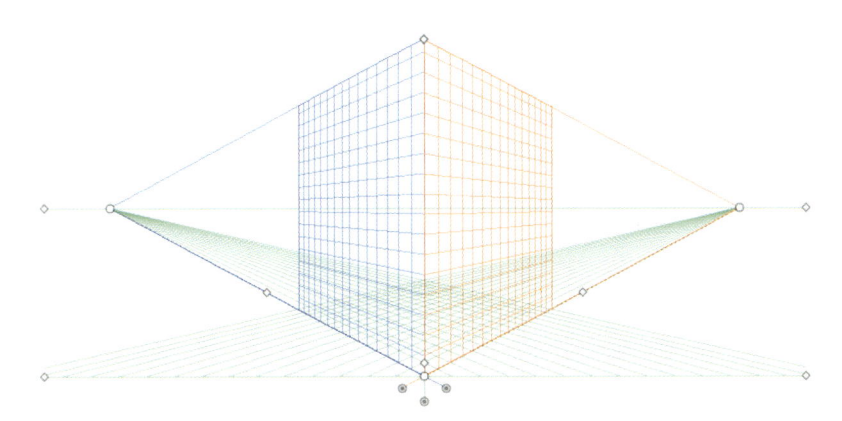

▲ **Abbildung 3-134** 2-Punkt-Perspektive

In der **3-Punkt-Perspektive** läuft das Bild auf drei Fluchtpunkte zu, wovon sich keiner in Augenhöhe des Betrachters befindet.

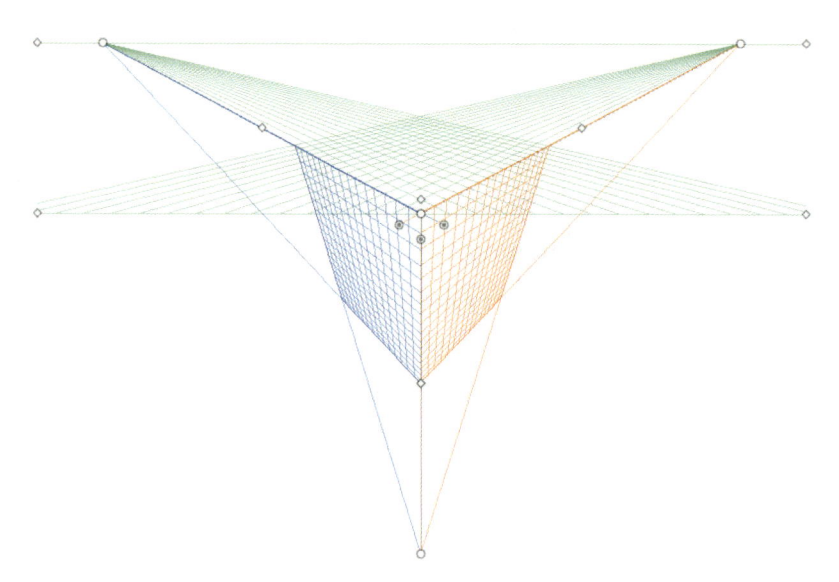

▲ **Abbildung 3-135** 3-Punkt-Perspektive

Perspektivenraster verschieben

Sie können das Perspektivenraster nicht nur auf einer Zeichenfläche verschieben, sondern – da es nicht möglich ist, mehr als ein Perspektivenraster pro Dokument zu verwenden – auch zwischen mehreren Zeichenflächen. Sobald das Perspektivenraster-Werkzeug aktiv ist, können Sie es am linken oder rechten Bodenebenen-Widget anfassen und verschieben. Der Cursor verwandelt sich in .

> **Hinweis**
>
> Leider gibt es keine Unterstützung, um das Verschieben auf 45°-Winkel zu beschränken. Arbeiten Sie mit Hilfslinien, wenn Sie das perspektivische Raster präzise waagerecht oder senkrecht verschieben möchten.

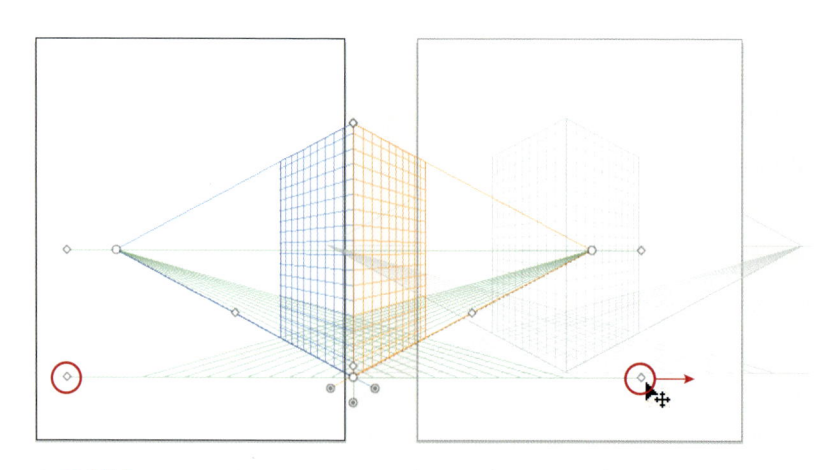

▲ **Abbildung 3-136** Raster – zum Beispiel – zwischen Zeichenflächen verschieben

Kapitel 3 · Objekte erstellen

Fluchtpunkte bearbeiten

Ziehen Sie mit dem Perspektivenraster-Werkzeug, sobald sich der Cursor in ![] verwandelt, an den Widgets für den linken und rechten Fluchtpunkt, um diese anzupassen.

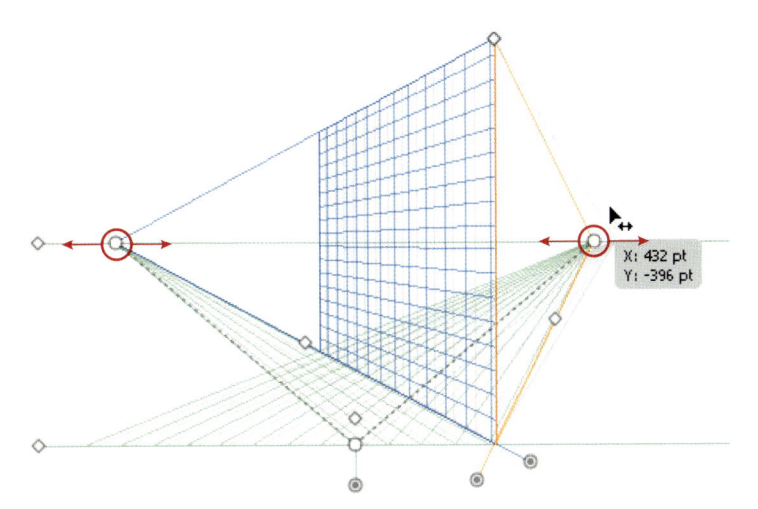

▲ **Abbildung 3-137** Fluchtpunkte verschieben

Aktivieren Sie *Ansicht → Perspektivenraster → Bezugspunkt sperren*, können Sie gleichzeitig beide Fluchtpunkte gemeinsam verschieben und dadurch das gesamte Raster drehen.

> **Tipp**
>
> Wenn Sie in einer 3-Punkt-Perspektive den dritten Fluchtpunkt ausrichten, können Sie durch Halten der ⇧-Taste die Verschiebung auf die vertikale Achse begrenzen.

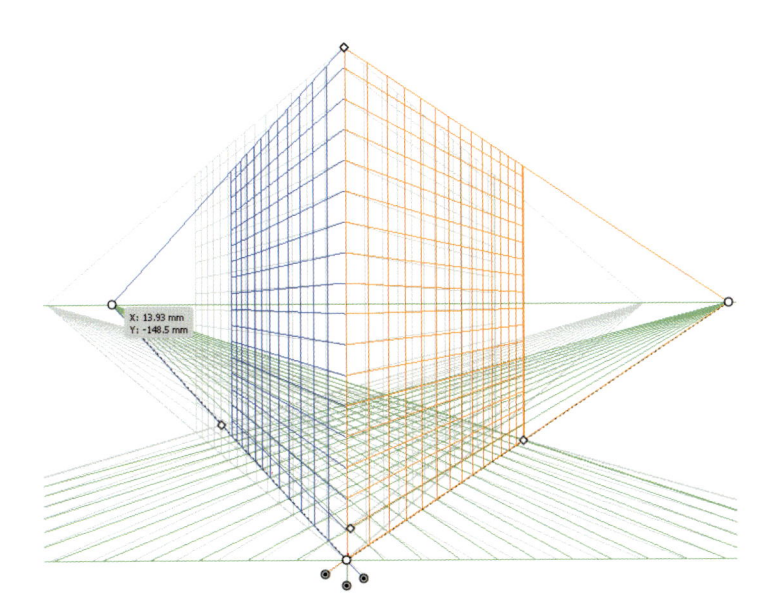

▲ **Abbildung 3-138** Beide Fluchtpunkte gemeinsam durch Sperren des Bezugspunkts verschieben

Horizont anpassen

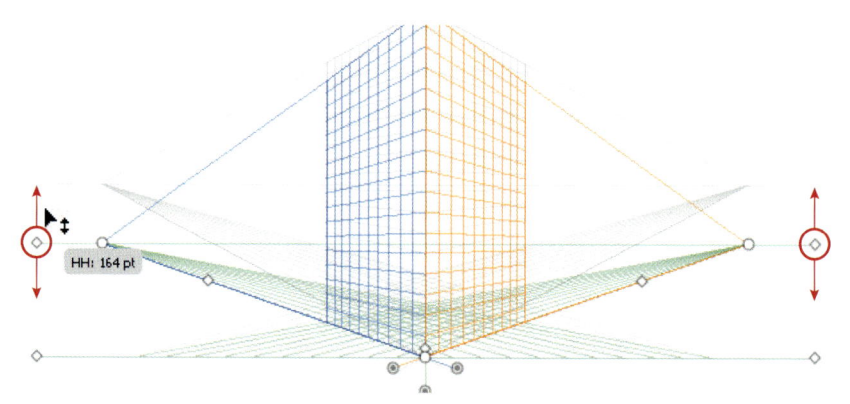

Durch Ziehen an einem der beiden Horizontlinien-Widgets verändern Sie die Höhe des Horizonts und somit die Augenhöhe des Betrachters. Der Cursor verwandelt sich oberhalb der Horizontlinien-Widgets in ▶‡.

▲ **Abbildung 3-139** Horizont verschieben

Rasterausdehnung verändern

Sie können die Ausdehnung der Rasterlinien durch Ziehen an den Rasterausdehnungs-Widgets verändern. Bedenken Sie: Auch die Gitterlinien sind perspektivisch dargestellt, daher werden sie – je näher sie dem Fluchtpunkt kommen – immer dichter und wären irgendwann nur noch als farbige Fläche zu erkennen. Gitterlinien sind daher so eingestellt, dass Sie in jedem Zoomfaktor 1 Pixel Platz zur nächsten Linie halten müssen; Linien mit einem kleineren Abstand werden nicht angezeigt. Je stärker Sie hineinzoomen, desto mehr Gitterlinien werden sichtbar.

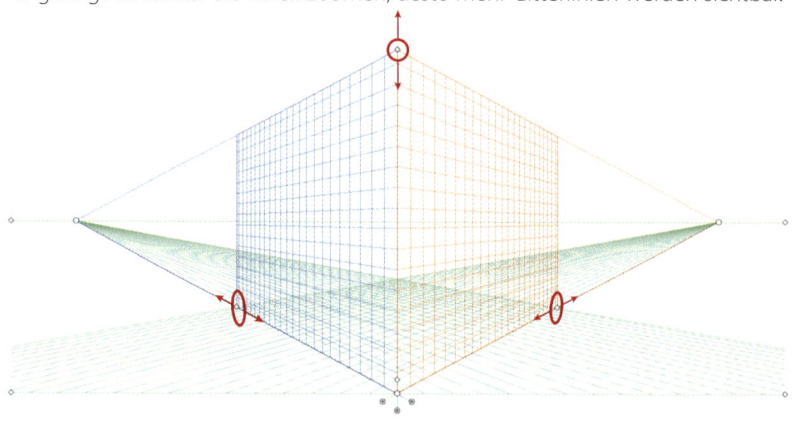

▲ **Abbildung 3-140** Raster ausdehnen

Rasterzellengröße anpassen

Die Größe der Rasterzellen, also den Abstand zwischen den Rasterlinien, können Sie verändern, indem Sie am Widget für Rasterzellengröße ziehen. Der Cursor verwandelt sich in ▸▫. Ziehen Sie nach oben, um die Zellgröße zu erhöhen, und nach unten, um sie zu verkleinern.

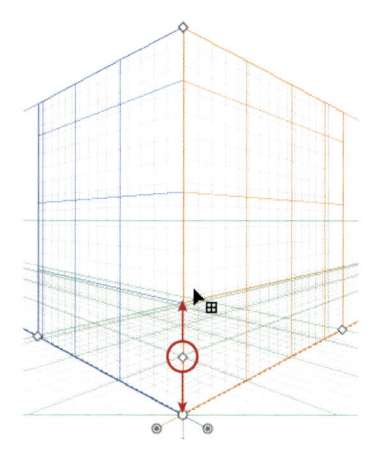

▲ **Abbildung 3-141** Rasterzellengröße verändern

Einzelne Rasterebenen verschieben

Wenn Sie die linke, rechte und horizontale Rasterebene verschieben möchten, ziehen Sie an den Widgets für die Rasterebenensteuerung. Der Cursor verwandelt sich für die linke und die rechte Perspektivenebene in ▸↔, für die horizontale Perspektivenebene in ▸↕.

Hinweis

Halten Sie während des Ziehens an einem Rasterebenensteuerungs-Widget die ⇧-Taste gedrückt, bewegen Sie die Perspektivenebene in Abständen, die der Zellgröße entsprechen.

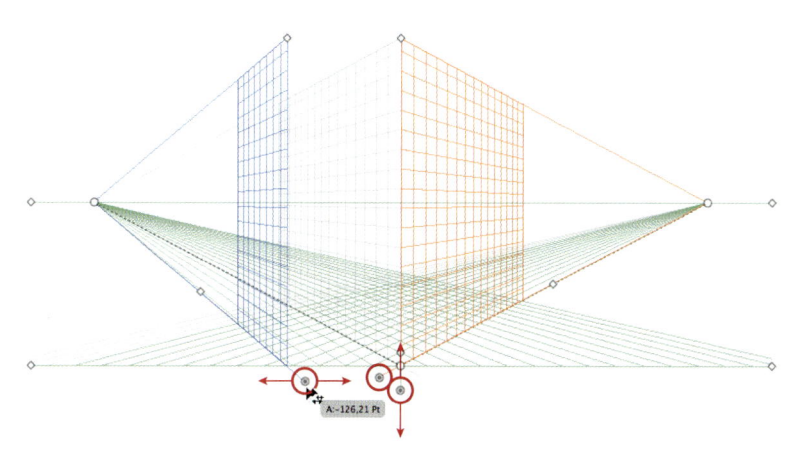

▲ **Abbildung 3-142** Rasterebenen verschieben

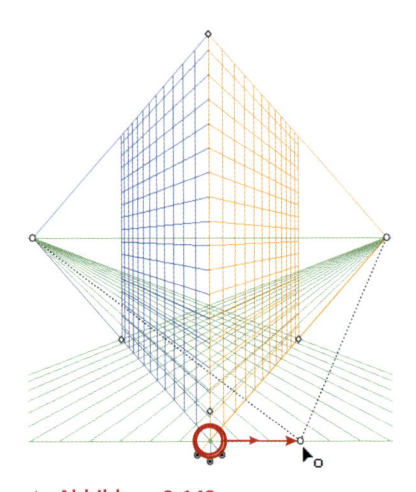

▲ **Abbildung 3-143**
Linealursprung verschieben

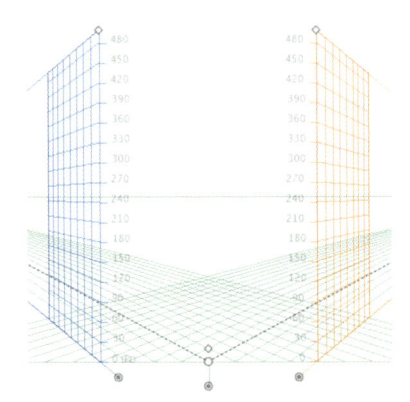

▲ **Abbildung 3-144**
Rasterlineale

Perspektivenrasterlineale

Über das Menü *Ansicht* → *Perspektivenraster* → *Lineale einblenden* blenden Sie für die linke und rechte Perspektivenebene Lineale ein. Wenn sich die beiden Ebenen im Ursprung berühren, haben sie auch nur ein gemeinsames Lineal.

Durch ein Verschieben des Ursprungs werden nicht nur die Koordinaten der Perspektivenebenen verändert, sondern auch die der darin liegenden Objekte (die Koordinaten ausgewählter Objekte sind über das Transformieren- und das Info-Bedienfeld sichtbar). Unterhalb des Linealursprungs liegt übrigens der Bezugspunkt, der erst sichtbar wird, nachdem Sie den Ursprung von seiner Originalposition weggeschoben haben.

Vorgaben für Perspektivenraster

Wenn Sie das Perspektivenraster präzise einrichten möchten, können Sie über das Menü *Ansicht* → *Perspektivenraster* → *Raster definieren…* ein umfassendes Optionenfenster öffnen und darin eigene Einstellungen vornehmen.

Möchten Sie Ihre Einstellungen auf Basis eines der drei vordefinierten Raster machen, so wählen Sie aus dem Drop-down-Menü **Name** die entsprechende Vorgabe aus. Im oberen Abschnitt **Einstellungen für Perspektivenraster** legen Sie erst grundlegende Einstellungen fest.

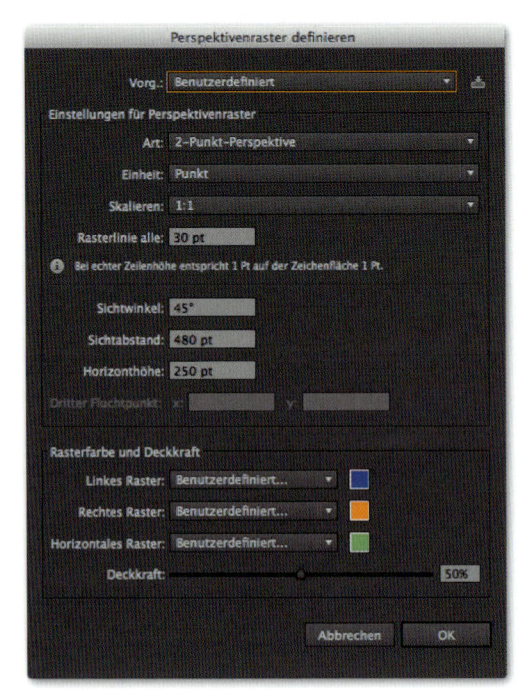

▲ **Abbildung 3-145** Optionen zum Definieren eines Perspektivenrasters

Als **Art** können Sie zwischen **1-Punkt-Perspektive**, **2-Punkt-Perspektive** und **3-Punkt-Perspektive** wählen. Aus dem Drop-down-Menü **Einheit** wählen Sie die Maßeinheit für die Rastergröße und die Rasterlineale. Zur Auswahl stehen **Zentimeter**, **Zoll**, **Pixel** und **Punkt**. **Skalieren** bestimmt das Verhältnis zwischen Zeichenflächen- und Echtmaßen. So können Sie einen eigenen Maßstab zum Beispiel für Pläne einstellen. Ein Maßstab von 1:100 zum Beispiel bedeutet, dass eine Einheit auf der Zeichenfläche 100 Einheiten in der Realität entspricht, zum Beispiel ein Zentimeter einem Meter. **Rasterlinie alle** definiert den Abstand zwischen den Rasterlinien.

Im nächsten Abschnitt unterhalb der Linie definieren Sie die Position des Betrachters relativ zum Perspektivenraster. Der **Sichtwinkel** (1° bis 89°) legt fest, wie der Betrachter auf die Szene blickt. Ein Winkel von 45° bedeutet, dass der Blick auf das Raster frontal erfolgt. In diesem Fall sind der linke und der rechte Fluchtpunkt gleich weit vom Betrachter entfernt. Der **Sichtabstand** legt den Abstand zwischen dem Betrachter und dem Raster fest, die **Horizonthöhe** entspricht der Augenhöhe des Betrachters.

> **Hinweis**
>
> Haben Sie als Basis eine 3-Punkt-Perspektive gewählt, ist die Option **Dritter Fluchtpunkt** aktiv und Sie können in den Eingabefeldern **X** und **Y** die Koordinaten des dritten Fluchtpunktes festlegen.

Im letzten Abschnitt **Rasterfarbe und Deckkraft** können Sie die Darstellung der Rasterlinien verfeinern. Wählen Sie jeweils eine Farbe aus den Drop-down-Menüs **Linkes Raster**, **Rechtes Raster** und **Horizontales Raster**. Über die Farbauswahl (Farbkästchen) können Sie auch eigene Farben bestimmen. Um die **Deckkraft** der Rasterlinien zu verändern, schieben Sie den Regler oder geben direkt einen Wert ein.

Um mit dem Perspektivenraster zu arbeiten, klicken Sie auf **OK**, Sie können aber Ihre Einstellungen als weitere Vorgabe speichern, indem Sie auf den Button **Vorgabe speichern…** klicken und im folgenden Dialog einen aussagekräftigen Namen vergeben.

Bearbeiten, Löschen, Importieren und Exportieren von Perspektivenraster-Vorgaben

Über das Menü *Bearbeiten → Vorgaben für Perspektivenraster* können Sie aus den verfügbaren Vorgaben wählen und Änderungen daran vornehmen. Löschen und bearbeiten können Sie die drei Standardvorgaben allerdings nicht. Klicken Sie auf **Neu…**, um eine neue Vorgabe auf Basis einer Standardvorgabe zu erstellen. In diesem Dialogfenster finden Sie auch Buttons zum **Importieren…** aus anderen Dateien beziehungsweise **Exportieren…** in andere Dateien.

Workshop 3-3

Korrektes Perspektivisches Zeichnen in Illustrator

> **Hinweis**
> Die Datei Perspektive.ai mit vorbereitetem Ausgangsmaterial für diesen Workshop finden Sie in den Beispieldateien, die Sie unter http://examples.oreilly.de/german_examples/adocs6illusger herunterladen können.

So aufregend das in CS5 eingeführte perspektivische Zeichnen für einfache perspektivische Konstruktionen ist, birgt es doch einige Tücken, zum Beispiel wenn Sie etwas maßstabgetreu im dreidimensionalen Raum konstruieren möchten.

In diesem Workshop geht es also ausnahmsweise nicht so sehr darum, etwas Tolles zu schaffen, sondern darum, Ihnen den korrekten Umgang mit dem perspektivischen Zeichnen näher zu bringen. Ausgehend vom Grundriss eines Zimmers soll dieses nun in Perspektive übertragen werden.

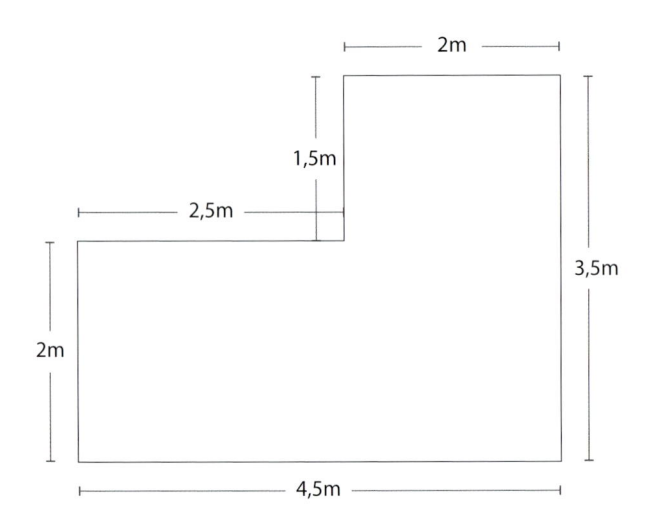

▲ **Abbildung 3-146** Grundriss eines Zimmers

1 Perspektivenraster einrichten

Da es leider nicht möglich ist, das Perspektivenraster nachträglich gemeinsam mit bereits darin erstellten Objekten anzupassen, investieren wir besser zuerst einige Gedanken in das Einrichten des Rasters. Öffnen Sie die Einstellungen über das Menü *Ansicht → Perspektivenraster → Raster definieren…*

Zuerst bestimmen wir den passenden **Maßstab**: Die Wände eines Zimmers sind üblicherweise einige Meter lang beziehungsweise hoch – wir können und wollen in unserem Dokument also nicht im Maßstab 1:1 zeichnen. Anbieten würde sich zum Beispiel der Maßstab 1:25 (als *Einheit* wählen Sie **Zentimeter**). In diesem Darstellungsverhältnis entspricht 1 Zentimeter in der Zeichenfläche 25 Zentimeter "in Echt". Um diesen Maßstab einzurichten (er ist nicht vordefiniert), wählen Sie aus dem Drop-down-Menü *Skalieren* **Benutzerdefiniert…** und schreiben in den nun geöffneten Skalierungsoptionen in das Eingabefeld *Zeichenfläche* **1** und in das Ein-

▲ **Abbildung 3-147**
Perspektivenraster definieren

gabefeld *Echt* **25**. Tragen Sie dann neben *Rasterlinien alle* **25 cm** ein, so dass jeweils 4 dieser perspektivischen Hilfslinien einem Meter in der realen Welt entsprechen.

Nun wollen wir noch die Ansicht auf das Perspektivenraster definieren: Damit die Verzerrung nicht zu extrem wird, müssen wir einen größeren Abstand zwischen dem Koordinatenursprung und dem Betrachter definieren. Dazu geben Sie in das Eingabefeld *Sichtabstand* **400 cm** ein. Die *Horizonthöhe* sollte der ungefähren Augenhöhe des Betrachters entsprechen, ich verwende dafür **160 cm**. Wie der Blick auf das Raster fällt, wird über den *Sichtwinkel* bestimmt: Wählen Sie **65°**, damit man nicht zu frontal (wie bei 45°) auf die Kante blickt.

▲ **Abbildung 3-148**
Benutzerdefinierte Skalierung definieren

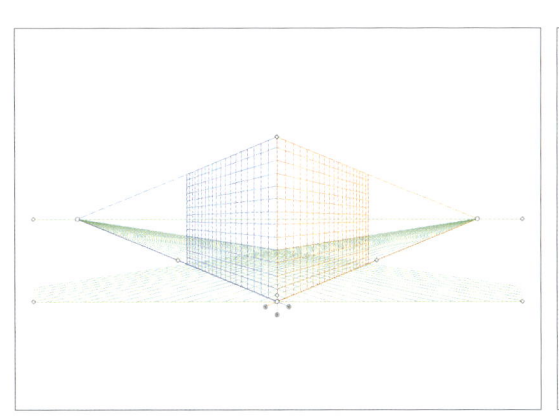

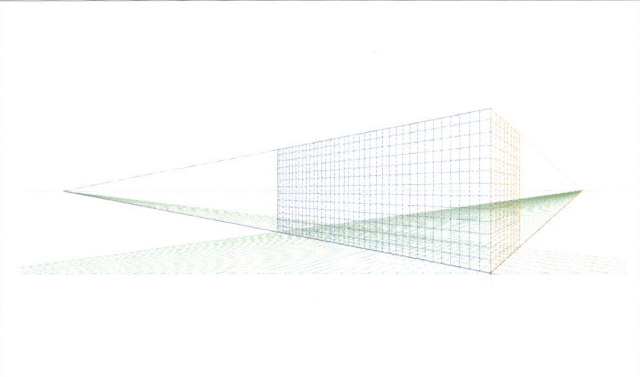

▲ **Abbildung 3-149** Blick auf das Perspektivenraster bei Sichtwinkel 45° (links) und bei 60° (rechts)

Sehen Sie sich in dieser Skizze die Position des Betrachters im Plan an, und wie er auf das Perspektivenraster blickt:

Hinweis

Wenn der Betrachter nahe am Koordinatenursprung steht, kommt es zu sehr starken Verzerrungen. Das kann dazu führen, dass Sie beim Erstellen oder Verschieben von Objekten an die Grenzen der Arbeitsfläche stoßen und sich diese Objekte dann nicht in der gewünschten Weise zeichnen beziehungsweise ablegen lassen.

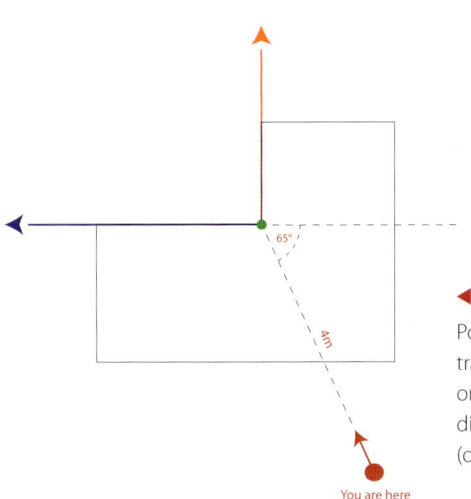

◄ **Abbildung 3-150**
Position und Blickwinkel des Betrachters im Grundriss auf den Koordinatenursprung (grüner Punkt), die linke (blaue Linie) und die rechte (orange Linie) Perspektivenebene

▲ **Abbildung 3-151**
Im Widget zum Wechseln der Ebene ist die horizontale Perspektivenebene aktiv

2 Den Grundriss übertragen

Sobald Sie die Rastereinstellungen bestätigen, wird das Perspektivenraster eingeblendet. Nachdem wir nun den Grundriss im richtigen Maßstab zur Verfügung haben, ist es recht einfach, diesen in das Perspektivenraster zu übertragen – schieben wir ihn also in die richtige Perspektivenebene. Aktivieren Sie zuerst das **Perspektivenauswahl-Werkzeug** (⇧ + V) und drücken Sie dann die Taste 2 für die horizontale Perspektivenebene.

Klicken Sie im Plan auf den Grundriss und erstellen Sie mit den Tastenkombinationen strg / ⌘ + C und strg / ⌘ + ⇧ + V ein Duplikat an derselben Stelle. Ziehen Sie dieses Duplikat nun über das Perspektivenraster und versuchen Sie, es möglichst genau zu positionieren.

> **Hinweis**
>
> Wählen Sie im Menü *Ansicht → Intelligente Hilfslinien* und *Ansicht → Perspektivenraster → Am Raster ausrichten*, um Unterstützung beim Positionieren zu bekommen.

> **Tipp**
>
> Verwenden Sie die Pfeiltasten für genaues Ausrichten im Perspektivenraster – klicken Sie zum Beispiel erst solange auf ↓ , bis Sie einen Schritt zu weit sind und dann einmal mit ↑ zurück, rastet das Objekt genau ein.

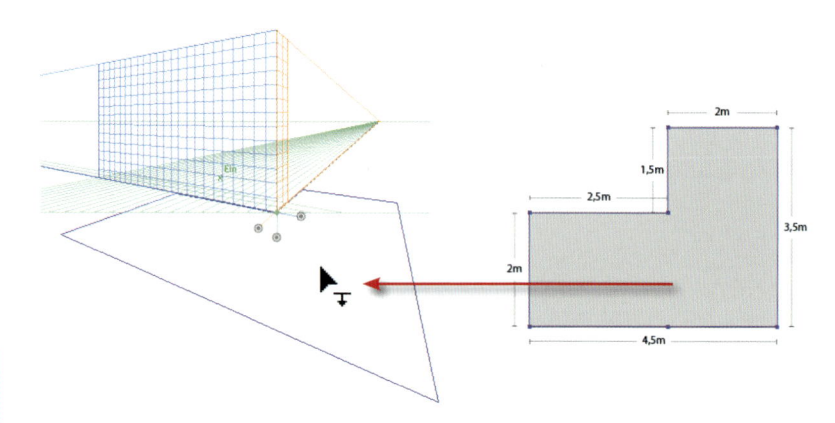

▲ **Abbildung 3-152** Ziehen Sie den Grundriss in das Perspektivenraster.

Kontrollieren Sie nun die Position, denn kleine Ungenauigkeiten multiplizieren sich rasch. Zoomen Sie nahe an den Koordinatenursprung und schieben Sie die Ecke unseres ZimmerZimmers exakt bis dorthin.

3 Wände zeichnen

Durch das Übertragen des Grundrisses wissen wir nun genau, wo und wie breit zwei der Wände sind. Eine Information, die noch fehlt, ist die Raumhöhe: Verwenden wir dafür 3 Meter. Beginnen wir mit der Wand in der linken Perspektivenebene.

Klicken Sie erst die Taste 1 , um in die linke Perspektivenebene zu wechseln. Wählen Sie nun das **Rechteck-Werkzeug** (M) und suchen Sie sich eine andere Flächenfarbe aus. Beginnen Sie direkt beim Koordinaten-Ursprung nach links oben zu ziehen und lassen Sie die Maus los, sobald die Information des Cursors **B: 250cm** und **H: 300cm** anzeigt. Erfreulicherweise werden die Maße beim Zeichnen direkt in echten Größen angezeigt.

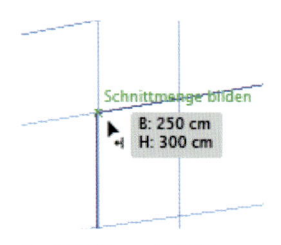

▲ **Abbildung 3-153**
Informationen für echte Breite und Höhe sind im Cursor zu sehen.

Auf dieselbe Weise konstruieren wir nun die zweite Wand in der rechten Perspektivenebene ③, diesmal mit **Breite** *150cm* und **Höhe** *300cm*.

▲ **Abbildung 3-154** Das Transformieren-Bedienfeld stellt für Objekte in Perspektive echte Größen und Koordinaten dar.

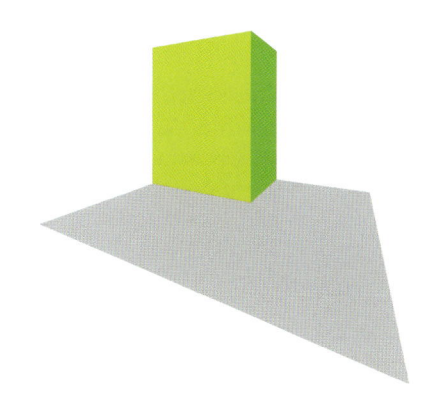

▲ **Abbildung 3-155**
In jeder Perspektivenebene befindet sich nun eine Fläche.

4 Wände parallel verschieben

Natürlich könnten Sie nun direkt angrenzend an die beiden eben gezeichneten Wände die fehlenden Wände aufziehen; das Resultat sieht korrekt aus.

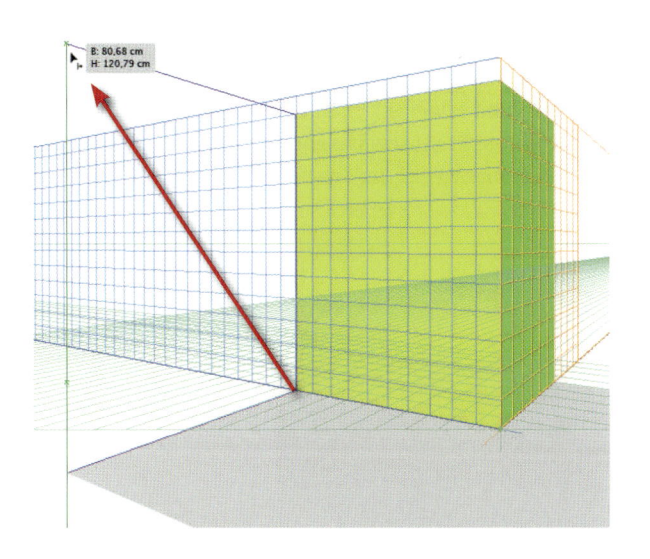

▲ **Abbildung 3-156** Direkt angrenzend gezeichnete Wand

Wie Sie aber vielleicht meiner vagen Formulierung entnehmen konnten, ist das keine gute Idee, wenn Sie weiterhin Unterstützung für Größenangaben im dreidimensionalen Raum genießen möchten. Was auf diese Weise tatsächlich konstruiert wird, ist eine Fläche in der (hier rechten) Perspektivenebene – und die verläuft standardmäßig durch den Koordinatenursprung. Tatsächlich wird die neue Fläche folgendermaßen im dreidimensionalen Raum gezeichnet:

Workshop 3-3 · Korrektes Perspektivisches Zeichnen in Illustrator

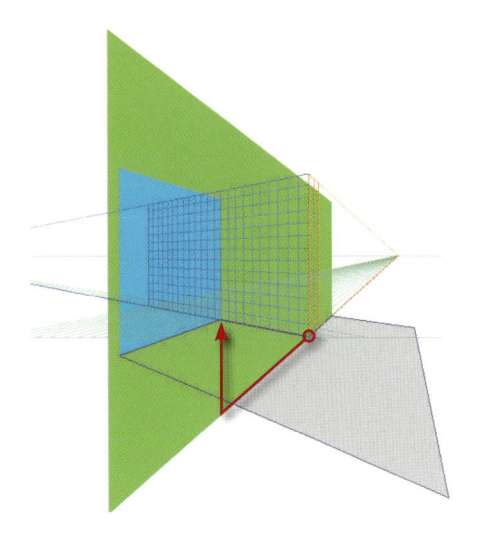

◀ **Abbildung 3-157**
Das frei gezeichnete Rechteck befindet sich in der rechten Perspektivebene. Die Werte im Transformieren-Bedienfeld beziehen sich auf den Koordinatenursprung..

Die eben beschriebene Problematik kann man zum Beispiel vermeiden, indem man die Fläche zuerst aus dem Koordinatenursprung in der tatsächlichen Größe zeichnet, und dann parallel verschiebt.

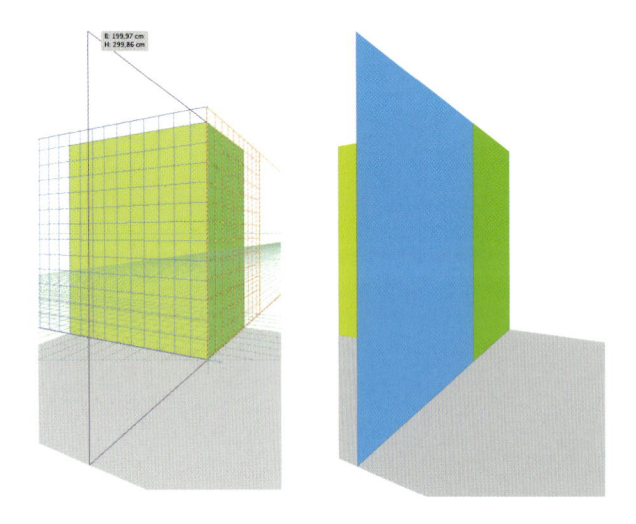

◀ **Abbildung 3-158**
Ziehen Sie mit aktivem Rechteck-Werkzeug in der rechten Perspektivenebene (Taste 3) vom Koordinatenursprung nach links oben. Es macht nichts, wenn Sie das gewünschte Maß von 200cm Breite und 300cm Höhe nicht genau erwischen, denn Sie können die Werte im Transformieren-Bedienfeld präzise anpassen.

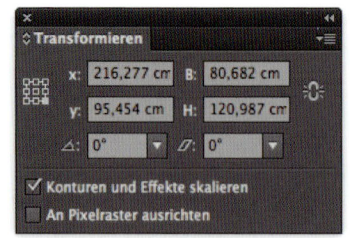

Wechseln Sie nun zum Perspektivenauswahl-Werkzeug (⇧ + V) und beginnen Sie, das neue Rechteck zu verschieben. Halten Sie dann zusätzlich die ⇧-Taste und die Taste 5 gedrückt. Ziehen Sie die Fläche an die gewünschte Position.

Nachdem hier die Ausrichtungshilfen von Illustrator nur mäßig gut funktionieren, zoomen Sie zum präzisen Positionieren bitte nahe an das Perspektivenraster und

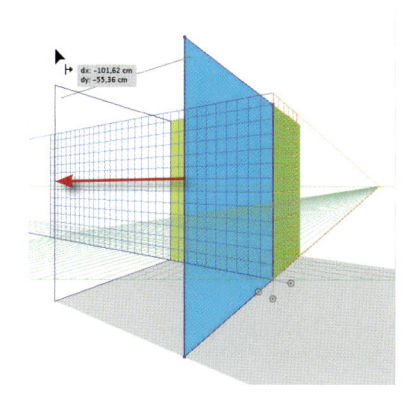

◀ **Abbildung 3-159**
Durch Gedrückthalten der Taste 5 verschieben Sie Objekte parallel zu der Perspektivenebene, in der sie sich befinden.

schieben Sie die Fläche genau angrenzend an die bereits gezeichnete Nachbarwand. Halten Sie dabei unbedingt wieder die Taste 5 gedrückt, denn auch das ist eine Parallelverschiebung! Wiederholen Sie diese Schritte für die Fläche in der linken Perspektivenebene.

Um den Grundriss am einfachsten parallel zu verschieben, erstellen Sie sich erst mit strg/⌘ + C und strg/⌘ + ⇧ + V ein Duplikat. Falls es die Elastizität Ihrer Finger zulässt, können Sie zum Duplizieren der Fläche auch zusätzlich zu den Tasten ⇧ und 5 die Taste alt gedrückt halten. Lassen Sie immer zuerst die Maustaste los.

▲ **Abbildung 3-160**
Der perspektivische Raum (die fehlende Wand würde den Blick in den Raum verdecken, weil der Betrachter außerhalb steht)

5 Muster für korrekte Verzerrung umwandeln

In diesem Schritt sollen nun die Wände tapeziert und ein Parkettboden verlegt werden. Leider gibt es im Perspektivenraster keine Unterstützung für das perspektivische Verzerren von Mustern, weshalb ich Ihnen hier ein paar Tricks zeigen möchte, wie das doch funktioniert.

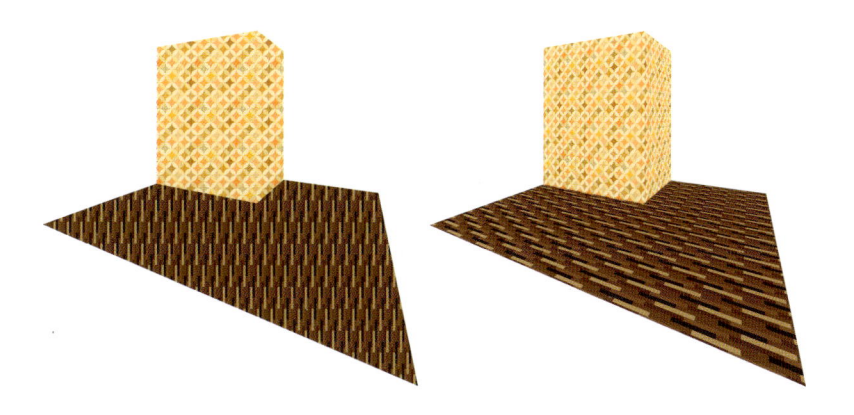

Hinweis

Wie in Schritt 4 beschrieben, gehen Sie übrigens auch vor, wenn Sie zum Beispiel Fenster, Türen oder ähnliches exakt im Raum positionieren wollen!

Sie können zu diesem Zweck auch die etwas früher in diesem Kapitel beschriebene **automatische Ebenenpositionierung** probieren, die allerdings gewöhnungsbedürftig und unflexibel in der Verwendung ist.

◀ **Abbildung 3-161**
Muster werden in perspektivischen Objekten nicht verzerrt (links).

Workshop 3-3 · Korrektes Perspektivisches Zeichnen in Illustrator

▲ **Abbildung 3-162**
Im Widget zum Wechseln der Ebene ist keine Perspektivenebene aktiv.

Hinweis

Über die spannenden Effekte, die man mit Beschnittgruppen erzielen kann, lesen Sie ausführlich im Abschnitt »Schnittmasken« in Kapitel 5.

Hinweis

Gehen Sie bei Objekten zum Beispiel mit Farbverläufen und Effekten auf die hier beschriebene Weise vor. Wenn Sie ein gutes räumliches Vorstellungsvermögen haben, können Sie (wie Sie im Abschnitt »Farbverlauf« in Kapitel 6 nachlesen können) den Verlauf auch intuitiv anpassen.

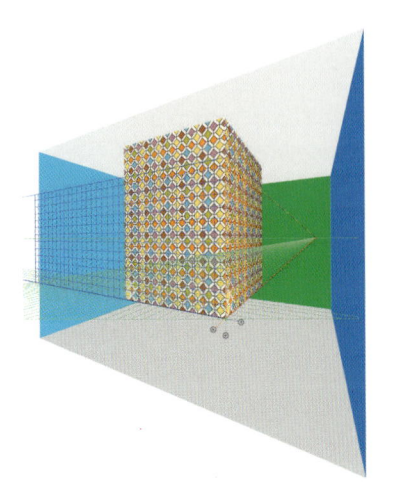

Durch Drücken der Taste 4 können wir nun ein Rechteck erstellen, das keiner Perspektivenebene zugeordnet ist, also unverzerrt ist. Zeichnen Sie dieses Rechteck etwas breiter und etwas höher als unsere Wände sind, zum Beispiel 120mm breit und 160mm hoch (hier gelten übrigens die Maßeinheiten für die Zeichenfläche). Dadurch haben wir später etwas Spielraum beim Anordnen, sodass schöne Übergänge entstehen.

Öffnen Sie nun im Farbfelder-Bedienfeld (*Fenster → Farbfelder*) über das Dropdown-Menü **Farbfelder-Bibliotheken** *Muster → Dekorativ → Dekoratives Erbe*. In dieser Muster-Bibliothek finden Sie einige tapetenähnliche Muster, zum Beispiel **Raster auf Raster (Farbe)**. Indem Sie einmal darauf klicken, wenden Sie es auf das noch ausgewählte Rechteck an. Den genauen Umgang mit Mustern zeige ich Ihnen im Abschnitt »Muster« in Kapitel 6.

Da Muster im Perspektivenraster nicht verzerrt werden, werden wir das Muster in Flächen **umwandeln**. Wählen Sie dazu aus dem Menü *Objekt → Umwandeln...* und bestätigen Sie die sich daraufhin öffnenden Optionen mit **OK**. Es wurde eine sogenannte Beschnittgruppe erstellt, die aus einem Zuschneidungspfad in der Größe des ursprünglichen Rechtecks besteht sowie einigen Gruppen mit den entstandenen Pfaden des Musters. Der Zuschneidungspfad sorgt dafür, dass die Pfade des Musters nur innerhalb seines Umrisses gezeigt werden. Tatsächlich ragen diese umgewandelten Pfade aber unsichtbar über das Objekt hinaus.

Ich erkläre das an dieser Stelle so genau, weil sich diese unsichtbaren Flächen sehr unangenehm auf das Verschieben in die Perspektivenebenen auswirken können. Um solche Probleme zu verhindern, werden wir die Objekte dieser Beschnittgruppe mit der Pathfinder-Funktion **Verdeckte Fläche entfernen** auf die Größe des Zuschneidungspfads zuschneiden. Wie der Name aber schon sagt, werden mit dieser Funktion nur verdeckte Flächen entfernt, Konturen gehen verloren. Um das zu vermeiden, wählen Sie die gesamte Schnittmaske aus und wählen aus dem Menü *Objekt → Pfad → Konturlinie*, dadurch werden die Konturen in Flächen umgewandelt.

Klicken Sie nun im **Pathfinder-Bedienfeld** (*Fenster → Pathfinder*) auf **Verdeckte Fläche entfernen**. Nun gibt es keine versteckten Flächen mehr. Damit Sie diese Schritte nicht noch mehrmals wiederholen müssen, machen Sie sich bitte für jede Wand ein Duplikat, sodass Sie insgesamt 5 Flächen befüllen können.

Verschieben Sie nun zwei dieser Objektgruppen – wie vorher beschrieben – über die beiden Wände in der linken und rechten Perpsektivenebene, die den Koordinatenursprung berühren. Zum Verdecken der Bereiche, die wir nicht benötigen, erstellen wir nun selbst **Schnittmasken**. Schieben Sie im **Ebenen-Bedienfeld** (*Fenster → Ebenen*) die bereits in Perspektive gebrachten Mustergruppen unter die von uns gezeichneten Wände. Wählen Sie dann eine Wand und das dafür vorge-

◄ **Abbildung 3-163**
Ziehen Sie zwei der umgewandelten und zugeschnittenen Muster in das Perspektivenraster.

sehene Muster aus und drücken Sie `strg`/⌘ + `7`. Wiederholen Sie das mit der zweiten Wand.

Wahrscheinlich finden Sie den Übergang des Musters an der Kante auch nicht schön. Da wir das Muster aber größer als benötigt erstellt haben, können wir es nun innerhalb der Schnittmaske etwas verschieben. Doppelklicken Sie mit dem Perspektivenauswahl-Werkzeug auf die Wand in der rechten Perspektivenebene und begeben Sie sich in den Isolationsmodus der Schnittmaske – andere Objekte erscheinen nun ausgebleicht und können nicht ausgewählt werden. Wählen Sie im Ebenen-Bedienfeld die Gruppe mit dem Muster aus und verschieben Sie sie, bis Ihnen der Übergang gefällt. Doppelklicken Sie danach an eine freie Stelle in der Zeichenfläche, um den Isolationsmodus wieder zu verlassen.

Für den Fußboden finden Sie übrigens im Farbfelder-Bedienfeld das vorbereitete Muster **Parkett**, das Sie auf die eben beschriebene Weise in die horizontale Perspektivenebene übertragen können.

6   Probleme beim Parallelverschieben des Musters

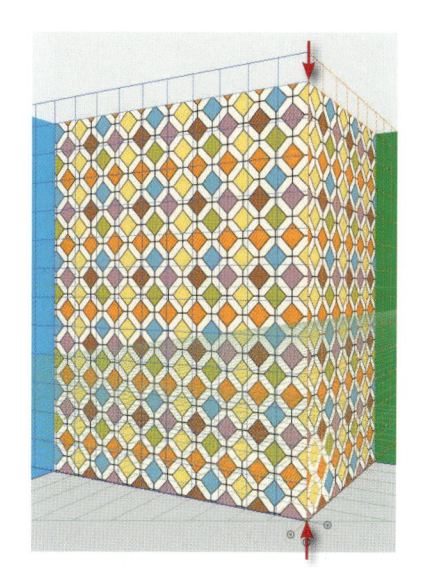

▲ Abbildung 3-164
Die beiden Muster ergeben an der Kante keinen schönen Übergang.

Wenn Sie nun – wie in Schritt 4 erklärt – die weiteren vorbereiteten Duplikate des umgewandelten Musters an den Koordinatenursprung legen, dann verschieben und zuletzt in der entsprechenden Perspektivenebenen durch Drücken der Taste `5` an die gewünschte Position parallel verschieben, werden die Flächen aus denen das Muster besteht, tatsächlich verkleinert. Das ist zwar gut, aber leider nicht gut genug, denn eventuell passt die Skalierung nicht zu den bereits verzerrten Wänden. Hier müssen wir uns nun auf unser Augenmaß verlassen.

Doppelklicken Sie wieder mir dem Perspektivenauswahl-Werkzeug auf die Schnittmaske, die Sie mit der entsprechenden Wandfläche erstellt haben, und verkleinern Sie die Mustergruppe manuell, bis die Größe zu den angrenzenden Wänden passt. Sie können innerhalb dieser Schnittmaske auch weitere Duplikate des Musters erzeugen, falls durch die Skalierung nicht mehr die gesamte Fläche bedeckt ist.

Sie sehen also: Das perspektivische Zeichnen ist nicht perfekt, aber mit ein wenig Geduld kann man etwas wirklich Schönes schaffen!

▶ Abbildung 3-165
Fertig angepasster Grundriss in Perspektive

1 2 3 4 5 6 7 8 9 10

Kapitel 4

Objekte verändern

Objekte transformieren durch Skalieren, Drehen & Co.

Objekte verformen

Pfade direkt bearbeiten

Erfahren Sie hier, wie Sie bestehende Objekte ganz nach Geschmack anpassen und verändern können. Zu den einfacheren Methoden gehören zum Beispiel Skalieren und Drehen, zu den komplexeren verschiedene Arten des Verformens sowie die direkte Bearbeitung von Pfaden.

Nachdem Sie nun mit dem Erstellen unterschiedlichster Objekte vertraut sind, können wir uns dem **Verändern von Objekten** zuwenden. Da wir uns bei Vektorobjekten über Pixel und Auflösung keine Gedanken machen müssen, können diese ohne Qualitätsverlust beliebig transformiert werden. Oftmals ist es notwendig – oder schlicht einfacher –, Objekte nachträglich zu bearbeiten. Es gibt einige interessante Techniken zum Verändern von Objekten, die ich Ihnen auf den folgenden Seiten nahebringen möchte.

Einerseits können Sie Objekte mit unterschiedlichen Methoden **transformieren**. Darunter versteht man einfache Veränderungen wie das Skalieren, Drehen, Spiegeln, Verbiegen und Verzerren, bei denen die Anzahl der ursprünglichen Ankerpunkte immer gleich bleibt.

> **Tipp**
>
> Mit Duplikaten einer wiederholt transformierten Grundform lassen sich interessante Objekte erstellen. Wie eine solche Rose entsteht, zeige ich im Workshop »Eine Rose aus einem abgerundeten Rechteck erstellen« weiter hinten in diesem Kapitel.

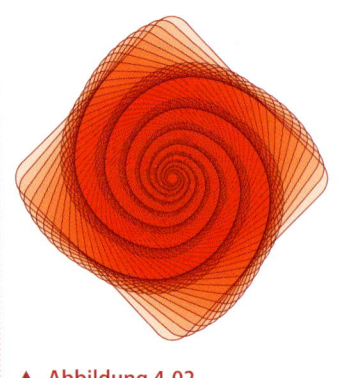

▲ **Abbildung 4-02**

▲ **Abbildung 4-01** Skalieren, Drehen, Spiegeln, Verbiegen und Verzerren von Objekten

Sie können Objekte aber auch – mehr oder weniger stark – in ihrer Grundform verändern, also deformieren. Zum Beispiel haben Sie die Möglichkeit, Objekte mit einer **Hülle** zu verzerren oder sie mit den **Verflüssigen-Werkzeugen** zu verformen.

▲ **Abbildung 4-03** Beispiel für einen deformierten Kreis

Natürlich können Sie **Bézier-Pfade** auch präzise bearbeiten, indem Sie mit verschiedenen Werkzeugen direkt auf Ankerpunkte, Richtungslinien und Segmente zugreifen und diese verändern.

Auf die drei Möglichkeiten des Transformierens, Bearbeitens der Grundform und Bearbeitens der Pfade werde ich im Folgenden genauer eingehen.

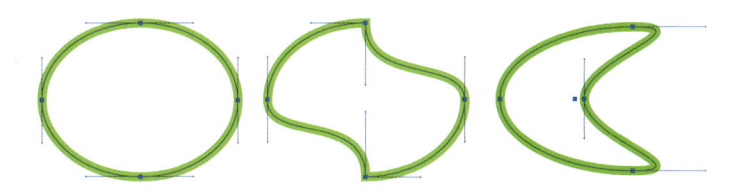

▲ **Abbildung 4-04** Bézier-Pfade bearbeiten

Objekte transformieren durch Skalieren, Drehen & Co.

Unter dem Überbegriff **Transformieren** versteht man einfache Änderungen wie das Verschieben (siehe Abschnitt »Objekte verschieben« in Kapitel 2), Skalieren, Drehen, Spiegeln, Verbiegen und Verzerren von Objekten. Es gibt verschiedene Möglichkeiten, Objekte zu transformieren. Probieren Sie am besten die unterschiedlichen Methoden aus, um sich bei Bedarf rasch der passenden Technik bedienen zu können.

Sobald ein Objekt ausgewählt ist, können Sie es mit dem **Auswahl-Werkzeug** oder mit dem **Frei-transformieren-Werkzeug** an seinem Begrenzungsrahmen skalieren und drehen. Für das Skalieren, Drehen, Spiegeln und Verbiegen stehen Ihnen auch eigene Werkzeuge zur Verfügung. Eine präzise Möglichkeit, um ausgewählte Objekte zu transformieren, ist die Angabe von Werten in Bedienfeldern und Menüs.

Im **Transformieren-Bedienfeld** (*Fenster → Transformieren*) erhalten und bearbeiten Sie Angaben zu Position, Ursprung, Größe und Ausrichtung eines oder mehrerer ausgewählter Objekte. Seit Illustrator CS5 haben Sie dort auch die Möglichkeit, Objekte an einem **Pixelraster** (siehe Abschnitt »Ausrichten und Verteilen« in Kapitel 2) auszurichten. In Illustrator CS6 wurde das Transformieren-Bedienfeld außerdem um die Option **Konturen und Effekte skalieren** erweitert.

Auch das **Steuerung-Bedienfeld** (*Fenster → Steuerung*) bietet Ihnen – je nach Monitorauflösung – einige Eingabefelder für das Transformieren oder zumindest temporären Zugriff auf das Transformieren-Bedienfeld durch einen Klick auf den orange unterstrichenen Namen **Transformieren**.

▲ **Abbildung 4-07** Transformieren über das **Steuerung**-Bedienfeld

Hinweis

Der Pfad einer Ellipse lässt sich mit wenigen Klicks so bearbeiten, dass ein Schmetterlingsflügel entsteht. Eine Schritt-für-Schritt-Anleitung dazu finden Sie im Workshop »Aus einer Ellipse entsteht ein Schmetterling« weiter hinten in diesem Kapitel.

▲ **Abbildung 4-05**
Bearbeiten Sie den Pfad einer Ellipse, bis daraus ein Schmetterlingsflügel entsteht.

▲ **Abbildung 4-06**
Werkzeuge, mit denen Sie Objekte **Transformieren** können

Neu in CS6

▲ **Abbildung 4-08**
Das **Transformieren**-Bedienfeld

Wie funktioniert Transformieren?

Transformiert wird ein Objekt immer von seinem **Referenzpunkt** aus, auch **Ursprung** genannt. Am besten, Sie stellen sich den Ursprung so vor, als würden Sie das Objekt mit dem Finger an einer Stelle niederdrücken. Wenn Sie nun das Objekt zum Beispiel drehen, erfolgt diese Drehung um die Stelle, an der Sie es festhalten. Standardmäßig entspricht der Ursprung des Objektes dem Mittelpunkt seines **Begrenzungsrahmens**, sie können seine Position aber auch verändern und mit einigen Werkzeugen sogar außerhalb des Objekts setzen.

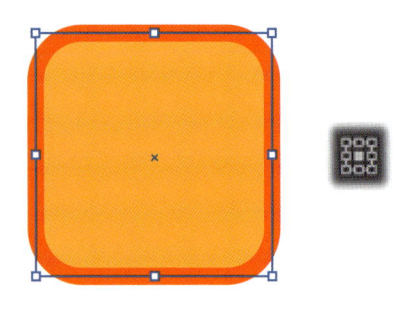

▲ **Abbildung 4-09**
Objekt-**Begrenzungsrahmen** mit **Griffpunkten** und **Ursprung**

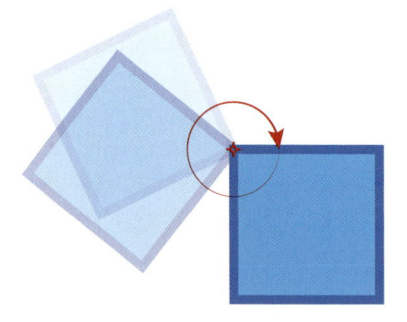

▲ **Abbildung 4-10** Objekt um den **Referenzpunkt** gedreht

Der rechteckige **Begrenzungsrahmen** von ausgewählten Objekten stellt acht **Griffpunkte** für einfache Transformierungen zur Verfügung, die Sie entweder mit Werkzeugen greifen und verändern oder in den Bedienfeldern als Ursprung der Transformierung definieren können. Die Werte ausgewählter Objekte in den Bedienfeldern beziehen sich auf die Begrenzungsrahmen der Objekte, mit Ausnahme der x- und y-Werte, die sich auf den jeweils ausgewählten Ursprung beziehen.

Objektursprung ändern

Um Transformierungen von einem anderen Punkt des ausgewählten Objekts aus durchzuführen, müssen Sie die Position seines **Ursprungs** verändern. Dies können Sie sowohl im **Transformieren-Bedienfeld** (*Fenster → Transformieren*), als auch über das **Steuerung-Bedienfeld** (*Fenster → Steuerung*) machen, indem Sie auf dem **Ursprungssymbol** eines der Quadrate anklicken.

Hinweis

Falls mehrere Objekte ausgewählt sind, gibt es für diese Objekte einen gemeinsamen **Begrenzungsrahmen**, Transformierungen betreffen also alle ausgewählten Objekte.

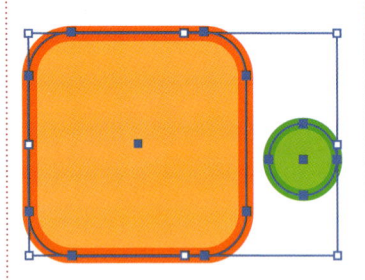

▲ **Abbildung 4-11**
Begrenzungsrahmen um mehrere Objekte

Hinweis

Beachten Sie bei weiteren Transformierungen, dass der **Ursprung** dem Objekt so lange zugewiesen bleibt, bis Sie einen anderen anklicken.

▲ **Abbildung 4-12** Das **Ursprungssymbol** im Transformieren-Bedienfeld

Kapitel 4 · **Objekte verändern**

Skalieren

Beim **Skalieren** eines Objekts verändern Sie seine Höhe und/oder Breite. Dies können Sie direkt in den beschriebenen Bedienfeldern durch Eingabe von Werten in die Felder **B** (Breite) und/oder **H** (Höhe) vornehmen. Achten Sie auf das ⬚ **Proportionen für Höhe und Breite erhalten**-Symbol neben den Feldern für Breite und Höhe: Wenn es aktiviert ist, werden die Proportionen des Objekts beibehalten. Verändern Sie einen der beiden Werte, wird der jeweils andere Wert automatisch errechnet, sobald Sie außerhalb des Feldes klicken.

Möchten Sie ausgewählte Objekte intuitiv auf der Zeichenfläche skalieren, steht Ihnen der Begrenzungsrahmen zur Verfügung; ziehen Sie wahlweise mit dem ⬚ **Auswahl-Werkzeug (V)** oder mit dem ⬚ **Frei-transformieren-Werkzeug (E)** an den Griffpunkten.

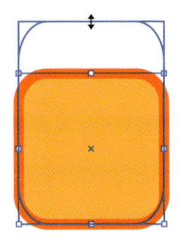

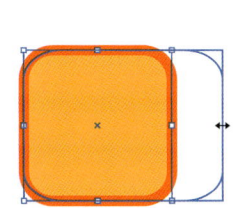

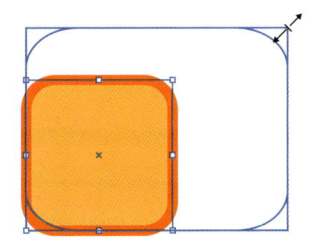

▲ **Abbildung 4-13** Ziehen Sie an den Griffpunkten.

Unterstützung bekommen Sie durch Halten der ⇧-Taste, während Sie an einem Griffpunkt ziehen: Sie bewirkt, dass das Seitenverhältnis beibehalten wird. Halten Sie die alt-Taste gedrückt, wird das Objekt von der Mitte aus skaliert.

Lassen Sie bei Zuhilfenahme von Tastenkombinationen immer zuerst die Maustaste los und dann die Tasten!

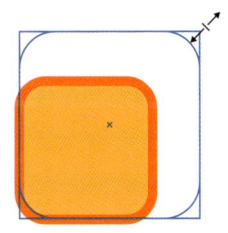

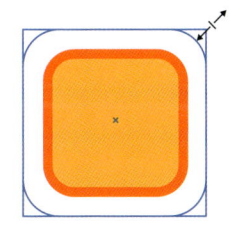

▲ **Abbildung 4-15** Mit gedrückter ⇧-Taste wird beim Skalieren das Seitenverhältnis beibehalten, mit gedrückter alt-Taste aus der Mitte heraus skaliert.

Das ⬚ **Skalieren-Werkzeug (S)** bietet Ihnen eine weiter interessante Option, um ein Objekt auf der Zeichenfläche zu skalieren: Sie können damit den Ursprung, von dem aus das Objekt skaliert wird, frei bestimmen. Klicken Sie mit dem ausgewählten Werkzeug erst an die Stelle, an die Sie den Ursprung platzieren möchten, und ziehen Sie anschließend an dem Objekt.

> **Hinweis**
>
> Objekte mit unterschiedlicher Breite und Höhe, wie zum Beispiel Ellipsen oder Rechtecke, vergrößern oder verkleinern das Objekt beim Skalieren um den gleichen Prozentsatz, was das Seitenverhältnis beibehält. Wenn Sie hingegen die Breite und Höhe um den gleichen Betrag verändern möchten, definieren Sie dies über das Menü *Objekt → Pfad → Pfad verschieben* …. 
>
> ▲ **Abbildung 4-14**
> Ellipse skaliert (links) und mit verschobenem Pfad (rechts)

> **Hinweis**
>
> Mit den **Transformieren-Werkzeugen** können Sie ausgewählte Objekte nicht nur an den Griffpunkten, sondern von jeder Stelle im Dokumentfenster aus transformieren, sowohl innerhalb als auch außerhalb des Objekts. Je weiter vom Mittelpunkt entfernt Sie allerdings zu ziehen beginnen, desto genauer können Sie die Transformierung steuern.

> **Hinweis**
>
> Über die Befehle des Menüs *Objekt → Transformieren* können Sie Objekte nicht nur verschieben, drehen, spiegeln, skalieren und verbiegen, sondern auch – und das ist sehr praktisch – transformiert **duplizieren**. Klicken Sie dazu, nachdem Sie die passenden Werte eingegeben haben, auf den Button **Kopieren** statt auf **OK**.

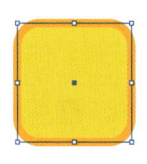

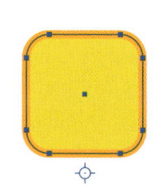

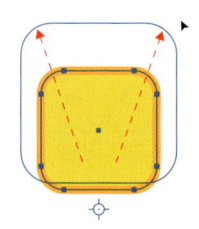

▲ **Abbildung 4-16** Mit dem **Skalieren**-Werkzeug bestimmen Sie zunächst den Ursprung der Skalierung.

Über das Menü *Objekt → Transformieren → Skalieren …* oder einen Doppelklick auf das **Skalieren-Werkzeug** im Werkzeug-Bedienfeld öffnen Sie die Skalieren-Optionen. Hier können Sie das ausgewählte Objekt durch Eingabe von Prozentwerten relativ zu seiner Originalgröße **gleichmäßig** oder **ungleichmäßig** skalieren. Auf das Skalieren von Konturen und Effekten gehe ich etwas später noch ein.

> **Hinweis**
>
> Aktivieren Sie die Option **Vorschau**, um Ihre Einstellungen zu überprüfen, bevor sie angewendet werden.

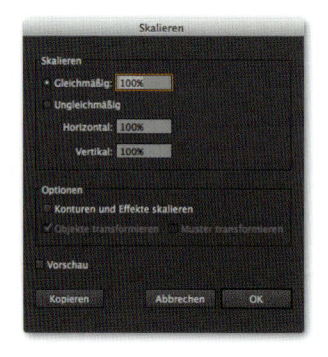

▲ **Abbildung 4-17** Skalieren-Optionen

Drehen

Drehen Sie Objekte um einen vorgegebenen Drehwinkel, indem Sie im **Transformieren-Bedienfeld** einen Wert im Eingabefeld **Winkel** definieren. Auch *Objekt → Transformieren → Drehen …* beziehungsweise ein Doppelklick auf das **Drehen-Werkzeug** im Werkzeug-Bedienfeld lässt Sie einen präzisen Drehwinkel definieren.

▲ **Abbildung 4-18** Legen Sie den Winkel der Drehung im Transformieren-Bedienfeld (links) oder in den Drehen-Optionen (rechts) fest.

Kapitel 4 · **Objekte verändern**

Intuitiv drehen Sie ausgewählte Objekte auf der Zeichenfläche, indem Sie mit dem **Auswahl-Werkzeug** oder mit dem **Frei-transformieren-Werkzeug** außerhalb des Objekts ziehen, sobald sich der Cursor zu ↻ verändert. Mit dem Auswahl-Werkzeug müssen Sie den Cursor sehr nah außen an einer Ecke positionieren, das Frei-transformieren-Werkzeug behält an jeder beliebigen Stelle außerhalb des Objekts seine Drehfunktion.

> **Hinweis**
>
> Auch beim **Drehen** können Sie die ⇧-Taste zu Hilfe nehmen, in diesem Fall bewirkt sie, dass das Objekt nur in 45°-Schritten gedreht werden kann.

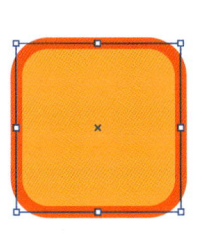

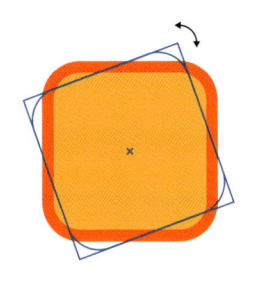

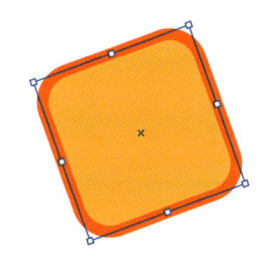

▲ **Abbildung 4-19** Objekt drehen

Der Begrenzungsrahmen des Objekts wird mitgedreht. Wenn Sie diesen – zum Beispiel für weitere Transformierungen – geraderücken möchten, wählen Sie *Objekt* → *Transformieren* → *Begrenzungsrahmen zurücksetzen*.

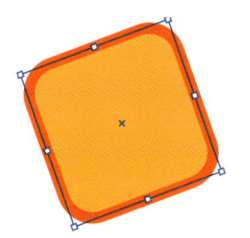

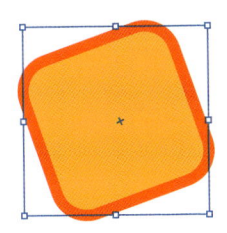

▲ **Abbildung 4-20** Begrenzungsrahmen zurücksetzen

Das ⟳ **Drehen-Werkzeug (S)** gibt Ihnen wieder zusätzlich die Möglichkeit, zuerst durch einen Klick den Ursprung der Drehung festzulegen.

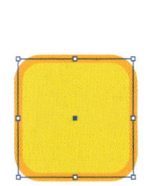

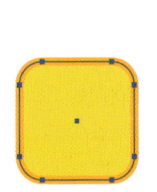

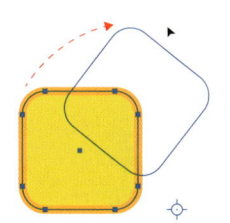

▲ **Abbildung 4-21** Mit dem Drehen-Werkzeug bestimmen Sie erst den Ursprung der Drehung

Halten Sie beim Drehen die ⌈alt⌉-Taste für eine Objektkopie gedrückt. Über *Objekt* → *Transformieren* → *Erneut Transformieren* oder ⌈strg⌉/⌈⌘⌉+⌈D⌉ können Sie die letzte Transformierung wiederholen.

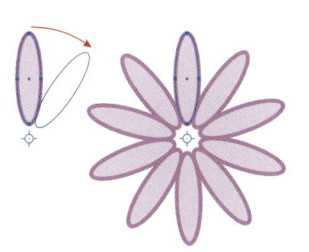

▲ **Abbildung 4-22**

Durch **Erneut Transformieren** erstellte Blume.

Objekte transformieren durch Skalieren, Drehen & Co.   179

Spiegeln

> **Tipp**
>
> Halten Sie die ⇧-Taste gedrückt, kann das Objekt nur in 45°-Schritten gedreht werden, zusätzliches Drücken der alt -Taste dupliziert das gespiegelte Objekt. 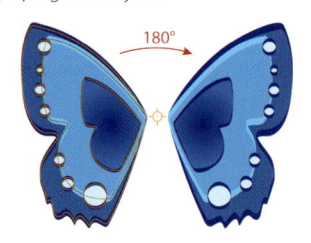
>
> ▲ **Abbildung 4-24**
> Mit ⇧-Taste und alt -Taste beim Spiegeln dupliziert

Das **Spiegeln** mit dem Auswahl- oder dem Frei-transformieren-Werkzeug ist zwar grundsätzlich möglich, aber nicht sehr präzise, weil Sie das Objekt dabei über die gegenüberliegende Objektseite hinausziehen und damit auch verzerren. Selbst die sonst sehr hilfreichen **intelligenten Hilfslinien** (siehe Abschnitt »Intelligente Hilfslinien« in Kapitel 2) geben Ihnen keinen Hinweis dazu, wann das Objekt wieder die ursprüngliche Größe erreicht hat.

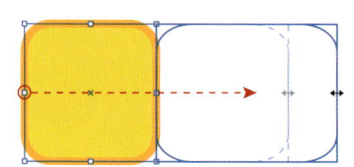

◀ **Abbildung 4-23**
Durch das Herausziehen eines Griffpunktes über die gegenüberliegende Objektseite würden Sie auch die Proportionen des Objekts verändern.

Viel besser funktioniert das Spiegeln mit dem **Spiegeln-Werkzeug (O)**, mit dem Sie das Objekt um einen selbst definierten Ursprung drehen, der die Drehachse bestimmt.

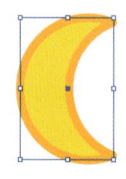

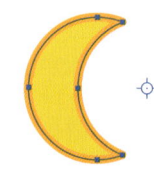

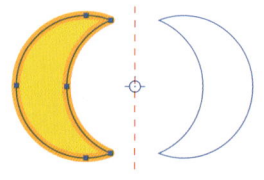

▲ **Abbildung 4-25** Das **Spiegeln**-Werkzeug lässt Sie selbst den Ursprung der Spiegelung festsetzen.

Über das Menü *Objekt → Transformieren → Spiegeln* oder einen Doppelklick auf das Spiegeln-Werkzeug können Objekte nicht nur um ihre **horizontale** oder **vertikale Achse** gespiegelt werden, sondern auch um eine im Eingabefeld **Winkel** selbst definierte Achse.

▲ **Abbildung 4-26** Die Spiegeln-Optionen

Kapitel 4 · Objekte verändern

Verbiegen

Zum **Verbiegen** von Objekten beginnen Sie, mit dem **Frei-transformieren-Werkzeug** am mittleren Griffpunkt einer horizontalen oder vertikalen Seite zu ziehen, und drücken dann zusätzlich noch die `strg` / `⌘`-Taste. Ziehen Sie nun in horizontaler oder vertikaler Richtung.

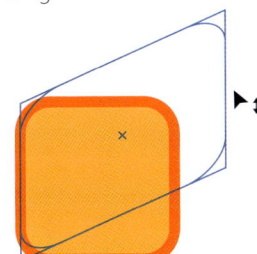

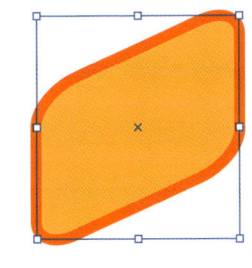

▲ **Abbildung 4-27** Verbiegen Sie Objekte mit gedrückter `strg` / `⌘`-Taste, während Sie an einem mittleren Griffpunkt ziehen.

Hinweis

Sie können auch beim Verbiegen die `⇧`-Taste drücken, um die ursprüngliche Breite oder Höhe des Objekts zu erhalten, sowie die `alt`-Taste, um das Transformieren aus der Mitte heraus durchzuführen.

Das **Verbiegen-Werkzeug** lässt Sie mit dem ersten Klick in die Zeichenfläche den Ursprung für das Verbiegen festlegen. Ziehen Sie anschließend am Objekt.

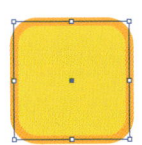

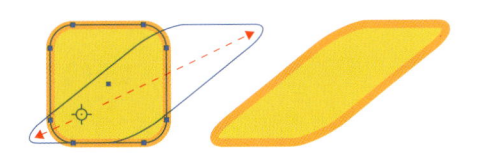

▲ **Abbildung 4-28** Mit dem **Verbiegen**-Werkzeug bestimmen Sie erst den Ursprung des Verbiegens.

Möchten Sie den **Biegungswinkel** und die **Biegungsachse** präzise definieren, können Sie dies über die Verbiegen-Optionen tun, die Sie wahlweise über *Objekt → Transformieren → Verbiegen...* oder durch einen Doppelklick auf das **Verbiegen-Werkzeug** öffnen.

▲ **Abbildung 4-29** Verbiegen-Optionen

Objekte transformieren durch Skalieren, Drehen & Co.

Verzerren und perspektivisches Verzerren

Mit dem **Frei-transformieren-Werkzeug** verfügen Sie über eine weitere Transformierungsart: das **Verzerren**. Ziehen Sie einen Eck-Griffpunkt und halten Sie dann zusätzlich die `strg`/`⌘`-Taste gedrückt, bis die gewünschte Verzerrung erreicht ist. Drücken Sie zusätzlich die `alt`-Taste, so wird das Objekt symmetrisch verzerrt.

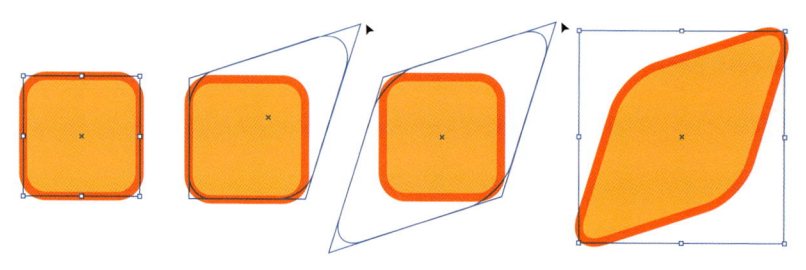

▲ **Abbildung 4-30** Verzerren ohne (links) und mit `alt`-Taste (rechts)

Für **perspektivisches Verzerren** ziehen Sie ebenfalls mit dem Frei-transformieren-Werkzeug an einem Eck-Griffpunkt und halten dann zusätzlich die `⇧`-, `alt`- und `strg`/`⌘`-Taste gedrückt. Achten Sie wieder darauf, erst die Maus und dann die Tasten loszulassen.

▲ **Abbildung 4-31**
Perspektivisch verzerrter Schmetterlingsflügel

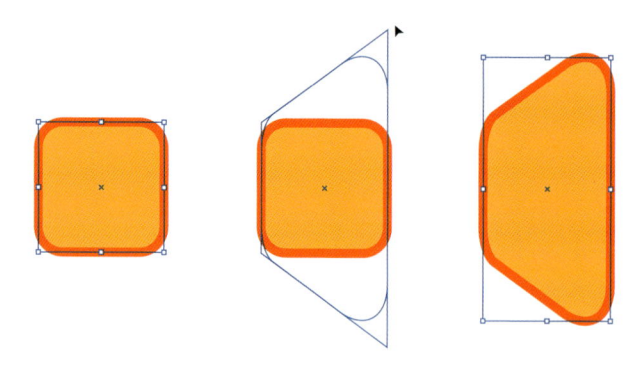

▲ **Abbildung 4-32** Perspektivisches Verzerren

Einzeln transformieren

Besonders möchte ich im Zusammenhang mit dem Transformieren von Objekten das Menü *Objekt → Transformieren → Einzeln Transformieren* hervorheben, denn darin können Sie in nur einem Dialogfenster Einstellungen für das Skalieren, Verschieben, Drehen und Spiegeln vornehmen. Das ist besonders praktisch in Kombination mit der Funktion **Erneut transformieren**, die ich Ihnen im folgenden Abschnitt ans Herz legen möchte.

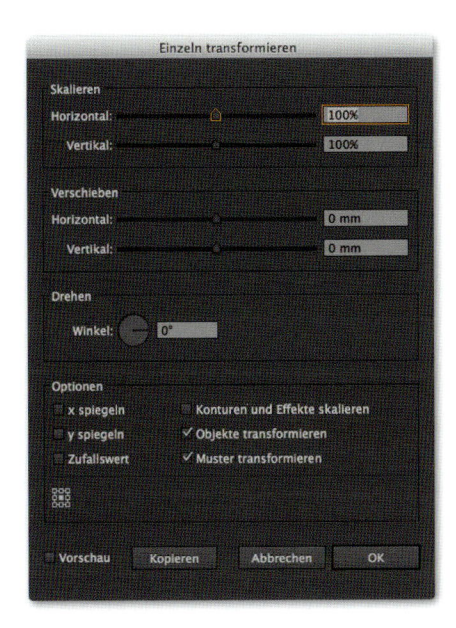

▲ **Abbildung 4-33** Einzeln transformieren-Optionen

Hinweis

Mit der Funktion **Einzeln transformieren** ist es auch möglich, mehrere ausgewählte und nicht gruppierte Objekte unabhängig vom Begrenzungsrahmen der Gesamtauswahl zu transformieren. Jedes Objekt wird für sich an seiner ursprünglichen Position transformiert.

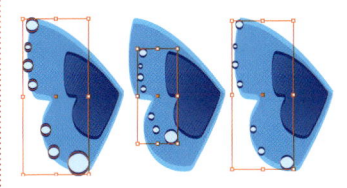

▲ **Abbildung 4-34**
Einzelne Objekte (links) mit dem Begrenzungsrahmen skaliert und dadurch verschoben (Mitte), und einzeln skalierte Objekte (rechts)

Erneut transformieren

Über das Menü *Objekt → Erneut transformieren* oder ⌃strg/⌘ + D wiederholen Sie die zuletzt durchgeführte Transformierung. Uninteressant? Keineswegs: Wenn Sie zum Beispiel über *Objekt → Einzeln transformieren* an einem Objekt sämtliche erwünschte Transformierungen in einem Schritt durchgeführt haben, können Sie dadurch all diese Einstellungen rasch auf ein weiteres Objekt anwenden.

Falls Sie zuvor in den **Einzeln-transformieren-Optionen** ein Duplikat durch Klicken auf **Kopieren** anstelle von **OK** erzeugt haben, wird mit jedem erneuten Transformieren ein weiteres (erneut) transformiertes Duplikat erstellt.

▲ **Abbildung 4-35** Transformierungen über erneutes Transformieren auf Duplikate weitergegeben

Objekte transformieren durch Skalieren, Drehen & Co.   **183**

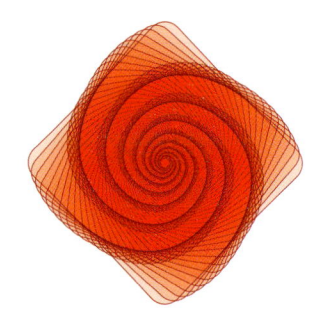

▲ **Abbildung 4-36**
Aus dem Duplikat einer transformierten Grundform erzeugte Rose

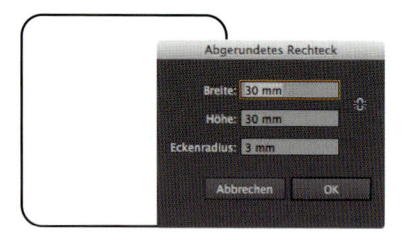

▲ **Abbildung 4-37**
Erstellen Sie ein abgerundetes Rechteck.

▶ **Abbildung 4-38**
Verbiegen Sie mit dem **Verkrümmungseffekt Aufblasen** die geraden Seiten

▶ **Abbildung 4-39**
Gestalten Sie die Fläche und Kontur des abgerundeten Rechtecks.

Workshop 4-1

Eine Rose aus einem abgerundeten Rechteck erstellen

Mit einigen einfachen Schritten können Sie aus einem abgerundeten Rechteck eine wunderschöne Rose konstruieren.

1 Grundform erstellen

Zuerst brauchen Sie eine **Grundform**, aus der die Rose aufgebaut wird. Wählen Sie dazu das Abgerundetes-Rechteck-Werkzeug (siehe Abschnitt »Abgerundete Rechtecke und Quadrate« in Kapitel 3) aus, klicken damit einmal in die Zeichenfläche und legen Sie in den Optionen Breite und Höhe mit 30mm sowie einen Eckenradius von 3 mm fest.

2 Grundform verformen

Über das Menü *Effekt → Verkrümmungsfilter → Aufblasen* (siehe Kapitel 8) werden die langen, geraden Seiten noch um **15 %** gebogen, was der fertigen Rose einen sanfteren Umriss gibt.

3 Aussehen definieren

Im nächsten Schritt definieren Sie das **Aussehen**, denn wir wollen natürlich eine farbige Rose konstruieren. Wählen Sie zum Beispiel für die 0,4 pt (Punkt) starke Kontur ein schönes, kräftiges Rot (hier **CMYK 15/100/90/10** beziehungsweise **RGB 190/10/38**); die Flächenfarbe sollte auf demselben Rot basieren, aber in einem sehr hellen Farbton (zum Beispiel **CMYK 0/17/18/0** beziehungsweise **RGB 252/223/207**) mehr über Farben in Kapitel 6.

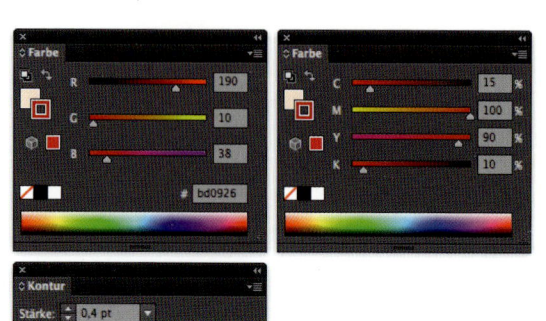

Kapitel 4 · Objekte verändern

Einen interessanten Farbeffekt erzielt man mit der **Füllmethode** *Multiplizieren*, die Sie im Transparenz-Bedienfeld (*Fenster → Transparenz*) einstellen können (siehe Abschnitt »Füllmethoden« in Kapitel 6). Sie sorgt dafür, dass übereinanderliegende Farben zu einem transparenten Effekt gemischt und verdunkelt werden.

4 Objekt transformieren

Nun legen Sie über das Menü *Objekt → Transformieren → Einzeln transformieren...* die Skalierung und Drehung für das abgerundete Rechteck fest. Im folgenden Optionenfenster können Sie gerne die **Vorschau** aktivieren, um die Auswirkungen an Ihrem Objekt zu beobachten. Legen Sie bitte alle Einstellungen in nur einem Schritt fest, damit Sie den Transformieren-Befehl anschließend wiederholen können. Da wir möchten, dass das Objekt proportional immer kleiner wird, müssen die beiden Skalierungs-Werte für **Horizontal** und **Vertikal** gleich groß sein. Geben Sie bitte jeweils **98 %** ein. Im Bereich Drehen legen Sie einen **Winkel** von **5°** fest, das abgerundete Rechteck neigt sich leicht nach links. Klicken Sie anschließend auf **Kopieren**, sodass die festgelegten Änderungen an einem Duplikat durchgeführt werden und das ursprüngliche Objekt erhalten bleibt.

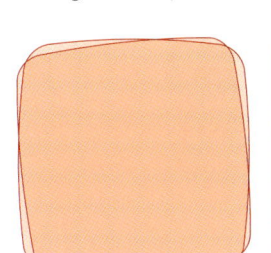

▼ **Abbildung 4-40**
Legen Sie über **Einzeln transformieren** in nur einem Schritt eine Verkleinerung und Drehung für das Objekt fest.

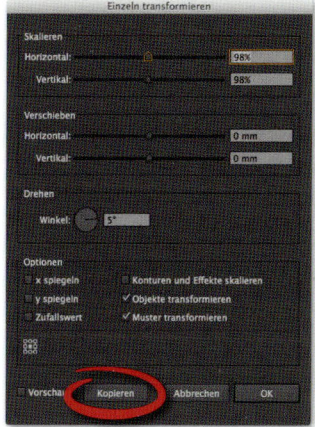

5 Transformierung an Duplikaten wiederholen

Das Resultat ist ein über dem ursprünglichen abgerundeten Rechteck liegendes, leicht verkleinertes und gedrehtes Objekt. Für unsere Rose benötigen wir nun sehr viele weitere, mit denselben Werten transformierte Objekte. Dazu müssen Sie nicht jedes Mal wieder die vorherigen Optionen öffnen – Sie können die letzte Transformierung über *Objekt → Transformieren → Erneut transformieren* oder `Strg` / ⌘ + `D` wiederholen. In unserem Fall – da wir sowohl die Transformierungen als auch das Erzeugen einer Kopie in nur einem Optionenfenster vorgenommen haben – wird mit diesem Befehl ein weiteres transformiertes Objekt darübergelegt. Am einfachsten erzeugen Sie nun alle benötigten Objekte, indem Sie das Tastenkürzel `Strg` / ⌘ + `D` so lange gedrückt halten, bis Ihnen das Ergebnis gefällt.

> **Hinweis**
>
> **Gruppieren** Sie die fertige Rose, wenn Sie sie weiterverwenden, denn sie ist vermutlich aus über 100 (im Beispiel links 160) Objekten zusammengesetzt und wäre dadurch sonst sehr unhandlich ...

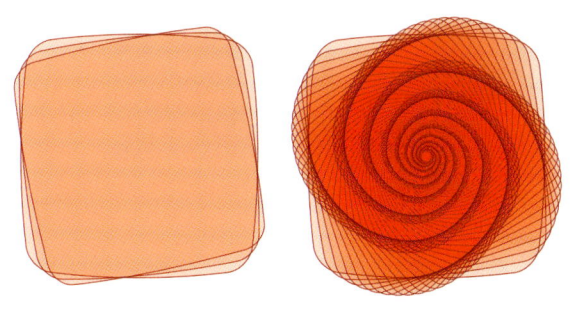

▲ **Abbildung 4-41** Erzeugen Sie viele Objektkopien mit dem Tastenkürzel `Strg` / ⌘ + `D`.

Workshop 4-1 · **Eine Rose aus einem abgerundeten Rechteck erstellen**

Exkurs: Was passiert beim Skalieren mit Konturen, Effekten und Mustern?

Konturen und **Effekte** werden standardmäßig beim Skalieren von Objekten nicht mitskaliert. Selbstverständlich haben Sie aber die Möglichkeit, das zu ändern.

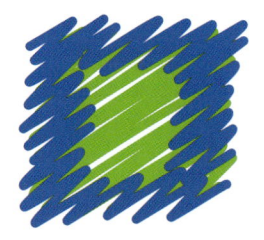

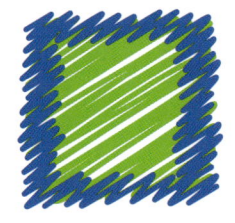

▲ **Abbildung 4-42**
Originalobjekt (links), nur das Objekt skaliert (Mitte), Objekt mit Kontur und Effekt skaliert (rechts)

Wenn Sie diese Einstellung für Konturen und Effekte dauerhaft ändern möchten, aktivieren Sie im Menü *Illustrator* → *Voreinstellungen* → *Allgemein* (Mac OS) oder *Bearbeiten* → *Voreinstellungen* → *Allgemein* (Windows) die Option **Konturen und Effekte skalieren**.

Falls Sie nur gelegentlich von der Standardeinstellung abweichen möchten, geht das rascher, wenn Sie die Option **Konturen und Effekte skalieren** – und das ist neu in CS6 – direkt über das **Transformieren-Bedienfeld** aktivieren. Auch ein Doppelklick auf das Skalieren-Werkzeug gibt Ihnen Zugriff zu dieser Option. Letztes gilt auch für Illustrator CS5.

Wenn Sie ein mit einem **Muster** gefülltes Objekt verschieben, drehen, spiegeln, skalieren oder verbiegen, können Sie nur das Objekt (Standard), nur das Muster oder aber beides gemeinsam transformieren. Treffen Sie aus dem Menü des Transformieren-Bedienfelds die gewünschte Option: **Nur Objekt transformieren**, **Nur Muster transformieren** oder **Beides transformieren**.

Neu in CS6

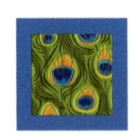

Nachdem das Füllmuster eines Objekts transformiert wurde, werden alle weiteren Muster, die Sie anschließend auf das Objekt anwenden, auf dieselbe Weise transformiert.

▲ **Abbildung 4-43**
Originalobjekt, nur Objekt skaliert, Objekt und Muster skaliert, nur Muster skaliert

Kapitel 4 · Objekte verändern

Objekte verformen

In diesem Abschnitt stelle ich Ihnen Techniken vor, die Objekte stark in ihrer Grundform verändern, also deformieren. Das hat unter anderem zur Folge, dass sich die Anzahl der Ankerpunkte eines Objekts sowie deren Richtungslinien verändern können. Möglich ist dies einerseits durch den Einsatz der **Verflüssigen-Werkzeuge**, mit denen man – je nach Grad der Anwendung – Objekte ganz oder teilweise »zerstören« kann.

▲ **Abbildung 4-44** Original (links) und eine kleine Auswahl an Formänderungen mit **Verflüssigen**-Werkzeugen

Der Name lässt es nicht unbedingt vermuten, aber auch das **Radiergummi**-Werkzeug hat eine formverändernde Funktion.

▲ **Abbildung 4-45** Ein Objekt (links) mit dem **Radiergummi**-Werkzeug verformt (Mitte) und geteilt (rechts)

Eine weitere Möglichkeit zur Verformung von Objekten ist das Verzerren mit **Hüllen**. Hüllen sind Objekte, die aufgrund ihrer Form andere Objekte verformen – in etwa so, als würden Sie ein leichtes Tuch über eine Kugel breiten. Hüllen kann man aus eigenen Objekten erstellen, es ist aber auch möglich, Objekte mit Gittern oder voreingestellten Formen zu verformen.

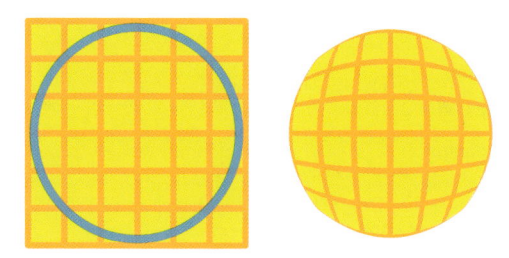

◀ **Abbildung 4-46**
Ein Objekt durch ein anderes Objekt mit **Hüllen** verformt

Verflüssigen

Mit den sieben **Verflüssigen-Werkzeugen** verzerren Sie Objekte in einer bestimmten vordefinierten Weise. Das Ausmaß der Verzerrung ist abhängig von der Größe der jeweiligen Werkzeugspitze. Anders als die meisten Werkzeuge in Adobe Illustrator verzerren die Verflüssigen-Werkzeuge – wenn kein Objekt ausgewählt wurde – alle Objekte oder Teile von Objekten, die innerhalb der Werkzeugspitze liegen, und zwar unabhängig davon, auf welcher Ebene sie sich befinden. Möchten Sie die Wirkung der Werkzeuge auf ein oder mehrere Objekte begrenzen, müssen Sie diese vorher auswählen.

Die meisten Verflüssigen-Werkzeuge reagieren stärker, je länger Sie mit dem Werkzeug klicken. Während Sie klicken, werden sowohl die Werkzeugspitze als auch der durch die Verzerrung des Objekts entstehende neue Pfad als dünne Linie gezeigt.

▲ **Abbildung 4-47**
Die Verflüssigen-Werkzeuge

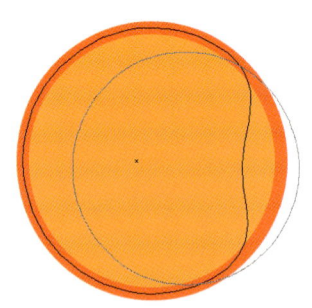

▲ **Abbildung 4-48** Der verzerrte Pfad wird während der Verformung als dünne Linie angezeigt.

Die Verflüssigen-Werkzeuge können auf Pfade sowie auf eingebettete Bilder, Verzerrungshüllen und Verlaufsgitter angewendet werden, nicht aber bei verknüpften Dateien oder Objekten mit Text, Diagrammen oder Symbolen.

Alle Verflüssigen-Werkzeuge funktionieren auf dieselbe Weise: Wählen Sie das gewünschte Werkzeug aus dem Werkzeug-Bedienfeld aus und navigieren Sie den Cursor über den Bereich, den Sie verformen möchten. Klicken Sie nun und halten Sie die Maustaste gedrückt, oder klicken und ziehen Sie über die gewünschten Pfade. Falls Sie die Werkzeug-Verzerrung auf bestimmte Objekte begrenzen möchten, wählen Sie diese zuvor aus.

Die Werkzeugspitze können Sie intuitiv während des Verformens oder über die jeweiligen Werkzeugoptionen anpassen. Sehen wir uns zuerst die Wirkungsweise der einzelnen Verflüssigen-Werkzeuge etwas näher an.

Die Verflüssigen-Werkzeuge

Mit dem ![icon] **Verkrümmen-Werkzeug** (⇧ + R) drücken oder ziehen Sie an einem Objekt und verformen es entsprechend der Werkzeugbewegung. Es ist das

> **Hinweis**
>
> Die Verflüssigen-Werkzeuge funktionieren zwar auf eingebetteten Pixelgrafiken, verzerren aber nicht nur deren rechteckigen Umriss, sondern auch das Motiv.

▲ **Abbildung 4-49**
Mit dem **Verkrümmen-Werkzeug** entstellte Pixelgrafik

Kapitel 4 · Objekte verändern

einzige der Verflüssigen-Werkzeuge, das keine zusätzliche Wirkung zeigt, wenn Sie länger an eine Stelle klicken.

▲ **Abbildung 4-50** Objekt (links) mit dem **Verkrümmen**-Werkzeug durch Drücken und durch Ziehen verzerrt (rechts)

Das **Strudel-Werkzeug** dreht den Bereich des Objekts, auf den Sie klicken, ein. Über die Werkzeugoptionen können Sie die Richtung des Strudels verändern.

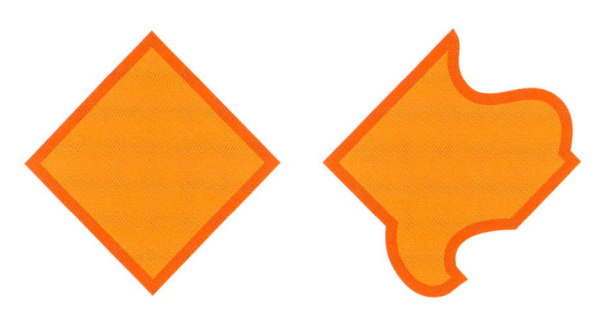

▲ **Abbildung 4-52** Objekt (links) mit dem **Strudel**-Werkzeug an einer Kante und an einer Ecke verzerrt (rechts)

Mit dem **Zusammenziehen-Werkzeug** stauchen Sie den Bereich zusammen, auf den Sie klicken.

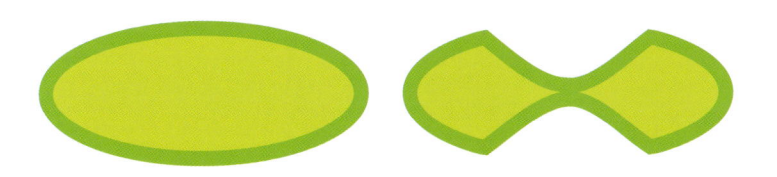

▲ **Abbildung 4-53** Objekt (links) mit dem **Zusammenziehen**-Werkzeug verzerrt (rechts)

> **Hinweis**
>
> Wenn Sie Ihre Fotos einmal anders präsentieren möchten, wenden Sie die Werkzeuge doch auf eine schlichte Grundform an und erstellen Sie daraus eine Schnittmaske (siehe Kapitel 5) für das Foto. 
>
> ▲ **Abbildung 4-51**
> Mit dem **Zerknittern-Werkzeug** verkrümmte Kanten eines Quadrats

> **Hinweis**
>
> Falls Sie schon die gleichnamigen Effekte aus dem Menü *Effekt* → *Verzerrungs- und Transformationsfilter* → *Zusammenziehen und Aufblasen* (siehe Kapitel 8) kennen, werden Sie einen Unterschied zu den Verflüssigen-Werkzeugen feststellen, denn die Werkzeuge erzeugen neue Ankerpunkte und dadurch auch andere Formen.

Objekte verformen

Die Werkzeugspitze intuitiv verändern

Die Werkzeugspitze, die durch einen dünnen Kreis oder eine Ellipse dargestellt wird, können Sie entweder über die jeweiligen Werkzeug-Optionen definieren, oder intuitiv auf der Zeichenfläche. Möchten Sie nur die Größe der Werkzeugspitze verändern, so halten Sie dazu die ⇧-Taste und die alt-Taste gedrückt und ziehen Sie in eine Richtung. Möchten Sie die Form der Spitze verändern, so ziehen Sie nur mit gedrückter alt-Taste.

Den gegenteiligen Effekt erzielen Sie mit dem ⬢ **Aufblasen-Werkzeug**: Es vergrößert den Bereich, auf den Sie klicken.

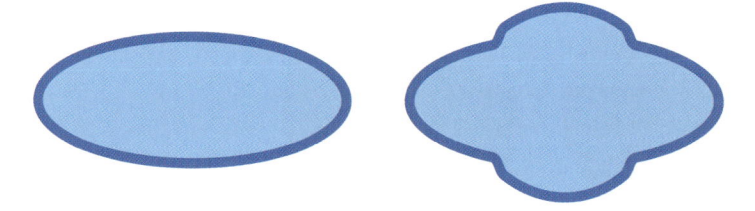

▲ **Abbildung 4-54** Objekt (links) mit dem **Aufblasen**-Werkzeug verzerrt (rechts)

Mit dem ⬢ **Ausbuchten-Werkzeug** fügen Sie dem Objektumriss zufällige Kurvendetails hinzu.

▲ **Abbildung 4-55** Objekt (links) entlang des Umrisses mit zufälligen Kurvendetails verzerrt (rechts)

Das ⬢ **Kristallisieren-Werkzeug** erzeugt entlang dem Objektumriss zufällige kristallförmige Spitzen.

▲ **Abbildung 4-56** Objekt (links) entlang dem Umriss mit zufälligen Spitzen verzerrt (rechts)

Kapitel 4 · Objekte verändern

Mit dem ▨ **Zerknittern-Werkzeug** fügen Sie dem Objektumriss zufällige knitterähnliche Details hinzu.

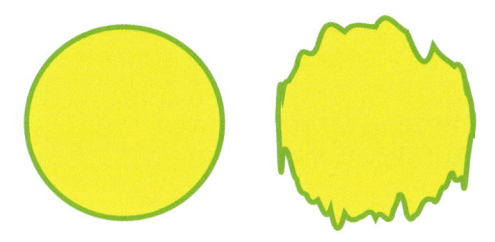

▲ **Abbildung 4-57** Objekt (links) entlang dem Umriss zufällig zerknittert (rechts)

Werkzeugoptionen

Möchten Sie die Größe und die Ausrichtung der Werkzeugspitze präzise anpassen sowie die Reaktionszeit der Werkzeuge einstellen, doppelklicken Sie auf ein beliebiges Verflüssigen-Werkzeug im Werkzeug-Bedienfeld. Diese Werte definieren Sie in den Werkzeug-Optionen im Abschnitt **Globale Pinseleinstellungen**, weil Änderungen in einem Werkzeug jeweils auch für alle anderen Verflüssigen-Werkzeug übernommen werden.

Die Werte für **Breite** und **Höhe** bestimmen die Größe der Werkzeugspitze, der **Winkel** (–360° bis 360°) legt die Ausrichtung der Werkzeugspitze fest. Die **Intensität** (1° bis 100 %) entspricht der Geschwindigkeit der Verzerrungen: Je höher der Wert eingestellt ist, desto rascher reagiert das Werkzeug. Im untersten Teil des Optionenfensters ist standardmäßig **Pinselgröße einblenden** aktiviert. Diese Option zeigt Ihnen – während ein Werkzeug ausgewählt ist – den Umriss der Werkzeugspitze als dünne Linie an.

Für werkzeugspezifische Einstellungen müssen Sie immer auf das entsprechende Verflüssigen-Werkzeug im Werkzeug-Bedienfeld doppelklicken. Die Einstellungsmöglichkeit **Detail** (1 bis 10) kann für jedes Werkzeug getroffen werden; sie legt den Abstand zwischen den Punkten fest, die der Objektkontur hinzugefügt werden. Höhere Werte bedeuten geringeren Punktabstand und somit eine detailiertere Verformung.

Optionen für das Ausbuchten-, Kristallisieren- und Zerknittern-Werkzeug

Komplexität (0 bis 15) bestimmt – in Kombination mit dem Wert für **Detail** –, wie genau die Abstände eines bestimmten Pinsels auf dem Objektpfad wiedergegeben werden. Über die Optionen **Pinsel verschiebt Ankerpunkt**, **Pinsel verschiebt hinführende Griffe** und **Pinsel verschiebt wegführende Griffe** steuern Sie das Verhalten der Werkzeuge an Ankerpunkten und deren Richtungslinien.

Hinweis

Das **Zerknittern-Werkzeug** ist zum Beispiel hervorragend geeignet, die Flügel dieses Schmetterlings unregelmäßiger und dadurch natürlicher aussehen zu lassen.

▲ **Abbildung 4-58**
Flügel (links) mit dem **Zerknittern-Werkzeug** leicht verformt

Hinweis

Sobald ein Grafiktablett an Ihren Computer angeschlossen ist, können Sie die Option **Druckstift verwenden** aktivieren.

Objekte verformen

Optionen für das Strudel-Werkzeug

Strudeldrehung (–180° bis 180°) legt die Stärke und die Richtung der Strudelbewegung fest. Negative Werte bedeuten eine Drehung im Uhrzeigersinn, positive eine Drehung dagegen. Je näher die Werte bei 0° liegen, desto langsamer reagiert das Werkzeug.

Optionen für das Verkrümmen-, Strudel-, Zusammenziehen- und Aufblasen-Werkzeug

Vereinfachen (0,2 bis 100) legt fest, wie stark überflüssige Punkte reduziert werden, die keine merkliche Auswirkung auf die Verformung haben.

Optionen für das Zerknittern-Werkzeug

Horizontal (0 % bis 100 %) und **Vertikal** (0 % bis 100 %) definieren den Abstand der Punkte – und somit das Ausmaß der Verformung – in horizontaler beziehungsweise vertikaler Richtung.

Radiergummi

Anders als mit dem Pfad-Radiergummi-Werkzeug (siehe weiter hinten in diesem Kapitel), mit dem Sie Teile eines Pfads entfernen und ihn somit öffnen, können Sie mit dem normalen Radiergummi-Werkzeug (⇧ + E) Bereiche von Objekten ausradieren, ohne dass dabei Teile des Pfades gelöscht werden; der Pfad wird lediglich angepasst, also neue Ankerpunkte hinzugefügt und Richtungslinien verändert. Ausnahme: Wenn ein Pfad weder gefüllt noch geschlossen ist, radiert der Radiergummi tatsächlich weitere Öffnungen in Pfade. Wenn Sie das Objekt mit dem Radiergummi »durchtrennen«, entstehen zwei neue Objekte.

> **Hinweis**
>
> Das **Radiergummi-Werkzeug** kann auf Pfade, zusammengesetzte Pfade, Pfade innerhalb von interaktiven Malgruppen und Beschneidungspfade angewendet werden.

> **Tipp**
>
> Sie können auch in den **Isolationsmodus** einzelner Objekte wechseln, um das Radieren auf sie zu beschränken. Dies ist sinnvoll, wenn in Ihrer Illustration von mehreren überlappenden oder nahe beieinanderliegenden Objekten nur eines radiert werden soll.

▲ **Abbildung 4-60**
Im Isolationsmodus radiert das Werkzeug nur darin enthaltene Objekte

▲ **Abbildung 4-59** Der Objektpfad mit dem **Radiergummi**-Werkzeug verformt oder in zwei Objekte zerteilt

Das Radiergummi-Werkzeug ist eines der wenigen Werkzeuge von Adobe Illustrator, bei dem Sie Objekte nicht unbedingt erst auswählen müssen. Ist nämlich nichts ausgewählt, radiert das Radiergummi-Werkzeug sämtliche (nicht gesperrte)

Kapitel 4 · Objekte verändern

Objekte auf sämtlichen Ebenen, also schlichtweg alles. Treffen Sie daher unbedingt vorher eine Auswahl, wenn Sie das vermeiden möchten.

Ziehen Sie mit dem Radiergummi über den zu löschenden Bereich. Dabei können das Werkzeug durch Gedrückthalten der ⇧-Taste in einer vertikalen, horizontalen oder diagonalen Linie führen. Es gibt auch die Möglichkeit, mit dem Radiergummi-Werkzeug ein Auswahlrechteck zu erstellen, das den gesamten Inhalt der Auswahl löscht. Halten Sie dazu die `alt`-Taste gedrückt und ziehen Sie um den zu entfernenden Bereich ein Rechteck auf. Soll die Auswahl quadratisch werden, halten Sie zusätzlich die ⇧-Taste gedrückt.

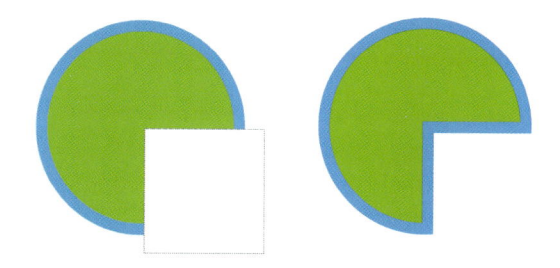

▲ **Abbildung 4-61** Quadratische Auswahl radiert

Radiergummioptionen

Um Einstellungen für das Radiergummi-Werkzeug festzulegen, doppelklicken Sie im Werkzeug-Bedienfeld auf den Radiergummi.

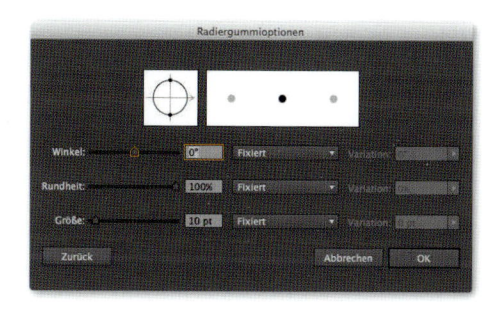

▲ **Abbildung 4-62** Radiergummioptionen

In den **Radiergummioptionen** können Sie wahlweise Werte für die einzelnen Optionen definieren oder das Vorschaubild der Radiergummi-Pinselspitze intuitiv verändern. Rechts neben der Vorschau sehen Sie die getroffenen Einstellungen in Originalgröße.

Der **Winkel** (−180° bis 180°) bezieht sich auf den Drehwinkel des Werkzeuges. Um den Winkel intuitiv anzupassen, ziehen Sie in der Vorschau die Pfeilspitze an die gewünschte Position. Eine Änderung des Winkels ist nur sichtbar, wenn Sie auch die **Rundheit** (0% bis 100%) reduzieren. Geben Sie den gewünschten Wert ein,

Objekte verformen

> **Hinweis**
>
> Die weiteren Möglichkeiten in den Drop-down-Menüs beziehen sich auf die Verwendung eines Grafiktabletts und eines Zeichenstifts. Diese Optionen sind: **Druck**, **Stylusrad**, **Kippen**, **Ortung** und **Drehung**.

oder ziehen Sie in der Vorschau an einem der schwarzen Punkte. Der **Durchmesser** legt die Werkzeuggröße fest. Den Durchmesser können Sie entweder als Wert definieren oder durch Ziehen am darunterliegenden Regler.

Das Drop-down-Menü rechts neben jeder Option ermöglicht jeweils eine **Variation** der Einstellungen. Hier ist standardmäßig **Fixiert** ausgewählt, das Werkzeug verwendet also immer die definierten Werte. Wählen Sie **Zufallswert**, so können Sie zufällige Variationen hinsichtlich Winkel, Rundheit oder Durchmesser erzielen und jeweils einen Bereich definieren, innerhalb dessen die Pinseleigenschaften schwanken dürfen.

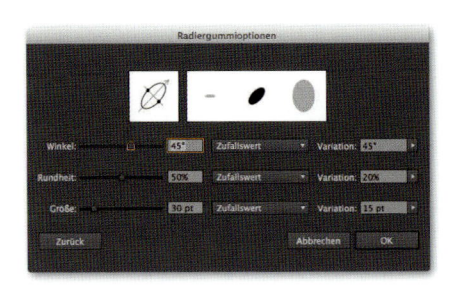

▲ **Abbildung 4-63** Radiergummioptionen mit Zufallswert

Hüllen

Hüllen sind Objekte, mit deren Form Sie andere Objekte – sogar eingebettete Pixelgrafiken (siehe Abschnitt »Dateien importieren« in Kapitel 2) – verformen können. Sowohl die Hüllenform als auch das umhüllte Objekt können nachträglich noch verändert werden, die Verzerrung wird dann automatisch an die Änderungen angepasst. Außerdem können Sie eine Hülle jederzeit löschen oder umwandeln, wie ich Ihnen auf den folgenden Seiten zeigen werde.

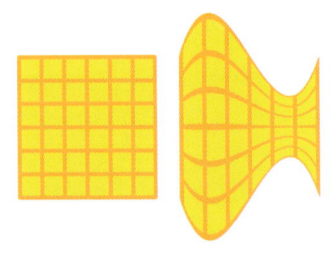

> **Hinweis**
>
> Betten Sie Pixelgrafiken in das Dokument ein, um sie mit Hüllen verzerren zu können.
>
> ▲ **Abbildung 4-65** Verzerrungshülle auf eine eingebettete Pixelgrafik angewendet

▲ **Abbildung 4-64** Objekt (links) mit einer Hülle verzerrt

Objekte umhüllen

Sie können Hüllen aus eigenen Vektorobjekten erstellen, es ist aber auch möglich, Objekte mit Gittern oder vordefinierten Formen zu verkrümmen.

Hüllen mit vordefinierten Formen erstellen

Wählen Sie ein oder mehrere Objekte aus, die Sie mit einer vordefinierten Hülle verzerren möchten, und wählen Sie *Objekt → Verzerrungshülle → Mit Verkrümmung erstellen*. Aktivieren Sie am besten gleich die **Vorschau**-Option, um die Auswirkungen live auf der Zeichenfläche mitverfolgen zu können.

> **Hinweis**
>
> Hüllen mit vordefinierten Formen lassen sich übrigens auch als **Effekt** (siehe Kapitel 8) anwenden!

▲ **Abbildung 4-66** Verkrümmen-Optionen

In den Verkrümmen-Optionen können Sie im Drop-down-Menü **Stil** aus einer Reihe vordefinierter Formen wählen; direkt darunter legen Sie fest, ob das oder die Objekte **Horizontal** oder **Vertikal** verzerrt werden sollen. Über den Regler **Biegung** können Sie noch den Grad der Verkrümmung steuern – negative Werte spiegeln das Ergebnis.

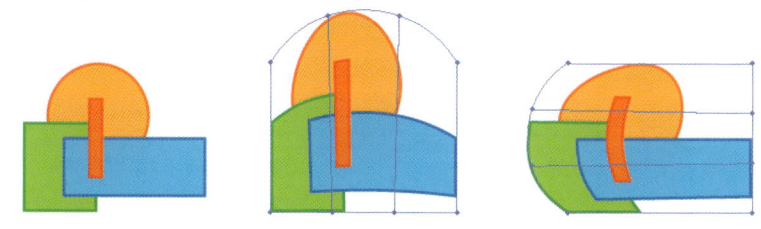

▲ **Abbildung 4-67** Objekte (links) horizontal (Mitte) und vertikal (rechts) verkrümmt

▲ **Abbildung 4-68** Verkrümmungsstile

Im Bereich Verzerrung haben Sie die Möglichkeit, das oder die Objekte zusätzlich **Horizontal** und **Vertikal** zu verzerren.

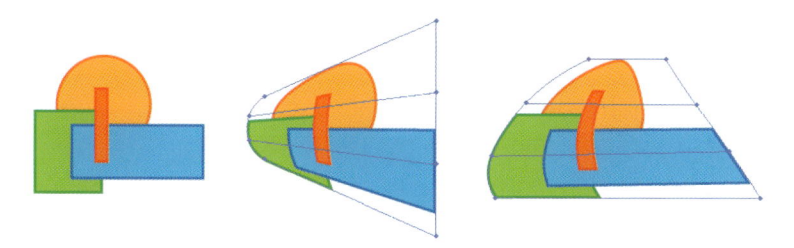

▲ **Abbildung 4-69** Objekte (links) mit horizontaler (Mitte) und vertikaler (rechts) Verzerrung

Hüllen mit eigenen Objekten erstellen

Wenn Sie Verzerrungshüllen aus eigenen Objekten erstellen möchten, müssen Sie das Objekt, das als Hülle verwendet werden soll, in der Objektreihenfolge an oberster Stelle positionieren. Wählen Sie anschließend alle Objekte – zu umhüllende sowie das Objekt, das als Hülle verwendet wird – aus und wählen Sie aus dem Menü *Objekt* → *Verzerrungshülle* → *Mit oberstem Objekt erstellen*.

Hüllen mit Gittern erstellen

Über *Objekt* → *Verzerrungshülle* → *Mit Gitter erstellen* können Sie ausgewählte Objekte mit einem rechteckigen Raster umhüllen. Anschließend können Sie an diesem Raster »zupfen«, wodurch sich das Objekt verformt. Definieren Sie im folgenden Dialogfenster die Anzahl von **Zeilen** und **Spalten** für das Gitter. Die resultierende Gitterhülle hat nun noch keine Verformung bewirkt, dazu müssen Sie erst die Hülle bearbeiten.

▲ **Abbildung 4-70**
Hüllengitter-Optionen

Umhüllung bearbeiten

Unabhängig davon, auf welche Art Sie eine Hülle erstellt haben, können Sie die Hülle selbst sowie ihre Inhalte nachträglich bearbeiten. Wählen Sie die zu verändernde Hülle aus, so können Sie am raschesten über das **Steuerung-Bedienfeld** Bearbeitungen vornehmen. Das Hüllenobjekt wird auf der Zeichenfläche sichtbar.

▲ **Abbildung 4-71** Das **Steuerung**-Bedienfeld bei ausgewähltem Hüllengitter (oben) und mit Hüllenverkrümmung (unten)

Standardmäßig sind Sie nun im Modus **Hülle bearbeiten**. Haben Sie eine Hülle mit Verkrümmung oder mit Gitter erstellt, können Sie im Steuerung-Bedienfeld auf sämtliche Einstellungen zugreifen, die Sie zuvor in den Optionen getroffen haben, und sie bearbeiten.

> **Hinweis**
> Wenn Sie mit dem Bearbeiten von Pfaden noch nicht vertraut sind, lesen Sie bitte erst auf den folgenden Seiten, wie Sie Pfade direkt bearbeiten.

Sie können die Hülle aber auch – wie Sie es mit einem normalen Pfad tun würden – mit dem **Direktauswahl-Werkzeug** oder mit dem **Gitter-Werkzeug (U)** an den Ankerpunkten und Richtungslinien der Hülle ziehen. Sollen Ankerpunkte hinzugefügt werden, klicken Sie mit dem Gitter-Werkzeug auf das Gitter.

Umhüllte Inhalte bearbeiten

Klicken Sie im Steuerung-Bedienfeld auf **Inhalte bearbeiten** oder doppelklicken Sie direkt auf das Hüllenobjekt, um es im **Isolationsmodus** zu bearbeiten. Nehmen Sie die gewünschten Änderungen vor und beenden Sie den Modus am besten durch Doppelklick außerhalb der Objekte. Nachdem Sie wieder in die normale Ansicht zurückgekehrt sind, sehen Sie sofort die aktualisierte Hülle.

Umhüllung aufheben

Wenn Sie Ihre Objekte wieder in den ursprünglichen Zustand zurückwandeln wollen, tun Sie das über *Objekt → Verzerrungshülle → Zurückwandeln*. Das Objekt, das als Hüllenform gedient hat, wird dabei an oberster Stelle als graues Objekt gelegt.

Umwandeln

Den Befehl *Objekt → Verzerrungshülle → Umwandeln* verwenden Sie, wenn Sie die Hüllenverzerrung dauerhaft in »normale« Objekte umwandeln möchten. Dabei werden die Hülle und auch jegliche Möglichkeit der Hüllenbearbeitung entfernt, die neu entstandenen Objekte sind gruppiert. Je nach Komplexität der ursprünglichen Hülle kann das Umwandeln komplizierte Pfade mit sehr vielen Ankerpunkten verursachen. Die Genauigkeit der Umwandlung können Sie über die Hüllen-Optionen steuern.

> **Hinweis**
>
> Wenn Sie eine Verzerrungshülle mit einem Gitter erstellt und bearbeitet haben, können Sie sie wieder in den ursprünglichen Zustand zurückbringen, indem Sie im Steuerung-Bedienfeld auf den Button **Hüllenform zurücksetzen** klicken.

Hüllen-Optionen

Mit ausgewählter Hülle können Sie über *Objekt → Verzerrungshülle → Hüllen-Optionen* oder durch einen Klick auf den Button **Hüllen-Optionen** im Steuerung-Bedienfeld festlegen, wie Objekte verzerrt werden, um sich der ausgewählten Hülle anzupassen.

◀ **Abbildung 4-72** Hüllen-Optionen

Im Abschnitt **Pixelbilder** ist standardmäßig die Option **Glätten** (Anti-Aliasing) für verzerrte Pixelbilder aktiviert. Das dauert zwar ein wenig länger, führt aber zu sehr guten Resultaten. Unter **Form beibehalten durch** legen Sie fest, wie rechteckige Pixelgrafiken am besten in eine nicht rechteckige Form eingepasst werden sollen: durch eine **Schnittmaske** (Standardeinstellung) oder durch **Transparenz** (Alphakanal).

Der Regler für **Genauigkeit** (0 bis 100) steuert, wie präzise der Hüllenpfad konstruiert wird. Das kann – speziell nach dem Umwandeln – zu sehr komplexen Pfaden führen und zeitaufwändig sein.

Die Option **Aussehen verzerren** ist standardmäßig aktiviert und bewirkt, dass alle Aussehensattribute wie Effekte und Grafikstile mit dem Objekt mit verzerrt werden. Sie können Verzerrung auch für **Lineare Verläufe** und **Musterfüllungen** aktivieren.

Pfade direkt bearbeiten

Unabhängig davon, mit welchem Werkzeug Pfade erstellt wurden, sind diese immer durch Ankerpunkte und Richtungslinien definiert (siehe Abschnitt »Aufbau von Objekten« in Kapitel 1) und können daher nachträglich mit den Pfadbearbeitungswerkzeugen verändert werden. Sie können vorhandene Ankerpunkte und Segmente und deren Richtungslinien bearbeiten und neue Ankerpunkte hinzufügen oder welche löschen und dadurch dem Pfad einen ganz anderen Verlauf geben. All das funktioniert – wie so oft in Illustrator – entweder durch direktes Bearbeiten auf der Zeichenfläche oder durch präzises Definieren über Eingabefelder.

Eine Möglichkeit, um Ankerpunkte oder Segmente auszuwählen (siehe Abschnitt »Teile eines Objekts auswählen« in Kapitel 2), ist das **Direktauswahl-Werkzeug (A)**. Das Direktauswahl-Werkzeug bietet Ihnen aber auch zusätzlich die Möglichkeit, Ankerpunkte und Pfadsegmente zu verschieben und Richtungslinien zu bearbeiten. Mit ihm modifizieren Sie Pfade also intuitiv mit der Maus und der Tastatur, »zupfen« sie also sozusagen in die richtige Form.

Bevor ich Ihnen die vielfältigen Pfadbearbeitungsmöglichkeiten näher vorstelle, möchte ich Sie kurz daran erinnern, dass ein Ankerpunkt, der zwei Segmente verbindet – also der Pfad auf beiden Seiten des Ankerpunkts fortgeführt wird –, immer beide benachbarten Segmente verändert, wenn er verschoben wird. Handelt es sich bei diesem Ankerpunkt um einen Übergangspunkt, verändert auch das Bearbeiten der Richtungslinien beide Segmente.

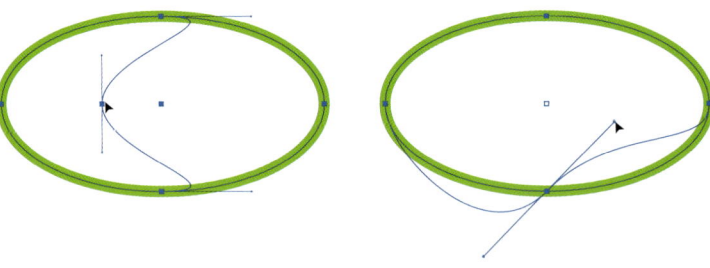

> **Hinweis**
> Ein ausgewählter Ankerpunkt erscheint als kleines, mit der ausgewählten Ebenenfarbe gefülltes Quadrat, während ein nicht ausgewählter Ankerpunkt hohl ist.
>
> ▲ **Abbildung 4-73**
> Ausgewählter (oben) und nicht ausgewählter (unten) Ankerpunkt

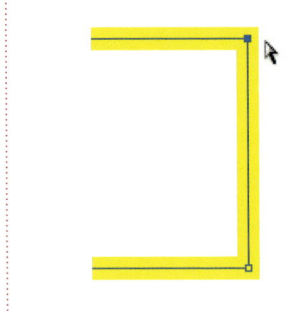

▲ **Abbildung 4-74** Ein verschobener Ankerpunkt und das Bearbeiten eines Übergangspunktes verändern immer beide Segmente.

Ankerpunkt verschieben

Wählen Sie den Ankerpunkt aus, den Sie verschieben möchten, und ziehen Sie ihn mit der Maustaste an eine andere Stelle. Während Sie ziehen, sehen Sie in einer Vorschau, wie sich der Pfad verändert. Sobald Sie die Maustaste loslassen, wird der Ankerpunkt an die neue Position gesetzt. Die Richtungslinien des verschobenen Ankerpunktes und der benachbarten Ankerpunkte bleiben übrigens unverändert!

Standardmäßig können Sie den ausgewählten Ankerpunkt auch pixelweise durch Betätigen der Pfeiltasten auf Ihrer Tastatur in seiner Position verändern. Durch gleichzeitiges Gedrückthalten der ⇧-Taste bewegen Sie in 10-Pixel-Schritten.

> **Hinweis**
> Wenn Sie dabei die ⇧-Taste gedrückt halten, können Sie den Ankerpunkt nur in 45°-Schritten bewegen. Das ist sehr hilfreich, wenn Sie einen Punkt präzise waage- oder senkrecht verschieben möchten.

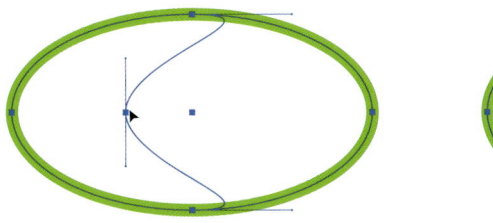

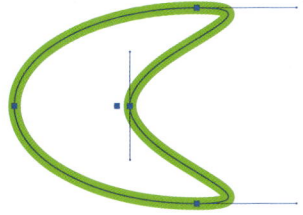

▲ **Abbildung 4-75** Greifen und ziehen Sie einen Ankerpunkt mit dem Direktauswahl-Werkzeug an eine neue Position.

Pfadsegment verschieben

Nicht nur Ankerpunkte lassen sich verschieben, Sie können auch direkt ein Pfadsegment zwischen zwei Ankerpunkten greifen und an die passende Position ziehen. Wenn Sie ein Segment verschieben, bleibt der Winkel der Richtungslinien auf seine Ankerpunkte gleich, es verändert sich aber deren Länge und dadurch auch die Krümmung des Segments.

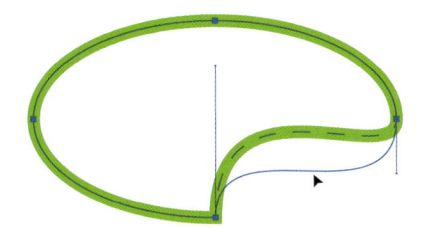

▲ **Abbildung 4-77** Ziehen Sie direkt an einem Segment.

Krümmung durch Richtungslinien ändern

Wenn Sie einen Ankerpunkt, von dem aus eine Krümmung stattfindet, oder ein gebogenes Segment ausgewählt haben, erscheinen die Richtungslinien des einen oder der beiden begrenzenden Ankerpunkte. An den Enden dieser Richtungslinien befinden sich **Griffpunkte**, die Sie mit dem Direktauswahl-Werkzeug nehmen und dann daran ziehen können. Dadurch verändern Sie ebenfalls die Krümmung des Pfades.

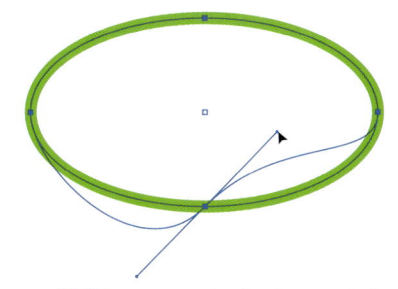

▲ **Abbildung 4-78** Greifen Sie eine Richtungslinie und ziehen Sie an ihr.

> **Hinweis**
>
> Ausgewählte Ankerpunkte lassen sich auch über die **Koordinaten** in den Eingabefeldern **X** und **Y** im Steuerung-Bedienfeld bewegen.
>
> ▲ **Abbildung 4-76**
> Die Koordinaten eines Ankerpunkts im **Steuerung**-Bedienfeld

Segmente kopieren

Mit dem **Direktauswahl-Werkzeug** können Sie auch Pfade oder Pfadsegmente kopieren, indem Sie entweder den gesamten Pfad oder ein oder mehrere Segmente auswählen, die `alt`-Taste gedrückt halten und die ausgewählten Elemente an eine andere Stelle ziehen. Alternativ können Sie die Bereiche auch mit traditionellem Kopieren und Einfügen duplizieren.

Pfade direkt bearbeiten

> **Hinweis**
>
> Einen oder mehrere ausgewählte Ankerpunkte können Sie auch im Steuerung-Bedienfeld durch Klick auf ▨ **Ausgewählte Ankerpunkte in Ecke konvertieren** oder ▨ **Ausgewählte Ankerpunkte in Übergang konvertieren** umwandeln.

Punkte konvertieren

Wenn Sie aus einem sanften Kurvenverlauf eine Ecke bilden möchten, ziehen Sie zunächst mit dem Direktauswahl-Werkzeug an der Richtunglinie und halten dann zusätzlich die `alt`-Taste gedrückt. Dadurch »brechen« Sie die Richtungslinie in zwei Teile und verändern den Pfad nur an derjenigen Seite des Ankerpunktes, an dessen Richtungslinie Sie ziehen. Aus dem ursprünglichen Übergangspunkt wird ein Eckpunkt.

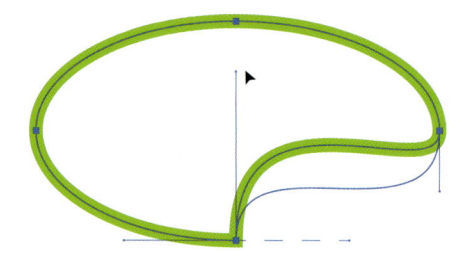

▲ **Abbildung 4-79** Mit gedrückter `alt`-Taste »brechen« Sie die Richtungslinie entzwei.

Für diese Funktion gibt auch ein eigenes Werkzeug, das ▨ **Ankerpunkt konvertieren-Werkzeug**. Auch damit wandeln Sie Eckpunkte in Übergangspunkte um und umgekehrt. Ein einfacher Klick auf einen Übergangspunkt wandelt diesen sofort in eine Ecke um. Möchten Sie umgekehrt Eckpunkte in Übergangspunkte umwandeln, ziehen Sie mit gedrückter Maustaste aus dem Ankerpunkt neue Richtungslinien auf.

Ankerpunkte hinzufügen

Unterhalb des Zeichenstift-Werkzeugs finden Sie das ▨ **Ankerpunkt-hinzufügen-Werkzeug**. Damit können Sie direkt auf Pfade klicken und an diesen Stellen neue Ankerpunkte erstellen. Die neuen Ankerpunkte verändern den ursprünglichen Pfad vorerst nicht – die Richtungslinien passen sich also dem Pfadverlauf an –, lassen sich aber anschließend wie gewohnt bearbeiten.

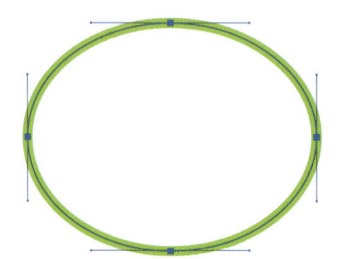

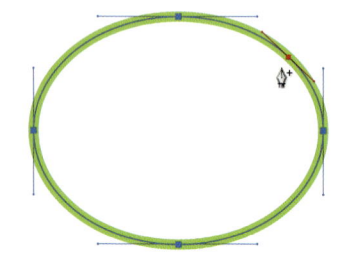

▲ **Abbildung 4-80** Die Richtungslinien des neuen Ankerpunkts passen sich der Krümmung an.

Ankerpunkte löschen

Überflüssige Ankerpunkte wählen Sie aus und entfernen sie durch einen einfach Klick mit dem ![] **Ankerpunkt-entfernen-Werkzeug** darauf, oder durch einen Klick auf den Button ![] **Ausgewählte Ankerpunkte entfernen** im Steuerung-Bedienfeld. Das neu entstehende Segment wird entsprechend angepasst.

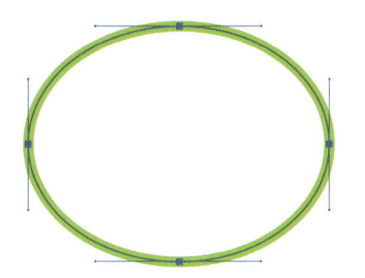

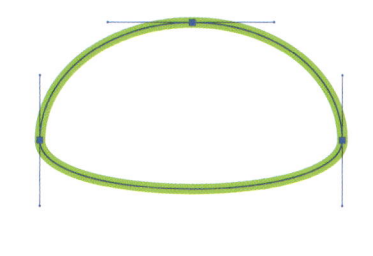

◀ **Abbildung 4-81**
Wenn Sie einen Ankerpunkt entfernen, entsteht ein neues Segment.

Wenn Sie einen ausgewählten Ankerpunkt durch Drücken der ←-Taste löschen, werden beide an ihn angrenzenden Segmente komplett gelöscht, ein zuvor geschlossener Pfad wird geöffnet.

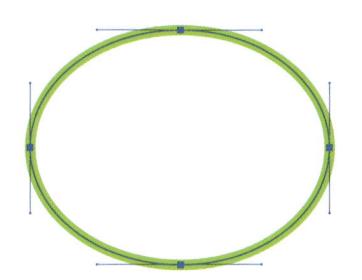

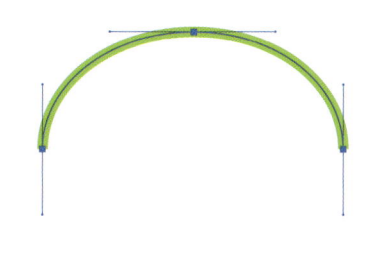

◀ **Abbildung 4-82**
Die ←-Taste löscht beide angrenzenden Segmente und öffnet geschlossene Pfade.

Pfade teilen

Mit dem ![] **Schere-Werkzeug** können Sie ausgewählte Pfade an einer beliebigen Stelle teilen, indem Sie darauf klicken. Jeder Klick erzeugt eine Öffnung im Pfad, sodass jeweils zwei exakt übereinanderliegende Endpunkte vorhanden sind. Sichtbar wird die Öffnung erst, wenn Sie mindestens einen der beiden Punkte verschieben.

> **Hinweis**
>
> Sie können einen Pfad auch teilen, indem Sie einen oder mehrere Ankerpunkte auswählen und im Steuerung-Bedienfeld auf ![] **Pfad an ausgewählten Ankerpunkten ausschneiden** klicken.

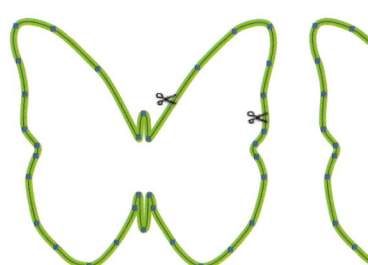

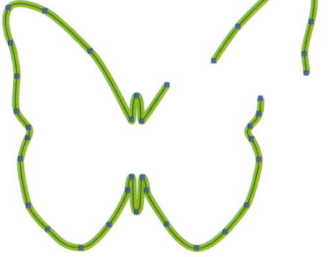

▲ **Abbildung 4-83** Die **Schere** öffnete Pfade an damit geklickten Stellen.

Pfade direkt bearbeiten

Das ✏️ **Löschen-Werkzeug** können Sie an beliebigen Abschnitten eines ausgewählten Pfads entlangziehen und dadurch genau diesen Bereich löschen – am Beginn und Ende entstehen neue Endpunkte.

▶ **Abbildung 4-84**
Das Löschen-Werkzeug löscht Teile ausgewählter Pfade.

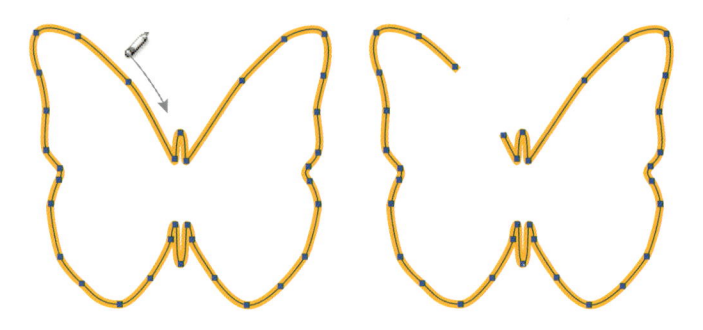

Mit dem ✏️ **Messer-Werkzeug** können Sie Stücke aus einem Objekt herausschneiden, indem Sie damit einen freien Auswahlbereich zeichnen. Es funktioniert allerdings generell nicht auf offenen Pfaden ohne Füllfarbe und auf offenen geraden Pfaden.

▶ **Abbildung 4-85**
Mit dem **Messer** schneiden Sie Stücke aus einem Objekt.

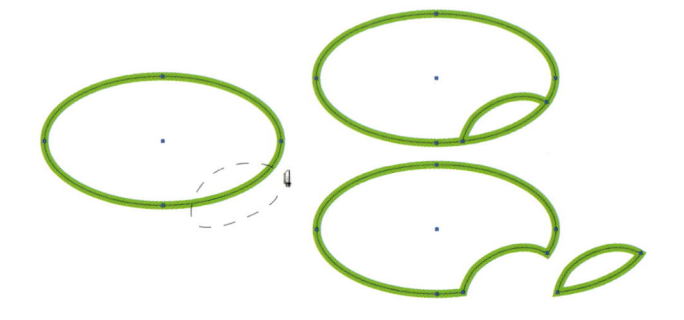

Pfade glätten und vereinfachen

Pfade können durch Entfernen überflüssiger Ankerpunkte geglättet und somit vereinfacht werden. Für das Glätten können Sie das ✏️ **Glätten-Werkzeug** ein oder mehrmals an ausgewählten Pfaden entlangziehen.

▶ **Abbildung 4-86**
Pfad (links) geglättet (rechts)

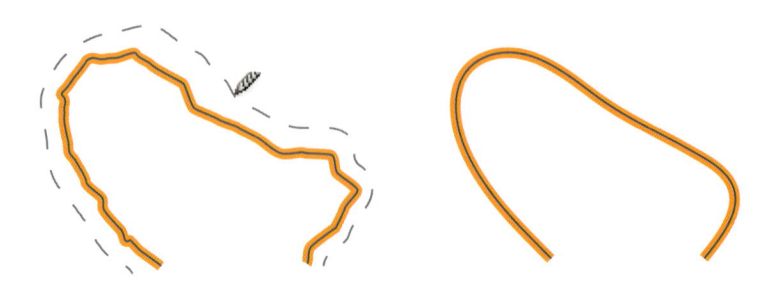

Kapitel 4 · Objekte verändern

Ein Doppelklick auf das Werkzeug öffnet die Optionen für das Glätten-Werkzeug. Die **Genauigkeit** (0,5 bis 20) bestimmt, wie weit Sie die Maus bewegen müssen, bis das Werkzeug einen neuen Ankerpunkt hinzufügt. Je höher der Wert, desto glatter wird der Pfad. **Glättung** (0% bis 100%) definiert, wie stark das Werkzeug glättet. Auch hier gilt: Je höher der Wert ist, desto glatter wird der Pfad.

Der Menüpunkt *Objekt* → *Pfad* → *Vereinfachen* entfernt überschüssige Ankerpunkte ausgewählter Pfade, ohne dass dabei die Form wesentlich geändert wird. Aktivieren Sie in den folgenden Vereinfachen-Optionen am besten gleich die **Vorschau**-Option, um Ihre Einstellungen zu testen. Im unteren Teil des Optionenfensters können Sie **Original anzeigen** aktivieren, damit in der Vorschau zusätzlich der Originalpfad angezeigt wird.

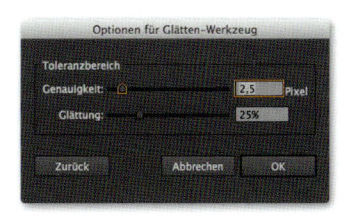

▲ **Abbildung 4-87**
Glätten-Optionen

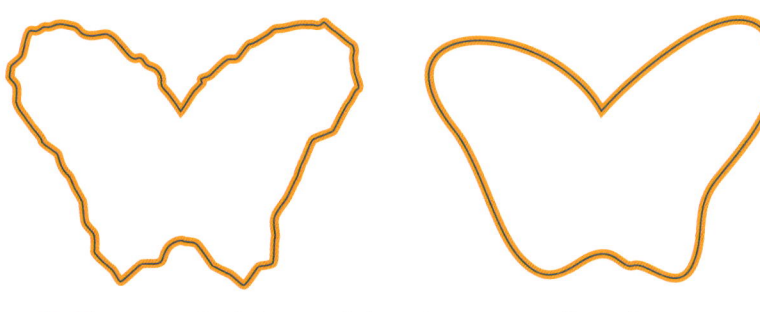

▲ **Abbildung 4-88** Pfad (links) vereinfacht und in seiner Grundform erhalten

Die **Kurvengenauigkeit** (0% bis 100%) bestimmt, wie sehr der vereinfachte Pfad dem Original entsprechen soll. Je höher der Wert ist, desto mehr Ankerpunkte werden erstellt und desto ähnlicher sind die Pfade. Solange der Regler für den **Winkel-Schwellenwert** (0° bis 180°) auf **0** eingestellt ist, bleiben Endpunkte und Eckpunkte unbeeinflusst und alle weiteren Ankerpunkte werden neu gesetzt. Falls Sie auch die Ecken glätten möchten, schieben Sie den Regler für den Winkel-Schwellenwert nach rechts. **Gerade Linien** wandelt die zwischen den ursprünglichen Ankerpunkten liegenden Segmente in gerade Linien um. Wenn der Winkel von Eckpunkten größer als der eingestellte Winkel-Schwellenwert ist, werden diese Eckpunkte entfernt.

▲ **Abbildung 4-89**
Vereinfachen-Optionen

Hinweis

Wenn Sie für präzise übereinanderliegende Ankerpunkt beim Verbinden zwischen **Eckpunkt** und **Übergangspunkt** wählen möchten, klicken Sie `strg` / ⌘ + ⇧ + `alt` + `J`.

Lose Enden verbinden

Wenn Sie zwei Endpunkte eines oder zweier Pfade ausgewählt haben, können Sie diese im Steuerung-Bedienfeld durch einen Klick auf ▨ **Ausgewählte Endpunkte verbinden** oder mit der Tastenkombination `strg` / ⌘ + `J` verbinden. Dabei wird der Pfad immer als kürzeste Strecke zwischen den beiden Punkten geschlossen, also als Gerade. Die ursprünglichen Endpunkte werden standardmäßig in Eckpunkte konvertiert. Falls die beiden Pfade unterschiedliches Aussehen haben, wird immer das Aussehen des in der Objektreihenfolge oben liegenden Objekts angewandt.

▲ **Abbildung 4-90**
Zwischen Ecke und Übergang wählen

Pfade direkt bearbeiten   **203**

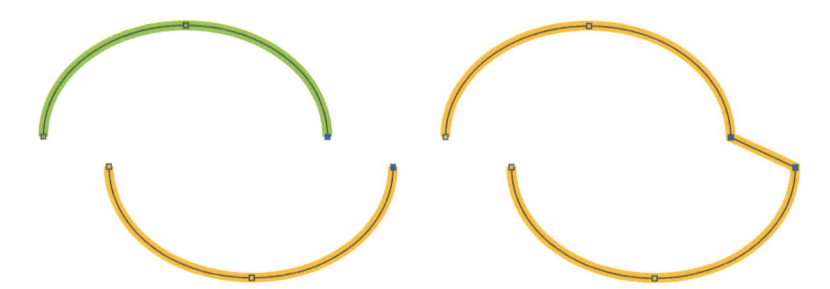

▲ **Abbildung 4-91** Pfad wird als Gerade zwischen ausgewähltem Anfangs- und Endpunkt geschlossen.

Natürlich haben Sie auch die Möglichkeiten, den offenen Pfad mit dem **Zeichenstift-Werkzeug** weiterzuzeichnen beziehungsweise zu verbinden (siehe Abschnitt »Offene Pfade weiterzeichnen« in Kapitel 3).

Über das Menü *Objekt* → *Pfad* → *Zusammenfügen* oder [strg] / [⌘] + [J] können Sie seit Illustrator CS5 auf einfache Weise zwei oder mehrere ausgewählte offene Pfad schließen. Wählen Sie diese Pfade mit dem Auswahl-Werkzeug oder über das Ebenen-Bedienfeld aus. Wenn die Ankerpunkte nicht übereinanderliegen, überbrückt Illustrator die offenen Punkte mit einer geraden Linie. In einem ersten Schritt verbindet Illustrator die Punkte, die am nächsten beieinanderliegen. Dieser Vorgang wird dann mit den weiteren offenen Ankerpunkten wiederholt. Wenn die ausgewählten Pfade unterschiedliches Aussehen haben, wird der verbundene Pfad mit dem Aussehen des in der Objektreihenfolge an oberster Stelle liegenden Pfads dargestellt.

▲ **Abbildung 4-92** Mehrere offene Pfade zusammengefügt

Durchschnitt mehrerer Ankerpunkte

Illustrator kann bei zwei oder mehr ausgewählten Ankerpunkten den Durchschnitt der Position berechnen und anpassen (dafür werden die x- und y-Koordinaten herangezogen). Wählen Sie zwei oder mehr Ankerpunkte aus und wählen Sie *Objekt → Pfad → Durchschnitt berechnen* oder `alt` + `strg` / `⌘` + `J`. Im folgenden Optionenfenster wählen Sie zwischen **Horizontal**, **Vertikal** oder **Beide**.

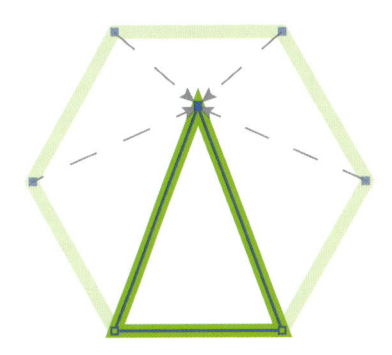

▲ **Abbildung 4-93** Der Durchschnitt aus vier Ankerpunkten

Teile eines Pfads verändern, ohne die Grundform zu zerstören

Mit dem ![] **Form-ändern-Werkzeug** können Sie an einem bestehenden Pfad Bereiche definieren, die in ihrer Grundform erhalten bleiben sollen. Wählen Sie dazu erst den gesamten Pfad aus und definieren Sie dann durch Klicken auf den Pfad Bereiche, die möglichst unverändert bleiben sollen, sogenannte **Fokuspunkte**. Falls sich an diesen Stellen noch keine Ankerpunkte befinden, erstellt das Werkzeug welche; die Fokuspunkte werden durch kleine Quadrate dargestellt. Ziehen Sie anschließend an Ihrer Auswahl.

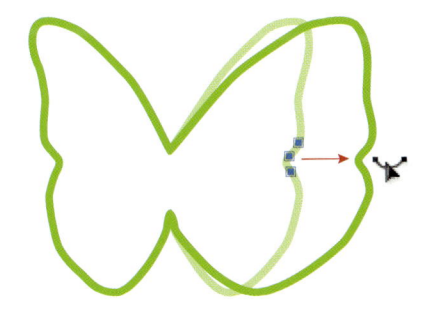

▲ **Abbildung 4-94** Mit dem Form-ändern-Werkzeug erhalten Sie die Grundform eines Pfads.

Pfade direkt bearbeiten

Workshop 4-2

Aus einer Ellipse entsteht ein Schmetterling

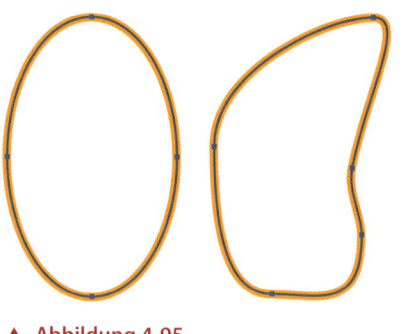

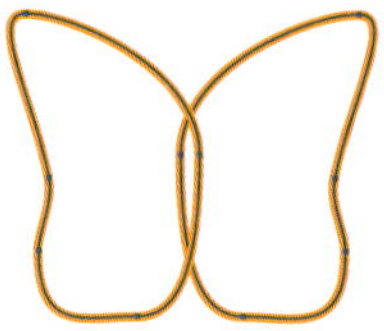

Falls Sie noch nicht routiniert genug im sicheren Umgang mit dem Zeichenstift-Werkzeug sind (siehe Abschnitt »Präzises Zeichnen mit dem Zeichenstift« in Kapitel 3), aber ein bestimmtes Objekt benötigen, können Sie zum Beispiel auch den Pfad einer ähnlichen Grundform mit den **Pfadbearbeitungswerkzeugen** bearbeiten, bis das gewünschte Ergebnis entsteht. Sehen wir uns hier ein paar Möglichkeiten anhand einer Ellipse an und machen daraus einen Schmetterlingsflügel.

▲ **Abbildung 4-95**
Eine Ellipse zu einem Schmetterlingsflügel bearbeitet

1 Ellipse erstellen

Wählen Sie das **Ellipse-Werkzeug** (siehe Abschnitt »Ellipsen und Kreise zeichnen« in Kapitel 3) aus dem Werkzeug-Bedienfeld aus und klicken Sie damit einmal in die Zeichenfläche. In den erscheinenden Optionen definieren Sie die **Breite** der Ellipse mit **50mm** und die **Höhe** mit **80mm**. Wechseln Sie nun zum **Direktauswahl-Werkzeug** und klicken Sie auf den Pfad der Ellipse. Kreise und Ellipsen sind aus jeweils vier Ankerpunkten aufgebaut; für eine schöne Flügelform werden wir einen weiteren benötigen.

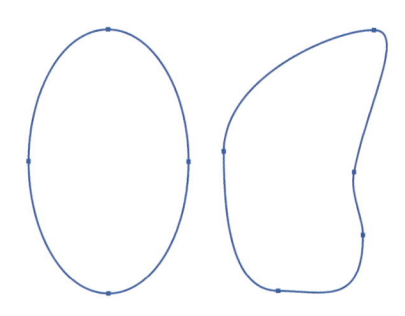

2 Ankerpunkte verschieben

Zunächst sollten Sie aber die existierenden Ankerpunkte der Ellipse mit dem bereits aktiven Direktauswahl-Werkzeug ein wenig verschieben.

▲ **Abbildung 4-96**
Pfad und Ankerpunkte der Ellipse und des Flügels

3 Neuen Ankerpunkt hinzufügen

Das sieht doch schon sehr nach einem brauchbaren Schmetterlingsflügel aus. Perfekt wird der Flügel, wenn Sie die Außenseite noch mit einem weiteren Ankerpunkt krümmen, den Sie allerdings erst noch dem Pfad hinzufügen müssen. Wechseln Sie zum **Ankerpunkt-hinzufügen-Werkzeug** und klicken Sie damit einmal auf den Pfad. Den neuen Ankerpunkt verschieben Sie anschließend wieder mit dem Direktauswahl-Werkzeug nach innen, bis Ihnen der Schmetterlingsflügel gefällt.

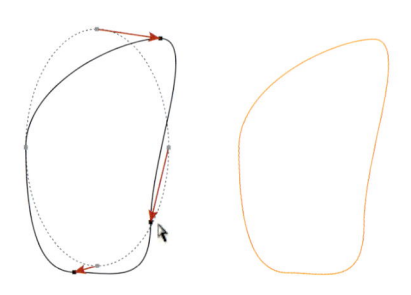

▲ **Abbildung 4-97**
Verschieben Sie die Ankerpunkte der Ellipse mit dem Direktauswahl-Werkzeug.

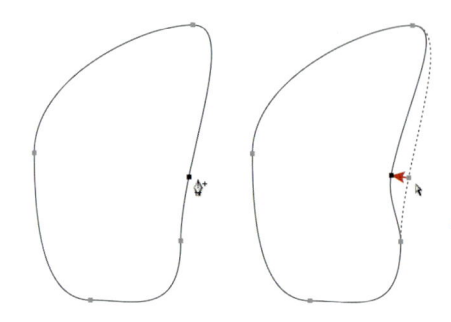

◀ **Abbildung 4-98**
Erstellen Sie einen neuen Ankerpunkt und verschieben Sie ihn.

Kapitel 4 · Objekte verändern

4 Flügel duplizieren und spiegeln

Spiegeln Sie nun den fertigen Flügel vertikal, zum Beispiel über *Objekt* → *Transformieren* → *Spiegeln*. Über dieses Menü können Sie durch Bestätigen mit **Kopieren** einen zweiten Flügel erzeugen, den Sie anschließend lediglich ein wenig verschieben müssen, um den Schmetterling fertigzustellen.

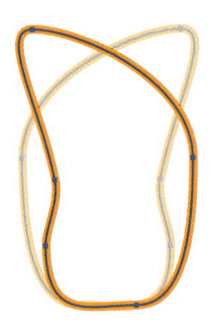

Hinweis

Falls Sie mit dem **Ankerpunkt-hinzufügen**-Werkzeug eine Fehlermeldung bekommen, haben Sie vermutlich den Pfad nicht genau getroffen. Das Werkzeug ist sehr sensibel eingestellt – wenn nötig, zoomen Sie näher heran (siehe Abschnitt »Zoomen« in Kapitel 2).

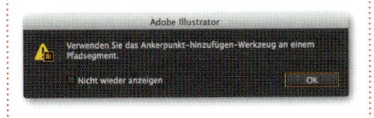

▲ **Abbildung 4-99**
Fehlermeldung, wenn Sie neben den Pfad klicken

▲ **Abbildung 4-100** Erstellen Sie über das Menü während des Spiegelns gleich einen zweiten Flügel.

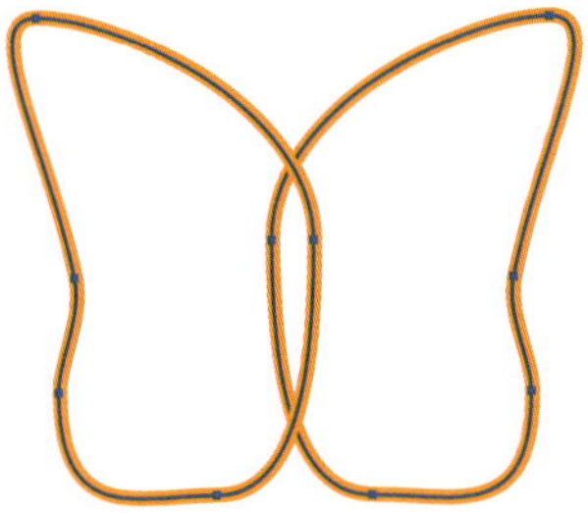

▲ **Abbildung 4-101** Fertiger Schmetterling

Ich hoffe, Sie haben jetzt Lust bekommen, diesen oder den komplexeren Schmetterling aus dem Workshop »Einen Schmetterling zeichnen« in Kapitel 3 weiter zu verschönern (siehe dafür u. a. Kapitel 6).

◀ **Abbildung 4-102**
Weiter gezeichnete Schmetterlinge

Workshop 4-2 · **Aus einer Ellipse entsteht ein Schmetterling**

1 2 3 4 5 6 7 8 9 10

Kapitel 5

Neue Formen aus Objekten

Pathfinder

Zusammengesetzte Pfade

Schnittmasken

Interaktiv neue Formen erstellen

Objekte angleichen

Nachzeichnen von Bildmaterial

Interaktiv Malen

Objekte umwandeln

Symbole

Das Formerstellungs-Werkzeug, Pathfinder-Funktionen und Schnittmasken haben eins gemeinsam: Sie helfen Ihnen, auf Basis bestehender Objekte interessante neue Objektkombinationen zu erstellen. Sie dürfen gespannt sein!

In diesem Kapitel möchte ich Ihnen einige interessante Techniken vorstellen, mit denen Sie aus bestehenden Objekten neue Formen beziehungsweise neue Ansichten erstellen können. Manchmal ist es nämlich um einiges einfacher, Objekte miteinander zu kombinieren, als ein Objekt von Grund auf neu zu erstellen.

So haben Sie beispielsweise mit dem **Formerstellungs-Werkzeug** ein interaktives Werkzeug zur Verfügung, das Kanten und Bereiche überlappender Objekte erkennt, die zu neuen Formen zerteilt oder vereint werden können. Außerdem können Sie einen Farbfeldcursor aktivieren, um Farben für diese neuen Formen auszuwählen. Das Formerstellungs-Werkzeug funktioniert im Grunde wie eine Mischung aus dem **interaktiven Malen** und den **Pathfinder-Funktionen**, zwei Methoden, die ich Ihnen ebenfalls in diesem Kapitel vorstellen werde.

Hinweis

Mit **zusammengesetzten Formen und Pathfinder-Effekten** können Sie das Verschmelzen beziehungsweise Teilen von Objekten miteinander nur simulieren. Eine zusammengesetzte Form verhält sich zwar wie ein einziges Objekt, besteht aber weiterhin aus all den einzelnen Komponenten, aus denen sie erstellt wurde.

▲ **Abbildung 5-01** Beispiele für Objektkombinationen, die weiter hinten in diesem Kapitel im Workshop 5-1 erklärt werden.

Mit **zusammengesetzten Pfaden** können Sie – ähnlich einer Keksform – Löcher in andere Objekte machen. Sie können Objekte aber auch dazu nutzen, die Sichtbarkeit anderer Objekte mit **Schnittmasken** zu beinflussen.

▶ **Abbildung 5-02**
Ein zusammengesetzter Pfad wird hier als Schnittmaske verwendet, um die Sichtbarkeit von Objekten zu begrenzen.

Weitere interessante Themen, für die ich Sie auf den folgenden Seiten begeistern möchte, sind das **Angleichen** von Objekten – eine schrittweise durchgeführte Annäherung von Form und Farbe mehrerer Objekte –, der vollkommen neu überarbeitete **Bildnachzeichner** von Pixelgrafiken und der zeit- und speicherplatzsparende Umgang mit **Symbolen**, mit denen Sie kreativ gestalten können.

Neu in CS6

▲ **Abbildung 5-03** Interaktiv nachgezeichneter Hintergrund mit Schmetterlingsymbolen

▲ **Abbildung 5-04** Objektangleichung

Pathfinder

Mit den sogenannten **Pathfinder**-Funktionen können Sie die Formen mehrerer Objekte miteinander kombinieren und dadurch im Nu neue Formen erzeugen. Zum Beispiel können Sie ausgewählte Objekte miteinander vereinen oder ein Objekt von einem anderen abziehen. Das Anwenden von Pathfinder-Funktionen ist prinzipiell auf zwei Arten möglich: über das **Pathfinder-Bedienfeld** und über das Menü *Effekt → Pathfinder*. Diese beiden Methoden unterscheiden sich aber in der Art der Anwendung und auch im Ergebnis.

▲ **Abbildung 5-05** Beispiele für Pathfinder-Funktionen aus zwei Objekten (links)

Die Funktionen des **Pathfinder-Bedienfelds** können auf eine beliebige Auswahl an Objekten, Gruppen und Ebenen angewandt werden und wandeln dabei die Form der ausgewählten Objekte dauerhaft in eine neue um. Die Funktionen im **Effekt-Menü** verhalten sich etwas anders. Sie können nur auf Gruppen, Ebenen

> **Hinweis**
>
> Es gibt drei Pathfinder-Effekte, die Sie nur über das Menü *Effekt* → *Pathfinder* und nicht über das Pathfinder-Bedienfeld anwenden können: **Hart Mischen**, **Weich Mischen** und **Überfüllung**. Mit ihnen können Sie nicht nur die Formen, sondern auch die Farben von Objekten miteinander kombinieren.

> **Hinweis**
>
> Falls sich die ausgewählten Objekte nicht berühren, werden sie mit Pathfinder-Funktionen lediglich zu einer Gruppe zusammengefasst und das Aussehen wird übertragen.

und Textobjekte angewendet werden, können aber – wie alle anderen Effekte auch (siehe Kapitel 8) – jederzeit nachbearbeitet oder rückgängig gemacht werden. Der Effekt ist also nur simuliert.

Objekte für das Kombinieren mit Pathfinder vorbereiten

Bevor Sie Pathfinder-Funktionen anwenden, gehen Sie bitte sicher, dass die Objekte, die Sie miteinander kombinieren möchten, in der gewünschten Position zueinander auf der Zeichenfläche liegen, und in der richtigen Objektreihenfolge. Das Resultat der meisten Pathfinder-Funktionen ist nämlich abhängig von der Anordnung der Objekte innerhalb der Objektreihenfolge. Wenn Sie zum Beispiel Objekte mit unterschiedlichem Aussehen kombinieren, gibt die Anordnung vor, welches Aussehen das neue Objekt hat. Auch für das Ausführen der Funktionen wird die Objektreihenfolge herangezogen, etwa wenn Sie ein Objekt von einem anderen abziehen.

▲ **Abbildung 5-06** Die Objektreihenfolge (links) bestimmt das Ergebnis (Mitte und rechts).

Als Nächstes überlegen Sie sich bitte, ob Sie die Pathfinder-Funktionen permanent auf die ausgewählten Objekte anwenden möchten – also dauerhaft neue Pfade erzeugen – oder ob Sie lieber flexibel bleiben möchten.

Für die flexible Variante als Effekt müssen Objekte vorher erst in Gruppen oder Ebenen zusammengefasst werden, die dann jeweils als Ganzes ausgewählt und mit einem Pathfinder-Effekt versehen werden.

Objekte permanent kombinieren

Möchten Sie Objekte **permanent** miteinander kombinieren, stellt Ihnen das **Pathfinder-Bedienfeld** (*Fenster* → *Pathfinder*) insgesamt zehn Interaktionsmodi zur Verfügung, die Sie auf eine beliebige Auswahl von Objekten dauerhaft anwenden können. Wählen Sie mehrere Objekte aus und klicken Sie auf einen der Pathfinder-Buttons.

▲ **Abbildung 5-07**
Pathfinder-Bedienfeld

Kapitel 5 · Neue Formen aus Objekten

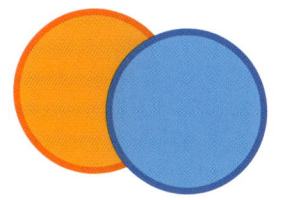

▲ **Abbildung 5-08** Objekte (links) über das Pathfinder-Bedienfeld in neue Objekte zerteilt (rechts)

Falls Ihnen das Vereinen oder Beschneiden in der beschriebenen Weise zu endgültig ist – eben weil die Pathfinder-Funktionen im Pathfinder-Bedienfeld Formen permanent »zerstören« – und Sie lieber die ursprünglichen Pfade erhalten möchten, können Sie mit den vier Formmodi des Pathfinder-Bedienfelds zusammengesetzte Formen erstellen, oder aber Pathfinder-Funktionen als Effekt anwenden.

Objekte als zusammengesetzte Form kombinieren

Die Unterteilung in **Formmodi** und **Pathfinder** im Pathfinder-Bedienfeld begründet sich darin, dass Sie mit den vier Formmodi in der oberen Reihe des Bedienfelds Objekte nicht nur dauerhaft zu neuen Objekten kombinieren können, sondern auch sogenannte **zusammengesetzte Formen** erstellen können.

Mit zusammengesetzten Formen können Sie rasch aus mehreren einfachen Objekten eine komplexe Form simulieren und damit verfahren, als wäre es ein einziges Objekt, zum Beispiel um einheitliches Aussehen oder Effekte darauf anzuwenden. Alle Komponenten, die zur Erstellung der zusammengesetzten Form verwendet werden, bleiben erhalten und können auch weiterhin bearbeitet werden.

> **Hinweis**
> Zusammengesetzte Formen verbrauchen mehr Rechenleistung – erstellen Sie komplexe zusammengesetzte Formen besser nicht direkt aus allen einzelnen Komponenten, sondern schrittweise. Anschließend können Sie aus den entstandenen zusammengesetzen Formen eine übergeordnete zusammengesetzte Form erstellen.

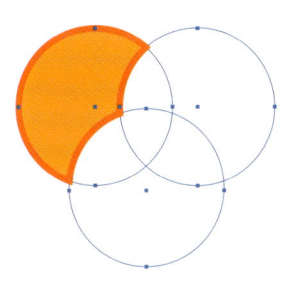

▲ **Abbildung 5-09** Eine zusammengesetzte Form behält die ursprünglichen Pfade.

Wählen Sie alle Objekte aus, aus denen Sie eine zusammengesetzte Form erstellen möchten. Das können Pfade, zusammengesetzte Pfade, Gruppen, andere zusammengesetzte Formen, Angleichungen (die ich Ihnen etwas später in diesem Kapitel vorstelle), Text, Hüllen (siehe Kapitel 4) und Verkrümmungen sein. Offene Pfade werden automatisch geschlossen. Klicken Sie anschließend im Pathfinder-Bedienfeld mit gedrückter alt-Taste auf einen der vier Formmodi. Dies weist jeder der ausgewählten Komponenten den gewählten Formmodus zu.

> **Hinweis**
> Wenn Sie eine zusammengesetzte Form wieder in ihre ursprünglichen Objekte trennen möchten, können Sie dies über die Option **Zusammengesetzte Form zurückwandeln** aus dem Menü des Pathfinder-Bedienfelds tun. Möchten Sie hingegen eine ausgewählte zusammengesetzte Form dauerhaft in die neue(n) Form(en) umwandeln, klicken Sie im Pathfinder-Bedienfeld auf den Button **Umwandeln**.

Pathfinder

Zusammengesetzte Formen sind im Ebenen-Bedienfeld als <Zusammengesetzte Form> aufgelistet. Dort können Sie – wie Sie es auch mit einer Gruppe von Objekten tun würden – alle Komponenten direkt auswählen, bearbeiten, oder auch in der Objektreihenfolge verschieben.

Pathfinder als Effekt anwenden

Die zehn Interaktionsmodi des Pathfinder-Bedienfelds sowie drei weitere können Sie als **flexiblen Effekt** über das Menü *Effekte → Pathfinder* auf ausgewählte Gruppen, Ebenen und Textobjekte anwenden. Bei dieser Methode bleiben die Originalobjekte erhalten; der Effekt kann jederzeit über das Aussehen-Bedienfeld (siehe Kapitel 6) ausgewählt, bearbeitet oder entfernt werden.

Die Pathfinder-Funktionen

▲ **Abbildung 5-10**
Ein Effekt im Aussehen-Bedienfeld

Sehen wir uns nun die einzelnen Pathfinder-Funktionen näher an.

- **Vereinen** beziehungsweise *Effekt → Pathfinder → Hinzufügen* fasst alle ausgewählten Objekte zu einem einzigen zusammen und wendet das Aussehen des obersten Objekts in der Objektreihenfolge auf alle weiteren Objekte der Auswahl an.

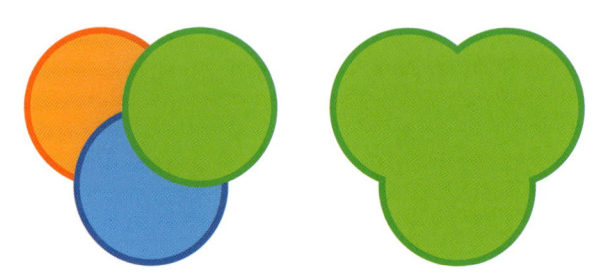

▲ **Abbildung 5-11** Vereinen/Hinzufügen

- **Vorderes Objekt abziehen** oder *Effekt → Pathfinder → Subtrahieren* schneidet sämtliche Objekt aus dem zuunterst liegenden Objekt der Auswahl aus. Das neue Objekt behält sein ursprüngliches Aussehen.

▲ **Abbildung 5-12** Vorderes Objekt abziehen/Subtrahieren

Kapitel 5 · Neue Formen aus Objekten

- ▣ **Schnittmenge bilden** oder *Effekt → Pathfinder → Schnittmenge bilden* erhält nur den Überlappungsbereich ausgewählter Objekte mit den Aussehen-Attributen des obersten Objekts.

▲ **Abbildung 5-13** Schnittmenge bilden

- ▣ **Schnittmenge entfernen** oder *Effekt → Pathfinder → Schnittmenge entfernen* löscht den oder die Überlappungsbereiche der ausgewählten Objekte. Das Resultat dieses Formmodus ist eine Gruppe einzelner Objekte, die jeweils das Aussehen des ursprünglich an oberster Stelle gewesenen Objekts haben.

▲ **Abbildung 5-14** Schnittmenge entfernen erzeugt mehrere Objekte.

- ▣ **Fläche aufteilen** beziehungsweise *Effekt → Pathfinder → Unterteilen* zerlegt alle Objekte der Auswahl entlang der Pfade in einzelne Objekte. Die neu entstandenen Objekte sind dann zu einer Gruppe zusammengefasst.

▲ **Abbildung 5-15** Fläche aufteilen/Unterteilen

> **Hinweis**
>
> Der Pathfinder-Effekt **Unterteilen** entfernt standardmäßig die Konturen aller Objekte ohne Flächenattribut. Möchten Sie diese erhalten, wenden Sie erst den Effekt an und klicken anschließend im Aussehen-Bedienfeld auf den Effektnamen. In den Pathfinder-Optionen deaktivieren Sie die Option **Ungefüllte Objekte bei »Fläche/Kontur aufteilen« entfernen**.

- ▣ **Überlappungsbereich entfernen** oder *Effekt → Pathfinder → Überlappungsbereich entfernen* löscht alle überlappenden – also nicht sichtbaren – Bereiche aus den ausgewählten Objekten. Dieser Pathfinder-Effekt bezieht sich

> **Hinweis**
>
> Auch bei Objekten mit denselben Flächenattributen entsteht mit der Pathfinder-Funktion **Überlappungsbereich entfernen** eine Gruppe neuer Objekte. 
>
> ▲ **Abbildung 5-16**
> **Überlappungsbereich von Objekten** mit gleichen Flächenattributen entfernen

tatsächlich auf die Fläche der Objekte – Konturen werden entfernt – und kann daher nicht mit Objekten durchgeführt werden, denen lediglich eine Kontur zugewiesen ist. Die neuen Objekte werden gruppiert.

▲ **Abbildung 5-17** Überlappungsbereich entfernen

- **Verdeckte Fläche entfernen** beziehungsweise *Effekt* → *Pathfinder* → *Verdeckte Fläche entfernen* löscht ebenfalls alle überlappenden – also nicht sichtbaren – Bereiche aus den ausgewählten Objekten. Die neuen Objekte sind gruppiert. Auf den ersten Blick sieht das Resultat dieses Pathfinder-Effekts genau aus wie das Resultat der Funktion **Überlappungsbereich entfernen**. Der Unterschied zeigt sich bei gleichfarbigen Objekten: Sie werden zu einem Objekt vereint.

> **Hinweis**
>
> Die Pathfinder-Funktion **Verdeckte Fläche entfernen** vereint gleichfarbige Objekte. 
>
> ▲ **Abbildung 5-19**
> **Verdeckte Fläche entfernen** mit gleichen Flächenattributen

▲ **Abbildung 5-18** Verdeckte Fläche entfernen

- Auch bei der Funktion **Schnittmengenfläche** oder *Effekt* → *Pathfinder* → *Schnittmengenfläche* werden Konturen – falls vorhanden – entfernt. Mit dieser Pathfinder-Funktion werden erst alle ausgewählten Objekte in ihre Teilflächen zerlegt, und anschließend werden alle Objekte gelöscht, die nicht innerhalb der Begrenzungen des obersten Objekts liegen. Das oberste Objekt selbst bleibt mit den verbleibenden Objekten gruppiert erhalten, verliert aber seine Aussehen-Attribute.

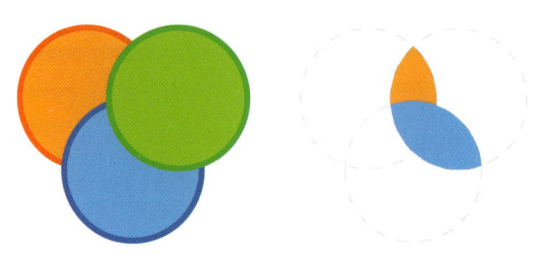

▲ **Abbildung 5-20** Schnittmengenfläche

- ▣ **Kontur aufteilen** oder *Effekt → Pathfinder → Kontur aufteilen* zerschneidet die Pfade der Objekte an ihren Überschneidungspunkten. Durch diese Pathfinder-Funktion verlieren die Objekte automatisch ihre Flächenattribute, und die Kontur wird als Haarlinie dargestellt – das ist übrigens die einzige Möglichkeit in Adobe Illustrator, Objekte mit Haarlinien zu versehen. Die Konturstärke wird auf **0pt** gestellt; sobald Sie sie vergrößern, sehen Sie aber, dass die Farbinformation der Konturen erhalten geblieben ist. Die zerschnittenen Konturen werden in einer Gruppe gesammelt.

> **Hinweis**
>
> **Haarlinien** sind Konturen in der kleinsten darstellbaren Linienstärke des jeweiligen Ausgabemediums – sie können also mit unterschiedlichen Drucktechniken eine andere Stärke bekommen.

▲ **Abbildung 5-21** **Kontur aufteilen**, hier (Mitte) nachträglich mit 1pt starker Kontur sichtbar gemacht

- Die letzte Funktion des Pathfinder-Bedienfelds ▣ **Hinteres Objekt abziehen** beziehungsweise *Effekt → Pathfinder → Hinteres Objekt abziehen* zieht – wie auch die Funktion **Vorderes Objekt abziehen** – sämtliche Objekte einer Auswahl von einem anderen Objekt ab. Der Unterschied ist die Umkehr der Objektreihenfolge: Alle hinten liegenden Objekte werden von dem Objekt an oberster Stelle in der Objektreihenfolge abgezogen.

▲ **Abbildung 5-22** Hinteres Objekt abziehen

Sie sehen: Mit den Pathfinder-Funktionen haben Sie vielfältige Möglichkeiten, um durch Kombinieren von Objekten neue Formen zu schaffen. Zusätzlich zu den eben beschriebenen Pathfinder-Funktionen bietet Ihnen das Menü **Effekte** drei weitere Effekte, die Objektfarben kombinieren: **Hart mischen**, **Weich mischen** und **Überfüllung**. Lesen Sie mehr über diese Effekte in Kapitel 8.

Pathfinder-Optionen

Optionen für Pathfinder-Effekte können Sie entweder über das Menü des Pathfinder-Bedienfelds oder durch einen Klick auf einen bereits Objekten zugewiesenen Pathfinder-Effekt im Aussehen-Bedienfeld festlegen.

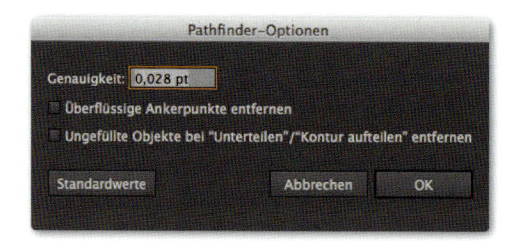

▲ **Abbildung 5-23** Allgemeine Pathfinder-Optionen, hier über das Menü des Pathfinder-Bedienfelds

Die **Genauigkeit** (0,001 bis 100 Punkt) bestimmt, wie präzise die Berechnung der **Objektpfade** erfolgt. **Überflüssige Ankerpunkte entfernen** bereinigt etwaige durch das Anwenden eines Pathfinder-Effekts entstandene unnötige Ankerpunkte. **Ungefüllte Objekte bei »Fläche/Kontur aufteilen« entfernen** bewirkt bei den Pathfinder-Funktionen **Unterteilen** und **Kontur aufteilen**, dass alle Objekte, die keine Flächenattribute haben, gelöscht werden. Diese Option ist für die Funktionen des Pathfinder-Bedienfelds deaktiviert, für Pathfinder-Effekte über das Menü aber aktiviert!

Zusammengesetzte Pfade

Mit **zusammengesetzten Pfaden** stanzen Sie Objekte aus anderen Objekten aus und erzeugen auf diese Weise Löcher in der Überschneidungsfläche. Die Aussehen-Attribute des in der Objektreihenfolge ganz unten liegenden Objekts werden auf alle weiteren Objekte angewandt; so wird etwa im folgenden Beispiel die Kontur auch innen entlang des Lochs angewendet.

▲ **Abbildung 5-24**
Durch den ausgeschnittenen Bereich werden darunterliegende Objekte sichtbar.

▲ **Abbildung 5-25** Das Stern-Objekt wird aus dem Kreis ausgeschnitten.

Die einzelnen Komponenten eines zusammengesetzten Pfades können Sie zwar mit dem Direktauswahl-Werkzeug oder mit dem Gruppenauswahl-Werkzeug auf der Zeichenfläche auswählen und bearbeiten, es ist aber nicht möglich, darauf unterschiedliche Aussehen-Attribute, Grafikstile oder Effekte anzuwenden. Auch sind Bearbeitungen über das Ebenen-Bedienfeld nicht möglich. Wenn Sie beim Bearbeiten solcher Löcher mehr Flexibilität haben möchten, erstellen Sie eine **zusammengesetzte Form** und wandeln Sie diese um.

▲ **Abbildung 5-26** Einzelne Pfade bleiben mit dem Direktauswahl-Werkzeug und dem Gruppenauswahl-Werkzeug bearbeitbar.

Wenn vor dem Erstellen eines zusammengesetzten Pfads – oder durch Verschiebung einer seiner Komponenten – Objekte überlappen, entsteht das Loch in deren Überschneidungsbereich.

▲ **Abbildung 5-27** Durch Überlappung entstehendes Loch

Zum Erstellen eines zusammengesetzten Pfades positionieren Sie erst ein oder mehrere Objekte, die als Loch dienen sollen, überlappend über dem Objekt, von dem sie ausgeschnitten werden sollen. Wählen Sie dann alle Objekte aus, aus denen der zusammengesetzte Pfad erstellt werden soll und wählen Sie aus dem Menü *Objekt* → *Zusammengesetzter Pfad* → *Erstellen* oder verwenden Sie den Shortcut `strg` / `⌘` + `8`.

Möchten Sie einen ausgewählten zusammengesetzten Pfad wieder in die ursprünglichen Komponenten zurückwandeln, können Sie das über *Objekt* → *Zusammengesetzter Pfad* → *Zurückwandeln* oder `alt` + `⇧` + `strg` / `⌘` + `8` tun. Die ursprünglichen Komponenten sind wieder »frei«, allerdings geht beim Erstellen eines zusammengesetzten Pfads das Aussehen der Originalpfade dauerhaft verloren – alle Objekte erhalten beim Zurückwandeln die Aussehen-Attribute, die sie als zusammengesetzter Pfad hatten.

> **Tipp**
>
> Man kann zusammengesetzte Pfade auch dazu verwenden, mehrere – auch nicht überlappende – Objekte in einem Objekt zusammenzuführen, zum Beispiel um sie als Schnittmaske oder für Pathfinder-Funktionen benutzen zu können, wie ich Ihnen im Workshop auf der nächsten Seite zeigen werde.

> **Hinweis**
>
> Zusammengesetzte Pfade sind im Ebenen-Bedienfeld als <Zusammengesetzter Pfad> angeführt.

▲ **Abbildung 5-28**
Zeichen ohne (links) und mit **Unterlängen** (rechts)

Workshop 5-1

Gras über eine Sache wachsen lassen

In diesem Workshop möchte ich Ihnen nicht nur grafische Anregungen dafür geben, wie Sie Wörter mit Bildern untermalen, sondern auch Anwendungsbeispiele für einige der vorgestellten Methoden zum Kombinieren von Objekten.

1 Text

Schreiben Sie zuerst das Wort »Gräser« und wechseln Sie gleich zum **Auswahl-Werkzeug**, um die Texteingabe zu beenden. Das Textobjekt bleibt ausgewählt. Öffnen Sie über das Menü *Fenster* → *Schrift* → *Zeichen* das Zeichen-Bedienfeld, in dem Sie über das Drop-down-Menü **Schriftart** für jede verfügbare Schrift eine Vorschau sehen. Wählen Sie eine massive Schriftart aus, die auf Unterlängen verzichtet – im konkreten Fall beim Buchstaben »G« – und wandeln Sie das Textobjekt anschließend über das Menü *Schrift* → *In Pfade umwandeln* in bearbeitbare Flächenobjekte um.

> **Neu in CS6**
>
> Sie können seit Illustrator CS6 auch den Cursor über das Drop-down-Menü **Schriftart** bewegen und dann mit dem Rädchen auf Ihrer Maus beziehungsweise auf Ihrem Trackpad wischen, um darin zu scrollen. Während Sie scrollen, wird die Schriftart ausgewählter Textobjekte entsprechend verändert.

▲ **Abbildung 5-29** Schrift in Pfade umgewandelt

2 Gras pflanzen

Als Nächstes benötigen wir Gras, das bereits als **Symbol** in Illustrator vorhanden ist, Sie müssen es lediglich in der Zeichenfläche platzieren. Öffnen Sie das Symbole-Bedienfeld über das Menü *Fenster* → *Symbole*. Klicken Sie im Bedienfeld links unten auf **Symbol-Bibliotheken** und öffnen Sie dort die Bibliothek »Natur«. Darin finden sich nicht nur einige Insekten und Fische, sondern auch mehrere Sorten Gras. Nehmen Sie die Symbolminiatur mit dem Namen »Gras 4« und ziehen Sie sie aus dem Bedienfeld direkt in die Zeichenfläche.

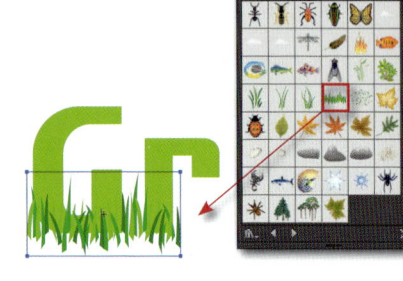

▲ **Abbildung 5-30**
Ziehen Sie eine Symbolminiatur in die Zeichenfläche

Kapitel 5 · Neue Formen aus Objekten

3 | Mehr Gras

Skalieren und verschieben Sie die Symbolinstanz mit dem nach wie vor aktiven Auswahlwerkzeug an ihrem Begrenzungsrahmen – wie Sie es auch mit einem normalen Objekt tun würden –, sodass in etwa die untere Hälfte der ersten beiden Buchstaben verdeckt ist. Duplizieren Sie die Instanz (indem Sie sie mit gedrückter [alt]-Taste zur Seite ziehen) so oft, bis die gesamte Länge des Wortes bepflanzt ist.

▲ **Abbildung 5-31** Symbolinstanzen direkt in der Zeichenfläche dupliziert

Nun soll das Gras mit der Pathfinder-Funktion **Vorderes Objekt abziehen** aus den Buchstaben ausgeschnitten werden, dazu sind aber noch zwei Schritte notwendig.

4 | Symbole umwandeln

Mit Symbolinstanzen können keine Pathfinder-Funktionen durchgeführt werden, denn sie sind nur Abbilder einer Originalgrafik. Sie müssen also erst die Verknüpfung zwischen den ausgewählten Instanzen zum Original lösen und »normale« Objekte daraus machen. Dazu gibt es zwei Möglichkeiten: Sie klicken im Symbole-Bedienfeld auf den Button ⬚ **Verknüpfung mit Symbol aufheben**, oder Sie gehen auf *Objekt* → *Umwandeln* und bestätigen die folgenden Optionen mit **OK**.

In beiden Fällen erhalten Sie für jede der Instanzen eine Gruppe mit vielen weiteren Objekten und Gruppen; so genau müssen wir das gar nicht wissen, denn mit der Pathfinder-Funktion können Sie auch viele Objekte von einem Objekt abziehen. Und das ist auch schon der zweite notwendige Schritt, denn das Wörtchen »Gräser« setzt sich aus einer Gruppe von 6 Objekten zusammen. Würden Sie nun die Pathfinder-Funktion **Vorderes Objekt abziehen** anwenden, würden sämtliche Objekte der Auswahl lediglich von dem zuunterst liegenden Objekt abgezogen – in unserem Fall vom »G«. Es müssen also alle Buchstabenobjekte zu einem einzigen Objekt vereint werden.

5 | Zusammengesetzten Pfad erstellen

Obwohl sich die Buchstabenobjekte nicht überlappen, können Sie daraus einen zusammengesetzten Pfad erstellen. Das hat zur Folge, dass alle sechs Objekte zu einem einzigen Pfad zusammengesetzt werden. Wählen Sie die Gruppe aus (achten Sie darauf, dass Sie kein Gras mit auswählen!) und wählen Sie aus dem Menü *Objekt* → *Zusammengesetzter Pfad* → *Erstellen*. Nun können Sie die Pathfinder-Funktion richtig anwenden.

Hinweis

Wenn Sie ein Symbol aus dem Bedienfeld in die Zeichenfläche ziehen, platzieren Sie eine **Instanz** des Symbols. Erfahren Sie mehr über Symbole im Abschnitt Symbole am Ende dieses Kapitels.

Hinweis

Haben Sie keine Hemmungen, die Symbolinstanz für diesen Zweck durchaus auch unproportional zu verzerren, zum Beispiel höher zu machen, damit die Gräser nicht zu dick erscheinen.

▲ **Abbildung 5-32**
Umwandeln-Optionen

▲ **Abbildung 5-33**
Wenn Sie die Gräser von der Gruppe der Buchstabenobjekte abziehen, bleibt nur das »G« erhalten.

Hinweis

Durch das Anwenden der Pathfinder-Funktion ist wieder eine Gruppe von Objekten entstanden. Damit Sie Ihre Grafik kompakter handhaben können, wandeln Sie die Gruppe gleich wieder in einen zusammengesetzten Pfad um.

6   Vorderes Objekt abziehen

Wählen Sie alle Objekte aus – sowohl den neuen zusammengesetzten Pfad als auch die Gruppen mit den Gräsern – und öffnen Sie das **Pathfinder-Bedienfeld** über das Menü *Fenster → Pathfinder*. Klicken Sie auf **Vorderes Objekt abziehen**, werden die Pfade der Gräser permanent von dem zusammengesetzten Buchstabenpfad abgezogen. Durch diese »Löcher« in den Buchstaben sieht man den Hintergrund.

▲ **Abbildung 5-34** Durch die »Löcher« des Ergebnisses sieht man hindurch.

7   Alternative zu Schnittmaske erstellen

Wenn Sie eine deutlichere Abgrenzung zum Hintergrund brauchen, können Sie (nach dem Schritt 5 dieses Workshops) den zusammengesetzten Pfad in der Objektreihenfolge an die oberste Stelle schieben, wieder sämtliche Objekte auswählen und `strg` / ⌘ + `7` klicken. Das ist die schnellste Möglichkeit, um aus dem obersten Objekt einer Auswahl eine Schnittmaske mit den darunterliegenden Objekten der Auswahl zu erstellen.

Wählen Sie danach im Ebenen-Bedienfeld den zusammengesetzten Zuschneidungspfad aus und geben Sie ihm eine Kontur.

Hinweis

Ohne Kontur kann man hier nicht sehr viel erkennen.

▲ **Abbildung 5-35**
Schnittmaske ohne Kontur

▲ **Abbildung 5-36** Mit denselben Komponenten wurde eine Schnittmaske erstellt, der nachträglich eine Kontur gegeben wurde.

Schnittmasken

Schnittmasken verwendet man am besten, wenn man die Sichtbarkeit von Objekten verändern möchte, ohne die Objekte selbst zu zerstören – sie funktioniert im Prinzip wie ein Fenster, durch das Sie hindurchblicken. Durch die Form der Maske wird festgelegt, welche Bereiche von einem oder mehreren Objekten sichtbar bleiben und welche ausgeblendet werden: Von den maskierten Objekten bleiben nur die Bereiche sichtbar, die innerhalb der Form der Maske – des sogenannten **Zuschneidungspfades** – liegen, alles außerhalb der Maske wird verdeckt. Die Schnittmaske und die maskierten Objekte werden als **Schnittsatz** bezeichnet.

> **Hinweis**
>
> Aus unterschiedlichen **Schnittmasken**-Kombinationen lassen sich auf einfache Art interessante Effekte erzielen!

▼ **Abbildung 5-37**
Einzelner **Zuschneidungspfad**

▲ **Abbildung 5-38** Objekte (links) werden von einem Maskenobjekt (Mitte) beschnitten (rechts).

Was Sie über Schnittmasken wissen sollten:

- Zuschneidungspfade können aus **ⓐ** einzelnen Objekten, **ⓑ** mehreren nebeneinanderliegenden Objekten (als zusammengesetzter Pfad) oder aus überlappenden Objekten **ⓒ** gebildet werden.

- In der Objektreihenfolge muss der Zuschneidungspfad immer oberhalb aller zu maskierenden Objekte liegen. Davon abgesehen gibt es keine weiteren Positionierungsregeln – die Objekte können sogar auf mehrere Ebenen verteilt sein, werden aber nach dem Erstellen eines Schnittsatzes an der Position der Maske zusammengefasst.

- Alle Komponenten eines Schnittsatzes bleiben komplett erhalten: Es wird lediglich Ihre Sichtbarkeit beeinflusst. Die Maske sowie sämtliche maskierten Objekte bleiben einzeln editierbar. Sie können auch nach dem Erstellen eines Schnittsatzes daraus maskierte Objekte entfernen oder neue Objekte hinzufügen.

- Als Zuschneidungspfad können Sie nur Vektorobjekte verwenden, maskieren können Sie damit jedoch beliebiges Bildmaterial, also auch Pixelgrafiken.

- Das Vektorobjekt, das Sie als Zuschneidungspfad verwenden, wird beim Erstellen einer Schnittmaske in ein Objekt ohne Aussehen umgewandelt, unabhängig davon, wie es davor ausgesehen hat. Der Zuschneidungspfad kann aber nachträglich Aussehen-Attribute erhalten.

- Je nach Bedarf können Schnittmasken wahlweise aus selektierten Objekten erstellt werden oder für sämtliche Inhalte ausgewählter Ebenen oder Gruppen.

▼ **Abbildung 5-39**
Zuschneidungspfad aus mehreren Objekten

▼ **Abbildung 5-40**
Zuschneidungspfad aus dem Überlappungsbereich mehrerer Objekte

Zuschneidungspfade vorbereiten

Wenn Sie eine Schnittmaske mit einem **einzigen Maskenobjekt** erstellen möchten, müssen Sie nur sichergehen, dass sich dieses Objekt in der Objektreihenfolge oberhalb aller zu maskierenden Objekte befindet. Möchten Sie eine Schnittmaske aus **mehreren nebeneinanderliegenden Objekten** bilden, müssen diese Objekte erst – wie auf den letzten Seiten beschrieben – in einen zusammengesetzten Pfad konvertiert werden.

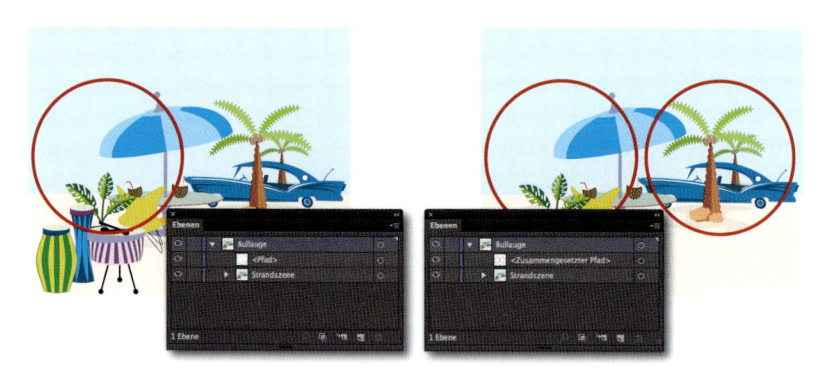

▲ **Abbildung 5-41** Ausgangsbasis für eine Schnittmaske aus einem Objekt (links) und mehreren nebeneinanderliegenden Objekten (rechts)

Bei **überlappenden Objekten** können Sie mit Schnittmasken unterschiedliche Effekte erzielen: Sie können entweder den Überlappungsbereich der Objekte (Schnittmenge) sichtbar lassen, oder aber alles bis auf diesen Überlappungsbereich. Wählen Sie alle relevanten Objekte aus und erstellen daraus einen zusammengesetzten Pfad, so bleibt alles mit Ausnahme des Überlappungsbereichs sichtbar. Möchten Sie hingegen nur den Überlappungsbereich sehen, gruppieren Sie alle Objekte, die als Maske dienen sollen, und erstellen Sie anschließend damit eine Schnittmaske.

> **Hinweis**
>
> Auch **Textobjekte** (siehe Kapitel 7) können als Zuschneidungspfade verwendet werden, zum Beispiel um den Text mit einer Pixelgrafik oder mit einem Farbverlauf zu füllen.
>
> ▲ **Abbildung 5-42**
> Textobjekt als Zuschneidungspfad

▲ **Abbildung 5-43** Ausgangsbasis für eine Schnittmaske ohne den Überlappungsbereich von Objekten (links) und nur mit dem Überlappungsbereich (rechts)

Kapitel 5 · Neue Formen aus Objekten

Schnittmasken erstellen

Vergewissern Sie sich, dass das Maskenobjekt, der zusammengesetzte Pfad oder die Gruppe in der Objektreihenfolge an oberster Stelle liegt. Wählen Sie nun die Maske und sämtliche Objekte, die Sie damit maskieren möchten, auf der Zeichenfläche oder im Ebenen-Bedienfeld aus und wählen Sie *Objekt* → *Schnittmaske* → *Erstellen* oder [strg] / [⌘] + [7].

Wenn Sie den gesamten Inhalt einer Ebene oder Gruppe mit dem darin an oberster Stelle liegenden Objekt maskieren möchten, wählen Sie im Ebenen-Bedienfeld die Ebene beziehungsweise Gruppe aus und klicken Sie auf den Button **Schnittmaske erstellen/zurückwandeln** am unteren Rand des Ebenen-Bedienfelds.

Schnittmasken bearbeiten

Auch nach dem Erstellen einer Schnittmaske können Sie noch vielseitige Änderungen daran vornehmen. Wie Sie es auch mit normalen Gruppen oder Ebenen tun würden, können Sie einem Schnittsatz über das Ebenen-Bedienfeld neue Objekte hinzufügen oder welche daraus entfernen. Sie müssen lediglich dafür sorgen, dass neue Objekte unterhalb des Zuschneidungspfads angeordnet sind, dann werden sie automatisch maskiert.

Den ausgewählten Zuschneidungspfad selbst können Sie – wie jeden Pfad – mit Werkzeugen bearbeiten (siehe Kapitel 4) oder an eine andere Stelle verschieben. Um rasch zwischen der Maske und den Inhalten wechseln zu können, stellt Ihnen das Steuerung-Bedienfeld bei ausgewählter Schnittmaske zwei Auswahlbuttons zur Verfügung: der Button **Zuschneidungspfad bearbeiten** ist standardmäßig aktiviert, Sie befinden sich also automatisch im Bearbeitungsmodus der Maske; klicken Sie auf **Inhalte bearbeiten**, wechseln Sie in den Bearbeitungsmodus für die maskierten Inhalte.

Aussehen von Zuschneidungspfaden

Durch das Konvertieren in einen Zuschneidungspfad verlieren die Objekte ihr ursprüngliches Aussehen und werden unsichtbar. Sie können aber für die ausgewählte Maske nachträglich eine Konturfarbe und eine Konturstärke definieren. (siehe Kapitel 6)

Schnittmasken zurückwandeln

Um eine Schnittmaske wieder aufzulösen, wählen Sie aus dem Menü *Objekt* → *Schnittmaske* → *Zurückwandeln* oder [alt] + [strg] / [⌘] + [7]. Für Schnittmasken, die für eine gesamte Ebene oder Gruppe im Ebenen-Bedienfeld durch Klicken des Buttons Schnittmaske erstellen/zurückwandeln erzeugt wurden, reicht ein neuerlicher Klick auf diesen Button.

> **Tipp**
>
> Verwenden Sie die Pathfinder-Funktion **Unechte Fläche entfernen**, um die Flächenobjekte in der Schnittmaske endgültig auf den Umriss des Zuschneidungspfads anzupassen. Konturen gehen dabei leider verloren, wandeln Sie diese deshalb vorher in Flächen um (siehe Abschnitt »Konturen in Flächen umwandeln« etwas weiter hinten in diesem Kapitel).

▲ **Abbildung 5-44**
Schnittmaske mit nachträglich zugewiesener Kontur

Interaktiv neue Formen erstellen

Mit dem **Formerstellungs-Werkzeug** können Sie komplexe Objekte intuitiv durch Zusammenfügen, Löschen und Bearbeiten einfacher Formen erstellen. Es funktioniert im Grunde wie eine Mischung aus dem **interaktiven Malen** – das Sie auf den kommenden Seiten kennenlernen – und den bereits vorgestellten **Pathfinder**-Funktionen.

Wenn Sie mit dem Werkzeug über ausgewählte überlappende Objekte fahren, zeigt es Ihnen interaktiv die Kanten und Bereiche der Objekte, die Sie zu neuen Formen kombinieren können. Als **Kante** bezeichnet man einen Pfadteil, der sich durch die Begrenzung mit anderen Objekten ergibt. Ein **Bereich** ist eine geschlossene, von Kanten begrenzte Fläche.

Nun können Sie Bereiche vereinen beziehungsweise Überlappungsbereiche von Objekten herauslösen oder löschen und währenddessen direkt ohne Zuhilfenahme anderer Werkzeuge oder Bedienfelder die Flächen und Konturen der neuen Formen färben.

Wählen Sie sämtliche Objekte aus, die Sie miteinander kombinieren möchten, und aktivieren Sie das Formerstellungs-Werkzeug ([⇧] + [M]) im Werkzeug-Bedienfeld. Das Werkzeug befindet sich nun standardmäßig im Modus **Zusammenfügen**, mit dem Sie Bereiche herauslösen oder miteinander verbinden können. Bewegen Sie den Cursor über die Auswahl, zeigt Ihnen das Werkzeug die Bereiche und Kanten, die Sie kombinieren können.

Bereiche herauslösen

Klicken Sie mit dem Werkzeug auf den Bereich, der als unabhängiges Objekt herausgelöst werden soll. An den Trennstellen der Objekte werden zusätzliche Ankerpunkte erstellt, und der herausgelöste Bereich wird aus allen betroffenen Formen entfernt.

> **Hinweis**
>
> Es können auch neue Formen aus Bereichen entstehen, die zuvor noch nicht Teil eines Objekts waren, zum Beispiel durch Überlappung von Objekten ohne Fläche.

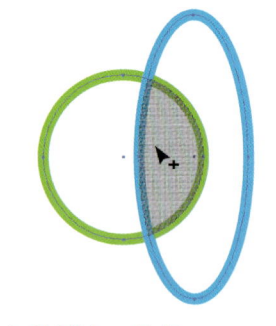

▲ **Abbildung 5-45**
Leerer Überlappungsbereich wird ein neues Objekt.

> **Hinweis**
>
> Der herausgelöste Bereich erhält das aktuell ausgewählte Flächenattribut, die Kontur bleibt unverändert.

▲ **Abbildung 5-46** Ein einfacher Klick erzeugt drei neue Formen.

Geschlossene Bereiche zusammenfügen

Ziehen Sie mit dem Werkzeug über die Bereiche, die Sie zusammenfügen möchten – eine rote Umrandung markiert den ausgewählten Bereich –, und lassen Sie dann die Maustaste los. Die Bereiche werden zu einer neuen Form vereint und gegebenenfalls von einer anderen Form abgezogen.

Hinweis

Der neuen Form werden das aktuell eingestellte Flächenattribut und die Kontur des Objekts zugewiesen, von dem aus Sie zu ziehen begonnen haben.

▲ **Abbildung 5-47** Durch Ziehen verbinden Sie Bereiche.

Bereiche löschen

Möchten Sie Bereiche oder Kanten löschen, so halten Sie die ⌜alt⌝-Taste gedrückt – der Cursor ändert sich zu ▶_ – und klicken darauf. Wenn Sie einen Bereich löschen, der zu mehreren Objekten gehört, wird dieser aus allen betroffenen Formen entfernt.

▲ **Abbildung 5-48** Durch Klicken mit gedrückter ⌜alt⌝-Taste löschen Sie Bereiche.

Objekte zweiteilen

Wenn Sie in den Werkzeug-Optionen **Im Modus ›Zusammenfügen‹ wird der Pfad durch Klicken auf die Kontur geteilt** aktivieren, können Sie einen Pfad durch Klicken darauf in zwei Teile zerlegen, wobei allerdings die neue Kante nicht den Kanten überlappender Objekte entspricht, sondern gerade (als kürzeste Strecke) verbunden wird. Der Cursor wird zu ▶✂, wenn Sie die Maus über eine Kante bewegen.

Interaktiv neue Formen erstellen

▲ **Abbildung 5-49** Option Im Modus ›Zusammenfügen‹ wird der Pfad durch Klicken auf die Kontur geteilt

Objekte bei der Formerstellung färben

Bei den vorher beschriebenen Methoden, um neue Formen mit dem Formerstellungs-Werkzeug zu erstellen, können Sie die Flächenattribute der neuen Objekte steuern, indem Sie vor dem Zusammenfügen oder Teilen – zum Beispiel über das Steuerung-Bedienfeld – eine andere Fläche wählen.

Wenn Sie möchten, können Sie in den Werkzeug-Optionen die Option **Cursorfarbfeldvorschau** aktivieren, wodurch Sie mit den Pfeiltasten direkt im Cursor die Farbe wechseln können. Das Wechseln der Farbe mit den Pfeiltasten funktioniert übrigens auch ohne die Cursorfarbfeldvorschau!

▲ **Abbildung 5-50**
Objekte bei der Formerstellung färben

Um auch die Farbe der Kontur ändern zu können, muss in den Werkzeug-Optionen **Im Modus 'Zusammenfügen' wird der Pfad durch Klicken auf die Kontur geteilt** aktiviert sein. Bewegen Sie den Cursor auf eine Objektkante – das hebt die Kontur hervor – und wählen Sie dort mit den Pfeiltasten oder auf die übliche Weise im Steuerung-Bedienfeld die Konturfarbe aus, die Sie anwenden möchten. Im Steuerung-Bedienfeld können Sie auch die Konturstärke beeinflussen. Klicken Sie nun darauf.

▲ **Abbildung 5-51**
Cursorfarbfeldvorschau

Optionen für das Formerstellungs-Werkzeug

Ein Doppelklick auf das Formerstellungs-Werkzeug im Werkzeug-Bedienfeld öffnet die Werkzeugoptionen, mit denen Sie Einstellungen für die Suche nach Lücken, Farbquelle und Hervorhebung treffen.

Aktivieren Sie die Option **Lückensuche**, sucht Illustrator automatisch nach möglicherweise versehentlich entstandenen Lücken zwischen Objekten und behandelt diese als Bereiche. Im Drop-down-Menü **Lückenlänge** können Sie zwischen **Klein** (3 Punkt), **Mittel** (6 Punkt) und **Groß** (12 Punkt) wählen. Falls Sie einen exakten Wert definieren möchten, aktivieren Sie **Benutzerdefiniert** und legen ihn dort fest. Illustrator sucht übrigens nur nach Lücken, deren Länge in etwa dem angegebenen Wert entspricht, achten Sie daher auf möglichst genaue Bestimmung der Länge.

▲ **Abbildung 5-52**
Beispiel für eine Lücke

▲ **Abbildung 5-53** Optionen für das Formerstellungs-Werkzeug

Im Abschnitt **Optionen** ist standardmäßig **Offenen gefüllten Pfad als geschlossen behandeln** aktiviert. Diese Funktion schließt offene gefüllte Pfade mit einer unsichtbaren Kante, sodass ein Bereich entsteht. Aktivieren Sie die Funktion **Im Modus 'Zusammenfügen' wird der Pfad durch Klicken auf die Kontur geteilt**, können Sie einen Pfad durch Klicken darauf zweiteilen, wobei beide neuen Pfade an der Öffnung als kürzeste Strecke geschlossen werden. Über das Drop-down-Menü **Farbe auswählen aus** können Sie wählen, ob Sie die **Farbfelder** oder die in vorhandenem **Bildmaterial** verwendeten Farben verwenden möchten. Ist **Farbfelder** aktiv, erhalten Sie – ähnlich wie beim Interaktiv-malen-Werkzeug – ein Cursorfarbfeld.

Im Abschnitt **Markierungen** legen Sie fest, auf welche Art das Werkzeug Bereiche und Kanten darstellt, wenn Sie die Maus darüberbewegen. **Füllen** ist standardmäßig aktiviert, dadurch werden zusammenfügbare Bereiche grau hervorgehoben. **Bearbeitbare Kontur hervorheben** ist ebenfalls standardmäßig aktiviert; es bewirkt, dass bearbeitbare Konturen in der im Drop-down-Menü **Farbe** eingestellten Farbe hervorgehoben werden.

Objekte angleichen

Unter dem **Angleichen** versteht man die langsame Verwandlung von einem Objekt in ein anderes, Schritt für Schritt. Dabei entstehen in Zwischenschritten – je nach Einstellung – neue Objektformen mit angeglichenen Farben.

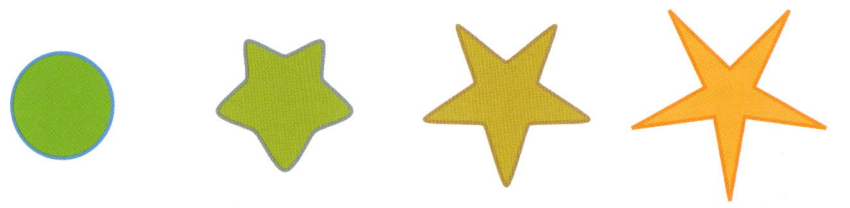

▲ **Abbildung 5-54** Gleichmäßige Form- und Farbanpassung zwischen zwei Objekten

Nachdem Sie aus zwei Objekten eine Angleichung erstellt haben, wird diese als ein Angleichungsobjekt behandelt. Das ermöglicht, dass noch Änderungen an den beiden Originalobjekten und dem Angleichungspfad vorgenommen werden können, was die angeglichenen Objekte automatisch aktualisiert. Eine Angleichung kann aber auch jederzeit in einzelne Objekte umgewandelt werden.

Angleichung erstellen

Wählen Sie das **Angleichen-Werkzeug** aus dem Werkzeug-Bedienfeld aus und navigieren Sie über das erste Objekt. Der Cursor verändert sich zu . Klicken Sie nun erst auf dieses Objekt und dann, sobald der Cursor ein kleines Pluszeichen anzeigt , auf das zweite Objekt, zu dem hin die Angleichung gemacht werden soll. Das können Sie mit beliebig vielen weiteren Objekten wiederholen.

Angleichungen können auch zwischen zwei offenen Pfaden erstellt werden, um einen sanften Übergang zwischen ihnen zu erzeugen. Klicken Sie dazu mit dem Angleichen-Werkzeug auf jedem Pfad einen Endpunkt an.

Hinweis
Sie können eine Angleichung auch über *Objekt* → *Angleichen* → *Erstellen* durchführen.

▶ **Abbildung 5-55**
Gleichmäßige Anpassung zwischen zwei offenen Pfaden

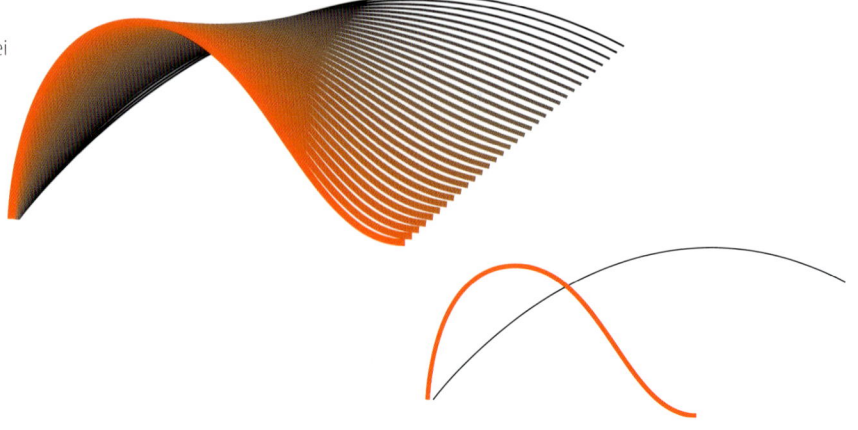

Kapitel 5 · Neue Formen aus Objekten

Objekte mit Drehung angleichen

Wenn Sie zu einem bestimmten Ankerpunkt hin angleichen möchten, klicken Sie mit dem Angleichen-Werkzeug nicht in die Fläche der Objekte, sondern auf ihre Ankerpunkte.

▲ **Abbildung 5-56** Angleichung mit Drehung

Angleichen-Optionen

Je nachdem, welche Einstellungen Sie in den **Angleichen-Optionen** festlegen, können Sie interessante Variationen des Anpassens erzeugen. Doppelklicken Sie im Werkzeug-Bedienfeld auf das Angleichen-Werkzeug oder wählen Sie *Objekt → Angleichen → Angleichen-Optionen*, um Einstellungen für den Abstand und die Ausrichtung der Angleichung anzupassen.

Wählen Sie aus dem Drop-down-Menü **Abstand** die Option **Farbe glätten**, so berechnet Illustrator die Anzahl der Angleichungsstufen selbst, um einen nahtlosen Farbübergang zwischen zwei Objekten zu erzeugen.

> **Hinweis**
>
> Um eine existierende Angleichung anzupassen, wählen Sie diese aus, bevor Sie die Angleichen-Optionen öffnen.

▲ **Abbildung 5-57** Geglättete Farbe zwischen zwei Objekten

Die Option **Festgelegte Stufen** erlaubt Ihnen selbst zu bestimmen, wie viele Angleichungsstufen zwischen den Objekten erstellt werden. Illustrator errechnet die Entfernung zwischen den festgelegten Stufen.

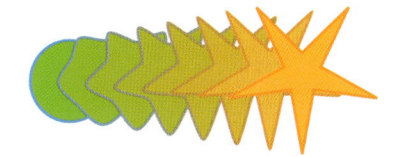

◀ **Abbildung 5-58**
Bestimmen Sie mit **festgelegte Stufen** selbst, wie viele Objekte hinzugefügt werden.

Objekte angleichen

Wählen Sie **Festgelegter Abstand**, bestimmen Sie nicht die Anzahl, sondern die Entfernung der einzelnen Stufen der Angleichung. Illustrator berechnet dann die Anzahl der möglichen Angleichungen.

Unterhalb der Einstellungen für Abstand können Sie noch die **Ausrichtung** der angeglichenen Objekte variieren. Diese Einstellungen werden allerdings erst sichtbar, wenn es sich bei der Achse – so wird der Pfad genannt, an dem die Stufen in einem angeglichenen Objekt ausgerichtet werden – nicht um eine gerade Linie handelt.

An Seite ausrichten richtet die Angleichung immer senkrecht zur x-Achse aus.

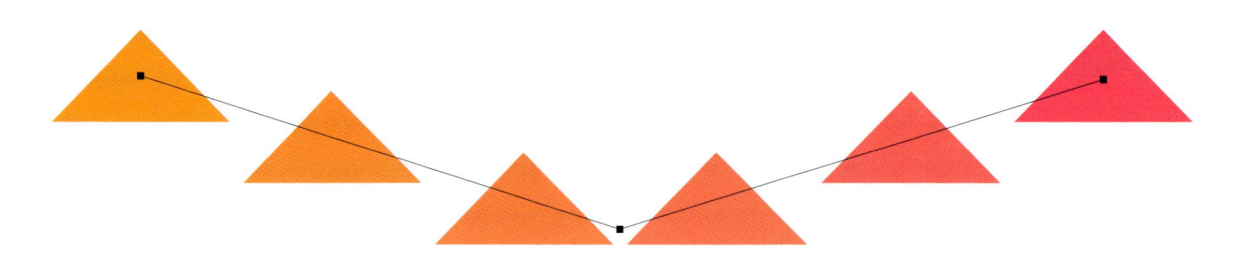

▲ **Abbildung 5-59** Gleiche vertikale Ausrichtung durch **An Seite ausrichten**

Im Gegensatz dazu richtet **An Pfad ausrichten** die Angleichung immer im rechten Winkel zur Achse aus.

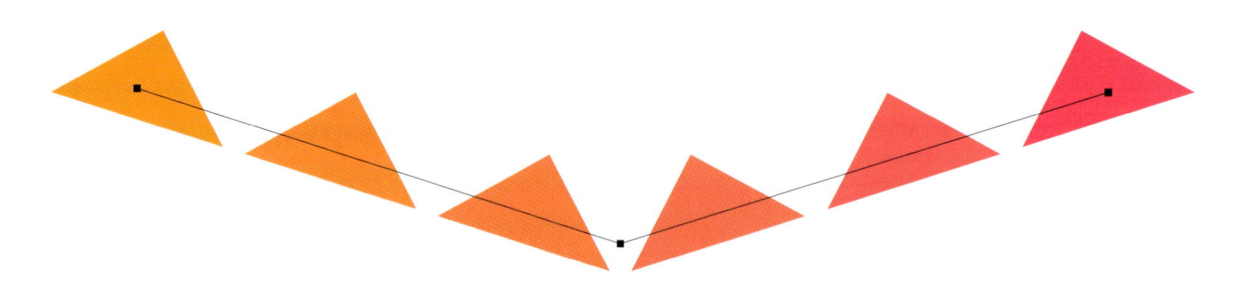

▲ **Abbildung 5-60** Vertikale Ausrichtung im rechten Winkel zur Achse durch **An Pfad ausrichten**

Angleichungen bearbeiten

Den Pfad, an dem entlang die Angleichung ausgerichtet wird und der an jedem Ende durch ein Originalobjekt begrenzt wird, bezeichnet man als **Achse**. Für gewöhnlich ist diese Achse eine gerade Linie, an der Sie jederzeit nachträglich wie bei einem normalen Pfad mit den Pfadbearbeitungswerkzeugen (siehe Kapitel 4) Änderungen vornehmen können. Wenn Sie zum Beispiel Länge oder Ausrichtung der Achse verändern möchten, so verschieben Sie einen Achsenendpunkt mit dem **Direktauswahl-Werkzeug**, oder natürlich einfach die Originalobjekte. Mit dem **Ankerpunkt-hinzufügen-Werkzeug** können Sie der Achse neue Ankerpunkte zuweisen und diese mit dem Direktauswahl-Werkzeug bewegen.

▲ **Abbildung 5-61**
Verschieben Sie ein Originalobjekt, so ändert sich die Angleichung entsprechend.

Über *Objekt → Angleichen → Achse umkehren* können Sie bei ausgewählter Angleichung die Abfolge auf der Achse umkehren, sodass die Objekte vertauscht sind.

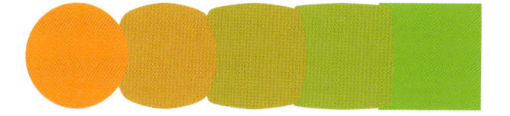

▲ **Abbildung 5-62** Angleichung mit umgekehrter Achse

Bei überlappenden Objekten innerhalb einer Angleichung können Sie außerdem die Objektreihenfolge mit *Objekt → Angleichen → Farbrichtung umkehren* ändern.

▲ **Abbildung 5-63** Ändern der Objektreihenfolge durch Umkehren der Farbrichtung

Angleichung in einzelnes Objekt umwandeln

Oft kommt es vor, dass man aus einer Angleichung einzelne Komponenten verwenden möchte, was jedoch nicht möglich ist, solange die Angleichung als ein Objekt gehandhabt wird. Zu diesem Zweck können Sie die Angleichung dauerhaft über das Menü *Objekt → Angleichen → Umwandeln* in einzelne Objekte umwandeln.

Angeglichenes Objekt zurückwandeln

Sollten Sie die beiden Originalobjekte wieder ohne die Angleichung verwenden wollen, müssen Sie die Angleichung zurückwandeln. Aktivieren Sie dazu das angeglichene Objekt und wählen Sie *Objekt → Angleichen → Zurückwandeln*. Die beiden Originalobjekte sind wieder unabhängig von einander.

Nachzeichnen von Bildmaterial

Pixelgrafiken lassen sich in Adobe Illustrator mühelos platzieren und einbetten, wie Sie in Kapitel 2 nachlesen können. Eine Pixelgrafik ist immer als ein einziges rechteckiges Objekt verlinkt oder eingebettet und kann nur als Ganzes bearbeitet werden; es ist nicht möglich, Teile daraus auszuwählen und zu bearbeiten.

Um Letzteres zu tun, können Sie das Bildmaterial einerseits **manuell nachzeichnen**, andererseits aber auch mit der Funktion **Bildnachzeichner** – dem revolutionär verbesserten Nachfolger des **Interaktiven Nachzeichnens** früherer Illustrator-Versionen – automatisch nachzeichnen, also vektorisieren lassen. Das ist nützlich, wenn Sie eine Illustration erstellen möchten, die zum Beispiel realitätsnahe Aspekte enthalten soll, oder wenn Sie auf Basis von gescannten Skizzen arbeiten möchten. Auch für das Drucken von Pixelbildern, die nicht die dafür notwendige Pixel-Auflösung erfüllen, kann der verbesserte Bildnachzeichner eine saubere Lösung darstellen.

Sehen wir uns erst Illustrators unterstützende Funktionen für manuelles Nachzeichnen an, ehe ich Ihnen den neuen Bildnachzeichner ausführlich erkläre.

Manuelles Nachzeichnen

Um sich das manuelle Nachzeichnen von Bildmaterial zu erleichtern, können Sie es auf sogenannten **Vorlagenebenen** platzieren. Das sind automatisch gesperrte Ebenen, die den Inhalt um 50 % abgeblendet darstellen. Eine weitere Eigenschaft von Vorlagenebenen ist, dass sie nicht gedruckt werden. Sie können bestehende Ebenen in Vorlagenebenen umwandeln oder direkt beim Platzieren über *Datei* → *Platzieren* Bildmaterial als Vorlage definieren. Nun können Sie in einer darüberliegenden, normalen Ebene das Pixelbild nachzeichnen.

Ebenen in Vorlagenebenen umwandeln

Vergewissern Sie sich, dass das Bild in einer eigenen Ebene liegt, und doppelklicken Sie im Ebenen-Bedienfeld auf die Vorschau oder neben den Namen dieser Ebene. Aktivieren Sie im folgenden Optionenfenster die Option **Vorlage** und bestätigen Sie mit **OK**. Falls Sie möchten, können Sie im Eingabefeld **Bilder abblenden auf** einen anderen Wert für die Sichtbarkeit der Inhalte der Vorlagenebene einstellen.

> **Hinweis**
>
> Im Ebenen-Bedienfeld haben Vorlagenebenen ein eigenes Aussehen. Das Augensymbol wird automatisch durch das Vorlagensymbol ersetzt und der Name der Ebene wird in kursiver Schrift angezeigt.

▲ **Abbildung 5-64**
Vorlagenebene (untere Ebene) und normale Ebene im Ebenen-Bedienfeld

▶ **Abbildung 5-65**
Ebenen-Optionen

Vorlagenebenen beim Platzieren definieren

Wenn Sie schon beim Platzieren von Bildmaterial wissen, dass Sie es als Vorlagenebene einfügen möchten, aktivieren Sie in den Platzieren-Optionen das Feld *Vorlage*.

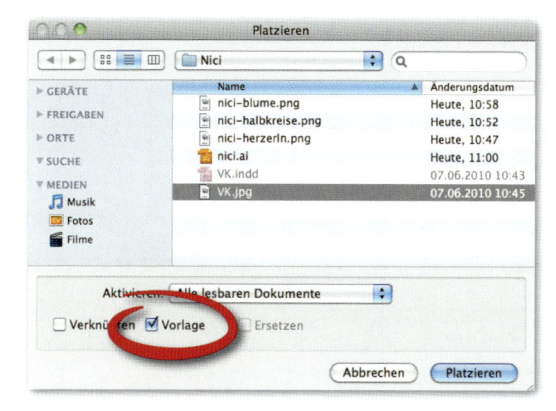

▲ **Abbildung 5-66** Platzieren-Optionen

Pixelbild automatisch nachzeichnen

Ist das Ergebnis des **Interaktiven Nachzeichnen**s bis CS5 immer nur mäßig befriedigen, so ist Adobe in Illustrator CS6 mit dem neuen Feature **Bildnachzeichner** eine wirklich bemerkenswerte Funktion zum Umwandeln von Pixelbildern in Vektorpfade gelungen.

Obwohl komplexe fotorealistische Vorlagen natürlich nach wie vor sehr rechenintensiv sein können, ist das Nachzeichnen wesentlich rascher und präziser geworden. Das Ergebnis der Bildnachzeichnung kann sich sehen lassen und die Anzahl der resultierenden Ankerpunkte und Pfade ist deutlich geringer als beim Interaktiven Nachzeichnen. Auch funktioniert die Farberkennung viel besser.

> **Hinweis**
>
> Aus- und einblenden können Sie Vorlagenebenen durch einen Klick auf das Vorlagensymbol im Ebenen-Bedienfeld, das anstelle des Augensymbols erscheint, oder über *Ansicht → Vorlage ausblenden* beziehungsweise *Ansicht → Vorlage einblenden*.

> **Vorlagenebenen in normale Ebene umwandeln**
>
> Doppelklicken Sie im Ebenen-Bedienfeld auf die Vorlagenebene und deaktivieren Sie die Option **Vorlage**.

Neu in CS6

◀ **Abbildung 5-67**
Originales Pixelbild (rechte obere Ecke) und in CS6 nachgezeichnetes Bild (linke untere Ecke)

Nachzeichnen von Bildmaterial 235

Nachgezeichnetes Bild erstellen

Öffnen oder platzieren Sie das – idealerweise in Bildbearbeitungsprogrammen wie Adobe Photoshop bestens vorbereitete – Bildmaterial erst wie gewohnt in Adobe Illustrator und bestimmen Sie anschließend selbst, wie detailgetreu das Original »abgepaust« werden soll. Hier können Sie auf Voreinstellungen zurückgreifen oder selbst umfassende Einstellungen treffen.

Sobald Sie eine Pixelgrafik in Ihrem Dokument platziert und ausgewählt haben, sehen Sie im Steuerung-Bedienfeld nähere Informationen zu diesem Bild, zum Beispiel, ob es verlinkt oder eingebettet wurde.

▲ **Abbildung 5-68** Verknüpftes Pixelbild

▲ **Abbildung 5-69** Eingebettetes Pixelbild

Bevor wir uns nun im Detail ansehen, welche Möglichkeiten Adobe Illustrator zum Nachzeichnen von Pixelgrafiken bietet, noch eine grundlegende Information: Der Bildnachzeichner (das interaktive Nachzeichnen) erzeugt im Ebenen-Bedienfeld einen einzigen Eintrag mit dem Namen **Nachgezeichnetes Bild (Nachzeichnen)**. In dieser Phase ist sowohl das Originalbild als auch das Ergebnis des Nachzeichnens vorhanden, wenn auch standardmäßig nur noch das Nachzeichnenergebnis sichtbar ist. Sie können das Ergebnis das Nachzeichnens jederzeit durch Verändern Ihrer Einstellungen anpassen.

Im Steuerung-Bedienfeld sehen Sie rechts neben den Bildinformationen den Button **Bildnachzeichner** (CS5-User statt dessen den **Interaktiv Nachzeichnen**-Button), ein Klick darauf zeichnet das Bild standardmäßig erstmal in Schwarz-Weiß nach. Sie können aber auch aus dem benachbarten Drop-down-Menü **Nachzeichnervorgaben** auf einige vordefinierte Sets an Einstellungen zugreifen.

▲ **Abbildung 5-70** Hier zum Beispiel die Standard-Schwarzweiß-Nachzeichnung (links) und **Geringe Fototreue** (rechts)

Kapitel 5 · Neue Formen aus Objekten

CS6-User haben nun eine zusätzliche (großartige!) Unterstützung durch das neue **Bildnachzeichner-Bedienfeld**. Während in den Versionen bis CS5 unmittelbar nach der Wahl einer dieser Optionen das rechenintensive Nachzeichnen begann, können Sie im Bildnachzeichner-Bedienfeld nun erst Mal in aller Ruhe die Optionen kennenlernen und dort natürlich ebenfalls auf verschiedene Vorgaben zugreifen.

Neu in CS6

Das Bildnachzeichner-Bedienfeld

Über das neue **Bildnachzeichner-Bedienfeld**, das Sie über *Fenster* → *Bildnachzeichner* öffnen, greifen Sie nicht nur auf weitere Nachzeichnervorgaben zu, Sie können dort auch die Darstellung variieren und zahlreiche Einstellungen treffen. Sehen wir uns das Bedienfeld genauer an:

▲ **Abbildung 5-71**
Das neue Bildnachzeichner-Bedienfeld

▲ **Abbildung 5-72**
Nachzeichnervorgaben

Im oberen Bereich sehen Sie das Drop-down-Menü **Vorgabe**, das Ihnen Zugriff auf dieselben Vorgaben gewährt, die Sie auch über das Steuerung-Bedienfeld wählen können. Darüber aber finden Sie – quasi als zusätzlicher Schnellzugriff – sechs Buttons, über die Sie rasch bestimmen können, auf wievielen Farben die Nachzeichnung aufgebaut sein soll.

▲ **Abbildung 5-73** Die Buttons **Auto-Farbe**, **Hohe Farbtiefe**, **Geringe Farbtiefe**, **Graustufen**, **Schwarzweiß** und **Pfadansicht**

Als **Ansicht** ist standardmäßig das **Nachzeichnerergebnis** ausgewählt – möchten Sie dieses rasch mit dem Original vergleichen, halten Sie den Button **Quellbild** gedrückt. Weitere Ansichtsoptionen sind **Konturen** – also die Pfade der Nachzeichnung – sowie **Nachzeichnerergebnis mit Konturen** und **Konturen mit Quellbild**. Über den Button **Nachzeichnen** aktualisieren Sie jederzeit Ihre Nachzeichnung.

Hinweis

Konturen werden in der Farbe der Hilfslinien angezeigt, die Sie über das Menü *Illustrator* → *Voreinstellungen* → *Hilfslinien und Raster...* (Mac OS) beziehungsweise *Bearbeiten* → *Voreinstellungen* → *Hilfslinien und Raster...* (Windows) verändern können.

▲ **Abbildung 5-74** Greifen Sie auf unterschiedliche Ansichten zu, hier **Nachzeichner-ergebnis** (links), **Nachzeichnerergebnis mit Konturen** (Mitte) und **Konturen** (rechts).

Hinweis

Wenn Sie als Farbmodus **Schwarz-weiß** gewählt haben, können Sie einen **Schwellenwert** (1 bis 255) für das Konvertieren von Farben wählen. Alle Pixel, die heller als der festgelegte Schwellenwert sind, werden weiß, alle dunkleren Pixel schwarz dargestellt.

Bildnachzeichnung anpassen

Über das Bildnachzeichner-Bedienfeld können Sie jederzeit basierend auf einer Vorgabe die Einstellung verfeinern oder ein nachgezeichnetes (aber noch nicht umgewandeltes) Bild verändern. Achten Sie darauf, es zuvor auszuwählen.

Zum Beispiel können Sie je nach gewähltem **Modus** (*Farbe*, *Graustufen* oder *Schwarzweiß*) über einen Regler die Genauigkeit der Farbeinpassung definieren oder über das Drop-down-Menü **Palette** das Farbresultat auf bestimmte Farb- beziehungsweise Graustufen-Paletten begrenzen.

Klicken Sie auf **Erweitert**, finden Sie dort noch einige weitere Optionen zur Anpassung Ihrer Nachzeichnung.

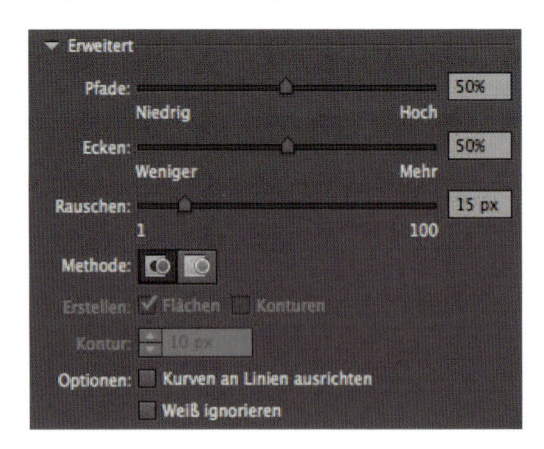

▲ **Abbildung 5-75** Erweiterte Bildnachzeichner-Optionen

Kapitel 5 · Neue Formen aus Objekten

Über den Regler **Pfade** (0 bis 100 Prozent) verändern Sie die Pfadeinpassung – je höher der Wert ist, desto enger anliegend sind die Pfade. Auch die **Ecken** (0 bis 100 Prozent) können Sie mehr oder weniger betonen. Höhere Werte bedeuten mehr Ecken. Beide dieser Optionen erhalten mehr Details des Originalbildes, erhöhen allerdings auch die Anzahl der Pfade und Ankerpunkte und in weiterer Folge auch die Dateigröße und die Berechnungsdauer.

Mit Hilfe des Reglers **Rauschen** (0 bis 100 Prozent) entfernen Sie kleine Störungen, indem Sie ihn nach rechts schieben.

Die **Methode** bestimmt, wie das Ergebnis angelegt wird: Wählen Sie zwischen **Angrenzend**, werden sogenannte Ausschnittpfade erstellt – das bedeutet, dass es zu keinen Überlappungen der neuen Flächen kommt, sich also unterhalb einer Fläche nichts befindet. Aktivieren Sie für diese Methode **Weiß ignorieren**, so werden weiße Pixel nicht mit weißer Farbe gefüllt – dies ist zum Beispiel sehr hilfreich, wenn Sie gescannte Grafiken gleich freistellen möchten.

Die Methode **Überlappend** hingegen erstellt sogenannte Stapelpfade: Die durch die Umwandlung entstehenden Flächen weisen eine leichte Überlappung mit ihren benachbarten Flächen auf.

Die Option **Flächen** ist für die meisten Vorgaben standardmäßig aktiviert. Für das Nachzeichnen in Schwarzweiß können Sie zusätzlich **Konturen** aktivieren. Wenn ein Farbbereich kleiner oder gleich dem Wert ist, der für die Kontur definiert ist, erstellt Illustrator eine Kontur, ist der Wert höher, eine Fläche. Auch für die **Pfadansicht** haben Sie die Möglichkeit, Flächen und Konturen zu erstellen, standardmäßig sind nur Konturen aktiv.

Aktivieren Sie **Kurven an Linien ausrichten**, werden leicht gekrümmte Linien durch gerade Linien ersetzt.

Wenn Sie mit Ihren Einstellungen zufrieden sind, können Sie die Nachzeichnung nun zum Beispiel endgültig in Vektordaten umwandeln, wie ich Ihnen gleich zeigen werde.

> **Tipp**
>
> Wenn Sie eine Nachzeichnung entfernen möchten, ohne das Ausgangsbild zu löschen, wählen Sie *Objekt → Bildnachzeichner (Interaktiv nachzeichnen) → Zurückwandeln*.

Eigene Nachzeichnervorgaben

Wenn Sie die angepassten Einstellungen wieder verwenden möchten – zum Beispiel bei ähnlichen Bildern oder Bildern aus einer Serie – können Sie diese als Vorlage speichern. Im Bildnachzeichner-Bedienfeld finden Sie neben dem Dropdown-Menü **Vorgabe** den Button **Vorgaben verwalten**. Wählen Sie dort **Als neue Vorgabe speichern...** und vergeben Sie einen aussagekräftigen Namen.

> **CS5 Tipp**
>
> CS5-User speichern und verwalten eigene Vorgaben über das Menü *Bearbeiten → Nachzeichnervorgaben*.

Haben Sie bereits eigene Vorgaben gespeichert, können Sie über dasselbe Menü Vorgaben löschen oder auch umbenennen.

Nachgezeichnetes Bild vektorisieren

Wenn Ihnen die Nachzeichnung gefällt, können Sie sie zur weiteren Bearbeitung in **Vektorpfade** umwandeln. Nach dem Konvertieren ist es aber nicht mehr möglich, auf die Nachzeichneroptionen zuzugreifen: Das Resultat ist endgültig.

Nachgezeichnetes Bild in Pfade umwandeln

Klicken Sie im Steuerung Bedienfeld auf den Button **Umwandeln** oder konvertieren Sie die Nachzeichnung über *Objekt → Bildnachzeichner (Interaktiv nachzeichnen) → Umwandeln* in Pfade. Durch das Umwandeln können Sie alle Komponenten einzeln bearbeiten, sie werden zu einer Gruppe zusammengefasst.

Interaktiv Nachzeichnen für CS5-User

CS5-User finden die den eben beschriebenen Optionen zum Nachzeichnen eines Pixelbildes ähnlichen Einstellungsmöglichkeiten in den **Nachzeichneroptionen**. Diese Nachzeichneroptionen öffnen Sie im Steuerung-Bedienfeld durch einen Klick auf den Button **Nachzeichneroptionen** oder über das Menü *Objekt → Interaktiv nachzeichnen → Nachzeichneroptionen*.

Sobald Sie diese Funktion verwenden, können Sie Ihre Einstellungen auch über das Steuerung-Bedienfeld verfeinern.

Eine Funktion, die in CS6 nicht mehr verfügbar ist: Sie können zusätzlich zum Umwandeln in Pfade auch in ein interaktives Malobjekt umwandeln. Klicken Sie auf den Button **Interaktiv malen** im Steuerung-Bedienfeld oder über das Menü *Objekt → Interaktiv nachzeichnen → Für interaktives Malen konvertieren*.

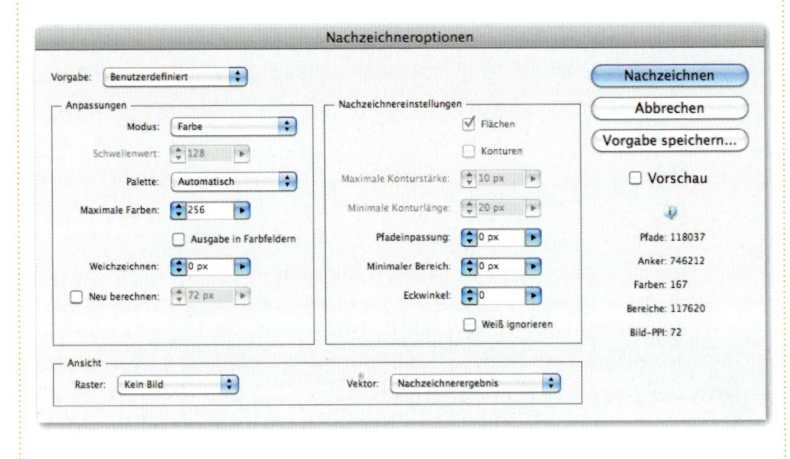

▲ **Abbildung 5-76** Nachzeichneroptionen in CS5

Interaktiv Malen

Interaktives Malen ist nicht im eigentlichen Sinne eine Maltechnik, sondern eine Methode, mit der Sie Objekte miteinander kombinieren und in Farbbereiche teilen. Alle Pfadsegmente und Teilflächen, die sich durch Überschneidung der Objekte miteinander ergeben, können individuell eingefärbt werden, als wären sie eigenständige Objekte. Sie können **Kanten** – so nennt man den Teil eines Pfades zwischen Schnittpunkten – nicht nur verschiedene Konturfarben, sondern auch unterschiedliche Linienstärken zuweisen. **Teilflächen** – Bereiche, die von einer oder mehreren Kanten umschlossen sind, können mit Farben, Mustern oder Verläufen gefüllt werden. Im Grunde ähnelt diese Technik einem Malbuch, in dem Sie frei wählen können, wie Sie die Formen ausmalen.

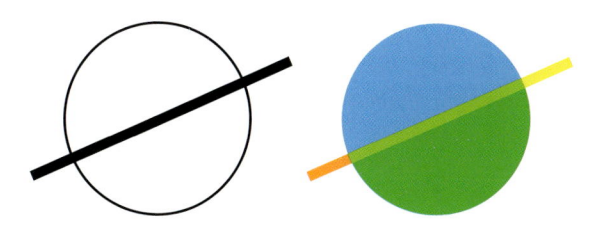

▲ **Abbildung 5-78** Schon zwei Pfade (links) ergeben in einer interaktiven Malgruppe viele Kanten und Teilflächen.

In einer interaktiven Malgruppe müssen Sie nicht auf Ebenen und Objektreihenfolge achten, denn alle darin befindlichen Objekte werden behandelt, als wären sie Teil einer flachen Oberfläche. Auch nach dem Erstellen einer interaktiven Malgruppe bleiben die Pfade komplett bearbeitbar – mehr noch: Wenn Sie einzelne Pfade verändern, fließt die Farbe der neuen Form entsprechend mit. Zum Anpassen der Pfade stehen Ihnen sämtliche Pfadbearbeitungswerkzeuge zur Verfügung.

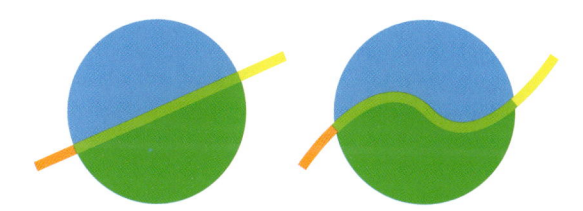

▲ **Abbildung 5-79** Die Farben in einer interaktiven Malgruppe fließen mit.

Interaktive Malgruppe erstellen

Wählen Sie zuerst mindestens einen Pfad, einen zusammengesetzten Pfad oder beides aus und wählen Sie aus dem Menü *Objekt* → *Interaktiv malen* → *Erstellen* oder klicken Sie direkt mit dem **Interaktiv-malen-Werkzeug (K)** in Ihre Auswahl.

Hinweis

Manche Objekteigenschaften, beispielsweise Pinselkonturen, Breitenprofile, Transparenzen und Effekte, gehen beim Konvertieren in eine interaktive Malgruppe verloren, während einige Objekte nicht konvertiert werden können, etwa Text und Bitmapbilder.

▲ **Abbildung 5-77** Warnung beim Erstellen einer interaktiven Malgruppe mit komplexen Attributen

Text und viele andere Aussehen-Attribute können Sie aber in Pfade umwandeln (lesen Sie mehr dazu auf den folgenden Seiten).

Hinweis

Der Cursor des Interaktiv-malen-Auswahlwerkzeugs verändert sein Aussehen, je nach dem, worüber er positioniert wird: ▷ über Teilflächen und ▷ über Kanten einer interaktiven Malgruppe. Kanten und Teilflächen werden standardmäßig rot hervorgehoben, wenn sich der Cursor darüber befindet.

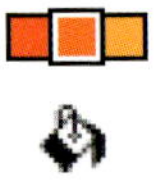

▲ **Abbildung 5-80**
Cursor des Interaktiv-malen-Werkzeugs

> **Hinweis**
>
> Wenn Sie die Farbe aus einem anderen Element übernehmen möchten, können Sie durch Halten der [alt]-Taste temporär zum Pipette-Werkzeug wechseln und damit in das Element mit der gewünschten Fläche klicken. Sobald Sie die [alt]-Taste loslassen, ist das Interaktiv-malen-Werkzeug mit dieser Farbe gefüllt und Sie können wie gewohnt Teilflächen damit gestalten.

> **Hinweis**
>
> Um alle Teilflächen oder Kanten mit der gleichen Füllung oder Kontur auszuwählen, klicken Sie dreimal auf ein Element. Sie können auch eines davon auswählen und aus dem Menü Auswahl → Gleich zwischen *Flächenfarbe*, *Konturfarbe* oder *Konturstärke* wählen.

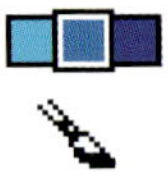

▲ **Abbildung 5-81**
Das Interaktiv-malen-Werkzeug im Modus **Pinselstärken**

Das Interaktiv-malen-Auswahlwerkzeug ([⇧] + [L]) dient dazu, einzelne Teilflächen und Kanten in einer interaktiven Malgruppe durch einen einfachen Klick darauf auszuwählen und gleichzeitig mit den aktuell eingestellten Flächen- oder Kantenattributen zu färben. Möchten Sie mehrere Teilflächen und Kanten auswählen, ziehen Sie einen Auswahlrahmen um die gewünschten Elemente (Elemente, die nur teilweise im Auswahlrahmen enthalten sind, werden zur Gänze ausgewählt). Zusammenhängende Teilflächen, also Flächen die nicht durch eine Kante getrennt sind, wählen Sie am schnellsten aus, indem Sie auf eine der Teilflächen doppelklicken.

Teilflächen und Kanten »malen«

Mit dem **Interaktiv-malen-Werkzeug** können Sie ausgewählte Teilflächen und Kanten in interaktiven Malgruppen mit den aktuell eingestellten Flächen- und Kantenattributen gestalten. Zusätzlich zu den in Kapitel 6 beschriebenen Methoden, eine Fläche oder Konturfarbe zu definieren, zeigt Ihnen der Cursor des Interaktiv-malen-Werkzeugs, wenn er über einer Kante oder Teilfläche positioniert ist, drei Farbquadrate an. Diese Quadrate zeigen die ausgewählte Flächen- oder Konturfarbe an, sowie die beiden Farben, die in der verwendeten Farbfelder-Bibliothek oder im Farbfelder-Bedienfeld daneben liegen. Die ausgewählte Farbe befindet sich immer in der Mitte.

Greifen Sie auf die benachbarten Farben zu, indem Sie die linke beziehungsweise rechte Pfeiltaste drücken. Auf diese Weise können Sie nach und nach auf sämtliche Farbfelder der Bibliothek zugreifen. Sind keine benachbarten Farbfelder vorhanden, zeigt der Cursor lediglich ein Farbquadrat an.

Teilflächen füllen

Ein einfacher Klick auf eine Teilfläche füllt diese in der ausgewählten Flächenfarbe. Ziehen Sie das Werkzeug über mehrere Teilflächen, werden diese gleichzeitig gefärbt. Möchten Sie alle Teilflächen füllen, die aneinander grenzen, ohne durch eine Kante unterbrochen zu sein, doppelklicken Sie auf eine Teilfläche. Klicken Sie dreimal darauf, um alle Teilflächen auszufüllen, die dieselbe Füllung haben.

Kanten gestalten

Wenn Sie mit ausgewähltem Interaktiv-malen-Werkzeug die [⇧]-Taste gedrückt halten, wechseln Sie temporär in den Pinselstärken-Modus. Auch in diesem Modus sehen Sie über Kanten – falls vorhanden – drei benachbarte Farbquadrate.

Klicken Sie nun auf eine einzelne Kante, um sie mit einer Kontur zu versehen, oder ziehen Sie den Pinsel über mehrere Kanten, um diese gleichzeitig mit einer Kontur zu versehen. Ein Doppelklick auf eine Kante färbt alle damit verbundenen Kanten, wenn Sie dreimal auf eine Kante klicken, werden alle Kanten derselben Kontur neu gestaltet.

Kapitel 5 · Neue Formen aus Objekten

Wenn Sie nicht nur die Kantenfarbe, sondern auch andere Konturattribute (siehe Kapitel 6) zuweisen möchten, treffen Sie diese Einstellungen vor dem Anwenden über das Steuerung-Bedienfeld oder über das Konturen-Bedienfeld. Obwohl auswählbar, werden Pinselspitzen und Breitenprofile nicht übertragen.

▲ **Abbildung 5-82** Konturstil und -farbe ändern

> **Hinweis**
>
> Natürlich können Sie eine interaktive Malgruppe auch dazu verwenden, mehrere Objekte optisch zu einem zu verschmelzen, wie hier das Verbotsschild. Möchten Sie die Form endgültig erstellen, verwenden Sie stattdessen das neue Formerstellungs-Werkzeug.
>
> ▲ **Abbildung 5-83**
> Teilflächen und Kanten scheinbar vereint

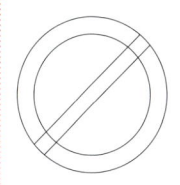

Optionen für das Interaktiv-malen-Werkzeug

Ein Doppelklick auf das Interaktiv-malen-Werkzeug im Werkzeug-Bedienfeld öffnet die Optionen für das Werkzeug, in denen Sie festlegen können, wie es sich verhält.

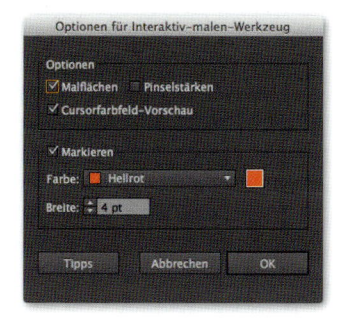

▲ **Abbildung 5-84** Standardeinstellungen für das Interaktiv-malen-Werkzeug

Pinselbereiche gestaltet Teilflächen interaktiver Malgruppen. **Pinselstärken** gestaltet die Kanten interaktiver Malgruppen. Ist diese Option deaktiviert, können Sie durch Gedrückthalten der ⇧-Taste temporär in diesen Modus wechseln. Die standardmäßig aktivierte Option **Cursorfarbfeld-Vorschau** zeigt Ihnen in Form von drei Farbquadraten die derzeit ausgewählte Flächen- oder Konturfarbe sowie die jeweils benachbarten Farbfelder in der Farbfelder-Bibliothek an.

Die Option **Markieren** hebt beim Darübernavigieren Teilflächen und Kanten hervor. Teilflächen werden mit einer dicken, Kanten mit einer dünnen Linie hervorgehoben. Unter **Farbe** legen Sie die Farbe der Markierung fest, unter **Breite** die Stärke der Markierung.

Interaktiv Malen

Pfade interaktiver Malgruppen ändern

Die Pfade, aus denen Sie die interaktive Malgruppe erstellt haben, lassen sich wie gewohnt mit dem Direktauswahl-Werkzeug oder dem Gruppenauswahl-Werkzeug auswählen und mit den Werkzeugen zur Bearbeitung von Pfaden (siehe Kapitel 4) bearbeiten, wodurch die Teilflächen und Kanten angepasst werden.

▲ **Abbildung 5-85** Pfade der interaktiven Malgruppe geändert

Pfade zu einer interaktiven Malgruppe hinzufügen

Wenn Sie der interaktiven Malgruppe mehr Pfade hinzufügen, können Sie damit weitere Unterteilungen der Elemente vornehmen. Fügen Sie Ihrer interaktiven Malgruppe neue Pfade hinzu, indem Sie sowohl die interaktive Malgruppe als auch den oder die neuen Pfade auswählen und im Menü *Objekt → Interaktiv malen → Zusammenfügen* wählen. Alternativ können Sie auch mit dieser Auswahl im Steuerung-Bedienfeld auf den Button **Interaktives Malen zusammenfügen** klicken, oder einen oder mehrere Pfade im Ebenen-Bedienfeld in eine interaktive Malgruppe ziehen.

> **Hinweis**
>
> Praktisch sind interaktive Malgruppen, wenn Sie eine Zeichnung färben möchten, die aus einzelnen Linien besteht, wie hier im Plan. 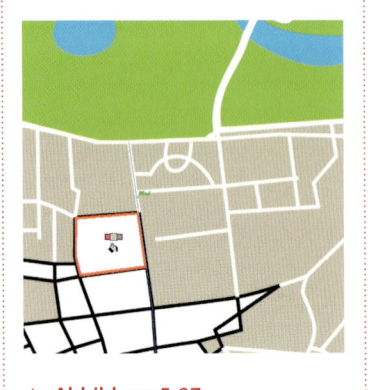
>
> ▲ **Abbildung 5-87**
> Interaktive Malgruppe aus einzelnen Linien

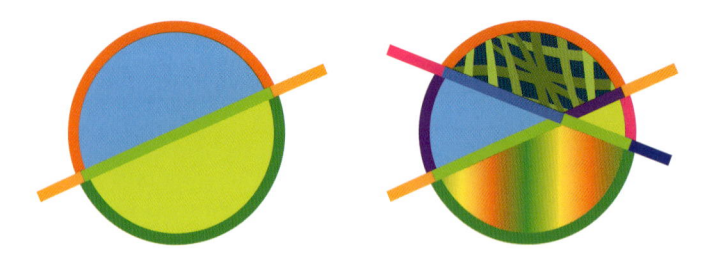

▲ **Abbildung 5-86** Mehr Unterteilungsmöglichkeiten durch hinzugefügte Pfade

Pfade direkt in der interaktiven Malgruppe erstellen

Doppelklicken Sie mit dem Auswahl-Werkzeug auf eine interaktive Malgruppe, so gelangen Sie in den **Isolationsmodus** der Gruppe. Im Isolationsmodus können Sie auf die gewohnte Weise Objekte erstellen. Sobald Sie den Isolationsmodus beenden, sind der oder die neue Pfade Teil der interaktiven Malgruppe.

Skalieren von Objekten oder Pfaden einer interaktiven Malgruppe

Wählen Sie den Pfad oder das Objekt erst mit dem Direktauswahl-Werkzeug aus. Wechseln Sie anschließend zum Auswahl-Werkzeug und verändern Sie die Auswahl in der gewünschten Weise. Im Isolationsmodus der interaktiven Malgruppe können Sie Pfade und Objekte wie normale Objekte bearbeiten.

Pfade aus einer interaktiven Malgruppe löschen

Beim Löschen von Kanten verschmelzen Teilflächen, die vorher durch die Kante getrennt waren. Üblicherweise wird jeweils die Füllung beziehungsweise Kontur verwendet, die zuvor einen größeren Teil eingenommen hat.

> **Hinweis**
>
> Damit Sie durch das Löschen keine Flächen- oder Konturfarben verlieren, speichern Sie diese vorher im Farbfeld-Bedienfeld (siehe Kapitel 6). So können Sie gegebenenfalls nachträglich die neuen Teilflächen und Kanten neu färben.

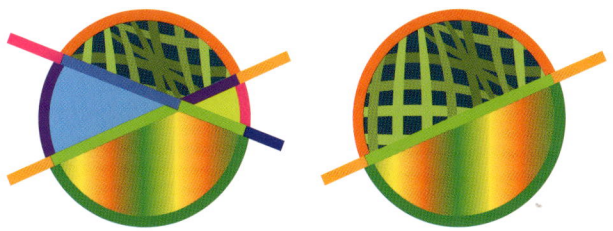

▲ **Abbildung 5-88** Pfade aus einer interaktiven Malgruppe löschen

Lücken in interaktiven Malgruppen

Wenn Sie Teilflächen einfärben und die Farbe versehentlich in angrenzende Bereiche fließt, entsteht eine **Lücke**. Lücken sind kleine Abstände zwischen Pfaden; sie entstehen, wenn Pfade zu kurz konstruiert werden, um das Objekt korrekt in Teilflächen zu teilen. Sie können nun den bestehenden Pfad verlängern, einen weiteren Pfad zum Schließen der Lücke erstellen oder die Lückenoptionen der interaktiven Malgruppe anpassen.

Machen Sie über *Ansicht → Interaktive Mallücken einblenden* in der ausgewählten interaktiven Malgruppe alle Lücken sichtbar. Diese Markierung basiert auf den Einstellungen für die Lückenoptionen, die Sie unter *Objekt → Interaktiv malen → Lückenoptionen* aufrufen und anpassen können.

▲ **Abbildung 5-89** Eine **Lücke** ist ein kleiner Abstand zwischen Pfaden.

▲ **Abbildung 5-90** Lückenoptionen

Interaktiv Malen

Wenn Sie die – bereits standardmäßig aktivierte – Option **Lückensuche** auswählen, erkennt Illustrator Lücken in interaktiven Malpfaden und verhindert das Auslaufen von Farbe durch die Lücken. Im Drop down-Menü **Pinsel stoppt bei** legen Sie die Größe einer Lücke fest, durch die keine Farbe fließen kann. Wählen Sie zwischen **Kleinen Lücken**, **Mittelgroßen Lücken** und **Großen Lücken**, oder aktivieren Sie **Benutzerdefiniert** und legen Sie selbst eine Größe fest. Wählen Sie eine **Farbe für die Lückenvorschau** aus dem Drop-down-Menü oder klicken Sie auf das Farbquadrat, um eine benutzerdefinierte Farbe festzulegen.

Klicken Sie auf **Lücken mit Pfaden schließen**, wird nicht nur das Auslaufen von Farbe durch eine Lücke verhindert, sondern der interaktiven Malgruppe werden ungefüllte Pfade hinzugefügt, die die Lücke schließen. Weil diese Pfade kein Aussehen haben, kann es passieren, dass Sie den Eindruck haben, die Lücke wäre noch offen. Geben Sie diesen neuen Pfaden ein Aussehen, wenn Sie das möchten.

Zurückwandeln einer interaktiven Malgruppe

Durch das **Zurückwandeln** einer interaktiven Malgruppe werden die ursprünglichen Pfade wiederhergestellt, die zum Erstellen dieser Gruppe verwendet wurden, verlieren aber ihr ursprüngliches Aussehen. Stattdessen werden sie ohne Fläche und mit einer 0,5 Punkt starken, schwarzen Kontur dargestellt. Wählen Sie die interaktive Malgruppe aus, die Sie zurückwandeln möchten, und wählen Sie *Objekt → Interaktive Malgruppe → Zurückwandeln*.

▲ **Abbildung 5-91**
Zurückwandeln einer interaktiven Malgruppe

Umwandeln einer interaktiven Malgruppe

> **Hinweis**
>
> Beim **Umwandeln** wird jeweils eine Gruppe mit den Konturen und eine Gruppe mit den Flächen angelegt.

Das Umwandeln einer interaktiven Malgruppe entfernt die ursprünglichen Pfade, die zur Erstellung dieser Gruppe gedient haben. Stattdessen werden die in der interaktiven Malgruppe gestalteten Kanten und Teilflächen zu einzelnen Objekten mit dem zugewiesenen Aussehen. Wählen Sie die Malgruppe aus, die Sie umwandeln möchten, und gehen Sie auf *Objekt → Interaktive Malgruppe → Umwandeln*.

▲ **Abbildung 5-92** Umwandeln einer interaktiven Malgruppe

Objekte umwandeln

Wenn Sie ein Objekt **umwandeln**, wird es in mehrere Objekte zerlegt, die gemeinsam sein Aussehen bestimmen. Wandeln Sie Objekte um, wenn Sie bestimmte Eigenschaften eines Objekts bearbeiten und verändern möchten, auf die Sie sonst nicht zugreifen könnten, zum Beispiel auf die Ergebnisse einer Angleichung. Je komplexer das Aussehen eines Objekts ist, desto mehr Objekte entstehen durch das Umwandeln. Zum Beispiel wird ein Objekt, dem sowohl eine Fläche als auch eine Kontur zugewiesen sind, in zwei separate Flächenobjekte zerlegt; ein Farbverlauf kann in viele einfarbige Flächen geteilt werden.

Ausgewählte Objekte wandeln Sie über das Menü *Objekt → Umwandeln* um. Falls Aussehen-Attribute wie zum Beispiel Pinselkonturen oder Breitenprofile (siehe Kapitel 6) vorhanden sind, ist dieser Menüpunkt abgeblendet; wählen Sie stattdessen erst *Objekt → Aussehen umwandeln* und danach *Objekt → Umwandeln*. In den sich nun öffnenden Umwandeln-Optionen legen Sie fest, welche Komponenten einbezogen und wie Farbverläufe umgewandelt werden.

> **Hinweis**
>
> Das **Umwandeln** ist besonders hilfreich, wenn es beim Drucken von Transparenzen, 3-D-Objekten, Mustern, Verläufen, Konturen, Angleichungen, Blendenflecken, Hüllen oder Symbolen zu Problemen kommt, oder wenn Sie Illustrator-spezifische Objekte, zum Beispiel interaktive Malgruppen, in anderen Programmen verwenden möchten, die diese Art von Objekten nicht kennen.

▲ **Abbildung 5-93** Umwandeln-Optionen

Im Abschnitt **Umwandeln** definieren Sie, welche Objektkomponenten umgewandelt werden sollen. Aktivieren Sie – sofern möglich – die Option **Objekt**, werden komplexe Objekte wie Angleichungen, Hüllen, Symbolsätze und Blendenflecke, umgewandelt. **Fläche** und **Kontur** wandeln die Flächen beziehungsweise Konturen von Objekten um.

Im Abschnitt **Verlauf umwandeln** legen Sie fest, wie Sie mit Farbverläufen ausgewählter Objekte umgehen möchten: **Verlaufsgitter** wandelt Farbverläufe in ein einziges Verlaufsgitter um. Über **Festlegen** teilen Sie einen Farbverlauf in einzelne Farbflächen. Wie nahtlos der Farbübergang erfolgt, legen Sie über die **Anzahl** der Objekte (1 bis 10.000) fest: Eine hohe Anzahl sorgt für nahtlose Farbübergänge, während es bei einer niedrigen Anzahl zu Streifenbildung kommen kann.

Nach dem Bestätigen der Umwandeln-Optionen sind alle Komponenten, in die das ursprüngliche Objekt zerlegt wurde, zu einer Gruppe zusammengefasst und können individuell bearbeitet werden.

Text in Pfade umwandeln

Wenn Sie **Text wie Grafikobjekte** bearbeiten möchten – also auf Pfade und Ankerpunkte zugreifen –, können Sie ihn ebenfalls in Pfade umwandeln. Dies ist zum Beispiel interessant, wenn Sie ein schriftbasiertes Logo erstellen oder Text mit einem Farbverlauf füllen möchten. Durch das **Umwandeln** geht natürlich die Textbearbeitungsmöglichkeit verloren, daher ist es sinnvoll, die gewünschte Textformatierung noch vor dem Umwandeln zu machen. Informationen zu Kontur und Fläche bleiben aber erhalten.

Was Sie noch bedenken sollten: Sie können nur gesamte Textobjekte in Pfade umwandeln, nicht einzelne Teile davon. Achten Sie also darauf, dass der Text, den Sie für die Bearbeitung umwandeln möchten, ein eigenes Textobjekt ist.

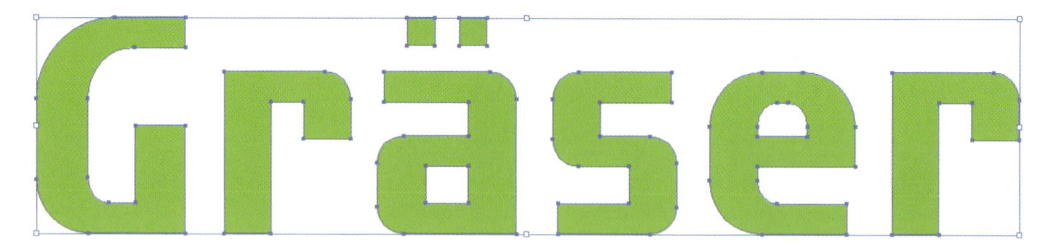

▲ **Abbildung 5-94** In Pfade umgewandelter Text

Wählen Sie das Textobjekt aus und wählen Sie aus dem Menü *Schrift* → *In Pfade umwandeln* oder verwenden Sie die Tastenkombination ⇧ + strg / ⌘ + O. Die in Pfade und zusammengesetzte Pfade umgewandelten Zeichen werden automatisch zu einer Gruppe zusammengefasst und können auf gewohnte Weise bearbeitet werden.

Konturen in Flächen umwandeln

Durch das Umwandeln einer Kontur entsteht ein vom Ausgangsobjekt losgelöstes Flächenobjekt (ein zusammengesetzter Pfad), das mit der ursprünglichen Konturfarbe gefüllt ist. Wandeln Sie Konturen ausgewählter Objekte über das Menü *Objekt* → *Pfad* → *Konturlinie* um. Die Komponenten des Ausgangsobjekts – also die Fläche und der neu entstandene zusammengesetzte Pfad aus der Kontur – werden automatisch zu einer Gruppe zusammengefasst.

> **Hinweis**
>
> Bedenken Sie, dass Sie durch das Umwandeln die Kontur-Attribute nicht mehr anpassen können – wandeln Sie erst um, wenn Sie alle Eigenschaften festgelegt haben.

▶ **Abbildung 5-95**
Gestrichelte Kontur mit Breitenprofil (links) in Flächen umgewandelt (rechts)

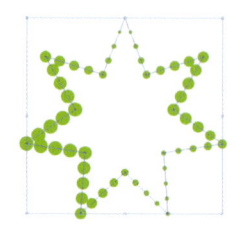

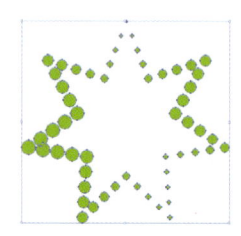

Symbole

Symbole sind Objekte, die sich beliebig oft als sogenannte **Instanzen** reproduzieren lassen. Das spart Zeit und Speicherplatz. Sie können entweder eigene Objekte in Symbole umwandeln oder auf die umfangreichen Symbol-Bibliotheken von Illustrator zugreifen.

Der Einsatz von Symbolen bietet sich an, wenn Sie ein Objekt mehrmals in einem Dokument verwenden möchten, entweder in unveränderter oder in abgewandelter Form. Mithilfe der **Symbol-Werkzeuge** können Symbole sehr kreativ eingesetzt werden, wie ich in den folgenden Abschnitten zeigen werde.

▲ **Abbildung 5-96**
Die Symbol-Werkzeuge

Es gibt zwei unterschiedliche Methoden, wie Sie Symbole verwenden können:

1. Sie platzieren ein Symbol ein- oder mehrmals in Ihrem Dokument, wie zum Beispiel Icons in einem Plan.

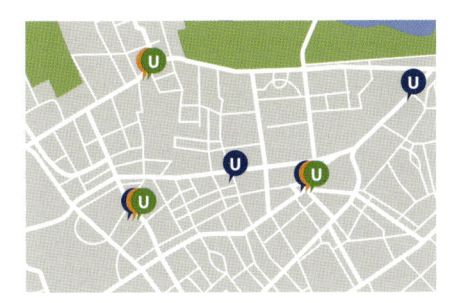

▲ **Abbildung 5-97** Symbole lose platziert

2. Sie tragen Symbole in größerer Zahl mit einem Werkzeug auf, etwa Blumen und Schmetterlinge auf eine Wiese.

▲ **Abbildung 5-98** Schmetterlinge mit den Symbol-Werkzeugen aufgetragen und bearbeitet

Sie verwalten und bearbeiten Ihre Symbole über das **Symbole-Bedienfeld**. Hier sind standardmäßig bereits einige Symbole enthalten; Sie können aber eigene Symbole hinzufügen, Symbole duplizieren oder welche aus Symbol-Bibliotheken

importieren. Die Werkzeuge zum Auftragen und Bearbeiten von Symbolen finden Sie im Werkzeug-Bedienfeld.

Bevor Sie ein Symbol in Ihrem Dokument verwenden können, müssen Sie es natürlich erst auswählen oder erstellen.

Symbol wählen

Das **Symbole-Bedienfeld** (*Fenster* → *Symbole*) enthält bereits eine Reihe vordefinierter Symbole. Wählen Sie dort das gewünschte Symbol aus, indem Sie es anklicken.

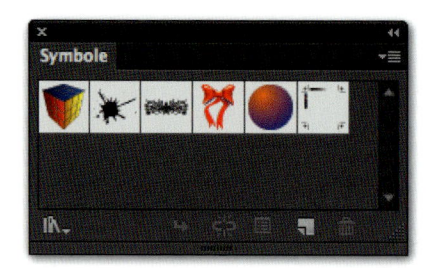

▲ **Abbildung 5-99** Symbole-Bedienfeld

Sollten Sie im Symbole-Bedienfeld kein passendes Symbol finden, dann stöbern Sie doch in den umfassenden Symbol-Bibliotheken.

Öffnen Sie eine der zahlreichen Symbol-Bibliotheken über das Menü *Fenster* → *Symbol-Bibliotheken* oder über das Drop-down-Menü **Symbol-Bibliotheken**. Symbol-Bibliotheken öffnen immer in einem eigenen Bedienfeld.

Sobald Sie ein Symbol aus einer Bibliothek verwenden, wird dieses automatisch dem Symbolbedienfeld hinzugefügt. Die Handhabung von Symbol-Bibliotheken erfolgt auf die gleiche Weise wie beim Symbole-Bedienfeld, es ist allerdings nicht möglich, Symbol-Bibliotheken zu verändern.

> **Hinweis**
>
> Über das Menü des Symbole-Bedienfelds können Sie die standardmäßige Darstellung der Symbole als Miniaturansicht in **Kleine Liste** oder **Große Liste** ändern. Bei den beiden Listenansichten werden die Symbole namentlich neben kleinen oder großen Miniaturen dargestellt.

> **Hinweis**
>
> Wenn Sie eine bestimmte Bibliothek beim Starten von Illustrator immer automatisch geöffnet haben möchten, können Sie im Bedienfeldmenü der entsprechenden Bibliothek den Befehl **Gleiche Position** aktivieren.

Erstellen eigener Symbol-Bibliotheken

Fügen Sie alle Symbole, die Sie zu einer Bibliothek zusammenfassen möchten, dem Symbole-Bedienfeld beziehungsweise dem Dokument hinzu und entfernen Sie dort alle Symbole, die nicht Teil der Bibliothek werden sollen. Hierzu können Sie auch den Befehl **Alle nicht verwendeten auswählen** über das Menü des Symbole-Bedienfelds nutzen.

Wählen Sie aus dem Menü des Symbole-Bedienfelds die Option **Symbol-Bibliothek speichern** und speichern Sie die Bibliothek im Standardsymbolordner. Sie können diese Bibliothek auch an anderer Stelle speichern, allerdings erscheint die neue Bibliothek automatisch namentlich im Untermenü **Benutzerdefiniert** der Menüs *Symbol-Bibliotheken* und *Symbol-Bibliotheken öffnen*, wenn Sie sie im Standardsymbolordner speichern – was natürlich sehr praktisch ist.

Bibliotheken, die in anderen Ordnern gespeichert wurden, können über *Symbol-Bibliothek öffnen* → *Andere Bibliothek* geöffnet werden. Auf dieselbe Weise können Sie Bibliotheken anderer Dokumente öffnen.

Kapitel 5 · **Neue Formen aus Objekten**

Eigene Objekte als Symbole definieren

Das Definieren eigener Grafiken als Symbol ist denkbar einfach: Wählen Sie auf der Zeichenfläche alle Objekte aus, die Sie als Symbol definieren möchten, und ziehen Sie diese an eine freie Stelle im Symbole-Bedienfeld. Alternativ können Sie nach dem Auswählen auch im Symbole-Bedienfeld auf ▣ **Neues Symbol** klicken.

Hinweis

Symbole können seit CS5 eine eigenständige Ebenenhierarchie haben – im Bearbeitungsmodus von Symbolen können Sie die Komponenten auf Unterebenen organisieren, die auch nach dem Umwandeln erhalten bleiben.

▲ **Abbildung 5-100** Ziehen Sie das Objekt an eine freie Stelle im Symbole-Bedienfeld oder klicken Sie auf **Neues Symbol**.

Hinweis

Symbole können aus fast allen Objekten erstellt werden, nicht aber aus verknüpften Grafiken oder aus bestimmten Gruppen, zum Beispiel Diagrammgruppen.

Im Dialogfenster **Symboloptionen** – das sich nun öffnet – können Sie einen Namen für das Symbol vergeben und weitere Einstellungen treffen – vorwiegend für den Export nach Flash.

Nach dem Umwandeln in ein Symbol werden die dafür verwendeten Objekte auf der Zeichenfläche standardmäßig in eine Instanz des neuen Symbols umgewandelt; das Originalsymbol existiert immer nur im Symbole-Bedienfeld.

Hinweis

Falls Sie vermeiden möchten, dass die Objekte auf der Zeichenfläche bei der Symbolerstellung in eine Instanz umgewandelt werden – etwa weil Sie diese Objekte noch für die Erstellung eines weiteren Symbols bearbeiten möchten – halten Sie die ⇧-Taste gedrückt, während Sie die Objekte in das Bedienfeld ziehen.

Symboloptionen

Unterhalb des Eingabefelds für den **Namen** können Sie weitere Einstellungen treffen. Wenn Sie keinen Export nach Flash planen, können Sie bei den nächsten drei Eingabefeldern die Standardeinstellungen beibehalten und direkt festlegen, ob Sie das Symbol am **Pixelraster ausrichten** möchten (siehe Abschnitt »Ausrichtung am Pixelraster« in Kapitel 2).

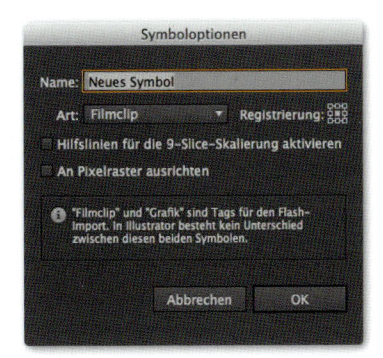

▲ **Abbildung 5-101** Symboloptionen

Symboloptionen für den Flash-Export

Wenn Sie planen, Symbole nach Flash zu exportieren, wählen Sie in den Symboloptionen unter **Art** die Option **Filmclip** (dies ist die Standard-Symbolart in Flash) und klicken Sie unter **Registrierung** an die Stelle des Rasters, an der der Ankerpunkt für das Symbol gesetzt werden soll. Wählen Sie **Hilfslinien für die 9-Slice-Skalierung aktivieren**, wenn Sie in Flash auf 9-Slice-Skalierung zugreifen möchten.

Exkurs: Was ist die 9-Slice-Skalierung?

Anders als bei der normalen Skalierung von Objekten können bei der **9-Slice-Skalierung** bestimmte Bereiche von der Skalierung ausgenommen werden, um eine Verzerrung zu verhindern.

▲ **Abbildung 5-102**
Originalsymbol (oben) bei normaler Skalierung verzerrt (Mitte) und mit 9-Slice-Skalierung (unten)

Bei der 9-Slice-Skalierung wird der Filmclip rasterartig in neun Abschnitte zerlegt. Wenn in Flash eine Skalierung stattfindet, werden die Eckbereiche von der Skalierung ausgenommen und lediglich die anderen fünf Bereiche skaliert.

9-Slice-Skalierung aktivieren

Um diese spezielle Art der Skalierung steuern zu können, müssen Sie entweder direkt bei der Erstellung des Symbols in den Symboloptionen **Hilfslinien für die 9-Slice-Skalierung aktivieren** auswählen, oder – falls Sie diese Option für ein bestehendes Symbol aktivieren möchten – mit ausgewähltem Symbol im Menü des Symbole-Bedienfelds die **Symboloptionen** öffnen und die Option dort aktivieren.

9-Slice-Skalierungsraster bearbeiten

Das Raster der 9-Slice-Skalierung ist nur im Isolationsmodus sichtbar und kann wahlweise für ein Symbol oder einzelne Instanzen bearbeitet werden. Wenn Sie das **Skalierungsraster für ein Symbol** bearbeiten möchten, öffnen Sie das Symbol im Isolationsmodus, indem Sie im Symbole-Bedienfeld auf das Symbol doppelklicken. Möchten Sie das **Skalierungsraster für eine Symbolinstanz** bearbeiten, öffnen Sie die Instanz im Isolationsmodus durch einen Doppelklick auf der Zeichenfläche auf die Symbolinstanz. Bewegen Sie nun den Cursor über eine der vier Hilfslinien und verschieben Sie die Hilfslinie an die gewünschte Stelle.

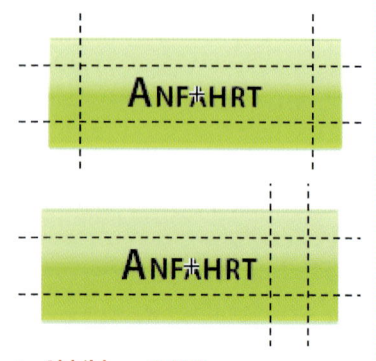

▲ **Abbildung 5-103**
Definieren Sie selbst, welche Bereiche eines Symbols in Flash skalierbar sein sollen.

Neue Symbole durch Duplizieren erstellen

Über das Symbole-Bedienfeld können Sie auf einfache Weise durch Kopieren oder Duplizieren ein neues Symbol erstellen. Das ist sinnvoll, wenn Sie ein Symbol benötigen, das einem bereits existierenden ähnlich sieht. Wählen Sie im Symbole-Bedienfeld das gewünschte Symbol aus und ziehen Sie es auf den Button **Neues Symbol**. Umbenennen können Sie das Duplikat über die **Symboloptionen** im Menü des Bedienfelds. Falls Sie im Menü des Bedienfelds eine der beiden Darstellungen als Liste gewählt haben, können Sie seit Illustrator CS6 Symbolnamen auch direkt im Bedienfeld ändern, indem Sie darauf doppelklicken.

Platzieren von Symbolen

Sehen wir uns erst das einfache Platzieren von Symbolen an. Diese Methode wählen Sie, wenn Sie in Ihrem Dokument eine überschaubare Menge von Instanzen verwenden und exakten Einfluss auf die Positionierung nehmen möchten.

Wählen Sie – wie im vorigen Abschnitt beschrieben – ein Symbol aus und klicken Sie im Bedienfeld auf den Button **Symbolinstanz platzieren**. Die Instanz wird auf diese Weise immer in der Mitte der Zeichenfläche platziert. Sie können eine Instanz aber auch durch simples Ziehen aus dem Bedienfeld an die gewünschte Stelle in der Zeichenfläche selbst platzieren.

Neu in CS6

Hinweis

Im Ebenen-Bedienfeld werden die Instanzen nun namentlich aufgelistet, jede Symbolinstanz erhält einen eigenen Eintrag.

▲ **Abbildung 5-104**
Instanzen im Ebenen-Bedienfeld aufgelistet

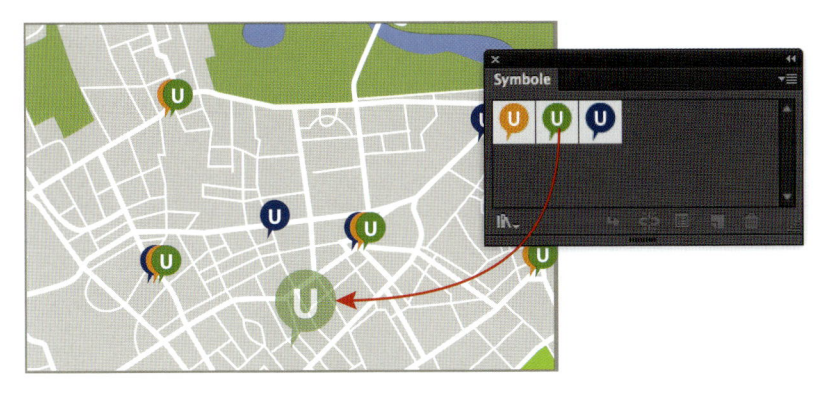

▲ **Abbildung 5-105** Ziehen Sie ein Symbol direkt in die Zeichenfläche.

Symbole und Instanzen bearbeiten

Je nach Bedarf können Sie Bearbeitungen am Originalsymbol selbst oder an einer oder mehreren Instanzen vornehmen. Wann aber müssen Sie was bearbeiten?

Wenn Sie die einzelnen Komponenten eines Symbols ändern möchten – zum Beispiel ein Objekt hinzufügen oder ein Objekt innerhalb des Symbols neu färben oder verkleinern – so müssen Sie für diese Änderungen »in das Symbol hinein« gehen, also das Originalsymbol bearbeiten.

An den Instanzen nehmen Sie Änderungen vor, die sich nicht auf den Symbolinhalt, sondern auf das Abbild des Symbols beziehen.

Hinweis

Ist ein Symbol auf der Zeichenfläche ausgewählt, erhalten Sie sowohl über das Steuerung-Bedienfeld als auch das Symbole-Bedienfeld Informationen und Bearbeitungsmöglichkeiten dazu.

Instanzen bearbeiten

Symbolinstanzen können Sie – wie normale Objekte – verschieben, skalieren, drehen, spiegeln und verbiegen/verzerren. Außerdem können Sie ausgewählten Instanzen Effekte zuweisen sowie sämtliche Bearbeitungsmöglichkeiten der Transparenz-, Aussehen- und Grafikstile-Bedienfelder nutzen. Diese Änderungen an den Instanzen bleiben ohne Auswirkung auf das Symbol selbst.

> **Hinweis**
>
> Lesen Sie mehr über das Transformieren in Kapitel 4 und das Gestalten von Objekten in Kapitel 6.

▲ **Abbildung 5-106** Originalsymbol, verkleinert und gedreht, mit Effekt **Schlagschatten** und mit 50 % **Deckkraft**

Instanzen duplizieren

Wenn Sie eine Symbolinstanz zum Beispiel bereits skaliert, gedreht, verzerrt oder gespiegelt haben und eine weitere Instanz mit denselben Transformierungen brauchen, so können sie die passende Instanz direkt auf der Zeichenfläche duplizieren. Ziehen Sie dazu die Instanz auf der Zeichenfläche mit gedrückter ⌥-Taste an eine neue Stelle.

Instanzen mit einem anderen Symbol verknüpfen

> **Tipp**
>
> Über das Menü des Symbole-Bedienfelds können Sie mit dem Befehl **Alle Instanzen auswählen** alle im Dokument befindlichen Instanzen des aktiven Symbols auswählen.

Symbolinstanzen können auch nachträglich mit anderen Symbolen verknüpft werden, also mit einem neuen Symbol befüllt werden. Transformierungen, die Sie vorher an der Instanz vorgenommen haben, bleiben dabei erhalten! Wählen Sie die zu ersetzende(n) Instanz(en) aus und wählen Sie im Steuerung-Bedienfeld aus dem Drop-down-Menü **Ersetzen** ein neues Symbol aus.

▲ **Abbildung 5-107** Tauschen Sie das ausgewählte Symbol für die Instanz über das Steuerung-Bedienfeld aus.

Symbole bearbeiten

Wenn Sie das Originalsymbol direkt bearbeiten, wirken sich diese Änderungen auf sämtliche damit verknüpften Instanzen im Dokument aus. Am besten, Sie bearbeiten das Original nur dann, wenn Sie genau diesen Effekt erzielen möchten.

Falls Sie alle oder einige Instanzen von Änderungen unbeinflusst lassen möchten, müssen Sie diese Instanzen vor dem Ändern des Symbols umwandeln, also die Verbindung unterbrechen.

Um direkt in den **Isolationsmodus** (Bearbeitungsmodus) eines Symbols zu gelangen, gibt es mehrere Möglichkeiten:

- Wählen Sie eine Symbolinstanz aus und klicken Sie im Steuerung-Bedienfeld auf **Symbol bearbeiten**, oder doppelklicken Sie auf eine Symbolinstanz. Bestätigen Sie die folgende Warnung mit **OK**.

- Doppelklicken Sie im Symbole-Bedienfeld auf ein Symbol. Es wird temporär eine bearbeitbare Version des Symbols in der Mitte der Zeichenfläche angezeigt.

Instanzen umwandeln

Wählen Sie die entsprechenden Instanzen aus und klicken Sie im Symbole-Bedienfeld auf ⬚ **Verknüpfung mit Symbol aufheben** oder im Steuerung-Bedienfeld auf **Verknüpfung löschen**. Die Symbolinstanzen werden durch das Umwandeln zu normalem Bildmaterial (und verlieren somit die Vorteile, die das Arbeiten mit Symbolen mit sich bringt). Jede der umgewandelten Symbolinstanzen besteht nun aus einer Gruppe, in der alle Komponenten des Symbols enthalten sind.

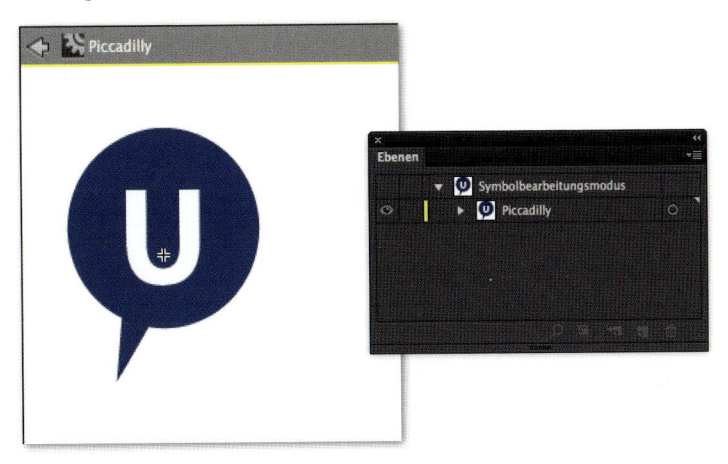

▲ **Abbildung 5-108** Symbol im Isolationsmodus

Nun können Sie beliebige Änderungen daran vornehmen.

Sobald Sie den Isolationsmodus verlassen – am schnellsten durch einen Doppelklick außerhalb des Bildmaterials –, ist das Symbol neu definiert und sämtliche Instanzen, die es verwenden, wurden aktualisiert.

Achtung beim Verschieben! Beim Erstellen des Symbols konnten Sie in den Symbol-Optionen die Position des **Registrierungspunkts** (der Ankerpunkt des Symbols) gemessen am Symbol setzen – standardmäßig ist das die Objektmitte. Wenn Sie nun ein Symbol bearbeiten – sich also im Isolationsmodus des Symbols befinden –, sollten Sie das Verschieben des Symbols an eine andere Stelle auf der Zeichenfläche unbedingt vermeiden, denn dabei wird der Registrierungspunkt nicht mitverschoben! Da der Isolationsmodus auch nur eine temporäre Darstellung des Symbols ist, sind Verschiebungen des Symbols in dieser Phase für gewöhnlich auch nicht notwendig.

Eine derartige Verschiebung bewirkt speziell beim Transformieren von Instanzen und bei der Verwendung der Symbole-Werkzeuge, dass der verschobene Registrierungspunkt als Symbolmittelpunkt herangezogen wird.

▲ **Abbildung 5-109**
Symbolinstanz um einen außen liegenden Registrierungspunkt gedreht

Symbole **255**

Symbole-Übungsbeispiel:

Sie können die Erläuterungen dieses Kapitels in der Datei Symbole.ai (die Beispieldateien laden Sie unter der URL http://examples.oreilly.de/german_examples/adocs6illusger/ herunter) selbst ausprobieren.

▲ **Abbildung 5-110**
Die Originaldatei

Probieren Sie in der Ebene mit dem Namen »Schmetterlinge« die beschriebenen Werkzeuge mit dem gespeicherten Symbol »Schmetterling« aus. Auch ein Grafikstil ist im Grafikstile-Bedienfeld vorbereitet.

▲ **Abbildung 5-111**
Die fertige Datei

Hinweis

Lesen Sie auch die Erklärungen zu den Werkzeug-Einstellungen, denn damit können Sie das Verhalten der Werkzeuge stark beeinflussen. Zum Beispiel bedingt die jeweilige Werkzeuggröße auch den Wirkungsbereich innerhalb des Symbolsatzes.

Symbole mit Werkzeugen auftragen und verändern

Bei dieser Methode können Sie sehr rasch viele Symbolinstanzen auftragen und künstlerisch gestalten, haben jedoch im Detail nicht so viel Einfluss wie beim Platzieren von Symbolen. Anders als beim Platzieren von Symbolen können Sie mit dem Symbol-aufsprühen-Werkzeug ([⇧] + [S]) gleich mehrere Instanzen eines Symbols in Ihrem Dokument »aufsprühen«. Wählen Sie im Symbole-Bedienfeld ein Symbol aus und ziehen Sie mit dem Werkzeug über Ihre Zeichenfläche.

Das Symbol-aufsprühen-Werkzeug ähnelt tatsächlich einer Spraydose: Je öfter und länger Sie damit sprühen, desto öfter und »dicker« wird das Symbol aufgesprüht. Probieren Sie auch aus, mit dem Werkzeug länger an dieselbe Stelle zu klicken. Dabei kann man deutlich erkennen, dass beim Auftragen eine gewisse Form der Verdrängung nach außen hin statt findet.

▲ **Abbildung 5-112** Symbole aufgesprüht

Beim Auftragen mit dem Symbol-aufsprühen-Werkzeug wird ein **Symbolsatz** – eine Gruppe von Instanzen – erstellt. Sie können auch erst ein Symbol und dann – solange der Symbolsatz noch ausgewählt ist – ein weiteres Symbol aufsprühen. Dies erstellt einen gemischten Symbolinstanzsatz.

Symbolsätze bearbeiten

Ausgewählte Symbolsätze können mit mehreren Symbol-Werkzeugen nachbearbeitet werden, sodass eine natürlich wirkende Komposition aus Symbolen entsteht. Bei gemischten Symbolsätzen bearbeiten Sie mit den Werkzeugen immer nur jeweils die Instanzen des derzeit aktiven Symbols im Symbole-Bedienfeld. Klicken Sie dort auf ein anderes Symbol, um dessen Instanzen zu ändern.

Symbolinstanzen verschieben

Das Symbol-verschieben-Werkzeug können Sie dazu verwenden, Instanzen in einem Symbolsatz an eine andere Stelle zu verschieben oder die Objektreihenfolge der Instanzen zu verändern. Klicken Sie in den Symbolsatz und ziehen Sie in die gewünschte Richtung, um Instanzen zu verschieben.

▲ **Abbildung 5-113** Symbole verschoben

Objektreihenfolge von Symbolinstanzen verändern

Um die Objektreihenfolge der Instanzen zu verändern, halten Sie die ⇧-Taste gedrückt, während Sie mit dem Symbol-verschieben-Werkzeug in den Symbolsatz klicken, um Instanzen weiter nach vorne zu holen, beziehungsweise die ⇧-Taste und die alt-Taste, um sie nach hinten zu bewegen.

▲ **Abbildung 5-114** Symbole in veränderter Objektreihenfolge

Symbolinstanzen zusammen- oder auseinanderziehen

Das ⚙ **Symbol-stauchen-Werkzeug** können Sie nun dazu verwenden, um die Verteilung der Instanzen relativ zueinander zu verändern. Durch Klicken oder Ziehen in einem Bereich werden die Instanzen dorthin zusammengezogen; wenn Sie währenddessen zusätzlich die alt-Taste gedrückt halten, werden die Instanzen auseinandergezogen.

▲ **Abbildung 5-115** Symbole zusammengezogen

Symbole 257

Größe von Symbolinstanzen verändern

Um den Symbolsatz etwas realistischer zu gestalten, bietet es sich an, die Instanzen mit dem Symbol-skalieren-Werkzeug in der Größe zu variieren. Klicken oder ziehen Sie mit dem Werkzeug an der Stelle, an der Sie die Instanzen vergrößern möchten. Auch dieses Werkzeug funktioniert in beiden Richtungen: Mit gedrückter alt-Taste verkleinern Sie Instanzen.

▲ **Abbildung 5-116** Symbole verkleinert und vergrößert

Wenn Sie zusätzlich die ⇧-Taste gedrückt halten, bewahren Sie die Symboldichte.

Symbolinstanzen drehen

Mit dem Symbol-drehen-Werkzeug verändern Sie den Winkel der aufgetragenen Instanzen. Ziehen Sie dazu in die gewünschte Richtung.

▲ **Abbildung 5-117** Symbole mit leichter Drehung

Symbolinstanzen färben

Das Symbol-färben-Werkzeug mischt die ursprüngliche Farbe mit der gewählten Flächenfarbe zu einem neuen Farbton. Dabei ergibt sich die neue Farbe aus der Luminanz der ursprünglichen und der ausgewählten Farbe. Farben mit sehr hoher oder niedriger Luminanz werden kaum verändert, weiße und schwarze Objekte gar nicht.

Wählen Sie die gewünschte Flächenfarbe aus und ziehen Sie mit dem Symbol-färben-Werkzeug über den Symbolsatz. Je länger Sie klicken, desto stärker wird gefärbt. Sie können auch immer wieder neue Farben wählen und diese auftragen.

> **Hinweis**
>
> Das **Symbol-färben-Werkzeug** wirkt sich stark auf die Dateigröße und die Rechenleistung aus, gehen Sie also behutsam damit um.

▲ **Abbildung 5-118** Symbole mit Flächenfarben gefärbt

Halten Sie die `alt`-Taste gedrückt, um wieder schrittweise zur Originalfarbe zurückzufärben.

> **Tipp**
> Halten Sie die `⇧`-Taste gedrückt, so wirken sich die Farbänderungen nur auf Instanzen aus, die bereits zuvor gefärbt wurden.

Symbolinstanzen transparent gestalten

Mit dem **Symbol-transparent-gestalten-Werkzeug** können Sie Bereiche des Symbolsatzes in der Deckkraft reduzieren, mit gedrückter `alt`-Taste machen Sie die Transparenz wieder rückgängig.

▲ **Abbildung 5-119** Symbole transparent gestaltet

Symbolinstanzen und Grafikstile

Auch Grafikstile können Sie Symbolinstanzen zuweisen, und zwar mit dem **Symbol-gestalten-Werkzeug**.

> **Tipp**
> Für beste Resultate definieren Sie einen Grafikstil am besten direkt an einer Symbolinstanz und speichern diesen im **Grafikstile-Bedienfeld** (siehe Kapitel 8).

▲ **Abbildung 5-120** Symbole mit Grafikstil

Symbol-Werkzeug-Einstellungen

Durch Verändern der Werkzeug-Einstellungen steuern Sie das Ergebnis, das Sie mit den Symbol-Werkzeugen erhalten. Doppelklicken Sie im Werkzeug-Bedienfeld auf ein Symbol-Werkzeug, so öffnet sich ein Fenster, in dem Sie diese Einstellungen treffen können. Im oberen Teil des Optionenfensters können Sie **allgemeine Einstellungen** treffen – die eingegebenen Werte werden immer auch für alle anderen Symbol-Werkzeuge übernommen.

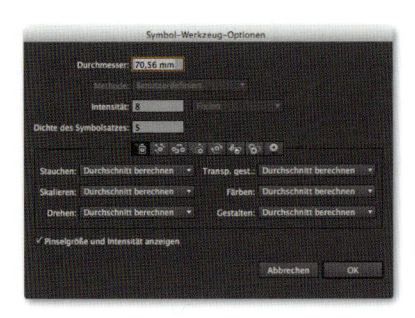

▲ **Abbildung 5-121** Symbol-Werkzeug-Optionen

Der **Durchmesser** bezieht sich auf die Pinselgröße – und somit den Wirkungsradius – des Werkzeugs. Je kleiner der Durchmesser, desto weniger Instanzen bearbeiten Sie im Symbolsatz. **Intensität** (1 bis 10) legt fest, wie schnell das Werkzeug auf »Druck« reagiert. Echten Druck können Sie natürlich nur durch Verwenden eines Grafiktabletts erzeugen, ohne ein Grafiktablett wird hierfür die Dauer des Mausklicks herangezogen. Je höher der Wert, desto schneller reagiert das jeweilige Werkzeug auf Änderungen. Falls an den Computer ein Grafiktablett angeschlossen ist, können Sie neben dem Eingabefeld die Option **Druckstift verwenden** anstelle von **Fixiert** aktivieren.

Über **Dichte des Symbolsatzes** (1 bis 10) legen Sie fest, wie eng die Symbole im Symbolsatz beieinanderliegen – je höher der Wert, desto dichter liegen die Symbole nebeneinander. Das Eingabefeld **Methode** legt fest, wie Symbolinstanzen angepasst werden, und ist für alle Werkzeuge außer dem Symbol-aufsprühen-, dem Symbol-verschieben- und dem Symbol-färben-Werkzeug verfügbar. Die Standardeinstellung **Benutzerdefiniert** passt die Symbole graduell je nach Position des Cursors an. **Zufallswert** ändert die Symbole im Bereich unter dem Cursor nach dem Zufallsprinzip, **Durchschnitt berechnen** bewirkt eine graduelle Glättung der Symbolwerte.

> **Hinweis**
>
> Achtung: Wenn ein Symbolsatz ausgewählt ist, ändert sich die **Dichte** bei allen vorhandenen Symbolinstanzen in diesem Symbolsatz, und nicht nur bei neu erstellten Instanzen.

Im unteren Bereich des Optionenfensters können Sie **Pinselgröße und Intensität anzeigen** aktivieren beziehungsweise deaktivieren. Standardmäßig ist diese Option aktiv, was bedeutet, dass Sie während der Verwendung eines Werkzeugs einen Kreis in der Größe des eingegebenen Durchmessers um das Werkzeug herum sehen.

Unterhalb der allgemeinen Optionen befinden sich die werkzeugspezifischen Einstellungen. Klicken Sie auf das Werkzeug, dessen Einstellungen Sie bearbeiten möchten, so werden die entsprechenden Optionen angezeigt.

Optionen für das Symbol-aufsprühen-Werkzeug

Die Optionen **Stauchen**, **Skalieren**, **Drehen**, **Transparent gestalten**, **Färben** und **Gestalten** für das **Symbol-aufsprühen-Werkzeug** werden – wenn das Werkzeug aktiv ist – im Dialogfenster unter den allgemeinen Optionen angezeigt. Mit diesen Optionen können Sie steuern, wie neue Symbolinstanzen zu Symbolsätzen hinzugefügt werden. Sie haben für jede der Optionen zwei Möglichkeiten.

- **Durchschnitt berechnen**: Mit dieser Option wird ein neues Symbol mit dem Durchschnittswert vorhandener Symbolinstanzen hinzugefügt, also entsprechend den umliegenden Instanzen. Wenn Sie zum Beispiel neue Instanzen in einem Bereich hinzufügen, in dem die Symbolinstanzen eine durchschnittliche Transparenz von 50 % haben, werden die neuen Instanzen ebenfalls mit einer Transparenz von 50 % hinzugefügt.

- **Benutzerdefiniert**: Mit dieser Option werden neue Instanzen üblicherweise anhand der Parameter des Originalsymbols angewendet, **Färben** verwendet die aktuelle Flächenfarbe und den vollen Farbton, **Gestalten** verwendet den aktuellen Stil.

Optionen für das Symbol-skalieren-Werkzeug

Die Optionen für das **Symbol-skalieren-Werkzeug** werden – wenn das Werkzeug aktiv ist – im Dialogfenster unter den allgemeinen Optionen angezeigt.

Proportionale Skalierung bewirkt, dass die einzelnen Symbolinstanzen proportional skaliert werden. **Skalieren wirkt sich auf Dichte aus** bewirkt, dass die Symbolinstanzen beim Vergrößern voneinander weg und beim Verkleinern zueinander hin verschoben werden sollen. Deaktivieren Sie diese Option, um beim Skalieren die Instanzen an ihrer Originalposition zu belassen.

Für die weiteren Symbol-Werkzeuge gibt es keine spezifischen Einstellungsmöglichkeiten.

1　　2　　3　　4　　5　　6　　7　　8　　9　　10

Kapitel 6

Objekte gestalten

Fläche und Kontur

Konturlinien

Pinselkonturen

Transparenz und Füllmethoden

Aussehen bearbeiten und kopieren

Farben bearbeiten

Jetzt geht es an die Feinarbeit: Verändern Sie das Aussehen Ihrer Objekte, indem Sie Flächen und Konturen ganz nach Belieben gestalten – mit Farben, Verläufen, Transparenzen, Mustern, speziellen Pinseln und vielem mehr.

> **Tipp**
>
> Die **Pfadansicht** über das Menü *Ansicht → Pfadansicht* oder `strg`/`⌘` + `Y` zeigt Ihnen die Pfade in Ihrem Dokument ohne jegliche Aussehen-Attribute. Über *Ansicht → Vorschau* kehren Sie wieder in den Vorschaumodus zurück. 
>
> ▲ **Abbildung 6-01**
> Objekte in normaler Ansicht und in der Pfadansicht

Wir haben uns ausführlich damit beschäftigt, Pfade und Objekte von Grund auf selbst oder aus Kombinationen davon zu erstellen. Nun ist es an der Zeit, sich ausführlich den unterschiedlichen Möglichkeiten zur Gestaltung von Objekten zu widmen.

Wie Sie aus dem Abschnitt »Aufbau von Objekten« in Kapitel 1 wissen, erstellen Sie – wann immer Sie ein Objekt zeichnen oder malen – im Grunde nur einen **Pfad**. Dieser Pfad gibt exakt vor, welche Grundform oder welchen Umriss das Objekt hat. Sichtbar sind Pfade nur dann, wenn man ihnen Aussehen-Attribute zuweist. Das sind Eigenschaften, die das Aussehen eines Objekts verändern, ohne die zugrunde liegende Form – also den Pfad – des Objekts zu beeinflussen. Zu den Aussehen-Attributen zählen Flächen, Konturen, Pinselkonturen, Transparenz und Effekte.

Mehrere spezielle Bedienfelder helfen Ihnen dabei, Objekten ihr Aussehen zu geben, und im **Aussehen-Bedienfeld** haben Sie einen Überblick darüber, welche Flächen, Konturen, Pinsel, Transparenz und Effekte auf ein Objekt, eine Gruppe oder eine Ebene angewendet wurden. Mehr noch: Sie können darin sämtliche Aussehen-Attribute bearbeiten sowie weitere Konturen und Flächen für Objekte hinzufügen.

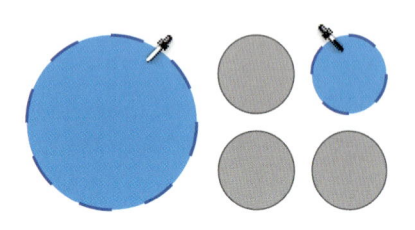

▲ **Abbildung 6-02**
Das Aussehen von Objekten lässt sich auch auf andere Objekte kopieren, zum Beispiel mit dem Pipette-Werkzeug.

▲ **Abbildung 6-03** Die zweite Kontur dieses Objekts wurde im Aussehen-Bedienfeld erstellt.

Die Gestaltungsmöglichkeiten sind so zahlreich wie die Werkzeuge und Bedienhilfen, daher möchte ich Ihnen erst einen kurzen Überblick darüber verschaffen.

Innerhalb eines offenen oder geschlossenen Pfades können Sie die **Fläche** des Objekts gestalten, wobei es sich um eine **Farbe**, einen **Farbverlauf** oder ein **Muster** handeln kann.

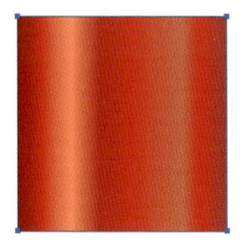

▲ **Abbildung 6-04** Pfad mit Flächenfarbe, Farbverlauf und Muster gefüllt

Die Fläche geht unmittelbar bis zum Pfad. Bei einem offenen Pfad wird als Begrenzung für die Fläche immer die kürzeste Strecke zwischen dem Anfangs- und dem Endpunkt des Pfads gewählt. Ist keine Füllung für die Fläche eingestellt, dann ist das Objekt »hohl«, man blickt auf darunterliegende Objekte.

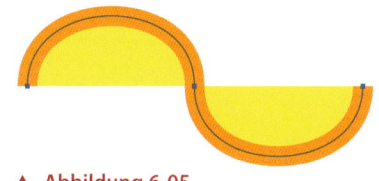

Eine **Kontur** folgt dem Pfad, stellt also den sichtbaren Umriss eines Objekts oder bei nicht geschlossenen Objekten eine Linie dar. Konturen können in unterschiedlicher **Stärke** durchgehend und **gestrichelt** dargestellt werden und eine Farbe, ein Muster oder – neu seit CS6 – einen Farbverlauf enthalten. Standardmäßig wird die Kontur mittig entlang des Pfads ausgerichtet, was bedeutet, dass je 50 % der Konturstärke auf beiden Seiten des Pfades verteilt sind.

Für die Anfangs- und Endpunkte eines Pfades können Sie nicht nur unterschiedliche **Abschlüsse** wählen, sondern auch **Pfeilspitzen** – seit Illustrator CS5 machen Sie dies über das Kontur-Bedienfeld und nicht mehr als Effekt.

▲ **Abbildung 6-05**
Offener Pfad mit Kontur und Flächenfarbe

Neu in CS6

▲ **Abbildung 6-06** Unterschiedliche Abschlüsse und Pfeilspitzen

▲ **Abbildung 6-07**
In Illustrator CS6 können Konturen nun ebenfalls einen Farbverlauf enthalten.

Besonders interessant aber erscheinen Pfade, deren Konturen durch unterschiedliche Pinsel stilisiert sind oder mit dem in CS5 eingeführten Breiten-Werkzeug eine variable Breite erhalten.

▲ **Abbildung 6-08** Diese Bilderrahmen wurden mit Breitenprofilen und Pinselkonturen erzeugt – lesen Sie weiter hinten Workshop 6-2 »Bilderrahmen einmal anders« mehr darüber.

▲ **Abbildung 6-09**
Die Kontur wird jeweils zur Hälfte auf beiden Seiten des Pfades verteilt.

Sobald Objekte sichtbare Flächen und/oder Konturen haben, sind diese standardmäßig deckend; das bedeutet, dass überlappende Bereiche übereinanderliegender Objekte verdeckt werden. In Adobe Illustrator können Sie Objekte in ihrer **Transparenz** reduzieren, also durchscheinend machen. Darunterliegende Bereiche anderer Objekte werden dadurch sichtbar gemacht. Sie können die Farben überlappender Objekte auch durch **Füllmethoden** kombinieren.

Objekte gestalten   **265**

▲ **Abbildung 6-10** Objekte unter halbtransparenten Wasserflächen

Eine weitere Methode, um Objekte interessant zu gestalten, sind **Effekte**, die so zahlreich und unterschiedlich sind, dass ich ihnen – gemeinsam mit Grafikstilen – ein eigenes Kapitel gewidmet habe (siehe Kapitel 8). **Grafikstile** sind vordefinierte Kombinationen aus wiederverwendbaren Aussehen-Attributen, die Sie rasch und einfach auf Objekte anwenden können. Mit ihnen ist es möglich, in nur einem Schritt zum Beispiel Farben, Transparenzen und Effekte anzuwenden.

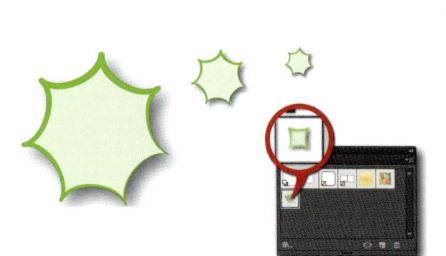

▲ **Abbildung 6-11**
Grafikstile speichern Sie im Grafikstile-Bedienfeld, von wo sie auch einfach auf Objekte angewendet werden können

Sehen wir uns nun die vielen interessanten Gestaltungsmöglichkeiten an, beginnend mit der sicheren Farbwahl.

Fläche und Kontur

Nachdem Sie eine Objektauswahl getroffen haben, können Sie die **Fläche** der Objekte sowie deren **Konturen** mit einer Farbe, einem Farbverlauf oder einem Muster gestalten; bis Illustrator CS5 sind Farbverläufe in Konturen noch nicht möglich (wie Sie das bei Bedarf umgehen können, lesen Sie etwas später).

Bevor Sie das alles tun können, müssen Sie Adobe Illustrator erst mitteilen, ob Sie das Aussehen der Fläche oder der Kontur definieren möchten.

Kontur oder Fläche?

Werfen Sie bitte einen Blick in das Werkzeug-Bedienfeld: Dort werden Ihnen die aktuell definierten Farben für Fläche und Kontur angezeigt. Diese beiden Farbkästchen sind überlappend angeordnet, wobei das jeweils zur Gänze sichtbare Farbfeld dasjenige ist, das Sie aktuell bearbeiten können. Ein einfacher Klick auf das darunterliegende Farbfeld holt es in den Vordergrund und macht es somit bearbeitbar. Auch durch Drücken der Taste X können Sie immer zwischen den beiden Farbfeldern wechseln, außer natürlich, der Cursor befindet sich in einem Eingabefeld.

▲ **Abbildung 6-12**
Fläche- und Kontur-Felder im Werkzeug-Bedienfeld

▶ **Abbildung 6-13**
Das jeweils oben liegende Feld für Kontur und Fläche ist bearbeitbar.

266   Kapitel 6 · Objekte gestalten

In diesem Bereich des Werkzeug-Bedienfelds können Sie auch die einfachste Farbänderung an Ihrem Objekt vornehmen, nämlich die Einstellung für Fläche und Kontur vertauschen, indem Sie auf das Symbol Fläche und Kontur vertauschen klicken oder den Shortcut ⇧ + X verwenden. Dies weist die ursprüngliche Kontureigenschaft der Fläche und die ursprüngliche Flächeneigenschaft der Kontur zu.

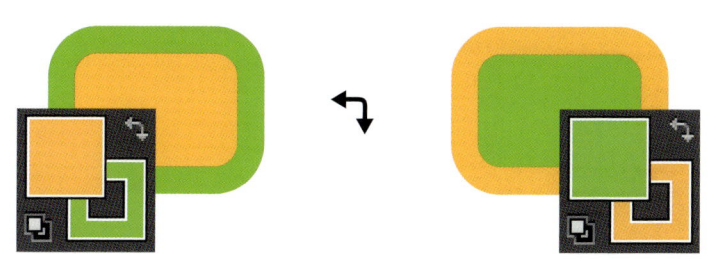

▲ **Abbildung 6-14** Fläche und Kontur vertauschen im Werkzeug-Bedienfeld

> **Hinweis**
>
> **Fläche und Kontur vertauschen** funktioniert nicht, wenn Sie mehrere Objekte mit unterschiedlichem Aussehen ausgewählt haben, oder wenn in Illustrator CS5 oder einer älteren Version als Fläche ein Farbverlauf eingestellt ist (in älteren Illustrator-Versionen können Konturen noch keinen Farbverlauf annehmen).

In diesem Bereich können Sie auch rasch auf Standardfarben und die zuletzt verwendeten Einstellungen zugreifen: Ein Klick auf **Standardfläche und -kontur** D setzt die Flächenfarbe auf Weiß und die Konturfarbe auf Schwarz. Über die drei kleinen Felder darunter greifen Sie auf die zuletzt verwendete **Flächenfarbe** (links) oder den zuletzt verwendeten **Farbverlauf** (Mitte) zu, oder wählen Sie **Ohne** (keine Farbe).

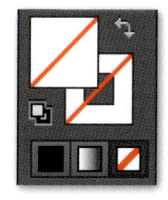

▲ **Abbildung 6-15** Keine Kontur- und Flächenfarbe

Nachdem Sie nun bestimmt haben, ob Sie der Kontur oder der Fläche ein Aussehen zuweisen möchten, legen Sie im nächsten Schritt fest, wie Sie den ausgewählten Bereich des Objekts füllen möchten: mit Farbe, einem Farbverlauf (bis CS5 nur bei Flächen) oder mit einem Muster.

Sehen wir uns zunächst die vielfältigen Möglichkeiten an, mit denen Sie eine Farbe auswählen können.

Farbe wählen

Objektflächen oder Konturen mit Farbe zu versehen, ist einfach, dazu müssen Sie lediglich ein oder mehrere Objekte auswählen und – wie zuvor beschrieben – festlegen, ob Sie die Fläche oder die Kontur färben möchten. Sobald Sie dann eine Farbe anklicken, wird sie für die Auswahl übernommen.

Die richtigen Farben auszusuchen, kann aber ein durchaus komplexes Thema sein, daher gibt es in Illustrator auch sehr viele Möglichkeiten, Farben zu wählen. Je nach Situation und Bedarf werden Sie einmal die eine Methode bevorzugen, dann wieder eine andere. Zuerst sollten Sie sich jedenfalls überlegen, ob Sie Farben experimentell finden möchten, ob Sie gewisse Harmonien mit anderen Farben einhalten möchten oder ob Sie ganz konkrete Farbdefinitionen verwenden möchten.

> **Tipp**
>
> Für den schnellen Zugriff stehen Ihnen immer die beiden Farbfelder für Fläche und Kontur im Werkzeug-Bedienfeld zur Verfügung, in relevanten Situationen werden sie auch im Steuerung-Bedienfeld angezeigt.

Der Farbwähler

Der **Farbwähler** ist ein universelles Werkzeug, um Farben zu bestimmen. Sie öffnen ihn durch einen Doppelklick auf eines der beiden Farbfelder im Werkzeug-Bedienfeld.

> **Hinweis**
>
> Entlang der linken Kante des Standard-Farbfelds können Sie zwischen Weiß und Schwarz jeden neutralen – also farbstichfreien – Grauton wählen.

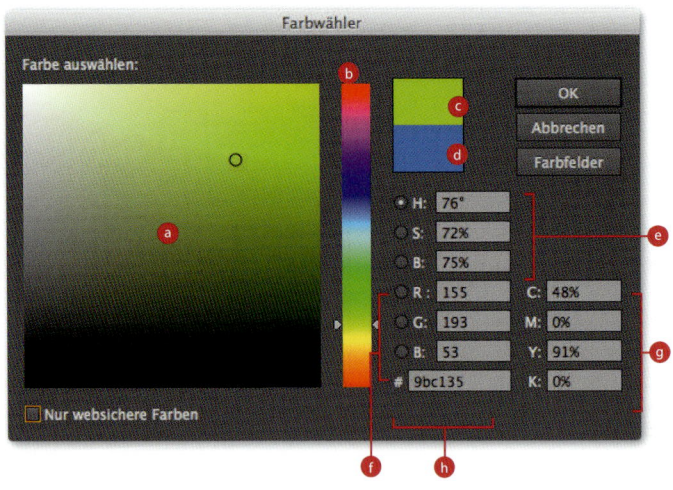

▲ **Abbildung 6-16** Vielfältige Möglichkeiten zur Farbdefinition im Farbwähler

Im großen **ⓐ Farbfeld** können Sie Farben intuitiv auswählen. Das dargestellte Farbfeld stellt erst einmal einen Verlauf aus drei Farben dar: in der linken oberen Ecke Weiß, entlang der unteren Kante Schwarz und in der rechten oberen Ecke die Farbe, die über eines der vielen Eingabefelder definiert oder aber im **ⓑ Farbspektrum** ausgewählt wurde. Wählen Sie eine andere Farbe, so wird die neue Farbe in die rechte obere Ecke des Farbfelds übernommen und ein neuer Verlauf damit gebildet. Klicken Sie an eine beliebige Stelle im Farbfeld, so wird die von Ihnen angeklickte Farbe im Farbkästchen für **ⓒ Neue Farbe** angezeigt, darunter die **ⓓ ursprüngliche Farbe**.

> **Exkurs: Farbumfangswarnungen**
>
> Bei manchen Farbtönen erscheinen neben den Farbkästchen der neuen und der ursprünglichen Farbe eine oder manchmal auch zwei **Warnungen**. Das Symbol ⚠ weist Sie darauf hin, dass es sich bei der neuen Farbe um eine **außerhalb des CMYK-Farbumfangs** liegende Farbe handelt. Klicken Sie auf das direkt darunter liegende kleine Farbkästchen, um zu der CMYK-Farbe zu wechseln, die der ausgewählten am ähnlichsten ist. Eine ähnliche Warnung erhalten Sie auch, wenn es sich bei der ausgewählten Farbe um eine **nicht websichere Farbe** handelt. Unterhalb des ⬢-Symbols können Sie eine websichere Farbe auswählen, die der gewünschten Farbe am nächsten ist. 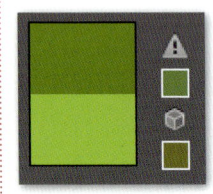
>
> ▲ **Abbildung 6-17**
> Warnungen für außerhalb des CMYK-Farbumfangs liegende oder für nicht websichere Farben

In den Eingabefeldern der Farbwerte für die Farbmodelle **ⓔ HSB**, **ⓕ RGB** oder **ⓖ CMYK** sowie des **ⓗ Hexadezimalen Farbwerts** können Sie die entsprechenden Farbwerte der ausgewählten Farbe ablesen. Sie können aber auch selbst Werte in diese Eingabefelder eingeben, zum Beispiel wenn Sie einen bestimmten Farbton im Farbfeld anzeigen möchten. Lesen Sie mehr über Farbmodelle im Abschnitt »Farbe« in Kapitel 1.

Sobald Sie eine Farbe ausgewählt und diese mit **OK** bestätigt haben, wird sie auch in allen weiteren Bedienfeldern als aktuelle Flächen- oder Konturfarbe angezeigt – je nachdem, welches der beiden Farbkästchen Sie vorher doppelt angeklickt hatten. War ein Objekt ausgewählt, so wurde dieses gefärbt.

Ändern der Farbdarstellung im Farbwähler

Sie können die Farbdarstellung im Farbwähler auch ändern. Die eben beschriebene Standarddarstellung stellt im schmalen Balken das komplette Farbspektrum dar, weil auf der rechten Seite des Farbwählers die Option **H** (hue) für **Farbton** ausgewählt ist. In diesem Fall können Sie über das Farbfeld intuitiv für den definierten Farbton die **Sättigung** (waagerecht) und **Helligkeit** (senkrecht) wählen.

Wählen Sie **S** (saturation) für Sättigung, wird die definierte Farbe im schmalen Balken dargestellt, während das Farbfeld die beiden anderen Werte Farbton (waagerecht) und Helligkeit (senkrecht) anzeigt. Ist **B** (brightness) für die Helligkeit aktiv, steuern Sie diese im schmalen Balken, das Farbfeld stellt Farbton (waagerecht) und Sättigung (senkrecht) dar.

Es ist auch möglich, die Darstellung durch Aktivieren einer der RGB-Farben **R** für Rot, **G** für Grün oder **B** für Blau zu ändern.

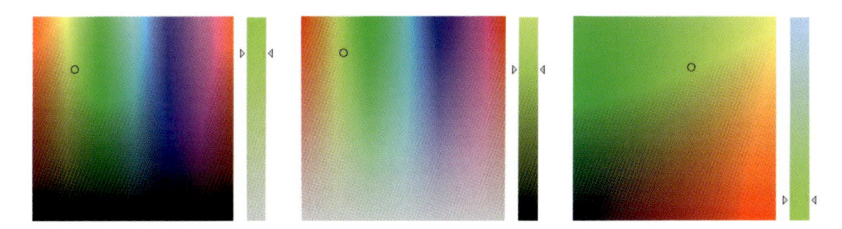

▲ **Abbildung 6-18** Farbdarstellung für Sättigung (links), Helligkeit (Mitte) und Blau (rechts)

Das Farbe-Bedienfeld

Das **Farbe-Bedienfeld** (*Fenster → Farbe*) ist eine kleinere Version des Farbwählers. Auch hier können Sie Farbwerte in unterschiedlichen Farbmodellen anzeigen und mischen. Das Farbe-Bedienfeld zeigt Ihnen wieder die beiden Kästchen für Fläche und Kontur an, die Sie bereits aus dem Werkzeug-Bedienfeld kennen und zwischen denen Sie auch wieder mit der Taste ⌈X⌉ wechseln können.

Die Darstellung und die Anzahl der Regler sind abhängig davon, welchen Dokumentfarbmodus Sie gewählt haben beziehungsweise welches Farbmodell Sie über das Menü des Bedienfelds auswählen – zur Auswahl stehen **Graustufen**, **RGB**, **HSB**, **CMYK** und **Websicheres RGB**. Je nach Farbmodell stehen Ihnen zum Definieren einer Farbe ein bis vier Farbkanäle mit Schiebereglern und dazugehörigen Eingabefeldern zur Verfügung. Unterhalb der Regler können Sie wieder **keine Farbe**, **Weiß** oder **Schwarz** auswählen oder direkt in das gewählte Farbspektrum klicken.

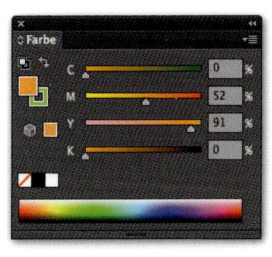

▲ **Abbildung 6-19**
Das Farbe-Bedienfeld im CMYK-Farbmodus

> **Tipp**
>
> Wenn Sie mit einer Farbe zufrieden sind, können Sie über das Menü des Farbe-Bedienfelds ein **Neues Farbfeld** erstellen.

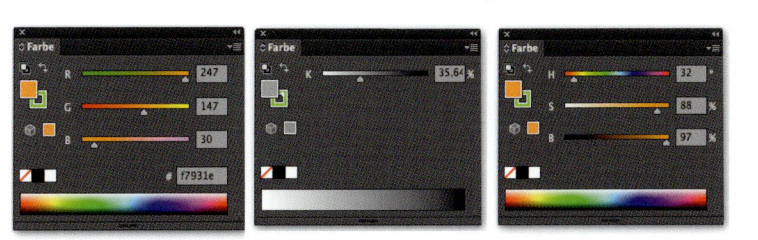

▲ **Abbildung 6-20** Farbe-Bedienfeld in den Farbmodi **RGB** (links), **Graustufen** (Mitte) und **HSB** (rechts)

Fläche und Kontur

> **Hinweis**
>
> Das Farbfeld **Passermarken** ⊕ hat eine spezielle Bedeutung im Druck: Objekte in Passermarkenschwarz werden immer auf allen Druckplatten gedruckt, um diese genau auszurichten. Es sollte daher nur für Objekte wie zum Beispiel Schnittmarken (siehe Kapitel 9) verwendet werden. Das Passermarken-Farbfeld kann nicht gelöscht werden.

Farbfelder-Bedienfeld

Farbfelder sind vordefinierte Farbtöne, Verläufe und Muster. Im **Farbfelder-Bedienfeld** (*Fenster* → *Farbfelder*) werden alle mit einem Dokument verknüpften Farbfelder angezeigt – das sind dem gewählten Dokumentfarbmodus zugewiesene Standard-Farbfelder oder eine mit dem Dokument gespeicherte Version davon. Hier können Sie auch eigene Farben hinzufügen, die Sie zum Beispiel im Farbe-Bedienfeld oder im Farbwähler definiert haben, um sie rasch wiederverwenden zu können. Ein einfacher Klick auf ein Farbfeld färbt dann die Kontur oder Fläche des ausgewählten Objekts.

▲ **Abbildung 6-21** Das Farbfelder-Bedienfeld

Sie können einzelne Farben, Farben ausgewählter Objekte oder alle im Dokument verwendeten Farben zu den Farbfeldern hinzufügen. Einzelne Farben können Sie direkt aus den Farbkästchen für Fläche oder Kontur in das Farbfelder-Bedienfeld ziehen.

> **Tipp**
>
> Falls das Farbfelder-Bedienfeld in einer minimierten Ansicht oder zugeklappt im Dock abgelegt ist, halten Sie den Cursor kurz darüber: Es klappt auf und Sie können die Farbe an eine freie Stelle ziehen.

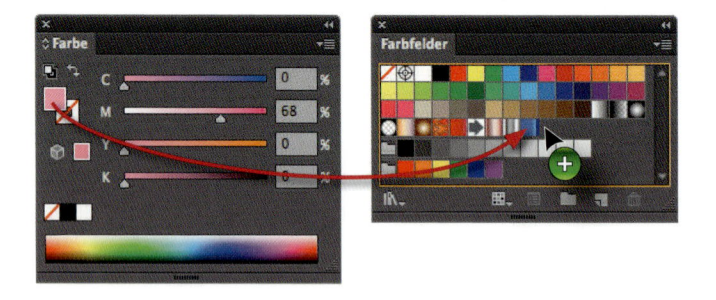

▲ **Abbildung 6-22** Ziehen Sie eine Farbe in das Farbfelder-Bedienfeld.

Um sämtliche Farben eines oder mehrerer ausgewählter Objekte zu den Farbfeldern hinzuzufügen, wählen Sie aus dem Menü des Farbfelder-Bedienfelds die Option **Verwendete Farben hinzufügen**. Illustrator fügt alle Farben ein, die noch nicht als Farbfeld definiert sind, und konvertiert eventuell vorhandene Prozessfarben in globale Farben (siehe Abschnitt »Farbarten« in Kapitel 1). Um alle Farben des Dokuments zu erfassen, gehen Sie vorher sicher, dass kein Objekt ausgewählt ist, und wenden Sie dann die Option **Verwendete Farben hinzufügen** an.

> **Hinweis**
>
> Einige Farben können durch den Befehl **Verwendete Farben hinzufügen** nicht erfasst werden, zum Beispiel Farben in Angleichungen (siehe Abschnitt »Angleichung erstellen« in Kapitel 5) oder Farben in Pixelbildern.

Mehr Farben aus Farbfelder-Bibliotheken

Farbfelder-Bibliotheken sind Sammlungen an vordefinierten Farben, zum Beispiel gibt es bereits in Illustrator mitgelieferte Farbfelder-Bibliotheken zu bestimmten Themen wie Blumen, Neutral, Metall und vielen mehr, sowie Farbfelder-Bibliotheken mit Mustern, Verläufen und Druckfarben. Sie können eigene Farbfelder-Bibliotheken speichern und aus anderen Dokumenten importieren, zum Beispiel wenn Sie bestimmte Farben aus einem Corporate Design wiederverwenden möchten.,

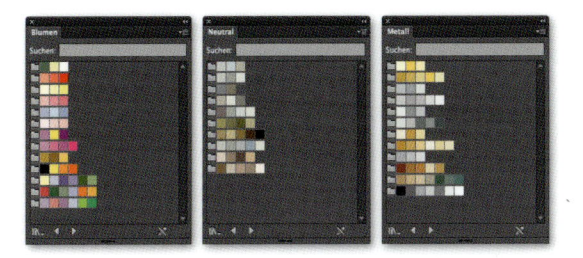

▲ **Abbildung 6-23** Themenbezogene Farbfelder-Bibliotheken

Wählen Sie aus den vielseitigen Farbfelder-Bibliotheken entweder über das Menü *Fenster → Farbfeldbibliotheken* oder schneller über den Button Menü »Farbfeldbibliotheken« am linken unteren Rand des Farbfelder-Bedienfelds. Farbfelder-Bibliotheken öffnen immer in eigenen Bedienfeldern, in denen Sie auf die gleiche Weise Farbfelder auswählen, anzeigen und sortieren können wie im Farbfelder-Bedienfeld. Es ist aber nicht direkt möglich, Farbfelder zu Bibliotheken hinzuzufügen, zu löschen oder zu bearbeiten.

Möchten Sie bestimmte Farbfelder aus einer Bibliothek in das Farbfelder-Bedienfeld kopieren, können Sie das entweder durch Hineinziehen machen oder indem Sie aus dem Menü der Bibliothek **Zu Farbfeldern hinzufügen** wählen. Wenn Sie ein Farbfeld auf ein Objekt im Dokument anwenden, wird es – sofern es sich dabei um ein globales Farbfeld oder ein Volltonfarbfeld handelt – automatisch hinzugefügt.

Wenn Sie auf Bibliotheken mit Druckfarben wie **PANTONE**, **HKS**, **Trumatch**, **FOCOLTONE**, **DIC** und **TOYO** zugreifen (zu finden sind sie im Bibliotheken-Untermenü **Farbtafeln**), können Sie im Suchfeld gezielt nach einem Farbfeld suchen, dessen Bezeichnung Sie kennen. Sollte das Suchfeld nicht eingeblendet sein, können Sie über das Menü der Bibliothek die Funktion **Suchfeld einblenden** aktivieren.

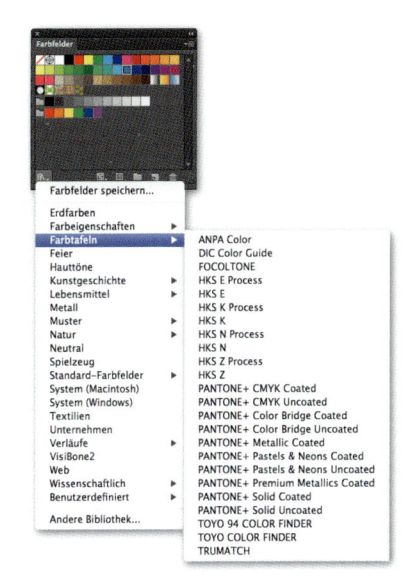

▲ **Abbildung 6-24** Farbfelder-Bibliotheken über das Farbfelder-Bedienfeld

> **Tipp**
>
> Möchten Sie, dass eine Farbfeldbibliothek immer automatisch mit dem Programm geöffnet wird, so wählen Sie aus dem Bedienfeld-Menü dieser Bibliothek die Option **Gleiche Position**.

> **Hinweis**
>
> Ändern Sie die Anzeige der Farbfelder über das Menü des Farbfelder-Bedienfelds. Zur Auswahl stehen: **Kleine Miniaturen**, **Mittlere Miniaturen**, **Große Miniaturen**, **Kleine Liste** und **Große Liste**.

▲ **Abbildung 6-25** Suchfeld in einer Farbtafel-Bibliothek

▲ **Abbildung 6-26** Farbfelder in der Ansicht **Kleine Liste**

Fläche und Kontur

Neu in CS6

In Illustrator CS6 (wie auch in Photoshop CS6 und InDesign CS6) wurde die von Pantone überarbeitete und um viele neue Farben erweiterte Pantone Plus Series® implementiert. Die Pantone Plus Series® ersetzt das Pantone Matching System®, das sowohl CMYK als auch (seit CS2) Lab-Farbdefinitionen verwendet hat. Die neue Pantone Plus Series® verwendet nun ausschließlich Lab-Definitionen.

Für das Bearbeiten älterer Illustrator-Dokumente können Sie über das Menü des Farbfelder-Bedienfelds in den **Volltonfarbenoptionen** festlegen, ob die im Dokument verwendeten Volltonfarben **die im Herstellerbuch angegebenen Lab-Werte verwenden** soll (wählen Sie diese Option für die präziseste Darstellung und Wiedergabe von Farben), oder die **CMYK-Werte aus den Bearbeitungshandbüchern des Herstellers verwenden** (also den Volltonfarben älterer Illustrator-Dokumente entsprechen) soll. Diese Einstellung treffen Sie für das gesamte Dokument.

Lesen Sie mehr zu Volltonfarben in Kapitel 1, im Abschnitt »Farbarten«.

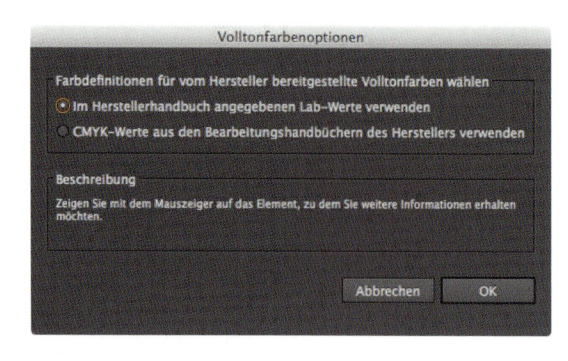

◀ **Abbildung 6-27**
Optionen für **Volltonfarben**

Eigene Farbfelder-Bibliotheken erstellen

Möchten Sie eine eigene Farbfelder-Bibliothek erstellen, löschen Sie erst aus dem Farbfelder-Bedienfeld sämtliche Farbfelder, die Sie nicht benötigen, und fügen alle Farben hinzu, die gespeichert werden sollen. Klicken Sie dann auf Menü »Farbfeldbibliotheken« und wählen Sie dort **Farbfelder speichern …**

Illustrator schlägt Ihnen nun das Verzeichnis vor, in dem auch die anderen Farbfelder-Bibliotheken gespeichert sind. Speichern Sie Ihre Bibliothek in dieses Verzeichnis, wird sie künftig im Menü *Fenster → Farbfeldbibliotheken* und über das Symbol Menü »Farbfeldbibliotheken« unter Benutzerdefiniert aufgelistet. Wählen Sie ein anderes Verzeichnis, können Sie Ihre Bibliothek über **Andere Bibliothek …** suchen und öffnen.

Über das Menü des Farbfelder-Bedienfelds können Sie Farbfelder auch im Dateiformat ASE speichern. **ASE (Adobe Swatch Exchange)** ist ein Dateiformat für den Austausch zwischen Programmen wie Adobe Illustrator, Adobe Photoshop und Adobe InDesign.

Hinweis

In Farbgruppen können Prozessfarben, Volltonfarben und globale Prozessfarben gruppiert werden, nicht aber Muster, Verläufe, und die Farbfelder **Ohne** und **Passermarken**.

Farbfelder gruppieren

Wenn Sie in Ihrem Farbfelder-Bedienfeld ein wenig Ordnung schaffen oder harmonische Farben gruppieren möchten, können Sie Farbfelder zu Farbgruppen zusammenfassen. Ein großer Vorteil von Farbgruppen ist auch, dass Sie die Farben einer Farbgruppe gemeinsam bearbeiten und anpassen können, was ich Ihnen etwas später zeigen werde.

Wählen Sie die Farbfelder aus, die Sie zusammenfassen möchten, und klicken Sie auf den Button **Neue Farbgruppe**. Im folgenden Optionenfenster können Sie einen Namen für die Farbgruppe vergeben.

▲ **Abbildung 6-28** Sammeln Sie ausgewählte Farbfelder in Farbgruppen.

Alternativ können Sie auch Objekte auswählen, deren Farben Sie gruppieren möchten.

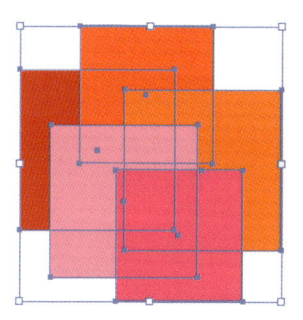

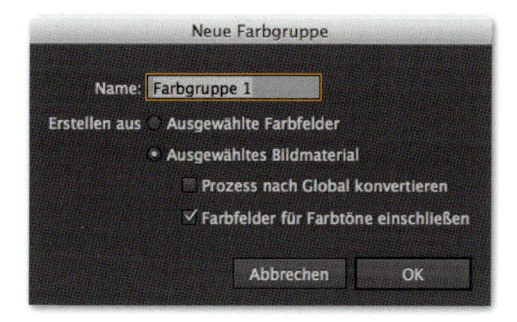

▲ **Abbildung 6-29** Sammeln Sie die Farben ausgewählter Objekte in Farbgruppen.

▲ **Abbildung 6-30**
Farbgruppen im Farbfelder-Bedienfeld

Nachdem Sie eine Farbgruppe erstellt haben, können Sie jederzeit durch Ziehen neue Farbfelder hinzufügen oder bestehende daraus entfernen.

Farbharmonien

Falls Sie nach Farbinspiration suchen, können Sie auf Basis einer ausgewählten Farbe im Farbhilfe-Bedienfeld vordefinierte Farbharmonien darauf anwenden und diese Farbharmonien außerdem in Variationen unterschiedlicher Farbtöne, Schattierungen, Warm- und Kalttöne sowie strahlender und gedeckter Töne aufgliedern.

Farbhilfe

Das **Farbhilfe-Bedienfeld** (*Fenster* → *Farbhilfe*) bietet Ihnen wertvolle Unterstützung beim Finden harmonischer Farben. Ausgehend von der aktiven Farbe können Sie darauf viele Farbharmonien anwenden und aus den Variationen passende Farben wählen.

Hinweis

Sind Objekte ausgewählt, während Sie auf eines der Farbfelder klicken, färben Sie diese Objekte neu ein – achten Sie also unbedingt auf Ihre Auswahl.

Fläche und Kontur 273

> **Hinweis**
>
> Der Button ⬤ **Farben bearbeiten** beziehungsweise – wenn Objekte ausgewählt wurden – **Farben bearbeiten oder anwenden** öffnet ein umfangreiches Optionenfenster zur Bearbeitung der Farben. Lesen Sie mehr darüber am Ende des Kapitels.

▲ **Abbildung 6-31** Das Farbhilfe-Bedienfeld

> **Hinweis**
>
> Möchten Sie das Ergebnis auf eine bestimmte Farbfelder-Bibliothek begrenzen, klicken Sie auf das Drop-down-Menü in der linken unteren Ecke des Farbhilfe-Bedienfelds und wählen Sie dort die gewünschte Farbfelder-Bibliothek aus.

Links oben sehen Sie die Ⓐ gewählte **Farbe**, auf die Sie aus dem Drop-down-Menü Harmonieregeln anwenden können. Ausgehend von der Originalfarbe und den aus der Farbharmonie resultierenden Farben werden Variationen erstellt. Die Ⓑ **Ausgangsfarben** der gewählten Harmonie werden immer in der Mitte des Bedienfelds angezeigt, links und rechts davon ihre Variationen.

▲ **Abbildung 6-32** Unterschiedliche Harmonieregeln auf dieselbe Ausgangsfarbe mit Farbtöne/Schattierung angewendet

Standardmäßig werden diese Variationen in **Farbtöne** und **Schattierungen** aufgefächert. Das bedeutet, dass die jeweilige Farbe zur linken Seite hin immer stärker mit Schwarz und zur rechten Seite hin ansteigend mit Weiß gemischt wird. Über das Menü des Farbhilfe-Bedienfelds können Sie neben der Standardeinstellung **Farbtöne/Schattierungen anzeigen** auch **Warm/kalt anzeigen** oder **Strahlend/Gedeckt anzeigen** wählen.

> **Hinweis**
>
> Sie können Variationen im Farbhilfe-Bedienfeld auswählen und über den Button **Farbgruppe in Farbfeldbedienfeld speichern** oder über die Option **Farben als Farbfelder speichern** im Menü des Bedienfelds in das Farbfelder-Bedienfeld übernehmen. Sind keine Variationen ausgewählt, werden lediglich die Ausgangsfarben der Harmonieregel gruppiert oder als Farbfelder gespeichert.

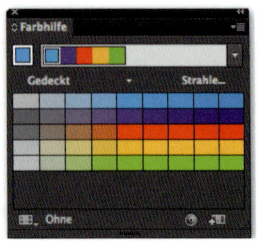

▲ **Abbildung 6-33** Die drei möglichen Farbvariationen Farbtöne/Schattierungen (links), Strahlend/Gedeckt und Warm/kalt (Mitte)

Warm/kalt mischt nach links hin mit Rot und nach rechts hin mit Blau, während Strahlend/Gedeckt nach links hin die Sättigung verringert, bis ein Grau entsteht, und sie nach rechts erhöht.

Über die Optionen zur Variation, die Sie im Menü des Farbhilfe-Bedienfelds unter **Farbhilfeoptionen** aufrufen können, haben Sie die Möglichkeit, die Anzahl der Variationsstufen sowie den Grad der Variation zu verändern. Je weniger Variation Sie auswählen, desto näher liegen die Farbabstufungen beieinander.

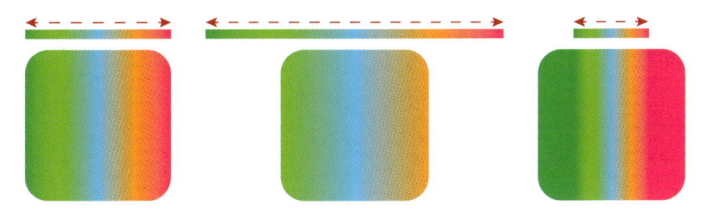

▲ **Abbildung 6-34** Die Farbhilfeoptionen

Farbverlauf

Farbverläufe sind fließende Übergänge zwischen zwei oder mehr Farben (seit Illustrator CS4 können diese Farben auch Transparenzen enthalten), die Sie auf Objektflächen und – seit Illustrator CS6 – auch auf Konturen anwenden können. Es gibt zwei Arten von Verläufen: Der **lineare Verlauf** erstreckt sich entlang einer Geraden, der **kreisförmige Verlauf** erstreckt sich radial.

Vordefinierte Verläufe wählen Sie aus dem Farbfelder-Bedienfeld aus, das auch einige Verlaufsfelder beinhaltet, oder – wenn Sie mehr Auswahl haben möchten – aus einer der zahlreichen Farbfelder-Bibliotheken.

Es ist aber auch möglich, einen eigenen Farbverlauf zu definieren – das können Sie über das Verlauf-Bedienfeld oder über das Verlauf-Werkzeug machen.

Neu in CS6

CS5 Tipp

Dass man in älteren Versionen von Illustrator einer Kontur keinen Verlauf geben kann, können Sie mit einem kleinen Trick umgehen: Erstellen Sie eine einfarbige Kontur in der gewünschten Stärke und wandeln Sie sie in eine Fläche um (siehe Abschnitt »Konturen in Flächen umwandeln« in Kapitel 5). Dieser Fläche können Sie nun den gewünschten Verlauf geben.

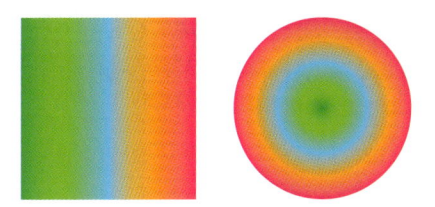

▲ **Abbildung 6-35** Objekt mit linearem Verlauf (links) und mit kreisförmigem Verlauf (rechts)

Wenn Sie ein oder mehrere ausgewählte Objekte durch Klick auf ein Verlaufsfeld färben, wird der Farbverlauf so auf die Objekte angewendet, dass er in jedem Objekt genau ein Mal komplett Platz findet. Mit dem **Verlauf-Werkzeug** hingegen können Sie steuern, wie der ausgewählte Verlauf angewendet wird: So ist es zum Beispiel möglich, dass das Objekt nur einen Teil des Verlaufs zeigt, oder dass der Verlauf über mehrere Objekte verteilt wird. Den Umgang mit dem Verlauf-Werkzeug zeige ich Ihnen auf den folgenden Seiten.

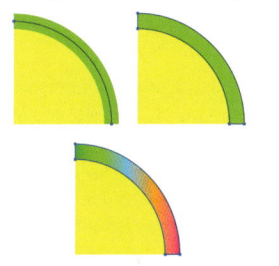

▲ **Abbildung 6-36**
In eine Fläche (oben rechts) umgewandelte Kontur mit Farbverlauf (unten)

◀ **Abbildung 6-37**
Objekt mit komplettem Verlauf (links), teilweisem Verlauf (Mitte) und mit einem Verlauf, der nur in einem Teil des Objekts dargestellt wird und in einfarbige Bereiche übergeht (rechts)

Fläche und Kontur   275

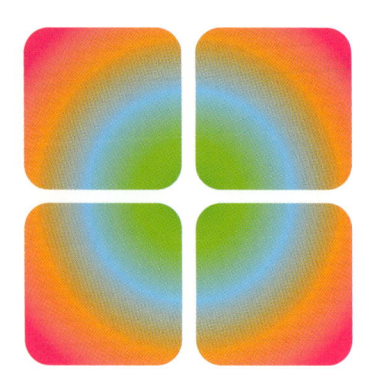

▲ **Abbildung 6-38**
Verlauf über mehrere Objekte verteilt

> **Tipp**
>
> In der Verlaufsbibliothek **Wasser** können Sie gleich auf mehrere Verläufe zugreifen, die einen Horizont mit dem Meer oder einem See darstellen.

▲ **Abbildung 6-40**
Beispiele aus Verlaufsbibliotheken

> **Neu in CS6**

> **Hinweis**
>
> Falls Sie einen Verlauf nur spiegeln, also die Farben in umgekehrter Reihenfolge darstellen möchten, klicken Sie auf ⇋ **Verlauf umkehren**.

Vordefinierte Verlaufsfelder auf Objekte anwenden

Im Farbfelder-Bedienfeld finden sich neben Farb- und Musterfeldern auch vorbereitete **Verlaufsfelder**. Wenden Sie einen Verlauf auf ein oder mehrere ausgewählte Objekte an, indem Sie im Farbfelder-Bedienfeld auf eines der Verlaufsfelder klicken.

Falls bei den Standard-Verlaufsfeldern nicht das passende für Sie dabei ist, können Sie die mit dem Programm mitgelieferten Bibliotheken durchstöbern. Über *Fenster → Farbfeldbibliotheken → Verläufe* oder direkt im Farbfelder-Bedienfeld über das Drop-down-Menü ▥ *Farbfeldbibliotheken* beziehungsweise aus dem Bedienfeld-Menü *Farbfeldbibliothek öffnen → Verläufe* können Sie vielfältige, thematisch gruppierte Verlaufsbibliotheken öffnen.

▲ **Abbildung 6-39** Beispiele für Verlaufsbibliotheken

Eigenen Verlauf definieren und bearbeiten

Um selbst einen Verlauf zu definieren, haben Sie zwei Möglichkeiten: Sie können den Verlauf intuitiv mit dem **Verlauf-Werkzeug** aufziehen und direkt am Objekt bearbeiten, oder Sie treffen die Einstellungen im Verlauf-Bedienfeld. Sie können diese beiden Möglichkeiten auch kombinieren, denn die Einstellungen werden gegenseitig übernommen.

Sehen wir uns die verfügbaren Optionen zuerst über das **Verlauf-Bedienfeld** an, das Sie über das Menü *Fenster → Verlauf* oder mit ⌘ / strg + F9 öffnen – die Optionen variieren je nachdem, ob Sie den Verlauf für die Fläche oder für die Kontur definieren:

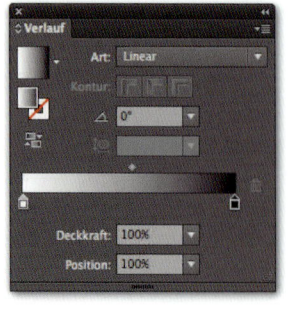

▲ **Abbildung 6-41** Verlauf-Bedienfeld mit neuen Auswahlfeldern für Fläche (links) und Kontur (rechts)

Im Unterschied zu früheren Illustrator-Versionen können Sie nun seit CS6 im Verlauf-Bedienfeld auswählen, ob Sie den Verlauf für die Fläche oder für die Kontur definieren möchten. Die entsprechenden Auswahlfelder und den Umgang damit kennen Sie ja bereits aus dem Abschnitt "Kontur oder Fläche" am Beginn dieses Kapitels.

Neben der **Verlaufs-Vorschau** im Verlauf-Bedienfeld können Sie über das Dropdown-Menü direkt auf sämtliche **Verlaufsfelder** zugreifen, die sich im Farbfelder-Bedienfeld befinden.

Anschließend wählen Sie die **Art** des Verlaufs: Zur Auswahl stehen **Linear** und **Kreisförmig**.

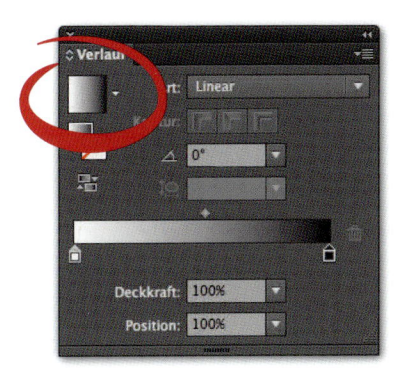

▲ **Abbildung 6-42**
Wählen Sie aus den Verlaufsfeldern des Farbfelder-Bedienfelds

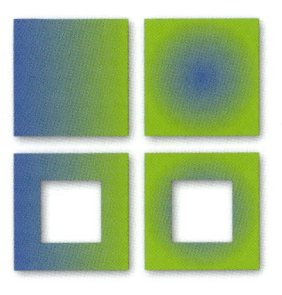

▲ **Abbildung 6-43** Linearer (links) und kreisförmiger Verlauf (rechts) für Fläche (oben) und Kontur (unten)

Der **Verlaufsregler** gibt Ihnen nicht nur eine größere Vorschau auf den aktuell gewählten Farbverlauf, sondern lässt Sie umfassende Einstellungen daran vornehmen.

Hinweis

Für die Ausrichtung des Verlaufs an der Kontur haben Sie noch weitere Auswahlmöglichkeiten, die wir uns etwas später genauer ansehen werden.

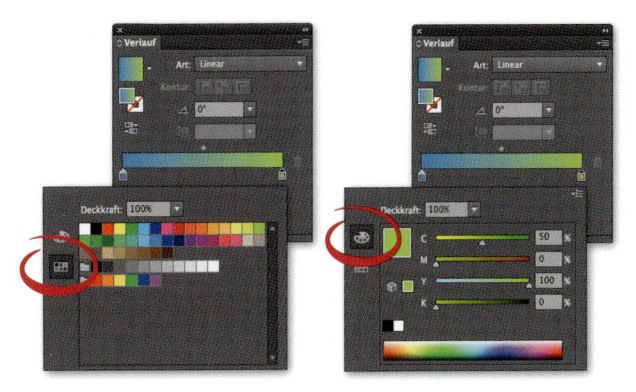

▲ **Abbildung 6-44** Der **Verlaufsregler** mit zwei Farbreglern

An seiner Unterseite befinden sich die **Farbregler**, die den Verlauf definieren. Doppelklicken Sie auf einen dieser Farbregler, so können Sie direkt auf die Funktionen des Farbfelder-Bedienfelds oder des Farbe-Bedienfelds zugreifen und eine neue Farbe sowie Einstellungen zur Transparenz für dieses Farbfeld definieren.

▶ **Abbildung 6-45** Wählen Sie für einen Farbregler eine andere Farbe oder ein Farbfeld.

Fläche und Kontur 277

Alternativ können Sie auch ein Farbfeld aus dem Farbfelder-Bedienfeld auf einen Farbregler im Verlauf-Bedienfeld ziehen – achten Sie dabei aber bitte darauf, das Farbfeld nicht erst anzuklicken, denn das würde Ihre bisherigen Verlaufseinstellungen verwerfen und dem Objekt das angeklickte Farbfeld zuweisen.

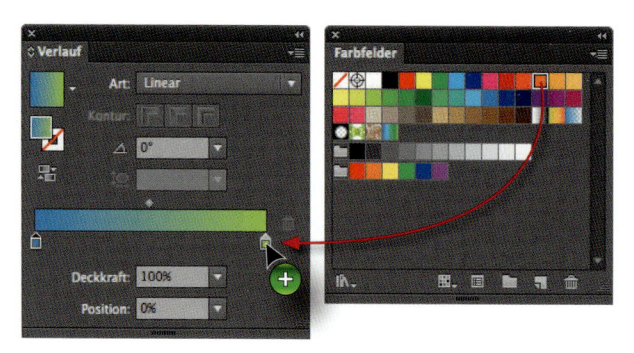

▲ **Abbildung 6-46** Ziehen Sie ein Farbfeld auf einen Farbregler

An der Oberseite des Verlaufsreglers befindet sich jeweils zwischen zwei Farbreglern ein kleines ◆ Symbol, das den Mittelpunkt der beiden Farben darstellt. Sie können die Verteilung der Farben in Ihrem Verlauf ändern, indem Sie dieses Symbol einfach an eine andere Stelle ziehen oder es anklicken und im Eingabefeld **Position** einen neuen Wert definieren. Bei einer Einstellung von 50 % ist die Verteilung der Farbe gleichmäßig zwischen den zwei Farbreglern.

> **Hinweis**
>
> Die Transparenz einer Verlaufsfarbe können Sie auch verändern, indem Sie einen Farbregler anklicken und im Eingabefeld **Deckkraft** einen Wert bestimmen.

> **Hinweis**
>
> Auch die Farbregler selbst können ausgewählt und durch Ziehen oder Bestimmen ihrer Position verschoben werden. Wenn Sie die beiden äußersten Farbfelder nach innen schieben, können Sie einfarbige Bereiche festlegen.

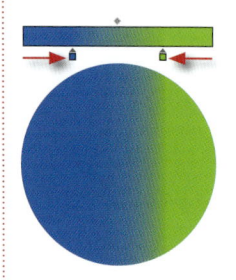

▲ **Abbildung 6-48**
Farbbregler verschieben

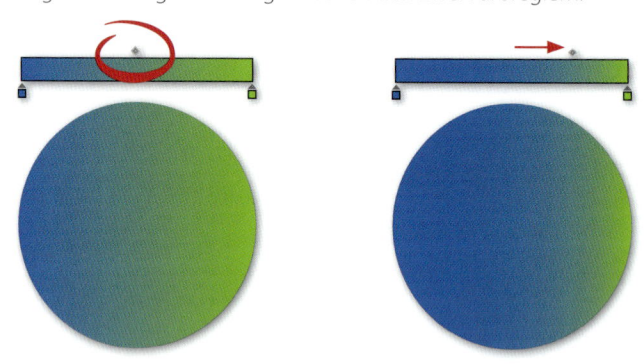

▲ **Abbildung 6-47** Verändern Sie die Verteilung der Farbe zwischen zwei Farbreglern.

Weitere Farbregler fügen Sie dem Verlauf hinzu, indem Sie in den Bereich direkt unterhalb des Verlaufsreglers an die Stelle klicken, an der Sie einen weiteren Farbregler erstellen möchten – zuerst stellt der neue Farbregler die Farbe dar, die sich aus dem Verlauf ergibt, über einen Doppelklick darauf können Sie diese wieder ändern.

Auch bei einem kreisförmigen Verlauf wird der Verlaufsregler im Verlauf-Bedienfeld als Rechteck dargestellt; der Verlauf verläuft von der Objektmitte heraus nach außen.

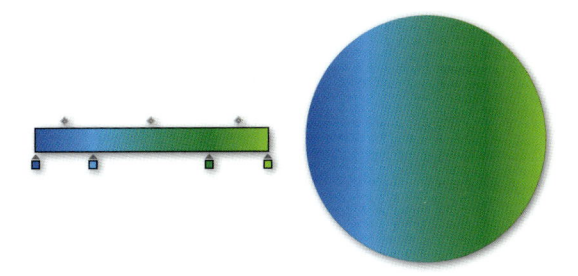

▲ **Abbildung 6-49** Erzeugen Sie neue Farbregler durch Klick an die gewünschten Stellen.

Hinweis
Farbfelder entfernen Sie, indem Sie sie einfach vom Verlaufsregler wegziehen.

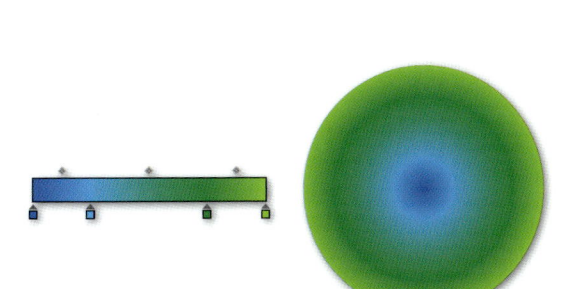

▲ **Abbildung 6-50** Ein kreisförmiger Farbverlauf

Über das Eingabefeld ◢ **Winkel** (–180° bis 180°) legen Sie die Neigung des Farbverlaufs relativ zur Zeichenfläche fest.

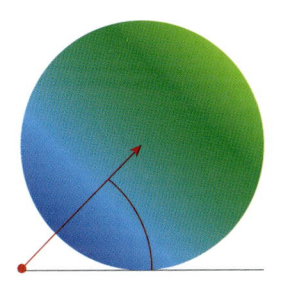

▲ **Abbildung 6-51** Verändern Sie den Winkel (hier 45°).

Für die Ausrichtung des Farbverlaufs an einer Kontur finden Sie im Verlauf-Bedienfeld nun noch weitere Optionen – sie werden aktiv, sobald Sie der Kontur einen Verlauf zugewiesen haben. Diese Optionen sind: ▮ **Verlauf in Kontur anwenden** (Standard), ▮ **Verlauf vertikal auf Kontur anwenden** (auf die Länge der Kontur) oder ▮ **Verlauf horizontal auf Kontur anwenden** (auf die Stärke der Kontur).

Hinweis
Bei einem kreisförmigen Verlauf werden Änderungen im Feld **Winkel** erst sichtbar, wenn Sie auch das ⌾ **Seitenverhältnis** (0,5 bis 32767) ändern. Der dortige Wert repräsentiert das Verhältnis der Höhe zur Breite des Kreises – jede Abweichung erstellt einen elliptischen Verlauf.

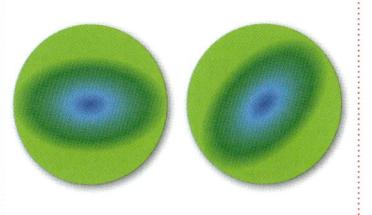

▲ **Abbildung 6-52**
Elliptischer Farbverlauf mit Winkel 0° (links) und 45° (rechts).

Neu in CS6

Fläche und Kontur

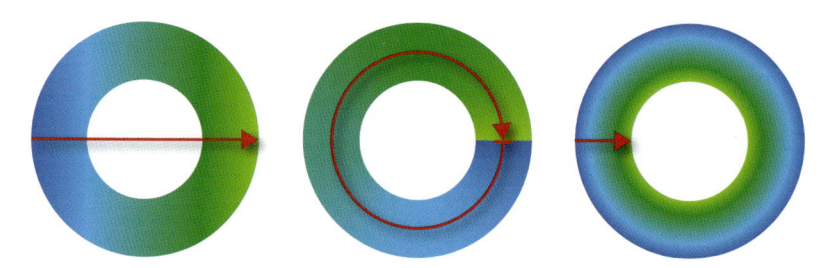

▲ **Abbildung 6-53** Unterschiedliche Kontur-Einstellungen für einen linearen Verlauf: Verlauf in Kontur anwenden (links), Verlauf vertikal auf Kontur anwenden (Mitte) und Verlauf horizontal auf Kontur anwenden (rechts)

> **Hinweis**
>
> Nur wenn die **Kontur mittig ausgerichtet** ist (entsprechende Einstellungen nehmen Sie im Konturen-Bedienfeld vor), können Sie zwischen den drei Kontur-Einstellungen des Verlaufs wählen. Falls die Kontur innen oder außen am Pfad orientiert ist, steht Ihnen derzeit nur der Standardwert **Verlauf in Kontur anwenden** zur Verfügung.

Da kreisförmige Farbverläufe immer von der Mitte aus verlaufen, kommt es bei kreisförmigen Verläufen in Konturen zu einer Spiegelung des Verlaufs:

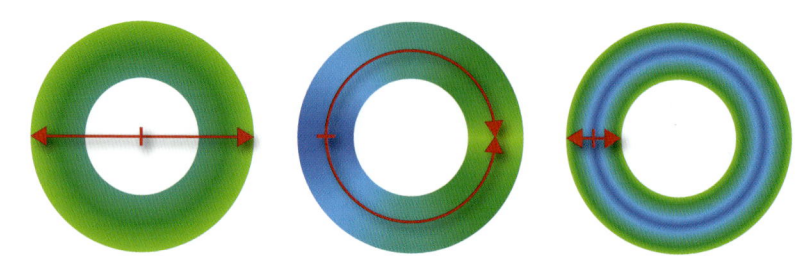

▲ **Abbildung 6-54** Unterschiedliche Kontur-Einstellungen für einen kreisförmigen Verlauf: Verlauf in Kontur anwenden (links), Verlauf vertikal auf Kontur anwenden (Mitte) und Verlauf horizontal auf Kontur anwenden (rechts)

Um einen Farbverlauf auf mehrere Objektflächen zu verteilen, verwenden Sie das Verlauf-Werkzeug.

Das Verlauf-Werkzeug

Das ▢ **Verlauf-Werkzeug** ⌞G⌟ lässt Sie für Flächen dieselben Einstellungen, die Sie über das Verlauf-Bedienfeld treffen können, direkt auf der Zeichenfläche vornehmen. Es kann aber vor allem auch dazu benutzt werden, den Anfangs- und Endpunkt des Farbverlaufs selbst zu bestimmen, und zwar auch außerhalb von Objekten liegend.

> **Hinweis**
>
> Für Konturen können Sie das Verlauf-Werkzeug derzeit noch nicht verwenden. Definieren Sie den Verlauf in Konturen über das Verlauf-Bedienfeld.

Treffen Sie zuerst eine Objektauswahl und wenden Sie darauf ein beliebiges Verlaufsfeld aus dem Farbfeld-Bedienfeld aus. Sobald Sie das Verlauf-Werkzeug aktivieren, sollten Sie den sogenannten Verlaufsoptimierer (zu finden im Menü *Ansicht → Verlaufsoptimierer einblenden*) sehen.

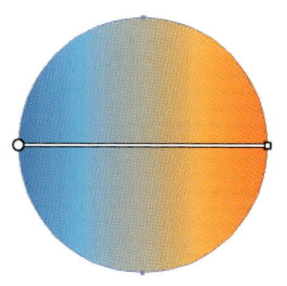

▲ **Abbildung 6-55** Verlaufsoptimierer bei aktivem Verlauf-Werkzeug

Nun können Sie durch Klicken einen neuen Startpunkt setzen und durch gleichzeitiges Ziehen die Größe und Richtung des Verlaufs frei steuern.

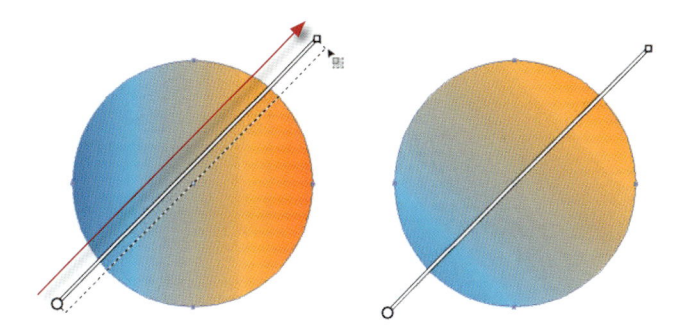

▲ **Abbildung 6-56** Klicken und Ziehen mit dem Verlauf-Werkzeug (links) verändern den Verlauf und den Verlaufsoptimierer (rechts).

Eine weitere interessante Funktion des Werkzeugs ist es, dass Sie damit einen Verlauf über mehrere ausgewählte Objekte verteilen können, nachdem Sie diesen zuvor darauf angewendet haben.

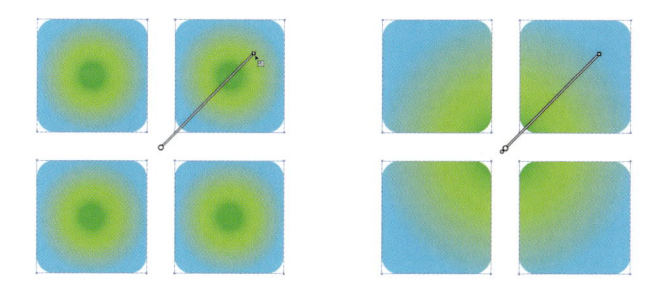

▲ **Abbildung 6-57** Ziehen Sie mit dem Verlauf-Werkzeug über mehrere ausgewählte Objekte.

Fläche und Kontur

Um die Bearbeitungsfunktion des Verlauf-Werkzeugs nutzen zu können, muss *Ansicht → Verlaufsoptimierer einblenden* (alt + ⌘ / strg + G) aktiviert sein, außerdem müssen natürlich das Objekt mit dem Verlauf und das Verlauf-Werkzeug ausgewählt sein. Bewegen Sie den Cursor über den **Verlaufsoptimierer**, erscheinen die einzelnen Bearbeitungsmöglichkeiten, die prinzipiell wie die des Verlaufsregler im Verlauf-Bedienfelds funktionieren.

▲ **Abbildung 6-58** Positionieren Sie den Cursor über dem Verlaufsoptimierer.

Hinweis

Der Verlaufsoptimierer stellt den Verlauf immer als Balken dar, auch wenn Sie unter Art **Kreisförmig** aktiviert haben.

Nun können Sie die einzelnen Farbregler sowie deren Mittelpunkte verschieben oder auf die Farbregler doppelklicken, um eine andere Farbe auszuwählen. Ziehen Sie am Verlaufsendpunkt, um den Anwendungsbereich zu verkleinern oder zu vergrößern. Die Änderungen werden sofort für das Objekt übernommen.

Um den Farbverlauf an eine andere Stelle zu bewegen, greifen Sie ihn an einer freien Stelle und positionieren Sie ihn neu.

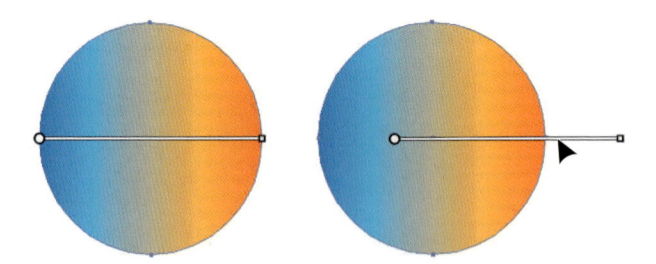

▲ **Abbildung 6-59** Bewegen Sie den Verlauf an eine andere Stelle.

Mit dem Verlauf-Werkzeug verändern Sie den **Winkel**, indem Sie den Cursor unmittelbar außerhalb des Endpunkts positionieren. Sobald sich der Cursor in ↻ verändert, können Sie klicken und den Verlaufsregler drehen.

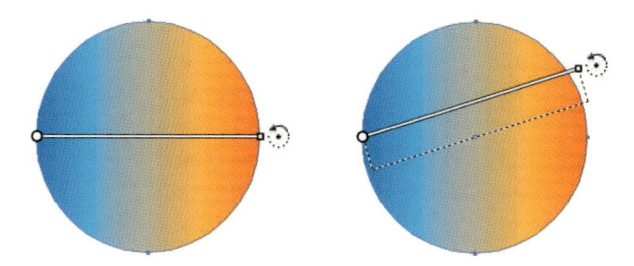

▲ **Abbildung 6-60** Drehen Sie den Verlauf außerhalb des Endpunktes.

Mit dem Verlauf-Werkzeug gestalten Sie den Verlauf elliptisch, verändern also sein Seitenverhältnis, indem Sie den kleinen schwarzen Kreis ziehen.

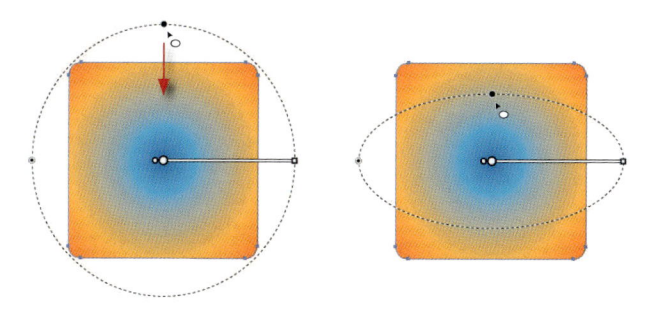

▲ **Abbildung 6-61** Verändern Sie das Seitenverhältnis des Verlaufs.

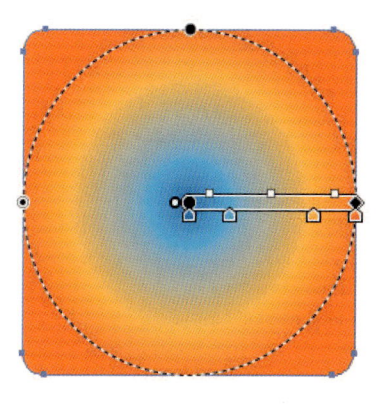

▲ **Abbildung 6-62**
Bei einem kreisförmigen Verlauf stellt der Verlaufsoptimierer den Farbbalken im Radius des Kreises dar.

Wenn ein Verlauf nicht mehr kreisförmig, sondern elliptisch verändert worden ist, hat eine Drehung knapp außerhalb des Endpunktes eine sichtbare Auswirkung.

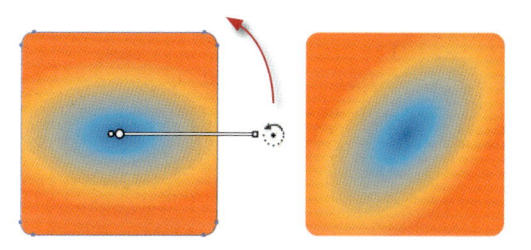

▲ **Abbildung 6-63** Drehen Sie einen elliptischen Verlauf.

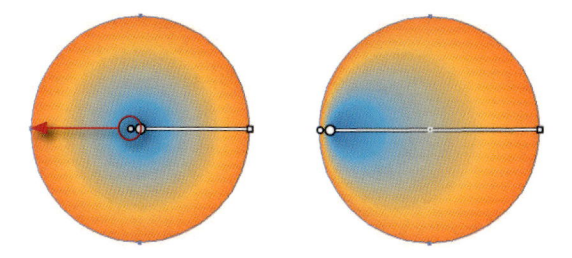

▲ **Abbildung 6-64** Durch Ziehen am Symbol neben dem Startpunkt des Verlaufsoptimierers verändern Sie gleichzeitig den Radius und den Winkel.

Fläche und Kontur

Workshop 6-1

Ein Schwein sieht Rosa

Das Schweinchen, das wir im Workshop »Das Grundformen-Schweinchen« in Kapitel 3 erstellt haben, benötigt nun dringend einen Anstrich.

Hinweis

Falls Sie den Workshop nicht mitgemacht haben, können Sie das Ausgangsmaterial für diesen Workshop in der Datei Grundformenschwein.ai finden. (Die Besispieldateien laden Sie unter http://examples.oreilly.de/german_examples/adocs6illusger/ herunter.)

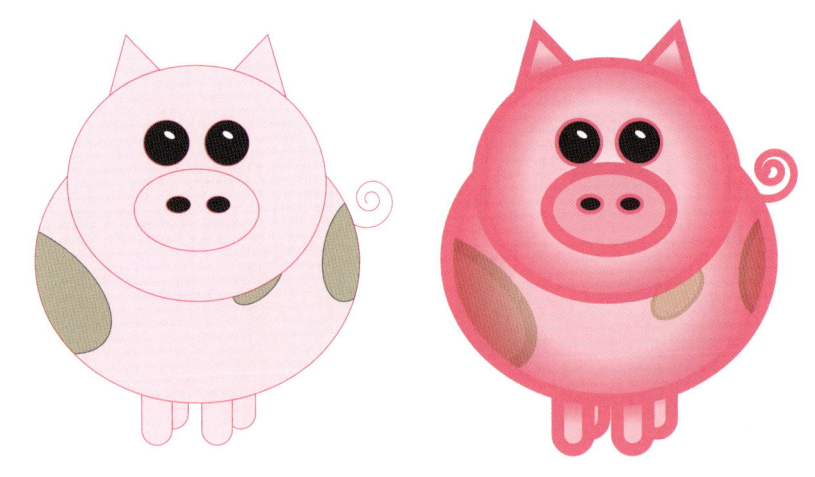

▲ **Abbildung 6-65** Ein typisches »Vorher/Nachher«-BIld

1 Konturen anpassen

Wie Sie sich bestimmt erinnern, ist unser Schwein aus einer Menge geometrischer Objekte zusammengesetzt. Einige der Konturen sollen nun deutlich dicker dargestellt werden, dazu müssen sie aber erst ausgewählt werden. Das müssen Sie nicht in mühsamer Kleinarbeit machen.

Hinweis

Sollte Ihr Originalschwein anders aussehen, können Sie die Kriterien für die Suche in den **Zauberstab-Optionen** verändern, die Sie durch einen Doppelklick auf das Zauberstab-Werkzeug im Werkzeug-Bedienfeld öffnen.

▲ **Abbildung 6-66**
Zauberstab-Optionen

Wählen Sie aus dem Werkzeug-Bedienfeld das **Zauberstab-Werkzeug** Y aus. Dieses Werkzeug funktioniert so: Sie klicken damit auf ein Objekt, und es wählt alle gleichen oder ähnlichen Objekte aus. Standardmäßig sucht das Werkzeug nach Objekten, die dieselbe oder eine innerhalb des Toleranzbereichs liegende ähnliche Flächenfarbe aufweisen. Das ist für unser Beispiel eine gute Einstellung.

Klicken Sie mit dem Zauberstab in eine hellrosa Fläche (aber nicht in den Körper, bei dem es sich um einen Zuschneidungspfad handelt – er ist daher kein geeignetes Suchkriterium). Durch den Klick wurden sämtliche Objekte ausgewählt, deren Konturstärke wir nun erhöhen möchten (auch der Zuschneidungspfad). Genau genommen wurden sogar zu viele Objekte ausgewählt. Wechseln Sie zum **Gruppenauswahl-Werkzeug** und klicken Sie mit gedrückter ⇧ -Taste auf die Augen und die Nasenlöcher, um diese aus der Auswahl zu entfernen. Wählen Sie nun für die restlichen Objekte eine Konturstärke, die in etwa der des »Nachher«-Schweinchens entspricht.

▲ **Abbildung 6-67** Die ausgewählten Körperteile (links) erhalten eine stärkere Kontur.

2   Farbfelder für den Farbverlauf anlegen

Der Kopf und der Körper sollen nun einen kreisförmigen Farbverlauf erhalten. Um den Farbverlauf bequem erstellen zu können, werden wir erst alle verwendeten Farben als Farbfelder anlegen. Wählen Sie das gesamte Schwein aus und wählen Sie aus dem Menü des **Farbfelder-Bedienfelds** (*Fenster → Farbfelder*) **Ausgewählte Farben hinzufügen**. Dadurch werden alle Farben als globale Farbfelder erstellt (siehe Abschnitt »Globale Farben« in Kapitel 1).

3   Kreisförmiger Farbverlauf für Kopf und Körper

Wählen Sie nun mit dem Gruppenauswahl-Werkzeug den Kopf und auch den Körper (Sie müssen auf den Pfad klicken) aus. Durch Verwenden des Gruppenauswahl-Werkzeugs werden vom Körper nur der Zuschneidungspfad, nicht aber die darinliegenden Flecken ausgewählt. Den Farbverlauf erstellen wir im **Verlauf-Bedienfeld** (*Fenster → Verlauf*).

Stellen Sie sicher, dass im Verlauf-Bedienfeld **Fläche** aktiv ist. Klicken Sie einmal an eine beliebige Stelle des Verlaufsreglers, wird der Standard-Schwarzweiß-Verlauf angewendet, und die beiden Farbregler werden sichtbar. Doppelklicken Sie nun erst auf den linken Verlaufsregler und wählen Sie dafür das hellrosa Farbfeld. Anschließend doppelklicken Sie auf den rechten Verlaufsregler und definieren dafür das dunkle Rosa.

Wählen Sie nun im Drop-down-Menü *Art* **Kreisförmig** aus. Wie Sie sehen, sind wir mit diesem Schritt beinahe fertig, allerdings ist der Verlauf mit zwei Farben zu gleichmäßig. Klicken Sie an eine freie Stelle im Farbwähler, etwa ein Drittel der Strecke bis zum Rand vom hellen Rosa entfernt, um einen neuen Farbregler mit der dort enthaltenen Verlaufsfarbe anzulegen. Schieben Sie diesen nun nach rechts.

▲ **Abbildung 6-68**
Standard-Schwarz-Weiß-Verlauf

▼ **Abbildung 6-69**
Wählen Sie für die Fläche einen Farbverlauf von hellrosa nach dunkelrosa

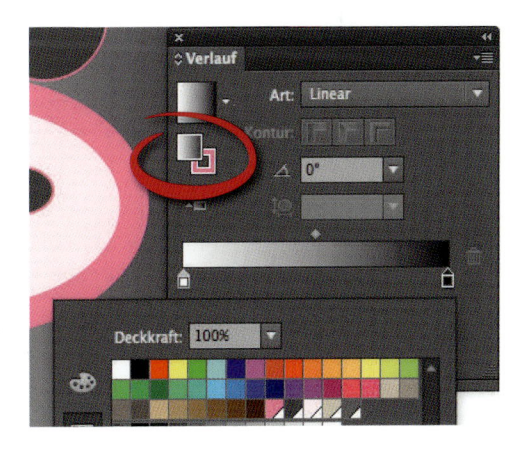

Workshop 6-1 · Ein Schwein sieht Rosa

▲ **Abbildung 6-70** Schieben Sie den mittleren Verlaufsregler nach rechts.

Ziehen Sie den fertigen Verlauf zum Beispiel aus dem Farbkästchen des Werkzeug-Bedienfelds in das Farbfelder-Bedienfeld. Somit ist auch dieser Verlauf als Farbfeld vorhanden und kann rasch wiederverwendet werden.

4 Linearer Farbverlauf für Ohren und Beine

Und schon benötigen wir das neue Verlaufsfeld, denn der Farbverlauf für Ohren und Beine wird auf Basis des vorherigen Farbverlaufs erstellt. Wählen Sie erst die beiden Ohren aus und wenden Sie das zuvor angelegte Verlaufsfeld auf die Fläche an. Wie Sie sehen, ist dieser Verlauf nicht sonderlich gut geeignet, er enthält aber bereits alle Farben, die wir brauchen. Wählen Sie zunächst als *Art* **Linear** aus. Der geänderte Verlauf erstreckt sich nun von links nach rechts, soll aber von oben nach unten verlaufen. Das erreichen wir, indem wir im Feld **Winkel** einen Wert von –90° eingeben. Ziehen Sie anschließend den dunklen Farbregler nach innen, bis Ihnen die Ohren gefallen.

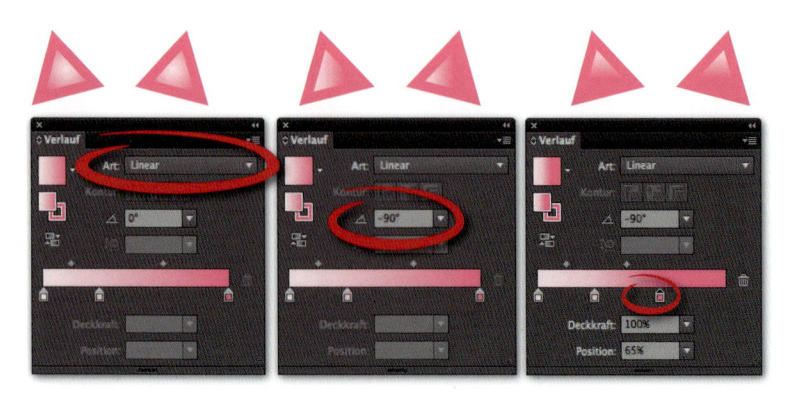

▲ **Abbildung 6-71** Verlaufen(d)e Ohren

286 Kapitel 6 · Objekte gestalten

Mit dem angepassten Verlauf erstellen Sie nun wieder ein neues Verlaufsfeld im Farbfelder-Bedienfeld und wenden dieses auch gleich auf alle vier Beine an.

Wie Sie bemerken werden, werden Einstellungen im Feld **Winkel** nicht mit einem Verlaufsfeld gespeichert. Der ursprüngliche Winkel wäre aber für die Beine ohnehin falsch gewesen – dafür soll der Verlauf nun nämlich einen **Winkel** von 90° aufweisen.

5 Rüssel nachdunkeln

Zwei Aspekte des Schweins erscheinen noch verbesserungswürdig: der Rüssel (er ist zu hell) und die Flecken. Kümmern wir uns erst um den Rüssel.

Der ausgewählte Rüssel soll einen Farbton erhalten, der zwischen dem hellen und dem dunklen Rosa liegt. Wählen Sie das **Pipette-Werkzeug** ⓘ aus und bewegen Sie den Cursor über einen Farbverlaufston, den Sie für geeignet halten. Halten Sie nun die ⇧-Taste gedrückt und klicken Sie einmal darauf – schon ist der Rüssel mit der gewählten Farbe gefüllt.

▲ **Abbildung 6-72**
Das Schwein mit allen Verläufen

6 Füllmethode für die Flecken

Die Flecken im Körper des Schweins wirken in ihrer Einfarbigkeit sehr störend, es wird auch noch ein zu kaltes Braun für Kontur und Fläche verwendet. Wählen Sie dafür warme Ockertöne aus und variieren Sie bei dieser Gelegenheit auch die Konturstärken der drei Flecken, sodass die diese zur Größe der Flecken passt.

Viel schöner wäre es, wenn die Flecken mit den anderen Farben interagieren würden. Genau das bewirken **Füllmethoden**, die Sie etwas später in diesem Kapitel kennenlernen. Wählen Sie die drei Flecken mit dem Gruppenauswahl-Werkzeug aus und öffnen Sie das **Transparenz-Bedienfeld** (*Fenster → Transparenz*). Im linken Drop-down-Menü **Füllmethode** finden Sie eine Füllmethode mit dem Namen **Abdunkeln**. Durch das Anwenden einer Füllmethode vermischen sich die Farben übereinanderliegender Objekte, sodass sich die Farben der Flecken mit dem Farbverlauf mischen. Reduzieren Sie die Wirkung der Füllmethode noch etwas, indem Sie die **Deckkraft** der Flecken auf 50° reduzieren.

▼ **Abbildung 6-73**
Transparenz-Bedienfeld

Fertig ist das Schwein!

▲ **Abbildung 6-74** Das warme Braun der Flecken (links) mischt sich durch die Füllmethode Abdunkeln mit dem Farbverlauf (Mitte) – reduzierte Deckkraft schwächt den Effekt ab (rechts).

Muster

Die Fläche und die Kontur eines Objekts kann auch mit einem **Muster** gefüllt werden. Stellen Sie sich ein Muster am besten wie eine Wandkachel in einer bestimmten Größe vor, die sich so lange im Objekt wiederholt, wie sie Platz findet – immer eine Kachel neben und unter der anderen. Das Verwenden von Mustern kann Ihnen die Arbeit sehr erleichtern und hält auch die Dateigröße überschaubar.

> **Hinweis**
> Muster sind nicht nur bei Grafikdesignern zum Strukturieren großflächiger Objekte beliebt, sondern finden zum Beispiel auch in der Architektur, im Textildesign und der Modebranche Anwendung.

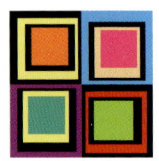

▲ **Abbildung 6-75**
Beispiel für ein Musterelement

▲ **Abbildung 6-76** Objekt mit gemusterter Fläche (links) und gemusterter Kontur (rechts)

Muster weisen Sie Objekten wie andere Farbfelder zu – sie werden auch im Farbfelder-Bedienfeld verwaltet. Dort können Sie entweder direkt auf Musterfelder und Musterbibliotheken zugreifen oder auch eigene Muster definieren.

Die Anwendung ist denkbar einfach: Aktivieren Sie ein oder mehrere Objekte und wählen Sie zwischen Fläche und Kontur. Wählen Sie anschließend aus dem **Farbfelder-Bedienfeld** ein Muster aus. Über das Menü des Farbfelder-Bedienfelds können Sie unter *Farbfeldbibliothek → Muster* fertige Musterbibliotheken öffnen und aus diesen wählen.

So simpel das Anwenden von Mustern auf Ihre Objekte auch ist, einige Punkte sollten Sie für den sicheren Umgang mit Mustern beachten.

Was Sie über Muster wissen sollten:

- Ein Muster ist ein kleines, sich nahtlos wiederholendes Element, das durch Objektpfade in der Sichtbarkeit begrenzt wird.
- Die Musterelemente werden immer vom globalen Linealursprung (globaler Nullpunkt) des Dokuments aus neben- und untereinandergereiht.

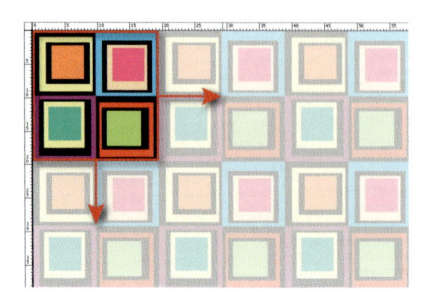

> **Tipp**
> Wenn Sie Musterfelder aus Bibliotheken an Ihren Objekten durchprobieren, werden diese zum Farbfelder-Bedienfeld hinzugefügt. Löschen Sie am besten alle unbenutzten Musterfelder, um die Dateigröße niedrig zu halten.

▶ **Abbildung 6-77**
Das Musterelement wird vom globalen Linealursprung aus aneinandergereiht.

288 Kapitel 6 · Objekte gestalten

- Wie sich ein Muster auf ein Objekt auswirkt, hängt daher damit zusammen, wo auf der Zeichenfläche das Objekt liegt.

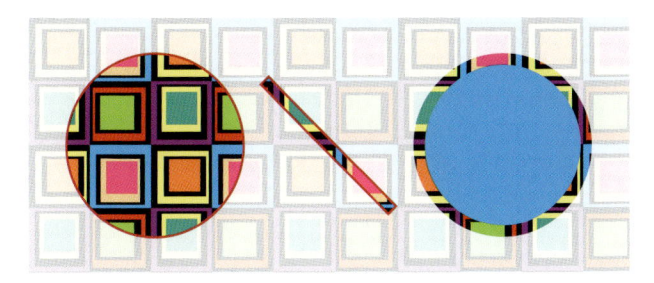

▲ **Abbildung 6-78** Das im Objekt dargestellte Muster ist abhängig von der Position der Objekte.

- Änderungen des globalen Linealursprungs (siehe Abschnitt »Lineale« in Kapitel 2) wirken sich auf die Verteilung des Musters in allen Zeichenflächen aus.

Hinweis

Illustrator CS4 und neuere Versionen haben unterschiedliche Linealnullpunkte, was unterschiedliche Ergebnisse beim Kopieren und Einfügen von Musterobjekten zwischen den Programmen verursachen kann.

Eigene Muster

Lange Zeit war das Erstellen eigener Muster in Adobe Illustrator ein langwieriger und komplizierter Vorgang. Illustrator CS6 bietet nun die Möglichkeit, neue Musterfelder auf einfache und intuitive Art zu erstellen. Sie können ein neues Musterfeld von Grund auf neu erstellen oder an einem existierenden Muster die gewünschten Änderungen vornehmen.

Neues Muster erstellen

Wenn Sie ein neues Muster erstellen möchten, wählen Sie aus dem Menü *Objekt* → *Muster* → *Erstellen*. Sollten Sie bereits Pfade für das gewünschte Muster vorbereitet haben, wählen Sie diese zuvor aus.

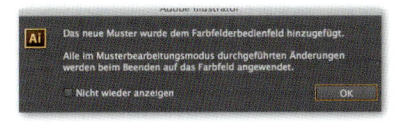

Sie befinden sich nun im **Musterbearbeitungsmodus**, auf Ihrer Zeichenfläche erscheint ein blauer Rahmen, der die Begrenzung Ihres Musterelement darstellt. Das Bedienfeld **Musteroptionen**, das wir uns anschließend genauer ansehen werden, begleitet Sie durch die Erstellung Ihres neuen Musters.

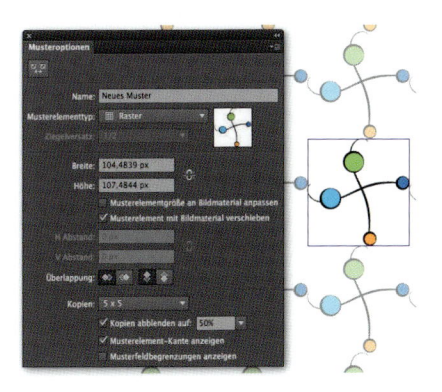

Neu in CS6

▲ **Abbildung 6-79**
Das folgende Dialogfeld macht Sie darauf aufmerksam, dass Ihr neues Muster im Farbfelder-Bedienfeld angelegt wurde und nun bearbeitet werden kann.

◀ **Abbildung 6-80**
Der Musterbearbeitungsmodus ohne (links) und mit (rechts) zuvor ausgewählten Objekten

Fläche und Kontur 289

> **Hinweis**
>
> Das **Formerstellungs-Werkzeug** kann derzeit im Musterbearbeitungsmodus nicht verwendet werden.

Im Musterbearbeitungsmodus können Sie wie gewohnt Objekte und Pfade erstellen, gestalten und transformieren – Sie können sogar Muster aus eingebetteten Pixelgrafiken (siehe »Dateien importieren« in Kapitel 2) erstellen! Sämtliche Pfade, die sich ganz oder teilweise innerhalb des Rahmens befinden, werden in das Musterelement aufgenommen – die hinausragenden Teile lappen einfach auf der gegenüberliegenden Seite wieder in das Musters. Dadurch entsteht ein nahtloses Muster, wie Sie es zum Beispiel benötigen, um einen Hintergrund für das Web mit möglichst geringer Dateigröße zu speichern. Und das Schöne am neuen Musterbearbeitungsmodus: Illustrator simuliert die Wiederholung des Musters Ihren Einstellungen entsprechend.

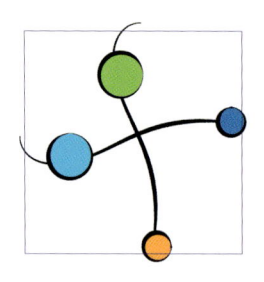

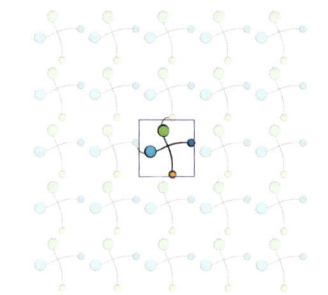

▶ **Abbildung 6-81**
Das neue Muster (links) in der Vorschau großflächig angewendet (rechts)

> **Tipp**
>
> Wenn Sie flexibel bleiben möchten, erstellen und speichern Sie Ihre Objekte, bevor Sie diese auswählen und in den Musterbearbeitungsmodus wechseln. Auf diese Weise können Sie jederzeit auf die ursprünglichen Objekte mit sämtlichen Einstellungsmöglichkeiten zurückgreifen.

Bedenken Sie bitte, dass alle im Musterbearbeitungsmodus erstellten Objekte nach dem Speichern des Musters in Flächen umgewandelt werden (siehe "Objekte umwandeln" in Kapitel 5) und Sie deshalb bei späterem Bearbeiten auf sämtliche über die Flächeneigenschaften hinausgehende Einstellungen (wie Konturen, Effekte, etc.) nicht mehr zugreifen können.

Musteroptionen

Über das Bedienfeld **Musteroptionen** definieren Sie nicht nur einen **Namen** für Ihr Muster, sondern auch vielfältige Einstellungen zur Größe, Anordnung und Darstellung des Musters. Sehen wir uns die Optionen im Einzelnen an:

Direkt im Bedienfeld Musteroptionen finden Sie zuerst das **Musterelement-Werkzeug**, mit dem Sie in der Arbeitsfläche einen Begrenzungsrahmen für das Muster aufziehen sowie den bestehenden Rahmen skalieren können.

Die Größe können Sie aber auch über die Eingabefelder **Breite** und **Höhe** definieren, beziehungsweise durch Aktivieren der Option **Musterelementgröße an Bildmaterial anpassen** automatisch bestimmen lassen. Da – wie bereits zuvor erwähnt – sämtliche Objekte, die sich zur Gänze oder teilweise innerhalb des Musterelements befinden, wiederholt werden, wirkt sich die Größe des Musterelements in Relation zu den Objekten auch direkt auf das Aussehen des wiederholten Musters aus.

▲ **Abbildung 6-82**
Die Musteroptionen.

Kapitel 6 · Objekte gestalten

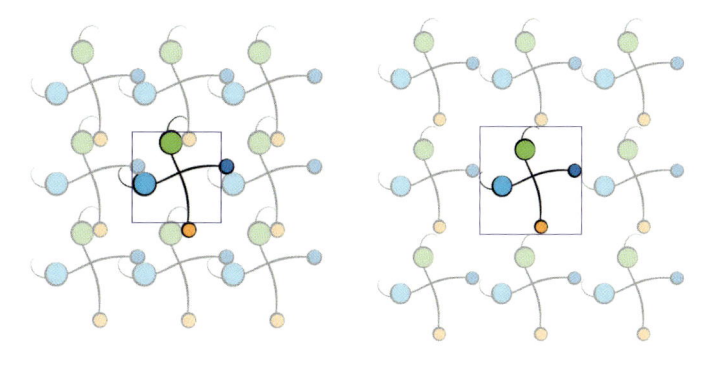

▲ **Abbildung 6-83** Bildmaterial größer als das Musterelement (links) und Musterelementgröße an das Bildmaterial angepasst (rechts)

Über den **Musterelementtyp** definieren Sie, in welcher Anordnung das Muster wiederholt wird. Zur Auswahl stehen **Raster** (Standard), **Horizontaler Versatz**, **Vertikaler Versatz**, **6-seitig vertikal** und **6-seitig horizontal**.

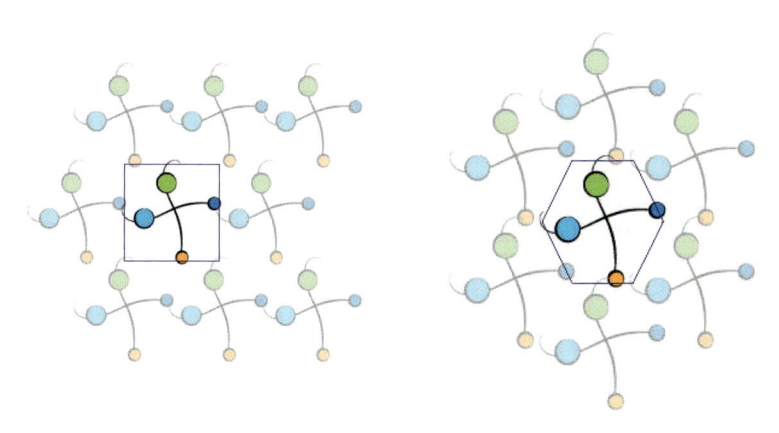

▲ **Abbildung 6-84** Musterelementtyp Horizontaler Versatz (links) und 6-seitig vertikal (rechts)

Für die beiden Musterelementtypen Horizontaler und Vertikaler Versatz können Sie über das Drop-down-Menü **Ziegelversatz** steuern, in welchem Verhältnis das Muster versetzt wird.

Falls es bei der Wiederholung des Musters zu **Überlappungen** kommt, beeinflussen Sie die Sichtbarkeit durch Klicken der Buttons **Links nach vorne** beziehungsweise **Rechts nach vorne** oder **Oben nach vorne** beziehungsweise **Unten nach vorne**.

Wenn Sie zuvor **Musterelementgröße an Bildmaterial anpassen** ausgewählt haben, kann es zwar vorerst nicht zu Überlappungen kommen, aber eventuell möchten Sie über die durch Aktivieren dieser Option aktiv gewordenen Eingabefelder **H Abstand** und **V Abstand** verwenden. Damit können Sie den horizontalen

Fläche und Kontur

und vertikalen Abstand des Musters zu beeinflussen. Da Sie in diesen Eingabefeldern auch mit negativen Werten arbeiten können, kann es durchaus vorkommen, dass Überlappungen auftreten.

Um das Muster innerhalb des Musterelements zu verschieben, müssen Sie übrigens die Option **Musterelement mit Bildmaterial verschieben** deaktivieren.

Die weiteren Optionen betreffen die Darstellung des Musters innerhalb des Bearbeitungsmodus. So können Sie zum Beispiel über das Drop-down-Menü **Kopien** bestimmen, wie oft das Muster angezeigt wird. Zudem können Sie mit der Option **Kopien abblenden auf** und dem dazu gehörenden Drop-down-Menü definieren, ob und wie stark diese Kopien im Vergleich zum Original abgeblendet werden.

Mit **Musterelement-Kante anzeigen** machen Sie die Begrenzung sichtbar, die sich auf die Anordnung des Muster bezieht. Im Gegensatz dazu zeigt **Musterfeldbegrenzungen anzeigen** das komplette viereckige Musterfeld, das letzlich gespeichert wird.

> **Hinweis**
>
> Die Rahmenfarbe des Musterelements können Sie übrigens über das Bedienfeld-Menü der Musteroptionen oder über das Menü *Objekt → Muster → Farbe für Musterelement-Kante* selbst bestimmen.

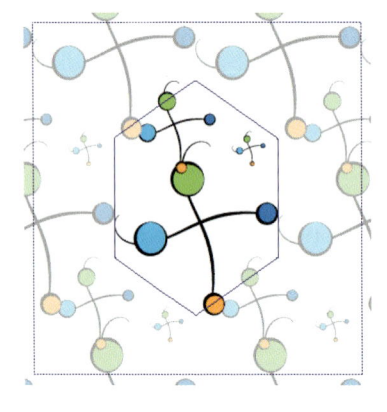

▲ **Abbildung 6-85** Sechseckige Musterelement-Kante (innen) und Musterfeldbegrenzung (außen)

Muster speichern

Über die Leiste am oberen Rand Ihres Dokuments können Sie jederzeit die Bearbeitung mit **Fertig** beziehungsweise **Kopie speichern** (fügt dem Farbfelder-Bedienfeld ein neues Musterfeld hinzu) bestätigen oder **Abbrechen**.

▲ **Abbildung 6-86** Buttons zum Speichern beziehungsweise Abbrechen des Musters

Gemusterte Objekte transformieren

Wenn Sie ein mit einem **Muster** gefülltes Objekt transformieren (siehe Abschnitt »Wie funktioniert Transformieren?« in Kapitel 4), können Sie – wie standardmäßig definiert – nur das Objekt, nur das Muster oder aber beides gemeinsam transformieren. Die Standardeinstellung hierzu finden Sie unter *Voreinstellungen → Allgemein*. Aktivieren oder deaktivieren Sie Ihren Vorlieben entsprechend die Option **Muster transformieren**. Für eine punktuelle Änderung dieser Einstellungen aktivieren Sie die von den Voreinstellungen abweichende Option im Menü des Transformieren-Bedienfelds (**Nur Objekt transformieren**, **Nur Muster transformieren** oder **Beides transformieren**), oder indem Sie mit aktiviertem Objekt auf das gewünschte Transformieren-Werkzeug im Werkzeug-Bedienfeld doppelklicken und dort die entsprechenden Einstellungen vornehmen.

▲ **Abbildung 6-87** Originalobjekt, Objekt ohne Muster transformiert, Objekt mit Muster transformiert, nur das Muster transformiert

Muster im Objekt verschieben und transformieren

Obwohl – wie eben beschrieben – die standardmäßige Zuordnung des Musters von der Position des Objekts und der des Linealursprungs abhängt, können Sie das Muster direkt in ausgewählten Objekten verschieben: Ziehen Sie mit dem Auswahl-Werkzeug und gleichzeitig gedrückter `<`-Taste am Objekt.

Sie können die `<`-Taste auch mit dem **Drehen-Werkzeug** (`R`), **Spiegeln-Werkzeug** (`O`), **Skalieren-Werkzeug** (`S`) und **Verbiegen-Werkzeug** kombinieren, um das Muster im Objekt zu drehen, zu spiegeln, zu skalieren oder zu verbiegen. Über den Umgang mit diesen Transformieren-Werkzeugen informiert Sie Kapitel 4.

> **Hinweis**
>
> Ist im Transformieren-Bedienfeld die Option **Nur Muster transformieren** aktiviert, erinnert Sie ein kleines Warndreieck daran. Klicken Sie auf die Warnung, um die Option zu deaktivieren.
>
> ▲ **Abbildung 6-88**
> Warnung, dass **Nur Muster transformieren** aktiviert ist

▲ **Abbildung 6-89**
Muster im Objekt gedreht (links) und verbogen (rechts)

Muster farblich abändern

Falls Ihnen ein Muster, zum Beispiel aus einer Bibliothek, gefällt, aber für Ihr Layout nicht die richtigen Farbtöne hat, können Sie die Farben direkt an den Objekten über *Bearbeiten → Farben bearbeiten → Bildmaterial neu färben* neu definieren. Dadurch wird im Farbfelder-Bedienfeld ein neues Musterfeld mit den geänderten Farben angelegt. Nähere Informationen zum Bearbeiten von Farben folgen etwas später in diesem Kapitel.

Fläche und Kontur

▲ **Abbildung 6-90** Originalmuster (links) und Muster neu gefärbt

Muster bearbeiten

Um ein Muster zu bearbeiten, doppelklicken Sie im Farbfelder-Bedienfeld auf das entsprechende Muster. Dadurch wechseln Sie in den eben beschriebenen Musterbearbeitungsmodus, in dem Sie die gewünschten Änderungen vornehmen können.

Anschließend können Sie über die Leiste am oberen Rand Ihres Dokuments wahlweise die Bearbeitung mit **Fertig** beziehungsweise **Kopie speichern** (fügt dem Farbfelder-Bedienfeld ein neues Musterfeld hinzu) bestätigen oder **Abbrechen** klicken.

CS5 Tipp

Muster bearbeiten in Illustrator CS5

Von farblichen Änderungen abgesehen, können Sie in Illustrator CS5 die Musterfelder nur dann bearbeiten, wenn Sie sie neu definieren. Deaktivieren Sie erst alle Objekte, denen das Muster zugewiesen ist, und ziehen Sie dann das Musterfeld aus dem Farbfelder-Bedienfeld direkt auf die Arbeitsfläche.

Das Muster wurde nun als Gruppe in Ihr Dokument eingefügt. Nun können Sie die gewünschten Änderungen daran vornehmen. Ziehen Sie anschließend die geänderte Gruppe zurück in das Farbfelder-Bedienfeld.

▲ **Abbildung 6-91**
Bearbeiten Sie ein Muster in CS5.

Konturlinien

Als Kontur bezeichnet man die Strichführung eines Pfades. Je nachdem, ob es sich um einen offenen oder einen geschlossenen Pfad handelt, kann eine Kontur eine Linie darstellen oder die äußeren Begrenzungen einer Form.

Im **Kontur-Bedienfeld**, das Sie über *Fenster* → *Kontur* oder mit ⌘/ strg + F10 öffnen, können Sie vielfältige Einstellungen zum Aussehen der Kontur ausgewählter Objekte vornehmen. Manche dieser Einstellungen finden Sie auch im Steuerung-Bedienfeld, über das Sie auch durch einen Klick auf das blaue unterstrichene Wort **Kontur** rasch auf das gesamte Kontur-Bedienfeld zugreifen können.

> **Hinweis**
>
> Falls Sie im Kontur-Bedienfeld nicht alle Optionen sehen, wählen Sie aus dem Bedienfeld-Menü **Optionen einblenden** aus oder klicken Sie auf den kleinen Doppelpfeil links neben dem Bedienfeld-Namen im Tab.

▲ **Abbildung 6-92** Das Kontur-Bedienfeld und konturenbezogene Optionen im Steuerung-Bedienfeld

Wie Sie einfachen Konturen eine Farbe oder ein Muster zuweisen, haben Sie schon auf den vorigen Seiten gelesen. In diesem Abschnitt zeige ich Ihnen aber noch viele weitere Gestaltungsmöglichkeiten für Konturen. Beginnen wir mit den Basiseinstellungen.

Basiseinstellungen der Kontur

Im Eingabefeld **Stärke** (0 pt bis 1000 pt) definieren Sie die Dicke der Kontur in der Standardmaßeinheit Punkt (pt). Wenn Sie eine andere Einheit verwenden möchten, können Sie diese direkt anstelle von »pt« in das Eingabefeld tippen.

> **Hinweis**
>
> Wie Sie die Standardmaßeinheit dauerhaft verändern und welche Maßeinheiten in Illustrator unterstützt werden, lesen Sie im »Exkurs: Ändern der Standardmaßeinheit« in Kapitel 1.

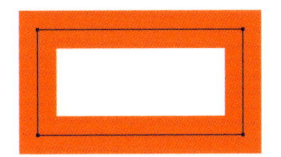

▲ **Abbildung 6-93** Objekte mit unterschiedlicher Konturstärke

Konturlinien **295**

> **Hinweis**
>
> Wenn Sie Objekte mit Konturen mit anderen Objekten oder auf der Zeichenfläche ausrichten (siehe Abschnitt »Ausrichten und Verteilen« in Kapitel 2), achten Sie darauf, dass dafür standardmäßig der Pfad und nicht die Kontur herangezogen wird.

Standardmäßig wird die Kontur mittig entlang des Pfads ausgerichtet. Das bedeutet, dass je 50 % der Konturstärke auf beiden Seiten des Pfades verteilt sind – bei geschlossenen Pfaden sind das 50 % außen und 50 % innen.

Konturen offener Pfade sind immer entlang des Pfads zentriert. Bei geschlossenen Pfaden hingegen können Sie die **Ausrichtung** entlang des Pfads variieren: Wählen Sie zwischen **Kontur mittig ausrichten**, **Kontur innen ausrichten** und **Kontur außen ausrichten**.

▲ **Abbildung 6-94** Kontur mittig (links), innen (Mitte) und außen (rechts) am Pfad ausgerichtet

Bei offenen Pfaden können Sie das Aussehen der Pfadenden, die **Abschlüsse** gestalten. Zur Auswahl stehen **Abgeflacht**, **Abgerundet** und **Überstehend**. Abgerundete und überstehende Enden ragen um eine halbe Konturstärke über das Ende des Pfads hinaus.

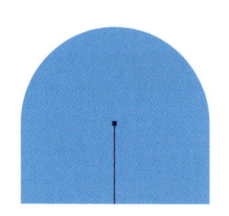

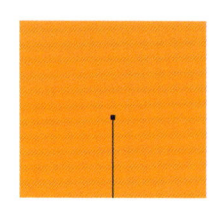

▲ **Abbildung 6-95** Pfadende abgeflacht (links), abgerundet (Mitte) und überstehend (rechts)

Auch die **Ecken** in Pfaden können unterschiedlicher Art sein: spitze Ecken – sogenannte **Gehrungsecken** –, **abgerundete Ecken** und **abgeflachte Ecken**.

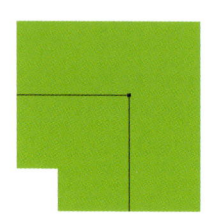

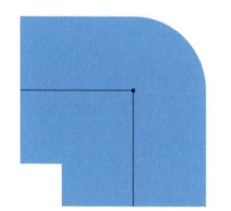

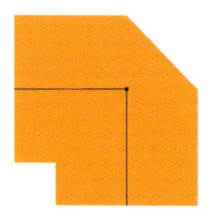

> **Hinweis**
>
> Je kleiner der Winkel eines Pfads ist, desto länger wird eine Gehrungsecke. Die **Gehrungsgrenze** im Eingabefeld **Max** (1 bis 500) bestimmt, ab welchem Vielfachen der Konturstärke Illustrator von einer spitzen zu einer abgeflachten Ecke umschaltet. Der Standardwert 10 bewirkt, dass Illustrator von einer spitzen auf eine abgeflachte Ecke wechselt, wenn die Spitze zehnmal so lang ist wie die Konturstärke. 
>
> ▲ **Abbildung 6-97**
> Gehrungsecken werden immer länger, je spitzer der Winkel ist

▲ **Abbildung 6-96** Gehrungsecke (links), abgerundete Ecke (Mitte) und abgeflachte Ecke (rechts)

Gestrichelte Konturen

Eine Kontur kann gepunktet sowie gleichmäßig und ungleichmäßig gestrichelt dargestellt werden. Dabei können Sie selbst bestimmen, wie lang die Striche und wie groß die dazwischenliegenden Leerräume sind.

Aktivieren Sie im Kontur-Bedienfeld die Option **Gestrichelte Linie**, so bekommen Sie Zugriff auf jeweils drei Eingabefelder für **Strich** und **Lücke**. Damit können Sie bis zu drei Abfolgen von Strich/Lücken-Kombinationen definieren, die dann entlang des Pfades wiederholt werden. Falls Sie eine gleichmäßige Strichlierung haben möchten, brauchen Sie nur eine Länge für **Strich** und **Lücke** zu definieren – das Strichmuster wird unmittelbar wiederholt. Lassen Sie den Wert für **Lücke** auch frei, ist diese so groß wie der Strich.

> **Tipp**
>
> Wenn der Strich-Wert so groß wie die Konturstärke ist, wirkt die Kontur bei kleiner Konturstärke gepunktet. Tatsächlich erzeugen Sie dadurch aber Quadrate.
>
> ▲ **Abbildung 6-98**
> Linie mit Quadraten
>
> Um eine Linie mit echten Punkten zu erzeugen, stellen Sie den **Strich** auf 0 pt und legen Sie dafür einen runden Abschluss fest, indem Sie auf **Abgerundet** klicken.
>
> ▲ **Abbildung 6-99**
> Linie mit Punkten

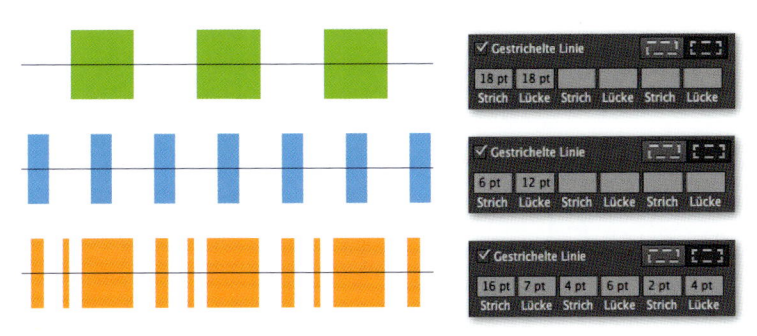

▲ **Abbildung 6-100** Erzeugen Sie unterschiedliche Strichmuster.

Seit Illustrator CS5 können Sie zwischen zwei Möglichkeiten zur **Ausrichtung des Strichmusters** am Pfad wählen:

- Klicken Sie auf den Button, werden exakt die Einstellungen für Striche und Lücken verwendet, die Sie definiert haben. Dadurch kann es an Ecken und am Ende des Pfades zu einem unschönen Muster kommen.

- Ein Klick auf den Button hingegen passt Ihre Einstellungen für die Strichlänge so an, dass sich eine gleichmäßige Verteilung des Strichmusters am Pfad ergibt.

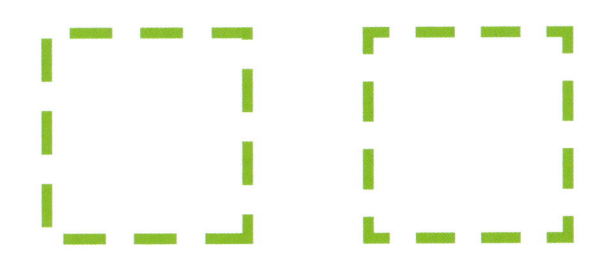

▲ **Abbildung 6-101** Objekt mit genauen Einstellungen für Strich und Lücke (links) und mit angepasstem Strichmuster (rechts).

▲ **Abbildung 6-102**
Kombinieren Sie gestrichelte Linien mit Pfeilspitzen und Breitenprofilen, kann das teilweise sehr originelle Ergebnisse liefern.

Konturlinien

Pfeilspitzen

Pfeilspitzen sind stilisierte Abschlüsse in der jeweiligen Konturfarbe, die Sie für die beiden Pfadenden festlegen können. Seit Illustrator CS5 können Sie Pfeilspitzen direkt über das **Kontur-Bedienfeld** zuweisen und diese dort vielseitig anpassen.

▶ **Abbildung 6-103**
Beispiele für Pfeilspitzen

Jeder Pfad hat einen Beginn und ein Ende, auch geschlossene Pfade. Um Pfeilspitzen anzuwenden, wählen Sie erst einen oder mehrere Pfade aus. Im Kontur-Bedienfeld finden Sie zwei Drop-down-Menüs für **Pfeilspitzen**, aus denen Sie für die beiden Endpunkte des Pfades unterschiedliche Pfeilspitzen wählen können. Durch einen Klick auf **Pfeilspitze am Anfang und Ende vertauschen** können Sie rasch die Pfeilrichtung vertauschen.

▲ **Abbildung 6-104**
Die neuen Pfeilspitzen-Funktionen im Kontur-Bedienfeld

▲ **Abbildung 6-105** Pfeilspitzen einer Ellipse am Anfang und Ende des Pfads

Unterhalb der beiden Pfeilspitzen-Menüs können Sie ebenfalls für beide Enden getrennt Skalierungen daran vornehmen und dadurch die Pfeilspitzen verkleinern oder vergrößern. Legen Sie in den Eingabefeldern **Skalieren** die gewünschten Werte fest. Klicken Sie auf **Verknüpft Skalierung für Pfeilspitze am Anfang und Ende**, um beide Pfeilspitzen im selben Verhältnis zu skalieren.

Mit den beiden praktischen Ausrichtungsfeldern können Sie wählen, ob die Enden innerhalb der Pfadbegrenzung dargestellt werden oder über den Pfad hinausragen sollen:

- Platziert die Pfeilspitze am Pfadende
- Verlängert die Pfeilspitze über das Pfadende hinaus

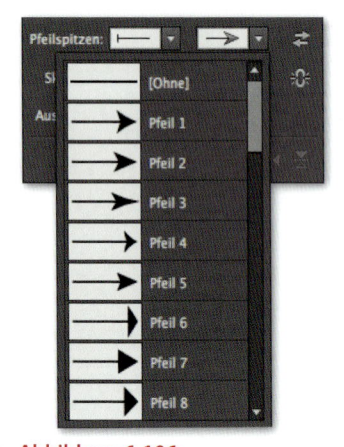

▲ **Abbildung 6-106**
Wählen Sie aus den übersichtlichen Drop-down-Menüs die gewünschten Pfeilspitzen für Pfadbeginn und Pfadende aus.

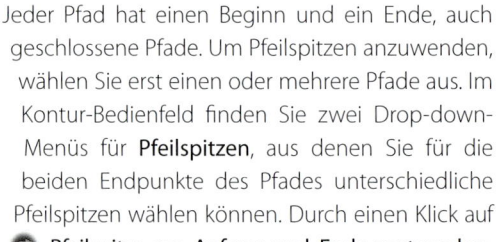

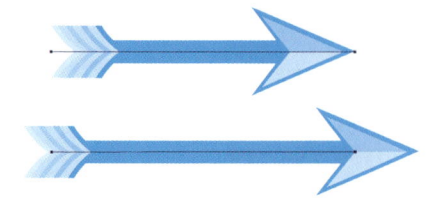

▲ **Abbildung 6-107** Pfeilspitze am Pfadende (oben) und über das Pfadende hinausragend (unten)

Kapitel 6 · Objekte gestalten

Variable Konturbreite

Mit den in Illustrator CS5 eingeführten **Breitenprofilen** geben Sie dem Aussehen der Kontur gewisse räumliche Aspekte, und zwar wie immer bei Konturattributen, ohne den zugrunde liegenden offenen oder geschlossenen Pfad zu verändern. Wählen Sie aus vordefinierten Breitenprofilen oder erstellen Sie direkt am Objekt ein eigenes Breitenprofil, das Sie zur weiteren Verwendung auch speichern können. Wie beides geht, zeige ich Ihnen auf den nächsten Seiten.

Breitenprofile entstehen durch Verteilen von **Breitenpunkten** an beliebigen Stellen auf einem Pfad, aus denen man die gewünschte Breite aufzieht. Das kann auf beiden Seiten des Pfads gleichmäßig erfolgen, aber auch unterschiedlich.

▲ **Abbildung 6-108**
Pfad mit einem Breitenprofil finalisiert

▲ **Abbildung 6-109** Ein auf beiden Pfadseiten gleichmäßig verteiltes (links) und ungleichmäßig verteiltes (rechts) Breitenprofil

Was Sie über Breitenprofile wissen sollten:

- Breitenprofile werden immer auf die gesamte Länge des Pfades angewendet. Sie erzielen daher unterschiedliche Ergebnisse, je nachdem, wie lang der Pfad ist.

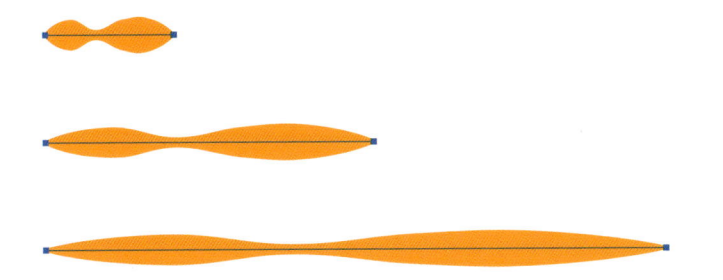

▲ **Abbildung 6-110** Ein Breitenprofil wird über die gesamte Pfadlänge gestreckt.

- Breitenpunkte sind keine Ankerpunkte. Sie haben keinen Einfluss auf den Verlauf des Pfads.
- Gestrichelte Linien und Pfeilspitzen können mit Breitenprofilen kombiniert werden.
- Objekte mit Pinselkonturen (mehr dazu auf den folgenden Seiten) können zwar zusätzlich ein Breitenprofil erhalten, verändern sich dadurch aber nicht. Umgekehrt werden aber die Breitenprofile von Pfaden gelöscht, wenn Sie nachträglich eine Pinselkontur wählen.

Sehen wir uns erst an, wie Sie ein bestehendes Breitenprofil auf eine Kontur anwenden, es ist wirklich ganz einfach.

Breitenprofile anwenden

Bevor Sie einen Pfad mit einem Breitenprofil gestalten, müssen Sie ihm erst eine einfache Kontur zuweisen. Danach bieten Ihnen die Drop-down-Menüs im Kontur-Bedienfeld und im Steuerung-Bedienfeld eine kleine Auswahl an vordefinierten Breitenprofilen, die Sie nun auf ausgewählte Objekte anwenden können.

Über das Kontur-Bedienfeld haben Sie übrigens noch die Möglichkeit, ein Breitenprofil am Pfad zu spiegeln: **Vertikal spiegeln** (an der vertikalen Achse) steht Ihnen für jedes Breitenprofil zur Auswahl, es kehrt die Richtung des Profils am Pfad um. **Horizontal spiegeln** (an der horizontalen Achse) können Sie nur wählen, wenn die Breiten auf beiden Pfadseiten unterschiedlich sind. Die Breiten werden damit umgekehrt.

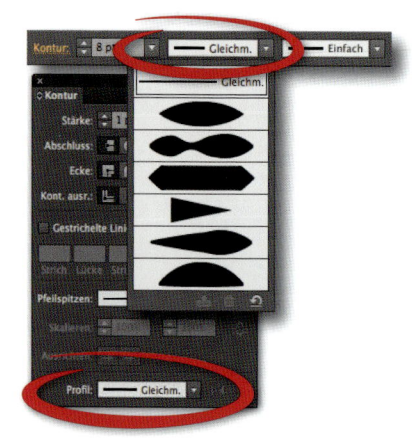

▲ **Abbildung 6-111**
Breitenprofile im Kontur-Bedienfeld und über das Steuerung-Bedienfeld

Hinweis

So rasch Sie ein Breitenprofil auf ausgewählte Pfade anwenden können, können Sie dieses auch wieder entfernen: Wählen Sie einfach als Profil **Gleichm.** (gleichmäßig).

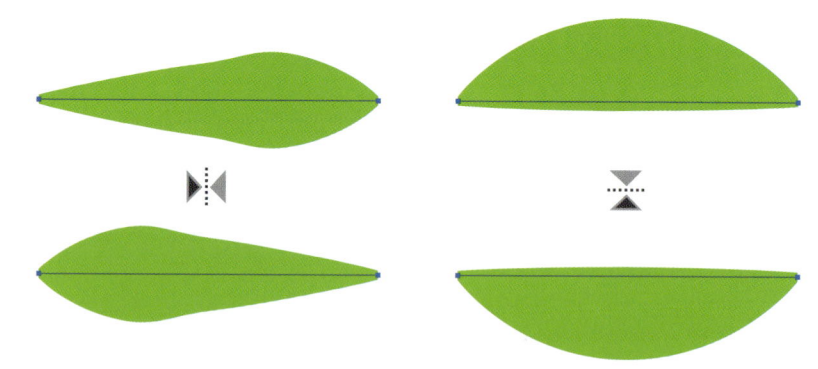

▲ **Abbildung 6-112** Am Objekt gespiegeltes Breitenprofil, links entlang der vertikalen Achse, rechts entlang der horizontalen Achse

Falls die vordefinierten Breitenprofile nicht den gewünschten Effekt zeigen, erstellen Sie selbst Breiten direkt am Pfad.

Konturbreiten selbst anpassen

Wenn Sie selbst Breiten an der Kontur festlegen möchten, wählen Sie das **Breiten-Werkzeug** (⇧ + W) aus dem Werkzeug-Bedienfeld aus und navigieren Sie damit über einen Pfad mit Kontur. Der Cursor verändert sich in . Klicken Sie nun auf die Stelle, an der Sie die Konturbreite verändern möchten, und ziehen Sie im rechten Winkel zum Pfad. Sobald Ihnen die Breite gefällt, lassen Sie die Maus los. Sie haben nun einen Breitenpunkt erstellt, und die Breite wurde gleichmäßig auf beiden Seiten des Pfads verändert.

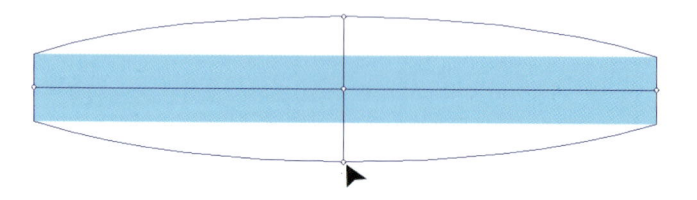

Hinweis

Oberhalb von Breitenpunkten verändert sich der Cursor in .

▶ **Abbildung 6-113**
Klicken und ziehen Sie im rechten Winkel auf den Pfad.

Kapitel 6 · Objekte gestalten

Durch das Anlegen eines Breitenpunkts werden auch der Anfangs- und Endpunkt des Pfades zu anpassbaren Breitenpunkten. Sie können nun auf die eben beschriebene Weise auch an weiteren Stellen Breitenpunkte hinzufügen.

Möchten Sie Breitenpunkte mit unterschiedlicher Breite erstellen, halten Sie die `alt`-Taste gedrückt, während Sie die Breite aufziehen. Das hat zur Folge, dass die Kontur erst nur auf einer Seite verändert wird.

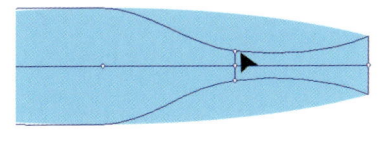

▲ **Abbildung 6-114**
Sie können auch zum Pfad hin ziehen, um die Kontur schmaler zu machen.

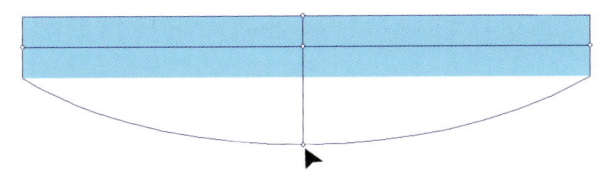

▲ **Abbildung 6-115** Klicken und ziehen Sie mit gedrückter `alt`-Taste erst den einen Punkt.

Anschließend verändern Sie ebenfalls mit gedrückter `alt`-Taste den gegenüberliegenden Breitenpunkt.

Hinweis

Ziehen Sie mit dem Breiten-Werkzeug an einem Punkt mit unterschiedlicher Breite, werden beide Breiten proportional verändert.

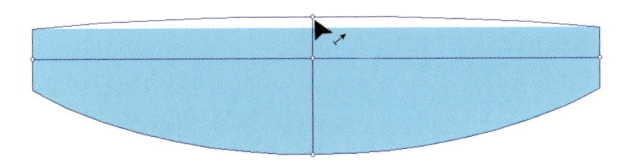

▲ **Abbildung 6-116** Klicken und ziehen Sie mit gedrückter `alt`-Taste nun den zweiten Punkt.

Falls Sie einen Breitenpunkt lieber an eine andere Stelle am Pfad verschieben möchten, ziehen Sie ihn mit dem Breiten-Werkzeug. Wie fast immer in Illustrator sorgt das Gedrückthalten der `alt`-Taste beim Verschieben dafür, dass ein Duplikat, also eine identische Kopie des Breitenpunkts erstellt wird.

▲ **Abbildung 6-117**
Ziehen Sie ohne gedrückte `alt`-Taste, werden beide Breiten proportional verändert.

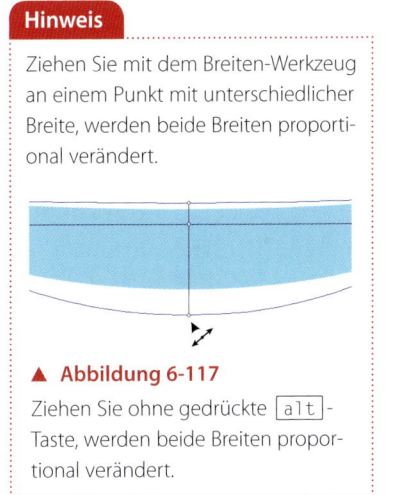

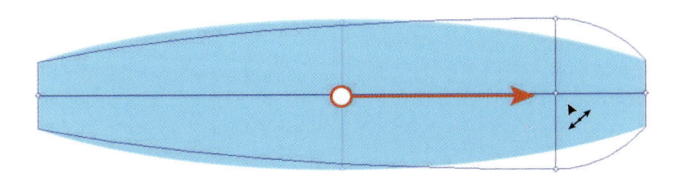

▲ **Abbildung 6-118** Verschieben Sie einen Breitenpunkt.

Alternativ zum intuitiven Aufziehen und Anpassen können Sie Konturbreiten auch über die **Breiten-Optionen** mit genauen Angaben steuern.

Erstellen Sie einen neuen Breitenpunkt mit Optionen, indem Sie mit dem Breiten-Werkzeug an die gewünschte Stelle auf dem Pfad doppelklicken. Durch einen Doppelklick auf einen existenten Breitenpunkt können Sie über die Optionen die Werte für diesen Punkt anpassen.

Breitenpunkte löschen

Über die Breiteoptionen entfernen Sie übrigens auch Breitenpunkte durch einen Klick auf **Löschen**.

▲ **Abbildung 6-119** Breiten-Optionen

In den Eingabefeldern **Seite 1** und **Seite 2** legen Sie für jede der Pfadseiten die Konturbreite getrennt fest. Welche Seite Ihrer Kontur auf welches Eingabefeld reagiert, ist abhängig davon, in welche Richtung Sie den Pfad gezeichnet haben. Da sich kaum jemand daran erinnern kann, in welche Richtung ein Pfad erstellt wurde, ist eine Vorschau auf das Dokument Standard.

Die **Gesamtbreite** ist mehr als nur einfach die Summe der beiden Konturstärken. Sie kann dazu verwendet werden, beide Seiten proportional zur definierten Gesamtbreite anzupassen.

Übereinanderliegende Breitenpunkte

Breitenpunkte können auch übereinandergeschoben werden, zum Beispiel, um einen Pfeil zu zeichnen. Dadurch entstehen Ecken und gerade Linien.

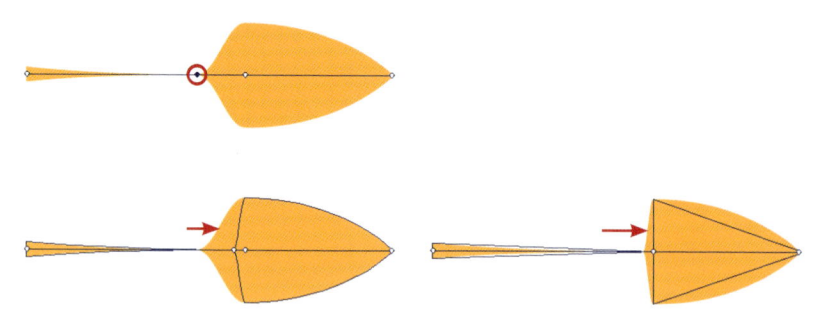

▲ **Abbildung 6-120** Schieben Sie zwei Breitenpunkte übereinander.

Die übereinanderliegenden Breitenpunkte können Sie nun wieder direkt mit dem Breiten-Werkzeug getrennt greifen und daran ziehen.

> **Hinweis**
>
> Aktivieren Sie die Option **Angrenzende Breitenpunkte anpassen**, werden benachbarte Breitenpunkte ebenfalls verändert.

Öffnen Sie durch einen Doppelklick auf den Breitenpunkt die Breiten-Optionen, bieten diese nun für beide Breiten getrennte Eingabefelder.

Wollen Sie nur eine der beiden Breiten erhalten, aktivieren Sie bei der entsprechenden Breite die Option **Nur eine Breite** und bestätigen Sie mit **OK**. Der andere Breitenpunkt wird dadurch entfernt.

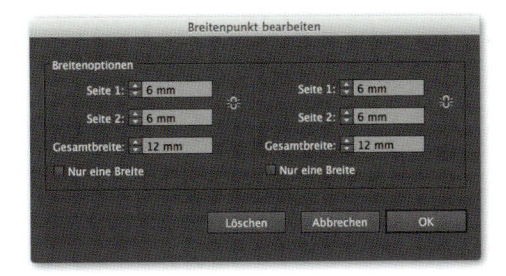

▲ **Abbildung 6-121** Breiten-Optionen für übereinanderliegende Breitenpunkte

Breitenprofile speichern

Obwohl bei ausgewählten Objekten die selbstgestaltete Breite im Kontur- und im Steuerung-Bedienfeld angezeigt wird, ist sie nicht als Breitenprofil gespeichert. Ein erneutes Anwenden auf einen anderen Pfad ist also noch nicht möglich.

Sind Sie mit dem erstellten Breitenprofil zufrieden, öffnen Sie in einem der beiden Bedienfelder das Drop-down-Menü Profile. Am unteren Rand finden Sie den Button **Zu Profilen hinzufügen**.

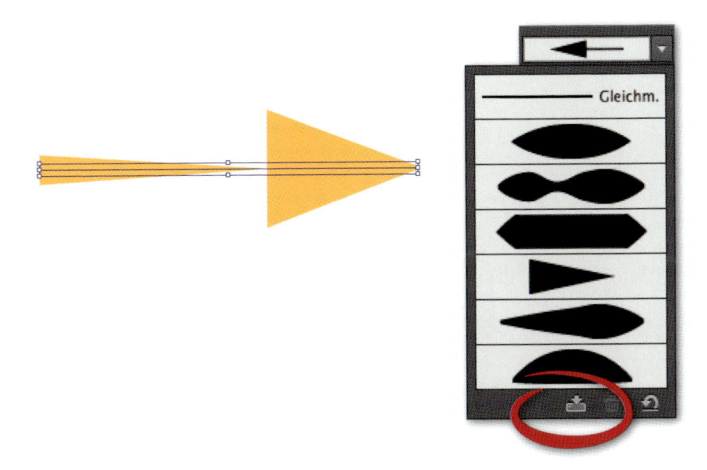

▲ **Abbildung 6-122** Speichern Sie eigene Breitenprofile.

Workshop 6-2

Bilderrahmen einmal anders

Wenn Sie Ihre Bilder einmal anders präsentieren möchten, erstellen Sie doch diese poppigen Bilderrahmen dafür. Wie das geht, zeige ich Ihnen in diesem Workshop.

1 Grundformen erstellen

Zuerst benötigen wir einen einfachen Kreis und ein Quadrat. Diese Grundformen erstellen wir mit dem ⬤ **Ellipse-Werkzeug** ([L]) und mit dem ▢ **Rechteck-Werkzeug** ([M]). Halten Sie, während Sie diese beiden Grundformen aufziehen, die [⇧]-Taste gedrückt, um ein gleiches Seitenverhältnis zu erzwingen.

2 Fläche und Kontur vordefinieren

Wählen Sie nun beide Objekte aus und entfernen Sie die Fläche, sofern den Objekten schon beim Zeichnen eine Fläche zugewiesen wurde. Was wir allerdings benötigen, ist eine Kontur. Wählen Sie eine etwas stärkere **Konturstärke**, zum Beispiel 10pt, und eine beliebige Farbe.

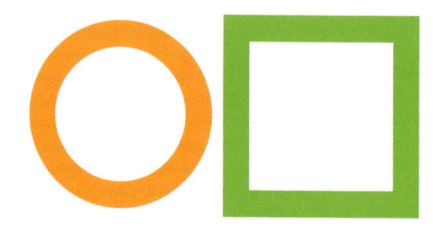

▲ **Abbildung 6-123** Basis für das Anwenden von Breitenprofilen

3 Breitenprofile anwenden

Wählen Sie nun eines der Objekte aus, zum Beispiel einen der Kreise. Wir werden nun im Steuerung-Bedienfeld ein Breitenprofil dafür wählen. Im Drop-down-Menü **Variables Breitenprofil** finden Sie bereits einige vordefinierte Profile.

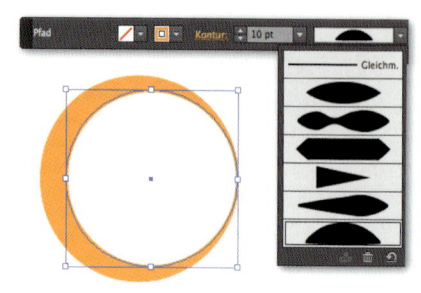

▲ **Abbildung 6-124**
Für das hier gezeigte Beispiel wählen Sie das **Breitenprofil 6** – es legt sich nur auf die äußere Seite des Pfads und lässt deshalb innen viel Platz für das Bild.

▶ **Abbildung 6-125**
Breitenprofil über das Steuerung-Bedienfeld anwenden

Probieren Sie nun an einem Quadrat die weiteren Breitenprofile durch, bis Ihnen eines für den Rahmen gefällt. Für unser Beispiel wird das **Breitenprofil 4** verwendet, das allerdings noch am Pfad gespiegelt wird.

4 Breitenprofil am Pfad spiegeln

Lassen Sie das Quadrat ausgewählt und öffnen Sie das **Kontur-Bedienfeld** (*Fenster → Kontur*). Im unteren Bereich des Bedienfelds sehen Sie rechts neben dem mit dem Steuerung-Bedienfeld identischen Drop-down-Menü **Variables Breitenprofil** zwei Buttons. Klicken Sie auf den linken – und bei diesem Breitenprofil einzigen anklickbaren – Button **Vertikal spiegeln**.

▲ **Abbildung 6-126**

Auch mit Pinselkonturen, die Sie gleich im Anschluss an diesen Workshop kennenlernen werden, lassen sich schöne Rahmen erstellen.

▲ **Abbildung 6-127** Breitenprofil am Pfad spiegeln

5 Bilder platzieren

Holen Sie die Bilder, die Sie einrahmen möchten, über *Datei → Platzieren* in das Dokument. Ordnen Sie diese Bilder nun erst in der Objektreihenfolge unter unseren beiden Rahmen an und verschieben Sie sie anschließend so, dass Sie den gewünschten Ausschnitt in den Rahmen sehen.

> **Hinweis**
>
> Idealerweise haben Sie die Fotos bereits in einem Bildbearbeitungsprogramm auf die Größe und Auflösung gebracht, die Sie für die Ausgabe benötigen. Was Sie beim Platzieren von Pixelgrafiken bedenken sollten, lesen Sie in Abschnitt »Platzieren von Dateien« in Kapitel 2.

> **Hinweis**
>
> Falls Ihre Bilder Rahmen in einer anderen Größe benötigen, skalieren Sie die beiden Rahmenobjekte, bevor Sie zu Schritt 6 übergehen.

▲ **Abbildung 6-128** Bilder und Rahmen angeordnet

6 Schnittmaske vorbereiten

Um die Sichtbarkeit der Fotos auf den Pfad der Rahmen zu begrenzen, werden wir nun **Schnittmasken** (siehe Abschnitt »Schnittmasken« in Kapitel 5) mit dem Kreis und dem Quadrat erstellen. Nun ist es leider so, dass Objekte, die als Schnittmaske verwendet werden, ihr Aussehen verlieren. Das wollen wir natürlich verhindern, daher wählen wir die beiden Rahmen aus und drücken erst ⌘/strg + C und anschließend ⌘/strg + B. Dadurch werden die Rahmen zuerst kopiert und anschließend hinter den Originalobjekten eingefügt.

7 Fotos mit einer Schnittmaske begrenzen

Die Schnittmasken werden wir nun für beide Bilder getrennt erstellen. Wählen Sie am besten im Ebenen-Bedienfeld den unteren der beiden Kreisrahmen aus, sowie das dazugehörige Bild. Drücken Sie nun ⌘/strg + 7 – das ist die schnellste Möglichkeit, um eine Schnittmaske zu erstellen. Das Foto ist nun nur noch innerhalb des Kreispfades sichtbar, der Rest wird durch die Maske verdeckt. Wiederholen Sie diesen Schritt mit dem unteren der beiden Rechtecke und dem zweiten Foto.

Wir haben nun jeweils ein Schnittmasken-Objekt und ein darüberliegendes Rahmenobjekt.

▲ **Abbildung 6-129**
Die unerwünschten Teile der Fotos werden mit Schnittmasken verdeckt.

8 Schatten hinzufügen

Um die Rahmen etwas plastischer zu gestalten, werden wir noch den Effekt **Schlagschatten** darauf anwenden. Das kann für beide Rahmen in einem Schritt erfolgen, wählen Sie also gleich beide Rahmenobjekte aus. Effekte können über das Menü **Effekte** und – wie wir es hier machen werden – über das **Aussehen-Bedienfeld** (Fenster → Aussehen) angewendet werden. Klicken Sie am unteren Rand des Aussehen-Bedienfeldes auf **Neuen Effekt hinzufügen** und wählen Sie Stilisierungsfilter → Schlagschatten (**Illustrator-Effekte**).

Hinweis
Die weiteren Einstellungen lassen Sie am besten unverändert. Was sie genau für Auswirkungen haben, können Sie in (Workshop »Schlagschatten für Objekte definieren« in Kapitel 8) nachlesen.

▼ **Abbildung 6-130**
Die fertig gerahmten Bilder

In den Schlagschatten-Optionen aktivieren Sie zuerst die **Vorschau**, damit Sie die Einstellungen direkt an den Objekten sehen können. Verrücken Sie nun den Schlagschatten, indem Sie die Werte für **x-Versatz** (horizontale Abweichung) und **y-Versatz** (vertikale Abweichung) anpassen. Im Eingabefeld **Weichzeichnen** steuern Sie noch, wie stark der Schatten weichgezeichnet wird. Wählen Sie die Einstellungen so, dass der Schatten des Rahmens relativ nahe beim Objekt liegt. Bestätigen Sie anschließend mit **OK**, sind unsere Bilderrahmen auch schon fertig.

Pinselkonturen

Das ✏ **Pinsel-Werkzeug** ⓑ habe ich Ihnen ja bereits im Abschnitt »Mit dem Pinsel malen« in Kapitel 3 vorgestellt. Im Grunde erlaubt Ihnen dieses Werkzeug, freihändig Pfade zu zeichnen, wobei die für den Verlauf des Pfades wesentlichen Ankerpunkte und Richtungslinien automatisch erzeugt werden. Bei Pfaden, die auf diese Weise gemalt sind, können die Konturen wie von einem Pinsel gemalt aussehen. Ich sage deshalb »können«, weil Illustrator fünf verschiedene Arten von Pinselkonturen bereithält, darunter malt eine Pinselart mit speziellen Mustern, eine weitere mit Motiven. Auf den folgenden Seiten werde ich auf die Pinselarten und ihre Unterschiede natürlich noch genau eingehen.

Pinselkonturen sind aber viel mehr als das. Sie sind generell ein sehr vielseitiges Mittel zum Gestalten von Pfaden, unabhängig davon, mit welchem Werkzeug sie erzeugt wurden. So kann zum Beispiel auch ein Rechteck eine Pinselkontur und dadurch ein gemaltes Aussehen bekommen. Aus diesem Grund möchte ich in diesem Buch die Pinselkonturen eher als eine Kontureigenschaft behandeln als eine (pfaderzeugende) Maltechnik.

▲ **Abbildung 6-131**
Quadrate mit Pinselkonturen

> **Hinweis**
>
> Die Auswahl der Pinsel ist vom gewählten Dokumentprofil (siehe Kapitel 1) abhängig.
>
> ▲ **Abbildung 6-133**
> Unterschiedliche Pinsel im Pinsel-Bedienfeld

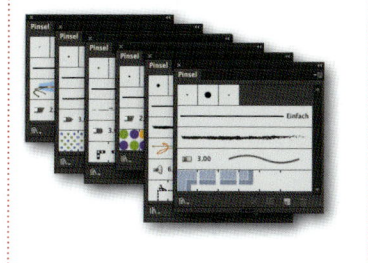

▲ **Abbildung 6-132** Die fertige Speisekarte (links) ist mit allen fünf Arten von Pinseln gestaltet, auf der rechten Seite sehen Sie diese Pfade zum Vergleich mit einer einfachen Kontur.

Unterstützung bieten Ihnen das **Pinsel-Bedienfeld** (*Fenster* → *Pinsel* oder [F5]) und das **Steuerung-Bedienfeld**; in beiden Bedienfeldern können Sie auf dieselben Funktionen zugreifen.

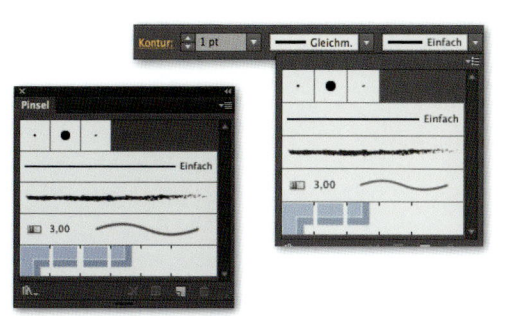

◀ **Abbildung 6-134**
Pinsel-Bedienfeld und Pinsel-Menü im Steuerung-Bedienfeld (hier Dokumentmodus **Einfaches RGB**)

▲ **Abbildung 6-135**
Listenansicht

Die gezeigten Pinsel sind nach Art geordnet, an oberster Stelle finden Sie immer die Kalligrafiepinsel. Sie können die Reihenfolge der Pinsel im Bedienfeld auch verändern, indem Sie Pinsel an eine andere Stelle ziehen. Die Pinselanordnung lässt sich allerdings nur innerhalb der fünf Pinselarten verändern. Sie können also zum Beispiel keinen Musterpinsel in den Bereich der Kalligrafiepinsel ziehen.

Im Menü des Bedienfelds können Sie zwischen der Miniaturansicht und der Listenansicht wählen sowie festlegen, welche Pinselarten angezeigt werden sollen, zum Beispiel nur Musterpinsel.

Pinseltypen

In Illustrator CS5 wurde bei den Pinseln die Auswahlmöglichkeit **Einfach** eingeführt. Dabei handelt es sich aber nicht um einen Pinsel, sondern es bedeutet vielmehr, dass keine der folgenden Pinselkonturen angewendet wird. Mit dieser Auswahl lassen sich Pinselkonturen wieder von Pfaden entfernen.

Sehen wir uns kurz die Unterschiede der fünf Arten von Pinseln an:

Kalligrafiepinsel erzeugen entlang des Pfades Konturen, die ähnlich wie mit der abgeschrägten Spitze einer Schreibfeder erzeugte Striche aussehen. Kalligrafiepinsel-Konturen können, mit dem Tropfenpinsel-Werkzeug aufgetragen, sogar automatisch in Flächen umgewandelt werden und miteinander verschmelzen. Wie das genau funktioniert, erfahren Sie in Abschnitt »Mit dem Tropfenpinsel malen« in Kapitel 3.

Borstenpinsel (seit CS5) ahmen das natürliche Verhalten eines Pinsels mit einzelnen Borsten nach. Dazu trägt wesentlich bei, dass Borstenpinsel Transparenzen beinhalten, weshalb sich solche Pinselkonturen mit Hintergrundobjekten und weiteren Pinselkonturen zu vermischen scheinen.

Spezialpinsel malen mit der Kopie eines Objekts, das entlang des Pfades wiederholt wird.

Musterpinsel malen mit einzelnen vordefinierten Musterelementen, die sich entlang des Pfades wiederholen. Musterpinsel können aus bis zu fünf verschiedenen Elementen bestehen: für die Kanten, die innere und äußere Ecke, den Anfang und das Ende des Musters.

Bildpinsel strecken eine bestimmte Pinselgrundform oder ein Bildmotiv gleichmäßig über die gesamte Länge des Pfades, zum Beispiel ein Stück Zeichenkohle.

▲ **Abbildung 6-136** Die fünf Pinselarten in der Speisekarte

Pinselkonturen anwenden

Pinsel können Sie Objekten ebenso einfach zuweisen, wie Sie es auch mit anderen Konturattributen machen würden. Wählen Sie ein oder mehrere Objekte aus und klicken Sie entweder im Steuerung-Bedienfeld oder im Pinsel-Bedienfeld auf den gewünschten Pinsel. Sie können auch einen Pinsel aus den Bedienfeldern direkt auf ausgewählte Objekte ziehen.

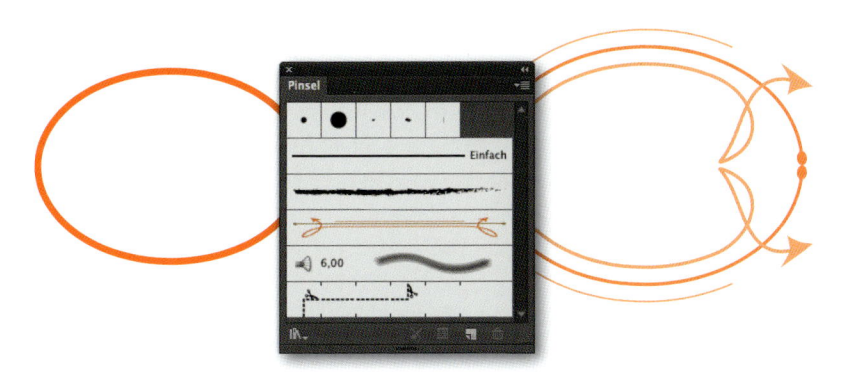

◀ **Abbildung 6-137**
Klicken Sie auf einen Pinsel, um ihn auf ein Objekt anzuwenden.

Pinselkonturen

309

Entfernen von Pinselkonturen

Pinselkonturen entfernen Sie von ausgewählten Objekten auf zwei unterschiedliche Arten: Sie klicken im Pinsel-Bedienfeld auf ⊗ **Pinselkontur entfernen** oder wählen in der Pinselauswahl **Einfach** (nur CS5).

Falls auf diese Objekte zuvor bereits Pinselkonturen angewendet wurden, werden diese durch die neue Pinselkontur ersetzt. Sollen beim Zuweisen eines neuen Pinsels die Einstellungen der ursprünglichen Pinselkontur beibehalten werden, halten Sie die `alt`-Taste gedrückt, während Sie den neuen Pinsel wählen.

Achtung: Pinselkonturen haben bereits eine definierte Größe! Die Werte, die Sie zuvor im Eingabefeld **Konturstärke** getroffen haben, werden durch das Anwenden einer Pinselkontur zunächst auf die Standardkonturstärke 1pt (Punkt) zurückgestellt. Das bedeutet aber nicht, dass die Pinselkontur 1pt groß ist, sondern dass sie in der Originalgröße des Pinsels dargestellt wird!

Originalgröße einer Pinselkontur und Konturstärke

Jede Pinselkontur ist mit einer Konturstärke von 1pt exakt so groß, wie sie im jeweiligen Pinsel festgelegt wurde: Das kann je nach Pinseltyp ein Durchmesser, eine Breite, eine Skalierung oder eine Größe sein.

Treffen Sie andere Einstellungen für die Konturstärke, wird die Originalgröße mit der Konturstärke multipliziert. Bei einer Konturstärke von 0,5pt zum Beispiel wird die Originalgröße halbiert, bei einer Konturstärke von 3pt wird sie verdreifacht.

Größere Pinselauswahl durch Bibliotheken

Die Auswahl der Pinsel ist zunächst eher klein. Mehr Pinsel erhalten Sie über vordefinierte Pinsel-Bibliotheken oder durch das Importieren aus anderen Dokumenten. Haben Sie in den vielseitigen Bibliotheken nicht den passenden Pinsel gefunden, können Sie einen bestehenden Pinsel anpassen oder einen neuen Pinsel erstellen.

Pinsel-Bibliotheken

> **Hinweis**
>
> Über das Menü der Bibliotheken-Bedienfelder können Sie die Option **Gleiche Position** auswählen. Dadurch werden diese Bibliotheken bei jedem Start von Adobe Illustrator geöffnet.

Eine große Auswahl an Pinseln finden Sie in den mit dem Programm gelieferten Pinsel-Bibliotheken, die Sie über das Menü *Fenster → Pinsel-Bibliotheken* oder durch einen Klick auf 📚 im Bedienfeld aufrufen können.

Wann immer Sie einen Pinsel aus einer Bibliothek an einem Objekt ausprobieren, bleibt dieser im Pinsel-Bedienfeld des Dokuments aufgelistet, auch wenn Sie ihn letztendlich gar nicht mehr verwenden. Auch ohne das vorherige Anwenden können Sie Pinsel aus den Bibliotheken direkt in das Pinsel-Bedienfeld ziehen oder ausgewählte Pinsel über **Den Pinseln hinzufügen** aus dem Bedienfeld-Menü hinzufügen.

Pinsel importieren

> **Hinweis**
>
> Um unbenutzte Pinsel wieder aus dem Pinsel-Bedienfeld zu entfernen – etwa weil Sie einige ausprobiert haben und Ihnen das Pinsel-Bedienfeld nun zu unübersichtlich geworden ist –, wählen Sie im Bedienfeld-Menü die Option **Alle nicht verwendeten auswählen** und löschen die Auswahl, indem Sie auf 🗑 klicken.

Importieren Sie Pinsel auch aus anderen Dokumenten, zum Beispiel weil Sie dort eigene Pinsel definiert haben, die sie nun wiederverwenden möchten. Wählen Sie aus dem Menü des Pinsel-Bedienfelds *Pinsel-Bibliothek öffnen → Andere Bibliothek…* und navigieren Sie zu dem gesuchten Dokument. Die importierten Pinsel werden in einem eigenen Bedienfeld geöffnet.

Eigene Pinsel erstellen

Um einen Pinsel von Grund auf neu zu erstellen, klicken Sie im Pinsel-Bedienfeld oder in der Pinselauswahl des Steuerung-Bedienfelds auf ▮ **Neuer Pinsel**.

Für Spezialpinsel und Bildpinsel zeichnen Sie erst die benötigten Objekte und wählen diese aus. Auch für einen neuen Musterpinsel wählen Sie erst das Kanten-Objekt aus, sofern Sie den Pinsel nicht mit einem Muster aus dem Farbfelder-Bedienfeld erstellen wollen.

▲ **Abbildung 6-138** Entscheiden Sie sich für eine Pinselart.

Neue Spezialpinsel, Bildpinsel und Musterpinsel können auch erstellt werden, indem Sie die Objekte direkt in das Pinsel-Bedienfeld ziehen oder mit ausgewählten Objekten auf **Neuer Pinsel** klicken. In diesem Fall können Sie anschließend nur noch zwischen den drei genannten Pinselarten wählen.

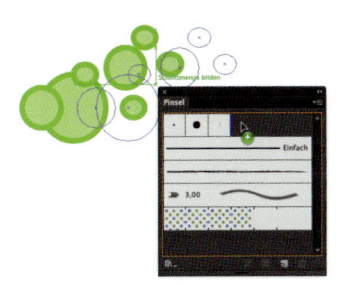

▲ **Abbildung 6-139** Ziehen Sie Objekte in das Pinsel-Bedienfeld.

Nachdem Sie den Pinseltyp festgelegt haben, öffnen sich umfangreiche Optionen. Diese Optionen sind für jeden Pinseltyp unterschiedlich und werden auf den folgenden Seiten noch ausführlich vorgestellt.

Pinsel bearbeiten

Durch einen Doppelklick auf einen Pinsel öffnet sich ein Optionenfenster, in dem Sie die Einstellungen verändern können. Passen Sie auch immer den **Namen** des Pinsels an, der oftmals Informationen zur Pinselgröße enthält. In der Miniaturansicht sehen speziell die Kalligrafiepinsel oft sehr ähnlich aus, durch die Benennung haben Sie eine zusätzliche Unterscheidungsmöglichkeit.

> **Hinweis**
>
> Objekte für Pinsel dürfen keine Verläufe, Angleichungen, andere Pinselkonturen, Gitterobjekte, Pixelbilder, Diagramme, platzierte Dateien oder Masken enthalten. Bild- und Musterpinseln können auch keinen Text enthalten. Wandeln Sie den benötigten Text erst in Pfade um (siehe Abschnitt »Text in Pfade umwandeln« in Kapitel 5) und erstellen Sie dann einen Bild- oder Musterpinsel.

Pinselmotiv bearbeiten

Möchten Sie das Bildmaterial eines Bild-, Spezial- oder Musterpinsels bearbeiten, ziehen Sie den Pinsel aus dem Pinsel-Bedienfeld auf eine freie Fläche in Ihrem Dokument. Nun können Sie beliebige Änderungen daran vornehmen. Anschließend ziehen Sie das geänderte Motiv mit gedrückter `alt`-Taste im Pinsel-Bedienfeld auf den Originalpinsel, um diesen zu ersetzen.

Besser ist es natürlich, Sie erstellen vor dem Verändern erst ein Duplikat des Pinsels im Pinsel-Bedienfeld, sodass der Originalpinsel unverändert erhalten bleibt. Ziehen Sie dazu den gewünschten Pinsel auf **Neuer Pinsel**.

Nachdem Sie die veränderten Pinseloptionen mit **OK** bestätigt haben, erscheint ein Warnhinweis, falls diese Pinselkontur bereits zuvor auf Objekte angewendet wurde. Entscheiden Sie, ob bestehende Pinselkonturen durch die neuen Einstellungen ersetzt werden sollen oder ob ihre ursprünglichen Konturen beibehalten werden sollen.

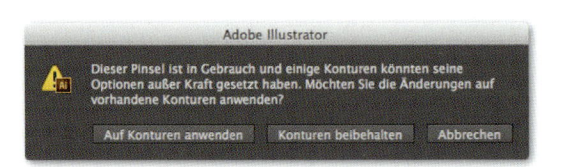

▲ **Abbildung 6-140** Warnung, falls der bearbeitete Pinsel bereits in Gebrauch ist

Kalligrafiepinsel

Kalligrafiepinsel erzeugen den Effekt von Strichen, die mit der abgeschrägten Spitze einer Schreibfeder gemalt wurden. Kalligrafische Pinselspitzen haben einen ovalen oder runden Umriss, dessen Mittelpunkt dem Pfad folgt. Pinsel mit ovaler und schräger Spitze erzeugen abhängig von der Pfadrichtung unterschiedlich starke Linien.

> **Hinweis**
>
> Eine Auswahl von kalligrafischen Pinseln finden Sie in der Bibliothek *Künstlerisch → Kalligrafisch*.

▲ **Abbildung 6-141**
Kalligrafiepinsel

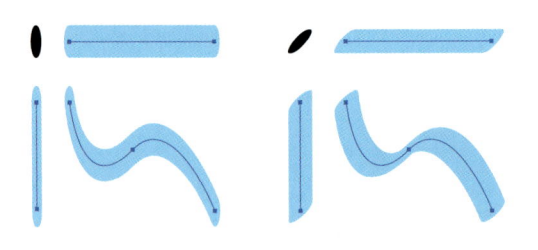

▲ **Abbildung 6-142** Zwei Beispiele für Kalligrafie-Pinselspitzen (schwarz), jeweils auf einen waagerechten, senkrechten und einen gebogenen Pfad angewendet

Kalligrafiepinsel malen immer in der eingestellten Konturfarbe, in den Kalligrafiepinsel-Optionen bestimmen Sie das genaue Aussehen der Pinselspitze.

Kalligrafiepinsel-Optionen

In den Kalligrafiepinsel-Optionen sehen Sie unterhalb des Namens eine große Vorschau der Pinselspitze mit den derzeitigen Einstellungen. In der Vorschau können Sie auch direkt Änderungen vornehmen, indem Sie an der Pinselspitze ziehen. Rechts neben der Vorschau sehen Sie die Pinselspitze in den Variationen dargestellt, die Sie für jede der folgenden Einstellungen bestimmen können. Mehr dazu aber ein wenig später, sehen wir uns erst die Grundeinstellungen an.

▲ **Abbildung 6-143** Kalligrafiepinsel-Optionen

Kalligrafiepinsel zeichnen sich durch drei Hauptmerkmale aus:

Der **Winkel** (–180° bis 180°) legt den Drehwinkel des Pinsels fest.

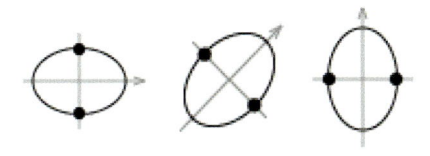

▲ **Abbildung 6-144** **Winkel** bei 0° (links), 45° (Mitte) und 90° (rechts)

Die **Rundheit** (0 % bis 100 %) legt die Rundung der Pinselspitze fest.

▲ **Abbildung 6-145** **Rundheit** bei 0 % (links), 50 % (Mitte) und 100 % (rechts)

Der **Durchmesser** (0pt bis 1.296pt) legt den Pinseldurchmesser fest.

Für jede der drei genannten Optionen können Sie eine **Variation** festlegen, standardmäßig ist **Fixiert** ausgewählt. Wählen Sie zum Beispiel **Zufallswert**, um eine Abweichung von Ihren Einstellungen zu definieren

> **Hinweis**
>
> Beim Kalligrafiepinsel erfolgen die eingestellten Variationen, bevor Sie zu malen beginnen – während des Malens wird die Pinselspitze nicht mehr verändert!

Pinselkonturen

Exkurs: Variationen

Bei einigen Einstellungen, die Sie für Pinsel treffen können, haben Sie die Möglichkeit, eine Variation zu bestimmen:

- Wählen Sie **Fixiert**, werden exakt die Werte verwendet, die Sie zuvor im dazugehörigen Eingabefeld bestimmt haben.
- Möchten Sie Ihre Einstellungen variieren, wählen Sie **Zufallswert** und bestimmen Sie den Grad der zufälligen Variation. Wenn Sie zum Beispiel für einen Durchmesser von **10 pt** eine **Variation** von **20 %** festlegen, kann der zufällige Durchmesser eine Größe zwischen **8 pt** und **12 pt** annehmen.

▲ Abbildung 6-146
Variationsvorschau

Die weiteren Variationen sind nur dann auswählbar, wenn ein Grafiktablett an Ihren Computer angeschlossen ist:

- **Druck** variiert die Einstellung basierend auf dem Druck des Zeichenstifts auf das Grafiktablett.
- Mit dem **Stylusrad** spezieller Grafiktabletts können Sie Pinseleinstellungen steuern.
- **Neigung** verändert die Pinseleinstellungen je nach Neigungswinkel des Zeichenstifts auf dem Grafiktablett.
- **Ortung** ist speziell für Einstellungen praktisch, die den Winkel betreffen, wenn Ihr Grafiktablett erkennen kann, in welche Richtung Sie den Zeichenstift neigen.
- Manche Zeichenstifte reagieren auch auf die **Drehung** des Stifts, wodurch sich ebenfalls Einstellungen verändern lassen.

Borstenpinsel

Mit den neuen **Borstenpinseln** steht Ihnen ein Sortiment an Pinseln zur Verfügung, die einem realistischen Malergebnis schon sehr nahe kommen. Die runden, flachen und fächerförmigen Borstenpinsel erhalten ihr natürliches Aussehen vor allem durch transparente Bereiche, sodass mehrere übereinanderliegende Pfade miteinander kombiniert werden. Ein Vorteil gegenüber echten Pinseln: Die als Konturfarbe eingestellte Farbe wird Ihnen während des Malens nie eintrocknen.

▲ Abbildung 6-147 Mehrere Borstenpinselkonturen

Die **Borstenpinsel-Bibliothek** stellt Ihnen bereits eine Vielfalt an Pinseln zur Verfügung, aber es ist natürlich auch möglich, eigene Borstenpinsel zu erstellen. Doppelklicken Sie auf das zuvor erstellte Duplikat eines ähnlichen Pinsels im Pinsel-Bedienfeld oder klicken Sie auf **Neuer Pinsel**.

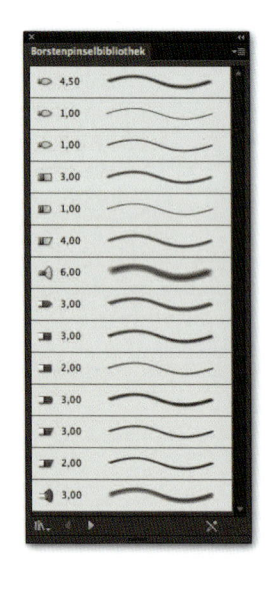

▲ Abbildung 6-148
Borstenpinsel-Bibliothek

Möchten Sie lediglich Größe und Deckkraft eines Pinsels verändern, müssen Sie dazu keinen neuen Pinsel anlegen. Diese beiden Parameter lassen sich mit Tastenkombinationen einstellen.

Borstenpinsel-Optionen

In den Borstenpinsel-Optionen wählen Sie unterhalb des Eingabefelds **Name** zuerst aus den Drop-down-Menü **Form** zwischen zehn verschiedenen Pinselmodellen. Die Vorschau zeigt Ihnen eine den restlichen Pinsel-Einstellungen entsprechend gemalte Linie.

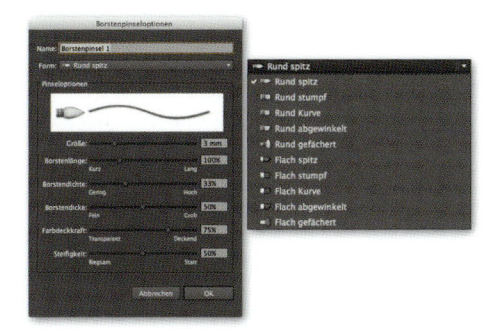

▲ **Abbildung 6-149** Borstenpinsel-Optionen und die zehn verfügbaren Pinselmodelle aus dem Drop-down-Menü **Form**

> **Hinweis**
>
> Um die **Pinselgröße** zu verändern, müssen Sie nicht die Pinseloptionen öffnen, sondern Sie können sie mit den Tasten > und < erhöhen beziehungsweise reduzieren. Jeder Klick verändert die Größe um einen Millimeter.

Die **Größe** (1 mm bis 10 mm) ist wie bei echten Pinseln definiert: Der Durchmesser bezieht sich auf die sogenannte Zwinge. Das ist der Verbindungspunkt zwischen dem Stiel und den Borsten.

Die **Borstenlänge** (25 % bis 300 %) bestimmt den Abstand zwischen der Spitze und der Zwinge. Mit der **Borstendichte** (1 % bis 100 %), die anhand der Werte für Pinselgröße und Borstenlänge berechnet wird, verändern Sie die Anzahl der Borsten im Pinsel. Mit der **Borstendicke** (1 % bis 100 %) legen sie fest, wie fein oder grob die Borsten sind.

Farbdeckkraft (1 % bis 100 %) bestimmt die maximale Deckkraft des Pinsels.

Wie starr die Borsten sind, definieren Sie über **Steifigkeit** (1 % bis 100 %). Niedrigere Werte machen Pinsel biegsamer.

Wenn Ihnen die Einstellungen gefallen, bestätigen Sie mit **OK**.

Wenn Sie ein Dokument mit mehr als 30 Borstenpinselkonturen speichern, drucken oder seine Transparenz reduzieren (siehe Kapitel 9), erscheint eine Warnmeldung. Borstenpinselpfade sind sehr komplex, daher kann es beim Speichern oder Drucken zu Problemen kommen.

> **Hinweis**
>
> Die **Deckkraft** können Sie auch durch Betätigen der Zifferntasten auf Ihrer Tastatur verändern: Drücken Sie 0 für 100 %, 1 für 10 % maximale Deckkraft, 55 für 55 % und so weiter. Es werden zweistellige Ziffernfolgen akzeptiert; sollten Sie versehentlich mehr tippen, werden die letzten beiden Ziffern herangezogen.

▼ **Abbildung 6-150**
Warnmeldung bei Überlastung

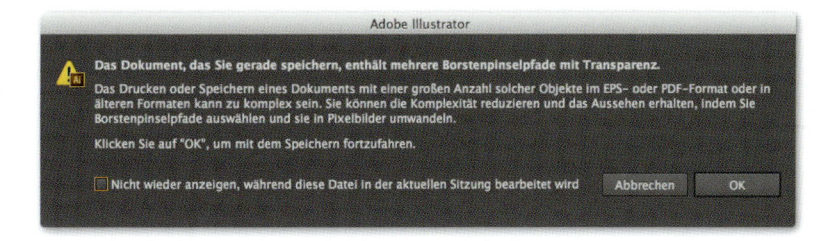

Spezialpinsel

Spezialpinsel malen mit der Kopie eines oder mehrerer Objekte, die entlang des Pfades wiederholt werden. Hierbei werden üblicherweise die Farben des Motivs verwendet, oder eine Methode zum Einfärben, die Sie in den Optionen bestimmen können.

Bevor Sie einen Spezialpinsel erstellen, zeichnen Sie erst alle Objekte, die das Pinselmotiv darstellen sollen, und wählen diese aus. Klicken Sie dann im Pinsel-Bedienfeld auf **Neuer Pinsel**, oder ziehen Sie die Objekte in das Bedienfeld. Im folgenden Optionenfenster wählen Sie als Pinseltyp **Spezialpinsel** und bestätigen die Wahl mit **OK**.

Spezialpinsel-Optionen

In den Spezialpinsel-Optionen definieren Sie, wie das gewählte Motiv entlang des Pfads verlaufen soll, und legen bei Bedarf auch eine Methode zum Einfärben fest.

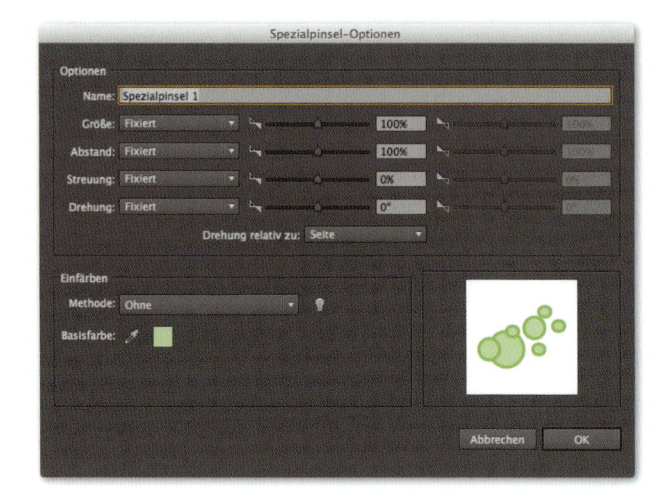

> **Hinweis**
>
> Das Motiv eines Spezialpinsels wird im Gegensatz zu dem eines Musterpinsels immer unverzerrt entlang des Pfades verteilt, passt sich ihm also nicht an.
>
> ▲ **Abbildung 6-151**
> Spezialpinsel (links) und dasselbe Motiv als Musterpinsel (rechts)

▲ **Abbildung 6-152** Spezialpinsel-Optionen

Sehen wir uns die Einstellungsmöglichkeiten an:

Über die **Größe** (1 % bis 10.000 %) verändern Sie die Größe der Objekte, die bei einem Wert von **100 %** in der Originalgröße auf die Kontur angewendet werden. Der **Abstand** (1 % bis 10.000 %) bestimmt, wie viel Platz zwischen den Wiederholungen des Pinselmotivs freigelassen wird.

Mit der **Streuung** (–10.000 % bis 10.000 %) entfernen Sie das Motiv vom Pfad, das bei einem Wert von **0 %** mittig entlang des Pfades verläuft. Die **Drehung** (–360° bis 360°) dreht das Motiv am Pfad, sofern der Wert nicht **0°** beträgt.

Aus dem Drop-down-Menü **Drehung relativ zu** wählen Sie, ob das Pinselmotiv relativ zur **Seite** oder zum **Pfad** platziert werden soll.

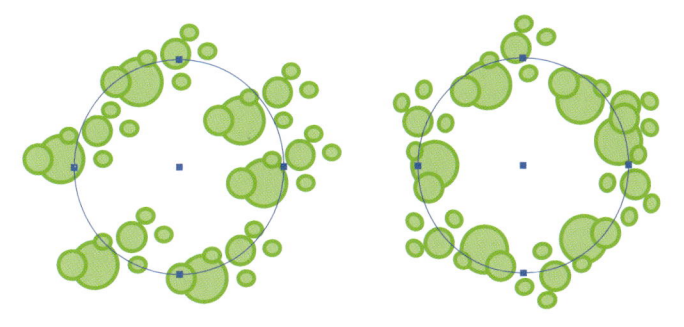

▲ **Abbildung 6-153** Pinselmotiv an der Seite (links) und am Pfad (rechts) ausgerichtet

Einfärbeoptionen für Spezial-, Muster- und Bildpinsel

Spezial-, Muster- und Bildpinsel haben identische Optionen zur Einfärbung. Standardmäßig ist für diese drei Pinseltypen in den jeweiligen Pinseloptionen bei *Einfärbemethode* **Ohne** ausgewählt. Dadurch bleiben die Originalfarben aus dem Pinselmotiv erhalten: Eine auf ein Objekt mit Pinselkontur angewendete Konturfarbe hat keine Auswirkungen darauf.

Wählen Sie **Farbtöne**, wird die Pinselkontur in Farbtönen der eingestellten Konturfarbe dargestellt: Schwarze Bildteile nehmen hierbei die Konturfarbe zur Gänze an, weiße Bildteile bleiben weiß. Alle dazwischenliegenden Farbtöne werden den Originalfarben entsprechend abgestuft.

Farbtöne und Schattierungen erhält schwarze und weiße Bildteile, sämtliche dazwischenliegenden Farbtöne werden in der ausgewählten Konturfarbe von Schwarz nach Weiß angeglichen.

Die **Farbton-Verschiebung** beruht auf einer unter **Basisfarbe** definierten Farbe, die durch die jeweilige Konturfarbe ersetzt wird. Alle weiteren Farbtöne – mit Ausnahme von Weiß, Grau und Schwarz, die erhalten bleiben – werden in verwandten Farben der Konturfarbe dargestellt.

Definieren Sie die Basisfarbe, indem Sie erst auf die Pipette und anschließend in der Vorschau auf eine Farbe klicken.

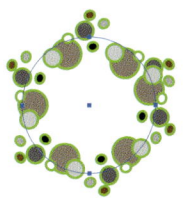

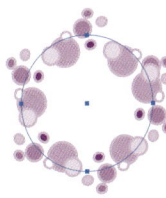

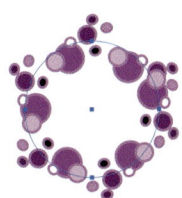

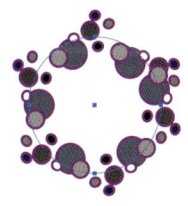

▲ **Abbildung 6-154** Für diese vier Objekte wurde jeweils eine violette Konturfarbe gewählt: Pinselkontur **ohne** Einfärbemethode, mit Methode **Farbtöne**, **Farbtöne und Schattierungen** und mit **Farbton-Verschiebung**

Musterpinsel

Musterpinsel wenden bis zu fünf verschiedene vordefinierte Musterelemente auf einen Pfad an: für die Kanten, die innere und äußere Ecke, den Anfang und das Ende des Musters. Die Musterelemente passen sich dem Pfad exakt an und werden deshalb auf gebogenen Objekten verzerrt.

▲ **Abbildung 6-155** Musterpinsel passen sich dem Pfad an.

> **Hinweis**
>
> Etwas weiter vorn in diesem Kapitel zeige ich Ihnen, wie Sie eigene Muster erstellen.

Ein Musterpinsel wird mit Musterfeldern aus dem Farbfelder-Bedienfeld erzeugt. Holen Sie daher erst alle benötigten Musterfelder aus Bibliotheken oder anderen Dokumenten in das Farbfelder-Bedienfeld, oder erstellen Sie eigene Musterfelder.

Im nächsten Schritt erstellen Sie nun einen neuen Musterpinsel, indem Sie im Pinsel-Bedienfeld auf **Neuer Pinsel** klicken. Soll der neue Musterpinsel aus nur einem Element bestehen, können Sie auch direkt Objekte in das Pinsel-Bedienfeld ziehen. Legen Sie im folgenden Optionenfenster als Pinseltyp **Spezialpinsel** fest und bestätigen Sie mit **OK**.

Musterpinsel-Optionen

In den Musterpinsel-Optionen definieren Sie zunächst die Größe des Pinselmotivs im Verhältnis zur Originalgröße der zugrunde liegenden Objekte. Definieren Sie einen Wert für **Skalieren** (1% bis 1.000%) und falls gewünscht einen **Abstand** (0% bis 10.000%) zwischen den Musterelementen.

▶ **Abbildung 6-156**
Musterpinsel-Optionen

Kapitel 6 · Objekte gestalten

Darunter sehen Sie nun für jeden Pfadabschnitt ein **Musterelement**. Wählen Sie die gewünschten Elemente nacheinander durch Anklicken aus und legen Sie aus der darunterliegenden Liste das entsprechende Musterfeld fest.

Mit **Vertikal spiegeln** beziehungsweise **Horizontal spiegeln** ändern Sie die Ausrichtung des Musters am Pfad.

Im Abschnitt **Einpassen** können Sie zwischen den drei folgenden Möglichkeiten wählen, wie das Muster an den Pfad angepasst wird:

- Mit der Option **Auf Kantenlänge anpassen** wird das Musterelement gestaucht beziehungsweise gedehnt, um es an das Objekt anzupassen.

- **Freiraum einfügen** lässt zwischen den Musterelementen so viel Platz, dass diese unverzerrt auf den Pfad angewendet werden.

- Die dritte Möglichkeit **Musterposition ändern** positioniert das Muster so weit innerhalb beziehungsweise außerhalb des Pfads, dass sich dadurch eine durchgehende, unverzerrte Anordnung des Musters am Pfad ergibt.

▲ **Abbildung 6-157**
Pinselkontur horizontal am Pfad gespiegelt

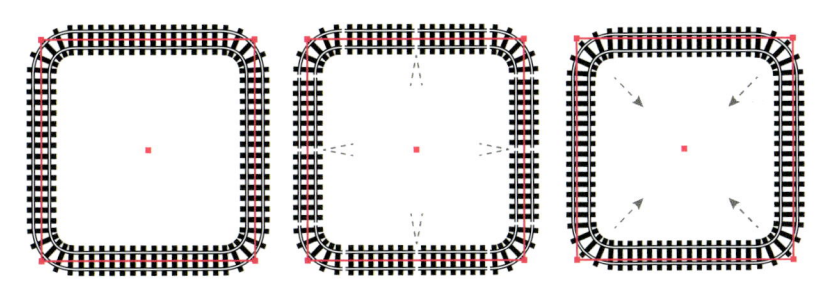

▲ **Abbildung 6-158** Einpassen-Optionen **Auf Kantenlänge anpassen** (links), **Freiraum einfügen** (Mitte) und **Musterposition ändern** (rechts)

Wählen Sie gegebenenfalls noch im Abschnitt **Einfärben** eine **Einfärbe-Methode** aus und bestätigen Sie anschließend die Einstellungen mit **OK**.

Bildpinsel

Bildpinsel verwenden üblicherweise zwei Arten an Pinselmotiven: dekoratives Bildmaterial wie zum Beispiel eine Blume oder die nachempfundene Strichführung unterschiedlicher Maltechniken (Aquarell, Tinte, Kreide und viele mehr).

▲ **Abbildung 6-159** Einige Beispiele für vektorisierte Malstriche

▲ **Abbildung 6-160**
Beispiele für dekorative Bildpinsel

Pinselkonturen 319

Diese Pinselmotive werden dann standardmäßig gleichmäßig über die gesamte Länge des Pfades gestreckt oder gestaucht. Die in CS5 eingeführte Pinselskalierungsoption lässt Sie die Skalierung auf bestimmte Bereiche begrenzen und somit Bereiche vor einer unerwünschten Verzerrung schützen.

Wollen Sie einen neuen Bildpinsel erstellen, wählen Sie zuerst das benötigte Bildmaterial aus. Klicken Sie anschließend im Pinsel-Bedienfeld auf **Neuer Pinsel** oder ziehen Sie die Objekte in das Bedienfeld. Als Pinselart wählen Sie **Bildpinsel** und bestätigen mit **OK**.

Bildpinsel-Optionen

In den Bildpinsel-Optionen definieren Sie zuerst die **Breite** (1 % bis 1.000 %) im Verhältnis zur Originalbreite des Bildmaterials.

Im Abschnitt **Pinselskalierungsoptionen** haben Sie seit CS5 drei Möglichkeiten zur Auswahl, mit denen Sie festlegen, wie sich das Bildmaterial dem Pfad anpasst:

- **Proportional skalieren** vergrößert oder verkleinert das Bildmaterial proportional in der Länge des Pfades.

- **An Konturlänge anpassen** verzerrt das Motiv über die gesamte Pfadlänge.

- Die neue Skalierungsoption **Zwischen Hilfslinien einpassen** stellt Ihnen in der Pinselvorschau zwei Hilfslinien bereit, die Sie so positionieren, dass lediglich der dazwischenliegende Bereich angepasst wird, während die außerhalb liegenden Bereiche in der Originalgröße erhalten bleiben. Alternativ können Sie die beiden Hilfslinien auch über die Eingabefelder **Anfang** und **Ende** positionieren.

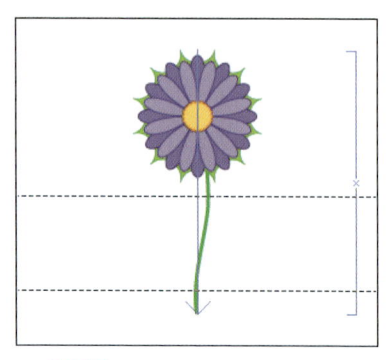

▲ **Abbildung 6-161**
Legen Sie mit Hilfslinien den Bereich fest, der skaliert wird.

▲ **Abbildung 6-162** Originalgröße des Bildpinsels (links) mit den Pinselskalierungsoptionen **Proportional skalieren**, **An Konturlänge anpassen** und **Zwischen Hilfslinien einpassen** (rechts)

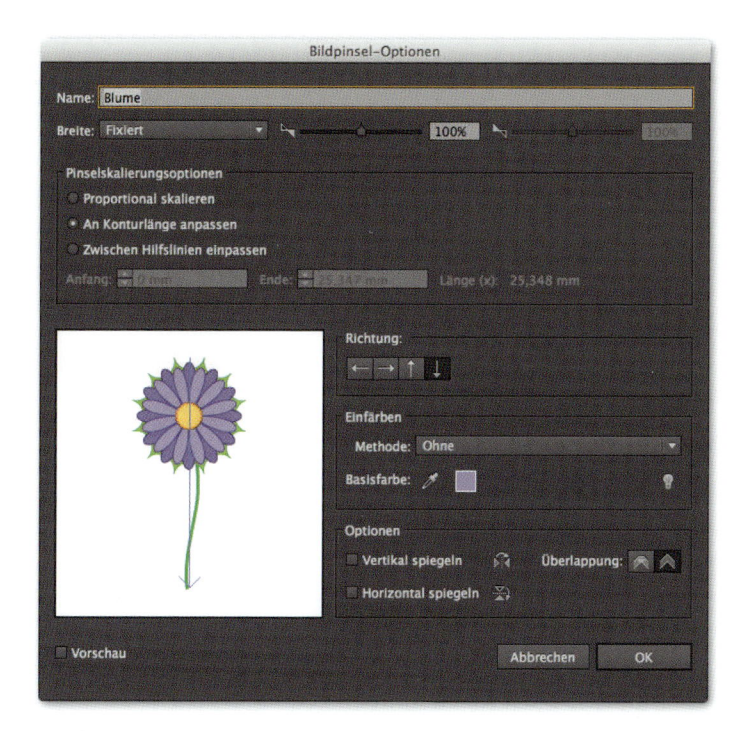

▲ **Abbildung 6-163** Bildpinsel-Optionen

Richtung legt die Ausrichtung des Pinselmotivs im Verhältnis zum Pfad fest, klicken Sie auf einen der vier Pfeile. **Vertikal spiegeln** und **Horizontal spiegeln** spiegeln das Motiv am Pfad vertikal beziehungsweise horizontal.

Ebenfalls neu in Illustrator CS5 ist die Anpassung bei Überlappung, also wenn durch spitze Winkel oder enge Kurven die Pinselkonturen übereinander zu liegen kommen. Hatte das bisher oft zu fehlerhaften Resultaten mit Löchern und Überschneidungen geführt, können Sie nun **Ecken und Kanten anpassen, um Überlappen zu verhindern**.

Wenn Sie mit Ihren Einstellungen zufrieden sind, bestätigen Sie den neuen beziehungsweise den veränderten Pinsel mit **OK**.

> **Hinweis**
>
> Für dekoratives Bildmaterial werden Sie die **Einfärbe-Methode** vermutlich auf **Ohne** lassen, sodass die Originalfarben dargestellt werden, ohne die eingestellte Konturfarbe zu berücksichtigen.

▲ **Abbildung 6-164**
Buttons für Überlappungsanpassung in den Bildpinsel-Optionen

◀ **Abbildung 6-165**
Bildpinselkontur ohne angepasste Ecken und Kanten und mit der neuen Möglichkeit, Überlappen zu verhindern.

Pinselkonturen **321**

Transparenz und Füllmethoden

Transparenz ist ein sehr interessantes und beliebtes Gestaltungsmittel. Transparenzen wenden Sie in Adobe Illustrator oft unbemerkt an, etwa bei Borstenpinseln, Farbverläufen oder Effekten wie Schlagschatten.

Indem Sie ein Objekt oder Teile davon als transparent definieren, machen Sie es durchscheinend für darunterliegende Objekte, es wird »gläsern«. Abhängig von der Flächen- und Konturfarbe entstehen neue Farben, wenn Sie durch ein teiltransparentes Objekt auf ein andersfarbiges Objekt blicken. Das ist dann so, als würden Sie zum Beispiel durch eine blaue Glasscheibe auf ein gelbes Haus sehen – es erscheint dadurch grünlich.

> **Tipp**
> Nicht nur ganze Objekten können in der Deckkraft reduziert werden – im Aussehen-Bedienfeld können Sie Kontur und Fläche getrennt bearbeiten.

▲ **Abbildung 6-166** Fische durch zwei halbtransparente, blaue Wasserflächen betrachtet

Mit **Füllmethoden** steuern und verändern Sie das Verhalten von Farben überlappender Objekte.

> **Hinweis**
> Mit **Deckkraftmasken** ist es möglich, Abstufungen in der Transparenz zu erzielen.

▲ **Abbildung 6-167**
Das Transparenz-Bedienfeld

▲ **Abbildung 6-168** Den Fischen wurden unterschiedliche Füllmethoden zugewiesen.

Deckkraft und Füllmethoden definieren Sie über das **Transparenz-Bedienfeld** (*Fenster → Transparenz*). Für ausgewählte Objekte erscheint auch im Steuerung-Bedienfeld ein Eingabefeld für die Deckkraft.

Damit Sie die folgenden Ausführungen besser nachvollziehen können, wählen Sie bitte aus dem Menü des Transparenz-Bedienfelds **Optionen einblenden**.

> **Hinweis**
> Lesen Sie bitte in Kapitel 9, wie Sie am besten mit Transparenzen umgehen, wenn Sie Dokumente für den Druck vorbereiten.

Kapitel 6 · Objekte gestalten

Objekte transparent gestalten

Wählen Sie Objekte, Gruppen oder Ebenen aus, deren Deckkraft Sie reduzieren möchten, und geben Sie im Eingabefeld **Deckkraft** des Transparenz-Bedienfelds entweder direkt einen Wert ein (0% bis 100%) oder verschieben Sie den Regler nach links. Objekte mit **100%** Deckkraft sind undurchsichtig, Objekte mit **0%** Deckkraft sind hingegen komplett durchscheinend und somit unsichtbar.

Je nachdem, wie Sie Ihre Auswahl getroffen haben, kann es zu unterschiedlichen Resultaten kommen. Wenn Sie einzelne Objekte innerhalb von Ebenen oder Gruppen in der Deckkraft reduzieren, wird jedes dieser Objekte durchscheinend. Wenn Sie hingegen für eine Gruppe oder Ebene Transparenzen definieren, so verhalten sich die in dieser Gruppe oder Ebene liegenden Objekte zueinander nicht transparent, sondern nur für unterhalb der Gruppe oder Ebene liegende Objekte.

Hinweis

Verschieben Sie nachträglich Objekte in Gruppen oder Ebenen mit reduzierter Deckkraft, so passen sich diese Objekte den Transparenzeinstellungen der Gruppe oder Ebene an.

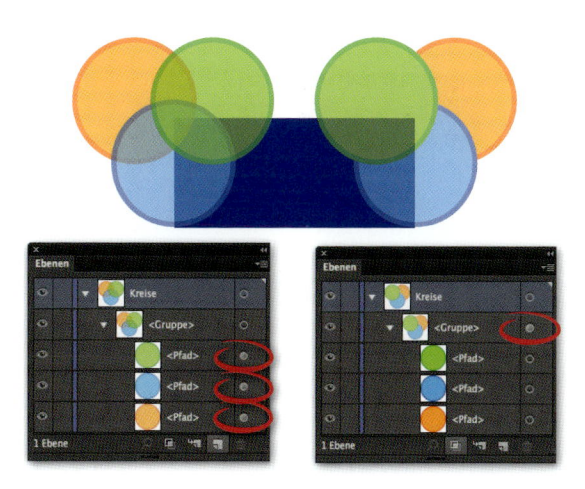

▲ **Abbildung 6-169** Kreise mit reduzierter Deckkraft (links) und Kreise in einer Gruppe, deren Deckkraft reduziert wurde (rechts)

Deckkraftmasken

Eine sogenannte **Deckkraftmaske** verwendet ein Objekt als Maskenobjekt, durch das hindurch andere Objekte sichtbar sind. Dieses Maskenobjekt ist eine beliebige farbige Form oder ein Pixelbild, das durch seine Färbung – genauer: durch den Graustufenanteil seiner Farben – den Grad der Transparenz bestimmt.

Enthält ein Maskenobjekt weiße Stellen, so sind an diesen Stelle darunterliegende Objekte komplett sichtbar, an schwarzen Stellen hingegen sind sie unsichtbar. Die dazwischenliegenden Graustufen ergeben verschiedene Grade an Transparenz, wie Sie in den folgenden Abbildungen sehen können.

▼ **Abbildung 6-170**
Der Text oberhalb des Bildmaterials soll als Maskenobjekt für eine Deckkraftmaske verwendet werden.

▲ **Abbildung 6-171** In der fertigen Deckkraftmaske ist das Bildmaterial nur in den weißen Buchstabenkonturen deckend sichtbar, in den Flächen der Buchstaben ist die Sichtbarkeit auf das Bildmaterial dem Farbverlauf entsprechend rechts höher als links.

Deckkraftmasken von Grund auf erstellen

Neu in CS6

Wählen Sie ein Objekt, eine Gruppe oder eine Ebene als Ziel aus und klicken Sie im Transparenz-Bedienfeld auf den neu eingeführten Button **Maske erstellen**.

CS5 Tipp

In Adobe Illustrator CS5 finden Sie die Funktion **Deckkraftmaske erstellen** im Menü des Transparenz-Bedienfelds.

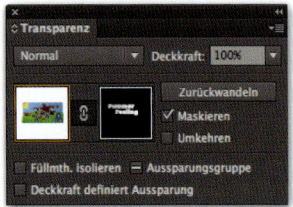

▲ **Abbildung 6-172** Klicken Sie auf Maske erstellen.

Eine leere, schwarze Maske wird erstellt, die vorerst sämtliche ausgewählte Objekte verdeckt. Um die Maske zu bearbeiten, klicken Sie auf die Masken-Vorschau. Illustrator wechselt dadurch in den Masken-Bearbeitungsmodus. Erkennbar ist dies an der orangen Umrandung um die Maskenminiatur und der entsprechenden Kennzeichnung im Ebenen-Bedienfeld.

Nun können Sie in der Deckkraftmaske auf gewohnte Weise zeichnen und schreiben. Obwohl für die Transparenz lediglich die Graustufenwerte der Farben herangezogen werden, können Sie durchaus farbige Objekte erstellen. Die Farben werden dann automatisch in die entsprechenden Grautöne konvertiert. Es lassen sich beliebig viele Objekte in einer Maske konstruieren und über das Ebenen-Bedienfeld bearbeiten.

▲ **Abbildung 6-173**
Ebenen-Bedienfeld im Masken-Bearbeitungsmodus

Beenden Sie den Masken-Bearbeitungsmodus, indem Sie im Transparenz-Bedienfeld die Objektminiatur anklicken.

Bestehendes Objekt als Deckkraftmaske verwenden

Sie müssen eine Deckkraftmaske nicht von Grund auf zeichnen, Sie können sie auch aus einem farbigen Objekt oder einem Pixelbild erstellen. Wählen Sie dazu zwei oder mehr Objekte beziehungsweise Gruppen aus und klicken Sie im Transparenz-Bedienfeld auf **Maske erstellen**. Es wird immer das oberste der ausgewählten Objekte oder Gruppen als Maske verwendet.

▲ **Abbildung 6-174** Deckkraftmaske mit einem Pixelbild (rechts) erstellt

Deckkraftmaske bearbeiten

Abhängig davon, welche der beiden Miniaturen im Transparenz-Bedienfeld angeklickt wurde, können Sie die maskierten Objekte oder die Maske selbst bearbeiten. Im Masken-Bearbeitungsmodus nehmen Sie mit den vielfältigen Bearbeitungsmöglichkeiten von Illustrator die gewünschten Änderungen vor und klicken anschließend wieder auf die Miniatur der maskierten Objekte, um den Bearbeitungsmodus zu beenden.

Falls Sie die Maske lieber isoliert bearbeiten möchten, klicken Sie mit gedrückter alt -Taste auf ihre Miniatur. Dadurch werden alle Inhalte mit Ausnahme der Maske verborgen, das Maskenobjekt selbst wird in Graustufen dargestellt.

▲ **Abbildung 6-175** Deckkraftmaske in isolierter Graustufendarstellung

Verknüpfung zwischen Objekten und Deckkraftmaske lösen/erstellen

Standardmäßig sind maskierte Objekte und das Maskenobjekt miteinander verknüpft, sodass die Deckkraftmaske mit den maskierten Objekten zusammen verschoben wird. Die Maske selbst lässt sich im Masken-Bearbeitungsmodus übrigens immer unabhängig verschieben. Sie erkennen eine Verknüpfung am Kettensymbol zwischen den beiden Miniaturen im Transparenz-Bedienfeld.

▲ **Abbildung 6-176** Verknüpfung zwischen Objekten und Deckkraftmaske

Wenn Sie Maske und maskierte Objekte getrennt bewegen oder in der Größe verändern möchten, müssen Sie erst die Verknüpfung lösen. Das machen Sie, indem Sie im Transparenz-Bedienfeld auf das Kettensymbol klicken. Klicken Sie erneut, um die Verknüpfung wieder herzustellen.

Deckkraftmaske vorübergehen deaktivieren

Möchten Sie die durch eine Deckkraftmaske erzeugte Transparenz entfernen, so müssen Sie die Maske nicht löschen, Sie können sie durch einen ⇧-Klick auf die Miniatur deaktivieren. Die Maskenminiatur wird nun mit einem roten Kreuz dargestellt. Ein erneuter ⇧-Klick aktiviert die Deckkraftmaske wieder.

▲ **Abbildung 6-177** Deckkraftmaske deaktiviert

Deckkraftmaske dauerhaft entfernen

> **Neu in CS6**

Sofern für ausgewähle Objekte zuvor eine Deckkraftmaske erstellt wurde, kann sie jederzeit im Transparenz-Bedienfeld durch Klick auf den neuen Button **Zurückwandeln** dauerhaft entfernt werden. Das ehemalige Maskenobjekt wird als zurückgewandeltes normales Objekt über den zuvor maskierten Objekten abgelegt.

> **CS5 Tipp**

In Adobe Illustrator CS5 finden Sie die Funktion **Deckkraftmaske zurückwandeln** im Menü des Transparenz-Bedienfelds.

Maskieren oder Umkehren einer Deckkraftmaske

Die im Transparenz-Bedienfeld standardmäßig aktivierte Option **Maskieren** weist der Maske einen schwarzen Hintergrund zu, auf dessen Begrenzungen das maskierte Bildmaterial zugeschnitten wird. Ist diese Option nicht ausgewählt, so ist das restliche – nicht maskierte – Bildmaterial ebenfalls sichtbar.

▲ **Abbildung 6-178** Maskieren deaktiviert

Umkehren invertiert die Farben des Maskenobjekts und somit auch die Deckkraft der maskierten Objekte. Dadurch sind beispielsweise vorher zu 70 % transparente Bereiche nach dem Umkehren der Maske 30 % transparent.

▲ **Abbildung 6-179** Vor und nach dem Umkehren der Deckkraftmaske

Füllmethoden

Illustrator bietet Ihnen eine Vielzahl an **Füllmethoden**, mit denen Sie die Farben übereinanderliegender Objekte auf unterschiedliche Weise überblenden können. **Normal** ist der Standardmodus, der keine Wechselwirkung mit darunterliegenden Farben erzeugt.

Eine auf ein Objekt angewendete Füllmethode wirkt sich immer auf sämtliche Objekte aus, die unterhalb der Ebene oder Gruppe des Objekts liegen.

▶ **Abbildung 6-180** ⓐ Ausgangsfarbe des Objjekts, dem die Füllmethode zugewiesen wird, ⓑ Grundfarben darunterliegender Objekte und ⓒ die Ergebnisfarben

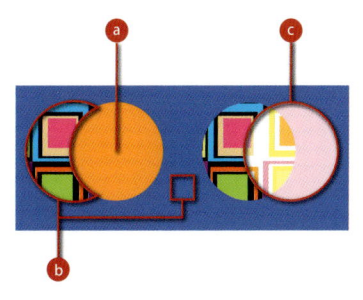

Transparenz und Füllmethoden

Ändern der Füllmethode von Objekten

Wählen Sie Objekte, Gruppen oder eine Ebene aus. Falls Sie lediglich die Fläche oder Kontur ändern möchten, wählen Sie diese anschließend im Aussehen-Bedienfeld aus. Im Drop-down-Menü **Füllmethode** finden Sie folgende Methoden, um Farben miteinander zu kombinieren:

- **Abdunkeln** wählt als Ergebnisfarbe entweder die Ausgangsfarbe oder die Grundfarbe, abhängig davon, welche der beiden dunkler ist. Hellere Bereiche werden ersetzt, während Bereiche, die dunkler als die Angleichungsfarbe sind, gleichbleiben.

- **Multiplizieren** multipliziert die Angleichungsfarbe mit der Grundfarbe, sodass die Ergebnisfarbe immer dunkler ist. Beim Multiplizieren einer Farbe mit Schwarz ist die Ergebnisfarbe Schwarz, beim Multiplizieren mit Weiß bleibt die Farbe gleich.

- **Farbig nachbelichten** dunkelt die Grundfarbe ab, indem es die Sättigung und den Kontrast erhöht. Weiß verändert die Farben nicht.

- **Aufhellen** verwendet die jeweils hellere Grundfarbe oder Angleichungsfarbe. Bereiche, die dunkler sind als die Angleichungsfarbe, werden ersetzt, hellere Bereiche bleiben gleich.

- **Negativ multiplizieren** multipliziert die umgekehrten Werte der Grund- und Angleichungsfarbe, sodass die Ergebnisfarbe immer heller ist. Bei Schwarz bleibt die Farbe gleich, bei Weiß entsteht Weiß.

▲ **Abbildung 6-181**
Füllmethoden im Transparenz-Bedienfeld

- **Farbig abwedeln** hellt die Grundfarbe auf, indem es die Sättigung erhöht und den Kontrast verringert.

- **Ineinanderkopieren** führt abhängig von der Grundfarbe eine Multiplikation oder Negativmultiplikation durch. Die Lichter und Schatten der Grundfarbe bleiben erhalten, wie auch der Helligkeitsgrad der Ursprungsfarbe.

- **Weiches Licht** erzeugt abhängig von der Angleichungsfarbe ein aufgehelltes oder abgedunkeltes Ergebnis. Ist die Angleichungsfarbe heller als 50 % grau, wird das Bildmaterial wie mit der Füllmethode **Farbig abwedeln** aufgehellt. Ist die Angleichungsfarbe dunkler als 50 % grau, wird das Bildmaterial wie mit der Füllmethode **Farbig nachbelichten** abgedunkelt.

- **Hartes Licht** führt abhängig von der Grundfarbe eine Multiplikation oder Negativmultiplikation durch. Ist die Angleichungsfarbe heller als 50 % grau, wird das Bildmaterial wie mit der Füllmethode **Negativ multiplizieren** aufgehellt. Ist die Angleichungsfarbe dunkler als 50 % grau, wird das Bildmaterial wie mit der Füllmethode **Multiplizieren** abgedunkelt.

- **Differenz** subtrahiert die Angleichungsfarbe von der Grundfarbe oder die Grundfarbe von der Angleichungsfarbe, je nachdem, welche der Farben heller ist. Bei Weiß werden die Werte der Grundfarbe umgekehrt.

- **Ausschluss** ähnelt der Füllmethode **Differenz**, aber mit reduziertem Kontrast.

- **Farbton** mischt die Ergebnisfarbe aus der Luminanz und Sättigung der Grundfarbe und dem Farbton der Angleichungsfarbe.

- **Sättigung** mischt die Ergebnisfarbe aus der Luminanz und dem Farbton der Grundfarbe und der Sättigung der Angleichungsfarbe.

- **Farbe** mischt die Ergebnisfarbe aus der Luminanz der Grundfarbe und Farbton und Sättigung der Angleichungsfarbe.

- **Luminanz** erzeugt das umgekehrte Ergebnis der Füllmethode **Farbe** und mischt Farbton und die Sättigung der Grundfarbe mit der Luminanz der Angleichungsfarbe.

Aussehen bearbeiten und kopieren

Wie bereits erwähnt, werden alle Aussehen-Attribute eines Objekts gesammelt im **Aussehen-Bedienfeld** (*Fenster → Aussehen*) angezeigt. Dabei handelt es sich um Flächen und Konturen, Pinselkonturen, Deckkraft, Füllmethoden und Effekte.

Auch das **Ebenen-Bedienfeld** (*Fenster → Ebenen*) enthält dazu Informationen. Wenn ein Objekt, eine Gruppe oder eine Ebene keine beziehungsweise nur eine einzige Fläche und Kontur aufweist, ist das Ziel-Symbol hohl ⊙ . Ein grauer gefüllter Kreis ⬤ hingegen bedeutet, dass zusätzliche Aussehen-Attribute vorhanden sind.

Nicht alle Einstellungen des Aussehens sind im Aussehen-Bedienfeld einzeln aufgelistet, sonst würde es rasch sehr unübersichtlich. Manche Einstellungen erreichen Sie durch einen Klick auf eine der orangen, unterstrichenen Verlinkungen. Dadurch öffnen Sie entweder direkt im Aussehen-Bedienfeld das relevante Bedienfeld, zum Beispiel das Kontur- oder Transparenz-Bedienfeld, oder ein Optionenfenster, über das Sie beispielsweise einen Effekt nachbearbeiten können.

Wählen Sie eine Gruppe oder Ebene aus, so sehen Sie im Aussehen-Bedienfeld die Aussehen-Attribute, die Sie der Gruppe oder Ebene zugewiesen haben, und ein Element namens Inhalt. Doppelklicken Sie auf **Inhalt**, erscheinen sämtliche Aussehen-Attribute, die alle in dieser Gruppe oder Ebene liegenden Objekte gemeinsam haben. Sehen Sie an dieser Stelle **Gemischtes Aussehen**, bedeutet das, dass ein oder mehrere Objekte unterschiedliche Attribute haben.

▲ **Abbildung 6-182**
Das Aussehen-Bedienfeld

Hinweis

Wie auch im Ebenen-Bedienfeld, können Sie im Aussehen-Bedienfeld durch einen Klick auf das **Augensymbol** die Sichtbarkeit – in diesem Fall eines Aussehen-Attributs – aus- und auch wieder einblenden. Auch das **Duplizieren** und **Verändern der Reihenfolge** funktioniert auf die gleiche Weise. Zum Löschen klicken Sie einmal in die betreffende Zeile und anschließend auf 🗑 **Löschen**.

◀ **Abbildung 6-183**
Sie haben im Aussehen-Bedienfeld direkten Zugriff auf andere Bedienfelder

> **Effekt hinzufügen**
>
> Über das Aussehen-Bedienfeld lassen sich direkt Effekte hinzufügen, zum Beispiel auch nur für eine einzelne Kontur oder Fläche. Treffen Sie erst eine Auswahl und klicken Sie dann auf **fx Neuen Effekt hinzufügen**. Es erscheint direkt im Aussehen-Bedienfeld das Menü Effekte, über das Sie einen Effekt auswählen können.

Aussehen löschen

Um jegliche Aussehen-Attribute der Auswahl zu löschen, müssen Sie nicht alle Einstellungen zurücksetzen – klicken Sie dazu einfach auf **Aussehen löschen**.

Sollen alle Einstellungen mit Ausnahme einer einzelnen Fläche und Kontur gelöscht werden, wählen Sie aus dem Menü des Bedienfelds **Auf Grundform reduzieren**. Alternativ können Sie auch im Ebenen-Bedienfeld das graue Zielsymbol auf das Löschen-Symbol ziehen.

Erstellen mehrerer Flächen und Konturen

Über das Aussehen-Bedienfeld können Sie weitere Konturen und Flächen erstellen. Das kann sehr interessante Effekte erzeugen. Fügen Sie neue Konturen oder Flächen hinzu, indem Sie entweder bestehende Flächen beziehungsweise Konturen auf **Ausgewähltes Objekt duplizieren** ziehen, oder auf **Neue Kontur hinzufügen** beziehungsweise **Neue Fläche hinzufügen** klicken.

Bedenken Sie, dass Sie mehrere Konturen am Objekt nur dann sehen, wenn diese nach oben hin immer dünner werden oder eine andere Ausrichtung am Pfad haben. Auch manche Effekte, reduzierte Deckkraft oder Füllmethoden lassen den Blick auf darunterliegende Konturen zu. Dasselbe gilt natürlich auch für mehrere Flächen.

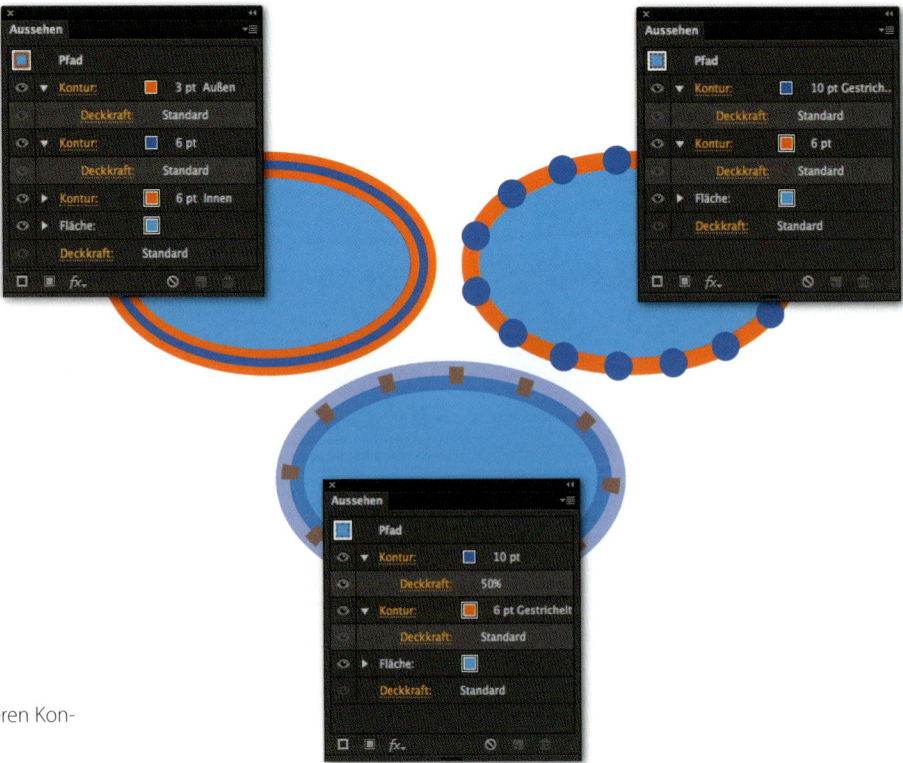

▶ **Abbildung 6-184**
Beispiele für Objekte mit mehreren Konturen

Aussehen-Attribute auf andere Objekte verschieben oder kopieren

Möchten Sie Aussehen-Attribute auf andere Objekte kopieren oder verschieben, wählen Sie zuerst das Objekt, die Gruppe oder die Ebene aus, deren Aussehen Sie verwenden möchten. Nun stehen Ihnen folgende Möglichkeiten zur Verfügung:

Aussehen kopieren

- Ziehen Sie die Miniatur aus dem Aussehen-Bedienfeld auf ein Objekt auf der Arbeitsfläche. Sollten Sie keine Miniatur sehen, blenden Sie diese über das Menü des Bedienfelds mit **Miniatur einblenden** ein.
- Ziehen Sie im Ebenen-Bedienfeld das graue Zielsymbol mit gedrückter alt-Taste auf das gewünschte Objekt.
- Verwenden Sie, wie gleich im Anschluss beschrieben, das Pipette-Werkzeug.

Aussehen verschieben

Um das Aussehen eines Objekts auf ein anderes zu verschieben, ziehen Sie im Ebenen-Bedienfeld das graue Zielsymbol auf das gewünschte Objekt, ohne dabei die alt-Taste gedrückt zu halten.

Das Pipette-Werkzeug

Das **Pipette-Werkzeug (i)** kopiert standardmäßig alle Aussehen-Attribute einer Auswahl auf weitere Objekte. Auch Zeichen-, Absatz-, Flächen- und Konturattribute von Textobjekten oder einzelnen Zeichen können übertragen werden.

> **Hinweis**
>
> Effekte, Pinselkonturen und Breitenprofile werden von der Pipette nicht erfasst. Zudem wird – falls das Objekt, dessen Aussehen Sie kopieren, mehrere Konturen oder Flächen aufweist – jeweils nur das Aussehen einer Kontur und Fläche kopiert. Kopieren Sie das Aussehen über das Ziel-Symbol im Ebenen-Bedienfeld, um alle Eigenschaften auf andere Objekte zu übertragen.

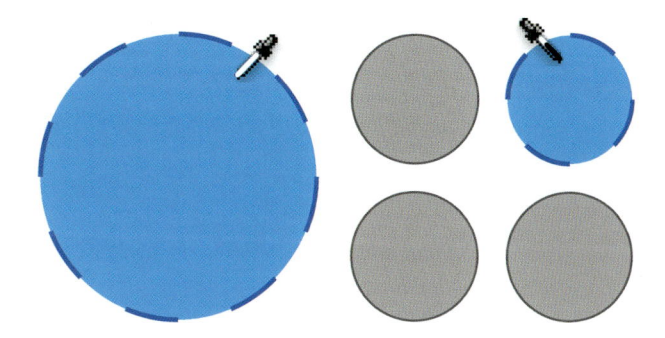

▲ **Abbildung 6-185** Das Pipette-Werkzeug überträgt das Aussehen von einem Objekt auf ein anderes

Wählen Sie das Objekt oder Zeichen aus, das ein neues Aussehen erhalten soll und aktivieren Sie das Pipette-Werkzeug. Klicken Sie nun damit auf das Objekt oder Zeichen, dessen Aussehen Sie kopieren möchten. Wenn Sie nur die Farbe aus einem bestimmten Bereich eines Farbverlaufs, Musters oder Pixelbildes auf das ausgewählte Objekt übertragen möchten, halten Sie die ⇧-Taste gedrückt, während Sie mit der Pipette das Aussehen »aufsaugen«.

> **Hinweis**
>
> Mit der Option **Pixelbild-Aufnahmebereich** legen Sie fest, wie groß der Bereich ist, aus dem Sie Eigenschaften entnehmen. Das ist zum Beispiel dann relevant, wenn Sie eine Farbe aus einem Farbverlauf kopieren möchten.

Sie können auch auf ein nicht ausgewähltes Objekt klicken, um dessen Aussehen zu kopieren und dieses durch einen Klick mit gedrückter `alt`-Taste auf ein anderes Objekt anwenden.

Einstellungen für das Pipette-Werkzeug

Durch einen Doppelklick auf das Pipette-Werkzeug im Werkzeug-Bedienfeld öffnen Sie die Pipette-Optionen. Darin steuern Sie, welche Eigenschaften von der Pipette aufgenommen werden und welche Eigenschaften sie anwendet. Standardmäßig sind sämtliche Optionen ausgewählt.

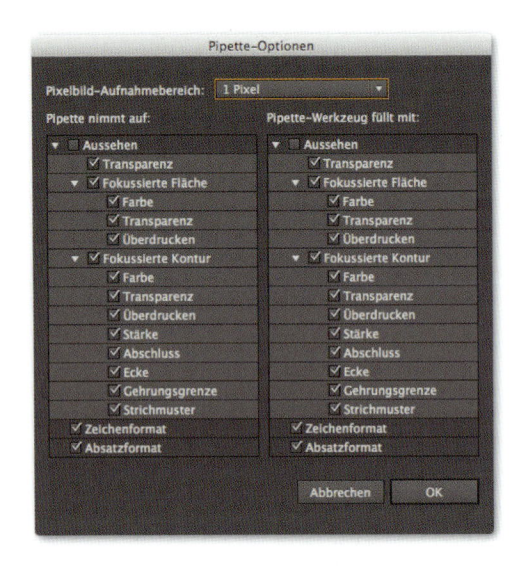

▲ **Abbildung 6-186** Pipette-Optionen

Farben bearbeiten

Stellen Sie sich vor, Sie haben für einen Kunden eine wunderbare Broschüre mit vielen Illustrationen in frühlingshaften Gelb- und Grüntönen erstellt und haben eben erfahren, dass der Kunde nun eine andere Farbgebung wünscht. Dank der Farbbearbeitungsmöglichkeiten in Illustrator ist das halb so schlimm, denn Sie müssen die Farben nicht einzeln anpassen, sondern können sie gemeinsam verändern.

▲ **Abbildung 6-187** Die Originalfarben des Schmetterlings (links) lassen sich auf einfache Art verändern

Sie können entweder die Farben ausgewählter Objekte bearbeiten, oder Farbgruppen aus dem Farbfelder-Bedienfeld. Soll eine Farbgruppe unabhängig von Objekten bearbeitet werden, achten Sie darauf, dass kein Objekt, dafür aber die entsprechende Farbgruppe ausgewählt ist.

Um eine ausgewählte Farbgruppe zu bearbeiten, doppelklicken Sie nun entweder im Farbfelder-Bedienfeld auf das **Farbgruppensymbol** oder klicken Sie auf den Button **Farbgruppe bearbeiten**. Sind gleichzeitig auch Objekte ausgewählt, hat der Button die Funktion **Farben bearbeiten oder anwenden** zugewiesen. Änderungen, die Sie im folgenden Optionenfenster vornehmen, werden nach dem Bestätigen der Einstellungen für die ausgewählten Objekte übernommen.

Um die Farben ausgewählter Objekte zu bearbeiten, können Sie das Optionenfenster **Bildmaterial neu färben** über den Button im Steuerung-Bedienfeld öffnen. Auch *Bearbeiten → Farben bearbeiten → Bildmaterial neu färben* bringt Sie in diesen Bearbeitungsmodus.

▲ **Abbildung 6-188** Optionenfenster **Farben bearbeiten** beziehungsweise **Bildmaterial neu färben**

Das Optionenfenster **Bildmaterial neu färben** beziehungsweise **Farben bearbeiten** unterteilt sich in zwei Hauptbereiche: **Bearbeiten** und **Zuweisen**. Letzteres ist nur verfügbar, wenn Sie vorher Objekte ausgewählt haben. Sehen wir uns das Bearbeiten näher an.

▲ **Abbildung 6-189**
Farben bearbeiten

▲ **Abbildung 6-190**
Farben zuweisen

Farben bearbeiten

> **Hinweis**
>
> Die Option **Färben** in der linken unteren Ecke sorgt dafür, dass ausgewählte Objekte Ihren Bearbeitungen entsprechend neu eingefärbt werden, sobald Sie mit OK bestätigen. Falls Sie das nicht möchten, reicht es, wenn Sie die Option unmittelbar vor dem Bestätigen deaktivieren.

▲ **Abbildung 6-191**
Färben bietet eine Vorschau, während Sie die Einstellungen bearbeiten.

Im Bereich **Bearbeiten** werden die aktuellen Farben durch Farbmarkierungen in einem geglätteten Farbrad dargestellt. Verwenden Sie das Farbrad, weitere Farbgruppen oder Harmonieregeln, um Ihre Farben zu bearbeiten.

Stammen die ausgewählten Farben aus einer Farbharmonie oder Farbgruppe, sind die Farbmarkierungen im Farbrad miteinander verknüpft. Verschieben Sie Ihre Farbkombination nun, indem Sie eine der Farbmarkierungen an eine beliebige andere Stelle im Farbrad ziehen – die verknüpften Farbmarkierungen werden in der ursprünglichen Anordnung entsprechend mit verschoben.

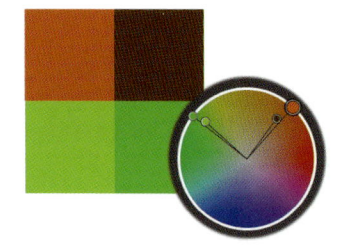

▲ **Abbildung 6-192** Verknüpfte Farbmarkierungen werden gemeinsam verschoben

Möchten Sie die Farben unabhängig voneinander bearbeiten, klicken Sie in der rechten unteren Ecke auf den Button **Verknüpfung der harmonischen Farbfelder aufheben**. Entstammen die Farben aus ausgewählten Objekten ohne Farbharmonie oder Farbgruppe, können Sie den Button umgekehrt dazu nutzen, die Farbmarkierungen miteinander zu verknüpfen. Farbmarkierungen, die nicht miteinander verknüpft sind, werden durch gestrichelte Linien angezeigt.

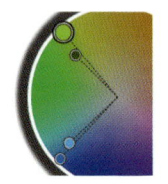

▲ **Abbildung 6-193**
Unverknüpfte Farbmarkierungen

Ist eine Farbmarkierung angeklickt, so können Sie auch unterhalb des Farbrads präzise Werte dafür definieren. Die verknüpften Farbmarkierungen verändern sich wieder entsprechend mit.

> **Hinweis**
>
> Durch einen Klick auf **Farben aus ausgewähltem Bildmaterial erfassen** in der obersten Zeile des Optionenfensters können Sie jederzeit wieder zu den Originalfarben Ihrer Objekte zurückkehren.

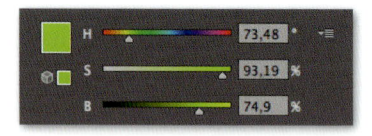

▲ **Abbildung 6-194** Definieren Sie präzise Werte für die ausgewählte Farbmarkierung

Über den Button **Farbmodus** können Sie aus den weiteren Farbmodellen (in Abschnitt »Farbmodelle« in Kapitel 1) wählen. Standardmäßig ist **HSB** ausgewählt.

Farben aufhellen, abdunkeln und in der Sättigung verändern

Unterhalb des Farbrads sehen Sie einen Regler, mit dem Sie die Helligkeit des gesamten Farbrads erhöhen oder reduzieren können.

▲ **Abbildung 6-195** Farbrad in der Helligkeit verändert

Möchten Sie die Sättigung verändern, so klicken Sie unterhalb des Farbrads auf das Symbol ⚙ **Sättigung und Farbton auf Farbrad anzeigen** und verschieben Sie den Regler.

▲ **Abbildung 6-196** Farbrad in der Sättigung verändert

Über einen Klick auf das Symbol ⚙ kehren Sie wieder zu **Helligkeit und Farbton auf Farbrad anzeigen** zurück.

Farben hinzufügen oder löschen

Durch einen Klick mit der rechten Maustaste auf die gewünschte Farbe im Farbrad können Sie eine neue Farbe hinzufügen. Alternativ klicken Sie erst auf ⚙ **Farbe hinzufügen** und danach in das Farbrad.

Ebenso verfahren Sie, wenn Sie eine Farbmarkierung entfernen möchten: Über einen Rechts-Klick auf eine Farbmarkierung können Sie diese löschen. Oder Sie klicken erst auf ⚙ **Farbe löschen** und anschließend auf die zu löschende Farbmarkierung.

Neue Farben als Farbgruppe speichern

Wenn Sie mit den Farbänderungen zufrieden sind, können Sie die neuen Farben als Farbgruppe speichern. Auf diese Weise stehen Ihnen die geänderten Farben auch jederzeit über das Farbfelder-Bedienfeld zur Verfügung. Sinnvoll ist das Speichern einer Farbgruppe aber auch, weil Sie dadurch weiter mit Farben experimentieren und jederzeit zu den Farben der Farbgruppe zurückkehren können.

Klicken Sie entweder auf 🗀 **Neue Farbgruppe**, oder – falls Sie eine ursprüngliche Farbgruppe neu speichern möchten – auf ⬢ **Änderungen an Farbgruppe speichern**.

Farbharmonien oder Farbgruppen anwenden

In der Zeile oberhalb des Farbrads können Sie – wie auch über das Farbhilfe-Bedienfeld – **Farbharmonien** auf die Basisfarbe anwenden. Die Basisfarbe wird links neben den aktiven Farben angezeigt. Im Farbrad wird die Basisfarbe übrigens durch die große Farbmarkierung dargestellt.

▲ **Abbildung 6-197**
Basisfarbe der aktiven Farben

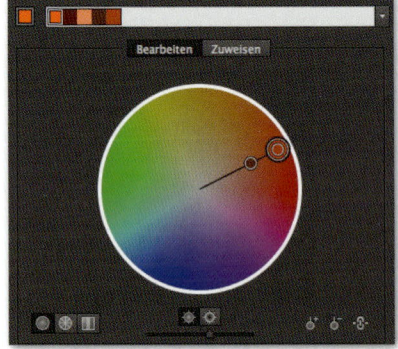

▲ **Abbildung 6-198** Farbharmonie auf die Basisfarbe angewendet

Im Drop-down-Menü **Aktive Farben** wählen Sie aus den vordefinierten Farbharmonien. Außerdem lassen sich im Bereich rechts neben dem Farbrad die **Dokument-Farbgruppen** auswählen und bearbeiten.

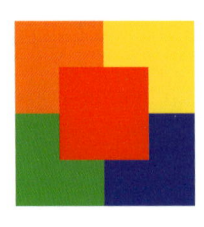

▲ **Abbildung 6-199** Anwenden einer Farbgruppe

336 Kapitel 6 · Objekte gestalten

Zuordnung der Farben vertauschen

Über die Buttons links unterhalb des Farbrads können Sie zwischen drei Darstellungen wählen: Neben der Ansicht im ⊙ geglätteten Farbrad (Standard) stehen Ihnen das ⊙ segmentierte Farbrad und der ▯ Farbkontrollstreifen zur Verfügung.

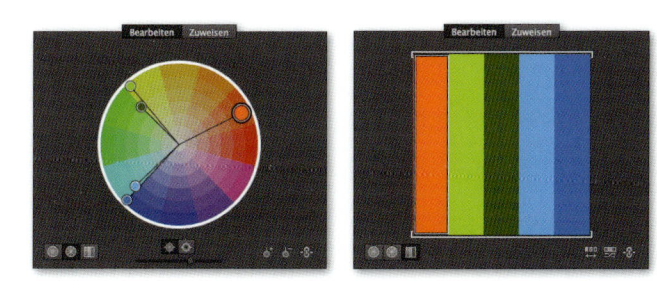

▲ **Abbildung 6-200** Darstellung im segmentierten Farbrad (links) oder im Farbkontrollstreifen (rechts)

In der Darstellung als Farbkontrollstreifen können Sie die Anordnung der Farben auf Ihre Objekte vertauschen, indem Sie die Farbstreifen an eine andere Stelle ziehen.

▲ **Abbildung 6-201** Farbkontrollstreifen verschieben

Für zufällige Ergebnisse können Sie in dieser Ansicht auf die beiden Funktionen **Farbreihenfolge beliebig ändern** 🔘 und **Sättigung und Helligkeit werden zufällig geändert** 🔘 zugreifen.

Farben bearbeiten   337

Workshop 6-3

Jetzt geht's ans Eingemachte

Nachdem ich Ihnen gezeigt haben, wie man ein Muster erstellt und wie man der Fläche beziehungsweise Kontur eines Objekts mehrere Aussehensattribute zuweist, wollen wir nun auch etwas Nettes damit erzeugen. Machen wir doch unsere eigenen Marmelade-Etiketten!

Jedem Topf sein Deckel

Im Fachhandel sind viele verschiedene bedruckbare Klebe-Etiketten erhältlich. Die exakte Größe Ihrer Marmelade-Etiketten ist also davon abhängig, für welches Produkt Sie sich entscheiden.

Achten Sie beim Kauf darauf, dass die Etiketten für Ihren Drucker geeignet sind.

▲ **Abbildung 6-202** Fertiges Etikett

1 Die Zutaten

Man nehme:

- 1 Rechteck mit Flächenfarbe **RGB 90/94/97** in der Größe Ihrer Etiketten

- 1 Rechteck mit Flächenfarbe RGB 140/189/198, gewürzt mit einer Kontur in der Stärke von 1 Punkt, Konturfarbe RGB 230/222/206

- 48 Punkt (48 pt) »Erdbeere« in Georgia Italic, RGB 147/19/40

- 32 Punkt (32 pt) »2012«, ebenfalls in Georgia Italic

Das Zeichnen von Rechtecken kennen Sie ja bereits aus dem Abschnitt »Geometrische Objekte zeichnen« in Kapitel 3. Auch das Zuweisen von Flächen- und Kontur-Attributen ist Ihnen bereits aus diesem Kapitel geläufig.

Den Text erstellen Sie am einfachsten, indem Sie mit dem **Text-Werkzeug** in die Arbeitsfläche klicken und zu schreiben beginnen. Achten Sie aber vor dem Klicken darauf, dass der Cursor des Werkzeugs zeigt, da es sonst vielleicht passieren kann, dass Sie eines der Rechtecke in ein Flächentext- oder Pfadtext-Objekt umwandeln (mit dem Erstellen von Text mache ich Sie in Kapitel 7 vertraut). Falls Sie auf Nummer sicher gehen möchten, erstellen Sie den Text einfach zuerst neben den Rechtecken und schieben Sie ihn dann an die richtige Position.

Das Aussehen der ausgewählten Texte können Sie ganz einfach über das Steuerung-Bedienfeld wählen.

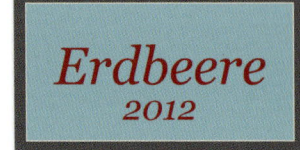

▲ **Abbildung 6-203**
Die Zutaten

2 · Das Muster anrühren

Um dem Etikett optisch mehr Würze zu geben, bereiten wir nun ein schlichtes, aber wirkungsvolles Muster vor. Seit Illustrator CS6 ist das wirklich ganz einfach: Achten Sie darauf, dass Sie nichts ausgewählt haben, damit Sie ein leeres Muster erzeugen. Wählen Sie dann aus dem Menü *Objekt* → *Muster* → *Erstellen* und bestätigen Sie den Hinweis, dass Illustrator das neue Muster dem Farbfelder-Bedienfeld hinzugefügt hat. Sie befinden sich nun im Musterbearbeitungsmodus und erhalten tatkräftige Unterstützung durch das sich automatisch öffnende Bedienfeld **Musteroptionen**.

Im **Musterbearbeitungsmodus** sehen Sie auf der Arbeitsfläche ein quadratisches **Musterfeld**, in dem Sie nun wie gewohnt Objekte erstellen können. Für unser Beispiel wollen wir allerdings erst das Musterfeld kleiner als standardmäßig vorgeschlagen machen: Definieren Sie in den Musteroptionen für *Breite* und *Höhe* jeweils 10 Millimeter (**10 mm**). Auf diese Weise ist das Muster perfekt dem Größenverhältnis des Etiketts angepasst.

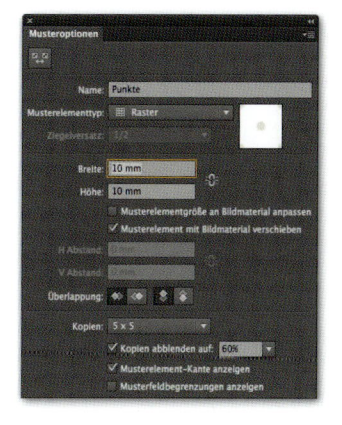

▲ **Abbildung 6-204**

Im Bedienfeld **Musteroptionen** können Sie auch einen Namen für das Muster festlegen.

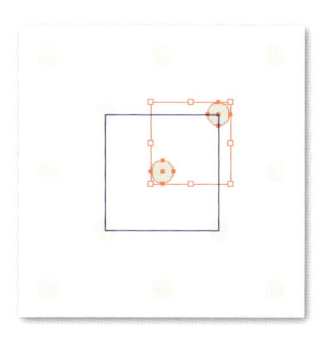

Nun können Sie auch schon mit dem Zeichnen der Kreise beginnen: Da wir für dieses Muster keinen Hintergrund brauchen, zeichnen Sie nur einen Kreis in der Mitte und einen weiteren in einer beliebigen Ecke. Die Wiederholung des Musters wird im Musterbearbeitungsmodus immer außerhalb des Musterelements abgeblendet angezeigt!

▲ **Abbildung 6-205**

Aus dem Musterelement hinausragende Pfade werden ebenfalls wiederholt.

Wenn Sie zufrieden sind, bestätigen Sie am oberen Rand des Dokumentfensters durch einen Klick auf **Fertig**, dass Sie das Muster speichern möchten.

3 · Das Muster einfüllen

Wie können Sie nun ein Objekt mit einem Muster füllen, dem Sie bereits eine Flächenfarbe zugewiesen haben? Auch das ist nicht schwierig: Wählen Sie erst das kleinere Rechteck aus und werfen Sie mit mir einen Blick in das **Aussehen-Bedienfeld** (*Fenster* → *Aussehen*).

Objekte können mehrere Konturen- und Flächen-Attribute bekommen; dafür finden Sie in der linken unteren Ecke des Bedienfelds die beiden Buttons **Neue Kontur** und **Neue Fläche**.

Für diesen Workshop wollen wir eine weitere Fläche oberhalb der bestehenden, aber unterhalb der Kontur erstellen. Klicken Sie einmal in die Zeile **Fläche**, um

> **Hinweis**
>
> Der Vorteil des transparenten Musters ist übrigens, dass Sie es – wie ich Ihnen in Schritt 3 zeige – mit jeder beliebigen Flächenfarbe kombinieren können. Würden Sie dagegen im Hintergrund ein farbiges Rechteck zeichnen, müssten Sie für jede Ecke einen Kreis erstellen.
>
> ▲ **Abbildung 6-206**
>
> Dasselbe Muster auf anderer Flächenfarbe

diese zu aktivieren. Neue Flächen beziehungsweise Konturen werden immer über der aktuellen Auswahl angelegt. Nun klicken Sie auf **Neue Fläche**.

Für die neue Fläche können Sie aus dem Drop-down-Menü neben dem Farbfeld auf den Inhalt des Farbfelder-Bedienfelds zugreifen und dort das eben erstellte Muster auswählen.

▲ **Abbildung 6-207** Jede Fläche bekommt ein eigenes Aussehen.

4   Mit Effekten abschmecken

Für die handgenähte Optik greifen wir auf einige Effekte zurück, die Sie in Kapitel 8 noch ausführlich kennenlernen. Beginnen wir mit der Stoffstruktur, die das kleinere Rechteck erhalten soll. Wählen Sie es dazu bitte wieder aus und klicken Sie im Aussehen-Bedienfeld an eine leere Stelle unterhalb der Aussehensattribute, so dass der Effekt auf das gesamte Aussehen angewendet wird.

Über das Menü *Effekt → Strukturierungsfilter → Mit Struktur versehen...* öffnen Sie die Effekte-Galerie; links sehen Sie eine Vorschau und an der rechten Seite die Einstellungsmöglichkeiten für diesen Effekt. Wählen Sie aus dem Drop-down-Menü *Struktur* **Sackleinen** aus und definieren Sie die *Skalierung* mit **50%** und die *Reliefhöhe* mit **2**. Bestätigen Sie die Eingaben mit **OK**.

Den nächsten Effekt wollen wir nur auf die Farbfläche anwenden, klicken Sie diese Fläche deshalb erst im Aussehen-Bedienfeld an. Nun öffnen Sie über das Menü *Effekt → Verzerrungs- und Transformationsfilter → Aufrauen...* . Dieser Effekt fügt dem Umriss eine unregelmäßige Verformung hinzu, was unsere Fläche wie ausgefransten Stoff erscheinen läßt. Die *Größe* des Effekts ist mit **1%** ausreichend, für *Detail* stellen Sie **40** ein und bestätigen anschließend wieder mit **OK**.

▲ **Abbildung 6-208**
Effekt **Mit Struktur versehen**

▶ **Abbildung 6-209**
Der Effekt **Aufrauen** erzeugt eine ausgefranste Optik an den Objektkanten.

Kapitel 6 · Objekte gestalten

◀ **Abbildung 6-210**

Im Aussehen-Bedienfeld wird der Effekt unterhalb der ausgewählten Fläche eingerückt dargestellt. Die Kontur und die Fläche mit dem Muster sind nicht davon betroffen.

5 Jetzt noch garn-ieren

Als nächstes wollen wir die Kontur des Rechtecks zu einer Naht umgestalten und den Text sticken. Wie Sie aus dem Abschnitt »Gestrichelte Konturen« etwas früher in diesem Kapitel wissen, kann man eine Kontur auch gestrichelt darstellen. Das machen wir über das **Kontur-Bedienfeld** (*Fenster* → *Kontur*), das sich übrigens auch direkt im Aussehen-Bedienfeld temporär ausklappen lässt, wenn Sie auf das orange unterstrichene Wort **Kontur** klicken. Aktivieren Sie darin für das ausgewählte (nach wie vor kleinere) Rechteck die Option **Gestrichelte Linie**, und geben Sie im ersten Feld für *Strich* **4 pt** und im Feld für *Lücke* **8 pt** ein.

▲ **Abbildung 6-211**

Auf das Kontur-Bedienfeld im Aussehen-Bedienfeld zugreifen

Dass die Naht nun noch ein wenig erhaben aussieht, erreichen wir mit dem Effekt **Schlagschatten**, den Sie ebenfalls direkt über das Aussehen-Bedienfeld anwenden können. Aktivieren Sie im Bedienfeld erst die Kontur, und wählen Sie dann aus dem Drop-down-Menü *fx* **Neuen Effekt hinzufügen** im oberen Bereich *Stilisierungsfilter* → *Schlagschatten*. Definieren Sie in den Schlagschatten-Optionen die *Deckkraft* mit **70%**, den *x-Versatz* und den *y-Versatz* mit jeweils **0,1 mm** und das *Weichzeichnen* mit **0,3 mm**. Nachdem Sie diese Einstellungen bestätigt haben, wird dieser Effekt nur auf die Kontur angewendet.

Wählen Sie nun die beiden Textobjekte aus und öffnen Sie wie eben beschrieben über das Aussehen-Bedienfeld die Einstellungen für den Effekt *Stilisierungsfilter* → *Scribble...* . Definieren Sie darin den *Winkel* mit **10°**, die *Strichstärke* mit **0,25 mm**, die *Kurvenstärke* mit **70%** und den *Abstand* mit **0,6 mm**. Alle anderen Eingabefelder stellen Sie auf **0**. Diese Einstellung lassen den Text wie gestickt erscheinen.

Verfeinern Sie den Text nun auch noch mit einem Schlagschatten. Verwenden Sie dazu die selben Einstellungen wie für den Schlagschatten der Kontur.

Servieren

Für den exakten Ausdruck benötigen Sie eine Druckvorlage. Diese erhalten Sie meistens auf den Websites der Hersteller, oder Sie erstellen diese mithilfe einer Skizze.

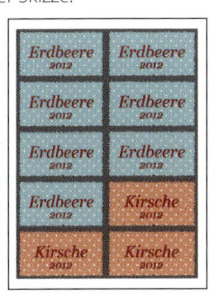

1 2 3 4 5 6 7 8 9 10

Kapitel 7

Text

Punkttext

Flächentext

Pfadtext

Textobjekte transformieren und bearbeiten

Schrift und Schriftformatierung

Zeichen- und Absatzformate speichern

Glyphen, Satz- und Sonderzeichen

Tabulatoren

Rechtschreibung und Silbentrennung

Egal, ob Sie Einladungen, Broschüren oder Plakate gestalten: In den meisten Fällen wollen Sie natürlich auch Text integrieren und ihn attraktiv präsentieren. Sie werden sehen, dass Illustrator dafür allerhand interessante Funktionen bereithält.

Obwohl Adobe Illustrator primär eine Illustrationssoftware und kein Seiten- oder Magazin-Layoutprogramm wie zum Beispiel Adobe InDesign ist, bietet es Ihnen doch reichlich Vielfalt in Bezug auf Text. Sie können Text sowohl vor als auch nach dem Schreiben eine Vielfalt an Zeichen- und Absatzformatierungen zuweisen, und häufig verwendete Formatierungen als Zeichen- und Absatzformate speichern und wiederverwenden.

Je nach Vorliebe oder Zweck stehen Ihnen drei Arten von Textobjekten sowie unterschiedliche Methoden zur Erstellung und Bearbeitung dieser Textobjekte zur Verfügung. Bevor Sie also munter drauflosschreiben, überlegen Sie sich, um welche Art von Textobjekt es sich handeln könnte, damit Sie von Illustrator bestmögliche Unterstützung bekommen.

▲ **Abbildung 7-01**
Text-Werkzeuge

▲ **Abbildung 7-02** Unterschiedliche Textobjekte in einem Schriftstück

Wie unterscheiden sich nun die drei Arten von Text-Objekten?

- **Punkttext** erfüllt eher einen grafischen Zweck, zum Beispiel wenn Sie Ihrer Illustration nur wenige Wörter hinzufügen möchten – etwa bei der Erstellung eines Logos. Punkttext kann horizontalen und vertikalen Text darstellen, den Sie durch einen einfachen Klick mit dem Text-Werkzeug beginnen und der mit jedem Zeichen erweitert wird. Das Punkttext-Objekt ist anschließend wie ein normales Objekt transformierbar, der Text wird dann mittransformiert.

> **Hinweis**
>
> Für jede dieser drei Arten von Textobjekten können Sie auf ein Text-Werkzeug für **horizontale Textausrichtung** und eines für **vertikale Textausrichtung** zugreifen.

▲ **Abbildung 7-03** Beispiele für Punkttext

- **Flächentext** verwendet die Umrisse eines Textrahmens, um den Textfluss zu steuern. Sobald der Text an einer Seite des Textrahmens anstößt und weiterer Text in dieser Zeile keinen Platz findet, wird in eine neue Zeile umgebrochen. Mit Flächentext können Sie nicht nur vielseitige Einstellungen wie Einzüge, Zeilen und Spalten definieren, Sie können auch Verkettungen mit anderen Textrahmen festlegen. In diesem Fall fließt Text – sobald ein Textrahmen gefüllt ist – automatisch in die übrigen Textrahmen weiter.

Hinweis

Flächentextrahmen können aus jedem geschlossenen Pfad erstellt werden, die Bearbeitungsmöglichkeiten sind groß. Skalieren Sie den Textrahmen, wirkt sich das allerdings lediglich auf den Rahmen selbst, nicht aber auf den enthaltenen Text aus.

▲ **Abbildung 7-04** Beispiele für Flächentext

- **Pfadtext** ist in Illustrator die verspielteste Möglichkeit, Text zu gestalten. Der Text folgt dem Verlauf eines offenen oder geschlossenen Pfades und kann mit speziellen Effekten unterschiedliche Ausrichtungen relativ zum Pfad annehmen.

Sehen wir uns nun genauer an, wie Sie Textobjekte erstellen und bearbeiten.

▼ **Abbildung 7-05**
Pfadtext

Text

Text importieren

Sie müssen Text nicht direkt in Illustrator erstellen: Sie können ihn auch aus einer Datei, die mit einer anderen Anwendung erstellt wurde, importieren oder kopieren. Wenn Sie Text in einem anderen Programm kopieren und in Illustrator einfügen, gehen dabei die Textformatierungen aus dem anderen Programm verloren.

Möchten Sie die ursprünglichen Zeichen- und Absatzformate erhalten, können Sie Text über *Datei* → *Platzieren* importieren oder über *Datei* → *Öffnen* als eigene Datei in Illustrator öffnen.

Illustrator unterstützt folgende Formate und Programme:

- Microsoft® Word für Windows 97, 98, 2000, 2002, 2003 und 2007
- Microsoft® Word für Mac OS X, 2004 und 2008
- RTF (Rich Text Format)
- Reiner Text (ASCII) mit den Kodierungen ANSI, Unicode, Shift JIS, GB2312, Chinese Big 5, Kyrillisch, GB18030, Griechisch, Türkisch, Baltisch und Mitteleuropäisch.

Beim Öffnen oder Platzieren von Microsoft Word- oder RTF-Dateien können Sie über die Optionen festlegen, ob Sie **Inhaltsverzeichnisse, Fußnoten/ Endnoten** und **Indextext** einschließen möchten oder **Textformatierungen entfernen** wollen.

▲ **Abbildung 7-06** Microsoft Word-Optionen und Textimportoptionen

Für eine reine Textdatei (.txt) legen Sie die folgenden Einstellungen fest:

Im Abschnitt **Kodierung** wählen Sie den **Zeichensatz**, mit dem die Textdatei erstellt wurde, und auch auf welcher **Plattform**.

In der Originaldatei eingefügte und nicht benötigte **Zusätzliche Wagenrückläufe** (durch Drücken der ⏎-Taste entstehende Textmarken) können Sie **An jedem Zeilenende entfernen** oder **Zwischen Absätzen entfernen**.

Sollen mehrere hintereinandergesetzte Leerzeichen in Illustrator durch einen Tabulator ersetzt werden, aktivieren Sie **Zusätzliche Leerzeichen** und definieren die **Anzahl**, ab der Leerzeichen ersetzt werden sollen.

Punkttext

Der eher für grafische Zwecke geeignete horizontal oder vertikal verlaufende Punkttext ist sehr einfach erstellt und verhält sich auch ganz unkompliziert. Wählen Sie aus dem Werkzeug-Bedienfeld für horizontal verlaufenden Text das **Text-Werkzeug** [T] und für vertikal verlaufenden Text das darunterliegende **Vertikaler-Text-Werkzeug** aus. Zeigt der Cursor einen gepunkteten Rahmen, befindet er sich über einer freien Stelle im Dokument – Sie können in die Zeichenfläche klicken und sofort zu schreiben beginnen. Möchten Sie eine neue Zeile beginnen, drücken Sie [↵].

> **Hinweis**
>
> Die kleine waagerechte Linie des Textcursors markiert die Grundlinie des Texts.
>
> ▲ Abbildung 7-07
> Textcursor

> **Tipp**
>
> Achten Sie darauf, dass Sie mit dem Text-Werkzeug nicht auf ein bestehendes Objekt klicken – in diesem Fall würde der Cursor zeigen –, denn das kann bewirken, dass Sie das angeklickte Objekt in ein Flächentext-Objekt umwandeln, oder – falls Sie ein anderes Textobjekt anklicken – den Text bearbeiten.

▲ **Abbildung 7-08** Punkttext

Zum Beenden der Texteingabe haben Sie mehrere Möglichkeiten: entweder Sie wechseln zu einem anderen Werkzeug oder klicken bei gedrückter [strg] / [⌘]-Taste an eine freie Stelle in der Zeichenfläche. In zweiten Fall bleibt das Text-Werkzeug aktiv und Sie können sofort an einer neuen Stelle Text hinzufügen. Am raschesten aber beenden Sie die Texteingabe mit der [esc]-Taste, das aktiviert das Auswahl-Werkzeug, das Textobjekt bleibt ausgewählt.

Punkttext-Objekte lassen sich wie normale Objekte transformieren (siehe Abschnitt »Wie funktioniert Transformieren?« in Kapitel 4) – der Text passt sich den Transformierungen an und bleibt weiterhin als Text bearbeitbar. Ein Bearbeiten der einzelnen Ankerpunkte des Begrenzungsrahmen ist bei Punkttext-Objekten allerdings nicht möglich.

> **Hinweis**
>
> Wie ich Ihnen im Workshop 5-1 in Kapitel 5 zeige, können Sie Text für weitere grafische Bearbeitungen in Pfade umwandeln, zum Beispiel für das Kombinieren mit Pathfinder-Funktionen oder als Zuschneidungspfad.
>
> ▲ Abbildung 7-10
> In Pfade umgewandelter Text kann vielseitig grafisch bearbeitet werden.

▲ **Abbildung 7-09** Punkttext wird wie ein normales Objekt transformiert.

Punkttext **347**

Flächentext

Flächentext-Objekte stellen Ihnen alle Möglichkeiten eines Textverarbeitungsprogramms zur Verfügung, vielleicht sogar mehr. Sie können Zeichen- und Absatzformatierungen für Ihren Text festlegen, ihn in Zeilen und Spalten unterteilen, und sogar mehrere Textobjekte miteinander verketten. Dadurch fließt überschüssiger Text automatisch von einem Rahmen in den nächsten weiter.

Vor der Erstellung von Flächentext können Sie sich entscheiden, ob Sie einen neuen, rechteckigen Textrahmen erstellen oder ein bestehendes Objekt beliebiger Form als Textrahmen verwenden möchten.

Flächentext mit rechteckigem Textrahmen erstellen

Um Text in einem rechteckigen Rahmen zu erstellen, ziehen Sie in der Zeichenfläche mit dem Text-Werkzeug beziehungsweise mit dem Vertikaler-Text-Werkzeug einen Rahmen in der passenden Größe auf. Sobald der Rahmen erstellt ist, sind Sie im Texteingabemodus, und der Cursor blinkt in der linken oberen Ecke des Textrahmens. Nun können Sie erst Textformatierungen einstellen oder einfach Ihren Text tippen oder einfügen.

> **Hinweis**
>
> Falls Sie mehr Text eingegeben haben, als im Textrahmen Platz findet, erscheint an der rechten unteren Kante des Rahmens ein rotes Plus. Dieses Zeichen informiert Sie darüber, dass zusätzlicher Text vorhanden ist, aber nicht dargestellt werden kann. Passen Sie entweder die Größe des Textrahmens an den Text an oder lassen Sie den zusätzlichen Text durch Verkettung in ein anderes Textobjekt fließen.

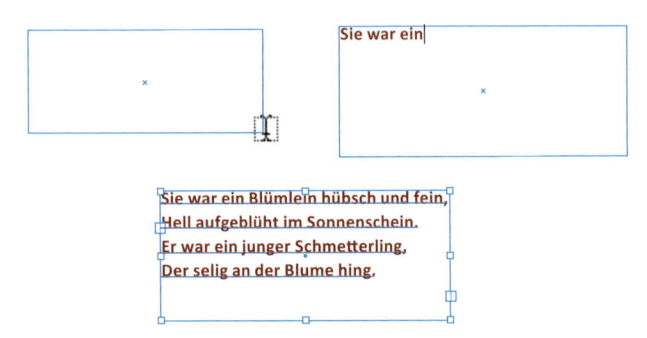

▲ **Abbildung 7-11** Erstellen Sie einen Flächentext-Rahmen.

Flächentext in einer freien Form erstellen

Wenn Sie eine nicht rechteckige Form als Textrahmen verwenden möchten, erstellen Sie erst ein Objekt in der gewünschten Form. Dabei spielt es keine Rolle, ob dieses Objekt Konturen, Flächen oder sonstige Aussehen-Attribute hat, denn das Aussehen wird durch das Konvertieren in einen Textrahmen entfernt. Offene Pfade werden mit einer imaginären Linie geschlossen.

Wählen Sie nun entweder das Flächentext-Werkzeug oder das Vertikaler-Flächentext-Werkzeug aus dem Werkzeug-Bedienfeld aus und navigieren Sie den Cursor über das Objekt, das als Textrahmen verwendet werden soll. Über dem Objekt verändert sich der Cursor in . Ein simpler Klick an eine beliebige Stelle des Objektpfads wandelt das Objekt in einen Textrahmen ohne Aussehen-Attribute um und Sie befinden sich im Texteingabemodus.

> **Tipp**
>
> Sie können übrigens Objekte aus geschlossenen Pfaden auch mit dem Text-Werkzeug oder dem Vertikaler-Text-Werkzeug in Flächentext-Objekte umwandeln, wenn sich der Cursor über dem Objekt in unmittelbarer Nähe des Pfads befindet.

348 Kapitel 7 · Text

▲ **Abbildung 7-12** Wandeln Sie ein Objekt in ein Flächentext-Objekt um.

> **Tipp**
>
> Nachträglich können Sie das in ein Textobjekt umgewandelte Objekt mit dem Direktauswahl-Werkzeug oder mit dem Gruppenauswahl-Werkzeug anklicken und ihm erneut Aussehen-Attribute zuweisen. Sollten Probleme beim Auswählen auftauchen, probieren Sie es über die **Pfadansicht** (*Ansicht → Pfadansicht*).

Wenn Sie von Ihrem Flächentext mehr Struktur erwarten, als Sie durch simples Betätigen der ⏎-Taste erzeugen, können Sie ihn über die Flächentext-Optionen einrücken oder in Zeilen und Spalten unterteilen. Dort haben Sie auch die Möglichkeit, eine genaue Größe für den Textrahmen festzulegen.

Anpassen von Flächentext

Um Einstellungen für ein oder mehrere ausgewählte Flächentext-Objekte zu treffen, öffnen Sie die Flächentext-Optionen über *Schrift → Flächentextoptionen…*. Diese Optionen bieten Ihnen viel mehr als nur das Definieren einer präzisen **Breite** und **Höhe** des Textrahmens. Wenn Sie die Auswirkungen Ihrer Änderungen in der Zeichenfläche beobachten möchten, aktivieren Sie die Option **Vorschau**.

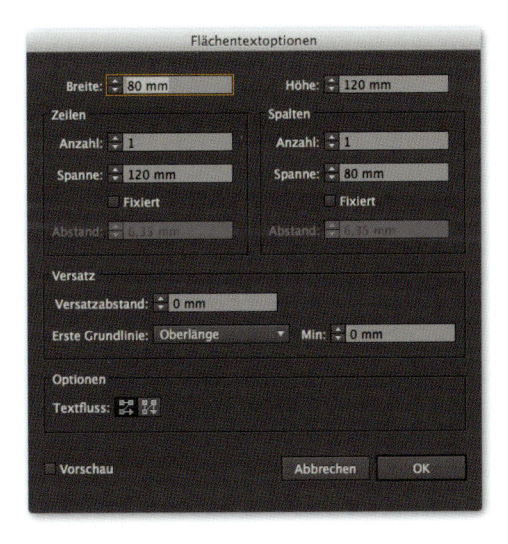

▲ **Abbildung 7-13** Flächentext-Optionen

> **Hinweis**
>
> Wenn das Flächentext-Objekt nicht rechteckig ist, beziehen sich die Werte für Breite und Höhe auf den Begrenzungsrahmen des Objekts (siehe »Exkurs: Begrenzungsrahmen« in Kapitel 2).

Text in Zeilen und Spalten aufteilen

Ein Flächentext-Objekt kann in **Zeilen** und **Spalten** unterteilt werden. In den Flächentext-Optionen legen Sie für einen oder mehrere ausgewählte Textrahmen erst die **Anzahl** an Zeilen und Spalten fest. Unter »Zeilen« versteht man in diesem Zusammenhang nicht Textzeilen, sondern eine senkrechte Unterteilung des Textrahmens.

Üblicherweise befindet sich zwischen Zeilen und Spalten ein Abstand. Sie können nun entweder im Eingabefeld **Spanne** die Höhe der Zeilen beziehungsweise die Breite der Spalten festlegen – dies errechnet automatisch den verfügbaren Abstand zwischen den Zeilen oder Spalten –, oder Sie definieren den **Abstand** zwischen den Zeilen oder Spalten selbst und lassen die Höhe der Zeilen beziehungsweise Breite der Spalten automatisch nach Verfügbarkeit des Platzes errechnen.

> **Hinweis**
>
> Wenn Sie die Option **Fixiert** aktivieren, bewirkt das, dass Sie sowohl die **Spanne** der Zeilen und Spalten als auch den dazwischenliegenden *Abstand* selbst bestimmen können. Das führt dazu, dass die **Höhe** und **Breite** des Textrahmens angepasst werden, sodass alle Zeilen, Spalten und Abstände darin Platz finden.

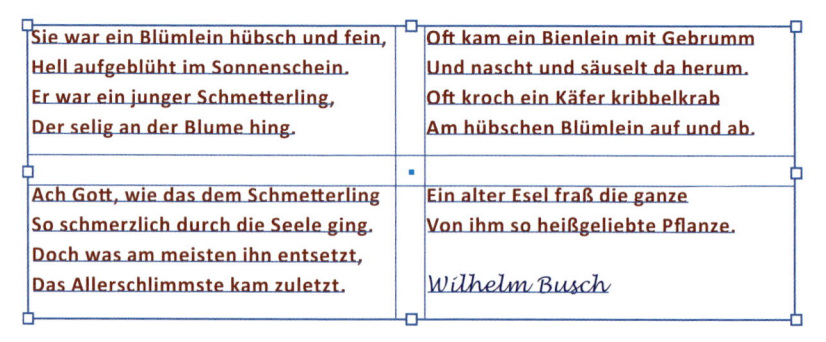

▲ **Abbildung 7-14** Text in zwei **Zeilen** und zwei **Spalten** unterteilt, die **Spanne** sorgt für Platz dazwischen.

Textfluss von Zeilen und Spalten festlegen

Im unteren Bereich der Textrahmen-Optionen können Sie durch Klicken auf den Button **Reihenweise von links nach rechts** für Textrahmen mit mehreren Zeilen und Spalten festlegen, ob Text immer erst von links nach rechts und dann erst in die nächste Zeile hinunterfließt, oder – über einen Klick auf den Button **Spaltenweise von links nach rechts** – ob der Text erst von oben nach unten und dann erst in die nächste Spalte fließt.

▲ **Abbildung 7-15** Textfluss **Reihenweise von links nach rechts** (links) und **Spaltenweise von links nach rechts** (rechts)

Text vom Rahmen durch Versatz einrücken

Normalerweise fließt der Text immer so nahe wie möglich an den Textrahmen heran. Bei Flächentext-Objekten können Sie den Text vom Textrahmen nach innen rücken, dies bezeichnet man als **Versatzabstand**. Definieren Sie dazu in den Flächentext-Optionen im Feld **Versatzabstand** den gewünschten Innenabstand zwischen Textrahmen und Text; die Größe des Textrahmens wird dadurch nicht verändert. Besonders praktisch ist der Versatzabstand, wenn das Textobjekt eine Fläche oder Kontur hat, sodass die Einrückung sichtbar ist.

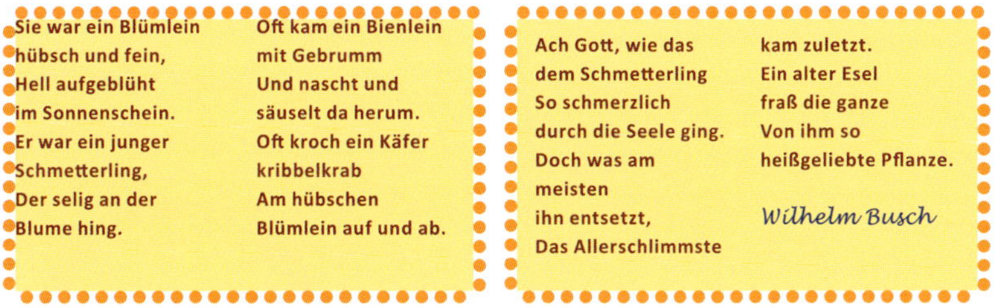

▲ **Abbildung 7-16** Textrahmen ohne (links) und mit (rechts) **Versatzabstand**

Heben und Senken der ersten Grundlinie

In den Flächentext-Optionen können Sie die erste Textzeile relativ zur oberen Kante des Textrahmens heben oder senken. Dies bestimmen Sie aus vordefinierten Positionen über das Drop-down-Menü **Erste Grundlinie** und über das dazugehörige Eingabefeld **Min**, über das Sie die Abweichung definieren. Wählen Sie die Position der ersten Grundlinie, von der aus die Abweichung erfolgt, aus folgenden Optionen:

Oberlänge setzt die Oberkante des Zeichens »d« in der jeweiligen Schrift an den oberen Rand des Textrahmens, mit **Großbuchstabenhöhe** wird die Oberkante der Großbuchstaben dafür herangezogen. Die Option **Zeilenabstand** verwendet den für den Text festgelegten Zeilenabstand als Abstand zwischen der Grundlinie der ersten Textzeile und der Oberkante. **x-Höhe** legt die Oberkante des Zeichens »x« in der ausgewählten Schrift direkt unterhalb der oberen Textrahmenkante. Bei asiatischen Schriftarten können Sie durch Wählen von **Geviert-Höhe** die Oberkante des Gevierts an die Oberkante des Textobjekts legen. **Fixiert** verwendet den im Feld **Min** definierten Abstand. **Alt** verwendet die Standardeinstellung der ersten Grundlinie der Version Illustrator 10 oder älterer Versionen.

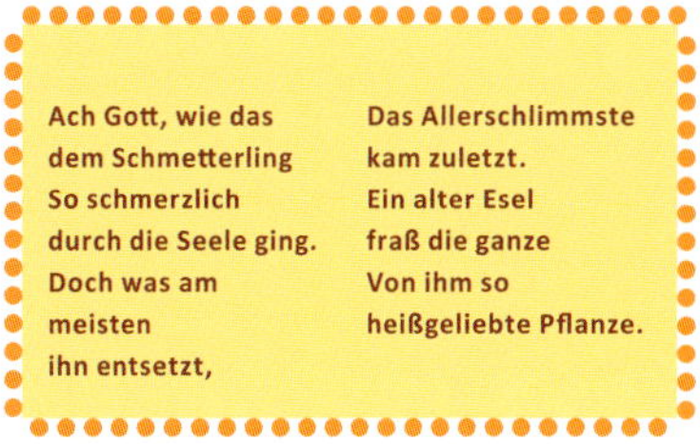

▲ **Abbildung 7-17**
Die erste Grundlinie wurde gesenkt.

Überschrift an die Textrahmenbreite anpassen

Sie können den Inhalt eines Absatzes als **Überschrift** definieren, die über die gesamte Breite des Textrahmens angepasst wird, und zwar indem der Abstand zwischen den einzelnen Zeichen mithilfe der Laufweite verkleinert oder vergrößert wird. Mehr über Laufweite erfahren Sie etwas später in diesem Kapitel. Klicken Sie dazu mit einem Text-Werkzeug in den Absatz, der zur Überschrift werden soll, und wählen Sie dann aus dem Menü *Schrift → Überschrift einpassen*.

Hinweis

Wenn Sie zu einem späteren Zeitpunkt den Text der Überschrift formatieren oder Text löschen beziehungsweise hinzufügen, müssen Sie die Überschrift erneut einpassen.

Flächentext-Objekte verketten

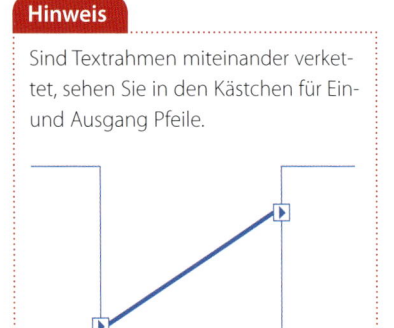

Wenn Sie möchten, dass überschüssiger Text aus einem Textrahmen automatisch in einen weiteren Textrahmen oder ein Objekt fließt, können Sie diese Objekte miteinander verketten. Punkttext-Objekte sind davon ausgenommen. Textverkettungen sind sehr praktisch, wenn Sie mit dem Inhalt flexibel bleiben möchten – Sie können jederzeit an einer beliebigen Stelle Text hinzufügen, der nachfolgende Text fließt einfach in das nächste Textobjekt weiter.

Jeder Flächentext-Rahmen besitzt einen **Eingang** und einen **Ausgang**, über die Sie ihn mit anderen Objekten verknüpfen können. Das Ausgangssymbol informiert Sie darüber, ob der gesamte Text im Textrahmen Platz hat – also sichtbar ist –, oder ob sich überschüssiger Text darin befindet. Ist im Ausgang eines Textrahmens ein rotes Pluszeichen zu sehen, so befindet sich darin mehr Text, als bei seiner aktuellen Größe dargestellt werden kann.

> **Hinweis**
>
> Sind Textrahmen miteinander verkettet, sehen Sie in den Kästchen für Ein- und Ausgang Pfeile.
>
> ▲ **Abbildung 7-18**
> Ein- und Ausgangssymbol verketteter Textobjekte

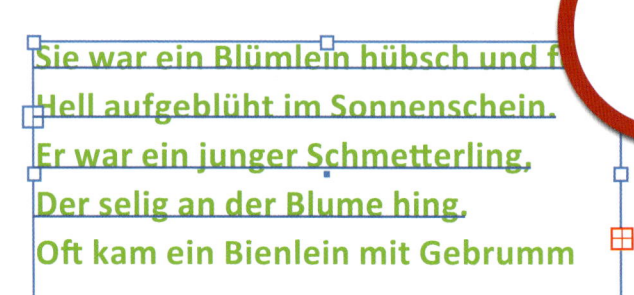

▲ **Abbildung 7-19** Ausgang mit überschüssigem Text

Ist überschüssiger Text vorhanden, können Sie entweder den Textrahmen vergrößern oder wie schon erwähnt den Text durch Verkettung in ein weiteres Objekt fließen lassen. Solche Verkettungen können Sie natürlich nicht nur erstellen, sondern auch wieder entfernen – entweder individuell oder für alle verketteten Rahmen einer ausgewählten Textverkettung. Sichtbar machen Sie Verkettungen über *Ansicht → Textverkettungen einblenden*.

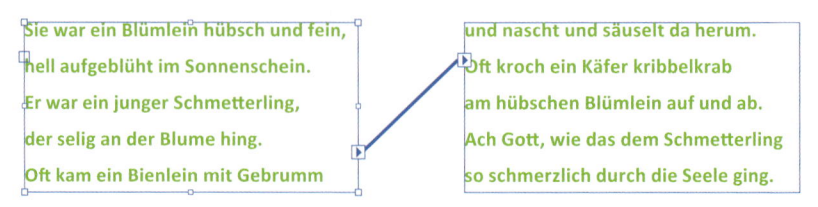

▲ **Abbildung 7-20** Sichtbare Textverkettungen

Verkettung erstellen

Um einen Textrahmen mit einem vorhandenen oder neuen Objekt zu verketten, klicken Sie erst mit dem Auswahl-Werkzeug auf den Ausgang des ersten Textrahmens. Falls darin überschüssiger Text vorhanden war, ist dieser nun vorübergehend im Cursor geladen, der Cursor verändert sich in .

Wie so oft in Illustrator haben Sie nun mehrere Möglichkeiten: Sie können die Verkettung mit einem noch nicht verketteten Textobjekt oder mit einem bestehenden »normalen« Objekt verketten, oder aber ein neues Textobjekt erstellen.

Verkettung mit neuem Textobjekt

Möchten Sie mit dem geladenen Cursor ein neues Textobjekt erstellen, klicken Sie damit an eine freie Stelle auf der Zeichenfläche oder ziehen Sie an der freien Stelle einen neuen Rahmen auf. Ein Klick erstellt den neuen Textrahmen in derselben Größe wie der Textrahmen, aus dem Sie den Text entnommen haben. Durch Ziehen bestimmen Sie die Größe des neuen Textrahmens selbst.

Verkettung mit bestehendem Objekt

Bewegen Sie den geladenen Cursor über die Kante eines vorhandenen Textobjekts und klicken Sie, sobald sich der Cursor in verändert. Es ist übrigens auch möglich, eine Verkettung mit einem Pfadtext-Rahmen durchzuführen.

Wenn Sie die Verkettung mit einem Nicht-Textobjekt erstellen möchten, nähern Sie den Cursor dem gewünschten Objekt an. In der Nähe der Objektkante verändert sich der Cursor dann in – nun können Sie die Verkettung durch Anklicken erstellen.

> **Hinweis**
>
> Alternativ können Sie auch den Textrahmen und das oder die anderen Objekte mit dem Auswahl-Werkzeug auswählen und *Schrift* → *Verketteter Text* → *Erstellen* wählen.

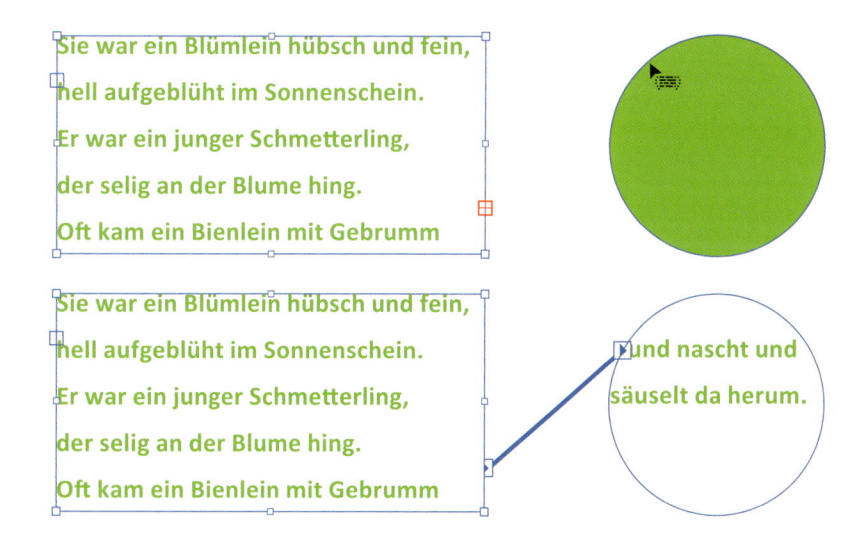

▲ **Abbildung 7-21** Textrahmen mit normalem Objekt verketten

Verkettung entfernen

Eine bestehende Verkettung zwischen zwei Textrahmen unterbrechen Sie, indem Sie auf das Ausgangssymbol des ersten Textrahmens oder das Eingangssymbol des zweiten Textrahmens doppelklicken. Der überschüssige Text fließt zurück in den ersten Textrahmen.

Um einen Textrahmen zwischen zwei weiteren verketteten Textrahmen aus der Verkettung zu lösen, wählen Sie diesen aus und gehen auf *Schrift* → *Verketteter Text* → *Auswahl zurückwandeln*. Das ehemals verkettete Textobjekt bleibt leer und nicht verkettet bestehen, der Text fließt direkt in alle nachfolgenden verketteten Textobjekte weiter.

> **Hinweis**
>
> Alle Textverkettungen lösen Sie, indem Sie ein beliebiges Objekt in einer Textverkettung auswählen und aus dem Menü *Schrift* → *Verketteter Text* → *Verkettung entfernen* wählen. Bei dieser Methode fließt der Text nicht in das erste Textobjekt zurück, sondern bleibt in sämtlichen Textrahmen stehen – die Verkettung ist allerdings unterbrochen.

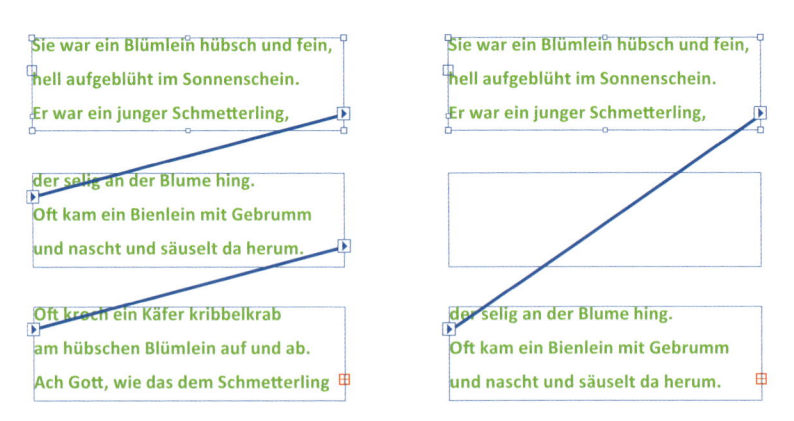

▲ **Abbildung 7-22** Der mittlere verkettete Textrahmen (links) wird aus der Verkettung genommen (rechts).

Objekt mit Flächentext umfließen

Jedes Objekt kann in Adobe Illustrator von Flächentext umflossen werden, auch importierte Pixelbilder. Transparente Randpixel importierter Bilder werden beim Umfließen ignoriert, sodass der Text entlang der mit Farbe gefüllten Pixel fließt.

▲ **Abbildung 7-23** Der Schmetterling wird von Text umflossen.

Folgende Regeln gibt es für das Umfließen von Objekten:

- Das Objekt, das von Flächentext umflossen werden soll, muss in derselben Ebene wie der Text liegen, und in der Objektreihenfolge unmittelbar oberhalb des Textes.
- Falls sich in der Ebene weitere Flächentext-Objekte befinden, die das Objekt **nicht** umfließen sollen, müssen diese in der Objektreihenfolge entweder oberhalb des Objekts liegen, oder Sie verschieben sie in eine andere Ebene.

▲ **Abbildung 7-24** Das Objekt liegt über dem Text.

Wenn diese Regeln erfüllt sind, wählen Sie die Objekte aus, die umflossen werden sollen (oder auch ein einzelnes), und wählen *Objekt → Umfließen → Erstellen*. Einstellungen für das Umfließen können Sie vor, aber auch nach dem Umfließen in den Umfließenoptionen festlegen.

Hinweis
Entfernen Sie das Umfließen ausgewählter Objekte über *Objekt → Umfließen → Zurückwandeln*.

Umfließenoptionen

In den Umfließenoptionen, die Sie über das Menü *Objekt → Umfließen → Umfließenoptionen...* öffnen können, legen Sie fest, wie ein ausgewähltes Objekt umflossen wird. Aktivieren Sie die **Vorschau**, so können Sie die Einstellungen direkt auf der Zeichenfläche betrachten.

▲ **Abbildung 7-25** Umfließenoptionen

Im Feld **Versatz** legen Sie den Abstand zwischen dem Text und dem Objekt fest; dies kann sowohl ein positiver als auch ein negativer Wert sein. Negative Werte bewirken, dass der Text in das Objekt hineinragt. **Umfließen umkehren** bewirkt, dass der Text nicht entlang der Außenkante des Objekts fließt, sondern innerhalb der Objektumrisse.

Hinweis
Wenn das umflossene Objekt ausgewählt ist, sehen Sie rundherum einen Rahmen, der den Versatz kennzeichnet.

▲ **Abbildung 7-26** Umflossenes Objekt mit Versatz

Pfadtext

Pfadtext folgt dem Verlauf eines offenen oder geschlossenen Pfades. Auch bei Pfadtext können Sie zwischen horizontaler und vertikaler Textausrichtung wählen. Horizontaler Text verläuft grundsätzlich parallel zum Pfad, vertikaler Text im rechten Winkel zum Pfad. Mit speziellen Effekten können Sie die strikte Ausrichtung am Pfad aufheben und zum Beispiel simulieren, dass der Text wie auf einem 3-D-Band erscheint.

> **Hinweis**
>
> Die Textrichtung wird standardmäßig dadurch bestimmt, in welcher Reihenfolge die Ankerpunkte des Pfades erstellt wurden. Der Text verläuft immer von demjenigen Ankerpunkt des Pfads weg, der als erster gezeichnet wurde, und läuft dann in die Richtung weiter, in der die weiteren Ankerpunkte erstellt wurden. Natürlich können Sie die Textrichtung auch verändern.

▲ **Abbildung 7-27** Pfadtext mit Effekt **Regenbogen** (links), **Verzerren** (Mitte) und **Schwerkraft** (rechts)

Pfadtext erstellen

Zu allererst brauchen Sie einen Pfad, an dem der Text entlangfließen soll. Diesen Pfad können Sie mit einem der Werkzeuge zur Erstellung von Objekten erzeugen. Wählen Sie dann aus dem Werkzeug-Bedienfeld das ▨ **Pfadtext-Werkzeug** aus, um Text parallel zum Pfad zu erstellen, oder das ▨ **Vertikaler-Pfadtext-Werkzeug** für senkrechten Textverlauf. Wenn Sie den Cursor über einem Pfad positionieren, verändert er sich in ⌶. Klicken Sie nun auf den Pfad und geben Sie wie gewohnt Text ein.

Auch ein Pfadtext-Objekt signalisiert überschüssigen Text durch ein kleines rotes Pluszeichen in seinem Ausgangssymbol. Der Umgang damit erfolgt auf dieselbe Weise wie bei Flächentext-Optionen. Lesen Sie mehr darüber auf den vorherigen Seiten.

> **Tipp**
>
> Auch das normale Text-Werkzeug verwandelt sich in das Pfadtext-Werkzeug, sobald es sich über einem offenen Pfad befindet. Bei geschlossenen Pfaden müssen Sie allerdings eines der beiden Pfadtext-Werkzeuge verwenden.

▲ **Abbildung 7-28** Überschüssiger Pfadtext

Pfadtext bearbeiten

Wählen Sie das Pfadtext-Objekt aus, erscheinen entlang des Pfades drei Symbole zum Bearbeiten des Texts: eines jeweils am Beginn und Ende, sowie eines in der Mitte des Texts. Mit diesen Symbolen können Sie den Pfadtext auf nur einen Teil des Pfads begrenzen, den Text verschieben oder entlang des Pfads spiegeln.

Pfadtext begrenzen

Am Beginn und am Ende des Pfads sehen Sie eine Art Klammer. Diese Klammern kennzeichnen den Beginn und das Ende des Bereichs, in dem Pfadtext sichtbar ist. Durch Ziehen der Klammer am Textbeginn nach außen – also weg vom Text – verschieben Sie den Beginn an eine neue Stelle und machen dadurch den sichtbaren Bereich des Pfadtextes länger. Ziehen Sie sie nach innen, verkleinern Sie den Bereich des sichtbaren Pfadtexts. Die Klammer am Ende des Texts ziehen Sie, um den sichtbaren Pfadtext am Ende zu verlängern oder zu verkürzen.

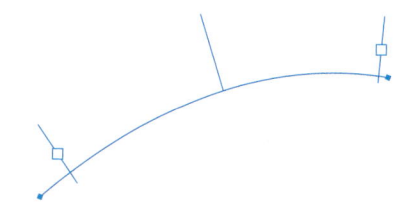

▲ **Abbildung 7-29** Symbole für Beginn, Mitte und Ende des Pfadtexts

▲ **Abbildung 7-30** Pfadtextbeginn oder -ende am Symbol verschieben

Pfadtext verschieben

In der Mitte des Pfadtextes befindet sich das Symbol ⊥. Mit ihm können Sie den gesamten Pfadtext packen und entlang dem Pfad verschieben. Um zu verhindern, dass Sie den Text versehentlich spiegeln, halten Sie die `strg` / `⌘` -Taste gedrückt.

▲ **Abbildung 7-31** Pfadtext verschieben

Pfadtext spiegeln

Nehmen Sie den Text an der mittleren Klammer und ziehen Sie diese auf die andere Seite des Pfads, so wird der Text am Pfad gespiegelt. Das bedeutet, dass der Text nun auf der anderen Seite des Pfades verläuft, und zwar in umgekehrter Textrichtung.

▲ **Abbildung 7-32** Pfadtext spiegeln

Pfadtext spiegeln, ohne die Textrichtung zu verändern

Um den Text auf die andere Seite des Pfades zu spiegeln, ohne die Leserichtung zu verändern, wählen Sie in den Pfadtextoptionen im Feld **An Pfad ausrichten** die Option **Oberlänge** und lassen die Option **Spiegeln** deaktiviert. Oder Sie geben im Zeichen-Bedienfeld (*Fenster* → *Zeichen*) im Feld *Grund-linienversatz* einen beliebigen negativen Wert ein.

▲ **Abbildung 7-33** Pfadausrichtung **Oberlänge**

Pfadtext 357

Pfadtext-Optionen und Effekte

In den Pfadtext-Optionen (*Schrift → Pfadtext → Pfadtextoptionen...*) können Sie präzise Einstellungen für ausgewählten Pfadtext treffen und spezielle Effekte für Pfadtext ausprobieren und definieren. Aktivieren Sie die **Vorschau**, um Ihre Änderungen in der Zeichenfläche zu testen, ohne Sie schon anzuwenden.

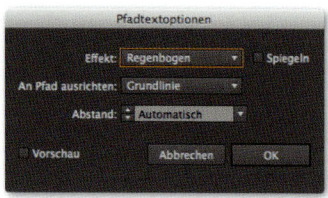

▲ **Abbildung 7-34** Pfadtext-Optionen

Aktivieren Sie die Option **Spiegeln**, so werden der Text auf die andere Seite des Pfads gekippt und die Leserichtung vertauscht. Aus dem Drop-down-Menü **An Pfad ausrichten** können Sie festlegen, wie der Text relativ zur Gesamthöhe der Schrift am Pfad ausgerichtet werden soll. Standardmäßig ist hier **Grundlinie** ausgewählt. Weitere Möglichkeiten sind **Oberlänge**, **Unterlänge** und **Mitte**.

> **Hinweis**
>
> Wenn Sie den Abstand zwischen Zeichen an einer frei gewählten Stelle des Pfades selbst ändern möchten, wählen Sie diese Zeichen aus oder positionieren Sie den Cursor zwischen zwei Zeichen und ändern Sie im **Zeichen-Bedienfeld** die **Laufweite** beziehungsweise das **Kerning**.

▶ **Abbildung 7-35**
Pfadausrichtung **Grundlinie** (links), **Mitte** (Mitte) und **Unterlänge** (rechts)

Über das Feld **Abstand** können Sie den Zeichenabstand an kritischen Stellen verändern, zum Beispiel in engen Kurven oder Ecken. An diesen Stellen wirken die Zwischenräume zwischen den Zeichen oftmals zu groß oder zu klein. Geben Sie einen Wert (in Punkt) ein: Höhere Werte bewirken kleinere Zwischenräume zwischen den Zeichen. Der festgelegte Abstand wirkt sich nicht auf Zeichen entlang gerader Segmente aus.

> **Tipp**
>
> Möchten Sie eigene Werte für die Ausrichtung festlegen, so tun Sie das im **Zeichen-Bedienfeld** über die Option **Grundlinienversatz**.

▶ **Abbildung 7-36**
Pfadtext an kritischen Stellen (links) durch **Abstand** verändert

Effekte für Pfadtext

In den Pfadtext-Optionen oder über das Menü *Schrift → Pfadtext* können Sie zwischen fünf interessanten **Effekten** für Pfadtext wählen: **Regenbogen** (Standard), **Asymmetrie**, **3D-Band**, **Treppenstufe** und **Schwerkraft**.

> **Hinweis**
>
> Bei Kreisen ist der Effekt **Schwerkraft** identisch mit dem Effekt **Regenbogen**.

Kapitel 7 · Text

Textobjekte transformieren und bearbeiten

Punkttext und **Pfadtext** können Sie mit denselben Methoden wie normale Objekte skalieren, drehen, spiegeln und verbiegen. Wenn Sie die Textobjekte an ihrem Begrenzungsrahmen oder mit den Transformieren-Werkzeugen oder -Befehlen transformieren, wird der Text immer mittransformiert.

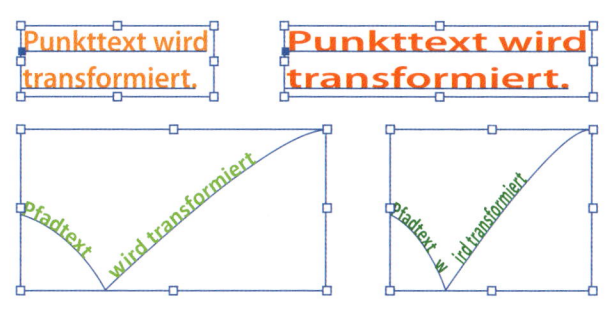

▲ **Abbildung 7-37** Transformieren Sie Punkttext- und Pfadtext-Objekte, wird der Text ebenfalls transformiert.

Bei **Flächentext**-Objekten allerdings bestimmen Sie durch die Art des Auswählens, ob sich der Text beim Transformieren mit dem Textrahmen mitverändert oder nicht.

Flächentextrahmen ohne Text transformieren

Der Textrahmen von Flächentext kann prinzipiell wie ein normales Objekt transformiert werden, zum Beispiel mit dem Auswahl-Werkzeug an seinen acht Griffpunkten. Vermeiden Sie es aber, das rote Plussymbol anzuklicken, da Sie sonst den überschüssigen Text aufsaugen, um ihn in einen weiteren Textrahmen fließen zu lassen.

Beim **Transformieren mit dem Auswahl-Werkzeug** verändern Sie allerdings lediglich den Textrahmen selbst, der darin enthaltene Text bleibt in Größe und Ausrichtung unverändert. Was sich durch diese Art des Transformierens aber durchaus verändern kann, ist der Textfluss – durch eine neue Form des Textrahmens ergeben sich neue Zeilenumbrüche.

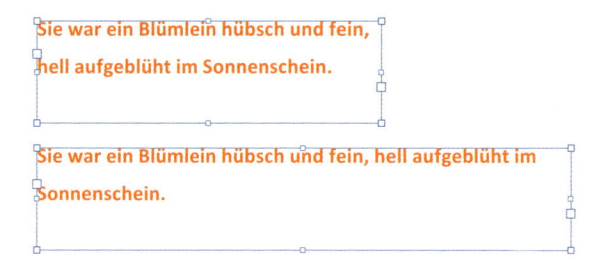

Tipp

Falls Sie versehentlich das rote Plus angeklickt haben, drücken Sie die `esc`-Taste, und der überschüssige Text fließt wieder zurück in den Textrahmen.

Hinweis

Die Breite und Höhe des Textrahmens können Sie auch präzise in den Flächentext-Optionen definieren, wie etwas früher in diesem Kapitel beschrieben wurde.

◄ **Abbildung 7-38** Textrahmen mit dem Auswahl-Werkzeug breiter gemacht, Textgröße bleibt unverändert

Text mit dem Rahmen transformieren

Wenn Sie den Text mit dem Textrahmen transformieren möchten, so verwenden Sie die Transformieren-Werkzeuge und -Befehle (siehe Kapitel 4).

▲ **Abbildung 7-39** Textrahmen mit dem Skalieren-Werkzeug breiter gemacht, Text ebenfalls verzerrt

Textrahmen-Pfade direkt verändern

Bei Flächentext-Objekten und Pfadtext-Objekten können Sie den Begrenzungsrahmen mit dem Direktauswahl-Werkzeug oder auch mit allen anderen Pfad-Werkzeugen bearbeiten. Es ist also möglich, einzelne Ankerpunkte und Richtungslinien auszuwählen und zu verschieben, sowie weitere Ankerpunkte hinzuzufügen oder zu entfernen. Der Text bleibt hierbei – mit Ausnahme des Textflusses – ebenfalls unverändert.

▲ **Abbildung 7-40** Ein Ankerpunkt des Flächentext-Objekts wurde verändert.

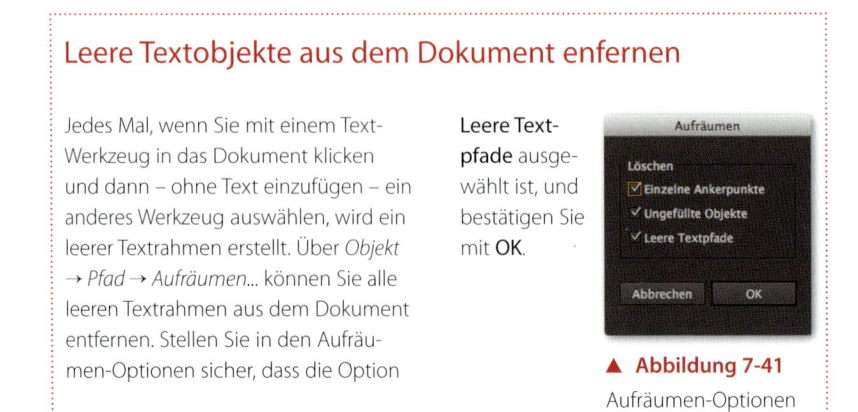

Leere Textobjekte aus dem Dokument enfernen

Jedes Mal, wenn Sie mit einem Text-Werkzeug in das Dokument klicken und dann – ohne Text einzufügen – ein anderes Werkzeug auswählen, wird ein leerer Textrahmen erstellt. Über *Objekt → Pfad → Aufräumen...* können Sie alle leeren Textrahmen aus dem Dokument entfernen. Stellen Sie in den Aufräumen-Optionen sicher, dass die Option *Leere Textpfade* ausgewählt ist, und bestätigen Sie mit **OK**.

▲ **Abbildung 7-41** Aufräumen-Optionen

Schrift und Schriftformatierung

Nachdem Sie nun Textobjekte auf unterschiedliche Arten erstellen und anpassen können, beschäftigen wir uns nun mit der **Schrift** selbst und dem Formatieren von **Zeichen** und **Absätzen**.

Text können Sie Flächen, Konturen und Transparenzeinstellungen auf dieselbe Weise zuweisen, wie Sie es mit normalen Objekten tun würden (siehe Kapitel 6), ohne dass er dadurch seine Bearbeitbarkeit verliert. Auch Effekte und Grafikstile (siehe Kapitel 8) können auf Text angewendet werden, allerdings immer nur auf gesamte Textobjekte und nicht auf einzelne Zeichen.

Ein verliebter Schmetterling

▲ **Abbildung 7-42** Text mit Kontur und Schlagschatten-Effekt

Ein **Zeichenformat** kann prinzipiell jedem einzelnen Zeichen in Ihrem Text zugewiesen werden, also beispielsweise einem einzigen Buchstaben innerhalb eines Wortes oder Satzes, aber auch dem gesamten Text.

Absatzformate hingegen beziehen sich auf das Aussehen eines gesamten Absatzes. Ein Absatz ist ein aus einem oder mehreren Sätzen bestehender Textabschnitt. Mit jedem Betätigen der ⏎-Taste beginnen Sie einen neuen Absatz. Jeder Absatz besteht aus einzelnen Zeichen.

In der Praxis können Sie sich den Unterschied in etwa so vorstellen: Sie erstellen einen Absatz, in dem der Text linksbündig angeordnet ist, und einen weiteren, in dem der Text rechtsbündig angeordnet ist – diese Textanordnung bezieht sich jeweils auf den gesamten Absatz und ist somit ein Absatzformat. Zusätzlich ist es aber möglich, in jedem Absatz ein Wort zum Beispiel in einer anderen Farbe oder Größe darzustellen. Dieses Aussehen bezieht sich immer jeweils nur auf den Teil des Textes, den Sie ausgewählt haben, und das ist dann ein Zeichenformat.

**Doch was am meisten
ihn entsetzt,
Das *Allerschlimmste*
kam zuletzt.**
        **Ein alter Esel fraß
die ganze
Von ihm so
heißgeliebte Pflanze.**

▲ **Abbildung 7-44** Die Textausrichtung ist ein Absatzformat, die Textgröße ein Zeichenformat.

Was ist eine Schrift überhaupt?

Eine **Schrift** ist ein fertiges Produkt, das Sie auf Ihrem Computer entweder bereits installiert haben oder selbst installieren können, wenn Sie zum Beispiel eine Schrift kaufen oder eine Schrift zur freien Verwendung heruntergeladen haben. Üblicherweise erhalten Sie Windows- und Mac OS-spezifische Schriftdateien, bei OpenType-Schriften (lesen Sie mehr darüber auf den folgenden Seiten) ist diese Datei für die beiden Plattformen identisch.

Jede Schrift besteht aus einzelnen **Zeichen** wie Klein- und Großbuchstaben, Zahlen, Satzzeichen (Punkt, Doppelpunkt, Komma usw.) und weiteren Zeichen (Glyphen) wie dem @ und dem €.

Ångström

▲ **Abbildung 7-43**
Ober-/Unterlänge, Grundlinie

Jede Schrift wird in einem oder mehreren **Schriftschnitten** erstellt, wie etwa Regular, Bold und Italic. Gibt es mehrere Schriftschnitte von einer Schrift, nennt man dies eine **Schriftfamilie**.

> **Hinweis**
>
> Basisoptionen zur Zeichenformatierung stellt Ihnen bei ausgewähltem Text oder bei aktivem Text-Werkzeug auch im Steuerung-Bedienfeld zur Verfügung.
>
> ▲ **Abbildung 7-45**
> Basisoptionen für Zeichen im Steuerung-Bedienfeld
>
> Klicken Sie im Steuerung-Bedienfeld auf das orange Wort **Zeichen**, so öffnet sich an dieser Stelle temporär das Zeichen-Bedienfeld.

Illustrator ermöglicht es Ihnen, häufig verwendete Zeichenformate und Absatzformate in eigenen Bedienfeldern zu speichern und zu verwalten. Auf diese Weise können Sie rasch einer Textauswahl das richtige Aussehen geben, ohne jedes Mal sämtliche Einstellungen erneut treffen zu müssen.

Zuvor müssen Sie aber immer den Teil des Texts auswählen, den Sie bearbeiten möchten.

Text auswählen

Mit der richtigen Auswahl können Sie vielfältige Änderungen an Ihrem Text vornehmen, zum Beispiel Flächen- und Konturfarbe ändern sowie Zeichen- und Absatzformate anwenden. Um Änderungen an Text durchführen zu können, müssen Sie einzelne Zeichen oder mehrere oder alle Zeichen eines Textobjekts auswählen, je nachdem, was Sie ändern möchten. Für das Zuweisen von Absatzformaten reicht es aber schon, wenn der Cursor in diesem Absatz blinkt.

Ist ein gesamtes Textobjekt mit einem Auswahl-Werkzeug oder über das Ebenen-Bedienfeld ausgewählt, können Sie Textformatierungen darauf anwenden, ohne dass Sie sich im Textbearbeitungsmodus befinden. Diese Einstellungen wirken sich auf alle Zeichen innerhalb des Textobjekts aus, dabei kann es sich sowohl um Absatzformate als auch um Zeichenformate handeln.

Um Textteile innerhalb eines Objekts auszuwählen, ziehen Sie mit einem Text-Werkzeug über ein oder mehrere Zeichen. Mit gedrückter ⇧-Taste können Sie eine bestehende Auswahl erweitern oder verkleinern. Wie auch in Textverarbeitungsprogrammen üblich, können Sie durch einen Doppelklick ein Wort und durch einen Dreifachklick einen Absatz auswählen. Mit `strg` / ⌘ + `A` oder *Auswahl* → *Alles auswählen* markieren Sie den gesamten Text innerhalb des Textobjekts. Ausgewählter Text wird schwarz unterlegt und in seiner Komplementärfarbe angezeigt.

> **Tipp**
>
> Über *Auswahl* → *Objekt* → *Alle Textobjekte* können Sie sämtliche Textobjekte in Ihrem Dokument auswählen. Dies ist nützlich, wenn Sie Änderungen oder Einstellungen vornehmen möchten, die sich auf das gesamte Dokument auswirken sollen.

▲ **Abbildung 7-46** Ausgewählter Text

Zeichenformate

Zeichenformate legen im Grunde das Aussehen einzelner Buchstaben, Zahlen, Satzzeichen und spezieller Zeichen (sogenannter Glyphen) fest. Dennoch können Zeichenformate natürlich auch auf Worte, Absätze oder den gesamten Text angewendet werden.

> **Tipp**
>
> Sie können übrigens auch mit dem Auswahl-Werkzeug oder mit dem Direktauswahl-Werkzeug in ein Textobjekt doppelklicken: Damit wechseln Sie zum entsprechenden Text-Werkzeug und der Cursor blinkt an der Stelle, an die Sie geklickt haben.

Blenden Sie bitte alle Optionen des Zeichen-Bedienfelds mit dem Befehl Optionen einblenden aus dem Bedienfeld-Menü ein, um die Ausführungen auf den nächsten Seiten besser nachvollziehen zu können.

Zeichen formatieren Sie über das **Zeichen-Bedienfeld**, das Sie über *Fenster* → *Schrift* → *Zeichen* oder mit `strg`/⌘ + `T` öffnen. Viele Optionen erhalten Sie aber auch über das Menü *Schrift* und über das Steuerung-Bedienfeld. Standardmäßig öffnet das Zeichen-Bedienfeld in einer reduzierten Ansicht mit den wichtigsten Optionen.

Neu in CS6

In Adobe Illustrator CS6 wurde unter anderem auch das Zeichen-Bedienfeld komplett überarbeitet. Sämtliche Drop-down-Menüs sind mit dem Mausrädchen beziehungsweise Ihrem Trackpad scrollbar, wenn sich der Cursor darüber befindet!

Die Funktionen **Großbuchstaben**, **Kapitälchen**, **Hochgestellt** und **Tiefgestellt** sind nun auch nicht mehr ausschließlich über das Bedienfeld-Menü auszuwählen, sondern haben eigene Buttons bekommen.

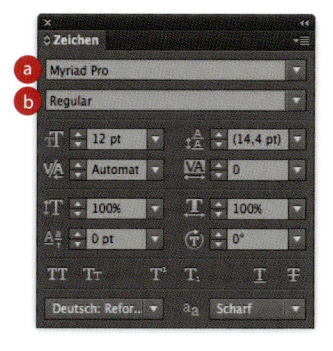

▲ **Abbildung 7-47** Das Zeichen-Bedienfeld für horizontalen Text in der Standardansicht (links) und mit allen Optionen (rechts)

Wir werden uns jetzt die einzelnen Möglichkeiten näher ansehen.

Schriftart

Über das Drop-down-Menü ⓐ **Schrift** können Sie aus allen Schriften wählen, die auf Ihrem Computer installiert sind. Dort wird Ihnen praktischerweise auch eine Vorschau der Schrift angezeigt.

▲ **Abbildung 7-48** Verschiedene Schriften

Schriftschnitt

Darunter wählen Sie den ⓑ **Schriftschnitt** für die ausgewählte Schrift. Ein Schriftschnitt ist eine Variation der Schrift, die Sie entweder als Paket mit der Schrift mitgeliefert bekommen oder auch dazukaufen können. Ob Sie Schriftschnitte zur Auswahl haben, und wenn ja, welche, hängt also von der Schrift ab. Übliche Schriftschnitte sind *Regular*, *Italic* und *Bold*.

▲ **Abbildung 7-49**

Schriftvorschau

Light   *Light Italic*

Regular   *Italic*

Bold   ***Bold Italic***

▲ **Abbildung 7-50** Schriftschnitte

Schriftgrad

Der Schriftgrad ist die Größe der Schrift, die üblicherweise in **Punkt** (1/72 Zoll) gemessen wird. Sie können entweder einen eigenen Wert (zwischen 0,1 und 1.296 Punkt in Schritten von 0,001 Punkt) definieren oder aus einer Liste der Standardgrößen wählen.

9pt   12pt   **60pt**

24pt

▲ **Abbildung 7-51** Schriftgrade

Zeilenabstand

Der Zeilenabstand ist der vertikale Abstand zwischen den Textzeilen. Gemessen wird der Zeilenabstand von der Grundlinie einer Zeile zur Grundlinie der angrenzenden Zeile. Die Standardeinstellung **Automatischer Zeilenabstand** setzt den Zeilenabstand auf eine Höhe von 120% des Schriftgrades. Ist automatischer Zeilenabstand aktiviert, wird der entsprechende Wert in Klammern angezeigt und automatisch angepasst, wenn Sie den Schriftgrad verändern.

Sie war ein Blümlein hübsch und fein, hell aufgeblüht im Sonnenschein.

Sie war ein Blümlein hübsch und fein, hell aufgeblüht im Sonnenschein.

▲ **Abbildung 7-53** Zeilenabstand

Hinweis

Bei vertikalem Text verändert sich das Bedienfeld-Symbol für **Zeilenabstand** in .

Hinweis

Sie können den Standardwert für den automatischen Zeilenabstand ändern, indem Sie aus dem Menü des Absatz-Bedienfelds **Abstände** wählen und unter **Automatischer Zeilenabstand** einen Prozentsatz zwischen 0 und 500 angeben.

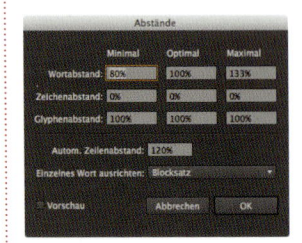

▲ **Abbildung 7-52**
Automatischen Zeilenabstand verändern

Da der Zeilenabstand ein Zeichenattribut ist, können Sie innerhalb eines Absatzes auch mehrere Zeilenabstände anwenden. Sind innerhalb einer Textzeile mehrere Abstände definiert, wird immer der größte Wert als Zeilenabstand angewendet.

Abstand zwischen zwei Zeichen (Kerning)

Positionieren Sie den Cursor erst zwischen den beiden Zeichen, deren Abstand zueinander Sie verändern möchten, und definieren Sie dann den Abstand im Eingabefeld **Abstand zwischen zwei Zeichen einstellen (Kerning)**. Wählen Sie *Auto* oder *Metrisch*, um in die Schrift integrierte Abstände zu verwenden, oder *Optisch*, um Illustrator das Kerning anhand der Form der Zeichen setzen zu lassen.

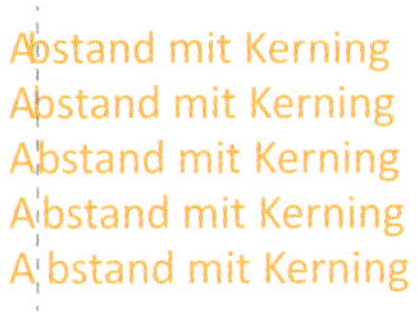

Abstand mit Kerning
Abstand mit Kerning
Abstand mit Kerning
Abstand mit Kerning
Abstand mit Kerning

◀ **Abbildung 7-54**
Kerning

> **Hinweis**
>
> Ist ein vertikales Text-Werkzeug aktiviert, verändern sich die Bedienfeld-Symbole für den **Abstand zwischen zwei Zeichen** in ⬚ und für die **Laufweite für ausgewählte Zeichen** in ⬚.

Sie können das Kerning übrigens auch ohne das Zeichen-Bedienfeld verändern: Positionieren Sie den Cursor zwischen zwei Zeichen und drücken Sie mit gedrückter `alt`-Taste die `→`-Taste, um den Abstand zu vergrößern, beziehungsweise die `←`-Taste, um ihn zu verringern.

Wenn der Cursor zwischen zwei Zeichen platziert ist und im Zeichen-Bedienfeld der Kerning-Wert in Klammern steht, handelt es sich dabei um durch die Schrift selbst vordefinierte Werte.

Laufweite für ausgewählte Zeichen

Markieren Sie mehrere Zeichen Ihres Textes und wählen Sie aus dem Drop-down-Menü **Laufweite** einen vordefinierten Wert oder geben Sie einen eigenen ein.

> **Exkurs: Zeichenabstand**
>
> Um den Abstand zwischen Zeichen zu verändern, stehen Ihnen zwei Optionen zur Auswahl: **Kerning** und **Laufweite**. Der Unterschied liegt in erster Linie darin, ob der Cursor zwischen zwei Zeichen blinkt – somit wird nur der Abstand zwischen diesen beiden Zeichen verändert (das heißt Kerning) – oder ob Sie mehrere ausgewählte Zeichen zu- oder auseinanderbewegen möchten (das macht man mit Laufweite).

Laufweite
Laufweite
Laufweite
Laufweite
Laufweite

◀ **Abbildung 7-55**
Laufweite

Zeichen skalieren

Manche Schriftfamilien beinhalten Schriftschnitte wie **Condensed** oder **Expanded**. Bei diesen Schriftschnitten ist das Breiten-/Höhen-Verhältnis der Zeichen als eigener Zeichensatz vorhanden, dessen einzelne Zeichen schmaler oder breiter als der reguläre Schriftschnitt sind. Das Verwenden fertiger Schriftschnitte ist prinzipiell empfehlenswerter, als das Skalieren von Zeichen, denn Letzteres führt zur Zerstörung des ursprünglichen Schriftbildes.

> **Hinweis**
>
> Für eine gleichmäßige Skalierung verändern Sie den **Schriftgrad**.

Falls Sie in einem konkreten Fall dennoch gezielt skalieren möchten, gehen Sie so vor: Definieren Sie in den Feldern ⬚ **Vertikal skalieren** oder ⬚ **Horizontal skalieren** einen Prozentwert (1 % bis 10.000 %) der ursprünglichen Schriftgröße.

Schmetterling

Schmetterling

Schmetterling

▲ **Abbildung 7-56** Normaler Text und skaliert

Grundlinienversatz

Unter dem ⬚ **Grundlinienversatz** versteht man die vertikale Abweichung der ausgewählten Zeichen von der Grundlinie des Textes. Positive Werte verschieben Zeichen nach oben, negative Werte nach unten. So können Sie beispielsweise Bruchzahlen manuell setzen.

> **Hinweis**
>
> Bei vertikalem Text ändert sich das Symbol für **Grundlinienversatz** in ⬚.

$92m^2$ $1/2$

▲ **Abbildung 7-57** Beispiele

Hochstellen und Tiefstellen

Über die neuen Buttons ⬚ **Hochgestellt** und ⬚ **Tiefgestellt** versetzen Sie ausgewählte Zeichen im Verhältnis zur Grundlinie nach oben beziehungsweise unten und weisen diesen auch automatisch einen kleineren **Schriftgrad** zu. CS5-User finden diese beiden Funktionen im Menü des Zeichen-Bedienfelds.

> **Neu in CS6**

> **Hinweis**
>
> Beim Verwenden von **Hochgestellt** und **Tiefgestellt** wendet Illustrator vordefinierte Werte für den Grundlinienversatz und den Schriftgrad an. Diese Werte sind jeweils Prozentsätze der Schriftgröße und können über *Datei → Dokument einrichten* im Abschnitt **Textoptionen** verändert werden.

$92m^2$ $92m^2$

H_2O H_2O

▲ **Abbildung 7-58** Links: Zeichen mit Grundlinienversatz, rechts: hochgestellte und tiefgestellte Zeichen

Zeichen drehen

Um Zeichen innerhalb eines Textobjektes um einen bestimmten Winkel zu drehen, wählen Sie die entsprechenden Zeichen aus und definieren Sie im Zeichen-Bedienfeld im Eingabefeld ⬚ **Zeichendrehung** (–360° bis 360°) den Winkel relativ zur Grundlinie.

Unterstreichen oder Durchstreichen

Ausgewählter Text erhält durch Klicken auf ⬚ **Unterstrichen** beziehungsweise ⬚ **Durchgestrichen** eine Linie, deren Aussehen von den restlichen Zeichenformaten abhängig ist. Ein nochmaliger Klick auf diese Buttons entfernt diese Textattribute wieder.

Textausrichtung verändern

Um horizontalen Text in vertikalen Text zu ändern – oder umgekehrt –, wählen Sie den Text aus und gehen auf *Schrift* → *Textausrichtung* → *Horizontal* oder *Schrift* → *Textausrichtung* → *vertikal*.

Groß- und Kleinbuchstaben

Wenn Sie Ihrem Text eine andere Groß- oder Kleinschreibung zuweisen möchten, müssen Sie ihn nicht neu tippen, sondern können ausgewähltem Text über *Schrift* → *Groß-/Kleinschreibung ändern* eine der Optionen **GROSSBUCHSTABEN**, **kleinbuchstaben**, **Erster Buchstabe Im Wort Groß** oder **Erster buchstabe im satz groß** zuweisen. Großbuchstaben können Sie auch über den neuen Button ⬚ **Großbuchstaben** beziehungsweise über das Menü des Zeichen-Bedienfelds einstellen.

Kapitälchen

Kapitälchen sind grundsätzlich Zeichen, die wie Großbuchstaben aussehen, aber in einer normal großen Version für Großbuchstaben und in einer kleineren Version für Kleinbuchstaben gesetzt werden. Kapitälchen erstellen Sie für Ihren ausgewählten Text über den neuen Button ⬚ **Kapitälchen** im Zeichen-Bedienfeld oder indem Sie über das Menü des Zeichen-Bedienfelds die Option **Kapitälchen** auswählen.

EIN VERLIEBTER SCHMETTERLING

▲ **Abbildung 7-60** Kapitälchen

Beinhaltet ein Schriftsatz Kapitälchen, verwendet Illustrator automatisch diese Kapitälchen. Ist das nicht der Fall, berechnet Illustrator verkleinerte Versionen der

▲ **Abbildung 7-59**
Gedrehte Zeichen

> **Hinweis**
>
> Bei vertikalem Text verändert sich der Button für **Unterstrichen** in ⬚ und für **Durchgestrichen** in ⬚ .

Neu in CS6

Neu in CS6

> **Hinweis**
>
> Wenn Sie auf einen Text **Kapitälchen** anwenden, wird die tatsächlich angewandte Groß- und Kleinschreibung der Zeichen entsprechend umgewandelt.

Großbuchstaben. Wenn Sie die Größe der synthetisierten Kapitälchen verändern möchten, können Sie dies unter *Datei → Dokument einrichten* im Abschnitt **Textoptionen** tun.

Schrift glätten

Neu im Zeichen-Bedienfeld ist seit CS5 das Drop-down-Menü **Glättungsmethode**. Die Glättungsmethoden **Ohne**, **Scharf** (Standard), **Schärfer** und **Stark** können aber nur auf ein ganzes Textobjekt und nicht auf ausgewählten Text angewendet werden.

> **Hinweis**
>
> Die eingestellte **Sprache** der Texte wird für Anführungszeichen, die Rechtschreibprüfung, die Silbentrennung und Zeilenumbrüche verwendet.

▲ **Abbildung 7-61** Links: Schrift ohne Glättung, rechts: Schrift mit Glättung **Scharf**

Typografische und gerade Anführungszeichen

Im Menü *Datei → Dokument einrichten* können Sie dokumentweit Einstellungen zur Verwendung bestimmter Anführungszeichen treffen. Die Optionen für Anführungszeichen können auch für mehrere Sprachen festgelegt werden, wenn Ihre Texte in der Sprache variieren. Die Anführungszeichen werden dann den jeweiligen Sprachzuordnungen im Text entsprechend angewendet.

> **Hinweis**
>
> Die Verwendung und Art der Anführungszeichen ist stark von der Sprache und dem Zweck der Auszeichnung abhängig. Korrekt gesetzte Anführungszeichen sind ein Merkmal grafisch hochwertiger Arbeiten.

„Deutsch"   «Français»   "English"

▲ **Abbildung 7-62** Sprachspezifische Anführungszeichen

Spezielle Textoptionen für ein Dokument festlegen

Über *Datei → Dokument einrichten* können Sie im Abschnitt *Textoptionen* grundlegende Einstellungen für das Dokument festlegen.

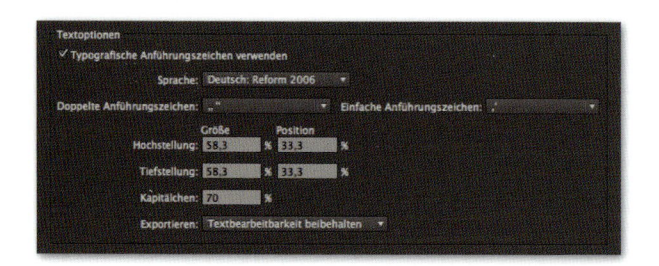

▶ **Abbildung 7-63**
Textoptionen im Menü *Datei → Dokument einrichten*

Die Option **Typografische Anführungszeichen verwenden** ist standardmäßig aktiviert. Das bedeutet, dass Krümmung und Aussehen an die jeweilige Schrift angepasst sind, sofern sie nicht sogar als eigene Zeichen im Schriftsatz enthalten sind.

Wählen Sie darunter eine *Sprache* und für diese Sprache die gewünschte Art von **Doppelten Anführungszeichen** und **Einfachen Anführungszeichen**. Sie können auch für weitere Sprachen bevorzugte Anführungszeichen festlegen, die dann verwendet werden, wenn Sie einer Textmarkierung über das Zeichen-Bedienfeld eine andere Sprache zuweisen.

Die Felder *Größe* (0 bis 100 %) und *Position* (0 bis 100 %) für **Hochstellung** und **Tiefstellung** legen fest, wie stark Zeichen, die Sie über das Menü des Zeichen-Bedienfelds als **Hochgestellt** oder **Tiefgestellt** definiert haben, in Relation zur Normalgröße der Schrift verkleinert werden und in Bezug auf die Grundlinie gehoben oder gesenkt werden.

Der Wert für **Kapitälchen** (0 bis 100 %) bestimmt – falls ein Schriftsatz keine Kapitälchen beinhaltet –, wie Illustrator beim Erstellen der Kapitälchen vorgeht.

> **Hinweis**
>
> Deaktivieren Sie die Option **Typografische Anführungszeichen verwenden**, werden gerade Anführungszeichen verwendet.
>
> "Deutsch"
>
> ▲ **Abbildung 7-64**
> Gerade Anführungszeichen

Absatzformate

Im Gegensatz zu Zeichenformaten, die sich auf einzelne Zeichen im Text beziehen, legen Sie mit **Absatzformaten** Eigenschaften fest, die sich auf einen ganzen Absatz beziehen. Dafür steht Ihnen das **Absatz-Bedienfeld** zur Verfügung, das Sie über *Fenster* → *Schrift* → *Absatz* oder mit [alt] + [strg] / [⌘] + [T] öffnen.

▲ **Abbildung 7-65** Das Absatz-Bedienfeld

> **Hinweis**
>
> Klicken Sie im Steuerung-Bedienfeld auf das orange unterstrichene Wort *Absatz*, öffnet sich direkt dort temporär das Absatz-Bedienfeld.
>
> ▲ **Abbildung 7-66**
> Temporäres Absatz-Bedienfeld im Steuerung-Bedienfeld

Absatzformate wenden Sie entweder auf sämtliche Absätze eines ausgewählten Textobjekts an, oder auf ausgewählte Absätze, die Sie mittels Textmarkierung bestimmen. Im Folgenden sehen wir uns die Absatzformate näher an.

Textausrichtung

Bestimmt hatten Sie bereits mit den gängigen *Textausrichtungen* **Linksbündig**, **Zentriert** und **Rechtsbündig** zu tun, vermutlich kennen Sie auch den Blocksatz.

Schrift und Schriftformatierung 369

Illustrator stellt Ihnen aber vier verschiedene Möglichkeiten für **Blocksatz** zur Verfügung – der Unterschied zeigt sich in der letzten Absatzzeile: Wählen Sie zwischen ■ **Blocksatz, letzte Zeile linksbündig,** ■ **Blocksatz, letzte Zeile zentriert,** ■ **Blocksatz, letzte Zeile rechtsbündig** und ■ **Blocksatz (alle Zeilen).**

Ach Gott,
wie das dem Schmetterling
So schmerzlich
durch die Seele ging.

Doch was am meisten
ihn entsetzt,
Das Allerschlimmste
kam zuletzt.

Ein alter Esel fraß
die ganze
Von ihm so
heißgeliebte Pflanze.

▲ **Abbildung 7-67** Textausrichtung im Absatz

Absatz-Einzüge

Üblicherweise verläuft der Text immer so nah wie möglich an der linken Kante des Textrahmens. Haben Sie Blocksatz ausgewählt, erstreckt er sich auch bis zur rechten Kante des Textrahmens hin. Über das Absatz-Bedienfeld können Sie verschiedene Einzüge definieren, die jeden ausgewählten Absatz gemessen an seinem Textrahmen einrücken.

▲ **Abbildung 7-68**

Absätze mit **Einzug links in erster Zeile** (links) und ohne Einzug, **Einzug links** und **Einzug rechts** (rechts oben, Mitte und unten)

Definieren Sie in den Eingabefeldern ■ **Einzug links,** ■ **Einzug rechts** und ■ **Einzug links in erster Zeile** Einzüge für ausgewählte Absätze.

Abstände vor und nach einem Absatz

Auch die Abstände oben und unten in einem Absatz können über die Eingabefelder ■ **Abstand vor Absatz** und ■ **Abstand nach Absatz** festgelegt werden. Bedenken Sie hier aber, dass – wenn Sie für mehrere Absätze einen Abstand davor und auch danach definiert haben – diese beiden Werte bei innen liegenden Absätzen zusammenstoßen und addiert werden.

> **Hinweis**
>
> Die **Silbentrennung** ist standardmäßig aktiviert. Lesen Sie mehr darüber auf den folgenden Seiten.

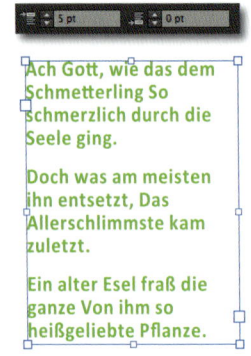

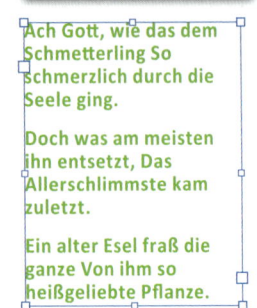

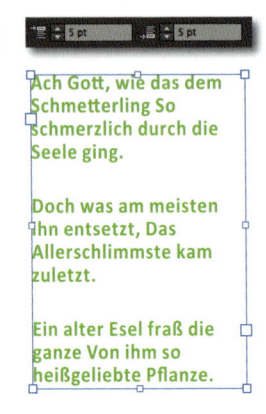

▲ **Abbildung 7-69** Abstände vor und nach Absätzen

Zeichen- und Absatzformate speichern

Wenn Sie ein längeres Schriftstück bearbeiten, dann wiederholen sich bestimmte Zeichen- und Absatzformate immer wieder. Sehen Sie sich zum Beispiel dieses Buch an: Es gibt vier verschiedene Überschriften, verschiedene Texthervorhebungen und neben dem normalen Absatzformat auch Bildunterschriften und Aufzählungen. Müsste ich jedes Mal, wenn eine Überschrift vorkommt, alle Attribute wie Textgröße, Textfarbe und Abstände davor oder danach manuell festlegen, hätte ich sehr früh die Freude an diesem Buch verloren.

Zu diesem Zweck kann man **häufig verwendete Formate** definieren, sodass man im Endeffekt nur noch den Text auswählen und ihm das richtige Format zuweisen muss. Das ist eventuell anfangs mehr Arbeit, die sich aber bei längeren Schriftstücken schnell rechnet.

Ein weiterer Vorteil von Zeichen- und Absatzformaten ist, dass Sie jederzeit Änderungen daran vornehmen können, die sich auf alle Texte auswirken, denen die Formate zugewiesen wurden. Es ist übrigens auch möglich, Zeichen- und Absatzformate aus anderen Dokumenten zu importieren.

◀ **Abbildung 7-70**
Änderungen in definierten Formaten werden für den Text übernommen, auf den diese Formate bereits angewendet wurden.

▼ **Abbildung 7-71**
Definierte Formate im Zeichenformate- und im Absatzformate-Bedienfeld

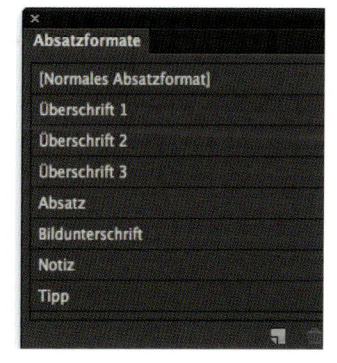

Ein **Zeichenformat** ist eine Sammlung von Zeichenattributen, die Sie auf ausgewählten Text innerhalb eines Absatzes oder den gesamten Text anwenden können. Ein gespeichertes **Absatzformat** hingegen umfasst Attribute für die Zeichenformatierung und auch die Absatzformatierung wird auf ganze Absätze angewendet.

Zwei Bedienfelder unterstützen Sie beim Erstellen, Bearbeiten, Zuweisen und Verwalten von Zeichen- und Absatzformaten: das **Zeichenformate-Bedienfeld** (*Fenster → Schrift → Zeichenformate*) und das **Absatzformate-Bedienfeld** (*Fenster → Schrift → Absatzformate*).

Wenn Sie diese beiden Bedienfelder öffnen, finden Sie darin standardmäßig in einem neuen Dokument jeweils nur ein Format: das **Normale Zeichenformat** beziehungsweise das **Normale Absatzformat**. Diese Formate werden standardmäßig auf jeglichen Text im Dokument angewendet und bilden die Basis für weitere Formate.

Zeichen- und Absatzformate anwenden

Möchten Sie ein Zeichenformat anwenden, so markieren Sie erst den Text, dem dieses Format zugewiesen werden soll, und klicken anschließend im Zeichenformat-Bedienfeld einmal auf das gewünschte Zeichenformat. Absatzformate können Sie zuweisen, indem Sie entweder den gesamten Text eines oder mehrerer Absätze markieren oder den Cursor an einer beliebigen Stelle innerhalb eines Absatzes positionieren. Ist kein Text ausgewählt, wird das Zeichen- oder Absatzformat auf neuen Text angewendet.

> **Hinweis**
>
> Falls bereits Formate definiert wurden, sehen Sie über die beiden Bedienfelder das jeweils aktive Zeichen- oder Absatzformat für die Textauswahl, es wird hervorgehoben. Wird neben dem Formatnamen ein Pluszeichen angezeigt, bedeutet das, dass eine **Formatüberschreibung** vorliegt.
>
> ▲ **Abbildung 7-72**
> Formatüberschreibung

Formatüberschreibungen entfernen

Ein Pluszeichen neben einem Formatnamen weist Sie darauf hin, dass eine Überschreibung des Formats vorgenommen wurde. Zum Beispiel, weil Sie erst ein Format über eines der Bedienfelder angewendet und danach über das Zeichen- oder Steuerung-Bedienfeld die Textgröße verändert haben.

Möchten Sie solche Überschreibungen für ausgewählten Text löschen und zum ursprünglichen Format zurückkehren, klicken Sie erneut auf den Namen des Formats oder wählen Sie **Überschreibungen löschen** aus dem Menü des Bedienfelds. Möchten Sie Überschreibungen löschen, während Sie dem ausgewählten Text ein anderes Format zuweisen, klicken Sie mit gedrückter `alt`-Taste auf den entsprechenden Formatnamen.

Zeichen- und Absatzformate erstellen

> **Hinweis**
>
> Versuchen Sie Formatüberschreibungen zu vermeiden – außer natürlich, es handelt sich um eine erwünschte Ausnahme. Legen Sie bei häufigerem Verwenden lieber ein neues Format an.

Hier haben Sie mehrere Möglichkeiten:

- Klicken Sie im Zeichenformate- oder Absatzformate-Bedienfeld auf den Button **Neues Format erstellen**, so wird das neue Format auf Basis des standardmäßigen Zeichen- oder Absatzformats erstellt. Nehmen Sie nun Änderungen daran vor.

- Soll das neue Format auf Basis von vorhandenem Text erstellt werden, wählen Sie diesen erst aus und erstellen dann ein neues Format.

- Möchten Sie eine Kopie eines bereits definierten Formats anlegen, so ziehen Sie das Format auf den Button **Neues Format** und bearbeiten Sie dann die Kopie gemäß Ihren Änderungswünschen.

Zeichen- und Absatzformate importieren

Sie haben die Möglichkeit, Zeichen- und Absatzformate aus anderen Illustrator-Dokumenten zu importieren und wiederzuverwenden. Im Bedienfeldmenü des Zeichenformate- und des Absatzformate-Bedienfelds finden Sie die Option **Alle Formate laden**. Dies lädt sowohl die Zeichenformate als auch die Absatzformate des ausgewählten Dokuments in den jeweiligen Bedienfeldern.

Möchten Sie nur Zeichenformate oder nur Absatzformate aus einem anderen Dokument verwenden, wählen Sie aus dem Bedienfeldmenü des betreffenden Bedienfelds die Option **Zeichenformate laden** beziehungsweise **Absatzformate laden**.

Bearbeiten von Zeichen- und Absatzformaten

Sie können sowohl bei standardmäßigen als auch bei selbstdefinierten Zeichen- und Absatzformaten die einzelnen Formatierungen ändern. Falls die Formate bereits auf Text angewendet wurden, wird der Text diesen Änderungen entsprechend angepasst.

Noch in Illustrator CS5 können Sie Zeichen- und Absatzformate am schnellsten bearbeiten, indem Sie im entsprechenden Bedienfeld doppelt auf den Namen des Formats klicken. Dies öffnet die Zeichenformatoptionen beziehungsweise die Absatzformatoptionen.

In Illustrator CS6 wurde der Doppelklick allerdings zum Umbenennen eines Formats umfunktioniert, weshalb Sie die Zeichen- und Absatzformatoptionen nun über das Menü des jeweiligen Bedienfelds öffnen.

Hinweis

Nur mit aussagekräftigen Namen sind Ihre definierten Formate wirklich wertvoll. Der Button ▢ **Neues Format erstellen** legt jedes neue Format mit Namen wie »Zeichenformat1« oder »Absatzformat2« an. Im Zuge des Bearbeitens eines Formats können Sie später aber noch einen aussagekräftigen Namen dafür definieren.

Möchten Sie schon beim Erstellen einen eigenen Namen vergeben, sollten Sie statt des Klicks auf den Button die Option **Neues Format** aus dem Menü des Bedienfelds wählen.

Neu in CS6

CS5 Tipp

Durch das Doppelklicken wird in CS5 das Format auf die aktuelle Textauswahl angewendet, während sich die Zeichenformatoptionen beziehungsweise die Absatzformatoptionen öffnen. Falls Sie das Format nur bearbeiten, aber nicht anwenden möchten, halten Sie die [strg] / [⌘]-Taste gedrückt, während Sie auf den Formatnamen doppelklicken.

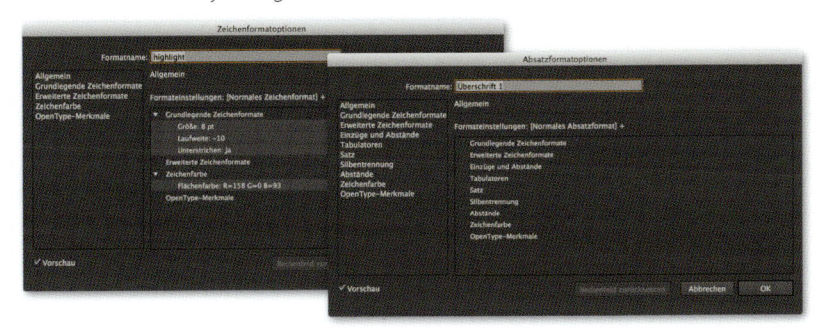

▲ **Abbildung 7-73** Zeichenformatoptionen und Absatzformatoptionen

In dem Kasten auf der linken Seite des Optionenfensters sind die Formatierungsoptionen in mehrere Kategorien unterteilt. In der Kategorie **Allgemein** sehen Sie immer eine Auflistung aller Einstellungen.

Klicken Sie sich nun durch die einzelnen Kategorien und legen Sie die gewünschten Formatierungsoptionen fest. Welche Funktionen die einzelnen Optionen haben, entnehmen Sie bitte den vorigen Seiten.

Formatüberschreibungen für bestehende Formate übernehmen

Falls Sie basierend auf einer Formatüberschreibung das Format neu definieren wollen – also die Überschreibungen für alle Texte, die mit diesem Format verknüpft sind, übernehmen möchten –, wählen Sie den Text oder Teile des Textes aus, in dem die Formatüberschreibung stattgefunden hat, und wählen aus dem Menü des Zeichenformate- oder Absatzformate-Bedienfelds die Option *Format neu definieren*.

> **Hinweis**
>
> Über die Menüs der Zeichenformate- und Absatzformate-Bedienfelder können Sie auf die Option **Alle nicht verwendeten auswählen** zugreifen. Auf diese Weise können Sie das Löschen auf Formate beschränken, die Sie nicht anwenden.

Zeichen- oder Absatzformate löschen

Wenn Sie Formate löschen, hat das keine optischen Auswirkungen auf Text, der diese Formate verwendet hat, und sämtliche Formatierungen bleiben erhalten. Was sich allerdings ändert, ist, dass diese Texte nicht mehr mit einem Format verknüpft sind und daher nur noch mühsam und einzeln geändert werden können. Seien Sie also bitte vorsichtig beim Löschen von Formaten!

Wählen Sie die zu löschenden Formate in den Bedienfeldern aus und klicken Sie auf ⊝ **Löschen** oder ziehen Sie die Auswahl darauf.

Glyphen, Satz- und Sonderzeichen

Eine Schrift enthält in den meisten Fällen eine Reihe an Zeichen, die Sie nicht auf der Tastatur finden, zum Beispiel Brüche, Ligaturen und ornamentale Zeichen. Diese Zeichen nennt man **Glyphen** – ansehen und einfügen können Sie sie über das **Glyphen-Bedienfeld** (*Fenster → Schrift → Glyphen*).

> **Hinweis**
>
> Eine **Ligatur** ist die grafische Verschmelzung zweier oder mehrerer Buchstaben.
>
> fit fit
>
> ▲ **Abbildung 7-74**
> Beispiel einer Ligatur aus den Zeichen f und i

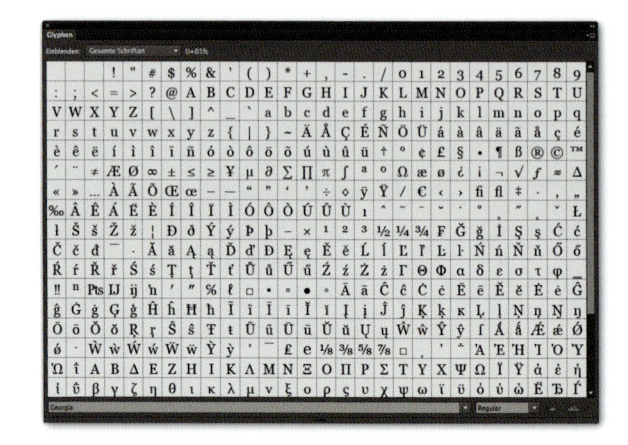

▲ **Abbildung 7-75** Glyphen-Bedienfeld

Öffnen Sie das Glyphen-Bedienfeld, so sehen Sie alle Glyphen für die momentan ausgewählte Schriftart aufgelistet. Im unteren Bereich des Bedienfeldes können Sie aus allen verfügbaren Schriften eine andere Schriftfamilie und einen anderen Schriftschnitt wählen.

> **Hinweis**
>
> In der rechten unteren Ecke des Glyphen-Bedienfelds finden Sie zwei Buttons, mit denen Sie die Anzeige der Glyphen vergrößern und verkleinern können.
>
> ▲ **Abbildung 7-76**
> Zoom-Buttons im Glyphen-Bedienfeld

Die Option **Einblenden** ist standardmäßig auf **Gesamte Schriftart** eingestellt; wählen Sie aus dem Drop-down-Menü **Alternativen für aktuelle Auswahl**, um nur Glyphen anzeigen zu lassen, die für Ihre Textauswahl passend sind. Falls Sie eine OpenType-Schrift ausgewählt haben, können Sie über dieses Menü die Ansicht auf bestimmte Gruppen von Glyphen, zum Beispiel Kapitälchen oder Brüche – beschränken.

Glyphen einfügen

Positionieren Sie den Cursor an der Stelle, an der Sie eine Glyphe einfügen möchten, und doppelklicken Sie im Glyphen-Bedienfeld auf das gewünschte Zeichen.

▲ Abbildung 7-77 Glyphe im Text

Satz- und Sonderzeichen

Über *Schrift → Satz-/Sonderzeichen* können Sie im Dokument nach Satzzeichen suchen und sie durch typografische Zeichen ersetzen. In diesem Optionenfenster können Sie auch Ligaturen und Brüche einfügen, sofern diese Zeichen im entsprechenden Schriftsatz enthalten sind.

Die Einstellungen, die Sie in diesem Optionenfenster treffen, wirken sich immer auf die jeweilige Textauswahl oder das gesamte Dokument aus. Falls Sie also nur einen Teil des Textes betreffen sollen, dann stellen Sie sicher, dass Sie die betreffende Textstelle ausgewählt haben.

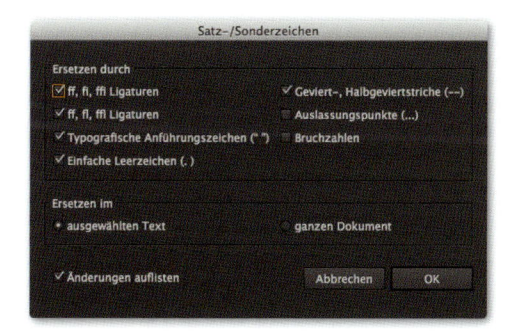

▲ Abbildung 7-78 Optionen für Satz- und Sonderzeichen

Wählen Sie im Abschnitt *Ersetzen durch* aus folgenden Optionen:

- **ff, fi, ffi Ligaturen** und **ff, fl, ffl Ligaturen** verwendet für diese Buchstabenkombinationen die entsprechenden Ligaturen, sofern sie in der Schrift vorhanden sind.

Hinweis

Bei OpenType-Schriftarten verwenden Sie für das Ersetzen von Ligaturen und Bruchzahlen nicht das Menü *Schrift → Satz-/Sonderzeichen*, sondern das **OpenType-Bedienfeld**.

OpenType-Schriften

OpenType ist ein plattformneutrales, gemeinsam von Adobe und Microsoft entwickeltes Schriftenformat. Es gibt unabhängig von der Plattform immer nur eine Schriftdatei. Dokumente, die OpenType-Schriften verwenden, können daher ohne Veränderungen im Schriftbild zwischen Windows und Mac OS ausgetauscht werden. Auf Basis von Unicode (einer nahezu alle Sprachen umfassenden internationalen Zeichenverschlüsselung) stellt Ihnen eine OpenType-Schrift einen umfangreichen Zeichensatz mit einer Vielzahl an Sonderzeichen zur Verfügung.

Unterstützung für den Einsatz alternativer Zeichen (zum Beispiel Ligaturen) erhalten Sie über das **OpenType-Bedienfeld**, das Sie über *Fenster → Schrift → OpenType* öffnen. Hier legen Sie fest, wie Sie die alternativen Open-Type-Zeichen in Ihrem Dokument anwenden möchten.

▲ Abbildung 7-79
OpenType-Bedienfeld

- **Typografische Anführungszeichen** wandelt gerade Anführungszeichen in typografische um. Achtung: Dieser Befehl überschreibt Ihre Einstellungen im Dialogfenster *Datei → Dokument einrichten*.

- **Einfache Leerzeichen** löscht nach einem Punkt mehrere Leerzeichen und lässt lediglich eines übrig.

- **Geviert-, Halbgeviertstriche** wandelt zwei Bindestriche in einen Halbgeviertstrich und drei Bindestriche in einen Geviertstrich um.

- **Auslassungspunkte** ersetzt drei aufeinanderfolgende Punkte durch Auslassungspunkte.

- **Bruchzahlen** wandelt mehrere Zeichen, die eine Bruchzahl darstellen, in das entsprechende Einzelzeichen um.

Wählen Sie nun, ob diese Einstellungen im **ganzen Dokument** oder nur für den zuvor **ausgewählten Text** ersetzt werden sollen. Sie können auch die Option **Änderungen auflisten** aktivieren, dann wird Ihnen die Anzahl der ersetzten Zeichen angezeigt. Durch einen Klick auf **OK** wird Ihre Textauswahl durchsucht und die eingestellten Änderungen werden durchgeführt.

Tabulatoren

Wenn Sie anstelle der Standardtabulatoren eigene Tabulatoren setzen möchten, verwenden Sie das **Tabulator-Bedienfeld** (*Fenster → Schrift → Tabulatoren* oder ⇧ + strg / ⌘ + T). Tabulatoren gelten immer jeweils für einen gesamten Absatz und nicht für einzelne Zeilen.

▲ **Abbildung 7-80** Tabulator-Bedienfeld

Das Tabulator-Bedienfeld lässt sich direkt an einem Textobjekt ausrichten und einrasten. Wählen Sie erst das Textobjekt aus und klicken Sie dann im Tabulator-Bedienfeld auf den Button **Bedienfeld über Text positionieren**. Das Bedienfeld wird automatisch mit dem Nullpunkt an der linken oberen Ecke des Textobjekts ausgerichtet und übernimmt dessen Breite. Bei vertikalem Text richtet sich das Tabulator-Bedienfeld an der rechten oberen Ecke aus und verläuft senkrecht.

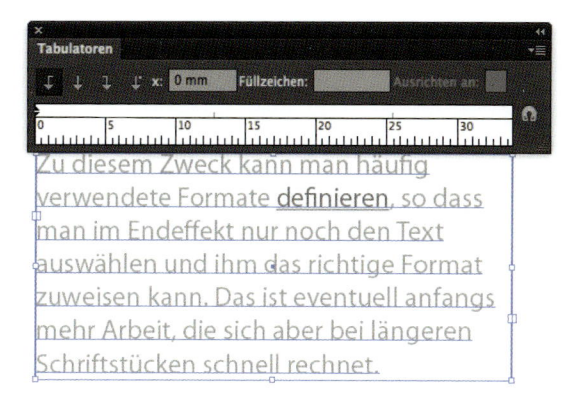

▲ **Abbildung 7-81** Das Tabulator-Bedienfeld dockt an einem ausgewählten Textrahmen an.

Arten von Tabulatoren

Sie können für einen Absatz oder ein Textobjekt vier verschiedene Arten von Tabulatoren setzen und bearbeiten. Diese vier Tabulatoren stehen Ihnen auch für vertikalen Text zur Verfügung.

- **Linksbündiger Tabulator** richtet horizontalen Text links aus, der rechte Rand wird im Flattersatz ausgerichtet.
- **Zentrierter Tabulator** zentriert Text an der Position des Tabulators.
- **Rechtsbündiger Tabulator** richtet horizontalen Text rechts aus, der linke Rand wird im Flattersatz ausgerichtet.
- **Dezimaler Tabulator** richtet Text an einem bestimmten Zeichen aus, zum Beispiel an einem Komma oder einem Währungszeichen.

Tabulatoren setzen

Positionieren Sie den Cursor in einem Absatz, für den Sie Tabulatoren setzen möchten, oder wählen Sie ein ganzes Textobjekt aus. Richten Sie dann das Tabulator-Bedienfeld wie zuvor beschrieben an Ihrem Text aus.

Wählen Sie nun die Art des Tabulators durch Klick auf einen der vier Buttons aus und klicken Sie an die passende Stelle im Tabulatorlineal. Alternativ können Sie direkt auch eine Position im Feld **X** für horizontalen Text oder im Feld **Y** für vertikalen Text eingeben und die Eingabe mit ⏎ bestätigen. Wiederholen Sie diese Schritte, bis Sie alle nötigen Tabulatoren gesetzt haben.

Für dezimale Tabulatoren müssen Sie außerdem im Eingabefeld **Ausrichten** angeben, an welchem Zeichen der Text ausgerichtet werden soll. Sie können jedes beliebige Zeichen eingeben.

Hinweis

Halten Sie während des Klickens die ⇧-Taste gedrückt, so rastet der Tabulator an den Linealeinheiten ein.

Hinweis

Falls Sie übrigens einen weiteren Tabulator basierend auf dem Abstand zum linken Einzug des vorherigen (ausgewählten) Tabulators setzen möchten, so können Sie dies beliebig oft über den Befehl **Tabulator wiederholen** im Menü des Tabulator-Bedienfelds tun.

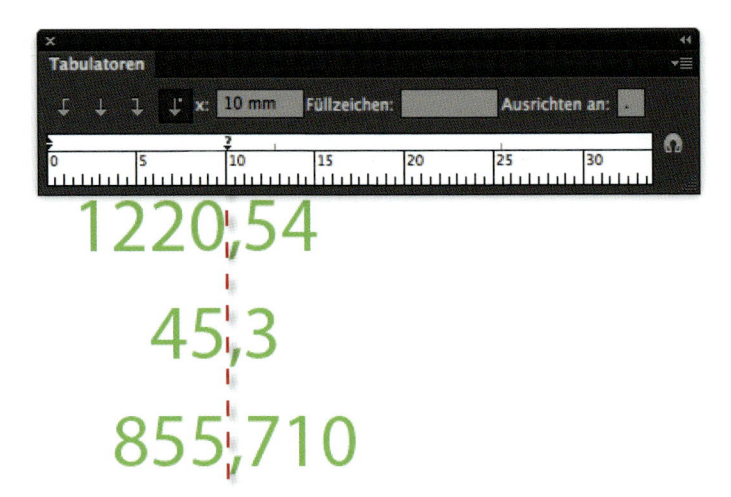

▲ **Abbildung 7-82** Der Text wird hier am Komma ausgerichtet.

Tabulatorfüllzeichen

Für jede der Tabulatorenarten ist es möglich, bis zu acht Füllzeichen – zum Beispiel Punkte oder Striche – zwischen dem Tabulator und dem folgenden Text zu definieren. Legen Sie diese im Eingabefeld **Füllzeichen** fest. Die eingegebene Kombination aus Füllzeichen wird über die Breite des Tabulators hinweg wiederholt.

Tabulatoren bearbeiten

Verschieben können Sie ausgewählte Tabulatoren entweder durch Ziehen im Tabulatorlineal oder durch Eingabe eines neuen Werts im Feld **X** oder **Y**. Möchten Sie nachträglich die Ausrichtung eines Tabulators ändern, wählen Sie ihn im Lineal aus und klicken auf eine andere Tabulatorart.

Sollen alle Tabulatoren gemeinsam verschoben werden, halten Sie die `strg` / `⌘`-Taste gedrückt und ziehen Sie einen der Tabulatoren an eine andere Position. Während des Ziehens zeigt Ihnen eine Hilfslinie die neue Position im Text an.

Tabulatoren löschen

Zum Löschen eines Tabulators ziehen Sie ihn entweder aus dem Tabulatorlineal heraus oder wählen Sie ihn aus und wählen aus dem Menü des Tabulator-Bedienfelds **Tabulator löschen**. Dort finden Sie auch die Option **Alle löschen**.

Rechtschreibung und Silbentrennung

Illustrator bietet Ihnen eine Rechtschreibprüfung und automatische Silbentrennung für Ihre Texte. Bevor diese beiden Funktionen richtig funktionieren, müssen Sie Illustrator allerdings erst mitteilen, um welche Sprache es sich dabei handelt, sodass auf das richtige Wörterbuch zugegriffen wird.

Über *Illustrator* → *Voreinstellungen* → *Silbentrennung* (Mac OS) beziehungsweise *Bearbeiten* → *Voreinstellungen* → *Silbentrennung* (Windows) können Sie die Sprache für das gesamte Dokument festlegen. Wählen Sie dort aus dem Drop-down-Menü die Standardsprache. Möchten Sie lediglich für ausgewählten Text eine Spracheinstellung vornehmen, so können Sie im Zeichen-Bedienfeld unter *Sprache* das entsprechende Wörterbuch auswählen.

Rechtschreibprüfung

Wählen Sie *Bearbeiten* → *Rechtschreibprüfung* oder `strg`/`⌘` + `I`, öffnet ein Dialogfenster zum Überprüfen der Rechtschreibung für das Dokument. Klicken Sie bitte in der linken unteren Ecke auf **Optionen**, um alle beschriebenen Funktionen nachvollziehen zu können.

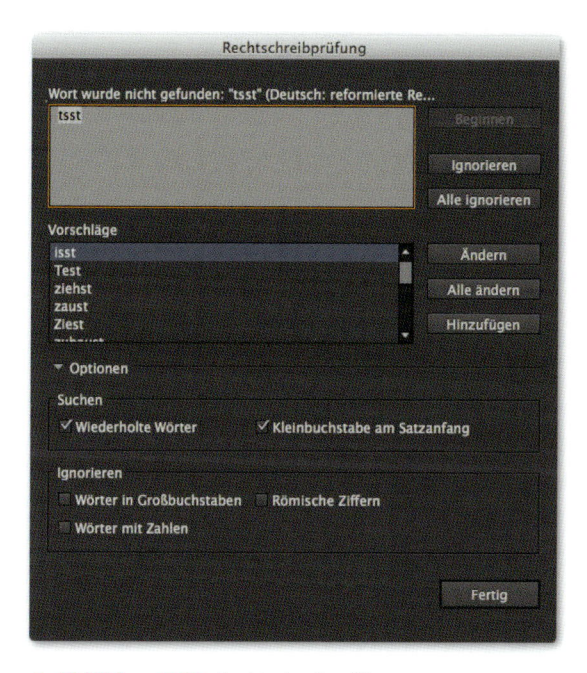

▲ **Abbildung 7-83** Rechtschreibprüfung

Klicken Sie auf **Beginnen**, sucht Illustrator nach einem Wort, das nicht im ausgewählten Wörterbuch verfügbar ist, und zeigt Ihnen dafür im Feld **Vorschläge** Alternativen an. Nun haben Sie folgende Möglichkeiten:

- Klicken Sie auf **Ignorieren**, wird dieses Wort ohne Änderung übersprungen. Wählen Sie **Alle ignorieren**, so ignoriert Illustrator dieses Wort bei jedem Vorkommen im Text, ohne Ihnen noch einmal Vorschläge anzubieten.

- Wählen Sie ein anderes Wort aus den Vorschlägen aus oder tippen Sie das richtige Wort in das obere Feld und klicken Sie auf **Ändern**, um dieses eine Wort zu korrigieren, oder auf **Alle ändern**, um das Wort auch im weiteren Text zu ersetzen.

- Möchten Sie das von Illustrator nicht erkannte Wort im Wörterbuch speichern, damit es nicht mehr als Fehler behandelt wird, klicken Sie auf **Hinzufügen**.

In den weiteren Abschnitten **Suchen** und **Ignorieren** können Sie zusätzliche Kriterien festlegen, nach denen Illustrator sucht beziehungsweise die es ignoriert. So können Sie die Rechtschreibprüfung dazu benutzen, **wiederholte Wörter** und **Kleinbuchstaben am Satzanfang** zu finden. Sie können auch festlegen, dass **Wörter in Großbuchstaben**, **Wörter mit Ziffern** und **römische Ziffern** bei der Rechtschreibprüfung ignoriert werden.

Beenden Sie die Suche mit *Fertig*.

Silbentrennung und Zeilenumbrüche

Im Absatz-Bedienfeld ist standardmäßig die Option **Silbentrennung** für sämtliche Texte ausgewählt. Es wird das Wörterbuch verwendet, das im Zeichen-Bedienfeld unter **Sprache** festgelegt ist. Für die automatische Silbentrennung können Sie Optionen festlegen; wählen Sie dazu aus dem Menü des Absatz-Bedienfelds **Silbentrennung** aus.

> **Hinweis**
>
> Möchten Sie bei bestimmten Wörtern eine Trennung am Zeilenende verhindern, können Sie ein oder mehrere Wörter als untrennbar definieren. Wählen Sie die entsprechende Textpassage aus und wählen Sie aus dem Menü des Zeichen-Bedienfelds die Option **Kein Umbruch**.

▲ **Abbildung 7-84** Standardeinstellungen für die automatische Silbentrennung

Über **Mindestwortlänge** geben Sie an, wieviele Buchstaben ein Wort mindestens haben muss, um getrennt zu werden.

Unter **Kürzeste Vorsilbe** legen Sie fest, wie viele Buchstaben am Beginn des Wortes, und unter **Kürzeste Nachsilbe**, wie viele Buchstaben am Ende des Wortes als Einheit erhalten bleiben müssen.

Max. Trennstriche definiert das Maximum dafür, wie viele aufeinanderfolgende Zeilen mit einer Worttrennung enden dürfen.

Der **Trennbereich** bestimmt die Entfernung von der rechten Kante des Absatzes, ab der keine Silbentrennung mehr stattfinden darf. Diese Einstellung wird nur für den **Adobe Einzeilen-Setzer** verwendet.

Großgeschriebene Wörter trennen ist standardmäßig aktiviert. Deaktivieren Sie diese Option, damit Wörter in Großbuchstaben nicht getrennt werden.

Satzmethoden

Illustrator verwendet übrigens zwei verschiedene Satzmethoden, nach denen die Kriterien, die zur Silbentrennung herangezogen werden, unterschiedlich bewertet werden: den **Adobe Alle-Zeilen-Setzer** und den **Adobe Einzeilen-Setzer** (Standard).

Ich möchte hier nicht näher auf die den beiden Satzmethoden zugrunde liegende Logik eingehen – sollten Sie aber mit dem Ergebnis der automatischen Silbentrennung einmal nicht zufrieden sein, dann probieren Sie aus, ob die andere Satzmethode besser geeignet ist. Wählen Sie dazu aus dem Menü des Absatz-Bedienfelds die Option **Adobe Alle-Zeilen-Setzer**.

Text exportieren

Sie können ausgewählten Text, den Sie in Illustrator erstellt haben, natürlich kopieren und in jede andere Anwendung einfügen, die Texteingabe unterstützt. Eine weitere Möglichkeit, Text für andere Anwendungen zugänglich zu machen, ist das Exportieren in eine **Textdatei**.

Wählen Sie dazu erst den Text, den Sie exportieren möchten, mit einem Text-Werkzeug aus und wählen Sie *Datei → Exportieren*. Im folgenden Optionenfenster definieren Sie einen Dateinamen, den Speicherort und als *Dateiformat* **Textformat (txt)**. Bestätigen Sie diese Eingaben durch **Exportieren** (Mac OS) oder **Speichern** (Windows), öffnen sich die Text-Export-Optionen. Darin bestimmen Sie noch die Plattform (*Windows*, *Mac (Intel-basiert)* oder *Mac (PowerPC-basiert)*) und eine Kodierung (*Standardplattform* oder *Unicode*).

Bestätigen Sie mit **Exportieren**.

▶ **Abbildung 7-85**
Text-Export-Optionen

1 2 3 4 5 6 7 **8** 9 10

Kapitel 8

Effekte und Grafikstile

Effekte

Grafikstile

Das Aussehen von Objekten verändern, ohne es dauerhaft umzuwandeln? Auch das geht in Illustrator – die Effekte machen es möglich. Außerdem erfahren Sie hier, wie Sie mit Grafikstilen Aussehen-Eigenschaften sammeln und speichern, um sie schnell auf andere Objekte anwenden zu können.

Mit Adobe Illustrator können Sie eine Vielzahl von **Effekten** auf Objekte, Gruppen und Ebenen anwenden. Was ist nun aber so besonders an Effekten? Ein Effekt verändert das Aussehen von Objekten, ohne es dauerhaft umzuwandeln – der Effekt legt sich »verkleidend« über das Objekt und kann jederzeit über das Aussehen-Bedienfeld geändert oder entfernt werden. Auf diese Weise können Sie Ihren Objekten zum Beispiel künstlerisches Aussehen geben oder ihre Form verändern und dabei trotzdem flexibel bleiben.

▲ **Abbildung 8-01** Erstellen Sie mit Effekten zum Beispiel einen Schlagschatten oder einen Scribble-Effekt, oder verzerren Sie einfache Grundformen zu einer Blume (siehe dazu den Workshop »Erstellen einer Blume mit dem Zusammenziehen- und Aufblasen-Effekt« hinten in diesem Kapitel).

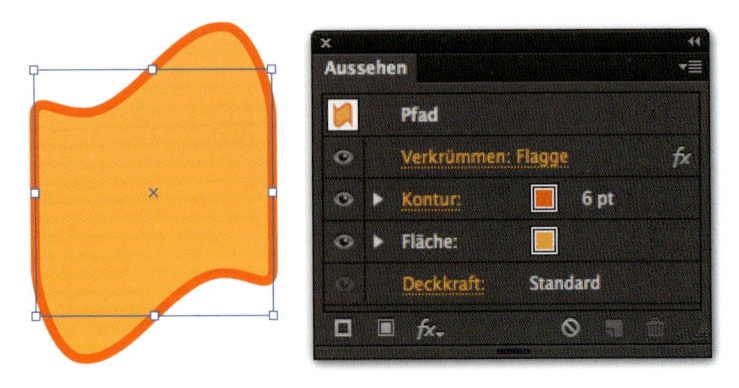

▲ **Abbildung 8-02** Effekte können über das Aussehen-Bedienfeld bearbeitet werden.

Effekte lassen sich, gemeinsam mit einer Reihe weiterer Aussehen-Attribute, als **Grafikstil** speichern. Mit einem Grafikstil sammeln Sie Objekt-Eigenschaften wie zum Beispiel Flächen- und Konturfarbe, Transparenz, Füllmethoden und Effekte, um sie gemeinsam rasch auf andere Objekte anwenden zu können. Sie können zum Beispiel ein Objekt ganz nach Ihrem Geschmack gestalten und dieses Aussehen als Grafikstil speichern. Möchten Sie, dass ein weiteres Objekt mit denselben Aussehen-Attributen versehen wird, reicht ein Klick auf den gespeicherten Grafikstil im Grafikstile-Bedienfeld.

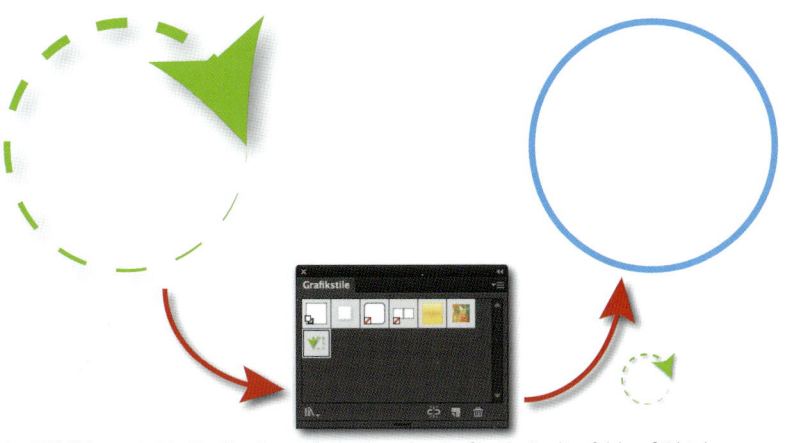

▲ **Abbildung 8-03** Grafikstile einfach über das Grafikstile-Bedienfeld auf Objekte anwenden

Effekte

Den Effekten ist ein eigener Menüpunkt gewidmet, das Menü **Effekte**. Wenn Sie einen kleinen Blick darauf wagen, wird Ihnen auffallen, dass es darin eine Unterscheidung zwischen Illustrator-Effekten und Photoshop-Effekten gibt. **Illustrator-Effekte** sind Vektoreffekte und können – mit wenigen Ausnahmen – nur auf Vektorobjekte oder die Kontur beziehungsweise Fläche von Bitmap-Objekten angewendet werden. **Photoshop-Effekte** sind Rastereffekte – sie erstellen Pixel statt Vektordaten – und können sowohl auf Vektorobjekte als auch auf Bitmap-Objekte angewendet werden. Die meisten Photoshop-Effekte öffnen in der **Effekte-Galerie**, über die Sie bequem zwischen den verschiedenen Effekten wechseln können.

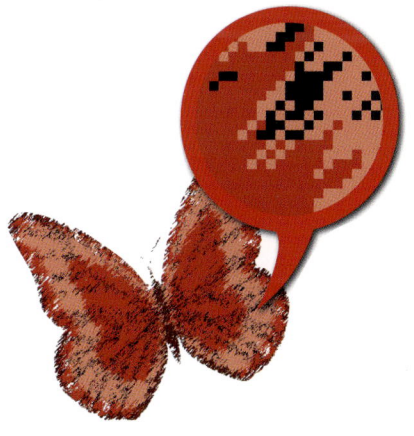

▲ **Abbildung 8-04**
Das Menü Effekte

▼ **Abbildung 8-05**
Ein **Vektoreffekt** (links) und ein pixelerzeugender **Rastereffekt** (rechts)

Effekte

Für alle Rastereffekte eines Dokuments – wie auch für die Umwandlung von Vektorobjekten in Pixelbilder – treffen Sie dem Ausgabemedium entsprechende Rastereffekt-Einstellungen (siehe Kapitel 9), um bei der Ausgabe die beste Qualität zu erhalten. Mithilfe der in CS5 eingeführten **auflösungsunabhängigen Effekte** können Sie Effekte in nur einem Dokument für jedes Ausgabemedium optimieren. So ist es zum Beispiel möglich, Objekte mit niedriger Rastereinstellung in Ihrem Dokument zu erstellen (und dadurch die Rechnerleistung gering zu halten) und erst später die Rasterauflösung zu erhöhen, wenn Sie zum Beispiel das Dokument für professionellen Druck vorbereiten.

Arbeiten mit Effekten

Das Anwenden von Effekten auf Objekte ist denkbar einfach, wenn es auch vorkommen kann, dass Sie vielfältige Einstellungen für einen einzigen Effekt vornehmen müssen. Wählen Sie Objekte, Gruppen oder Ebenen aus und wählen Sie den gewünschten Effekt aus dem Menü **Effekte**. Anschließend treffen Sie Ihre Einstellungen – aktivieren Sie die Option **Vorschau**, um die Auswirkungen an Ihrer Auswahl zu testen – und bestätigen mit **OK**.

> **Hinweis**
>
> Bis zur Version CS3 gab es sowohl Effekte als auch Filter. Der Hauptunterschied lag darin, dass ein Filter das Objekt dauerhaft ohne weitere Bearbeitungsmöglichkeit änderte. Seit CS4 gibt es mit Ausnahme der SVG-Filter nur noch Effekte.

> **Hinweis**
>
> Effekte können Sie auch direkt über das Aussehen-Bedienfeld anwenden, indem Sie dort auf ƒx **Neuen Effekt hinzufügen** klicken und aus dem Drop-down-Menü einen Effekt auswählen.

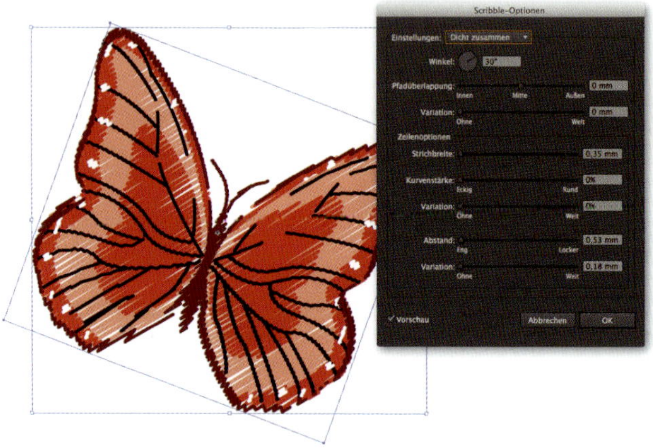

▲ **Abbildung 8-06** Durch die **Vorschau** können Sie Ihre Einstellungen am Objekt mitverfolgen.

Illustrator merkt sich übrigens den zuletzt verwendeten Effekt und die Einstellungen, die Sie dafür getroffen haben. Über *Effekt → (Effektname) anwenden* oder ⇧ + ⌘ / strg + E können Sie ihn mit denselben Einstellungen auf weitere ausgewählte Objekte anwenden. Falls Sie den zuletzt verwendeten Effekt mit veränderten Einstellungen wiederverwenden möchten, wählen Sie *Effekt → Effektname...* und passen die Einstellungen an.

Kapitel 8 · Effekte und Grafikstile

Effekte über die Effekte-Galerie probieren und anwenden

Über die **Effekte-Galerie** (*Effekte → Effekte-Galerie*) können Sie in nur einem Optionenfenster einen großen Teil der Photoshop-Effekte ausprobieren und mit den Einstellungen experimentieren. Nicht enthalten sind Weichzeichnungsfilter, Vergröberungsfilter und Videofilter.

In der Effekte-Galerie finden Sie die einzelnen Effekte in Kategorien zusammengefasst. Klicken Sie auf einen Kategorienamen, so sehen Sie Miniaturen der einzelnen Effekte dieser Kategorie. Jedes Mal, wenn Sie eine dieser Miniaturen anklicken, verändern sich die Optionen auf der rechten Seite des Optionenfensters. Der große Vorschaubereich und eine Zoomfunktion erleichtern Ihnen das richtige Einstellen der Effekt-Optionen. Treffen Sie die gewünschten Einstellungen und wenden Sie einen Effekt durch Bestätigen mit **OK** an.

> **Hinweis**
>
> In Adobe Illustrator ist es – anders als in Adobe Photoshop – nicht möglich, über die Effekte-Galerie mehrere Effekte miteinander zu kombinieren oder Effektfarben durch Festlegen von Vorder- und Hintergrundfarbe zu bestimmen.

▲ **Abbildung 8-07** In der **Effekte-Galerie** können Sie einen Großteil der in Illustrator übernommenen Photoshop-Effekte ausprobieren.

Effekte nur auf Konturen oder Flächen anwenden

Möchten Sie einen Effekt lediglich auf die Kontur oder Fläche eines Objekts anwenden, wählen Sie erst das Objekt und dann über das **Aussehen-Bedienfeld** (siehe Kapitel 6) das entsprechende Attribut aus. Wenn Sie nun einen Effekt anwenden, wird er lediglich dem ausgewählten Attribut zugewiesen.

Effekte bearbeiten

Möchten Sie Änderungen an einem Effekt vornehmen, den Sie bereits einem Objekt zugewiesen haben, wählen Sie das betreffende Objekt aus und klicken im **Aussehen-Bedienfeld** auf den orange unterstrichenen Namen des Effekts. Dadurch öffnen Sie die Effekt-Optionen, die Sie anpassen können.

> **Effekte und Bitmap-Bilder (Pixelbilder)**
>
> Einige Effekte sind sehr speicherintensiv, speziell bei Bildern mit hoher Auflösung.
>
> Bedenken Sie beim Anwenden von Effekten auf Bitmap-Bilder, dass Sie zuvor das Bild in die Illustrator-Datei einbetten sollten (siehe Abschnitt »Importierte Dateien verwalten« in Kapitel 2). Wenn Sie eine verknüpfte Datei mit einem Effekt versehen, wird dieser lediglich auf eine Kopie angewendet.

Effekte löschen

Möchten Sie einen Effekt gänzlich von einem Objekt entfernen, markieren Sie ihn im **Aussehen-Bedienfeld**, indem Sie erst in das Feld neben den blau unterlegten Namen des Effekts und dann auf das ⊝ **Löschen**-Symbol klicken.

Formverändernde Effekte

Mit einigen der Illustrator-Effekten können Sie die sichtbare Form – also den Umriss – von Objekten verändern. Manches davon kommt Ihnen vielleicht bekannt vor, zum Beispiel die Verkrümmungseffekte, da Sie bereits im Abschnitt »Hüllen« in Kapitel 4 das Verformen von Objekten mit einer Hülle kennengelernt haben. Auch die Pathfinder-Funktionen wurden schon in Abschnitt »Pathfinder« in Kapitel 5 vorgestellt, um Objekte permanent miteinander zu kombinieren.

3D-Effekte

Mit den drei **3D-Effekten** können Sie zweidimensionale Objekte auf zwei verschiedene Arten in dreidimensionale umwandeln sowie zwei- und dreidimensionale Objekte in allen drei Dimensionen drehen. Die 3D-Effekte werden im Anschluss an die Effekte-Übersicht noch ausführlich erklärt

Drehen: Über *Effekt → 3D → Drehen* lassen sich zweidimensionale und dreidimensionale Objekte mit Vorschau im dreidimensionalen Raum drehen.

▲ **Abbildung 8-08**
Ein dreidimensionaler Button erzielt viel mehr Aufmerksamkeit als ein gewöhnlicher.

Hinweis

Sie können das Objekt im Zuge des Kreiselns auch im dreidimensionalen Raum drehen und ihm unterschiedliche Oberflächenstrukturen und -motive, sowie variierende Lichtquellen zuweisen.

▲ **Abbildung 8-09** Der 3D-Effekt **3D-Drehen** dreht zwei- und dreidimensionale Objekte im dreidimensionalen Raum.

Kreiseln: Über das Menü *Effekt → 3D → Kreiseln* erstellen Sie ein 3D-Objekt aus einem zweidimensionalen Objekt, das sich kreisförmig um sich selbst dreht.

Extrudieren und abgeflachte Kante: Über *Effekt → 3D → Extrudieren und abgeflachte Kante* geben Sie Objekten eine Tiefe und eine von vielen vordefinierten Kantenformen. Wie auch beim Kreiseln können Sie das Objekt mit einer Oberflächenstruktur oder einem Motiv versehen, es im dreidimensionalen Raum drehen und es beleuchten.

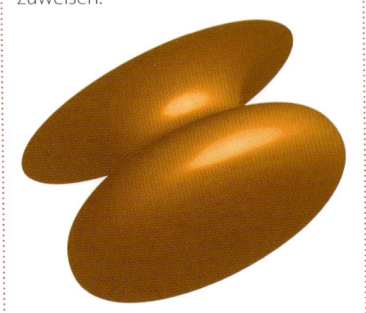

▲ **Abbildung 8-10**
Gekreiseltes Objekt mit Oberflächenstruktur und Beleuchtung.

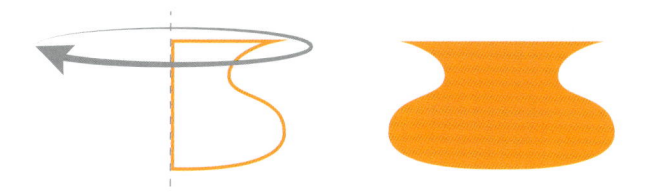

▲ **Abbildung 8-11** Durch Kreiseln entsteht ein 3D-Objekt.

▼ **Abbildung 8-12**
Viele verschiedene Ergebnisse können mit dem Effekt **Extrudieren und abgeflachte Kante** erzielt werden.

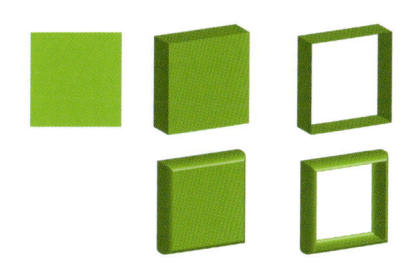

Formumwandlungs-Effekte

Mit den Effekten unter *Effekt → In Form umwandeln* können Sie die Form von Vektorobjekten in drei Grundformen umwandeln: **Rechteck**, **Abgerundetes Rechteck** und **Ellipse**. Für die Formumwandlung können Sie auch neue Größenangaben festlegen, entweder mit absoluten Werten oder in relativen Größenabweichungen (hier sind auch negative Werte erlaubt, was eine Verkleinerung bedeutet).

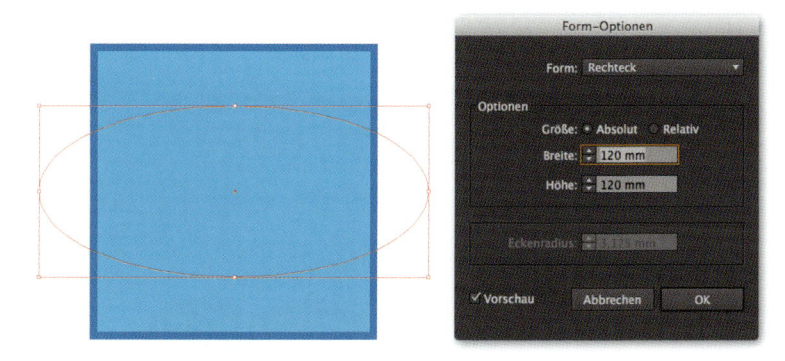

▲ **Abbildung 8-13** Die **Formumwandlungs-Effekte** wandeln zum Beispiel eine Ellipse in ein Quadrat um.

Pathfinder-Effekte

Über die unter *Effekt → Pathfinder* aufgelisteten Effekte können Sie alle Pathfinder-Funktionen aus dem Pathfinder-Bedienfeld (siehe Abschnitt »Pathfinder« in Kapitel 5) nutzen, um Objekte zusammenzufassen oder zu teilen. Im Unterschied zu den Funktionen des Pathfinder-Bedienfelds müssen Objekte für die Pathfinder-Effekte vorher erst in Gruppen oder Ebenen zusammengefasst werden, die dann zusammen ausgewählt und mit einem Pathfinder-Effekt versehen werden.

Die Effekte **Hinzufügen** (Vereinen), **Schnittmenge bilden**, **Schnittmenge entfernen**, **Subtrahieren** (Vorderes Objekt abziehen), **Hinteres Objekt abziehen**, **Unterteilen** (Fläche aufteilen), **Überlappungsbereich entfernen**, **Verdeckte Fläche entfernen**, **Schnittmengenfläche** und **Kontur aufteilen** zeigen dieselben Resultate wie die entsprechenden Funktionen des Pathfinder-Bedienfelds, über die Sie in Kapitel 5 ausführliche Informationen erhalten.

Hinweis

Ein kleines Anwendungsbeispiel der **Pathfinder-Funktionen** sehen Sie im Workshop »Gras über eine Sache wachsen lassen« in Kapitel 5.

▲ **Abbildung 8-14**
Mit **Pathfinder-Funktionen** kombinierte Objekte

Effekte   389

▲ **Abbildung 8-15** Einige Beispiele für Objektkombinationen mit **Pathfinder-Effekten**

Der Pathfinder-Effekt **Unterteilen** bietet Ihnen zusätzlich die Wahl, nicht gefüllte Objekte zu löschen – dies ist die Standardeinstellung – oder beizubehalten. Zusätzlich zu den bereits bekannten Pathfinder-Funktionen bietet Ihnen das Menü drei weitere Effekte, mit denen sich Objektfarben kombinieren lassen

Hart mischen: Der Pathfinder-Effekt **Hart Mischen** kombiniert überlappende Flächenfarben der Objekte durch Auswahl des jeweils höheren Wertes jeder der Farbkomponenten. Konturen werden unsichtbar. Im folgenden Beispiel etwa hat das orangefarbene Objekt eine Flächenfarbe von Cyan 0 %, Magenta 50 %, Gelb 100 % und Schwarz 0 %, dem grünen Objekt wurde Cyan 75 %, Magenta 0 %, Gelb 100 % und Schwarz 0 % zugewiesen. Daraus ergibt sich an der Überlappung die neue, hart gemischte Farbe von Cyan 75 %, Magenta 50 %, Gelb 100 % und Schwarz 0 %.

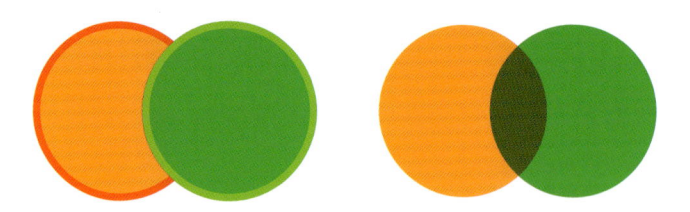

▲ **Abbildung 8-16** Hart mischen erzeugt an der Überlappung eine neue (hart gemischte) Farbe.

Weich mischen: Mit dem Effekt **Weich Mischen** weisen Sie Objekten Transparenzen zu, sodass durch sie hindurch darunterliegende Farben sichtbar werden, Konturen dagegen unsichtbar werden.

Hinweis

Wenn Sie den Effekt **Weich mischen** wählen, können Sie in den Pathfinder-Optionen selbst den Grad der Deckkraft bestimmen.

▲ **Abbildung 8-17**
Bestimmen Sie selbst die **Transparenz**.

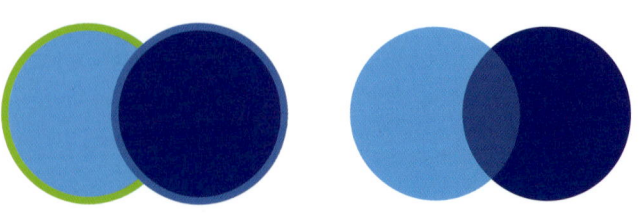

▲ **Abbildung 8-18** Weich mischen zeigt an Überlappungen durchscheinende Farben.

Kapitel 8 · Effekte und Grafikstile

Überfüllung: Der **Überfüllungs-Effekt** gleicht eventuelle Farblücken für den Druck aus, indem ein kleiner Überfüllungsbereich zwischen den angrenzenden Farben hinzugefügt wird. Auch bei diesem Effekt öffnen sich die Pathfinder-Optionen, damit Sie selbst Werte für die Überfüllung definieren können. Halten Sie gegebenenfalls Rücksprache mit Ihrer Druckerei, sie wird Ihnen die entsprechenden Werte nennen.

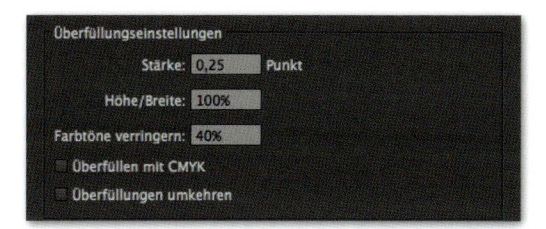

▲ **Abbildung 8-19** Optionen für den Pathfinder-Effekt Überfüllen

Stärke (0,01 bis 5.000 Punkt) legt die Konturstärke des Überlappungsbereichs fest. **Höhe/Breite** bestimmt das prozentuale Verhältnis zwischen der Überfüllung horizontaler Linien und der Überfüllung vertikaler Linien, um etwa die Dehnung des Papiers berücksichtigen zu können. Der Standardwert 100 % bedeutet, dass horizontale und vertikale Linien dieselbe Überfüllungsstärke aufweisen. Erhöhen Sie die horizontale Überfüllung relativ zur vertikalen, indem Sie einen Wert über 100 % definieren; möchten Sie sie verringern, so geben Sie einen Wert unter 100 % ein. **Farbtöne verringern** belässt die dunklere Farbe bei 100 % und reduziert den Farbton der helleren Farbe der Überfüllung.

Überfüllen mit CMYK konvertiert Überfüllungen mit Volltonfarben (siehe Kapitel 9) in die entsprechenden Prozessfarben. **Überfüllungen umkehren** überfüllt dunklere in hellere Farben.

> **Hinweis**
>
> **Pfeilspitzen** sind seit Illustrator CS5 nicht mehr als Effekt verfügbar, sondern werden über das Konturen-Bedienfeld angewendet. Erfahren Sie mehr darüber im Abschnitt »Konturlinien« in Kapitel 6.

Überfüllungen

Durch kleine Ungenauigkeiten an Druckmaschinen kann es zu Farblücken (sogenannten Blitzern) kommen, wenn unterschiedliche Druckplatten nebeneinander drucken. Zur Vermeidung von Blitzern greift man auf die Methode des Überfüllens zurück. Dabei wird bei zwei nebeneinanderliegenden Farben ein kleiner Überlappungsbereich eingerichtet.

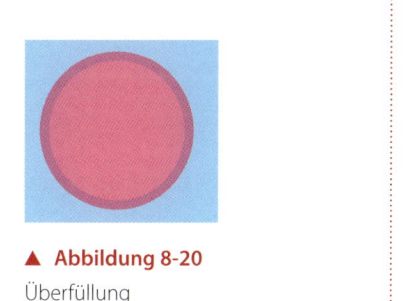

▲ **Abbildung 8-20** Überfüllung

> **Hinweis**
>
> Die meisten Stilisierungseffekte werden am Ende des Kapitels noch ausführlich vorgestellt, zum Beispiel im Workshop »Schlagschatten für Objekte definieren«.

▲ **Abbildung 8-21** Tiefenwirkung durch **Schlagschatten**

Stilisierungseffekte (Illustrator-Effekt)

Effekt → Stilisierungsfilter aus dem oberen Bereich der Illustrator-Effekte lässt Sie für Objekte verschiedene Effekte anwenden.

Effekte

▲ **Abbildung 8-22**
Ecken mit dem Effekt abgerundet

Ecken abrunden: Rundet die Ecken von Objekten entsprechend dem von Ihnen definierten Eckenradius ab.

Schein nach außen, Schein nach innen: Mit diesen Effekten geben Sie Ihren Objekten einen äußeren oder inneren weichgezeichneten Schein, wobei Sie den inneren Schein wahlweise von der Objektkante oder aus der Objektmitte strahlen lassen können.

Schlagschatten: Lässt Sie räumliche Schatten auf Objekte anwenden.

Scribble: Über die vielfältigen Einstellungsmöglichkeiten des **Scribble**-Effekts können Sie Ihren Objekten einen handgezeichneten Charakter geben.

Weiche Kante: Mit dem Effekt **Weiche Kante** machen Sie den Umriss eines Objekts verlaufend transparent.

Verkrümmungsfilter

Mit den Effekten unter *Effekt → Verkrümmungsfilter* können Sie Vektor- sowie Pixelobjekte gemäß vordefinierten Formen verzerren. Diese Formen sind übrigens die gleichen, mit denen Sie auch eine **Hülle** (siehe Abschnitt »Hüllen« in Kapitel 4) erstellen können. Sie können aus dem Menü jeden beliebigen Effekt wählen, im folgenden Optionenfenster können Sie dann noch zwischen allen Effekten wechseln.

Hinweis

Anders als bei der Verzerrung einer **Pixelgrafik** mit einer Hülle (siehe Abschnitt »Hüllen« in Kapitel 4) wird mit den Verkrümmungseffekten nicht der viereckige Objektumriss verkrümmt, sondern das Motiv selbst!

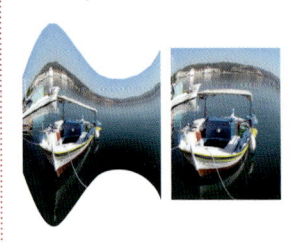

▲ **Abbildung 8-23**
Pixelgrafik mit einer Hülle (links) und mit einem Verkrümmungseffekt (rechts) verzerrt

▲ **Abbildung 8-24** Verkrümmen-Optionen

Die im Drop-down-Menü **Stil** zur Verfügung stehenden Verkrümmungseffekte sind **Bogen**, **Bogen unten**, **Bogen oben**, **Torbogen**, **Wulst**, **Muschel unten**, **Muschel oben**, **Flagge**, **Fisch**, **Ansteigend**, **Aufblasen** und **Stauchen**.

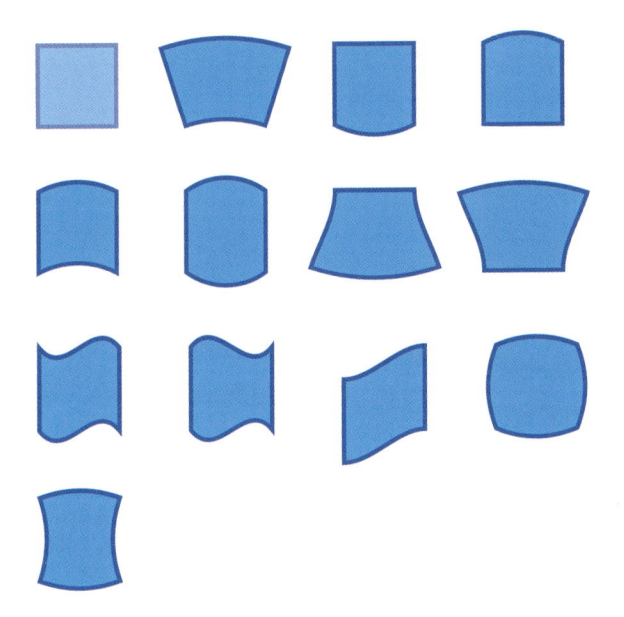

◀ **Abbildung 8-25**
Die Verkrümmungseffekte **Bogen**, **Bogen unten**, **Bogen oben**, **Torbogen**, **Wulst**, **Muschel unten**, **Muschel oben**, **Flagge**, **Fisch**, **Ansteigend**, **Aufblasen** und **Stauchen** angewendet auf ein Quadrat (links oben)

Die drei weiteren Verkrümmungseffekte **Schwingungen**, **Fischauge** und **Wirbel** zeigen keine Wirkung bei waagerechten und senkrechten Kanten. Zur Veranschaulichung habe ich für die folgende Skizze das Quadrat einfach gedreht:

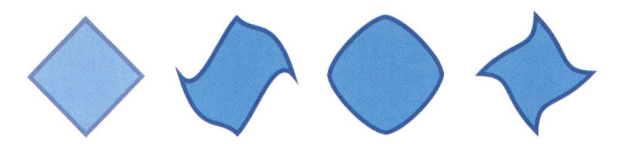

▲ **Abbildung 8-26** Aufgestelltes Quadrat (links) mit den Verkrümmungseffekten **Schwingungen**, **Fischauge** und **Wirbel**

Über die Verkrümmen-Optionen ist es zunächst einmal möglich, Objekte mit den eben gezeigten Effekten zu verzerren; standardmäßig ist eine **horizontale** Verkrümmung eingestellt, Sie können aber auch für jeden der Verkrümmen-Effekte eine **vertikale** Verkrümmung festlegen.

▲ **Abbildung 8-27** Ein Objekt (links) **horizontal** verkrümmt (Mitte) und **vertikal** verkrümmt (rechts)

Effekte

Der Regler beziehungsweise das Eingabefeld für **Biegung** bestimmt die Richtung der Verkrümmung, abhängig davon, ob Sie positive oder negative Werte dafür festlegen.

▲ **Abbildung 8-28** **Horizontal** und **vertikal** verkrümmte Objekte mit **positiven Biegungswerten** (oben) und mit **negativen Biegungswerten** (unten)

Falls Sie einen der Verkrümmungseffekte asymmetrisch auf ein Objekt anwenden möchten, stehen Ihnen im Abschnitt **Verzerrung** zwei Regler oder Eingabefelder für eine horizontale und eine vertikale Verzerrung zur Verfügung. Jede asymmetrische Verzerrung mit nur einem der beiden Regler erzeugt den Eindruck von Perspektive.

▲ **Abbildung 8-29** Objekt mit asymmetrischer **horizontaler** Verzerrung (Mitte) und asymmetrischer **vertikaler** Verzerrung (rechts)

Verzerrungseffekte (Illustrator-Effekt)

Mit den Effekten unter *Effekt → Verzerrungs- und Transformationsfilter* im oberen Bereich der Illustrator-Effekte verändern Sie die Form von Vektorobjekten oder eine über das Aussehen-Bedienfeld gewählte Fläche oder Kontur eines Pixelobjekts.

Aufrauen: Der Verzerrungseffekt **Aufrauen** fügt dem Umriss eines Objekts eine runde oder zackige unregelmäßige Verformung hinzu.

▶ **Abbildung 8-30**
Der Effekt **Aufrauen** mit runden (Mitte) und zackigen Verformungen (rechts)

Kapitel 8 · Effekte und Grafikstile

Frei verzerren: Der Effekt **Frei Verzerren** lässt Sie in einer Vorschau am Begrenzungsrahmen eines Objektes ziehen und es dadurch verzerren.

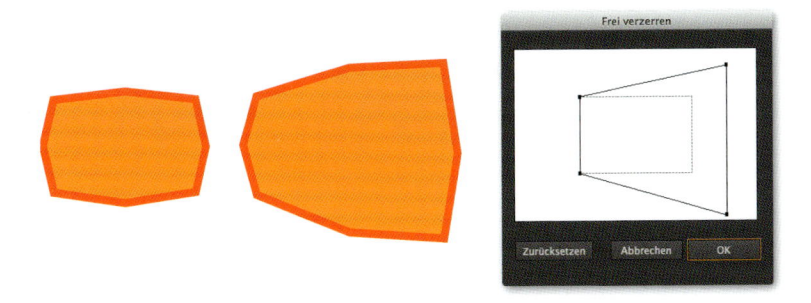

▲ **Abbildung 8-31** **Frei verzerren** lässt Sie ein Objekt anhand seines Begrenzungsrahmens verzerren.

Transformieren: Über diesen Effekt können Sie sämtliche Transformierungen, die Sie sonst über *Objekt* → *Transformieren* → *Einzeln transformieren* (siehe Abschnitt »Einzeln transformieren« in Kapitel 4) permanent anwenden, als bearbeitbaren Effekt zuweisen.

Tweak: **Tweak** ist ein Effekt, der ein Objekt »zurechtzupft«; hierbei können Sie bestimmen, an welchen pfadbeschreibenden Elementen (Ankerpunkte oder Richtungslinien) gezupft wird, und die Stärke des Effekts horizontal und vertikal festlegen.

▲ **Abbildung 8-32** Einige mögliche Ergebnisse mit dem Tweak-Effekt

Wirbel: Der **Wirbel**-Effekt dreht Objekte um einen bestimmten Winkel ein.

▲ **Abbildung 8-33** Der Verzerrungseffekt **Wirbel**

Effekte

Zickzack: Mit diesem Effekt fügen Sie jedem Pfadsegment des Objekts eine frei wählbare Anzahl von Kurven oder Zacken hinzu.

▲ **Abbildung 8-34** **Zickzack** erzeugt blüten- beziehungsweise sternähnliche Formen

Zusammenziehen und aufblasen: **Zusammenziehen und Aufblasen** wölbt Pfadsegmente nach innen beziehungsweise außen.

Ziehen Sie den Regler nach rechts, wird das Objekt aufgeblasen. Das versetzt die Ankerpunkte des Objekts weiter nach innen und wölbt die dazwischenliegenden Segmente nach außen. Wenn Sie den Regler nach links ziehen, wird das Objekt zusammengezogen, was den gegenteiligen Effekt hat: Die Ankerpunkte werden nach außen versetzt, die Wölbung geht nach innen.

> **Hinweis**
>
> Wie sich der Effekt **Zusammenziehen und Aufblasen** in der Praxis verhält, zeige ich Ihnen weiter hinten in einem Workshop, in dem diese Blume durch Anwenden des Effekts auf Polygone erstellt wird.
>
> ▲ **Abbildung 8-35**
> Blume durch **Zusammenziehen und Aufblasen** von Polygonen erstellt

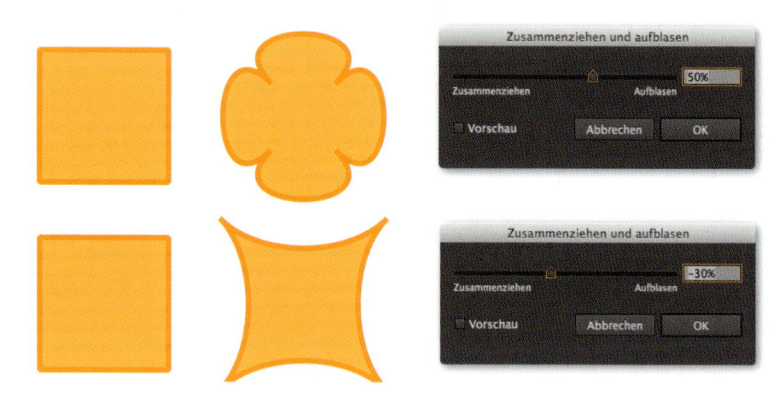

▲ **Abbildung 8-36** **Aufblasen** (oben) und **Zusammenziehen** (unten)

Stilverändernde Effekte

Unter stilverändernden Effekten möchte ich die Effekte zusammenfassen, die nicht die Form des Objekts, sondern sein Aussehen beziehungsweise seine Oberflächenbeschaffenheit verändern.

Kunsteffekte

> **Hinweis**
>
> Kunsteffekte sind rasterbasiert, unterliegen also beim Speichern oder Exportieren in ein Bitmap-Format den Dokument-Rastereffekt-Einstellungen.

Mit den Kunsteffekten, die über *Effekt* → *Kunstfilter* anzuwenden sind, verleihen Sie Vektorobjekten das Aussehen unterschiedlicher Maltechniken. Folgende Kunsteffekte stehen zur Auswahl:

Aquarell: Der Effekt **Aquarell** malt Objekte im Stil von Aquarellfarben. Details werden vereinfacht und wichtige Kanten betont.

Buntstiftschraffur: Der Effekt **Buntstiftschraffur** schraffiert das Bild mit Buntstiftstrichen. Wichtige Kanten werden durch eine Kreuzschraffur betont, während bei einfarbigen Bereichen die Papierfarbe durchscheint.

Diagonal verwischen: Der Effekt **Diagonal verwischen** zeichnet dunklere Bereiche mit weichen, diagonalen Strichen nach, während hellere Bereiche detailärmer werden.

▲ **Abbildung 8-37** Aquarell, Buntstiftschraffur und Diagonal verwischen

Farbpapier-Collage: Der Effekt **Farbpapier-Collage** rekonstruiert das Bild durch unregelmäßig ausgeschnittene Stückchen aus farbigem Papier.

Fresko: Der Effekt **Fresko** strukturiert ein Bild mit groben schwarzen Strichen.

Grobe Malerei: Auch der Effekt **Grobe Malerei** gestaltet wichtige Kanten in einem gemalten Stil und vereinfacht das Bild, indem er die Anzahl der Farben reduziert.

▲ **Abbildung 8-38** Farbpapier, Fresko und Grobe Malerei

Grobes Pastell: Der Effekt **Grobes Pastell** malt ein Bild mit farbigen Pastellkreiden auf einen strukturierten Hintergrund.

Körnung & Aufhellung: Der Effekt **Körnung & Aufhellung** wendet ein gleichmäßiges Körnungsmuster auf die dunklen und mittleren Töne eines Bildes an, in helleren Bereichen wird ein glatteres Muster angewandt.

Kunststoffverpackung: Der Effekt **Kunststoffverpackung** legt die Anmutung einer glänzenden Plastikfolie über das Bild und betont dessen Details.

Hinweis

Der Effekt **Grobe Malerei** lässt gemeinsam mit dem Effekt **Mit Struktur versehen** aus einer einfarbigen Fläche eine gemalt wirkende Ziegelwand entstehen. Im Workshop »Schlagschatten für Objekte definieren« weiter hinten in diesem Kapitel finden Sie die einzelnen Schritte.

▲ **Abbildung 8-39**
Ziegelwand mit Effekten erstellt

Effekte 397

▲ **Abbildung 8-40** Grobes Pastell, Körnung & Aufhellung und Kunststoffverpackung

Malgrund: Der Effekt **Malgrund** malt auf einer strukturierten Unterlage und verstärkt die Hintergrundstruktur an den Kanten. Großflächige Bereiche wirken so, als ob mehr Farbe aufgetragen und dadurch die Struktur nicht mehr erkennbar wäre.

Malmesser: Der Effekt **Malmesser** reduziert Details im Bild und malt sehr flüssig wirkende Farben übereinander.

Neonschein: Der Effekt **Neonschein** fügt den Objekten in einem Bild verschiedene Arten farbigen Scheins hinzu. Die Farbe dieses Leuchtens können Sie selbst bestimmen.

▲ **Abbildung 8-41** Malgrund, Malmesser und Neonschein

Ölfarbe getupft: Der Effekt **Ölfarbe getupft** verwendet verschiedene Pinselgrößen und Pinselarten, um das Bild handgemalt aussehen zu lassen.

Schwamm: Der Effekt **Schwamm** strukturiert das Bild stark, indem er es mit kontrastreichen Farben rekonstruiert, die aussehen, als wären Sie mit einem Schwamm gemalt.

Tontrennung & Kantenbetonung: Der Effekt **Tontrennung & Kantenbetonung** fasst die Farben des Bildes zusammen und zeichnet die Kanten schwarz nach.

▲ **Abbildung 8-42** Ölfarbe getupft, Schwamm und Tontrennung & Kantenbetonung

Malfiltereffekte

Im Menü *Effekt* → *Malfilter* erzeugen Sie unterschiedliche rasterbasierte Pinsel- und Federkonturen, die Objekte wie handgemalt oder gezeichnet wirken lassen.

Dunkle Malstriche: Der Effekt **Dunkle Malstriche** übermalt dunkle Bildbereiche mit kurzen, schwarzen Strichen und hellere Bereiche mit langen, weißen Strichen.

Gekreuzte Malstriche: Der Effekt **Gekreuzte Malstriche** malt ein Bild mit diagonalen Strichen. Hellere Bildbereiche werden mit Strichen in die eine Richtung gezeichnet, dunklere Bereiche mit in die entgegengesetzte Richtung verlaufenden Strichen.

Kanten betonen: Der Effekt **Kanten betonen** verstärkt Kanten im Bild.

▲ **Abbildung 8-43** Dunkle Malstriche, Gekreuzte Malstriche und Kanten betonen

Konturen mit Tinte nachzeichnen: Der Effekt **Konturen mit Tinte nachzeichnen** zeichnet das Bild mit feinen Linien nach.

Kreuzschraffur: Der Effekt **Kreuzschraffur** strukturiert das Bild mit Buntstiftschraffuren, wobei der Gesamteindruck des Bildes erhalten bleibt.

Spritzer: Der Effekt **Spritzer** simuliert einen Airbrush-Effekt.

▲ **Abbildung 8-44** Konturen mit Tinte nachzeichnen, Kreuzschraffur und Spritzer

Sumi-e: Der Effekt **Sumi-e** zeichnet ein Bild im Stil japanischer Comics. Kanten werden mit schwarzer Tinte unscharf nachgezeichnet.

Verwackelte Striche: Der Effekt **Verwackelte Striche** zeichnet ein Bild in diagonalen, verwackelten Malstrichen nach.

Effekte

▲ **Abbildung 8-45** Sumi-e und **Verwackelte Striche**

Zeicheneffekte

Die vielfältigen rasterbasierten Zeicheneffekte aus dem Menü *Effekt → Zeichenfilter* verleihen Ihren Objekten handgezeichnetes Aussehen und Struktur. Viele dieser Effekte verwenden die Farben Schwarz und Weiß, um das Erscheinungsbild von Objekten zu verändern.

Basrelief: Der Effekt **Basrelief** lässt das Objekt wie ein von einer wählbaren Stelle aus beleuchtetes Flachrelief aussehen. Dunkle Objektfarben werden schwarz, helle weiß eingefärbt.

Chrom: Der Effekt **Chrom** verleiht dem Objekt die Illusion einer verchromten Oberfläche.

Conté-Stifte: Der Effekt **Conté-Stifte** simuliert die Struktur von dichten dunklen und reinen weißen Conté-Stiften auf einem Bild. D.h. es wird schwarz für dunkle und weiß für helle Bereiche verwendet.

▲ **Abbildung 8-46** Basrelief, **Chrom** und **Conté-Stifte**

Feuchtes Papier: Der Effekt **Feuchtes Papier** zeichnet ineinanderlaufende Farbkleckse wie auf feuchtem, strukturiertem Papier gemalt.

Fotokopie: Der Effekt **Fotokopie** simuliert eine Schwarz-Weiß-Kopie mit einem Kopiergerät.

Gerissene Kanten: Der Effekt **Gerissene Kanten** erstellt eine Collage aus gerissenen schwarzen und weißen Papierstücken.

▲ **Abbildung 8-47** Feuchtes Papier, Fotokopie und Gerissene Kanten

Kohleumsetzung: Der Effekt **Kohleumsetzung** rekonstruiert das Bild in einem leicht verwischten Kohleeffekt auf weißem Papier.

Prägepapier: Der Effekt **Prägepapier** prägt das Bild wie auf handgeschöpft aussehendem Papier mit einem Relief-Effekt.

Punktierstich: Der Effekt **Punktierstich** simuliert das Schrumpfen und Verzerren einer Filmschicht. Dunkle Bereiche wirken zusammengeschoben, hellere Bereiche gekörnt.

▲ **Abbildung 8-48** Kohleumsetzung, Prägepapier und Punktierstich

Rasterung: Der Effekt **Rasterung** simuliert ein Halbtonraster. Halbtöne bleiben dabei erhalten.

Stempel: Der Effekt **Stempel** erzeugt den Effekt, als würden Sie das Bild mit schwarzer Stempelfarbe auf weißes Papier stempeln.

Strichumsetzung: Der Effekt **Strichumsetzung** zeichnet das Bild mit schwarzen, feinen Federstrichen auf weißes Papier.

▲ **Abbildung 8-49** Rasterung, Stempel und Strichumsetzung

▲ **Abbildung 8-50** Stuck

Stuck: Der Effekt **Stuck** läßt das Bild wie modelliert aussehen.

Effekte

Stilisierungseffekte (Photoshop-Effekt)

Das Menü *Effekt → Stilisierungsfilter* aus dem unteren Bereich der Photoshop-Effekte enthält nur einen Effekt: **Leuchtende Konturen**. Dieser rasterbasierte Effekt sucht im Bild nach starken Kontrasten und fügt Kanten mit einem neonartigen Schein hinzu.

▶ **Abbildung 8-51**
Leuchtende Konturen verleiht dem Bild an seinen Farbübergängen einen neonartigen Schein.

Strukturierungseffekte

Mit den Strukturierungseffekten aus dem Menü *Effekt → Strukturierungsfilter* wenden Sie eine vorbereitete Oberflächenstruktur auf Ihre Vektor- und Pixelobjekte an.

▶ **Abbildung 8-52**
Die Strukturierungseffekte **Buntglas-Mosaik** (oben links), **Kacheln** (oben Mitte), **Körnung** (oben rechts), **Mit Struktur versehen** (unten links), **Patchwork** (unten Mitte) und **Risse** (unten rechts).

Buntglas-Mosaik: Der Effekt **Buntglas-Mosaik** zeichnet das Bild durch unregelmäßige Mosaiksteine und versieht diese mit Konturen. Legen Sie die Größe der Mosaiksteine, die Breite der Fugen und eine Lichtquelle fest.

Kacheln: Der Effekt **Kacheln** fügt dem Bild eine Kachel- und Fugenstruktur hinzu. Sie können die Größe der Kacheln sowie die Breite und Helligkeit der Fugen bestimmen.

Körnung: Der Effekt **Körnung** fügt dem Bild eine Körnungsstruktur hinzu. Sie wählen zwischen den Körnungsarten **Regelmäßig**, **Weich**, **Spritzer**, **Klumpig**, **Kontrastreich**, **Vergrößert**, **Getupft**, **Horizontal**, **Vertikal** und **Sprenkel** und können die Stärke der Körnung und die Helligkeit des Effekts bestimmen.

Mit Struktur versehen: Der Effekt **Mit Struktur versehen** simuliert einen Untergrund, den Sie entweder aus den vier vordefinierten Strukturen **Ziegel**, **Sackleinen**, **Leinwand** und **Sandstein** wählen oder durch eine eigene Struktur bestimmen, die Sie über das Menü des Effekts laden können.

Patchwork: Der Effekt **Patchwork** teilt das Bild in Quadrate auf und fügt den Quadraten nach dem Zufallsprinzip eine Tiefe hinzu, sodass Schatten entstehen. Sie können die Größe der Quadrate und ihre Tiefe wählen.

Risse: Der Effekt **Risse** simuliert eine grob verputzte Oberfläche mit Rissen, die das Bild fein strukturieren. Bestimmen Sie den Abstand und die Tiefe der Risse sowie ihre Helligkeit.

▲ **Abbildung 8-53**
Die Oberfläche dieser Zitrone sieht mit einer **Sandstein**-Struktur viel realistischer aus.

Vergröberungseffekte

Die vier rasterbasierten Vergröberungseffekte aus dem Menü *Effekt → Vergröberungsfilter* ziehen Pixel mit ähnlichen Farbwerten zusammen und erzeugen dadurch Muster.

▲ **Abbildung 8-54** Die vier Vergröberungseffekte **Farbraster** (oben links), **Kristallisieren** (oben rechts), **Mezzotint** (unten links) und **Punktieren** (unten rechts)

Farbraster: Der Effekt **Farbraster** unterteilt das Bild für jeden Kanal in Rechtecke und ersetzt diese Rechtecke durch Kreise. Dadurch entsteht ein Punktmuster. Sie können den maximalen Radius der Kreise in Pixeln bestimmen, und auch die Farbrasterwinkelung (Winkel des Punkts relativ zur Horizontalen) für die dem Farbmodus entsprechende Anzahl an Kanälen. Das sind für Graustufen ein Kanal, für RGB-Objekte drei Kanäle und für CMYK-Objekte vier Kanäle.

Kristallisieren: Der Effekt **Kristallisieren** fasst Bildfarben zu einfarbigen Polygonen in einer frei wählbarer Größe zusammen.

Mezzotint: Der Effekt **Mezzotint** wandelt das Bild in ein zufälliges Muster aus Schwarz-Weiß-Bereichen und – bei farbigen Bildern – voll gesättigten Farben um. Das Muster können Sie aus dem Drop-down-Menü *Rasterform* wählen: *kleiner, mittlerer, großer* oder *sehr großer Punkt, kurze, mittlere* oder *lange Linie* oder *kurzer, mittlerer* oder *langer Strich*.

Punktieren: Der Effekt **Punktieren** fasst Objektfarben in einfarbige Punkte zusammen und verteilt diese zufällig. Die Größe der Punkte können Sie selbst bestimmen.

Verzerrungseffekte (Photoshop-Effekt)

Mit den drei Effekten des Menüs *Effekt → Verzerrungsfilter* werden Objekte mit einem geometrischen Muster verzerrt und erhalten dadurch eine neue Oberfläche. Die Verzerrungseffekte sind rasterbasiert und können sehr speicherintensiv sein.

▲ **Abbildung 8-55** Die Verzerrungseffekte **Glas** (links), **Weiches Licht** (Mitte) und **Ozeanwellen** (rechts)

Glas: Der Effekt **Glas** bewirkt, dass das Bild so aussieht, als würde es durch eine Glasscheibe hindurch betrachtet. Sie können aus den Glasstrukturen **Quader**, **Leinwand**, **Milchglas** und **Kleine Linsen** wählen, oder über das Menü des Effekts eine Photoshop-Datei mit Ihren eigenen Glasoberflächen laden. Außerdem können sie die Größe des Effekts und den Grad der Verzerrung und der Glättung bestimmen.

Weiches Licht: Der Effekt **Weiches Licht** legt einen Lichtfilter mit einem weißen Rauschen über das Bild, das zum Rand hin immer schwächer wird.

Ozeanwellen: Der Effekt **Ozeanwellen** fügt in unregelmäßigen Abständen Wellen hinzu, was dann aussieht, als würde das Bild unter Wasser liegen.

Spezielle Effekte

Hier finden Sie noch eine Übersicht über spezielle Effekte zur Bearbeitung von Pixelgrafiken, Videos und zum Beispiel auch Effekten, die für die Ausgabe von Bedeutung sein können.

Scharfzeichnungseffekte

Der rasterbasierte Scharfzeichnungseffekt unter *Effekt → Scharfzeichnungsfilter → Unscharf Maskieren* ist CS6-Usern nicht mehr verfügbar. In CS5 erhöhen Sie damit den Kontrast zwischen benachbarten Pixeln und schärfen auf diese Weise verschwommene Bilder.

Neu in CS6

◄ **Abbildung 8-56**
Unscharf Maskieren zeichnet ein Bild scharf (rechts).

Neu in CS6

Der Effekt **Gaußscher Weichzeichner** wurde in CS6 erneuert und ist nun nicht nur viel schneller, sondern bietet auch eine Vorschau, mit der Sie die Einstellungen live in Ihrem Dokument beobachten können.

Wenn Sie in CS6 ein Dokument mit einem Gaußchen Weichzeichner-Effekt aus einer ältere Illustrator-Version öffnen, erscheint dieser im Aussehen-Bedienfeld als **Alter Gaußscher Weichzeichner**. Sobald Sie diesen Effekt bearbeiten, wird er in den neuen Gaußschen Weichzeichner umgewandelt.

Weichzeichnungseffekte

Das Menü *Effekt → Weichzeichnen* stellt Ihnen drei unterschiedliche rasterbasierte Methoden zum Weichzeichnen von Objekten zur Verfügung. Beim Weichzeichnen werden kontrastreiche Übergänge geglättet.

Gaußscher Weichzeichner: Der Effekt **Gaußscher Weichzeichner** entfernt rasch Details aus einem Objekt, indem er einen wählbaren Auswahlbereich weichzeichnet.

▲ **Abbildung 8-57**
Der alte **Gaußsche Weichzeichner** im Aussehen-Bedienfeld.

◄ **Abbildung 8-58**
Der **Gaußsche Weichzeichner** fügt dem Bild eine leichte Unschärfe hinzu (rechts).

Radialer Weichzeichner: Der Effekt **Radialer Weichzeichner** simuliert eine Unschärfe, wie sie durch das Bewegen einer Kamera entstehen würde. Definieren Sie

Effekte

die Stärke der Unschärfe und wählen Sie zwischen **Kreisförmig** – dies fügt eine Unschärfe hinzu, wie sie durch Drehen einer Kamera entstehen würde – oder **Strahlenförmig**, um Zoomen zu simulieren. Durch Klicken und Ziehen des Weichzeichnungsmusters im Feld **Mittelpunkt** legen Sie den Ausgangspunkt fest. Anschließend können Sie noch die Qualität des Weichzeichnens festlegen.

▲ **Abbildung 8-59** Radialer Weichzeichner mit kreisförmiger Unschärfe

Selektiver Weichzeichner: Der Effekt **Selektiver Weichzeichner** gibt Ihnen beim Weichzeichnen die meisten Kontrollmöglichkeiten. Sie können einen **Radius** (der Bereich, in dem nach ungleichen Pixeln gesucht wird), einen **Schwellenwert** (wie stark sich die Pixel unterscheiden müssen) und die **Qualität** des Weichzeichnens definieren.

▲ **Abbildung 8-60** Mit dem **Selektiven Weichzeichner** bestimmen Sie selbst, welche Bereiche des Bildes weichgezeichnet werden sollen.

Der **Modus** legt das Weichzeichnen durch Wählen von **Flächen** für die gesamte Auswahl beziehungsweise von **Nur Kanten** (wendet schwarze Kanten an) oder **Ineinanderkopieren** (wendet weiße Kanten an) ausschließlich für die Kanten von Farbübergängen fest.

Videoeffekte

Die beiden rasterbasierten Videoeffekte im Menü *Effekt → Videofilter* optimieren auf Video aufgenommene Bilder, die für das Fernsehen bestimmt sind.

De-Interlace: Glättet auf Video aufgenommene bewegliche Bilder durch Entfernen der geraden oder ungeraden Interlaced-Zeilen. Die entfernten Linien können durch Duplizieren oder durch Interpolation ersetzt werden.

NTSC-Farben: Der Effekt **NTSC-Farben** beschränkt den Farbumfang der Bilder auf Farben, die für die Fernsehwiedergabe geeignet sind.

Pfadeffekte

Das Menü *Effekt → Pfad* stellt Ihnen drei Effekte zur Verfügung.

Kontur nachzeichnen: Der Effekt **Kontur nachzeichnen** wandelt Text beziehungsweise die Fläche oder Kontur eines Pixelobjekts in zusammengesetzte Pfade (siehe Kapitel 5) um. Bei Text würden Sie diesen Effekt zum Beispiel verwenden, um die Bearbeitbarkeit des Textes im Dokument zu erhalten – im Gegensatz zum endgültigen Umwandeln über *Schrift → In Pfade umwandeln*. Beim Export in ein Dateiformat, das üblicherweise Schriften einbettet, würde die Schrift aber automatisch in Pfade umgewandelt werden.

Konturlinie: Wandelt eine Kontur in eine Fläche um und entspricht der Funktion von *Objekt → Pfad → Konturlinie* (siehe Kapitel 5).

Pfad verschieben: Der Effekt **Pfad verschieben** lässt Sie – wie Sie es auch permanent über *Objekt → Pfad → Pfad verschieben* tun können – den Objektpfad relativ zu seiner Ursprungsposition verschieben.

Schnittmarkeneffekt: Schnittmarken (siehe Kapitel 9) als dynamischen Effekt wenden Sie über *Effekt → Schnittmarken* an.

SVG-Filter-Effekte

Über *Effekt → SVG-Filter* haben Sie die Möglichkeit, Objekten Effekte hinzuzufügen, die beim Export als SVG-Datei (siehe Kapitel 9) nicht gerastert werden, sondern durch Beschreibung in XML (Extensible Markup Language) auflösungsunabhängig bleiben. XML-erfahrene Benutzer können auch durch Bearbeiten des XML-Codes eigene Effekte erstellen und weitere SVG-Effekte programmieren.

Ein SVG-Effekt muss immer als letzter Effekt – also im Aussehen-Bedienfeld an unterster Stelle direkt über der Deckkraft liegend – angewendet werden. Falls noch weitere Effekte folgen, wird in der SVG-Ausgabe ein Pixelobjekt erstellt.

Effekt »In Pixelbild umwandeln«

Über diesen Befehl wird das Umwandeln von Vektorobjekten in Pixelobjekte als bearbeitbarer Effekt umgesetzt – was Sie auch permanent über *Objekt → In Pixelbild umwandeln* (siehe Kapitel 9) durchführen können.

Weiche Kante

Mit einer **weichen Kante** können Sie den Umriss eines Objekts weichzeichnen. Neben vielem anderen bieten sie die Möglichkeit, einen Schatten zu erstellen.

> **Hinweis**
>
> Im Unterschied zum **Gaußschen Weichzeichner**, der eine gleichmäßige Weichzeichnung über das ganze Objekt erstellt, werden Objekte mit dem Effekt **Weiche Kante** nur an den Rändern weichgezeichnet.

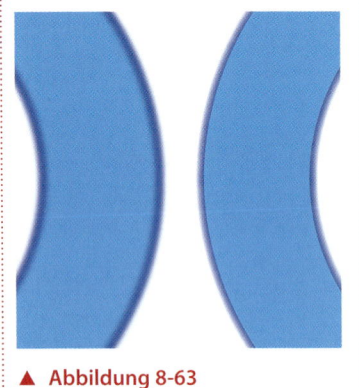

▲ **Abbildung 8-61** Eine schwarze Ellipse erhält durch den Effekt **Weiche Kante** das Aussehen eines Schattens.

Wählen Sie das oder die entsprechenden Objekte aus und wählen Sie *Effekt → Stilisierungsfilter → Weiche Kante*. Im Optionenfenster aktivieren Sie die Vorschau-Option, um die Größe des weichgezeichneten Effekts direkt testen zu können.

◀ **Abbildung 8-62** Optionen für **Weiche Kante**

▲ **Abbildung 8-63** Gaußscher Weichzeichner (links) und Weiche Kante (rechts)

Sie haben nur eine einzige Einstellungsmöglichkeit, nämlich den *Radius*, der die Größe des Bereichs festlegt, der von innen zur äußeren Kante hin transparent wird.

Schein

Sie können ausgewählten Objekten über das Menü *Effekt → Stilisierungsfilter → Schein nach außen...* beziehungsweise *Effekt → Stilisierungsfilter → Schein nach innen...* einen äußeren oder inneren Schein verleihen. Diese beiden Effekte fügen den Objekten an ausgewählten Stellen einen weichgezeichneten Farbbereich hinzu und wenden den *Modus* **Negativ multiplizieren** darauf an (siehe den Abschnitt »Füllmethoden« in Kapitel 6).

> **Hinweis**
>
> Bitte bedenken Sie, dass die Füllmethode **Negativ multiplizieren** keine Resultate auf weißem Hintergrund zeigt.

▶ **Abbildung 8-64** Schein nach außen (links) sowie **Schein nach innen** von der Kante des Objekts (Mitte) und von der Objektmitte (rechts)

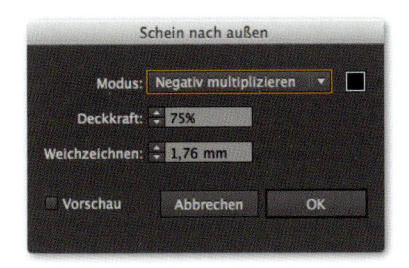

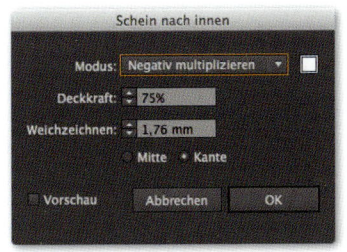

▲ **Abbildung 8-65** Optionen für die Effekte **Schein nach außen** und **Schein nach innen**

Klicken Sie auf das Farbquadrat, so können Sie für den Effekt eine andere Farbe bestimmen. Auch eine andere Füllmethode lässt sich über das Drop-down-Menü **Modus** wählen. Die Angaben für **Deckkraft** und **Weichzeichnen** regeln – wie auch beim Effekt Schlagschatten – den Grad der Transparenz und die Stärke des weichgezeichneten Scheins.

In den Optionen für Schein nach innen finden Sie am unteren Ende noch zwei Auswahlmöglichkeiten: **Mitte** lässt den Schein aus der Mitte der Auswahl strahlen, **Kante** von den Objektkanten nach innen.

Mit dem Scribble-Effekt zeichnen

Probieren Sie doch auch den **Scribble-Effekt** aus: Er wandelt im Nu Ihre Vektorobjekte in Zeichnungen um, die aussehen, als ob Sie von geübter Hand mit Filzstiften gezeichnet worden wären.

Hinweis

Machen Sie doch auch den Workshop 6-3 in Kapitel 6 – dort zeige ich Ihnen, wie sich der Scribble-Effekt mit Text verhält.

▲ **Abbildung 8-66** Der Scribble-Effekt auf Text angewendet.

◀ **Abbildung 8-67**
Objekt ohne (links) und mit (rechts) **Scribble-Effekt**

Wählen Sie mit einem oder mehreren ausgewählten Objekten aus dem Menü *Effekt → Stilisierungsfilter → Scribble...* aus. Im folgenden Optionenfenster können Sie eine Vielzahl an Einstellungen für einen schönen, handgezeichneten Effekt treffen. Aktivieren Sie darin gleich die Vorschau-Option, damit Sie Ihre Einstellungen direkt am Objekt testen können.

▶ **Abbildung 8-68** Scribble-Optionen

Effekte 409

> **Tipp**
>
> Über das Drop-down-Menü ganz oben im Optionenfenster können Sie auf vordefinierte Sets an Einstellungen zugreifen.

▲ **Abbildung 8-70**
Fertige Sets von Scribble-Effekten

Über den **Winkel** (–179° bis 180°) legen Sie die Richtung der Strichführung fest. Sie können dies entweder durch Eingabe eines Werts machen, oder indem Sie im Winkelsymbol die Winkellinie an eine beliebige Position ziehen.

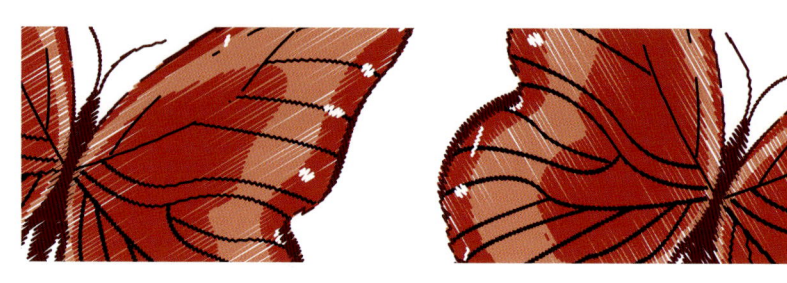

▲ **Abbildung 8-69** Strichführung im Winkel 30° (links) und 120° (rechts)

Über die **Pfadüberlappung** definieren Sie, wie weit die Linien von den Pfaden abweichen dürfen: Ein negativer Wert legt fest, dass die Linien innerhalb der Pfadbegrenzungen liegen müssen, ein positiver Wert lässt sie darüber hinausragen. Hinausragende Pfadbegrenzungen können natürlich auch zur Folge haben, dass Striche überlappen. Für die Pfadüberlappung können Sie noch eine **Variation** definieren, die den Unterschied in der Länge der einzelnen Linien relativ zueinander verändert. Eine kleine Variation verstärkt den handgezeichneten Effekt.

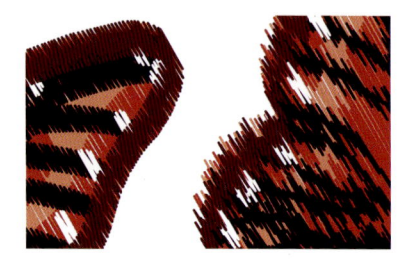

▲ **Abbildung 8-71**
Variation für **Pfadüberlappung** (rechts)

▲ **Abbildung 8-72** Links eine leicht negative Pfadüberlappung, rechts eine leicht positive

Die **Strichbreite** legt die Breite der gescribbelten Linien fest – also die Stärke der Stiftspitze –, und der **Abstand** legt fest, wie dicht sich die Striche zusammenfalten. Für den Abstand können Sie zwecks natürlichen Aussehens wieder eine leichte **Variation** einstellen.

▶ **Abbildung 8-73**
Der **Abstand** bestimmt die Dichte der Linien.

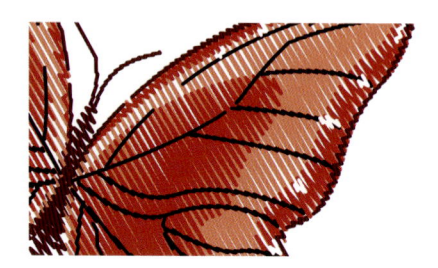

Über die **Kurvenstärke** definieren Sie, wie zackig oder rund die Strichführung beim Richtungswechseln verläuft, auch hier lässt sich eine **Variation** bestimmen.

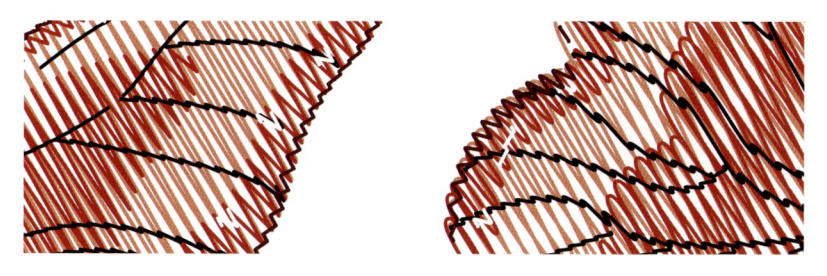

▲ **Abbildung 8-74** Die **Kurvenstärke** macht Linien zackig oder rund.

3D-Effekte

Zur Erstellung von dreidimensionalen Objekten mit Effekten haben Sie zwei verschiedene Methoden zur Auswahl: **Kreiseln** und **Extrudieren und abgeflachte Kante**. Mit beiden Effekten können Sie die 3D-Objekte im dreidimensionalen Raum drehen, ihre Oberfläche auf unterschiedliche Weise darstellen und beleuchten, sowie der Objektoberfläche Bildmaterial in Form von Symbolen (siehe Abschnitt »Symbole« in Kapitel 5) zuweisen.

Bevor wir uns aber mit der Objektoberfläche, Drehung und Beleuchtung beschäftigen, möchte ich Ihnen erst den Unterschied bei der Erstellung von 3D-Objekten mit diesen beiden Effekten zeigen, damit Sie das Prinzip verstehen.

3D-Objekte durch Kreiseln erstellen

Über *Effekt* → *3D* → *Kreiseln* erstellen Sie 3D-Objekte aus einem zweidimensionalen Objekt, indem Sie es drehen. Beim **Kreiseln** wird ein Pfad in einer kreisförmigen Bewegung um die y-Achse (Kreiselachse) gedreht. Der Pfad stellt also in der Frontalansicht (von vorne) den Längsschnitt des 3D-Objekts dar. Stellen Sie sich zur Kontrolle vor, Sie würden ein gespiegeltes Duplikat danebenlegen.

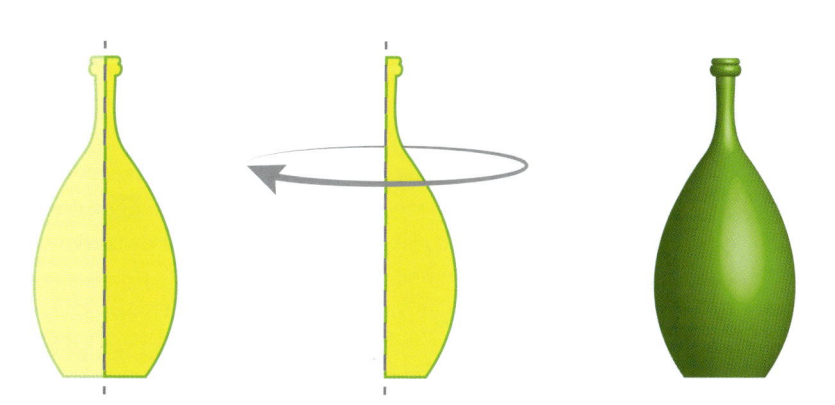

▲ **Abbildung 8-76** Erstellen Sie in der Frontalansicht den Längsschnitt für den 3D-Effekt **Kreiseln**.

Hinweis

Das Arbeiten mit 3D-Effekten ist sehr rechenintensiv. Wenn Ihr Computer nach dem Anwenden eines 3D-Effekts zu langsam wird, wählen Sie das Objekt aus, auf das er angewendet wurde, und blenden Sie den Effekt vorübergehend aus.

▲ **Abbildung 8-75**
Klicken Sie auf das Augensymbol neben dem Effekt, um ihn aus- und einzublenden.

Hinweis

Bei den 3D-Effekten werden die Einstellungen für Fläche und Kontur übernommen. Beim Kreiseln zum Beispiel sehen Sie das 3D-Objekt in der Farbe der Kontur (sofern Sie eine Konturfarbe eingestellt haben), weil diese bei der Drehung außen liegt.

Effekte

In den **3D-Kreiseln-Optionen** überspringen Sie bitte vorerst den Abschnitt **Position**. Dieser Abschnitt beschäftigt sich mit der Drehung des Objekts, die ich – da die Optionen für beide Effekte gleich sind – erst später erläutern werde. Im Abschnitt **Kreiseln** können Sie das Aussehen des 3D-Objekts weiter anpassen.

▲ **Abbildung 8-77** Im Abschnitt Kreiseln in den **3D-Kreiseln-Optionen** passen Sie das Aussehen an.

Hinweis

Auch die Vorschau in den 3D-Effekt-Optionen ist sehr rechenintensiv, und jede Änderung, die Sie in den Optionen machen, berechnet eine neue Vorschau. Aktivieren Sie diese Option nicht, wenn Ihr Computer für die Neuberechnung der Vorschau zu lange braucht.

Der **Winkel** (0° bis 360°), den Sie wahlweise als Wert oder durch Ziehen der Winkellinie im Winkelsymbol definieren können, bestimmt, um wie viel Grad das Objekt gedreht wird. Wählen Sie 360°, wird das Objekt einmal komplett um seine Achse gedreht. Jeder darunterliegende Wert erzeugt eine »Öffnung«.

▲ **Abbildung 8-78** Die Option **Winkel** legt fest, um wie viel Grad das Objekt gedreht wird.

Mit dem **Abschluss** können Sie entscheiden, ob das Objekt gefüllt wird. Klicken Sie auf ⬤ **Aufsatz aktivieren**, um das Objekt massiv zu erstellen, oder auf ⬤ **Aufsatz deaktivieren**, um es hohl erscheinen zu lassen. Die Option **Aufsatz deaktivieren** funktioniert am besten, wenn Sie nur eine Flächenfarbe eingestellt haben. Sind sowohl Fläche als auch Kontur definiert, kann es zu Fehlern in der Darstellung kommen. Falls Sie nur eine Kontur verwenden, entsteht in der Mitte des Objekts ein Balken, den Sie unter Umständen nicht haben möchten.

▲ **Abbildung 8-79** 3D-Objekte mit der Option **Aufsatz aktivieren** (links) und **Aufsatz deaktivieren** (Mitte und rechts)

Der **Versatz** rückt den Pfad, aus dem Sie ein 3D-Objekt erstellen, von seiner Kreiselachse weg und erzeugt dadurch eine Ringform. Im Drop-down-Menü *von* können Sie zwischen **linker Kante** und **rechter Kante** wählen.

▲ **Abbildung 8-80** Der **Versatz** erzeugt eine Ringform.

3D-Objekte durch Extrudieren erstellen

Über das Menü *Effekt → 3D → Extrudieren und abgeflachte Kante* erstellen Sie 3D-Objekte aus zweidimensionalen Objekten, indem Sie ihnen eine Tiefe und – falls erwünscht – einen Kantenabschluss geben.

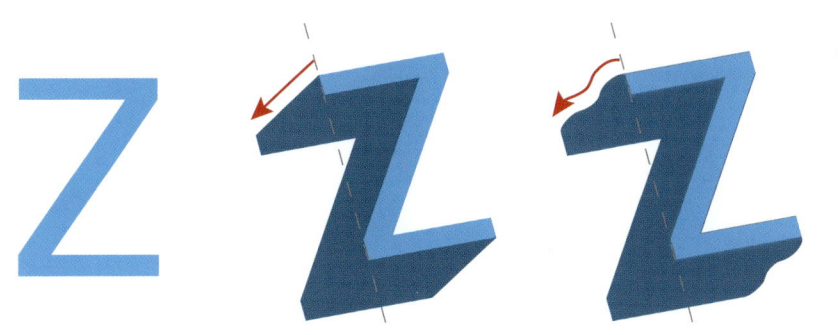

◄ **Abbildung 8-81**
Zweidimensionales Objekt (links), **extrudiert** (Mitte) und mit **Kantenabschluss** (rechts)

Effekte 413

Sehen wir uns in den **Extrudieren und abgeflachte Kante-Optionen** zuerst die Optionen im Abschnitt **Extrudieren und abgeflachte Kante** an, die zum Erstellen der 3D-Form benötigt werden.

▶ **Abbildung 8-82**
Im Abschnitt **Extrudieren und abgeflachte Kante** passen Sie das Aussehen an.

Über das Eingabefeld **Tiefe der Extrusion** legen Sie fest, wie weit das Objekt nach hinten ausgedehnt wird. Der **Abschluss** bestimmt – wie auch beim 3D-Effekt Kreiseln –, ob das Objekt massiv (**Aufsatz aktivieren**) oder hohl (**Aufsatz deaktivieren**) dargestellt werden soll.

Im Drop-down-Menü **Abgeflachte Kante** können Sie aus vordefinierten Kantenabschlüssen wählen, darunter können Sie noch die **Höhe** für die Kante bestimmen.

Hinweis
Extrudieren-Kanten sind eine sensible Angelegenheit: Wenn eine Warnung erscheint, ist wahrscheinlich die Kantenhöhe zu groß, wodurch es für die Berechnung des Effekts zu Überschneidungen kommt.

▲ **Abbildung 8-83** Massiv extrudiertes Objekt und hohl extrudiertes Objekt mit unterschiedlicher Tiefe

Klicken Sie zum Ausrichten der Kanten relativ zum Originalobjekt auf **Abgeflachte Kante nach außen** oder auf **Abgeflachte Kante nach innen**.

▲ **Abbildung 8-84** Extrudierte Objekte mit unterschiedlichen **abgeflachten Kanten**

3D-Objekt drehen

Der erste Abschnitt in den jeweiligen Effekt-Optionen ist für alle drei 3D-Effekte (Drehen, Kreiseln und Extrudieren) gleich. In diesem Abschnitt bestimmen Sie die **Drehung** des 3D-Objekts im dreidimensionalen Raum. Um Objekte zu drehen, können Sie aus dem Drop-down-Menü **Position** aus mehreren vordefinierten Drehungspositionen wählen, oder sie durch Bewegen des Würfels oder Eingabe von Werten für jede der drei Achsen selbst bestimmen.

▲ **Abbildung 8-85** Bestimmen Sie die Drehposition des 3D-Objekts.

Der Würfel symbolisiert Ihr Objekt, die unterschiedlich gefärbten Würfelseiten geben Ihnen eine Orientierungshilfe: Die ⓐ Vorderseite des Würfels wird blaugrün dargestellt, die ⓑ Seitenflächen sind mittelgrau, ⓒ Ober- und Unterseite hellgrau, und die ⓓ Rückseite dunkelgrau gefärbt. Nehmen und ziehen Sie den Würfel an einer Fläche, können Sie ihn frei in jede Richtung drehen.

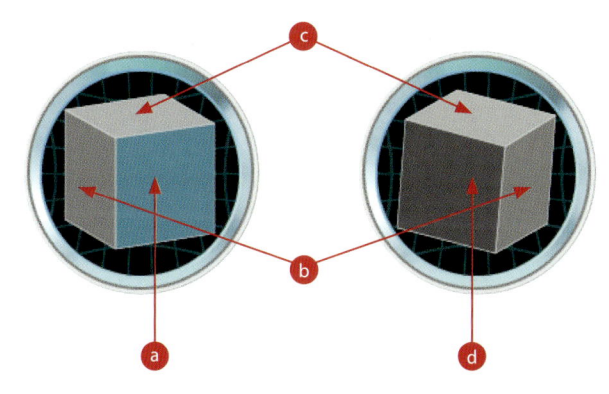

▲ **Abbildung 8-86** Verschiedenfarbige Flächen geben Aufschluss über die Ausrichtung.

Die auf diese intuitive Weise festgelegten Werte werden in die entsprechenden Eingabefelder **horizontale Achse** (x), **vertikale Achse** (y) sowie für die **Tiefenachse** (z) übernommen.

Effekte

Möchten Sie die Drehung auf eine der drei Achsen beschränken, können Sie an einer Würfelkante ziehen. Bewegen Sie den Cursor über eine Kante, wird die Kante rot, grün oder blau hervorgehoben und der Cursor verändert sich in . Die Kantenfarbe gibt wiederum Aufschluss darüber, um welche Achse das Objekt gedreht wird: Rote Kanten repräsentieren die x-Achse, grüne die y-Achse und blaue die z-Achse.

▲ **Abbildung 8-87**
Ein **Perspektive-Winkel** von 160° simuliert ein Weitwinkelobjektiv.

▲ **Abbildung 8-88** Verschiedene Drehpositionen

Über das Eingabefeld **Perspektive** (0° bis 160°) können Sie die perspektivische Linsenverzerrung mit einer Kamera simulieren: Ein kleiner Winkel entspricht einem Teleobjektiv, ein größerer einem Weitwinkelobjektiv.

Oberfläche und Beleuchtung von 3D-Objekten

Im jeweiligen Optionenfenster für die Effekte **Drehen**, **Kreiseln** und **Extrudieren und abgeflachte Kante** finden Sie im unteren Bereich einen Abschnitt, in dem Sie die Oberfläche für das 3D-Objekt gestalten können. Sie können dort Optionen für die Darstellung und für die Beleuchtung festlegen. Im Drop-down-Menü **Oberfläche** können Sie zwischen vier vordefinierten Darstellungen wählen:

- **Keine Schattierung** belässt das 3D-Objekt in derselben Farbe wie das zugrunde liegende 2D-Objekt und fügt keine Oberflächeneigenschaften hinzu.
- **Diffuse Schattierung** simuliert eine matte, diffuse Oberfläche.
- **Kunststoffschattierung** erzeugt eine glatte, glänzende Oberfläche.
- **Drahtmodelldarstellung** macht die Oberfläche transparent und zeichnet die geometrische Objektform nach.

Hinweis

Für den 3D-Effekt *Drehen* können Sie nur zwischen **Diffuse Schattierung** und **Keine Schattierung** wählen.

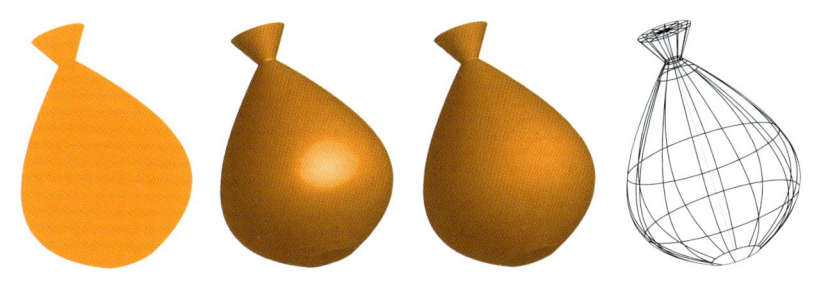

▲ **Abbildung 8-89** 3D-Objekt mit unterschiedlichen Oberflächen: **Keine Schattierung**, **Kunststoffschattierung**, **Diffuse Schattierung** und **Drahtmodelldarstellung**

Schattierungs-Optionen

Die beiden Schattierungsarten **Kunststoffschattierung** und **Diffuse Schattierung** werden im Grunde lediglich durch Beleuchtungseffekte erzeugt, die mithilfe von Farbverläufen dargestellt werden. Die meisten Einstellungsmöglichkeiten haben Sie mit der Oberfläche **Kunststoffschattierung**.

> **Hinweis**
>
> Falls Sie die Schattierungsoptionen für die Oberfläche des 3D-Effekts nicht sehen, klicken Sie bitte auf **Mehr Optionen**.

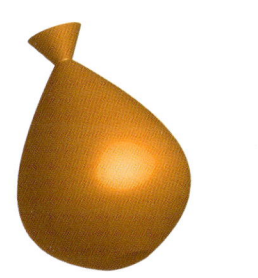

▲ **Abbildung 8-90** Unterschiedliche Licht- und Farbeinstellungen für die Kunststoffschattierung

In der Schattierungsvorschau wird das Objekt durch eine Kugel dargestellt, das Symbol ☐ stellt die Lichtquelle dar. Nehmen und ziehen Sie dieses Symbol an eine andere Stelle, um die Position der Lichtquelle zum Objekt zu verändern. Über den Button ⏩ **Ausgewähltes Licht zur Objektrückseite verschieben** bewirken Sie, dass das Objekt von hinten beleuchtet wird.

Jeder Klick auf den Button 🔲 **Neues Licht** erzeugt eine neue Lichtquelle, die standardmäßig auf der Vorderseite in der Mitte angeordnet ist.

Über die **Lichtintensität** (0 % bis 100 %) definieren Sie die Intensität der Lichtquelle(n). Das **Umgebungslicht** (0 % bis 100 %) definiert die Helligkeit der Umgebung. Mit diesem Wert verändert sich die Helligkeit aller Objektflächen gleichmäßig.

Spitzlichtintensität (0 % bis 100 %) steuert die Reflexionsfähigkeit des Objekts. Höhere Werte simulieren glänzende Oberflächen, niedrigere Werte matte. Die **Spitzlichtgröße** (0 % bis 100 %) legt die Größe des Spitzlichts fest.

Effekte

▶ **Abbildung 8-91**
Oberflächen-Optionen für die Kunststoffschattierung

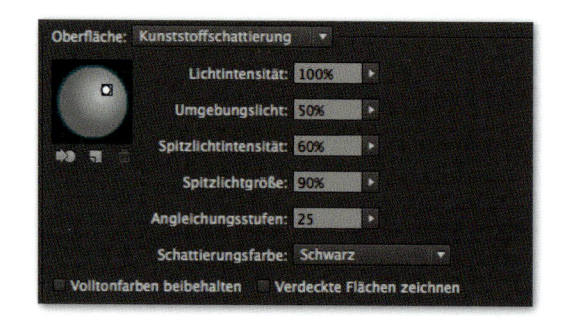

Die Anzahl der **Angleichungsstufen** (1 bis 256) bestimmt, wie nahtlos die Farbangleichung stattfindet. Höhere Werte erzeugen einen glatten Farbübergang, aber auch mehr Pfade. Die standardmäßig auf Schwarz gestellte **Schattierungsfarbe** mischt sich mit der Objektfarbe und erzeugt auf diese Weise den Schatteneffekt. Sie können auch **Ohne** oder über **Benutzerdefiniert** jede beliebige Farbe dafür wählen.

Falls das Objekt transparent gestaltet wird oder Sie nach dem Umwandeln (siehe Kapitel 5) alle Seiten benötigen, können Sie über die Option **Verdeckte Flächen zeichnen** veranlassen, dass auch nicht sichtbare Flächen gezeichnet werden.

3D-Objektoberflächen Bildmaterial zuweisen

Illustrator teilt die meisten 3D-Objekte in mehrere Flächen auf. Jeder Fläche eines 3D-Objekts, das mit den 3D-Effekten **Kreiseln** oder **Extrudieren und abgeflachte Kante** erstellt wird, kann Bildmaterial zugewiesen werden, das sich der Verzerrung und Oberfläche des Objekts anpasst. Dieses Bildmaterial muss als Symbol (siehe Abschnitt »Symbole« in Kapitel 5) im Symbole-Bedienfeld vorhanden sein. Klicken Sie in den Effekt-Optionen auf den Button **Bildmaterial zuweisen** und schieben Sie das Dialogfenster neben das Objekt, sodass Sie das Objekt sehen können.

> **Hinweis**
>
> Wenn Sie **Volltonfarben** (siehe Kapitel 1) verwenden, haben Sie im Drop-down-Menü *Schattierungsfarbe* auch die Option *Schwarz überdrucken* zur Auswahl. Aktivieren Sie – falls gewünscht – die Option *Volltonfarben beibehalten*. Das ist nur möglich, wenn Sie keine benutzerdefinierte Schattierungsfarbe gewählt haben.

▶ **Abbildung 8-92**
In der **Objektvorschau** werden ausgewählte sichtbare und unsichtbare Flächen rot umrandet.

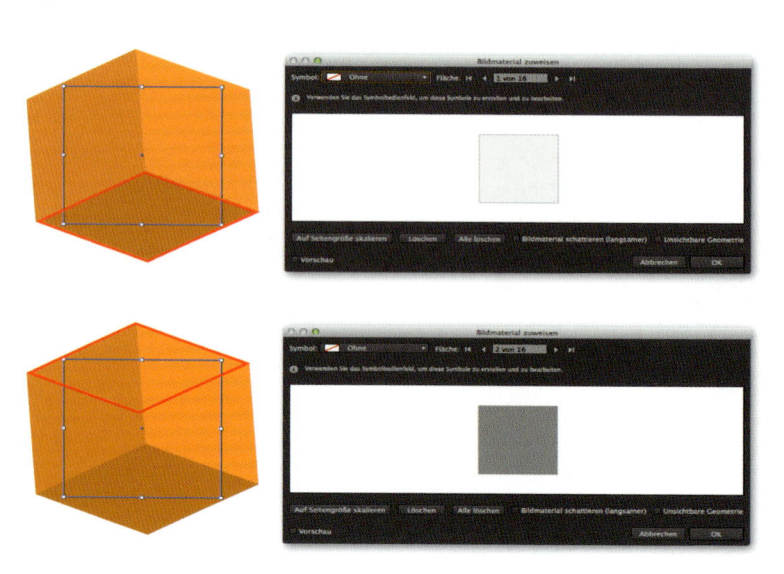

Kapitel 8 · Effekte und Grafikstile

In den Optionen für das Zuweisen von Bildmaterial haben Sie einen Bereich, in dem Sie durch die Flächen, die Illustrator erstellt hat, navigieren können. Gleichzeitig können Sie in der Vorschau am Originalobjekt an einer roten Markierung erkennen, um welche Objektfläche es sich dabei handelt. In der Objektvorschau werden übrigens sichtbare Flächen hellgrau und unsichtbare Flächen dunkelgrau angezeigt.

Nachdem Sie die gewünschte Fläche ausgewählt haben, definieren Sie das Bildmaterial dafür über das Drop-down-Menü **Symbol**. Darin sind sämtliche Symbole aufgelistet, die sich im Symbole-Bedienfeld befinden. Wählen Sie ein Symbol aus, wird es in seiner Originalgröße zentriert auf die Fläche gelegt und in der Objektvorschau angezeigt. Sie können es nun mit seinem Begrenzungsrahmen verschieben, drehen und skalieren. Ein Klick auf den Button **Auf Seitengröße skalieren** passt die Symbolgröße der Größe der Fläche an.

▲ **Abbildung 8-93**
Navigieren Sie durch die angelegten **Flächen**

Hinweis

Wenn Sie ein Symbol verändern, werden automatisch auch die Symbolinstanzen auf den 3D-Flächen aktualisiert.

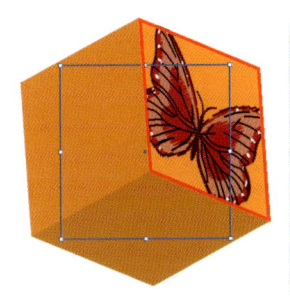

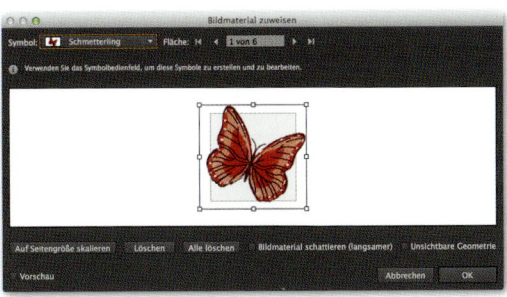

Hinweis

Über die Buttons **Löschen** beziehungsweise **Alle löschen** entfernen Sie das Bildmaterial für ausgewählte oder alle Flächen.

▲ **Abbildung 8-94** Das Symbol kann mit seinem Begrenzungsrahmen transformiert werden.

Möchten Sie, dass das Bildmaterial die Beleuchtung beziehungsweise Schattierung des 3D-Objekts annimmt, aktivieren Sie die Option **Bildmaterial schattieren**. Dadurch dauert das Berechnen des Effekts etwas länger. Mit der Option **Unsichtbare Geometrie** lassen Sie das 3D-Objekt selbst verschwinden, lediglich das Bildmaterial bleibt sichtbar.

▲ **Abbildung 8-95** 3D-Objekt mit sichtbarer und unsichtbarer Geometrie

Effekte

▲ **Abbildung 8-96**
Das **Grafikstile-Bedienfeld** (hier in einem Dokument mit Profil **Flash Builder**, siehe Kapitel 1, Abschnitt »Welches Dokumentprofil verwenden?«)

Grafikstile

Durch den Einsatz von **Grafikstilen** können Sie schnell das Erscheinungsbild von Objekten komplett ändern. Angenommen, Sie legen für ein Objekt eine Vielzahl an Aussehen-Attributen fest – zum Beispiel Flächen- und Kontureigenschaften, Transparenz, Füllmethoden sowie Effekte –, so können Sie all diese Aussehen-Attribute als Grafikstil speichern. Über das **Grafikstile-Bedienfeld** lassen sich Grafikstile rasch auf andere Objekte anwenden und auch bearbeiten oder löschen. Ein weiterer Vorteil von Grafikstilen ist, dass – wenn Sie einen Grafikstil verändern – Änderungen automatisch für alle Objekte übernommen werden, die damit verknüpft sind.

Hinweis
Grafikstile lassen sich auch auf Gruppen und Ebenen anwenden. Verschieben Sie allerdings ein einzelnes Objekt aus einer Gruppe oder Ebene, der Sie einen Grafikstil zugewiesen haben, so verliert dieses Objekt das durch den Grafikstil definierte Aussehen, da dieses ja der Gruppe/Ebene gegeben wurde.

Hinweis
Wenn Sie mit Symbolen arbeiten, können Sie Grafikstile mit dem **Symbol-gestalten-Werkzeug** anwenden.

Tipp
Wenn Sie mit gedrückter `strg`-Taste die rechte Maustaste auf einer Miniatur gedrückt halten, sehen Sie eine größere Ansicht des Grafikstils.

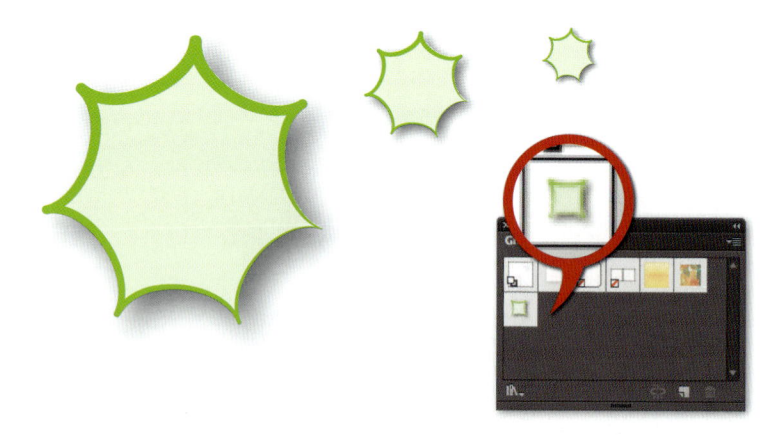

▲ **Abbildung 8-97** **Grafikstile** lassen sich rasch auf Objekte anwenden.

Anwenden von Grafikstilen

Öffnen Sie über das Menü *Fenster* → *Grafikstile* das **Grafikstile-Bedienfeld**, wo Sie einige Miniaturen von vordefinierten Grafikstilen finden. Wählen Sie ein oder mehrere Objekte, Gruppen oder Ebenen aus und klicken Sie mit dieser Auswahl auf eine der Miniaturen – der Grafikstil wird auf die Objekte angewendet. Sie können einen Grafikstil auch direkt aus dem Grafikstile-Bedienfeld auf ein Objekt ziehen, dazu muss es nicht ausgewählt sein.

Eine weitere Möglichkeit, Grafikstile auszuwählen, ist das Steuerung-Bedienfeld.

▲ **Abbildung 8-98** Grafikstile im **Steuerung-Bedienfeld**

Kapitel 8 · Effekte und Grafikstile

Mehrere Grafikstile auf ein Objekt anwenden

Wenn Sie einem Objekt bereits einen Grafikstil zugewiesen haben und einen weiteren Grafikstil darauf anwenden möchten, ziehen Sie diesen mit gedrückter alt-Taste auf das Objekt oder klicken mit gedrückter alt-Taste im Grafikstile-Bedienfeld darauf (hier muss das Objekt ausgewählt sein).

Mehr Auswahl durch Bibliotheken

Über **Grafikstile-Bibliotheken** können Sie auf viele weitere thematisch zusammengefasste Grafikstile zugreifen. Klicken Sie dazu entweder im Grafikstile-Bedienfeld links unten auf den Button ▸ **Grafikstile-Bibliotheken** oder wählen Sie ein Thema aus dem Menü *Fenster → Grafikstile-Bibliotheken*.

Sobald Sie einen Grafikstil aus einer Bibliothek auf ein Objekt anwenden, wird er auch in das Grafikstile-Bedienfeld übernommen. Wenn Sie Grafikstile aus Bibliotheken in das Grafikstile-Bedienfeld übernehmen möchten, ohne sie anzuwenden, können Sie sie direkt aus der Bibliothek in das Grafikstile-Bedienfeld ziehen.

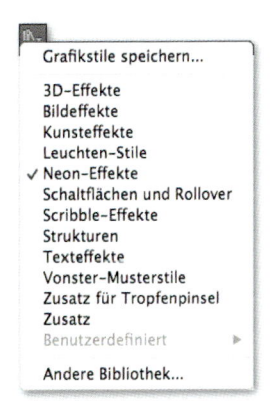

▲ **Abbildung 8-99**
Thematisch geordnete **Grafikstile-Bibliotheken**

▲ **Abbildung 8-100** Beispiele für **Grafikstile-Bibliotheken**

Grafikstile aus anderen Dokumenten importieren

Über das Menü *Fenster → Grafikstile-Bibliotheken → Andere Bibliothek* können Sie eine Datei auswählen, aus der Sie sämtliche Grafikstile (die im dortigen Grafikstile-Bedienfeld enthalten sind) importieren. Die importierten Grafikstile werden als Bibliothek in einem eigenen Bedienfeld geöffnet.

Eigene Grafikstile erstellen

Natürlich können Sie auch eigene Grafikstile zusammenstellen. Wenden Sie auf ein Objekt eine beliebige Kombination aus Aussehen-Attributen und Effekten an, wählen Sie es aus und öffnen Sie über *Fenster → Grafikstile* das Grafikstile-Bedienfeld. Klicken Sie nun auf ▫ **Neuer Grafikstil** oder ziehen Sie die Miniatur aus dem Aussehen-Bedienfeld in das Grafikstile-Bedienfeld.

Sie können einen Grafikstil aber auch auf Basis eines anderen Grafikstils erstellen. Duplizieren Sie erst einen Grafikstil, indem Sie ihn auf den Button **Neuer Grafikstil** ziehen, und bearbeiten Sie ihn anschließend.

> **Hinweis**
>
> Soll eine Farbfeld-Bibliothek immer automatisch mit dem Programm geöffnet werden, wählen Sie aus dem Bedienfeld-Menü dieser Bibliothek die Option **Gleiche Position**.

Neuer Grafikstil aus einer Kombination mehrerer vorhandener Grafikstile

Möchten Sie einen neuen Grafikstil erstellen, der alle Attribute von zwei oder mehreren bereits vorhandenen Grafikstilen vereint, klicken Sie mit gedrückter ⌘/strg-Taste auf alle Grafikstile, die Sie zusammenfügen möchten, und wählen dann aus dem Menü des Grafikstile-Bedienfelds die Option **Grafikstile zusammenfügen**.

Grafikstile bearbeiten

Wenn Sie die Aussehen-Attribute eines Grafikstils verändern möchten, haben Sie dazu mehrere Möglichkeiten. Wählen Sie ein Objekt aus, das die gewünschten Attribute zugewiesen bekommen hat, und ziehen Sie das Objekt mit gedrückter alt-Taste direkt von der Zeichenfläche auf den Grafikstil, den Sie ersetzen möchten. Alternativ können Sie die Miniatur aus dem Aussehen-Bedienfeld mit gedrückter alt-Taste auf den zu ersetzenden Grafikstil ziehen. Sämtliche Objekte, die mit diesem Grafikstil verknüpft sind, passen ihr Aussehen an.

▲ **Abbildung 8-101** Ziehen Sie Objekte mit gedrückter alt-Taste auf einen Grafikstil, wird dieser ersetzt.

> **Hinweis**
> Über das Menü des Grafikstile-Bedienfelds können Sie die **Grafikstil-Optionen** öffnen und dort einen neuen Namen vergeben.

Oder Sie können ein Objekt mit den gewünschten Aussehen-Attributen auswählen. Wählen Sie außerdem den zu ersetzenden Grafikstil im Grafikstile-Bedienfeld aus. Über die Option **Grafikstil (Stilname) neu definieren** aus dem Menü des Grafikstile-Bedienfelds wird der Grafikstil mit den neuen Attributen überschrieben.

Löschen von Grafikstilen

Ziehen Sie im Grafikstile-Bedienfeld einen Grafikstil auf den 🗑 **Löschen**-Button. Diejenigen Objekte, denen Sie vorher den nun gelöschten Grafikstil zugewiesen hatten, erhalten ihr Aussehen, sind aber nicht mehr mit einem Stil verknüpft.

Verknüpfung zwischen Objekten und einem Grafikstil aufheben

> **Hinweis**
> Ein Objekt verliert übrigens automatisch seine Verknüpfung mit dem Grafikstil, wenn Sie an ihm eines der durch den Stil festgelegten Aussehen-Attribute verändern.

Wählen Sie erst die Objekte oder Gruppen oder die Ebene aus, auf die der Grafikstil angewendet wurde. Nun können Sie entweder aus dem Menü des Grafikstile-Bedienfelds die Option **Verknüpfung mit Grafikstil aufheben** wählen oder auf den Button 🔲 **Verknüpfung mit Grafikstil aufheben** klicken.

Workshop 8-1

Erstellen einer Blume mit dem Zusammenziehen- und Aufblasen-Effekt

Der Effekt **Zusammenziehen und Aufblasen** (*Effekt → Verzerrungs- und Transformationsfilter → Zusammenziehen und aufblasen*) wölbt Pfadsegmente – also die Strecken zwischen zwei Ankerpunkten – nach innen beziehungsweise außen. Das klingt auf Anhieb nicht weiter spektakulär, kann aber sehr interessante Effekte erzielen, und ist zum Beispiel für das Zeichnen von Blumen nützlich, wie ich Ihnen in diesem Workshop zeigen werde.

1 Polygon zeichnen

Zuerst benötigen wir ein Polygon, beispielsweise mit zwölf Seiten. Wählen Sie dazu das **Polygon-Werkzeug** aus dem Werkzeug-Bedienfeld aus und klicken Sie einmal in die Arbeitsfläche. Definieren Sie in den folgenden Optionen den **Radius** und die Anzahl der **Seiten** mit 12. Das Objekt ist erstellt, sobald Sie mit **OK** bestätigen.

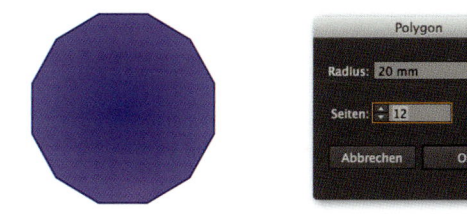

▲ **Abbildung 8-102** Erstellen Sie zuerst ein Polygon.

2 Effekt auf das Polygon anwenden

Lassen Sie das Polygon ausgewählt und öffnen Sie aus dem Menü *Effekt → Verzerrungs- und Transformationsfilter → Zusammenziehen und aufblasen* das Einstellungsfenster. Aktivieren Sie dort die Vorschau und ziehen Sie den Regler so weit nach rechts, bis Ihnen die Wölbung gefällt.

◄ **Abbildung 8-103**
Polygon mit unterschiedlicher Stärke zusammengezogen (links) oder aufgeblasen (Mitte und rechts)

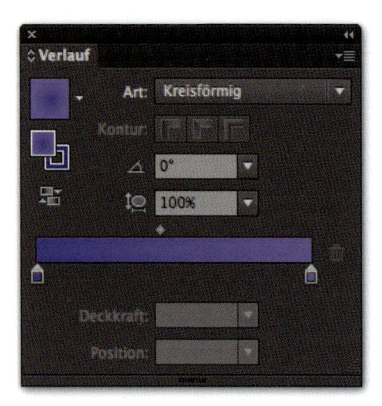

▲ **Abbildung 8-104**
Über das Verlauf-Bedienfeld definieren Sie, wie im Abschnitt »Farbverlauf« in Kapitel 6 beschrieben, einen leichten, von innen nach außen heller werdenden radialen Farbverlauf für die Fläche.

3 Polygon gestalten

Nachdem Sie den Effekt angewendet haben, können Sie die Kontur des ausgewählten Objekts im Kontur-Bedienfeld durch einen Klick auf **Kontur innen ausrichten** innerhalb des Objektpfads ausrichten. Das lässt die Blütenblätter etwas realistischer aussehen.

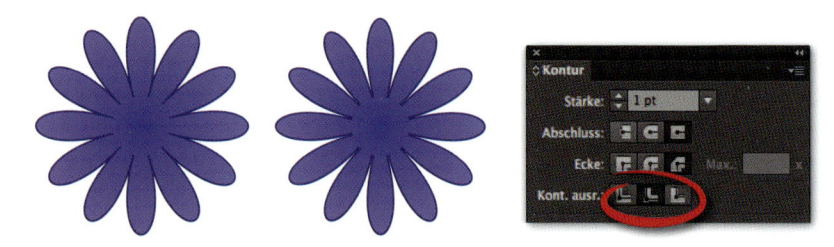

▲ **Abbildung 8-105** Kontur mittig (links) und innen (rechts) ausgerichtet

4 Zweite Reihe an Blütenblättern

Wenn Sie möchten, können Sie für eine zweite Reihe an Blütenblättern das Objekt duplizieren, ein wenig verkleinern und um 45° drehen.

▲ **Abbildung 8-106** Drehen und skalieren Sie ein Duplikat des ersten Objekts.

5 Blätter

Die weiteren Objekte der Blume sind ebenfalls mit diesem Effekt erstellt und passend eingefärbt worden. Für die grünen Blätter können Sie eine Kopie der Blütenblätter verwenden. Lassen Sie die Kopie ausgewählt und klicken Sie im **Aussehen-Bedienfeld** (*Fenster → Aussehen*) auf den bereits mitkopierten Effekt **Zusammenziehen und Aufblasen**. Verändern Sie die Einstellung auf etwa −15 %, was das Polygon zusammenzieht. Färben Sie die Blätter in einer schönen grünen Farbe.

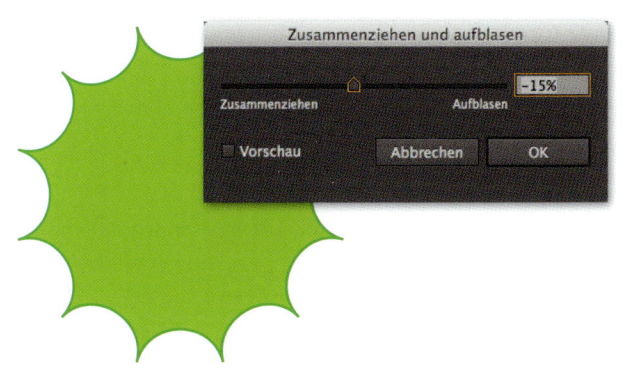

▲ **Abbildung 8-107** Verändern Sie die Einstellung des mitkopierten Effekts.

▲ **Abbildung 8-108**
Im Aussehen-Bedienfeld können Sie die Einstellungen für einen Effekt aufrufen, indem Sie auf den Effektnamen klicken.

6 Blütenstaub

Für den Blütenstaub wird ein 20-seitiges Polygon aufgeblasen und dupliziert.

▲ **Abbildung 8-109** 20-seitige Polygone mit dem Effekt **Zusammenziehen und Aufblasen**

7 Objekte zusammensetzen

Nun müssen Sie nur noch alle Objekte in der richtigen Objektreihenfolge anordnen, und fertig ist die Blume.

▲ **Abbildung 8-110** Die fertige Blume

Tipp

Wenn Sie kreative Collagen mit der Blume erstellen möchten, können Sie ein Symbol daraus erstellen. Lesen Sie mehr über das Gestalten mit Symbolen im Abschnitt »Symbole« in Kapitel 5.

Workshop 8-1 · Erstellen einer Blume mit dem Zusammenziehen- und Aufblasen-Effekt

▲ **Abbildung 8-111**
Tiefenwirkung durch **Schlagschatten**

Workshop 8-2

Schlagschatten für Objekte definieren

Der Effekt **Schlagschatten** verleiht einem Objekt einen räumlichen Effekt, indem er ihm einen Schatten hinzufügt. Der Schlagschatten leitet sich von der Objektform ab und fällt hinter das Objekt – in diesem Workshop auf eine mit Effekten gestaltete Ziegelwand.

1 Hintergrundfläche vorbereiten

Zeichnen Sie erst ein Rechteck, das später mit Effekten gestaltet wird. Dieses Rechteck sollte natürlich in der Objektreihenfolge ganz unten liegen, denn es stellt den Hintergrund dar. Färben Sie es ziegelfarben, zum Beispiel R/G/B 191/112/60 oder C/M/Y/K 20/60/80/10.

2 Schlagschatten erstellen

Wählen Sie den Schmetterling aus und öffnen Sie die Schlagschatten-Optionen über das Menü *Effekt → Stilisierungsfilter → Schlagschatten*. Aktivieren Sie die **Vorschau**, um den Schatten direkt an Ihrer Auswahl begutachten zu können.

> **Hinweis**
>
> Der Schmetterling wird übrigens im Workshop »Einen Schmetterling zeichnen« in Kapitel 3 erstellt. Für diesen Workshop können Sie gerne auf den fertigen Schmetterling in der Datei Schlagschatten.ai zugreifen. Die Beispieldatei laden Sie hier herunter: http://examples.oreilly.de/german_examples/adocs6illusger/

▲ **Abbildung 8-112** Die **Schlagschatten-Optionen**

Intensität des Schlagschattens: Der **Modus** legt für den Schlagschatten eine Füllmethode fest (siehe Abschnitt »Füllmethoden« in Kapitel 6). Da wir eine realistische Schattenwirkung erzielen möchten, lassen Sie die Einstellung auf **Multiplizieren**, denn das sorgt dafür, dass darunterliegende Objekte immer verdunkelt werden. Die **Deckkraft** (0 % bis 100 %) legt fest, wie durchscheinend der Schatten ist, was indirekt auch die Helligkeit des Schattens beeinflusst.

▲ **Abbildung 8-113** Unterschiedlich starker Schlagschatten durch **Deckkraft**

Distanz zwischen Objekt und der Fläche, auf die der Schatten fällt: Wie nah oder fern ein Objekt von seinem Schatten scheint, definieren Sie durch die beiden Felder **x-Versatz** (horizontaler Abstand vom Objekt) und **y-Versatz** (vertikaler Abstand vom Objekt). Unser Schmetterling soll nahe der Wand flattern, deshalb wählen wir einen kleinen Abstand.

▲ **Abbildung 8-114** Eine größere Abweichung des Schlagschattens vom Objekt sorgt dafür, dass das Objekt räumlich weiter entfernt von der Fläche wirkt, auf die der Schatten fällt.

Entfernung und Größe der Lichtquelle: Über die Stärke des **Weichzeichnens** des Schattens simulieren Sie die Entfernung und Größe der Lichtquelle, die den Schatten verursacht – wie der Unterschied zwischen einer Lampe (nahe Lichtquelle) und der Sonne (ferne Lichtquelle). In unserem Fall kommt das Licht von der Sonne – also von einer sehr großen, sehr weit entfernten Lichtquelle. Der Schatten muss also etwas verschwommen aussehen, was wir mit einem Wert von etwa *2,5 mm* erreichen.

Workshop 8-2 · Schlagschatten für Objekte definieren

Abbildung 8-115 Unterschiedliche Schatten-**Weichzeichnung** simuliert die Entfernung und Größe der Lichtquelle, zum Beispiel einer Lampe (links) oder der Sonne (rechts).

> **Hinweis**
>
> **Dunkelheit** legt den Schwarzanteil fest, der dem Schlagschatten beim Druck hinzugefügt werden soll. Belassen Sie den Wert auf 100 %, so wird für farbige Objekte ein Schatten in Graustufen gedruckt, bei rein schwarzen Objekten ist auch der Schatten schwarz.

Als **Farbe** ist standardmäßig Schwarz festgelegt, denn nur das erzeugt einen Schatteneffekt. Natürlich können Sie den Schlagschatten-Effekt auch für andere Zwecke »missbrauchen« und hier mit einer anderen Farbe eine Art Schein erzeugen. Ein Klick auf das Farbfeld öffnet den Farbwähler, in dem Sie jede beliebige Farbe wählen können.

Wenn Ihnen die Einstellungen gefallen, bestätigen Sie mit OK.

3 Ziegelwand gestalten

Wählen Sie nun das Hintergrund-Rechteck aus und öffnen Sie aus dem Menü *Effekt → Strukturierungsfilter → Mit Struktur versehen...* die zu Beginn des Kapitels vorgestellte Filtergalerie.

Abbildung 8-116
Filtergalerie mit dem Strukturierungsfilter **Mit Struktur versehen**

Kapitel 8 · Effekte und Grafikstile

Falls es nicht schon ausgewählt ist, wählen Sie als **Struktur** Ziegel. Im großen Vorschaubereich können Sie die aktuellen Einstellungen immer beobachten. Unter **Skalieren** legen Sie nun die Größe des Ziegelmusters fest, unter **Reliefhöhe** simulieren Sie die Höhe der zwischen den Ziegeln liegenden Fugen.

Einen sehr wichtigen Punkt in diesem Workshop stellt nun das Drop-down-Menü **Licht** dar, denn damit wird im Ziegelmuster ebenfalls eine Schattenwirkung erzielt. Diese Einstellung für die Lichtquelle sollte also für einen realistischen Effekt mit der des Schlagschattens übereinstimmen. In unserem Beispiel fällt der Schlagschatten des Schmetterlings nach rechts unten, die Lichtquelle muß sich demzufolge **Oben links** befinden. Bestätigen Sie die Einstellungen mit **OK**.

4 Ziegelwand stilistisch anpassen

Nun passt in diesem Beispiel die Ziegelwand stilistisch noch nicht so recht zum gemalten Effekt des Schmetterlings, sie sieht noch zu realistisch aus. Wir wenden daher einen weiteren Effekt aus dem Menü *Effekt → Kunstfilter → Grobe Malerei...* darauf an. Dieser Effekt erzeugt den Anschein, als wäre das Objekt gemalt; Sie verfeinern den Effekt mit den Einstellungen **Pinselgröße** (hier 2), **Pinseldetails** (hier 8) und **Struktur** (hier 1).

▲ **Abbildung 8-117**
Ziegelmuster durch Stilisierungsfilter
Mit Struktur versehen

▲ **Abbildung 8-118** Fertige Ziegelwand mit dem Kunstfilter **Grobe Malerei**

Workshop 8-2 · Schlagschatten für Objekte definieren

1 2 3 4 5 6 7 8 9 10

Kapitel 9

Ausgabe

Dokument vorbereiten

Speichern

Drucken

Was passiert nun mit den fertig erstellten Grafiken? Sie können sie zum Beispiel selbst ausdrucken, drucken lassen, in Webseiten oder Präsentationen einfügen oder auch in anderen Programmen weiterverwenden. Was dabei zu beachten ist, zeigt Ihnen dieses Kapitel.

> **Hinweis**
>
> Wenn Sie Grafiken für das Web erstellen, unterstützt Sie dabei das in CS5 eingeführte **Pixelraster**, mit dem Sie nicht nur eine Rasterung (in der für das Web geeigneten Auflösung von 72 ppi) simulieren, sondern Objekte auch so ausrichten können, dass sie mit maximaler Schärfe dargestellt werden. Falls Sie das noch nicht getan haben, lesen Sie bitte mehr über dieses neue Feature im Abschnitt »Ausrichtung am Pixelraster« in Kapitel 2, bevor Sie Webgrafiken speichern.

Nachdem Sie Ihre Illustrationen erstellt haben, möchten Sie diese nun natürlich für unterschiedliche Zwecke verwenden. Sei es als Ausdruck, als Grafik für Web oder Präsentationen oder zur weiteren Bearbeitung in anderen Programmen: In vielen Fällen ist es nun erforderlich, die Adobe Illustrator-Datei (AI) in einem geeigneten Dateiformat auszugeben.

Ein wichtiges Thema in diesem Zusammenhang ist das **Rastern** von Vektorgrafiken. Hierbei handelt es sich um das Konvertieren der auf Pfaden basierenden Vektordaten in Pixel. Das Konvertieren erfolgt, wenn Sie ein Illustrator-Dokument zum Beispiel in den Dateiformaten JPEG, GIF oder TIFF exportieren. Es ist aber auch möglich, ausgewählte Objekte über das Menü *Objekt → In Pixelbild umwandeln* zu rastern oder das Konvertieren über *Effekt → In Pixelbild umwandeln* zu simulieren. In beiden Fällen sind die Einstellungen identisch zu denen der Dokument-Rastereffekt-Einstellungen, die ich gleich noch näher erläutern werde.

Im Zuge des Rasterns von Bildmaterial, Transparenzen und Rastereffekten legen Sie eine **Bildauflösung** fest. Diese Auflösung sollte der bestmöglichen Qualität der Auflösung des jeweiligen Ausgabemediums entsprechen.

Dokument vorbereiten

Effekte für die Ausgabe anpassen

Einige der in Kapitel 8 beschriebenen Effekte sind Rastereffekte, erzeugen also Pixel anstelle von auflösungsunabhängigen Vektordaten. Um die Qualität Ihrer Arbeit an das Ausgabemedium anzupassen, müssen Sie die Auflösung dieser Effekte für das Dokument definieren. Dies geschieht bereits durch das gewählte Dokumentprofil beim Erstellen des Dokuments. Die **auflösungsunabhängigen Effekte**, die in Illustrator CS5 vorgestellt wurden, lassen sich in nur einem Dokument für jedes Ausgabemedium optimieren.

Rastereffekt-Einstellungen

Über *Effekt → Dokument-Rastereffekt-Einstellungen* können Sie Einstellungen für alle Rastereffekte eines Dokuments verändern.

Über das **Farbmodell** legen Sie fest, nach welchem Farbmodell die Rasterung erfolgt. Wählen Sie zwischen **RGB** oder **CMYK** (je nach Dokumenteinstellung ist einer der beiden Modi verfügbar), **Graustufen** oder **Bitmap** (1-Bit Schwarz/Weiß oder Schwarz/Transparent).

Unter **Auflösung** bestimmen Sie die Anzahl der Pixel pro Inch/Zoll (ppi), die dem jeweiligen Ausgabemedium angepasst sein sollte. Wählen Sie zwischen den Standardwerten **Bildschirm (72 ppi)**, **Mittel (150 ppi)** oder **Hoch (300 ppi)**, oder aktivieren sie **Andere**, um einen speziellen Wert zu definieren.

Im Abschnitt **Hintergrund** bestimmen Sie, ob die transparenten Bereiche der Vektorgrafik in **Weiß** oder **Transparent** umgewandelt werden.

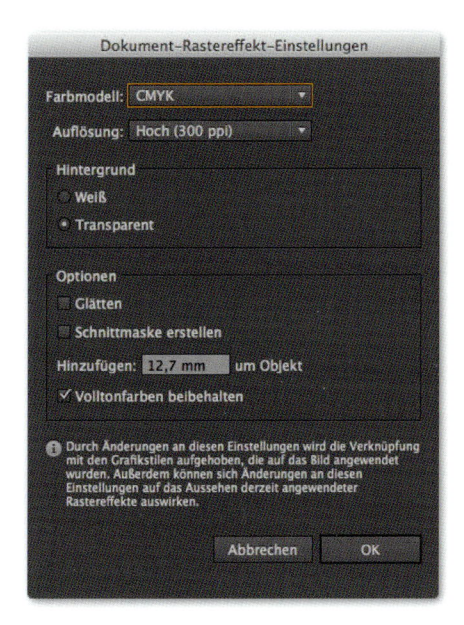

▲ **Abbildung 9-01** Dokument-Rastereffekt-Einstellungen

Glätten reduziert gezackte Kanten im umgewandelten Pixelbild. Lassen Sie diese Option deaktivert, wenn Sie die Schärfe kleiner Schriften oder sehr dünner Linien bewahren möchten.

Das Aktivieren der Option **Schnittmaske erstellen** ist nur dann sinnvoll, wenn Sie keinen transparenten Hintergrund gewählt haben. Wenn Sie diese Option wählen, wird eine Maske erstellt, durch die hindurch der Hintergrund des Pixelbildes transparent erscheint.

Hinzufügen legt eine (je nach Hintergrund weiße oder transparente) Umrandung mit einer bestimmten Anzahl von Pixeln um das Objekt.

> **Hinweis**
>
> In den Optionen für den Effekt **In Pixelbild umwandeln** können Sie für **Glätten** zwischen **Ohne**, **Bildmaterial optimiert** und **Schrift optimiert** wählen.

Reduzieren von transparentem Bildmaterial

Transparenzen wenden Sie in Adobe Illustrator oft unbemerkt an, zum Beispiel bei Borstenpinseln, Mustern, Symbolen, Farbverläufen oder Effekten wie Schlagschatten.

Wenn Sie Formate speichern, exportieren oder drucken, die Transparenzen nicht unterstützen, kann eine Reduzierung der transparenten Bereiche notwendig werden.

> **Hinweis**
>
> Das Transparenzraster kann über *Ansicht → Transparenzraster einblenden* sichtbar gemacht werden und macht Sie auf Transparenzen in Ihrem Dokument aufmerksam.

▶ **Abbildung 9-02**
Transparente Bereiche (oben) sind nach der Reduzierung in einzelne, nicht transparente Flächen unterteilt (unten).

Dokument vorbereiten

Öffnen Sie über *Fenster* → *Reduzierungsvorschau* ein Bedienfenster, in dem transparente Objekte deutlich gekennzeichnet werden. Wählen Sie aus dem Drop-down-Menü **Markieren**, ob Sie nur **Transparente Objekte** oder **Alle betroffenen Objekte** kennzeichnen möchten.

> **Hinweis**
>
> Einstellungen für das Reduzieren von Transparenz können Sie auch im Zuge der Drucken-Optionen im Abschnitt **Erweitert** festlegen.

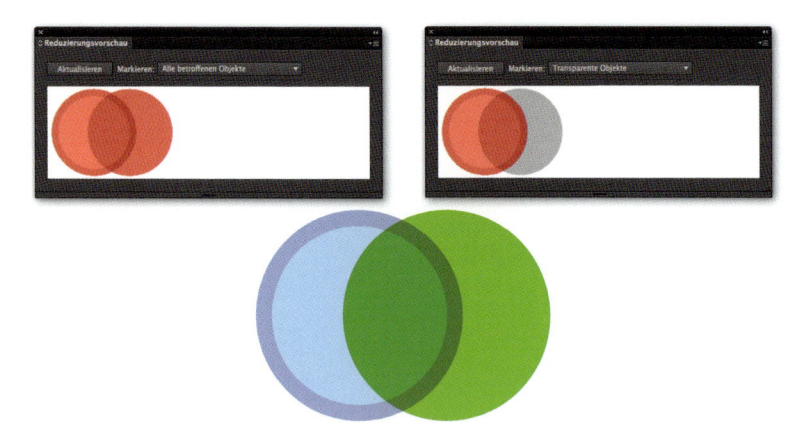

▲ **Abbildung 9-03** Reduzierungsvorschau für **Alle betroffenen Objekte** (links) und nur für **Transparente Objekte** (rechts)

Optionen zum benutzerdefinierten Reduzieren von Transparenz werden Ihnen bei der Ausgabe häufig begegnen, zum Beispiel in den Optionen zum Drucken, Speichern oder Einrichten eines Dokuments. In diesen Optionen wählen Sie aus vordefinierten Vorgaben, die Sie im Menü *Bearbeiten* → *Transparenzreduzierungsvorgaben* bearbeiten können. Alternativ können Sie immer auch benutzerdefinierte Einstellungen verwenden (zum Beispiel auch über das Bedienfeld-Menü der Reduzierungsvorschau).

▲ **Abbildung 9-04** Optionen zum benutzerdefinierten Reduzieren von Transparenz

Je höher der Wert für den **Pixelbild-Vektor-Abgleich** (0 bis 100) ist, desto mehr Vektorobjekte werden beibehalten.

Definieren Sie eine **Auflösung für Strichgrafiken und Text** (1 bis 9.600) und eine **Auflösung von Verlauf und Gitter** (1 bis 9.600). Die definierte Auflösung wirkt sich auf die Genauigkeit bei der Umwandlung aus.

Mit der Option **Text in Pfade umwandeln** werden alle Textobjekte (Punkttext, Flächentext und Pfadtext) an Stellen mit Transparenz in Pfade umgewandelt, um sicherzustellen, dass die Breite von Text beim Reduzieren unverändert bleibt. **Konturen in Pfade umwandeln** wandelt aus denselben Gründen alle Konturen, die an Transparenz beteiligt sind, in einfach gefüllte Pfade um.

Die aktivierte Option **Komplexe Bereiche beschneiden** hilft dabei, sichtbare Übergänge bei Grafiken zu vermeiden, wenn nur ein Teil eines Objekts in ein Pixelbild umgewandelt wird. Dadurch können sehr komplexe Pfade entstehen.

Über *Objekt → Transparenz reduzieren* wandeln Sie die Transparenz ausgewählter Objekte um. Größtenteils decken sich die Einstellungen mit den eben beschriebenen. Zusätzlich können Sie die Option **Alpha-Transparenz beibehalten** aktivieren, was speziell beim Export in das SWF- oder SVG-Format sinnvoll ist, da diese beiden Formate Alpha-Transparenz unterstützen. Aktivieren Sie die weitere Option **Überdrucken und Volltonfarben beibehalten**, wenn Sie Separationen drucken: Sie sorgt dafür, dass Volltonfarben und Überdrucken generell beibehalten werden.

Überdrucken

Haben Sie überlappende Objekte in unterschiedlichen Farben und mit 100 % Deckkraft erstellt, werden diese Objekte beim Druck »ausgespart«. Das bedeutet, dass unten liegende Farben nicht gedruckt werden und es eventuell zu kleinen Lücken kommen kann. Speziell bei Schwarz können diese »Blitzer« sehr auffällig sein. Solche Aussparungen können Sie durch **Überdrucken** verhindern, sodass tatsächlich alle Farben übereinander gedruckt werden und Mischfarben erzeugen.

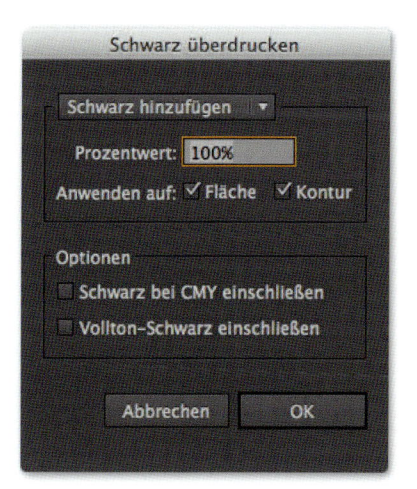

▲ **Abbildung 9-05**
Ohne Überdrucken können »Blitzer« entstehen.

Um einzelne Objekte zu überdrucken – also eine darunter liegende Aussparung zu verhindern –, wählen Sie diese aus und öffnen Sie das **Attribute-Bedienfeld** (*Fenster → Attribute*). Aktivieren Sie darin die Option **Fläche überdrucken** und bei Bedarf auch **Kontur überdrucken**. Über *Ansicht → Überdruckenvorschau* können Sie Ihre Einstellungen für das Überdrucken sichtbar machen.

Möchten Sie sämtliche schwarze Bereiche – also die, in denen **100 % K** eingestellt ist – überdrucken, können Sie dies direkt im Abschnitt **Ausgabe** der Drucken-Optionen einstellen. Aktivieren Sie dort die Option **Schwarz überdrucken**. Über *Bearbeiten → Farben bearbeiten → Schwarz überdrucken* können Sie selbst bestimmen, ab welchem Schwarzanteil überdruckt wird.

▶ **Abbildung 9-06**
Schwarz überdrucken-Optionen

▲ **Abbildung 9-07**
Text ohne (oben) und mit Überdrucken (unten)

Überfüllen

Im Offset-Druck kann es passieren, dass durch kleine Ungenauigkeiten an einer Druckmaschine Farblücken (sogenannte Blitzer) entstehen, wenn die unterschiedlichen Druckplatten leicht versetzt nebeneinander drucken. Zur Vermeidung solcher Blitzer greift man auf die Methode des **Überfüllens** zurück. Dabei wird bei zwei nebeneinanderliegenden Farben ein kleiner Überlappungsbereich eingerichtet.

Es gibt zwei Arten des Überfüllens: das **Überfüllen**, bei dem die hellere Farbe in den dunkleren Hintergrund ragt und dadurch den Anschein erweckt, als würde sich das hellere Objekt ausdehnen, und das **Unterfüllen**, bei dem der hellere Hintergrund in das dunklere Objekt ragt und es dadurch scheinbar verkleinert.

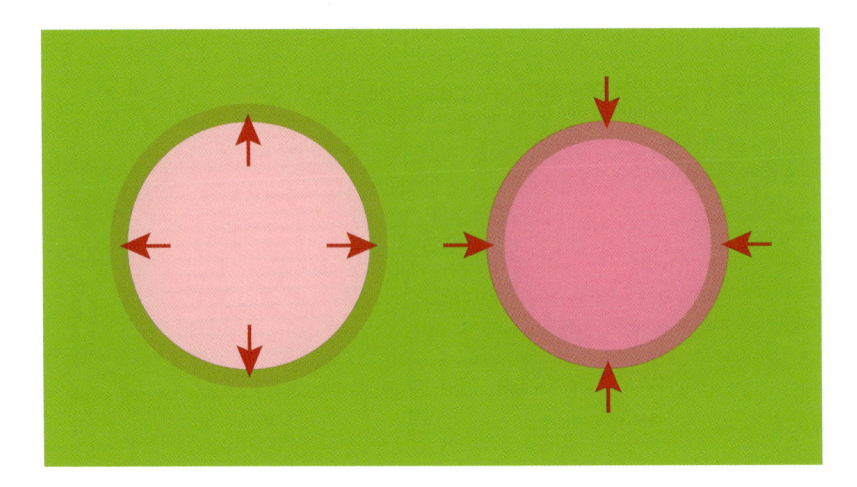

▲ **Abbildung 9-08** Überfüllung (links) und Unterfüllung (rechts)

> **Hinweis**
> Überfüllungen können nur für Dokumente im Farbmodus CMYK eingerichtet werden.

Um Überfüllungen für Objekte zu erstellen, wählen Sie zwei oder mehrere Objekte aus. Öffnen Sie dann das **Pathfinder-Bedienfeld** (*Fenster* → *Pathfinder*) und wählen Sie aus dem Menü des Bedienfelds die Option **Überfüllen**. Alternativ können Sie die Überfüllung auch als Effekt über *Effekt* → *Pathfinder* → *Überfüllen* anwenden.

Die Optionen für das Überfüllen lesen Sie bitte in Kapitel 8 auf Seite 391 nach.

Speichern

Wenn aus Ihrer Datei eine andere Datei erstellen möchten, haben Sie grundsätzlich folgende drei Möglichkeiten:

- **Speichern** über das Menü *Datei → Speichern unter* (⇧ + ⌘ / strg + S) oder *Datei → Kopie speichern* (alt + ⌘ / strg + S) erzeugt die Dateiformate AI, PDF, EPS, FXG, SVG komprimiert und SVG. Diese sechs Dateiformate enthalten sämtliche Daten aus Illustrator und werden daher als »native Formate« bezeichnet. Dateien in nativen Formaten können mit voller Bearbeitungsfunktion in Adobe Illustrator geöffnet werden. Neben dem Illustrator-eigenen Dateiformat AI erhält auch das PDF die in Illustrator erstellten Zeichenflächen. Das EPS speichert Zeichenflächen als separate Dateien, das SVG speichert nur die aktive Zeichenfläche, zeigt aber den Inhalt aus sämtlichen weiteren Zeichenflächen an.

- Über das **Exportieren** über das Menü *Datei → Exportieren* erzeugen Sie eine Vielzahl weiterer Dateiformate. Diese Dateiformate sind PNG, BMP, DWG, DXF, EMF, SWF, JPG, PCT, PSD, TIF, TGA, TXT und WMF.

- Das Menü *Datei → Für Web speichern* unterstützt Sie speziell beim Speichern in Dateiformate, die für die Bildschirmdarstellung optimiert sind. Unabhängig vom Farbmodus und den Rastereffekt-Einstellungen, die Sie für das Dokument festgelegt haben, werden die Dateien im Rahmen des *Für Web speichern*-Dialogfelds in den für die Bildschirmdarstellung geeigneten RGB-Farbmodus umgewandelt und mit einer Bildauflösung von 72 ppi gespeichert.

Das Wichtigste dabei: Behalten Sie Ihre Illustrator-Datei, bis Sie daran definitiv keine Änderungen mehr vornehmen müssen. Sehen wir uns aber zuerst an, wie Sie eine Illustrator-Datei speichern und welche Optionen Sie hierbei festlegen können.

> **Neu in CS6**
>
> In Illustrator CS6 wurde das spezielle **Für Web und Geräte speichern** zu **Für Web speichern**, da die Funktion **Device Central** – die eine spezielle Vorschau auf unterschiedlichen mobilen Geräten geboten hat – entfernt wurde. Statt dessen können Sie für das Gestalten für mobile Devices über das Dokumentprofil **Geräte** (Kapitel 1) auf einige Zeichenflächengrößen zugreifen, wie zum Beispiel für das iPad, das iPhone oder das Galaxy S.

Adobe Illustrator-Datei speichern

Nachdem Sie über *Datei → Speichern* (⌘ / strg + S), *Datei → Speichern unter* oder *Datei → Kopie speichern* einen Namen und Speicherort für die Illustrator-Datei bestimmt haben, öffnen sich die Illustrator-Optionen für weitere Einstellungen.

Im Drop-down-Menü **Version** legen Sie fest, für welche Version von Illustrator die Datei kompatibel sein soll. Falls Sie die Datei in einer früheren Version öffnen und bearbeiten möchten, wählen Sie die entsprechende Version aus. Ältere Formate unterstützen natürlich nicht alle Funktionen der aktuellen Version von Illustrator, was zur Folge hat, dass bestimmte Optionen nicht verfügbar sind und manche Daten der ausgewählten Version entsprechend geändert werden. Die Warnungen im unteren Bereich des Dialogfeldes weisen Sie auf etwaige Änderungen hin.

Über das Eingabefeld **Subset-Schriften, wenn Prozentsatz der Zeichen kleiner ist als** legen Sie einen Prozentwert fest, ab dem die gesamte Schriftart oder nur einzelne verwendete Zeichen eingebettet werden.

> **Tipp**
>
> Speichern Sie auf jeden Fall immer erst eine Version in Ihrer neuesten Version der Software, um den vollen Bearbeitungsumfang nutzen zu können. Sie können später eine Kopie in einem älteren Format erstellen.

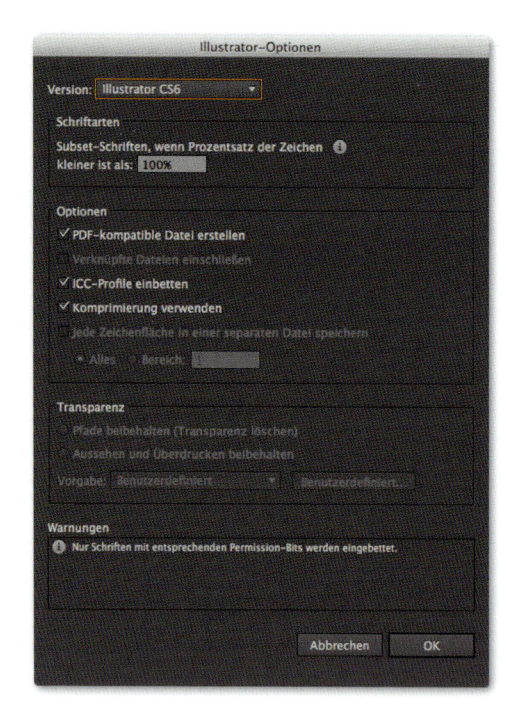

▲ **Abbildung 9-09** Illustrator-Optionen

ICC-Profile

Ein von der ICC (International Color Consortium) genormtes Profil beschreibt den Farbraum eines Gerätes, zum Beispiel eines Monitors oder Druckers, sodass die Farben mit anderen Geräten abgestimmt werden können.

Aktivieren Sie **PDF-kompatible Datei erstellen**, speichert Illustrator eine PDF-Version des Dokuments mit und macht die Illustrator-Datei somit für andere Adobe-Anwendungen kompatibel.

Verknüpfte Dateien einschließen bettet alle Dateien in das Dokument ein, die lediglich verknüpft sind.

ICC-Profil einbetten erstellt ein Dokument mit Farbmanagement.

Komprimierung verwenden komprimiert die PDF-Daten in der Illustrator-Datei, was zu einer etwas längeren Speicherzeit führen kann.

Die Option **Jede Zeichenfläche in einer separaten Datei speichern** lässt Sie jede Zeichenfläche in einer separaten Datei speichern, wie auch eine Masterdatei, die alle Zeichenflächen beinhaltet. Vor CS5 konnten Sie diese Option nur nutzen, wenn Sie für Illustrator-Versionen älter als CS4 gespeichert haben.

Im Abschnitt **Transparenz** können Sie gegebenenfalls festlegen, was mit transparenten Objekten geschieht, wenn die Datei in einem Format älter als Illustrator 9.0 gespeichert wird.

Daten mit anderen Programmen austauschen

Die Zusammenarbeit zwischen Adobe Illustrator und anderen Adobe-Programmen wie **Photoshop**, **InDesign** und **Flash** wird natürlich besonders unterstützt.

So ist es zum Beispiel möglich, Illustrator-Grafiken per Drag-and-Drop oder über die Zwischenablage in diese Programme zu kopieren, Auch lassen sich Illustrator-Dateien in Photoshop und InDesign platzieren und in Flash importieren.

Es ist aber auch möglich, die Illustrator-Daten in den geeigneten Dateiformaten für Photoshop, Flash und Flash Catalyst zu speichern beziehungsweise zu exportieren, oder als PDF zum Beispiel für InDesign verfügbar zu machen. Sehen wir uns das nun an.

> **Hinweis**
>
> Ein Kind der Creative Suite 5 ist **Adobe Flash Catalyst** – eine Software, die zur Erstellung von Benutzeroberflächen und Rich Internet Applications entwickelt, inzwischen aber bereits wieder eingestellt wurde. Mit dieser Software können Sie den in Illustrator erstellten Layouts ohne Codekenntnisse Interaktivität hinzufügen und anschließend weiterhin in Illustrator Bearbeitungen durchführen.

PSD (Photoshop)

Um die Illustrator-Daten in das Photoshop-Format zu exportieren, wählen Sie *Datei • Exportieren*.

Legen Sie einen Dateinamen und Speicherort fest und wählen Sie aus dem Dropdown-Menü **Format/Dateityp Photoshop (psd)**. Falls Sie jede Zeichenfläche als eigene PSD-Datei exportieren möchten, aktivieren Sie **Zeichenflächen exportieren** und wählen zwischen **Alle** und **Bereich**. Bestätigen Sie die Einstellungen mit **Exportieren/Speichern**, um in den Photoshop-Exportoptionen alle weiteren Einstellungen zu treffen.

▲ **Abbildung 9-10** Photoshop-Exportoptionen

Als **Farbmodell** wählen Sie *RGB*, *CMYK* oder *Graustufen*. Wenn hier ein anderes Farbmodell als in der Illustrator-Datei gewählt wird, kann es zu einem veränderten Aussehen transparenter Bereiche kommen (speziell derjenigen, die Füllmethoden enthalten). Außerdem können in diesem Fall Ebenen nicht mitexportiert werden, weshalb das Bildmaterial beim Export reduziert wird.

Für die **Auflösung** wählen Sie zwischen *Bildschirm (72 ppi)*, *Mittel (150 ppi)* und *Hoch (300 ppi)*, oder Sie aktivieren **Andere** und definieren eine eigene Auflösung.

Aktivieren Sie **Reduziertes Bild**, werden alle Ebenen zusammengeführt und als Pixelbild exportiert. Das Aussehen wird beibehalten.

> **Hinweis**
>
> Zusammengesetzte Formen, auf die Grafikstile, gestrichelte Konturen oder Pinselkonturen angewendet wurden, können von Illustrator nicht bearbeitbar exportiert werden. Sie werden daher in Pixelbilder umgewandelt.

Ist **Ebenen mit exportieren** aktiviert, wird die Ebenenstruktur in Photoshop übernommen – Gruppen, verschachtelte Ebenen und Slices werden als separate Ebenen exportiert. Sollte die Illustrator-Datei mehr als fünf Unterebenen aufweisen, werden deren Inhalte in einer einzigen Photoshop-Ebene vereint.

Textbearbeitbarkeit beibehalten exportiert Punkttext-Objekte (siehe Abschnitt »Punkttext« in Kapitel 7) in bearbeitbaren Photoshop-Text. Deaktivieren Sie diese Option, um Text als Pixelbild zu exportieren.

Wählen Sie **Maximale Bearbeitbarkeit**, um transparente Objekte auch in Photoshop weiter bearbeiten zu können.

Mit der Option **Glätten** werden zackige Kanten geglättet. Deaktivieren Sie diese Option, um harte Kanten zu erhalten.

Durch Aktivieren der Option **ICC-Profil einbetten** erstellen Sie ein Dokument mit Farbmanagement.

SWF (Flash)

Das SWF-Format ist ein vektorbasiertes Grafikdateiformat für interaktive, animierte Grafiken. Für die Verwendung im Web benötigen die Browser zum Abspielen der Datei ein Flash-Plugin.

Um die Illustrator-Daten in das SWF-Format zu exportieren, wählen Sie *Datei → Exportieren*. Legen Sie einen *Dateinamen* und *Speicherort* fest und wählen Sie aus dem

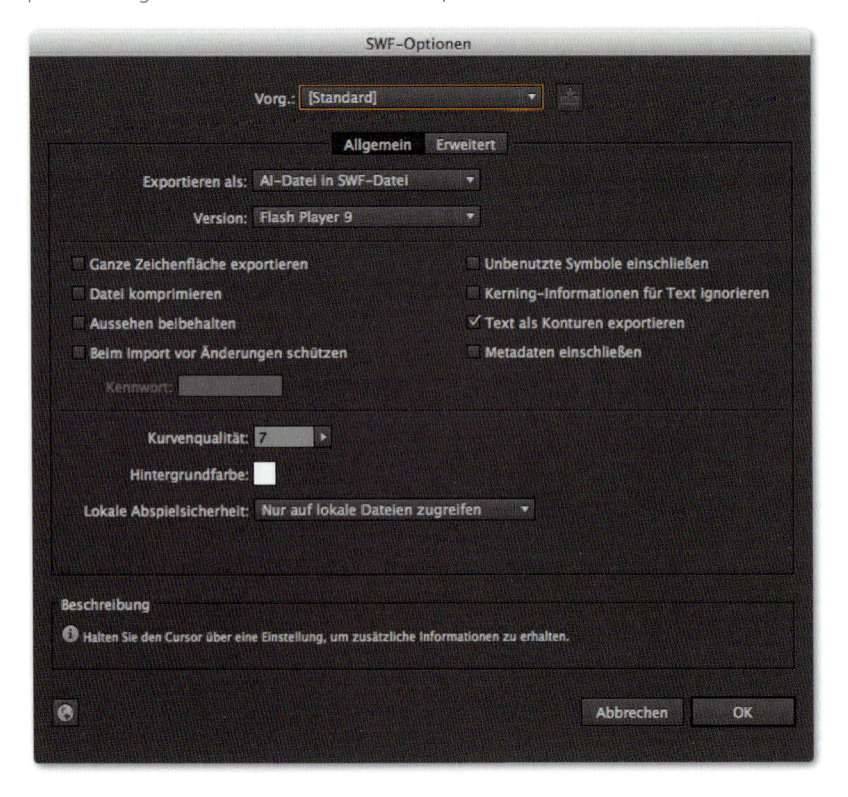

> **Hinweis**
>
> In den SWF-Optionen können Sie jederzeit auf **Webvorschau** klicken, um Ihre Einstellungen in Ihrem Standard-Webbrowser zu testen.:

▶ **Abbildung 9-11**
Allgemeine SWF-Optionen

Drop-down-Menü **Format/Dateityp Flash (swf)**. Falls Sie jede Zeichenfläche als eigene SWF-Datei exportieren möchten, aktivieren Sie **Zeichenflächen exportieren** und wählen zwischen *Alle* und *Bereich*. Bestätigen Sie die Einstellungen mit **Exportieren/Speichern**, um in den SWF-Optionen alle weiteren Einstellungen zu treffen.

Unter **Vorgabe** erscheint – sobald Sie die Standardeinstellungen ändern – *Benutzerdefiniert*.

Im Drop-down-Menü **Exportieren als** legen Sie fest, wie Illustrator-Ebenen für Flash konvertiert werden. Wählen Sie aus einer der folgenden Möglichkeiten:

- *AI-Datei in SWF-Datei* behält Ebenenschnittmasken und exportiert sämtliches Bildmaterial als einzelnen Frame.

- *AI-Ebenen in SWF-Frames* erstellt eine animierte SWF-Datei, indem es den Inhalt jeder Ebene als separaten Frame exportiert.

- *AI-Ebenen in SWF-Dateien* erstellt aus jeder Ebene eine eigene SWF-Datei.

- *AI-Ebenen in SWF-Symbole* wandelt jede Ebene in ein Symbol um und erstellt eine einzige SWF-Datei.

- *Zeichenflächen in Dateien* exportiert zuvor ausgewählte Zeichenflächen in separate SWF-Dateien.

Unter **Version** legen Sie die benötigte Flash Player-Version fest.

Die Option **Ganze Zeichenfläche exportieren** sorgt dafür, dass eventuell über die Begrenzungen der Zeichenflächen ragendes Material abgeschnitten wird.

Aussehen beibehalten schränkt die Bearbeitbarkeit durch das Reduzieren des gesamten Dokumentinhalts auf eine einzige Ebene stark ein.

Aktivieren Sie **Datei komprimieren** nur, wenn Sie die Flash Player-Version zum Abspielen kennen.

Unbenutzte Symbole einschließen exportiert sämtliche Symbole (siehe Abschnitt »Symbole« in Kapitel 5) aus dem Symbole-Bedienfeld.

Text als Konturen exportieren konvertiert Text in für alle Flash Player-Versionen taugliche Vektorpfade, was aber die Bearbeitbarkeit des Texts reduziert. **Kerning-Informationen für Text ignorieren** exportiert Text ohne die festgelegten Kerning-Werte.

Metadaten einschließen übernimmt für die SWF-Datei sämtliche mit Illustrator verknüpfte Metadaten.

Beim Import vor Änderungen schützen soll durch Festlegen eines *Kennworts* verhindern, dass nicht autorisierte Benutzer die exportierten SWF-Dateien bearbeiten können.

Kurvenqualität legt die Qualität und Genauigkeit der Bézier-Kurven fest.

Ein Klick auf das Farbkästchen **Hintergrundfarbe** öffnet den Farbwähler zum Definieren einer Hintergrundfarbe.

Über das Drop-down-Menü **Lokale Abspielsicherheit** bestimmen Sie, ob die Datei während des Abspielens ausschließlich auf lokale Dateien oder auch auf Netzwerkdateien zugreifen soll.

Erweiterte Optionen

Klicken Sie auf den Button **Erweitert**, um die folgenden weiteren Optionen festzulegen:

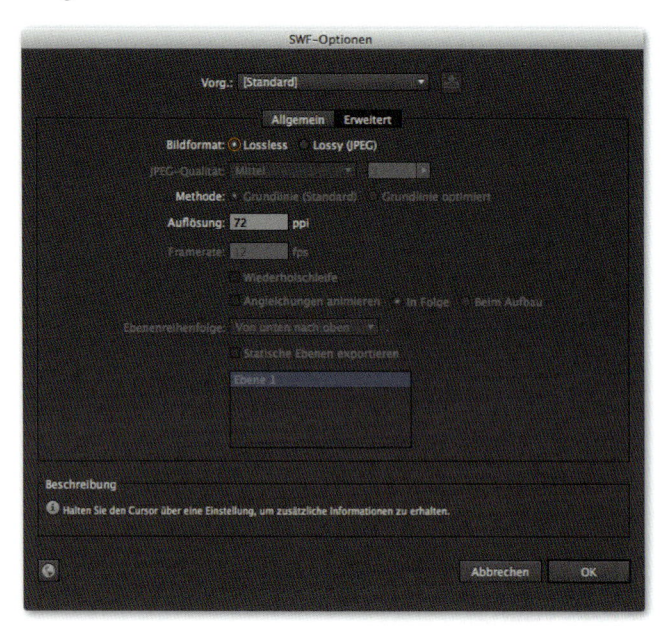

▲ **Abbildung 9-12** Erweiterte SWF-Optionen

Bildformat bestimmt die Art der Komprimierung. Wählen Sie zwischen *Lossless* (verlustfrei) und *Lossy (JPEG)*. Ist Lossy ausgewählt, legen Sie über die **JPEG-Qualität** die Qualität der exportierten Bilder fest. Unter **Methode** können Sie noch die Art der JPEG-Komprimierung festlegen.

Im Eingabefeld **Auflösung** legen Sie die Auflösung (72 ppi bis 600 ppi) für Pixelbilder fest.

Über die **Framerate** definieren Sie die Abspielgeschwindigkeit. Das Aktivieren der Option **Wiederholschleife** bewirkt, dass nach jedem Abspielen der SWF-Datei ein neuerliches Abspielen ausgelöst wird.

Angleichungen animieren legt fest, dass Angleichungen animiert werden. Wählen Sie anschließend noch eine der folgenden zwei Methoden:

- **In Folge** erstellt für die Objekte einer Angleichung jeweils einen eigenen Frame.
- **Beim Aufbau** zeigt das unterste Objekt einer Angleichung in allen Frames an, das oberste Objekt aber nur im letzten Frame.

Die **Ebenenreihenfolge** legt die Position der Ebenen in der Zeitleiste der Animation fest.

Über die Option **Statische Ebenen exportieren** bestimmen Sie eine oder mehrere Ebenen, die in allen exportierten SWF-Dateien als statische Hintergrundgrafik verwendet werden.

FXG (Flash XML Graphics)

Das von Adobe entwickelte FXG-Format verwenden Sie zum Austausch von Illustrator-Layouts mit Programmen wie Adobe Flash Builder oder Adobe Flash Catalyst, um dort Interaktivität hinzuzufügen und Benutzeroberflächen zu entwickeln.

Um die Illustrator-Daten im FXG-Format zu speichern, wählen Sie aus dem Menü *Datei → Speichern unter* oder *Datei → Kopie speichern*. Legen Sie einen Dateinamen und Speicherort fest und wählen Sie aus dem Drop-down-Menü **Format Adobe FXG (fxg)**. Falls Sie nicht alle Zeichenflächen einschließen möchten, aktivieren Sie neben **Zeichenflächen exportieren** statt **Alle** einen **Bereich**. Bestätigen Sie die Einstellungen, um in den FXG-Optionen alle weiteren Einstellungen zu treffen.

> **Hinweis**
>
> Ein Illustrator-Dokument kann nur im FXG-Format gespeichert werden, wenn sowohl die Breite als auch die Höhe unter 8.192 Pixeln liegen.

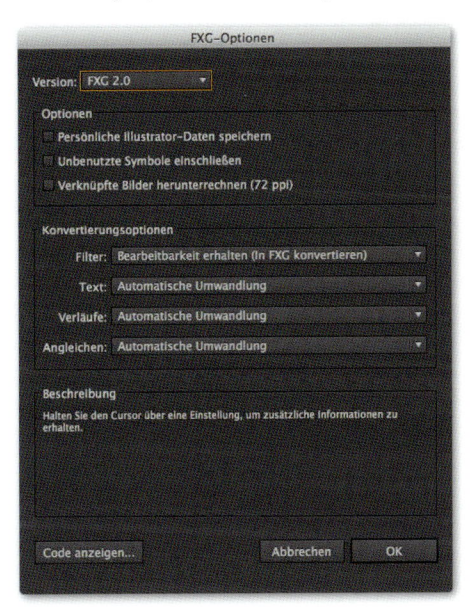

▲ **Abbildung 9-13** FXG-Optionen

> **Hinweis**
>
> Lesen Sie bitte auch in der Illustrator-Hilfe (*Hilfe → Illustrator-Hilfe*) die **Empfehlungen für die Verwendung von FXG**. Sind Inhalte mit dem FXG-Format nicht kompatibel (zum Beispiel Pinselkonturen), werden sie in Pixelbilder beziehungsweise Pfade umgewandelt oder gelöscht.

Persönliche Illustrator-Daten speichern ist standardmäßig ausgewählt und sorgt dafür, dass viele Illustrator-Bearbeitungsfunktionen erhalten bleiben, um die Datei erneut in Illustrator importieren und weiterbearbeiten zu können.

Unbenutzte Symbole einschließen aktivieren Sie, um nicht verwendete Symbole aus dem Symbole-Bedienfeld zu erhalten.

Verknüpfte Bilder herunterrechnen (72 ppi) reduziert gegebenenfalls die Bildauflösung verknüpfter Dateien für die Webauflösung.

Im Abschnitt **Konvertierungsoptionen** können Sie für einige Illustrator-Effekte (Schlagschatten, Schein nach Innen, Schein nach Außen und Gaußscher Weichzeichner), die als **Filter** in FXG unterstützt werden, für **Text**, **Verläufe** und das **Angleichen** die Qualität festlegen. Verläufe und Angleichungen mit mehr als 16 Farben sind mit FXG nicht komplett kompatibel.

PDF (Portable Document Format)

Das PDF-Format eignet sich hervorragend für den Austausch zwischen Programmen und Plattformen und kann auch für die Übergabe Ihrer Daten an Druckereien eingesetzt werden. PDF-Dateien sind kompakt, erhalten Schriften, Bilder und das Dokumentlayout bei und können mit dem kostenlosen Acrobat Reader angesehen werden.

Um die Illustrator-Daten im PDF-Format zu speichern, wählen Sie *Datei → Speichern unter* oder *Datei → Kopie speichern*. Legen Sie einen Dateinamen und Speicherort fest und wählen Sie aus dem Drop-down-Menü **Format Adobe PDF (pdf)**. Falls Sie nicht alle Zeichenflächen einschließen möchten, aktivieren Sie neben **Zeichenflächen exportieren** statt **Alle** einen **Bereich**. Bestätigen Sie die Einstellungen, um in den PDF-Optionen alle weiteren Einstellungen zu treffen.

Die PDF-Optionen sind sehr umfangreich und daher in unterschiedliche Bereiche unterteilt. Auf der linken Seite der PDF-Optionen können Sie durch diese Bereiche klicken.

> **Tipp**
>
> Wenn Sie PDF-Dateien für den professionellen Druck an Ihre Druckerei übergeben wollen, erkundigen Sie sich bitte nach den erforderlichen Einstellungen. Einige Druckereien lassen Ihnen auch ihre eigenen Vorgaben, eine sogenannte »joboptions«-Datei zukommen. Diese können Sie dann über das Menü *Bearbeiten → Adobe PDF-Vorgaben* auswählen und importieren.

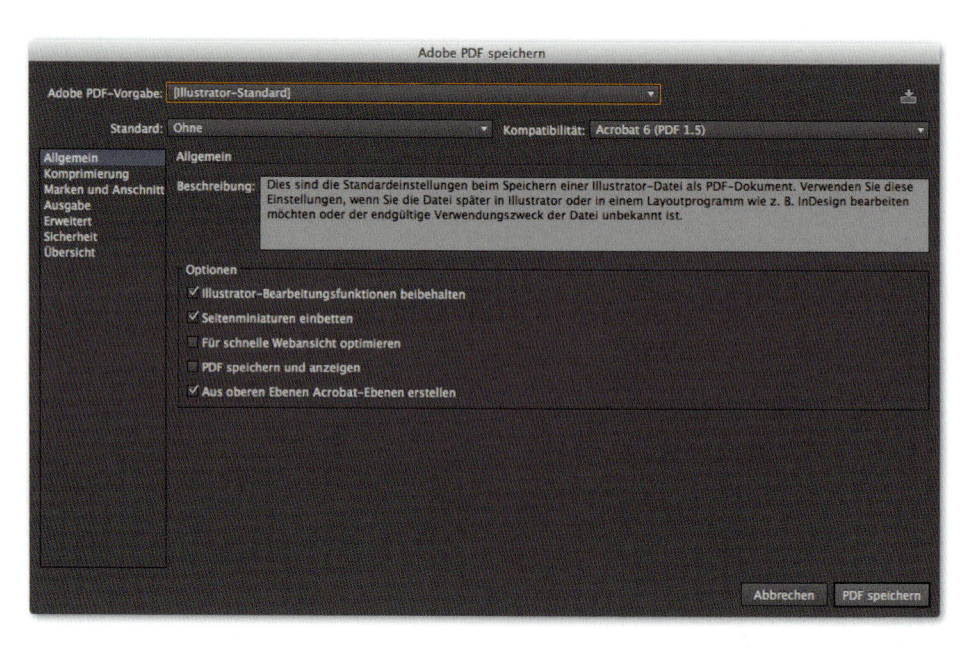

▲ **Abbildung 9-14** PDF-Optionen **Allgemein**

Im Drop-down-Menü **Adobe PDF-Vorgabe** wählen Sie aus verschiedenen fertigen Gruppen von Einstellungen. Sie können die Optionen auch basierend auf einer dieser Vorgaben selbst anpassen. Für die Wahl der geeigneten Vorgabe ist der Verwendungszweck ausschlaggebend. Erläuterungen zu den Vorgaben sehen Sie in der **Beschreibung** in den allgemeinen PDF-Optionen.

Über das Drop-down-Menü **Standard** können Sie eine PDF/X-kompatible Datei erstellen. PDF/X (Portable Document Format Exchange) ist eine Unterform von Adobe PDF. Sofern die jeweiligen Ausgabegeräte PDF/X unterstützen, kann es dazu verwendet werden, Farb-, Schrift- und Überfüllungsvariablen zu entfernen, die zu Druckproblemen führen können.

Unter **Kompatibilität** bestimmen Sie, mit welcher Adobe Acrobat-Version die Datei kompatibel sein soll.

Illustrator-Bearbeitungsfunktionen beibehalten speichert für das erneute Öffnen und Bearbeiten des PDF in Adobe Illustrator sämtliche Illustrator-Daten.

Seitenminiaturen einbetten speichert ein kleines Vorschaubild mit der Datei mit, das in den verschiedenen Dialogfenstern angezeigt wird.

Für schnelle Webansicht optimieren optimiert die Datei so, dass Sie für die schnelle Anzeige in einem Webbrowser seitenweise vom Server übertragen wird. Dies macht die ersten Seiten bereits zugänglich, noch ehe die ganze Datei übermittelt wurde.

PDF speichern und anzeigen öffnet das PDF unmittelbar nach dem Speichern in dem als Standard festgelegten Programm zur PDF-Ansicht.

Aus oberen Ebenen Acrobat-Ebenen erstellen erstellt aus den obersten Illustrator-Ebenen im PDF Acrobat-Ebenen.

In den **Komprimierungsoptionen** legen Sie fest, ob und wie Pixelbilder komprimiert werden.

▲ **Abbildung 9-15**
PDF/X-Standards

PDF für Web oder E-Mail

Um ein Dokument rasch im Web zu veröffentlichen oder per E-Mail zu verschicken, wählen Sie am besten die Vorgabe **Kleinste Dateigröße**.

▲ **Abbildung 9-16** PDF-Optionen **Komprimierung**

Für jeden der drei Bereiche **Farb-Bitmapbilder**, **Graustufen-Bitmapbilder** und **Monochrome Bitmapbilder** stehen Ihnen mehrere Einstellungen zur Verfügung.

Aus dem Drop-down-Menü **Downsampling/Neuberechnung** wählen Sie eine Interpolationsmethode, die zur Neuberechnung verwendet werden soll. Die standardmäßig ausgewählte Methode *Bikubische Neuberechnung* führt üblicherweise zu den besten Ergebnissen. Für einen Druck in hoher Auflösung wählen Sie **Keine Neuberechnung**. Im Eingabefeld rechts neben dem Drop-down-Menü definieren Sie, auf wie viel Pixel pro Zoll (ppi) die Auflösung reduziert werden soll. Im Eingabefeld **Für Bilder über** definieren Sie, ab welcher Auflösung Bilder interpoliert werden.

Aus dem Drop-down-Menü **Komprimierung** legen Sie eine der folgenden Komprimierungsmethoden fest:

- *Ohne* wendet keine Komprimierung an.
- Mit *Automatisch (JPEG)* erzielen Sie größtmögliche Kompatibilität. Bestimmen Sie über das Drop-down-Menü **Bildqualität** die Qualität der Bilder.
- *Automatisch (JPEG 2000)* erzielt eine hervorragende Komprimierung.
- *JPEG* ist eine verlustbehaftete Komprimierungmethode, es gehen also dabei Daten verloren, was eventuell die Qualität beeinträchtigen kann. Diese Komprimierung eignet sich für fotorealistische Motive und für Graustufenbilder.
- *JPEG 2000* – eine neue, verbesserte Version des JPEG-Standards – eignet sich ebenfalls für Farb- und Graustufenbilder und bietet zusätzlich die Möglichkeit der progressiven Anzeige des Bildes. Dabei wird das Bild stufenweise aufgebaut.
- *ZIP* ist je nach der Einstellung im Drop-down-Menü **Bildqualität** verlustfrei oder verlustbehaftet und eignet sich vor allem für Bilder mit großflächigen, einfarbigen Bereichen.
- *CCITT Group 3* und *CCITT Group 4* kann nur für monochrome Bitmap-Bilder ausgewählt werden und eignet sich für Schwarz-Weiß-Bilder.
- *Run-Length* ist ebenfalls nur für monochrome Bilder verfügbar und ist für Bilder mit großflächigen schwarzen und weißen Flächen geeignet.

Aktivieren Sie **Text und Strichgrafiken komprimieren**, wird auf Text und Strichgrafiken die ZIP-Komprimierung angewendet.

Im Bereich **Marken und Anschnitt** legen Sie Optionen für verschiedene Druckermarken und den Anschnitt fest. Diese Optionen sind identisch mit den Marken- und Anschnittoptionen, die Sie im Zuge des Druckens festlegen können. Lesen Sie dazu etwas später in diesem Kapitel mehr.

▲ **Abbildung 9-17** PDF-Optionen **Marken und Anschnitt**

In den **Ausgabeoptionen** legen Sie Einstellungen zum Farbmanagement und PDF/X-Optionen fest.

▲ **Abbildung 9-18** PDF-Optionen **Ausgabe**

Im Bereich **Farbe** legen Sie fest, wie Farben im PDF dargestellt werden.

Die **PDF/X-Optionen** sind nur für PDF/X-Vorgaben verfügbar.

Im Bereich **Erweitert** der PDF-Optionen definieren Sie Schrift- und Reduzierungsoptionen.

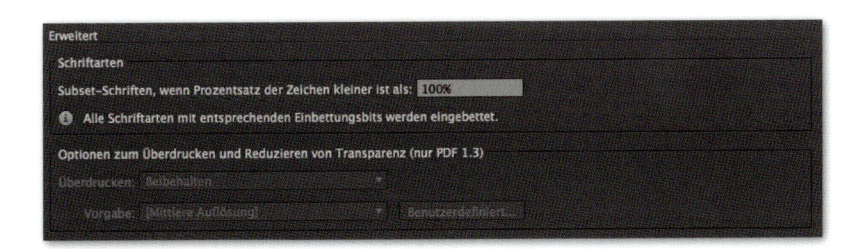

▲ **Abbildung 9-19** PDF-Optionen **Erweitert**

Mit der Option **Subset-Schriften, wenn Prozentsatz der Zeichen kleiner ist als** legen Sie einen Prozentwert fest, ab dem die gesamte Schrift und nicht nur die im Dokument verwendeten Zeichen im PDF eingebettet werden.

Falls das PDF mit Acrobat 4 (PDF 1.3) kompatibel sein soll, legen Sie über das Dropdown-Menü **Überdrucken** fest, ob das Überdrucken gelöscht oder beibehalten werden soll. Auch eine **Vorgabe** für die Transparenzreduzierung ist wählbar. Neuere Versionen erhalten Transparenzen automatisch.

In den **Sicherheitsoptionen** können Sie dem PDF einen Kennwortschutz für das Öffnen und Bearbeiten hinzufügen.

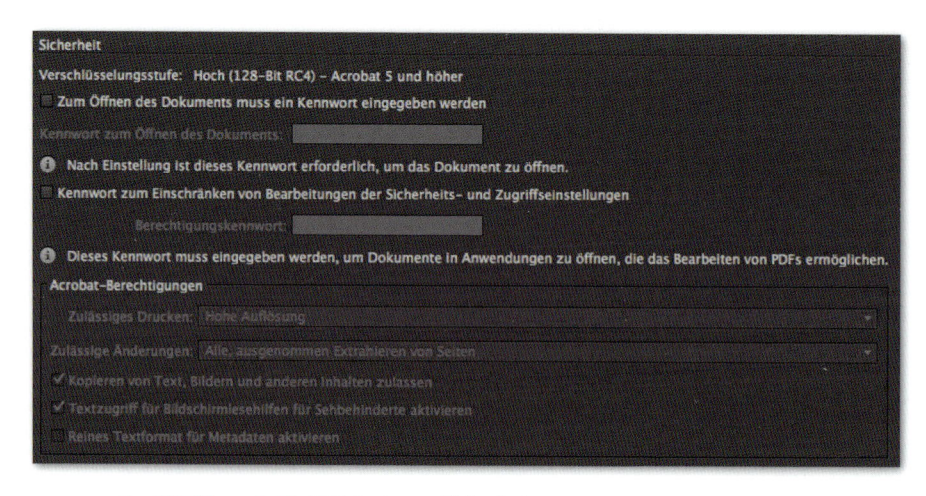

▲ **Abbildung 9-20** PDF-Optionen Sicherheit

Der **Übersicht** der PDF-Optionen entnehmen Sie nicht nur eine Übersicht über die getroffenen Optionen, sondern auch eventuell auftretende Warnungen.

PNG (Portable Network Graphics)

> **Hinweis**
>
> Wenn Sie Ihre Grafiken über das Menü *Datei → Für Microsoft Office speichern...* exportieren, wird eine PNG-Datei mit Standard-Einstellungen erstellt.
>
> Falls Sie aber für das PNG selbst Optionen festlegen möchten, können Sie es exportieren oder über das **Für Web speichern**-Dialogfenster speichern.

Das PNG-Format ist ein verlustfrei komprimierendes Format vorwiegend zur Darstellung von Bildern im Web. Das **PNG-8** (8 Bit Farbtiefe) kann – wie auch das GIF – lediglich 256 Farben und volltransparente Pixel speichern. Das **PNG-24** (24 Bit Farbtiefe) hingegen kann 16,78 Millionen Farben sowie teiltransparente Pixel im Graustufen- oder RGB-Farbmodus speichern, wird aber von alten Browsern nicht unterstützt.

Um die Illustrator-Daten in das PNG-Format zu exportieren, wählen Sie *Datei → Exportieren*. Legen Sie einen **Dateinamen** und **Speicherort** fest und wählen Sie aus dem Drop-down-Menü **Format/Dateityp** *PNG (png)*. Falls Sie jede Zeichenfläche als eigene PNG-Datei exportieren möchten, aktivieren Sie **Zeichenflächen exportieren** und wählen zwischen **Alle** und **Bereich**. Bestätigen Sie die Einstellungen mit **Exportieren/Speichern**, um in den PNG-Optionen alle weiteren Einstellungen zu treffen.

448 Kapitel 9 · Ausgabe

▲ **Abbildung 9-21** PNG-Optionen

Als **Auflösung** legen Sie die dem Ausgabemedium entsprechende Auflösung in ppi fest.

Die **Glättung** können Sie durch Wählen der Option *Ohne* deaktivieren, für *Schrift optimieren* oder für *Bildmaterial optimieren*. Aktivieren Sie **Interlaced**, werden bereits während des Herunterladens der Datei aus dem Web Zwischenversionen in geringerer Auflösung angezeigt.

Definieren Sie im Drop-down-Menü **Hintergrundfarbe** die Farbe beziehungsweise Transparenz des Hintergrunds.

Grafiken für das Web speichern

Wenn Sie Grafiken für das Web erstellen, müssen Sie nicht nur auf spezielle Einstellungen für Auflösung und Farben achten, sondern auch darauf, dass Webgrafiken eine besonders kleine Dateigröße haben sollten. Bei jedem Aufruf einer Website wird eine Kopie aller zur Darstellung notwendigen Dateien vom Webserver auf den Computer des Besuchers geschickt. Kleinere Dateien werden nicht nur schneller übermittelt, sondern kosten Besucher ohne Flatrate auch weniger Geld.

Damit haben Sie die Möglichkeit, speziell für die für das Web geeigneten Dateiformate unterschiedliche Einstellungen auszuprobieren und die beste zu wählen. Die verfügbaren Formate sind **GIF**, **JPEG** und **PNG**; einige Vorgaben stehen für diese Formate zur Auswahl.

Unabhängig vom Farbmodus und den Rastereffekt-Einstellungen, die Sie für das Dokument ausgewählt haben, werden die Dateien im Zuge des **Für Web speichern**-Dialogfelds in den für die Bildschirmdarstellung geeigneten RGB-Farbmodus umgewandelt und mit der richtigen Auflösung von 72 ppi gespeichert.

> **Neu in CS6**
>
> Das Dialogfenster **Für Web speichern** (früher **Für Web und Geräte speichern**) wurde in CS6 komplett überarbeitet und von einigen veralteten beziehungsweise nicht relevanten Funktionen befreit.
> Auch **Device Central** ist in CS6 nicht mehr enthalten.

Möchten Sie Ihre Grafiken für das Web optimieren, wählen Sie *Datei* → *Für Web speichern*… Anders als beim Speichern und Exportieren werden mit dieser Funktion nur die Inhalte der aktiven Zeichenfläche herangezogen.

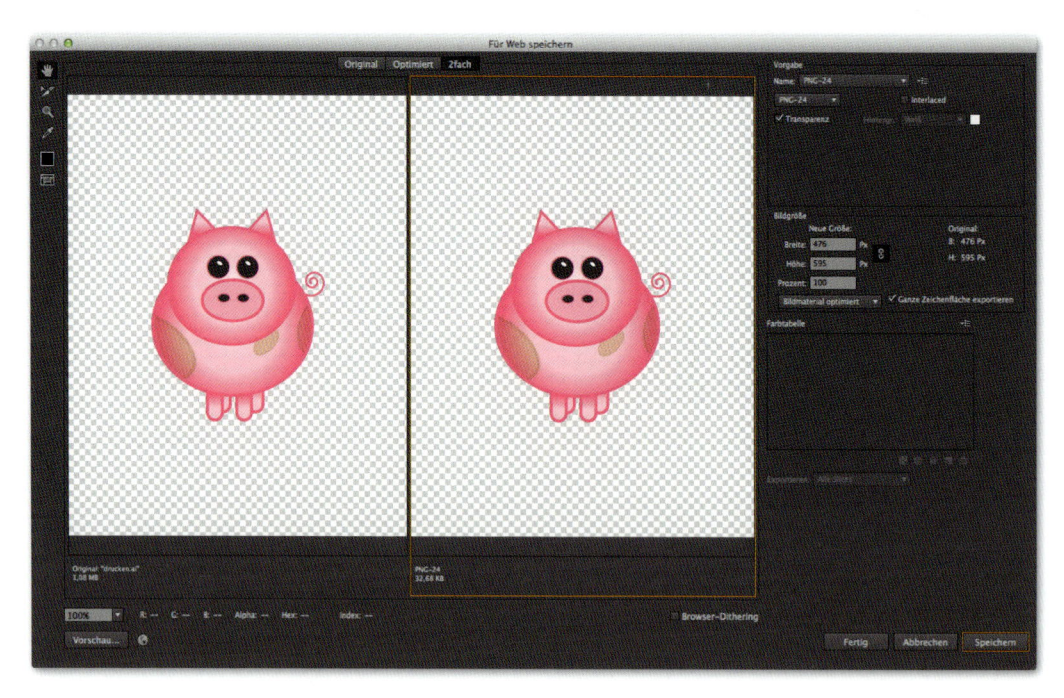

▲ **Abbildung 9-22** Für Web speichern

In den **Für Web speichern**-Optionen können Sie zwischen mehreren Ansichten wählen: Sie können nur das Original oder die optimierte Version anzeigen. Wirklich interessant ist aber, dass Sie das Original und die optimierte Version auch nebeneinander vergleichen können.

Wählen Sie zwischen den unterschiedlichen Ansichtsmöglichkeiten, indem Sie direkt über dem großen Vorschaubereich auf einen der Buttons **Original**, **Optimiert** oder **2fach** klicken.

▲ **Abbildung 9-23** Buttons zum Wechseln der Ansicht

Für die Darstellung **Optimiert** (auch in der **2fach**-Ansicht) sehen Sie eine Vorschau die zeigt, wie die Grafik mit den aktuellen Einstellungen aussehen wird. Darunter können Sie Informationen über das gewählte Dateiformat, die zu erwartende Dateigröße, sowie weitere dateiformatspezifische Informationen beziehen.

> **Neu in CS6**
>
> Für die Dateiformate **SWF** und **SVG** gibt es im neuen **Für Web speichern** keine Unterstützung mehr. Erzeugen Sie **SVG** über das Menü *Datei* → *Speichern unter*… und **SWF** über das Menü *Datei* → *Exportieren*. **WBMP** wird generell nicht mehr unterstützt.

> **Neu in CS6**
>
> Die praktische Darstellung **4fach** wurde aus dem überarbeiteten **Für Web speichern**-Dialogfenster leider entfernt.

Auf der rechten Seite des Optionenfensters können Sie unterschiedliche Einstellungen treffen.

Bildgröße anpassen

Was Sie als Erstes tun sollten, ist – sofern Sie beim Erstellen der Grafik noch nicht so darauf geachtet haben –, die Grafiken auf die benötigte Pixelgröße zu bringen, denn nur so können Sie die Qualität richtig beurteilen. Außerdem wirkt sich eine Veränderung der Pixelgröße wahrscheinlich am stärksten auf die Dateigröße aus.

▲ **Abbildung 9-24** Bildgröße

Zuvor sollten Sie allerdings überprüfen, für welchen Bereich diese Maße gelten sollen: Ist die Option **Ganze Zeichenfläche exportieren** ausgewählt, werden sämtliche Inhalte der zuvor ausgewählten Zeichenfläche gespeichert. Deaktivieren Sie diese Option, um auch außerhalb der Zeichenfläche liegende Objekte zu speichern, oder nur den Bereich innerhalb der Zeichenfläche, in dem sich Objekte befinden.

Im Bereich **Bildgröße** können Sie nun die **Neue Größe** direkt durch Eingabe von Werten für **Breite** und **Höhe** in Pixeln definieren oder im Eingabefeld **Prozent** eine prozentuale Skalierung vornehmen. Die Option **Proportionen beibehalten** stellt dabei sicher, dass das originale Seitenverhältnis nicht verändert wird. Das Drop-down-Menü stellt Ihnen drei Möglichkeiten für die **Glättung** von Kanten zur Auswahl: *Ohne*, *Bildmaterial optimiert* oder *Schrift optimiert*.

Geeignetes Dateiformat finden

Von den Browsern, die den höchsten Marktanteil haben, werden nicht viele Dateiformate unterstützt. Weil Sie Ihre Dateien natürlich in Dateiformaten speichern möchten, die so vielen Besuchern wie möglich zugänglich sind, sollten Sie auf die sicheren Formate GIF, JPG oder PNG zurückgreifen. Je nach Art des Inhalts hat jedes dieser drei Dateiformate Vor- und Nachteile. Hier ein paar Faustregeln für die Wahl des richtigen Dateiformats:

- Das **JPEG-Format** verwenden Sie am besten bei fotorealistischen Darstellungen und für Farbverläufe, denn es kann rund 16,7 Millionen Farben speichern und darstellen. Das JPEG benutzt eine Komprimierung, bei der es zu Verlusten kommt, und kann keine Transparenzen speichern. Jedes Pixel der rechteckigen Datei bekommt eine Farbinformation – auch wenn das Original transparente Bereiche beinhaltet.

> **Hinweis**
>
> Ganz links im Optionenfenster finden Sie übrigens ein paar Werkzeuge, zum Beispiel das Zoom-Werkzeug und das Hand-Werkzeug. Damit können Sie wie gewohnt zoomen und den Ansichtsbereich verschieben.
>
> Bedenken Sie aber bitte, dass Sie für das Web in erster Linie interessiert, wie die Qualität einer Datei in der 100%-Ansicht ist.

> **Tipp**
>
> Halten Sie Rücksprache mit der Person, die die Grafik für das Web aufbereitet, falls Sie die endgültigen Pixeldimensionen nicht kennen.

> **Hinweis**
>
> Zum Zeitpunkt der Veröffentlichung dieses Buchs kann es bei der Eingabe von Breite und Höhe zu einer fehlerhaften Übernahme dieser Werte kommen. Dieser Fehler ist Adobe bereits bekannt und wird hoffentlich bald bereinigt werden.
>
> **Kontrollieren Sie bitte vor dem Speichern, ob die gewünschte Bildgröße korrekt übernommen wurde.**

> **CS5 Tipp**
>
> CS5-User finden auf der rechten Seite des Dialogfensters die drei unscheinbaren Tabs **Farbtabelle**, **Bildgröße** und **Ebenen**. Definieren Sie die Pixeldimensionen im Tab **Bildgröße** und bestätigen Sie diese durch Klick auf **Anwenden**. Erst dann werden die Vorschau und die Informationen angepasst.

- Das **GIF-Format** kann nur 256 verschiedene Farben der Illustration speichern. Es kann zwar Transparenzen speichern, allerdings nur volltransparente Pixel. Teiltransparente Pixel werden nicht unterstützt, weshalb es nicht möglich ist, durch die farbigen Bereiche der Datei auf andere Objekte zu blicken. Die Komprimierung erfolgt verlustfrei mit dem LZW-Algorithmus. Verwenden Sie das GIF-Format für Grafiken mit wenigen, möglichst großflächigen Farben und starken Farbkontrasten, wie Logos und Strichzeichnungen.

- Das **PNG** ist ebenfalls ein verlustfreies Dateiformat, ursprünglich als Ersatz für das GIF entwickelt. Das PNG gibt es derzeit in zwei unterschiedlichen Ausprägungen: Das **PNG-8** ist – wie das GIF – ein Format, das 8 Bit Farbtiefe pro Kanal speichert, also ebenfalls nur insgesamt 256 Farben. Das **PNG-24** hingegen speichert 24 Bit Farbtiefe pro Kanal und kann nicht nur komplett transparente Pixel darstellen, sondern auch Teiltransparenzen als Alphakanal speichern. Das macht die Datei für darunter befindliche Farben durchscheinend.

Mit diesem Grundwissen können Sie nun also beim Optimieren einer Grafik für das Web entweder direkt auf das geeignete Dateiformat zugreifen oder – in nicht eindeutigen Fällen – die endgültige Entscheidung davon abhängig machen, welches Format die besten Ergebnisse bei der kleinsten Dateigröße liefert.

Einstellungen treffen

Sehen wir uns nun die Optimierungsmöglichkeiten für die sicheren Web-Formate an.

Auf der rechten Seite der **Für Web speichern**-Optionen wählen Sie über das Drop-down-Menü **Optimierungsformat** zwischen einem der vier Dateiformate *GIF*, *JPEG*, *PNG-8* und *PNG-24*. Alternativ können Sie über das Drop-down-Menü **Vorgaben** auf einige Sets an beliebten Einstellungen zugreifen.

Je nach ausgewähltem Format erhalten Sie dann unterschiedliche Optionen.

▲ **Abbildung 9-25**
Optimierungsformate (links) und Vorgaben (rechts)

JPEG: Die beiden nebeneinanderliegenden Drop-down-Menüs unterhalb des Dateiformats behandeln die Qualität der Komprimierung: Wählen Sie entweder aus dem Drop-down-Menü **Komprimierungsqualität** zwischen *Niedrig*, *Mittel*, *Hoch*, *Sehr hoch* oder *Maximal*, oder definieren Sie im Eingabefeld **Qualität** (0 % bis 100 %) einen eigenen Wert.

Reduzieren Sie die Qualität so weit, wie das Resultat (in der Ansicht bei 100 %) qualitativ befriedigend ist. Gleichzeitig können Sie unterhalb der Vorschau beobachten, wie stark sich das Reduzieren der Qualität auf die Dateigröße auswirkt.

▲ **Abbildung 9-27**
JPEG-Optionen

▲ **Abbildung 9-26** JPEG in Qualität 100 % (links), 50 % (Mitte) und 0 % (rechts)

Aktivieren Sie die Option **Progressiv**, wird das JPEG so gespeichert, dass schon während des Ladens schrittweise immer detailliertere Versionen des Bildes anzeigt werden. Das hat nicht nur gewisse positive Auswirkungen auf die Dateigröße, sondern wirkt sich vor allem positiv für die Besucher der Website aus. Ist diese Option deaktiviert, wird die Datei erst dann angezeigt, wenn sie vollständig geladen ist.

> **Hinweis**
>
> **Progressiv** wird nicht von allen Webbrowsern unterstützt.

Über den Regler beziehungsweise das Eingabefeld **Weichzeichnen** können Sie dem Bild eine Unschärfe hinzufügen, um einen eventuell durch stark reduzierte Optimierungsqualität zustande gekommenen Qualitätsverlust auszugleichen. Auch das Weichzeichnen verkleinert die Dateigröße ein wenig.

> **Hinweis**
>
> Ein JPEG können Sie übrigens auch über *Datei* → *Exportieren* erstellen.

Aktivieren Sie **ICC-Profil**, wird ein ICC-Profil in das JPEG eingebettet.

Die Farbe des Hintergrunds kommt erst dann zum Tragen, wenn sich in Ihrem Dokument transparente Pixel befinden. Da JPEG keine Transparenzen unterstützt, werden alle gänzlich oder teilweise transparenten Pixel durch die im Eingabefeld **Hintergrund** definierten Farben ersetzt oder damit gemischt. Wählen Sie zwischen *Pipettenfarbe*, *Weiß*, *Schwarz* und *Andere*. Möchten Sie eine Farbe aus dem Bild auswählen, können Sie auf der linken Seite das Pipette-Werkzeug aktivieren und damit an jede beliebige Stelle innerhalb der

Vorschau klicken. Das darunterliegende Farbfeld zeigt Ihnen die gewählte Farbe, also die Farbe, die auf transparente Bereiche angewendet wird, wenn Sie **Pipettenfarbe** wählen. Wählen Sie **Andere**, öffnet sich der Farbwähler, in dem Sie – wie im Abschnitt »Der Farbwähler« in Kapitel 6 ausführlich erklärt – Farben wählen oder definieren können.

- **GIF:** In den GIF-Optionen ist die erste Option, mit der Sie die Dateigröße etwas verringern können, der Regler **Lossy**. Er legt den Grad an Datenverlust für die Komprimierung fest. Meist können Sie hier den Regler ein wenig nach rechts schieben, ohne Qualitätseinbußen in der Vorschau zu bemerken.

▲ **Abbildung 9-28** GIF-Optionen

Das Drop-down-Menü **Farbreduktionsalgorithmus** gibt vor, nach welchem Prinzip die Palette aus den nur 256 verfügbaren Farben erstellt wird. *Perzeptiv* wählt Farben, auf die das menschliche Auge besonders sensibel reagiert, *Selektiv* erstellt eine ähnliche Farbpalette, bevorzugt allerdings breite Farbbereiche und die Erhaltung von websicheren Farben. *Adaptiv* wählt die Farben aus den im Bild am häufigsten vorkommenden Farben. *Graustufen*, *Mac OS*, *Schwarzweiß* und *Windows* wählt Farben aus dem entsprechenden Spektrum.

Der **Dither-Algorithmus** legt fest, wie Farben simuliert werden, die nicht in der Farbtabelle enthalten sind. Legen Sie aber zuerst die **Anzahl an Farben** (2 bis 256) fest, die Sie erlauben. Für den Algorithmus können Sie zwischen *Kein Dither*, *Diffusion*, *Muster* und *Rauschen* wählen. Ist ein Dither-Algorithmus ausgewählt, können Sie über den Regler die Dither-Stärke festlegen. Welcher Algorithmus am besten geeignet ist, beurteilen Sie am besten für jede Grafik neu.

Über den Prozentsatz für **Web-Ausrichtung** legen Sie fest, wie sehr sich die Farbpalette – und zwar für jeden der Farbreduktionsalgorithmen – an den websicheren Farben orientiert.

▲ **Abbildung 9-29**
GIF-Farbtabelle

Ist **Transparenz** deaktiviert, werden transparente Pixel in der gewählten Hintergrundfarbe eingefärbt. Um transparente Bereiche der Datei in das gespeicherte GIF zu übernehmen, müssen Sie die Option **Transparenz** aktivieren. In diesem Fall hat die **Hintergrundfarbe** eine andere Wirkung: Sie mischt sich mit der Farbe teiltransparenter Pixel, zum Beispiel am Übergang zwischen Farbpixeln und transparenten Pixel. Ist **Ohne** eingestellt, kommt es zu zackigen und pixeligen Übergängen, was die Grafik ausgefranst aussehen lässt. Um Transparenzen mit bestem Ergebnis zu speichern, sollten Sie hier die Farbe definieren, auf der die Grafik letztendlich gezeigt wird. Dadurch erfolgt ein fließender Übergang zum Rand hin.

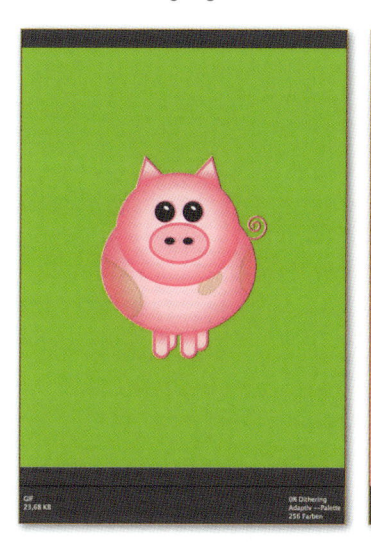

▲ **Abbildung 9-30** GIF ohne Transparenz (links), und ein transparentes GIF ohne Hintergrundfarbe in starker Vergrößerung (Mitte) sowie ein transparentes GIF mit Hintergrundfarbe (rechts)

Für die Transparenz können Sie einen **Transparenz-Dither** und die **Dither-Stärke** definieren.

Interlaced zeigt – ähnlich wie *Progressiv* für das JPEG – schon während des Ladens Versionen des Bildes mit gradueller Erhöhung der Auflösung an. Interlaced erhöht die Dateigröße etwas, verkürzt den Besuchern aber die Wartezeit.

PNG-8: Die Einstellungen für das PNG-8 sind – mit Ausnahme des fehlenden Lossy-Reglers – identisch mit denen des GIF-Formats.

PNG-24: Für das PNG-24 haben Sie nur sehr wenige Einstellungsmöglichkeiten, nämlich **Interlaced** (Erhöhung der Auflösung nach und nach bis die Datei fertig geladen ist) und **Transparenz**. Das Feld für Hintergrundfarbe ist nur aktiv, wenn Sie die Transparenz deaktivieren und dadurch die transparenten Pixel mit Farbe versehen.

Einstellungen vergleichen und Datei speichern

Wenn Sie nun Ihre Einstellungen für die Datei getroffen haben – falls Sie unterschiedliche Versionen probiert haben, nehmen Sie bei gleicher Qualität immer die Einstellung, die die kleinste Dateigröße hat –-klicken Sie auf **Speichern**.

> **Hinweis**
>
> Wie Sie ein PNG zum Beispiel für die Verwendung in Microsoft Office erstellen, lesen Sie etwas weiter vorn in diesem Kapitel.

> **CS5**
>
> Falls Sie in CS5 die 4fach-Darstellung nutzen, achten Sie darauf, dass Sie die Vorschau angeklickt haben, die Sie speichern möchten.

Buchtipp

Wenn Sie sich näher mit der Druckvorstufe speziell für die neuesten Programmversionen (unter anderem von Adobe Illustrator) beschäftigen möchten, lesen Sie doch auch Prepress-Know-How für Grafikdesigner von Ulrich Schurr.

In diesem Buch erfahren Sie anhand von praxisorientierten Lösungen, wie Sie Fehler vermeiden können und was bei Farbmanagement, Proof und Ausgabe sowie speziell bei der PDF-Erstellung zu beachten ist, damit Ihre Dokumente produktionssicher verarbeitet und gedruckt werden können.

Drucken

Das Thema Drucken und Druckvorstufe ist so umfangreich, dass es ganze Bücher füllt.

Wenn Sie planen, Ihr Dokument professionell drucken zu lassen, möchte ich Ihnen die Empfehlung geben, sich rechtzeitig mit der Druckerei in Verbindung zu setzen, bei der Sie den Ausdruck in Auftrag geben werden. Ideale Ergebnisse erzielen Sie nämlich nur dann, wenn Sie umfangreiche Kenntnisse über die unterschiedlichen Drucktechniken, Farbmanagement und natürlich auch die Druckmaschine haben, auf der gedruckt wird. Auch die vielen Papierarten und sonstigen Materialien, auf die gedruckt werden kann, haben Einfluss auf das Druckergebnis. Viele Druckereien akzeptieren für den Druckauftrag Ihre Original-Illustrator-Datei, die dann professionell aufbereitet wird, oder helfen Ihnen dabei, die richtigen Einstellungen zu finden.

Über das Menü Datei → Drucken (⌘ / strg + P) können Sie Ihre Datei – beziehungsweise nur Teile davon – an Ihren eigenen Desktop-Drucker schicken. Die Druckenoptionen sind komplex, begleiten Sie aber Schritt für Schritt durch den Druckvorgang. Viele Einstellungen haben Sie bereits indirekt festgelegt, als Sie beim Erstellen des Dokuments ein Dokumentprofil gewählt haben.

Auf der linken Seite des Optionenfensters sind die verschiedenen Einstellungen in Kategorien zusammengefasst. Die Optionen der ersten Kategorie Allgemein sind bereits auf der rechten Seite geöffnet.

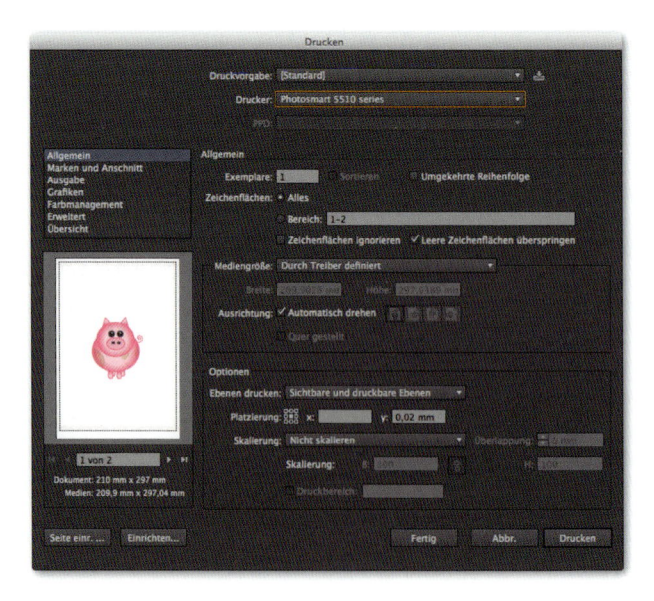

▲ **Abbildung 9-31** Allgemeine Druckenoptionen

Unterhalb der Kategorien sehen Sie immer eine kleine Vorschau, wie die Objekte auf dem Blatt in der festgelegten Papiergröße positioniert sein werden. Falls Sie darunter noch die Option bekommen, sich eine weitere Seitenvorschau ansehen zu können, haben Sie in Ihrem Dokument mehr als eine Zeichenfläche mit Objekten erstellt. Jede Zeichenfläche wird standardmäßig auf einem eigenen Blatt gedruckt.

Im oberen Bereich der Druckenoptionen können Sie eine **Druckvorgabe** und aus dem Drop-down-Menü **Drucker** das gewünschte Gerät wählen.

▼ **Abbildung 9-32**
Vorschaubereich

Allgemeine Optionen

Über die allgemeinen Optionen legen Sie Papierformat und -ausrichtung und die Anzahl der Ausdrucke fest. Sie können auch alle oder nur einige Zeichenflächen und Ebenen drucken oder das Bildmaterial skalieren und gegebenenfalls auf mehrere Seiten aufteilen.

Was möchten Sie drucken?

Eine Option, die Sie vielleicht aus anderen Programmen kennen: die Anzahl der **Exemplare**, die standardmäßig auf 1 gestellt ist. Wenn Sie also mehr als einen Ausdruck haben möchten, erhöhen Sie diesen Wert.

Darunter wählen Sie, ob Sie *Alles* – das druckt jede Zeichenfläche auf einem eigenen Blatt – oder nur bestimmte Zeichenflächen drucken möchten. Wählen Sie **Bereich**, können Sie zum Beispiel 1-3 eingeben, um nur die ersten drei Zeichenflächen jeweils auf ein eigenes Blatt zu drucken. Aktivieren Sie die Option **Zeichenflächen ignorieren**, werden sämtliche Objekte des Dokuments auf einem Blatt gedruckt. Ebenfalls hilfreich ist die Option **Leere Zeichenflächen überspringen**, die auch standardmäßig aktiviert ist, sobald das Dokument mehr als eine Zeichenfläche hat. Dies verhindert, dass leere Zeichenflächen ein Blatt Papier verbrauchen.

Aus dem Drop-down-Menü **Ebenen drucken** im unteren Bereich der allgemeinen Optionen wählen Sie, ob **Sichtbare und druckbare Ebenen**, **Sichtbare Ebenen** oder **Alle Ebenen** gedruckt werden.

Hinweis

Über das Ebenen-Bedienfeld ausgeblendete Objekte und Vorlagenebenen werden standardmäßig nicht gedruckt. Über die Ebenen-Optionen lässt sich auch für gesamte Ebenen die Option *Druck* deaktivieren.

▲ **Abbildung 9-33**
Definieren Sie Ebenen als nicht druckbar.

Papier und Ausrichtung

Die **Mediengröße** (Papiergröße) können Sie automatisch durch die standardmäßig aktive Option *Durch Treiber definiert* vom Drucker beziehen, oder im Feld **Größe** auf vordefinierte Standardformate zugreifen. Wählen Sie *Benutzerdefiniert*, um die Felder **Breite** und **Höhe** zu aktivieren und sie mit eigenen Werten befüllen zu können.

Automatisch drehen sorgt dafür, dass querformatige Zeichenflächen im Ausdruck gedreht werden. Ist diese Option deaktiviert, können Sie zwischen **Hochformat**, **Querformat**, **Umgekehrtes Hochformat** und **Umgekehrtes Querformat** wählen.

Wo auf dem Blatt möchten Sie drucken?

Wenn Sie in die Druckvorschau blicken, sehen Sie die Position der zu druckenden Objekte relativ zur ausgewählten Blattgröße. Sie können in die Vorschau klicken und die Objekte darin frei verschieben. Genauer positionieren Sie die Objekte durch Eingabe von Werten in die Eingabefelder **X** und **Y**, oder indem Sie einen Punkt auf dem **Platzierungssymbol** anklicken.

Skalierung

Standardmäßig ist für das Ausdrucken von Zeichenflächen **Keine Skalierung** ausgewählt, sie werden also in der erstellten Größe auf das Blatt gedruckt. Sie können aber auch die Größe der zu druckenden Objekte durch die Optionen **An Seite anpassen** oder **Benutzerdefinierte Skalierung** verändern, zum Beispiel wenn die Objekte über die Seitenbegrenzungen ragen.

Bildmaterial auf mehreren Seiten drucken

Alternativ zum Skalieren können Sie großes Bildmaterial auch auf mehrere Seiten aufgeteilt drucken. Dazu müssen Sie allerdings erst die Option **Zeichenflächen ignorieren** auswählen.

Wählen Sie nun im unteren Bereich der allgemeinen Druckoptionen aus dem Drop-down-Menü **Skalierung** zwischen folgenden beiden Möglichkeiten:

- *Fläche besteht aus ganzen Seiten* teilt die Zeichenfläche für die Ausgabe in Seiten auf, die der vollen Papiergröße entsprechen. Sie können auch die **Überlappung** zwischen den Seiten festlegen.

- *Fläche besteht aus Druckbereichen* druckt die Zeichenfläche so auf Seiten aufgeteilt, dass die Druckränder Ihres Druckers berücksichtigt werden.

In Illustrator CS5 aktivieren Sie für den Ausdruck auf mehreren Seiten im unteren Bereich der allgemeinen Druckoptionen die Option **Teilen** und wählen dort aus dem danebenliegenden Drop-down-Menü zwischen *Ganze Seiten* (entspricht *Fläche besteht aus ganzen Seiten* in CS6) und *Darstellbare Bereiche* (entspricht *Fläche besteht aus Druckbereichen* in CS6).

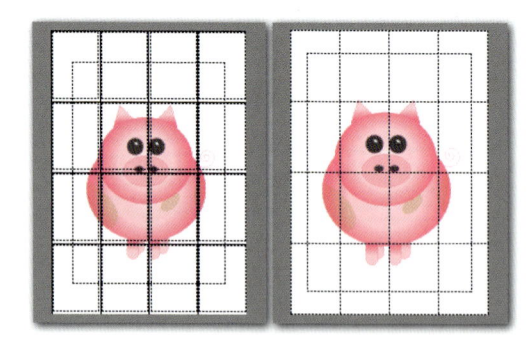

▲ **Abbildung 9-34** Druckvorschau für **Ganze Seiten** und für **Darstellbare Bereiche**

Marken und Anschnitt

Möchten Sie Ihrem Ausdruck Marken und Anschnitt hinzufügen, können Sie dies in der Kategorie **Marken und Anschnitt** tun.

Den **Anschnitt** haben Sie bereits beim Erstellen des Dokuments festgelegt und können ihn nun über **Anschnittmarken des Dokuments verwenden** übernehmen. Alternativ deaktivieren Sie diese Option und bestimmen neue Werte.

Druckaufteilung

In Ihrem Dokument können Sie die standardmäßige Druckaufteilung für die jeweils ausgewählte Zeichenfläche über *Ansicht → Druckaufteilung einblenden* sichtbar machen. Der äußere gepunktete Rahmen stellt die Papiergröße dar, während der innere Rahmen den bedruckbaren Bereich kennzeichnet.

Mit dem **Druckaufteilungs-Werkzeug** können Sie den druckbaren Bereich direkt auf der Arbeitsfläche durch einen einfachen Klick verändern. Die Stelle, an die Sie klicken, stellt die linke untere Ecke des druckbaren Bereichs dar.

CS5 Tipp

▲ **Abbildung 9-35**
Dokument mit allen Druckermarken

Druckermarken benötigen Sie im Vierfarbdruck für die präzise Ausrichtung und eine genaue Farbwiedergabe.

Schnittmarken werden durch feine waagerechte und senkrechte Linien gekennzeichnet, die den Zuschneidebereich darstellen.

Passermarken sehen aus wie kleine Fadenkreuze und dienen der Ausrichtung der Farbseparationen.

Der **Farbkontrollstreifen** wird in der Druckerei verwendet, um die Tintenintensität anzupassen.

Die **Seiteninformationen** beinhalten Dateinamen, Namen der Zeichenfläche, Datum und Uhrzeit und weitere spezielle Informationen wie Rasterweite, Rasterwinkel und die Farbe des jeweiligen Auszugs.

▲ **Abbildung 9-36**
Marken- und Anschnittoptionen

Weitere Druckenoptionen

In den **Ausgabe**-Optionen werden Einstellungen für den Druck von Farbseparationen festgelegt. Über die Kategorie **Grafiken** können Sie Einstellungen für Pfade, Schriftarten, PostScript-Dateien, Verläufe, Gitter und Farbübergänge festlegen. In der Kategorie **Farbmanagement** legen Sie fest, ob die Farbverwaltung über Illustrator oder über den Drucker erfolgen soll. In der Kategorie **Erweitert** können Sie Optionen für die Transparenzreduzierung und das Überdrucken festlegen.

In der **Übersicht** sehen Sie eine Zusammenfassung aller Einstellungen, sowie eventuell auftretende Warnungen dazu.

Hinweis

Druckermarken werden in **Passermarken-Schwarz** ⊕ gedruckt.

Schnittmarken für das Zuschneiden oder Ausrichten

Mit Schnittmarken zeigen Sie an, wo das gedruckte Papier geschnitten werden soll, zum Beispiel wenn Sie einen Anschnitt definieren. Schnittmarken sind auch nützlich, wenn Sie auf einem Blatt beispielsweise mehrere Visitenkarten drucken möchten, die anschließend auf die richtige Größe zugeschnitten werden sollen. Anders als Zeichenflächen haben Schnittmarken keinen Einfluss auf den druckbaren Bereich, sie werden auf dem Ausdruck in Passermarken-Schwarz gedruckt.

Bearbeitbare Schnittmarken für ein oder mehrere ausgewählte Objekte erstellen Sie über *Objekt → Schnittmarken erstellen*. Die Schnittmarken werden um die aktuelle Auswahl herum erzeugt und bestehen aus einer Gruppe einzelner Pfade. Erstellen Sie Schnittmarken auf diese Weise erst dann, wenn die Objekte abschließend positioniert und bearbeitet sind, da sich die Schnittmarken nicht automatisch anpassen.

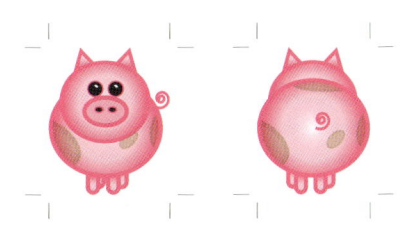

▲ **Abbildung 9-37**
Objekte mit Schnittmarken

Schnittmarken können Sie auch als dynamischen Effekt über *Effekt → Schnittmarken* erzeugen. Auf diese Weise werden für jedes der ausgewählten Objekte eigene Schnittmarken erstellt. Falls Sie eine einzige Schnittmarke um mehrere Objekte setzen möchten, gruppieren Sie diese Objekte zuerst. Der Vorteil dieser Methode: Die Schnittmarken bleiben mit der zuvor getroffenen Auswahl verbunden und transformieren sich automatisch mit. Zum Entfernen solcher Schnittmarken löschen Sie den Effekt im Aussehen-Bedienfeld.

1 2 3 4 5 6 7 8 9 **10**

Kapitel 10

Neu in CS6

Modernisierte Benutzeroberfläche, Farbverläufe in Konturen, ein wunderbar vereinfachter Workflow für die Erstellung von Mustern und der revolutionäre Bildnachzeichner: Hier finden Sie einen Überblick der Neuerungen in Adobe Illustrator CS6.

Der neue Illustrator CS6 überrascht zu seinem 25. Geburtstag in erster Linie durch eine vollkommen modernisierte Benutzeroberfläche. Natürlich gibt es aber auch in dieser Version wieder einige neue spannende Features!

Im Folgenden habe ich diese Neuerungen für Sie zusammengefasst.

Adieu Startbildschirm

Der schon in CS5 nur noch auf speziellen Wunsch verfügbare **Startbildschirm** wurde in CS6 komplett entfernt.

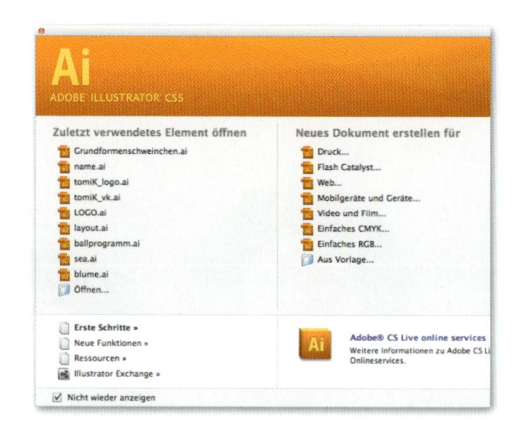

◀ **Abbildung 10-01**
Der Startbildschirm existiert nicht mehr.

Modernisierung

Wer bereits mit Adobe Illustrator gearbeitet hat, wird es sofort nach dem Programmstart bemerken: die **Benutzeroberfläche** wurde komplett überarbeitet und modernisiert!

Natürlich handelt es sich bei den Änderungen nicht nur um eine kosmetische Maßnahme, sondern um eine grundsätzliche Überarbeitung der gesamten Software, die nicht zuletzt dazu führt, dass die Software nun den schnelleren Prozessoren und RAMs über 3GB gerecht wird: Illustrator ist nun sowohl für Mac als auch für Windows-Computer in einer 64-bit Version erhältlich. Dadurch wurde eine Basis geschaffen, in zukünftigen Versionen von Illustrator moderne Prozessor- und Grafikkarten-Architekturen optimal auszunutzen und dadurch dramatische Geschwindigkeitsgewinne zu erreichen.

Dank der modernen User Interface-Architekur und der kompletten Überarbeitung sämtlicher Bedienfelder und Dialogfenster wurde ein robustes Arbeitsumfeld geschaffen, das es Ihnen nun zum Beispiel erlaubt, Ebenen direkt im Ebenen-Bedienfeld zu benennen und selbst mehr Einfluss auf das Aussehen Ihrer Arbeitsumgebung zu nehmen.

▲ **Abbildung 10-02**
Auch einige **Werkzeuge** wurden neu gestaltet

Anpassen der Benutzeroberfläche

In CS6 wählen Sie nicht nur zwischen den vier vordefinierten Optionen für **Helligkeit** *Dunkel*, *Mitteldunkel*, *Mittelhell* oder *Hell* – Sie können auch mit Hilfe des Reglers beziehungsweise des Eingabefelds am Rand einen beliebigen Wert (0 % bis 100 %) für die Helligkeit Ihrer Benutzeroberfläche bestimmen. Durch das Verändern der Helligkeit werden auch sämtliche Bedienfelder, Werkzeuge und Dialogfenster angepasst.

Für die **Arbeitsflächenfarbe** können Sie nun ebenfalls zwischen einer der Benutzeroberfläche angepassten Version und Weiß wählen. Lesen Sie mehr dazu im Abschnitt »Optionen für die Benutzeroberfläche« in Kapitel 1.

▼ **Abbildung 10-03**
Bedienfelder wurden angepasst.

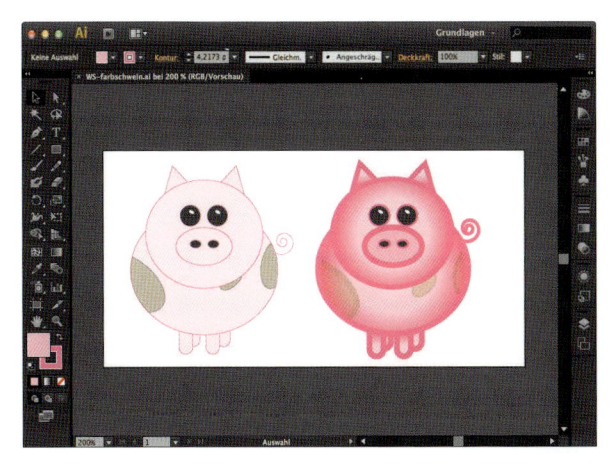

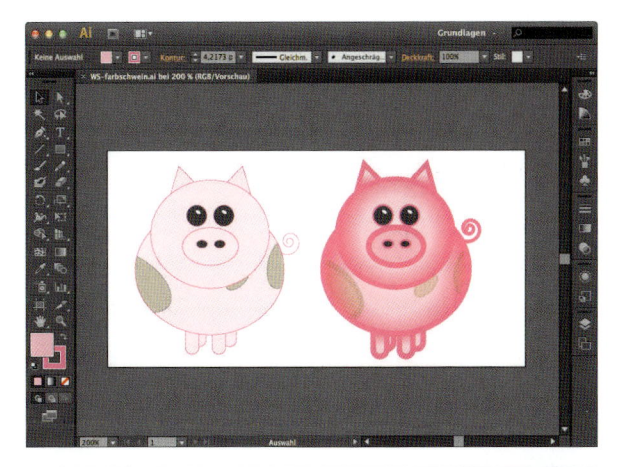

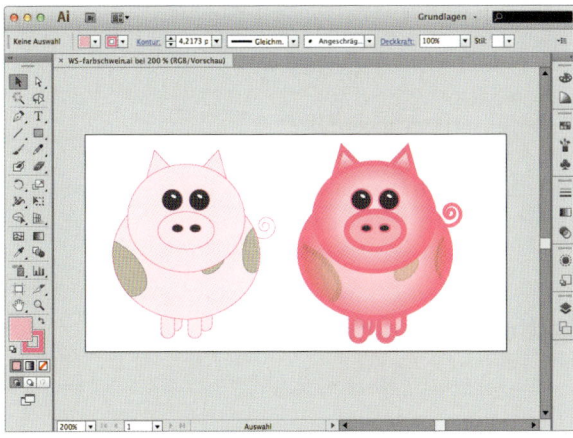

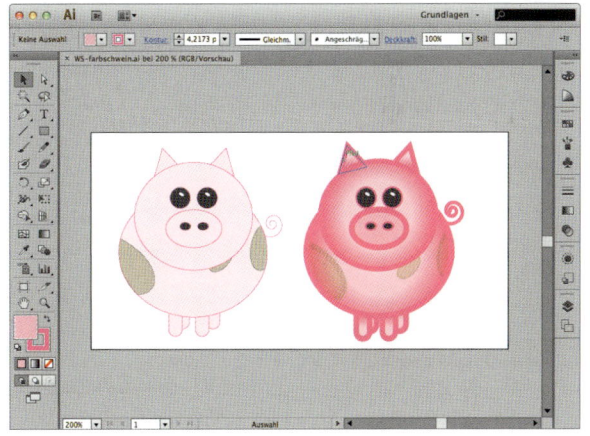

▲ **Abbildung 10-04** Die Benutzeroberfläche in vier unterschiedlichen Helligkeiten

Neu in CS6 463

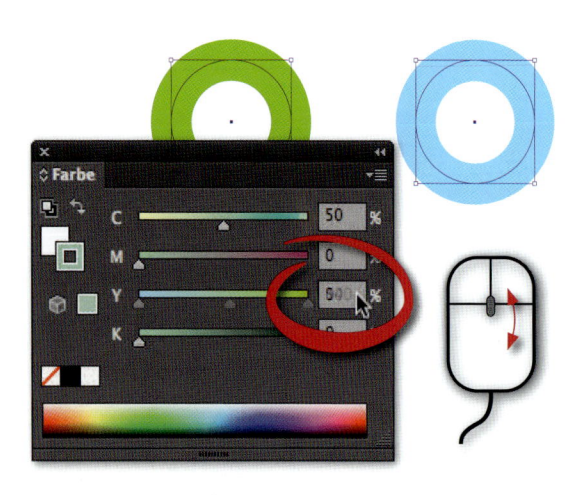

Scrollbare Eingabefelder!

Eine wunderbare Neuerung in der Benutzeroberfläche von Illustrator CS6 sind die scrollbaren Eingabefelder und Dropdown-Menüs (Ausnahmen sind weiß hinterlegte Felder). Bewegen Sie den Cursor einfach darüber und drehen Sie das Mausrad – die Werte verändern sich entsprechend der Drehrichtung. Auch Benutzer von Trackpads können nun in Bedienfeldern und Dialogfenstern Werte einfach durch Scrollen anpassen! Ich bin überzeugt, Sie werden diese neue Funktionalität lieben.

◀ **Abbildung 10-05** Scrollen Sie in grau hinterlegten Eingabefeldern

Pantone Plus®-Farbbibliotheken

In der Creative Suite CS6 verwenden Illustrator, Photoshop und InDesign nun die neuesten Bibliotheken von Pantone, die Pantone Plus®-Serie. Lesen Sie mehr dazu im Abschnitt »Mehr Farben aus Farbfelder-Bibliotheken« in Kapitel 6.

Arbeitsbereich zurücksetzen

Über das Menü *Fenster → Arbeitsbereich → Zurücksetzen: (Name des Arbeitsbereichs)* können Sie jederzeit zur ursprünglichen Konfiguration des von Ihnen gewählten Arbeitsbereichs zurückkehren, falls Sie zum Beispiel einige Bedienfelder neu positioniert haben und dies nun rückgängig machen wollen.

◀ **Abbildung 10-06**
Die neuesten Farbbibliotheken, die Pantone Plus®-Serie

Überarbeitete Dokumentprofile

Die Dokumentprofile, auf die Sie beim Erstellen neuer Dokumente zugreifen können, wurden etwas überarbeitet (siehe Kapitel 1, »Welches Dokumentprofil verwenden?«).

Konturen und Effekte skalieren

Nicht neu, aber nun wirklich sehr benutzerfreundlich platziert ist die Option **Konturen und Effekte skalieren** im Transformieren-Bedienfeld.

▲ **Abbildung 10-07**
Konturen und Effekte skalieren im Transformieren-Bedienfeld

Der neue Bildnachzeichner

Während das Ergebnis des **Interaktiven Nachzeichnens** bis Version CS5 nur mäßig befriedigend war, ist Adobe Illustrator CS6 mit dem neuen Feature **Bildnachzeichner** eine wirklich bemerkenswerte Funktion zum Umwandeln von Pixelbildern in Vektorpfade gelungen.

Obwohl komplexe fotorealistische Vorlagen natürlich nach wie vor sehr rechenintensiv sein können, ist das Nachzeichnen wesentlich rascher und präziser geworden. Das Ergebnis der Bildnachzeichnung kann sich sehen lassen, und die Anzahl der resultierenden Ankerpunkte und Pfade ist deutlich geringer als beim Interaktiven Nachzeichnen. Auch funktioniert die Farberkennung viel besser. Genaueres lesen Sie im Abschnitt »Pixelbild automatisch weichzeichnen« in Kapitel 5.

▶ **Abbildung 10-08**
Originales Pixelbild (rechte obere Ecke) und in CS6 nachgezeichnetes Bild (linke untere Ecke)

Konturen mit Verlauf

Im Unterschied zu früheren Illustrator-Versionen können Sie nun seit CS6 auch Konturen mit einem Farbverlauf gestalten – das Verlauf-Bedienfeld wurde diesbezüglich um einige Funktionen erweitert. Wie Sie das machen, lesen Sie im Abschnitt »Verlauf« in Kapitel 5.

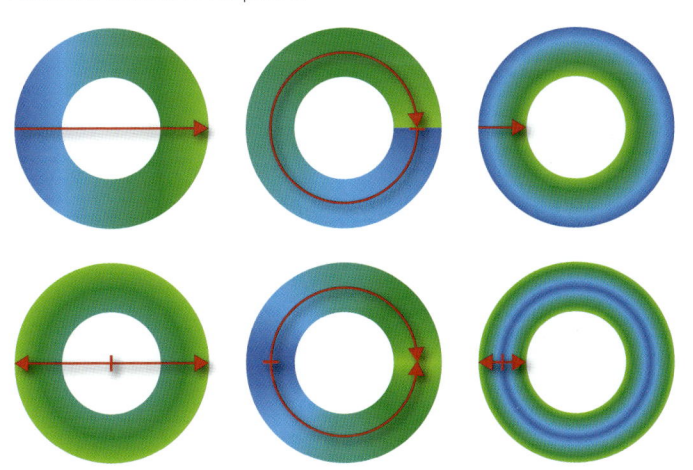

▼ **Abbildung 10-09**
Über das überarbeitete Verlauf-Bedienfeld können Sie nun zahlreiche Optionen für Verläufe in Konturen wählen.

Vereinfachter Workflow für eigene Muster

Lange Zeit war das Erstellen eigener Muster in Adobe Illustrator ein langwieriger und komplizierter Vorgang. Illustrator CS6 bietet nun die Möglichkeit, neue Musterfelder auf einfache und intuitive Art zu erstellen.

Das neue Bedienfeld **Musteroptionen**, das wir uns in Kapitel 6 genauer ansehen, begleitet Sie durch die Erstellung Ihres neuen Musters.

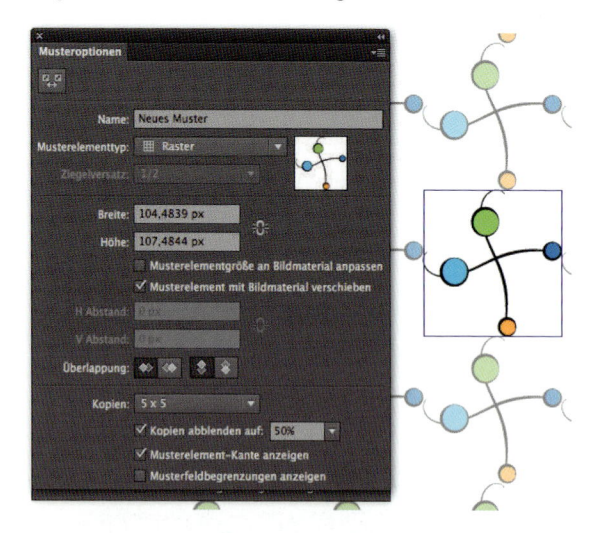

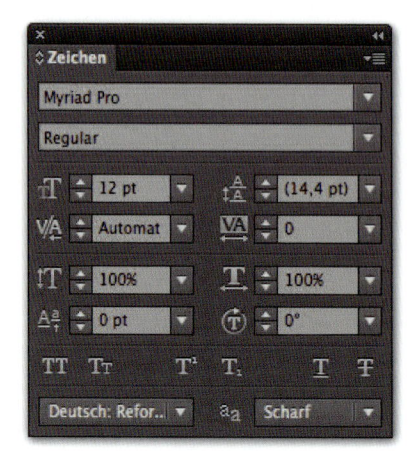

▶ **Abbildung 10-10**
Die neuen Musteroptionen

Überarbeitetes Zeichen-Bedienfeld

In Adobe Illustrator CS6 wurde auch das **Zeichen-Bedienfeld** komplett überarbeitet. Die Funktionen **Großbuchstaben**, **Kapitälchen**, **Hochgestellt** und **Tiefgestellt** sind nun auch nicht mehr ausschließlich über das Bedienfeld-Menü auszuwählen, sondern haben eigene Buttons bekommen. Lesen Sie mehr über die Funktionen des Zeichen-Bedienfelds in Kapitel 7.

▶ **Abbildung 10-11**
Neue Buttons im Zeichen-Bedienfeld

Gaußscher
Weichzeichner
abnormal schnell!

Der Effekt **Gaußscher Weichzeichner** wurde in CS6 erneuert und ist nun nicht nur viel schneller, sondern bietet auch eine Vorschau-Option, mit der Sie die Einstellungen live in Ihrem Dokument beobachten können. Effekte aus älteren Dokumenten werden in den neuen Gaußschen Weichzeichner umgewandelt, sobald sie diese bearbeiten.

◀ **Abbildung 10-12**
Gaußscher Weichzeichner

Für Web speichern

Das Dialogfenster **Für Web speichern** (früher **Für Web und Geräte speichern**) wurde in CS6 komplett neu überarbeitet und von einigen veralteten beziehungsweise nicht mehr relevanten Funktionen befreit.

Für die Dateiformate **SWF** und **SVG** gibt es im neuen **Für Web speichern** keine Unterstützung mehr. Erzeugen Sie **SVG** über das Menü *Datei → Speichern unter...* und **SWF** über das Menü *Datei → Exportieren*. **WBMP** wird generell nicht mehr unterstützt.

Leider ist bei den Aufräumarbeiten auch die 4fach-Ansicht abhanden gekommen.

Device Central

Device Central ist in CS6 nicht mehr enthalten.

Und was war neu in CS5?

Schon Adobe Illustrator CS5 hat mit einigen Neuerungen aufgewartet, die dazu beitragen, den Arbeitsablauf zu optimieren und die Gestaltungsmöglichkeiten zu erweitern.

Hier habe ich diese Features noch einmal für Sie zusammengefasst.

Keine automatische Anzeige des Startbildschirms

In Illustrator CS5 wird der **Startbildschirm** standardmäßig nicht mehr gezeigt, weil er das Öffnen des Programms verlangsamt – sollten Sie ihn vermissen, können Sie ihn in CS5 jederzeit wieder über *Hilfe* → *Startbildschirm…* aktivieren.

▶ **Abbildung 10-13**
Der in CS6 abgängige Startbildschirm kann in CS5 noch aktiviert werden.

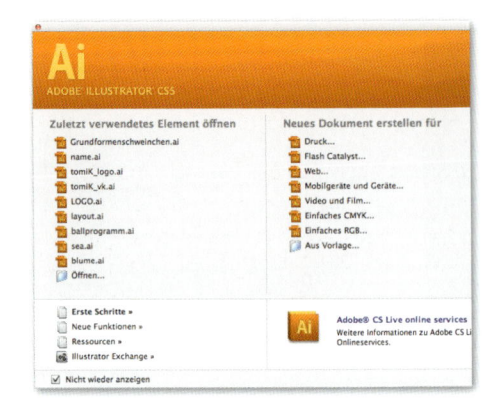

Verbesserte Funktionen für das Arbeiten mit mehreren Zeichenflächen

> **Automatisches Drehen**
> Für den Druck werden querformatig erzeugte Zeichenflächen automatisch gedreht (sieheim Abschnitt »Drucken« in Kapitel 9)!

Um das Arbeiten mit mehreren Zeichenflächen zu erleichtern, bietet Illustrator seit CS5 eine ganze Reihe neuer Funktionen, zum Beispiel das **Zeichenflächen-Bedienfeld**, über das Sie Zeichenflächen hinzufügen, neu anordnen, reihen und duplizieren können. Zeichenflächen können Sie seither auch benutzerdefinierte Namen geben (im Abschnitt »Zeichenflächen« in Kapitel 1).

Hilfreich ist es auch, dass man nun Objekte aus der Zwischenablage an einer bestimmten Position einer Zeichenfläche (**An Originalposition einfügen**) oder an derselben Position in alle Zeichenflächen (**In alle Zeichenflächen einfügen**) einfügen kann.

Die Option **Jede Zeichenfläche in einer separaten Datei speichern** konnten Sie vor CS5 nur dann nutzen, wenn Sie für Illustrator-Versionen älter als CS4 gespeichert haben (siehe Abschnitt »Speichern« in Kapitel 9).

Lineale

In Illustrator CS5 wurde die Funktionalität der Lineale der anderer Creative Suite Programme wie Photoshop und InDesign angepasst. Der Linealnullpunkt liegt nicht mehr wie zuvor links unten, sondern links oben. Der Quadrant des Koordinatensystems wurde gedreht, positive y-Werte erstrecken sich seither nach unten, positive x-Werte weiterhin nach rechts. Konnte man vor CS5 pro Dokument nur auf einen Linealursprung für alle Zeichenflächen zugreifen und von diesem einen Punkt aus Koordinaten bestimmen, so kann nun automatisch für jede Zeichenfläche ein eigener Linealursprung verwendet werden (siehe Abschnitt »Lineale« in Kapitel 2). Möglich wird dies durch die beiden in CS5 vorgestellten Linealarten **Globale Lineale** und **Zeichenflächenlineale**.

Perspektivenraster

Das wohl revolutionärste neue Feature von Illustrator CS5 war das perspektivische Zeichnen.

Mit dem Perspektivenraster-Werkzeug aktivieren Sie ein vielseitig anpassbares **3-dimensionales Raster**, in dem Sie Objekte direkt in der korrekten perspektivischen Verzerrung erstellen und bearbeiten können. Das zugehörige Perspektivenauswahl-Werkzeug hilft Ihnen auch dabei, zweidimensional erstellte Objekte in Perspektive zu bringen und perspektivische Objekte dynamisch zu bearbeiten (siehe den Abschnitt »Perspektivisch Zeichnen« in Kapitel 3).

▼ **Abbildung 10-14**

Zeichenmodi

Neben dem normalen Zeichenmodus stehen seit CS5 über das Werkzeug-Bedienfeld zwei weitere Zeichenmodi zur Verfügung: **Dahinter Zeichnen** lässt Sie direkt hinter anderen Objekten zeichnen, ohne Ebenen auswählen oder nachträglich die Objektreihenfolge verändern zu müssen. Im Zeichenmodus **Innen Zeichnen** zeichnen Sie innerhalb von Objekten – sogar innerhalb von Text – oder platzieren darin Dateien (siehe den Abschnitt »Zeichenmodi« in Kapitel 3).

▲ **Abbildung 10-15**
Die Zeichenmodi im Werkzeug-Bedienfeld

▲ **Abbildung 10-16** Die neuen Zeichenmodi

Hinter anderen Objekten liegende Objekte auswählen

Mit einem einfachen Tastaturbefehl wählen Sie nun direkt auf der Zeichenfläche Objekte aus, die hinter anderen Objekten liegen (siehe Kapitel 2).

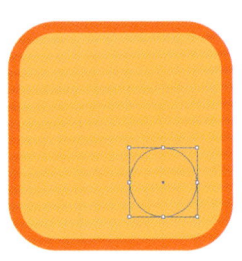

▶ **Abbildung 10-17**

Anpassen von gestrichelten Linien

Seit CS5 können Sie die Striche in gestrichelten Linien am Pfad ausrichten: entweder (wie bereits davor) mit genau den Werten, die Sie für Strich und Lücke definiert haben, oder mit der automatischen Verteilung, die eine gleichmäßige Verteilung der Striche am Pfad bewirkt (siehe Kapitel 6).

▲ **Abbildung 10-18** Kombinieren Sie auch gestrichelte Linien mit Pfeilspitzen und Breitenprofilen.

Variable Konturbreite

Mit den in CS5 eingeführten sogenannten **Breitenprofilen** geben Sie dem Aussehen der Kontur gewisse räumliche Aspekte. Wie immer bei Kontur-Attributen geschieht das, ohne den zugrunde liegenden offenen oder geschlossenen Pfad zu verändern. Wählen Sie aus vordefinierten Breitenprofilen oder erstellen Sie mit dem **Breiten-Werkzeug** direkt am Objekt ein eigenes Breitenprofil, das Sie zur weiteren Verwendung auch speichern können (siehe Kapitel 6).

▲ **Abbildung 10-19**

Pfeilspitzen

Seit CS5 gibt es die Möglichkeit, Pfeilspitzen direkt über das **Kontur-Bedienfeld** (und nicht mehr als Effekt) zuzuweisen und dort übersichtlicher und vielseitiger anzupassen. So können Sie zum Beispiel die Pfeilspitzen am Anfang und am Ende des Pfads vertauschen und festlegen, ob die Pfeilspitze mit dem Pfadende endet oder darüber hinaus ragt (siehe Kapitel 6).

▲ **Abbildung 10-20**
Die Pfeilspitzen-Funktionen im Kontur-Bedienfeld

◀ **Abbildung 10-21** Pfeilspitzen

Und was war neu in CS5?

Borstenpinsel

Borstenpinsel existieren seit CS5 und ahmen das natürliche Verhalten eines Pinsels mit einzelnen Borsten nach. Dazu trägt wesentlich bei, dass Borstenpinsel Transparenzen beinhalten, weshalb sich solche Pinselkonturen mit Hintergrundobjekten und weiteren Pinselkonturen zu vermischen scheinen (siehe Abschnitt »Borstenpinsel« in Kapitel 6).

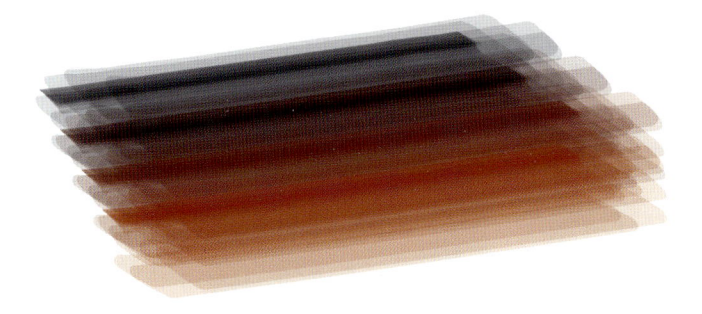

▶ **Abbildung 10-22**
Der transparent malende Borstenpinsel

Skalierungsoption für Bildpinsel

Eine Bildpinselkontur kann jetzt über die neue Skalierungsoption **Zwischen Hilfslinien einpassen** in definierten Bereichen proportional skaliert werden, während andere Bereiche unverändert bleiben. Auch für Pfadbereiche, in denen bisher Probleme entstehen konnten (zum Beispiel in spitzen Winkeln), gibt es nun spezielle Optionen, die das Ergebnis deutlich verbessern (siehe im Abschnitt »Bildpinsel« in Kapitel 6).

Interaktiv neue Formen erstellen

Mit dem **Formerstellungs-Werkzeug**, das seit CS5 die reichhaltige Palette an Werkzeugen bereichert, können Sie komplexe Objekte intuitiv durch Zusammenfügen, Löschen und Bearbeiten einfacherer Formen erstellen. Es funktioniert im Grunde wie eine Mischung aus dem interaktiven Malen und den Pathfinder-Funktionen (siehe Kapitel 5).

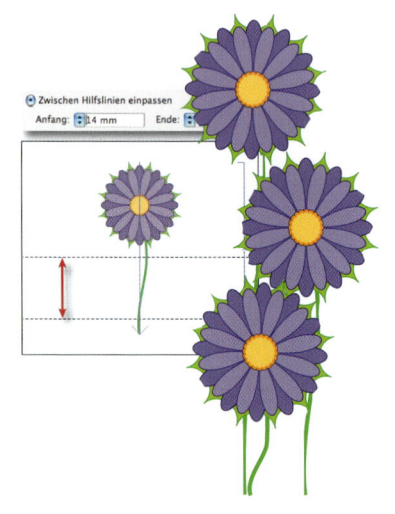

▲ **Abbildung 10-23**
Skalierungsmöglichkeiten für Bildpinsel

▶ **Abbildung 10-24**
Mit dem Formerstellungs-Werkzeug ziehen Sie zum Beispiel einfach über Bereiche, die Sie vereinen möchten.

Pfade zusammenfügen

Das Zusammenfügen von Pfaden wurde verbessert und kann auch mit einer simplen Tastenkombination durchgeführt werden (siehe Abschnitt »Lose Enden verbinden« in Kapitel 4).

Verbesserte Funktionen für Symbole

Im Bearbeitungsmodus von Symbolen können Sie die Komponenten seit CS5 auf Unterebenen organisieren, die auch nach dem Umwandeln erhalten bleiben.

Wenn Sie planen, Symbole nach **Flash** zu exportieren, können Sie Hilfslinien für die **9-Slice-Skalierung** aktivieren (siehe »Exkurs: Was ist die 9-Slice-Skalierung?« in Kapitel 5).

Auflösungsunabhängige Effekte

Dank den auflösungsunabhängigen Effekten können Sie Effekte seit der Illustrator-Version CS5 in nur einem Dokument für jedes Ausgabemedium optimieren (siehe Kapitel 8).

Ausrichtung am Pixelraster

Das in CS5 eingeführte **Pixelraster** richtet horizontale und vertikale Objektpfade so aus, dass Grafiken bei der für das Web geeigneten Auflösung von 72 ppi gestochen scharf aussehen. Es wird für Webdesigner bald nicht mehr wegzudenken sein. Für die Dokumentprofile *Web* und *Flash Catalyst* ist die Ausrichtung am Pixelraster standardmäßig bereits aktiviert (siehe Kapitel 2).

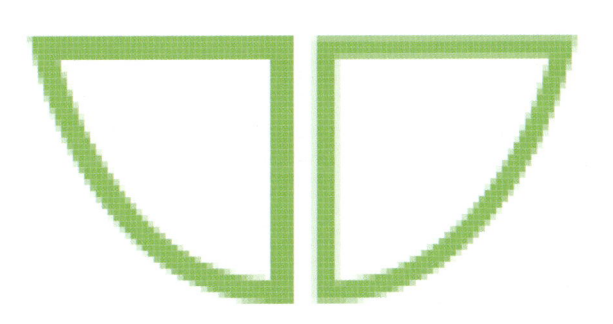

◀ **Abbildung 10-25**
Objekt mit (links) und ohne (rechts)
Ausrichtung am Pixelraster

Index

Symbole
1-Punkt-Perspektive. *Siehe* Perspektive
2fach Ansicht 450
2-Punkt-Perspektive. *Siehe* Perspektive
3D-Objekte 141
3-Punkt-Perspektive. *Siehe* Perspektive
4fach Ansicht 450, 467
9-Slice-Skalierung 473. *Siehe auch* Symbole
32-bit Version 18
64-bit 462
64-bit Version 18

A
Abdunkeln. *Siehe* Füllmethoden
Abgeflachte Ecken 296
Abgerundete Ecken 296
Abgerundetes Rechteck 111, 114, 185
    Eckenradius 114, 184
    Optionen 114
Abgerundetes-Rechteck-Werkzeug 36, 114, 184
Absatz-Abstände 370
Absatz-Bedienfeld 369–371
Absatz-Einzüge 370
Absatzformat-Bedienfeld 371
Absatzformate 361, 369–371
Absatzformate speichern 371–374
Abstände verteilen 88
Abstand zwischen zwei Zeichen einstellen. *Siehe* Kerning
Adaptiv 454
Additives Farbsystem 60
Adobe Alle-Zeilen-Setzer 381
Adobe Einzeilen-Setzer 381
Adobe PDF-Vorgaben 444
Adobe RGB 59
Ähnliche Objekte auswählen 82
Ähnliche Optionen auswählen 82
AI (Adobe Illustrator) 437
    Speichern 437–439
AI-Datei in SWF-Datei 441
AI-Ebenen in SWF-Dateien 441
AI-Ebenen in SWF-Frames 441
AI-Ebenen in SWF-Symbole 441
AIT (Adobe Illustrator Template) 51
Aktiver Ebene anhängen. *Siehe* Perspektive
Alle Ebenen drucken 457
Alle in Fenster einpassen 90
Alpha-Transparenz beibehalten 435

Alter Gaußscher Weichzeichner 405
Am Pixelraster ausrichten 175
Am Raster ausrichten 85
An Auswahl ausrichten 87
An Basisobjekt/Basisankerpunkt ausrichten 87
Anführungszeichen 368
    Doppelte Anführungszeichen 369
    Einfache Anführungszeichen 369
Angleichen. *Siehe* Angleichung
Angleichen-Werkzeug 44, 230
Angleichung 211, 230–233
    Achse 233
    Achse umkehren 233
    An Pfad ausrichten 232
    An Seite ausrichten 232
    Bearbeiten 233
    Erstellen 230
    Farbe glätten 231
    Farbrichtung umkehren 233
    Festgelegter Abstand 232
    Festgelegte Stufen 231
    Optionen 231
    Umwandeln 233
    Zurückwandeln 233
Angleichungen animieren 442
Angrenzend 239
Ankerpunkte 13–14, 40, 126, 130, 135–147, 155, 187, 192, 198, 199, 201, 206
    Ankerpunkte auswählen. *Siehe* Auswählen
    Duchschnitt berechnen 205
    Eckpunkte 17, 135, 136, 203
    Entfernen 201
    Hinzufügen 40, 206
    In Eckpunkte konvertieren 40
    In Übergangspunkte konvertieren 40, 200
    Konvertieren 40, 200
    Löschen 40, 201
    Richtungslinien 13–14, 40, 126, 131, 135–147, 192, 198, 199, 200
    Griffpunkte. *Siehe* Griffpunkte
    Richtungslinien auswählen. *Siehe* Auswählen
    Übergangspunkte 17, 135, 137–147, 198, 200, 203
    Verbinden 203
    Verschieben 206
Ankerpunkt-entfernen-Werkzeug 40, 201

Ankerpunkt-hinzufügen-Werkzeug 40, 200, 206, 207, 233
Ankerpunkt-konvertieren-Werkzeug 40, 200
Ankerpunkt-/Pfadbeschriftungen 98
Anordnen 76
    Dokumente 92
    In den Hintergrund 76
    In den Vordergrund 76
    Schrittweise nach hinten 76
    Schrittweise nach vorne 76
An Originalposition einfügen 86, 109
An Pixel ausrichten 85
An Punkt ausrichten 85
Anschnitt 48, 52, 458
    Alle Einstellungen gleichsetzen 48
Anschnittmarken des Dokuments verwenden 458
Ansicht
    Ansicht bearbeiten 92
    Neue Ansicht 92
Ansicht bearbeiten 92
Ansichten speichern 92
Anwendungsleiste 20, 19–26
Anwendungsrahmen 19, 19–26, 20, 27
An Zeichenfläche ausrichten 87
Anzeigekompatible Bereiche 58
Apple RGB 59
Arbeitsbereich
    Zurücksetzen 30, 464
Arbeitsbereiche 18, 19
    Einrichten 18
    Speichern 18, 29, 32
    Verwalten 30
Arbeitsfläche 21, 53, 54
Arbeitsflächenfarbe 22, 463
Arbeitsumgebung 18
ASE (Adobe Swatch Exchange) 272
Attribute-Bedienfeld 435
Aufblasen-Werkzeug 42, 190
Auf Grundform reduzieren 330
Aufhellen. *Siehe* Füllmethoden
Auflösung 432
Auflösung für Strichgrafiken und Text 434
Auflösungsunabhängige Effekte 386, 432
Auflösung von Verlauf und Gitter 434
Aufräumen 360
Augensymbol 73, 74
Ausbuchten-Werkzeug 42, 190
Ausgewähltes Objekt isolieren 82
Auslassungspunkte 376

Index **475**

Aus oberen Ebenen Acrobat-Ebenen erstellen 445
Aus Perspektive freigeben. *Siehe* Perspektive
Ausrichten 87–88
    Abstände verteilen 88
    An Auswahl ausrichten 87
    An Basisobjekt/Basisankerpunkt ausrichten 87
    An Zeichenfläche ausrichten 87
    Vorschaubegrenzungen verwenden 87
Ausrichten-Bedienfeld 87–88
Ausrichtung 121, 175
Ausrichtung am Pixelraster. *Siehe* Pixelraster
Ausrichtungslinien 98
Ausschluss. *Siehe* Füllmethoden
Ausschnittpfade 239
Aussehen 150
Aussehen-Attribute 264–266
    Auf andere Objekte übertragen 329
    Auflisten 329
Aussehen-Bedienfeld 214, 218, 264, 306, 322, 329, 339, 384, 386, 424
Aussehen beibehalten 441
Aussehen löschen 330
Aussehen umwandeln 247
Äußeres Rechteck als Rahmen verwenden 119
Austausch mit Photoshop, InDesign und Flash 438
Aus- und Einblenden 73, 77
Auswahl. *Siehe* Auswählen
    Werkzeuge 34–67
Auswahlanzeige 76
Auswählen 70, 78–83
    Ähnliche oder gleiche Objekte 81
    Ankerpunkte, Richtungslinien, Segmente 82
    Erneut auswählen 82
    Gruppeninhalte 81
    Hinter anderen Objekten liegende Objekte 80, 470
    Nächstes Objekt darunter 80
    Objekte und Gruppen 78–80
Auswahl-Werkzeug 34, 79–80, 83, 120, 144, 175, 177, 179, 204
AutoCAD
    Platzieren 103
Auto-Farbe 237
Automatisch drehen 457
Automatische Ebenenpositionierung. *Siehe* Perspektive
Automatisch (JPEG) 446
Automatisch (JPEG 2000) 446

B

Bedienfelder 18, 19, 21, 25–26, 51
    Absatz 369–371
    Absatzformat 371
    Attribute 435
    Ausrichten 87–88
    Aussehen 214, 218, 264, 306, 322, 329, 339, 384, 386, 424
    Berechnungen 28
    Bildnachzeichner 237
    Dock 26, 27
    Ebenen 70, 72–75, 76, 78, 81, 125, 225, 234, 329, 462
    Farbe 59, 269–270, 270
    Farbfelder 65, 270, 285, 288
    Farbhilfe 273
    Glyphen 374
    Grafikstile 420–425
    Gruppe 27
    Info 98
    Kontur 265, 295, 298, 300, 341
    Menü 25
    Musteroptionen 290, 339
    Navigator 91
    OpenType 375
    Optionen 26
    Pathfinder 211, 212, 213, 218, 222, 436
    Pinsel 307
    Reduzierungsvorschau 434
    Schwebende Anordnung 27
    Stapel 27
    Steuerung 20, 29–49, 56, 87, 175, 176, 196, 199, 307
    Symbole 220, 249, 250, 255, 418
    Tabulator 376
    Titelleiste 25, 27
    Transformieren 96, 175, 176, 178, 186, 293
    Transparenz 322–329
    Verknüpfungen 100, 104
    Verlauf 285, 276–287
    Werkzeug 29, 30, 266, 268
        Bildschirmmodus 30
    Zauberstab 81
    Zeichen 220, 363–369, 466
    Zeichenflächen 54–59, 468
    Zeichenformat 371
    Zeichenmodi 108
Begrenzungsrahmen 78, 111, 121, 144, 151, 175, 176, 177
    Zurücksetzen 179
Beides transformieren 293
Beim Import vor Änderungen schützen 441

Benutzeroberfläche 18, 462
    Benutzeroberflächenhelligkeit anpassen 22
    Helligkeit 22, 463
    Optionen 22
Berechnungen in Eingabefeldern 28
Bereiche 210, 226
Beschnittgruppe. *Siehe* Schnittsatz (Beschnittgruppe)
Beschnittzugabe. *Siehe* Anschnitt
Bézier-Kurven 13, 14, 35
Bikubische Neuberechnung 446
Bildauflösung. *Siehe* Auslösung
Bild einbetten 104
Bildformat 442
Bildmaterial mit Zeichenfläche verschieben/kopieren 56
Bildmaterial neu färben 333–337
Bildmaterial optimiert 451
Bildnachzeichner 211, 235–241, 465
    Angrenzend 239
    Ansichten 237
    Ausschnittpfade 239
    Auto-Farbe 237
    Ecken 239
    Farbeinpassung 238
    Flächen 239
    Geringe Farbtiefe 237
    Graustufen 237
    Hohe Farbtiefe 237
    Konturen 237, 239
    Konturen mit Quellbild 237
    Kurven an Linien ausrichten 239
    Methode 239
    Nachgezeichnetes Bild 236
    Nachzeichnerergebnis mit Konturen 237
    Nachzeichnervorgaben 236, 239
        Vorgaben löschen 239
        Vorgaben verwalten 239
        Vorgabe speichern 239
    Pfadansicht 237
    Quellbild 237
    Rauschen 239
    Schwarzweiß 237
    Stapelpfad 239
    Überlappend 239
    Umwandeln 240
    Vektorisieren 240
    Weiß ignorieren 239
    Zurückwandeln 239
Bildnachzeichner-Bedienfeld 237
Bildpinsel 130, 133, 308, 319–321, 472
Bildschirmmodus, Bildschirmmodi 30, 32
Bitmap. *Siehe* Pixelgrafiken
Blendenflecke-Werkzeug 37

Blitzer 435, 436
Blocksatz 370
BMP (Windows Bitmap) 437
Bogen 111, 116–117
    Basisachse 117
    Füllen 117
    konkav 117
    konvex 117
    Länge der x-Achse 116
    Länge der y-Achse 116
    Optionen 116
    Steigung 117
    Ursprung 116
Bogen-Werkzeug 37, 116
Borstenpinsel 130, 133, 308, 314–315, 472
Breite 177, 181, 184, 206
Breitenprofile 109, 241, 265, 297, 299–303, 304, 470, 471
    Angrenzende Breitenpunkte anpassen 302
    Anwenden 300
    Breitenpunkt 300
    Breitenpunkt löschen 301
    Erstellen 300
    Horizontal spiegeln 300
    Speichern 303
    Vertikal spiegeln 300
Breitenpunkt 299
Breiten-Werkzeug 44, 265, 300–303, 471
Bruchzahlen 376
Buntstift 126–130
    Genauigkeit 129
    Glättung 129
    Neue Buntstiftkonturen füllen 129
    Optionen 127, 129
Buntstift-Werkzeug 35, 125, 126

C

CCITT 446
CIE (Commission Internationale de l'Eclairage) 63
CMYK 53, 59, 60, 61–62, 63, 64, 66, 268, 269, 272, 439
CMYK-Werte aus den Bearbeitungshandbüchern des Herstellers verwenden 272
Cursorfarbfeldvorschau 228, 243

D

Dahinter einfügen 86
Dahinter Zeichnen 70, 86, 122.
        Siehe auch Zeichenmodus
Darstellbare Bereiche. *Siehe* Fläche besteht aus Druckbereichen

Dateiformate 437–455
Datei komprimieren 441
Davor einfügen 86, 144
DCS (Desktop Color Separation)
    Platzieren 103
Deckkraft. *Siehe* Transparenz
Deckkraftmasken 322, 323–327
    Deaktivieren 326
    Erstellen 324
    Verknüpfen 326
    Zurückwandeln 326
Deformieren 187
Desktop-Drucker 50, 59
Device Central 437, 449, 467
Dezimaler Tabulator 377
Diagramme
    Werkzeuge 45
DIC 65, 271
Die im Herstellerbuch angegebenen Lab-Werte verwenden 272
Differenz. *Siehe* Füllmethoden
Digitaldruck 64
Direktauswahl-Werkzeug 34, 82–83, 198, 199, 206, 218, 233, 244
Distanz messen 99
Dither 454
Dokument
    Speichern 437
Dokumentausschnitt verschieben 90–93, 91
Dokumente 47–59
    Anordnen 92
    Einstellungen 52–53
    Neues Dokument 47–50
    Optionen 48
    Vorlage 47, 50–51
Dokument einrichten 52, 376
Dokumentfarbmodus 270
Dokumentfarbmodus ändern 53
Dokumentfenster 20, 23–26, 33
    Anordnen 24–26
Dokumentprofil 47, 48, 49, 432
    Benutzerdefiniert 50
    Druck 49
    Einfaches CMYK 50
    Einfaches RGB 50
    Flash Builder 95
    Flash Catalyst 50
    Geräte 50, 437
    Mobilgeräte und Geräte 50
    Rastereffekt 49
    Web 50, 95
Dokument-Rastereffekt-Einstellungen 432–433
Downsampling/Neuberechnung 446

Drehen 121, 174, 175, 178–179, 185
    Drehwinkel 185
    Optionen 178
Drehen-Werkzeug 39, 178
Dreieck 115
Drop-down-Menü
    Scrollen 29
Druckaufteilung 458
Druckaufteilungs-Werkzeug 34, 458
Drucken 456–459
Druckermarken 459
Druckskalierung 458
Druckvorgabe 457
Duplizieren von Objekten 75, 86
DWG (Drawing) 437. *Siehe* AutoCAD
DXF (Drawing Interchange Format) 437.
        Siehe AutoCAD

E

Ebene an Objekt ausrichten. *Siehe* Perspektive
Ebenen 70
    Namen 75, 462
    Neu 76–77
    Optionen 75, 77
Ebenen-Bedienfeld 70, 72–75, 76, 78, 81, 125, 225, 234, 329, 462
    Objekt suchen 76
Ebenen drucken 457
Ebenenfarbe 76
Ebenen mit exportieren 440
Ebenen nicht drucken 457
Ebenen-Optionen 75
Ebenen-Widget. *Siehe* Perspektive
Eckenradius. *Siehe* Abgerundetes Rechteck
Ecken und Kanten anpassen, um Überlappen zu verhindern 321
Eckpunkte. *Siehe* Ankerpunkte
Effekte 109, 186, 212, 241, 264, 266, 384, 385–419, 473
    3D-Effekte 388, 411–419
        Bildmaterial zuweisen 418
        Drehen 415–416
        Oberfläche 416
    Alter Gaußscher Weichzeichner 405
    Aquarell 397
    Aufrauen 340, 394
    Basrelief 400
    Buntglas-Mosaik 402
    Buntstiftschraffur 397
    Chrom 400
    Conté-Stifte 400
    Diagonal verwischen 397

Drehen 388
Dunkle Malstriche 399
Extrudieren und abgeflachte Kante 388, 413–414
Farbpapier-Collage 397
Farbraster 403
Feuchtes Papier 400
Formumwandlungs-Effekte 389
Formverändernde Effekte 388–396
Fotokopie 400
Frei Verzerren 395
Fresko 397
Gaußscher Weichzeichner 405, 408, 467
Gekreuzte Malstriche 399
Gerissene Kanten 400
Glas 404
Grobe Malerei 397
Grobes Pastell 397
Hart Mischen 390
Hinzufügen 330
In Pixelbild umwandeln 407, 432
Kacheln 402
Kanten betonen 399
Kohleumsetzung 401
Konturen mit Tinte nachzeichnen 399
Kontur nachzeichnen 407
Körnung 403
Körnung & Aufhellung 397
Kreiseln 141, 388, 411–413
Kreuzschraffur 399
Kristallisieren 404
Kunstfilter 396–404
Kunststoffverpackung 397
Leuchtende Konturen 402
Malgrund 398
Malmesser 398
Mezzotint 404
Mit Struktur versehen 340, 403, 428
Neonschein 398
NTSC-Farben 407
Ölfarbe getupft 398
Ozeanwellen 404
Patchwork 403
Pathfinder 211, 214
    Hart Mischen 212, 217
    Hinteres Objekt abziehen 217
    Hinzufügen 214
    Kontur aufteilen 217
    Schnittmenge bilden 215
    Schnittmenge entfernen 215
    Schnittmengenfläche 216
    Subtrahieren 214
    Überfüllen 436
    Überfüllung 212
    Überlappungsbereich entfernen 215, 216
    Unterteilen 215
    Verdeckte Fläche entfernen 216
    Weich Mischen 212
Pathfinder-Effekte 389
Perspektivisch verzerren 170
Pfad-Effekte 407
Pfad verschieben 407
Prägepapier 401
Punktieren 404
Punktierstrich 401
Radialer Weichzeichner 405
Risse 403
Scharfzeichnungseffekt 405
Schein nach außen 408
Schein nach innen 408
Schlagschatten 254, 306, 341, 392, 426–427
Schnittmarken 407, 459
Schwamm 398
Scribble 341, 392, 409–411
Selektiver Weichzeichner 406
Spezielle Effekte 405–422
Spritzer 399
Stempel 401
Stilisierungs-Effekte (Illustrator-Effekt) 391
Stilverändernde Effekte 396
Strichumsetzung 401
Strukturierungseffekte 402–403
Stuck 401
Sumi-e 399
SVG-Filter 407
Tontrennung & Kantenbetonung 398
Tweak 395
Überfüllung 391
Unscharf Maskieren 405
Vergrößerungseffekte 403–404
Verkrümmungsfilter 392–394
Verwackelte Striche 399
Verzerrungsfilter 404–405
Verzerrungs- und Transformationsfilter 189, 394
Videoeffekte 407
Weiche Kante 392, 408–425
Weiches Licht 404
Weich Mischen 390
Weichzeichnungseffekte 405–406
Wirbel 395
Zusammenziehen und aufblasen 189, 396, 423–425
Effekte-Galerie 385, 387
Einbetten 100
Einblenden. *Siehe* Aus- und Einblenden
Einfärbemethoden 317
Einfügen 86
    An Originalposition 86, 109
    Dahinter 86
    Davor 86
    In alle Zeichenflächen 86, 109
Eingabefelder
    Berechnungen 28
    Scrollen 29, 464
Einrasttoleranz 98
Einzeln transformieren 182, 183, 185
Ellipse 111, 114, 206
    Optionen 114
Ellipse-Werkzeug 36, 114, 120, 146, 149, 206
EMF (Windows Enhanced Metafile) 437
Entsperren. *Siehe* Sperren und Entsperren
EPS (Encapsulated PostScript) 437
    Platzieren 103
Erneut transformieren 179, 182, 183, 185
Erneut verknüpfen 104
Erste Grundlinie 351
Erster Buchstabe im Satz groß 367
Erster Buchstabe im Wort groß 367
Exemplare 457
Exportieren 437–455

F

Fadenkreuz 58
Farb-Bitmapbilder 446
Farbdefinitionen 59
Farbe. *Siehe auch* Füllmethoden
    Arten 64
    Auswählen 267
    Bearbeiten 332–337
    Farbtöne/Schattierungen anzeigen 274
    Fläche und Kontur vertauschen 267
    Grundlagen 59–67
    Standardfarben 267
    Standardfläche und -kontur 267
    Strahlend/gedeckt anzeigen 274
    Warm/kalt anzeigen 274
    Warnung 268
Farbe-Bedienfeld 59, 269–270, 270
Farbe glätten. *Siehe* Angleichung
Farben aus ausgewähltem Bildmaterial erfassen 334
Farben bearbeiten oder anwenden 274, 333–337
Farbfächer 66
Farbfeldcursor 210
Farbfelder-Bedienfeld 65, 270, 285, 288
Farbfelder-Bibliotheken 65, 170, 271, 274
    Erstellen 272
Farbfelder gruppieren 272

Farbfelder speichern 272
Farbgruppen 272
    Bearbeiten 333–337
    Neu 274
    Neue Farbgruppe 336
Farbharmonien 273, 334, 336
Farbhilfe-Bedienfeld 273–275
Farbhilfeoptionen 275
Farbig abwedeln. *Siehe* Füllmethoden
Farbiges Papier simulieren 52
Farbig nachbelichten. *Siehe* Füllmethoden
Farbkanal 60, 269
Farbkontrollstreifen 337, 459
Farbmanagement 59, 63, 66, 447, 459
Farbmodelle 59, 60–63, 268, 269, 439
Farbmodus. *Siehe* Farbmodelle
Farbqualität 66
Farbrad 335
    Geglättetes Farbrad 337
    Segmentiertes Farbrad 337
Farbraum 59
Farbreduktionsalgorithmus 454
Farbschattierungen 67
Farbspektrum 268, 269
Farbtafeln 271
Farbton 62, 269, 335. *Siehe auch* Füllmethoden
Farbtöne 273, 274
Farbtöne/Schattierungen anzeigen 274
Farbumfang 59, 268
Farbverlauf 44, 267, 275–287
    An Kontur ausrichten 279
    Bibliotheken 276
    Deckkraft 278
    Farbfelder entfernen 279
    Farbregler 277
    Kreisförmig 277
    Kreisförmiger Verlauf 275
    Linear 277
    Linearer Verlauf 275
    Perspektivisch verzerren 170
    Position 278
    Seitenverhältnis 279, 283
    Transparenz 277, 278
    Über mehrere Objekte verteilen 281
    Verlauf horizontal auf Kontur anwenden 279
    Verlauf in Kontur anwenden 279
    Verlaufsfelder 277
    Verlaufsregler 277
    Verlaufs-Vorschau 277
    Verlauf umkehren 276
    Verlauf vertikal auf Kontur anwenden 279
    Winkel 279, 282
Farbwähler 60, 268, 270

Fenster
    Anordnen 92
    Neu 92
Filter 386
Fixieren 77
Fläche 14, 30, 132, 184, 264–266, 266
    Farbe 14, 32, 264
    Farbverlauf 14, 32, 264
    Mehrere Flächen 264, 330, 339
    Muster 14, 264
Fläche aufteilen 215
Fläche besteht aus Druckbereichen 458
Fläche besteht aus ganzen Seiten 458
Flächendiagramm-Werkzeug 46
Flächentext 38, 345, 348–355
Flächentext-Objekt 338
Flächentext-Werkzeug 38, 348
Flächen- und Konturfarbe vertauschen 32
Fläche überdrucken 435
Fläche und Kontur vertauschen 267
Flash 252, 438, 439
Flash Builder 443
Flash Catalyst 50, 439, 443
Fluchtebene. *Siehe* Perspektivenebene
Fluchtpunkt. *Siehe* Perspektive
FOCOLTONE 65, 271
Form-ändern-Werkzeug 41, 205
Formatüberschreibungen 372
Formerstellungs-Werkzeug 44, 135, 147, 210, 226–229, 243, 290, 472
    Optionen 228
Formmodus 213
Framerate 442
Frei-transformieren-Werkzeug 39, 83, 175, 177, 179, 181, 182
Füllmethoden 265, 287, 322, 327–329
    Abdunkeln 287
    Multiplizieren 185, 426
    Negativ multiplizieren 408
    Weiches Licht 127
Füllzeichen 378
Für schnelle Webansicht optimieren 445
Für Web speichern 467. *Siehe* Speichern
Für Web und Geräte speichern. *Siehe* Speichern
FXG (Flash XML Graphics) 437
    Empfehlungen für die Verwendung von FXG 443
    Speichern 443–444

G

Ganze Zeichenfläche exportieren 441
Gaußscher Weichzeichner 467
Gehrungsecke 296
Gehrungsgrenze 296

Gemischtes Aussehen 329
Gerade Anführungszeichen 368
Geringe Farbtiefe 237
Gestapeltes-horizontales-Balkendiagramm-Werkzeug 45
Gestapeltes-vertikales-Balkendiagramm-Werkzeug 45
Gestrichelte Linie. *Siehe auch* Kontur
Geviertstrich 376
GIF (Graphic Interchange Format) 432, 452
    Für Web speichern 449, 454–459
Gitter 187, 196
Gitter-Werkzeug 45, 196
Glätten 433, 440
Glätten-Werkzeug 40, 202
Glättung 129, 134, 449
Glättung für Bildmaterial optimieren 449
Glättung für Schrift optimieren 449
Gleiche Position 271
Globale Farben 65, 66, 270
Globale Lineale 93
Globale Prozessfarben 272
Globaler Linealursprung 288
Glyphen 52, 361, 374–376
Glyphen-Bedienfeld 374
Grafikstile 114, 254, 259, 266, 385, 420–425
Grafikstile-Bedienfeld 420–425
Grafiktablett 124, 126
Graustufen 63, 237, 269, 439
Graustufen-Bitmapbilder 446
Grifflinien. *Siehe* Richtungslinien
Griffpunkte 16, 176, 177, 180, 182, 199
Großbuchstaben 367, 466
Groß-/Kleinschreibung ändern 367
Groß- und Kleinbuchstaben 367
Grundform verändern 187
Grundlinie
    Heben oder Senken 351
Grundlinienversatz 358, 366
Grundriss 164
Gruppen 34, 70, 72
    Auswählen 78
Gruppenauswahl-Werkzeug 34, 81–82, 218, 244, 284
Gruppieren 77. *Siehe auch* Gruppen
Gruppierung aufheben 77

H

Haarlinie 217
Halbgeviertstrich 376
Hand-Werkzeug 33, 90–93
Hartes Licht. *Siehe* Füllmethoden

Hart Mischen 212, 217
Helligkeit 62, 269, 335
Hexadezimal 268
Hexadezimales Farbsystem 60, 61
Hilfslinien 70, 94–95
    Einstellungen 94
    Hilfslinienobjekte 94
    Linealhilfslinien 94
    Löschen 95
    Sperren/entsperren 95
    Zurückwandeln 95
Hilfslinien für die 9-Slice-Skalierung.
    Siehe auch Symbole
Hilfslinienobjekte 94
Hilfslinien und Raster 237
Hinteres Objekt abziehen 217
Hinzufügen 214
HKS 65, 271
Hochformat 48, 56
Hochformat drucken 457
Hochstellen 366, 466
Höhe 177, 181, 184, 206
Hohe Farbtiefe 237
Horizont. *Siehe* Perspektive
Horizontales-Balkendiagramm-Werkzeug 45
HSB 60, 62, 268, 269, 334
Hüllen 174, 187, 194–198, 388, 392
    Hülle bearbeiten 196
    Hüllenform zurücksetzen 197
    Hüllengitter-Optionen 196
    Inhalt bearbeiten 196
    Mit Gitter erstellen 196
    Mit oberstem Objekt erstellen 196
    Mit Verkrümmung erstellen 195
    Optionen 197

I

ICC-Profile 438, 453
ICC-Profil einbetten 438, 440
Illustrator-Bearbeitungsfunktionen beibehalten 445
Illustrator-Effekte 385
Illustrator-Hilfe 443
Importieren
    Pixelgrafiken 100
In alle Zeichenflächen einfügen 54, 86, 109
InDesign 438
Ineinanderkopieren. *Siehe* Füllmethoden
Info-Bedienfeld 98
Innen zeichnen 123
In Pfade umwandeln 220
In Pixelbild umwandeln 432
Instanzen. *Siehe* Symbole

Intelligente Hilfslinien 56, 96–98, 137, 149, 180
    Anpassen 97
Interaktive Malgruppe 35, 44
Interaktiv malen 210, 226, 240, 241–246
    Interaktive Malgruppe 125
    Lückenoptionen 245
    Pinselstärken 242
    Umwandeln 246
    Zurückwandeln 246
    Zusammenfügen 244
Interaktiv-malen-Auswahlwerkzeug 35, 242
Interaktiv-malen-Werkzeug 44, 126, 241
    Optionen 243
Interaktiv Nachzeichnen. *Siehe* Bildnachzeichner
Interaktiv neue Formen erstellen 226–229
    Bereiche herauslösen 226
    Bereiche löschen 227
    Bereiche zusammenfügen 227
Interlaced 449, 455
Interpolationsmethode 446
Isolationsmodus 81, 82, 153, 171, 192
    Beenden 81

J

Jede Zeichenfläche in einer separaten Datei speichern 438
joboptions 444
JPEG 446
JPEG 2000 446
JPEG (Joint Photographic Experts Group) 432, 437, 451
    Für Web speichern 449, 452, 453–459
JPEG-Komprimierung 442
JPEG-Qualität 442

K

Kalligrafiepinsel 130, 133, 308, 312
Kanten 210, 226, 241, 242, 244, 245
Kapitälchen 367, 466
Kerning 358, 365
Kerning-Informationen für Text ignorieren 441
Kleinbuchstaben 367
Komplementärfarbe 362
Komplexe Bereiche beschneiden 435
Komprimierung 446
Komprimierungsoptionen 445
Komprimierungsqualität 453
Komprimierung verwenden 438
Konstruktionslinien 98

Kontur 14, 30, 78, 132, 184, 222, 225, 264–266, 266, 295–306
    Abgeflacht 296
    Abgerundet 296
    Abschluss 265, 296
    Aufteilen 217
    Ausrichtung 296
    Breite 44
    Breitenprofile. *Siehe* Breitenprofile
    Farbe 14
    Farbverlauf 275, 279–280, 465
    Gestrichelt 14
    Gestrichelte Linie 265, 297, 341
        Ausrichtung 297
    In Flächen umwandeln 275
    Kontur außen ausrichten 296
    Kontur innen ausrichten 296
    Kontur mittig ausrichten 280, 296
    Mehrere Konturen 264, 330, 339
    Muster 14
    Pfeilspitzen 265, 297, 470
        Skalieren 298
    Pinselkonturen. *Siehe* Pinselkonturen
    Stärke 14, 265, 284, 295–296
    Überdrucken 435
    Überstehend 296
    Vorschaubegrenzungen verwenden 87
Kontur-Bedienfeld 265, 295, 298, 300, 341
Konturen
    In Flächen umwandeln 170, 248
Konturen in Pfade umwandeln 435
Konturen mit Quellbild. *Siehe* Bildnachzeichner
Konturen und Effekte skalieren 175, 186
Konturlinie 170, 248
Kontur mit Verlauf (CS5) 275
Konturstärke 150
    Pinsel 310
Konvertierungsoptionen 444
Koordinaten 199
Kopieren 86, 122, 144, 152, 178, 183, 185, 207
Kopie speichern 437
Kreis 114
Kreisdiagramm-Werkzeug 46
Kreiseln 141
Kristallisieren-Werkzeug 42, 190
Kurven an Linien ausrichten 239
Kurvenqualität 441

L

Lab 63, 272
Lasso-Werkzeug 34
Laufweite 351, 358, 365

Leere Textpfade 360
Leere Zeichenflächen überspringen 457
Ligatur 374, 375
Lineale 70, 93–94, 94
    Einblenden 93
    Globale Lineale 93
    In globale Lineale ändern 93
    In Zeichenflächenlineale ändern 93
    Maßeinheit 94
    Nullpunkt, Ursprung 86, 93
    Zeichenflächenlineale 93
Linealhilfslinien 94
Linie, Liniensegment 111, 113
    Linie füllen 113
    Optionen 113
Liniendiagramm-Werkzeug 46
Linienraster 118
    Optionen 118
    Radiales Raster 111
    Rechteckiges Raster 111
    Ursprung 118
Liniensegment-Werkzeug 37, 113
Lokale Abspielsicherheit 442
Löschen von Objekten 75
Löschen-Werkzeug. *Siehe* Pfadradiergummi-Werkzeug
Lossless 442
Lossy 454
Lossy (JPEG) 442
Lücken 228, 245
Lückenlänge 228
Lückensuche 228
Luminanz 63, 258. *Siehe auch* Füllmethoden

M

Magnetische Hilfslinien. *Siehe* Intelligente Hilfslinien
Malen 35, 124–134
    Werkzeuge 35–67
Malfilter 399
Malmethoden 124
Marken und Anschnitt 446
Maske erstellen 324, 325.
    Siehe auch Deckkraftmasken
Maßeinheiten 28
Maßstab 164
Maximale Bearbeitbarkeit 440
Mediengröße 457
Messbeschriftungen 98
Messer-Werkzeug 41, 202
Mess-Werkzeug 33, 99–100
Metadaten einschließen 441
Metrisch 365
Mittelpunkt 177

Mittenmarke 58
Modernisierung 18
Monitor-Kalibrierung 66
Monochrome Bitmapbilder 446
Multiplizieren. *Siehe* Füllmethoden
Muster 186, 288–294, 466
    6-seitig horizontal 291
    6-seitig vertikal 291
    Bearbeiten 294
    Bearbeiten (CS5) 294
    Bibliotheken 288
    Erstellen 289, 338, 339
    Farben bearbeiten 293
    Horizontaler Versatz 291
    Kopien abblenden 292
    Kopie speichern 294
    Musterbearbeitungsmodus 289
    Musterelement 289
    Musterelementgröße an Bildmaterial anpassen 290, 291
    Musterelement-Kante anzeigen 292
    Musterelement mit Bildmaterial verschieben 292
    Musterelementtyp 291
    Musterelement-Werkzeug 45, 290
    Musterfeld 339
    Musterfeldbegrenzungen anzeigen 292
    Musteroptionen 290, 339
    Objekt ohne Muster transformieren 186
    Perspektivisch verzerren 169
    Raster 291
    Speichern 292
    Transformieren 186, 293
    Überlappungen 291
    Verschieben 293
    Vertikaler Versatz 291
    Ziegelversatz 291
Musterbearbeitungsmodus 289, 339
Musterelement-Werkzeug 45, 290
Musteroptionen-Bedienfeld 290, 339
Musterpinsel 130, 133, 308, 318

N

Nachzeichnen. *Siehe* Bildnachzeichner
Nachzeichnerergebnis mit Konturen.
    Siehe Bildnachzeichner
Nachzeichneroptionen 240
Navigator-Bedienfeld 91
Negativ multiplizieren. *Siehe* Füllmethoden
Netzdiagramm-Werkzeug 46
Neue Ansicht 92
Neue Ebene 76–77
Neue Farbgruppe 272

Neue Fläche 339
Neue Kontur 339
Neues Fenster 92
Neue Unterebene 76
Neutrales Grau 268
Nur Muster transformieren 293
Nur Objekt transformieren 293

O

Objekt
    In Pixelbild umwandeln 432
    Koordinaten 199
Objektgröße 175
Objektreihenfolge 70, 108, 123, 133, 212, 218, 233
Objektreihenfolge ändern 75–76
Objekt suchen 76
Offset-Druck 64
OpenType-Bedienfeld 375
OpenType-Schrift 361, 375
Optimiert, Ansicht 450
Optisch 365

P

Paletten. *Siehe* Bedienfelder
PANTONE 65, 271, 464
Pantone Matching System 272
Pantone Plus 272
Papiergröße 456, 457
Passermarken 270, 272, 459
Pathfinder 135, 210, 211–218, 226, 388
    Fläche aufteilen (Unterteilen) 215
    Hinteres Objekt abziehen 217
    Kontur aufteilen 217
    Optionen 218
    Schnittmenge bilden 215
    Schnittmenge entfernen 215
    Schnittmengenfläche 216
    Überlappungsbereich entfernen 215, 216
    Verdeckte Fläche entfernen 170, 216
    Vereinen (Hinzufügen) 214
    Vorderes Objekt abziehen (Subtrahieren) 214, 221, 222
Pathfinder-Bedienfeld 211, 212, 213, 218, 222, 436
Pathfinder-Funktionen 222
PCT (Macintosh PICT) 437
PDF-kompatible Datei erstellen 438
PDF (Portable Document Format) 437
    PDF für Web oder eMail 445
    Platzieren 101
    Speichern 444–448

PDF speichern und anzeigen 445
PDF/X (Portable Document Format Exchange) 445, 447
Persönliche Illustrator-Daten speichern 443
Perspektive 148–163, 164–171
   1-Punkt-Perspektive 148, 157
   2-Punkt-Perspektive 148, 149, 156, 157
   3-Punkt-Perspektive 148, 157, 158, 159
   Aktiver Ebene anhängen 154
   Am Raster ausrichten 166
   Automatische Ebenenpositionierung 155, 169
   Bezugspunkt 162
   Bezugspunkt sperren 159
   Bodenebenen-Widget 158
   Ebene an Objekt ausrichten 155
   Ebenen-Widget 152
   Effekte 170
   Farbverlauf 170
   Fluchtpunkt 156, 157, 158, 160
      Verschieben 159
   Gitterlinien 160
   Horizont 156
      Verschieben 160
   Horizonthöhe 165
   Horizontlinien-Widgets 160
   Koordinatenursprung 165
   Linealursprung 162
   Maßstab 164
   Muster 169
   Objekte aus der Perspektive freigeben 154
   Objekte in Perspektive bringen 166
   Parallel verschieben 167
   Perspektivenebene 150, 155, 161
   Perspektivenraster 148, 156, 157, 164
      Einheit 164
      Verschieben 158
   Perspektivenrasterlineale 162
   Rasterausdehnung 156, 160
   Rasterausdehnungs-Widgets 160
   Raster definieren 164
   Rasterebenen
      Verschieben 161
   Rasterebenensteuerungs-Widget 161
   Rasterlinien 165
   Rasterzellen 156, 161
   Sichtabstand 165
   Sichtwinkel 165
   Symbol bearbeiten 154
   Symbole 150
   Text 150

Text bearbeiten 154
Transformieren-Bedienfeld 167
Ursprung 156, 162
Vorgaben 162, 163
Widgets für den linken und rechten Fluchtpunkt 159
Widget zum Wechseln der Ebene 149, 150, 156
Perspektivenauswahl-Werkzeug 35, 149, 151, 166, 469
Perspektivenebene. *Siehe* Perspektive
Perspektivenraster 33, 35, 469. *Siehe auch* Perspektive
Perspektivenraster-Werkzeug 33, 148, 469
Perspektivisches Verzerren 182
Perzeptiv 454
Pfadansicht 52, 57, 74, 237, 264, 349
Pfade 14, 14–17, 34, 126, 135
   An ausgewählten Ankerpunkten ausschneiden 201
   Ankerpunkte. *Siehe* Ankerpunkte
   Aufbau 14–17
   Ausgewählte Endpunkte verbinden 203
   Bearbeiten 175, 198–207
      Werkzeuge 40–67
   Duchschnitt berechnen 205
   Geschlossene Pfade 15
   Glätten 40, 202
   Offene Pfade 15
      Fläche 15
   Richtungslinien 200
   Schließen 128
   Segmente. *Siehe* Segmente
   Teilen 41, 201
   Übergangspunkte. *Siehe* Ankerpunkte
   Verbinden 203
   Vereinfachen 202, 203
   Verschieben 177
   Zusammenfügen 204, 473
Pfadeinpassung 239
Pfadradiergummi-Werkzeug 40, 202
Pfadtext 38, 345, 356–358
   Effekte 356
Pfadtext-Objekt 338
Pfadtext-Werkzeug 38, 356
Pfeile 116
Pfeilspitze am Anfang und Ende vertauschen 298
Pfeilspitzen 298, 471. *Siehe auch* Kontur
   Verknüpft Skalierung für Pfeilspitze am Anfang und Ende 298
Pfeiltasten
   Schritte per Tastatur 84

Photoshop 439
Photoshop-Effekte 385
Pinsel 130–131, 307–321. *Siehe auch* Pinselkonturen
   An Konturlänge anpassen 320
   Bibliotheken 310
   Bildpinsel 130, 308, 319–321
   Borstenpinsel 130, 308, 314–315
   Ecken und Kanten anpassen, um Überlappen zu verhindern 321
   Einfärbeoptionen 317
   Horizontal spiegeln 321
   Kalligrafiepinsel 130, 308, 312
   Musterpinsel 130, 308, 318
   Neuer Pinsel 311
   Proportional skalieren 320
   Skalierungsoptionen 320
   Spezialpinsel 130, 308, 316
   Typen 308
   Variationen 314
   Vertikal spiegeln 321
   Zwischen Hilfslinien einpassen 320
Pinsel-Bedienfeld 307
Pinsel-Bibliotheken 310
Pinselkonturen 35, 109, 150, 241, 264–266, 299, 307–321
   Anwenden 308
   Einfach 308
   Entfernen 310
Pinsel-Werkzeug 35, 125, 130, 307
Pipettenfarbe 453
Pipette-Werkzeug 45, 242, 264, 287, 331–332
Pixel 12, 432
Pixelbild-Vektor-Abgleich 434
Pixelgrafiken 12, 96, 100, 110, 188, 194, 211, 234
   Bild einbetten 104
   Erneut verknüpfen 104
   Vektorisieren 235–241, 465
Pixelraster 50, 70, 95–96, 175, 432, 473
Pixel-Seitenverhältnis 58
Pixelvorschau 96
Platzieren 110, 234, 305
   AutoCAD 103
   DCS 103
   Einbetten 100
   EPS 103
   Optionen 235
   PDF 101
   Pixelgrafiken 100
   PSD 102
   TIFF 103
   Verknüpfen 100
Platzierungssymbol 457
PlugIns 18

PNG (Portable Network Graphic) 437, 448, 452
    Exportieren 448–449
    PNG-8 448, 452, 455
    PNG-24 448, 452, 455
Polygon 111, 115
    Optionen 115
    Radius 115
    Seitenanzahl 115
Polygon-Werkzeug 36, 112, 115, 122
Position 175
Primärfarben 60
Professioneller Druck 59
Programmoberfläche. *Siehe* Arbeitsumgebung
Progressiv 453
Proportionen für Höhe und Breite erhalten 56, 177
Prozessfarben 62, 64–65, 270, 272
PSD (Adobe Photoshop Datei) 437
    Exportieren 439–440
    Platzieren 102
Punkttext 38, 344, 347

Q
Quadrat 112, 113
Quellbild 237
Querformat 48, 56
Querformat drucken 457

R
Radiales Raster. *Siehe* Linienraster
Radiales-Raster-Werkzeug 37, 118
Radiergummi-Werkzeug 41, 187, 192–194
    Optionen 193
RAM 462
Raster 70, 95–96
    Ausblenden 95
    Einblenden 95
    Einstellungen 94
Rasterebene. *Siehe* Perspektivenebene
Rastereffekte 385, 432
Rastereffekt-Einstellungen 432
Rastereinstellung 386
Raster füllen 119
Rastern 432
Rauschen 239
Rechtecke 111, 113
    Optionen 113
Rechteckiges Raster. *Siehe* Linienraster
Rechteckiges-Raster-Werkzeug 37, 118
Rechteck-Werkzeug 36, 113, 155
Rechtschreibprüfung 379–381
Reduziertes Bild 439

Reduzierungsvorschau 434
RGB 53, 59, 60, 60–61, 63, 66, 268, 269, 439
Richtungslinien. *Siehe* Ankerpunkte
Run-Length 446

S
Sättigung 62, 269, 275, 335. *Siehe auch* Füllmethoden
Satzmethoden 381
Satzzeichen 375
Schattierungen 273, 274
Schere-Werkzeug 41, 201
Schlagschatten 254, 384. *Siehe auch* Effekte
Schloss-Symbol 74
Schmuckfarbe. *Siehe* Volltonfarben
Schnittmarken 459
    Effekt 459
    Erstellen 459
Schnittmasken 109, 170, 210, 223–225, 306
    Bearbeiten 225
    Erstellen 222, 225
    Inhalt bearbeiten 225
    Schnittsatz 223
    Verdeckte Flächen entfernen 170
    Zurückwandeln 225
    Zuschneidungspfade 223, 224, 225
Schnittmenge bilden 215
Schnittmenge entfernen 215
Schnittmengenfläche 216
Schnittsatz (Beschnittgruppe). *Siehe* Schnittmasken
Schrift 361
    In Pfade umwandeln 220, 248
Schriftart 220
Schriftfamilie 361
Schriftgrad 364
Schriftmenü 363
Schrift optimiert 451
Schriftschnitt 361, 363
Schwarzweiß 237
Schwellenwert 238
Scribble 384
Scrollen 29, 464
Segmente 16–17, 40, 135–147, 198, 199
    Kopieren 199
    Segmente auswählen. *Siehe* Auswählen
    Verschieben 199
Seiteninformationen 459
Seitenminiaturen einbetten 445
Sekundärfarben 60
Selektiv 454
Separationen 435
Sicherheitsoptionen 448
Sichtbare Ebenen drucken 457

Sichtbare und druckbare Ebenen drucken 457
Sichtbarkeitssymbol 73
Silbentrennung 379–381
Skalieren 175, 177–178, 185, 186
    Effekte 186
    Konturen 186
    Muster 186
    Optionen 178
Skalieren in Perspektive 149, 153
Skalieren-Werkzeug 39, 177, 186
Slice 34, 35
Slice-Auswahl-Werkzeug 35
Slice-Werkzeug 34
Sonderzeichen 375
Speichern 437–455
    Für Microsoft Office 448
    Für Web 449–455
        Ansichten 450
    Für Web und Geräte 437
    Für Web und Geräte speichern 449
Speichern unter 437
Sperren und Entsperren 74, 77
Spezialpinsel 130, 133, 308, 316
Spiegeln 122, 146, 174, 175, 180, 207
    Optionen 122, 180
Spiegeln-Werkzeug 39, 146, 180
Spirale 111, 117–118
    Art 118
    Optionen 117
    Segmente 118
    Verjüngung 117
Spirale-Werkzeug 37, 112, 117, 123
sRGB 59
Standardfarben 267
Standard-Farbfelder 32
Standardfläche und -kontur 267
Standardmaßeinheit 53
Stapelpfade 239
Startbildschirm 19, 462, 468
Statische Ebenen exportieren 443
Stern 111, 112, 115
    Optionen 115
    Zacken 115
Stern-Werkzeug 37, 112, 115
Steuerung-Bedienfeld 20, 29–49, 56, 87, 175, 176, 196, 199, 307
Stilisierungsfilter 402
Strahlend/gedeckt anzeigen 274
Streudiagramm-Werkzeug 46
Strudel-Werkzeug 41, 189
Subset-Schriften 437, 448
Subtrahieren 214
Subtraktives Farbmodell 61
Suchen
    Objekt 76

Suchfeld einblenden 271
SVG komprimiert 437
SVG (Scalable Vector Graphics) 437, 450, 467
SWF (Flash) 437, 450, 467
    Exportieren 440
Symbol-aufsprühen-Werkzeug 42, 256
    Optionen 261
Symbol-drehen-Werkzeug 43, 258
Symbole 211, 220, 249–261, 418
    9-Slice-Skalierung 252
    9-Slice-Skalierungsraster 252
    An Pixelraster ausrichten 251
    Art 252
    Bearbeiten 254
    Bibliotheken 250
    Filmclip 252
    Hilfslinien für die 9-Slice-Skalierung 252
    Instanzen 42, 221, 249, 251, 253
        Bearbeiten 254
        Duplizieren 221
        Skalieren 221
    Isolationsmodus 255
    Optionen 251, 253
    Platzieren 253
    Registrierungspunkt 255
    Symbolsatz 42, 256
    Symbol-Werkzeuge
        Optionen 260
    Umwandeln 221
    Verknüpfung mit Symbol aufheben 221, 255
    Werkzeuge 42–67
Symbole-Bedienfeld 220, 249, 250, 255, 418
Symbol-färben-Werkzeug 43, 258
Symbol-gestalten-Werkzeug 43, 259
Symbol-skalieren-Werkzeug 43, 258
    Optionen 261
Symbol-stauchen-Werkzeug 43, 257
Symbol-transparent-gestalten-Werkzeug 43, 259
Symbol-verschieben-Werkzeug 42, 256

T

Tabulator-Bedienfeld 376
Tabulatoren 376–378
    Arten 377
Tangenten. *Siehe* Richtungslinien
Teilflächen 241, 242, 244, 245
Text
    Auswählen 362
    Platzieren 346

Spalten 350
Textfluss 350
Transformieren 359–360
    Überschüssiger Text 352, 356
    Werkzeuge 38–67
    Zeilen 350
Text als Konturen exportieren 441
Textausrichtung 344
Textbearbeitbarkeit beibehalten 440
Textcursor 347
Text exportieren 381
Text importieren 346
Text in Pfade umwandeln 248, 435
Textobjekte 224
Textrahmen
    Ausgang 352
    Eingang 352
Text und Strichgrafiken komprimieren 446
Textverkettung einblenden 352
Textverkettungen 352–354
Textverkettung entfernen 354
Text-Werkzeug 38, 338, 347
TGA (Targa) 437
Tiefstellen 366, 466
TIFF (Tagged Image File Format) 432, 437
    Platzieren 103
TOYO 65, 271
Transformieren 78, 149, 175–186
    Drehen 121, 178–179, 185
    Einzeln transformieren 182, 183, 185
    Erneut transformieren 182, 183, 185
    Konturen und Effekte skalieren 186
    Kopieren 183
    Nur Muster transformieren 186
    Nur Objekt transformieren 186
    Objekt und Muster transformieren 186
    Perspektivisches Verzerren 182
    Skalieren 177–178, 185, 186
    Skalieren in Perspektive 149, 153
    Spiegeln 122, 146, 180, 207
    Verbiegen 181
    Verschieben 83–85
        Mit den Pfeiltasten 84
        Muster 85
    Verzerren 182
    Werkzeuge 39
Transformieren-Bedienfeld 96, 175, 176, 178, 186, 293
Transformieren-Werkzeuge 177
Transparenz 241, 254, 259, 264–266, 287, 322–329, 454
    Reduzieren 433–435
Transparenz-Bedienfeld 322–329
Transparenz-Dither 455

Transparenzraster 50, 52, 433
Transparenzreduzierungsvorgaben 434
Tropfenpinsel 131–135
    Genauigkeit 134
    Glättung 134
    Größe 134
    Optionen 133
    Rundheit 134
    Winkel 134
Tropfenpinsel-Werkzeug 36, 125, 131
Trumatch 65, 271
TXT (Textformat) 437
Typografische Anführungszeichen 368, 369, 376

U

Überdrucken 435–439, 448
    Schwarz überdrucken 435
Überdrucken und Volltonfarben beibehalten 435
Überdruckenvorschau 435
Überfüllung 217, 391, 436
Übergangspunkte. *Siehe* Ankerpunkte
Überlappend 239
Überlappungsbereich entfernen 215
Überschrift 351
Umfließen 354–355
Umgekehrtes Hochformat drucken 457
Umgekehrtes Querformat drucken 457
Umwandeln 170, 247–248
    Optionen 221, 247
    Verzerrungshüllen 197
Unbenutzte Symbole einschließen 441, 443
Unterebene 70, 72
    Neu 76
Unterfüllen 436
Unterlänge 220
Unterteilen 215
    Ursprung 58, 85, 112, 175, 181
    Ursprungssymbol 176
User Interface. *Siehe* Benutzeroberfläche

V

Vektoreffekte 385
Vektorgrafiken 12–14
Vektorisieren von Pixelbildern 235–241, 465
Verbiegen 174, 175, 181
    Biegungsachse 181
    Biegungswinkel 181
    Optionen 181
Verbiegen-Werkzeug 39, 181
Verdeckte Fläche entfernen 216

Vereinen (Hinzufügen) 214
Verflüssigen 174, 188–192
Verflüssigen-Werkzeuge 188–192
    Optionen 191
Verknüpfen 100
    Aktualisieren 105
    Auswählen 105
    Automatisch oder manuell aktualisiert 100
    Original bearbeiten 105
Verknüpfte Bilder herunterrechnen (72 ppi) 443
Verknüpfte Dateien einschließen 438
Verknüpfung. *Siehe* Verknüpfen
Verknüpfung der harmonischen Farbfelder 334
Verknüpfungen-Bedienfeld 100, 104
Verknüpfung mit Symbol aufheben. *Siehe* Symbole
Verknüpfungsinformationen 105
Verkrümmen-Werkzeug 41, 188
Verkrümmungsfilter 184
    Aufblasen 184
Verlauf. *Siehe* Farbverlauf
Verlauf-Bedienfeld 285, 276–287
Verlauf horizontal auf Kontur anwenden 279
Verlauf in Kontur anwenden 279
Verlaufsfelder 276
Verlaufsgitter 247
Verlaufsoptimierer 280
Verlauf umkehren 276
Verlauf vertikal auf Kontur anwenden 279
Verlauf-Werkzeug 44, 275–287
Versatz 355
Versatzabstand 351
Verschieben 70, 120, 175. *Siehe auch* Transformieren
Verschieben in Perspektive 149, 151
Verschmelzen 125, 131
Verteilen 87–88
Vertikaler-Flächentext-Werkzeug 38, 348
Vertikaler-Pfadtext-Werkzeug 38, 356
Vertikaler-Text-Werkzeug 38, 347
Vertikales-Balkendiagramm-Werkzeug 45
Verwendete Farben hinzufügen 270
Verzerren 174, 175, 182
Verzerrungshüllen. *Siehe* Hüllen
Verzerrungs- und Transformationsfilter 189
Videolineal 58
Vielecke. *Siehe* Polygon
Vierfarbendruck. *Siehe* CMYK

Vollbildmodus 30
Vollbildmodus mit Menüleiste 30
Volltonfarben 62, 64–65, 65, 66, 272
Volltonfarbenoptionen 272
Vorderes Objekt abziehen (Subtrahieren) 214, 222
Voreinstellungen 186
Vorgaben
    1-Punkt-Perspektive 163
    2-Punkt-Perspektive 163
    3-Punkt-Perspektive 163
    Fluchtpunkt 163
    Perspektivenraster definieren 162
Vorlage. *Siehe* Dokumente
Vorlagenebenen 77, 234–235
Vorschaubegrenzungen 87, 99
Vorschaumodus 74

W

Wagenrückläufe 346
Warm/kalt anzeigen 274
WBMP (Wireless Bitmap Image File) 449, 450, 467
Web-Ausrichtung 454
Webgrafiken 59, 67, 432
Websichere Farben 61, 268
Websicheres RGB 269
Webvorschau 440
Weiches Licht. *Siehe* Füllmethoden
Weich Mischen 217
Weichzeichnen 453
Weiß drucken 62
Werkzeug-Bedienfeld 20, 30, 266, 268
    Bildschirmmodus 30
Werkzeuge 30–46
    Abgerundetes-Rechteck 36, 114, 122, 184
    Angleichen 44, 230
    Ankerpunkt-entfernen 40, 201
    Ankerpunkt-hinzufügen 40, 200, 206, 207, 233
    Ankerpunkt-konvertieren 40, 200
    Aufblasen 42, 190
    Ausbuchten 42, 190
    Auswahl 34, 79–80, 83, 120, 144, 175, 177, 179, 204
    Blendenflecke 37
    Bogen 37, 116
    Breite 44, 265, 300–303, 471
    Buntstift 35, 125, 126
    Direktauswahl 34, 82–83, 198, 199, 206, 218, 233, 244
    Drehen 39, 178
    Druckaufteilung 34, 458
    Ellipse 36, 114, 120, 146, 149, 206

Flächendiagramm 46
Flächentext 38, 348
Form-ändern 41, 205
Formerstellung 44, 135, 147, 210, 226–229, 243, 290, 472
    Optionen 228
Frei-transformieren 39, 83, 175, 177, 179, 181, 182
Gestapeltes-horizontales-Balkendiagramm 45
Gestapeltes-vertikales-Balkendiagramm 45
Gitter 45, 196
Glätten 40, 202
Gruppenauswahl 34, 81–82, 218, 244, 284
Hand 33, 90–93
Horizontales-Balkendiagramm 45
Interaktiv-malen 44, 126, 241
    Optionen 243
Interaktiv-malen-Auswahl 35, 242
Kreisdiagramm 46
Kristallisieren 42, 190
Lasso 34, 83
Liniendiagramm 46
Liniensegment 37, 113
Löschen. *Siehe* Pfadradiergummi-Werkzeug
Messen 33, 99–100
Messer 41, 202
Musterelement 45, 290
Netzdiagramm 46
Perspektivenauswahl 35, 149, 151, 166, 469
Perspektivenraster 33, 148, 469
Pfadradiergummi 40, 202
Pfadtext 38, 356
Pinsel 35, 125, 130, 307
Pipette 45, 242, 264, 287, 331–332
Polygon 36, 112, 115, 122
Radiales-Raster 37, 118
Radiergummi 41, 187, 192–194
Rechteck 36, 113, 155
Rechteckiges-Raster 37, 118
Schere 41, 201
Skalieren 39, 177, 186
Slice 34
Slice-Auswahl 35
Spiegeln 39, 146, 180
Spirale 37, 112, 117, 123
Stern 37, 112, 115
Streudiagramm 46
Strudel 41, 189
Symbol-aufsprühen 42, 256
    Optionen 261
Symbol-drehen 43, 258

Symbol-färben 43, 258
Symbol-gestalten 43, 259
Symbol-skalieren 43, 258
  Optionen 261
Symbol-stauchen 43, 257
Symbol-transparent-gestalten 43, 259
Symbol-verschieben 42, 256
Text 38, 338, 347
Tropfenpinsel 36, 125, 131
Überblick 33
Verbiegen 39, 181
Verflüssigen 187–192
Verkrümmen 41, 188
Verlauf 44, 275
Vertikaler-Flächentext 38, 348
Vertikaler-Pfadtext 38, 356
Vertikaler-Text 38, 347
Vertikales-Balkendiagramm 45
Werkzeuggruppen 31
Zauberstab 34, 81–82, 284
Zeichenflächen 33, 55–59
Zeichenstift 14, 36, 135, 204
Zerknittern 42, 145, 189, 191
Zoom 33, 89–90
Zusammenziehen 41, 189
Widget zum Wechseln der Ebene. *Siehe* Perspektive
Wiederholschleife 442
WMF (Windows Metafile) 437

X

XML (Extensible Markup Language) 407

Z

Zacken. *Siehe* Stern
Zauberstab-Bedienfeld 81
Zauberstab-Optionen 284
Zauberstab-Werkzeug 34, 81–82, 284
Zeichen 362
  Skalieren 365
Zeichenabstand 365
Zeichen-Bedienfeld 220, 363–369, 466
Zeichendrehung 367
Zeichenfilter 400–401
Zeichenflächen 20, 33, 47, 49, 53–59
  Alle in Fenster einpassen 90
  Anordnung 49, 57
  Bearbeiten 52
  Drucken 457
  Duplizieren 55
  Löschen 58
  Name 57
  Neu 55
  Reihenfolge 58
  Ursprung 56
Zeichenflächen-Bedienfeld 54–59, 468
Zeichenflächen in Dateien 441
Zeichenflächenlineale 93
Zeichenflächen-Werkzeug 33, 55–59
Zeichenformat-Bedienfeld 371
Zeichenformate 361, 362–369
Zeichenformate speichern 371–374
Zeichenmodi-Bedienfeld 108
Zeichenmodus 70, 108–110, 470
  Dahinter zeichnen 70, 86, 108, 109–111, 122
  Innen zeichnen 108, 109, 123
  Normal zeichnen 108–111, 123
  Standard-Zeichenmodus 108
Zeichenstift-Werkzeug 14, 36, 135, 135–147, 204
Zeichnen 35, 124–134
  Werkzeuge 35–67
Zeilenabstand 364
  Automatischer Zeilenabstand 364
Zerknittern-Werkzeug 42, 145, 189, 191
Ziel-Symbol 329
ZIP 446
Zoomen 89, 89–90, 91
Zoom-Werkzeug 33, 89–90
Zurückwandeln
  Verzerrungshüllen 197
Zusammenfügen 226
Zusammengesetzte Formen 210, 213, 214, 219
  Umwandeln 213
  Zurückwandeln 213
Zusammengesetzten Pfad aus Ellipsen erstellen 119
Zusammengesetzte Pfade 132, 210, 218–222, 223, 248
  Erstellen 219, 221
  Zurückwandeln 219
Zusammenziehen und aufblasen 189
Zusammenziehen-Werkzeug 41, 189
Zuschneidungspfad bearbeiten 225
Zuschneidungspfade 224. *Siehe auch* Schnittmasken
Zwischen Hilfslinien einpassen 472

Die Autorin

Dagmar Löffler ist erfahrene selbständige Grafik- und Webdesignerin, Adobe Certified Expert für Illustrator und Photoshop, Trainerin und das Herz von didschidisein, dem Atelier für digitale Alltagsverschönerung in Wien. Genuss liegt ihr sehr am Herzen, und oft vergleicht sie ihre berufliche Tätigkeit mit dem Zubereiten einer mit erlesenen Zutaten komponierten Mahlzeit, die möglichst alle Sinne ansprechen und stimulieren soll.

Die Freude und Begeisterung, mit der sie sich auch den kleinen Sinnesfreuden des Lebens widmet, prägen auch ihre Workshops und Schulungen und sorgen regelmäßig für begeistertes Feedback. Dagmar Löffler unterrichtet zurzeit unter anderem Illustrator, Photoshop sowie Webprogrammierung mit HTML und CSS, vorwiegend bei der Wiener Agentur und Schule für Kommunikation und Mediendesign meta 01. Es bereitet ihr viel Freude, Menschen dabei zu unterstützen, ihr kreatives Potential und ihre oft schon lange im Kopf schlummernden Ideen mit den geeigneten Werkzeugen – zum Beispiel Illustrator – umzusetzen.

Der Lebensmittelpunkt von Dagmar Löffler, ihrem Ehemann Gerald und ihren beiden Katzen liegt in Wien, dehnt sich aber – aus privater, wie auch beruflicher Motivation heraus – immer mehr in Richtung mediterraner Länder aus.

Foto: Mirjam Reither

Kontakt

Wenn Sie Fragen, Wünsche und Anregungen haben, Anregungen suchen, mit der Autorin in Kontakt treten oder einfach Ihre Erfolge teilen möchten, können Sie dies gerne auf der Facebook-Seite des entsprechenden Buchs machen:

Adobe Illustrator CS6 – Einstieg, Praxis, Profitipps:

http://www.facebook.com/AdobeIllustratorCS6.DagmarLoeffler

Adobe Illustrator CS5 – Einstieg, Praxis, Profitipps:

http://www.facebook.com/AdobeIllustratorCS5.DagmarLoeffler

Kolophon

Das Tier auf dem Cover von »Illustrator CS6« ist ein Zebra (Equus quagga). Zebras gehören zur Familie der Pferde (Equidae) und erreichen eine Kopfrumpflänge von 210 bis 300 Zentimetern und eine Schulterhöhe von 110 bis 160 Zentimetern. Sie haben einen ausgeprägten Hör- und Geruchssinn, der vergleichbar ist mit dem einer Eule oder Katze. Zebras bewohnen die Savannen und offenen Wälder Ost- und Südafrikas. In Herden von Abertausenden von Tieren ziehen sie durch die Hochebenen der Serengeti. Als reine Pflanzenfresser ernähren sie sich überwiegend von Gras, doch können sie in Trockenzeiten auch Blätter und Zweige von Bäumen zu sich nehmen. Stundenlang ziehen die Herden grasend über die Weiten.

Innerhalb der Herden leben Zebras in Familienverbänden, die man »Harems« nennt. Eine Gruppe von Stuten wird von einem Hengst geleitet. Ist eine Stute zum ersten Mal paarungsbereit, kämpfen die Hengste um ihre Gunst, und die Stute reiht sich in den Harem des siegreichen Hengstes ein. Die Fohlen sind bei ihrer Geburt zunächst dunkelbraun und weiß gefärbt. Kaum, dass sie 20 Minuten auf der Welt sind, stehen sie bereits auf und laufen mit den erwachsenen Tieren mit. Das ist überlebensnotwendig, da die Herden in ständiger Bewegung sind, um nach Wasser und Nahrung zu suchen.

Die Tiere kommunizieren über verschiedene schnaubende und kläffende Laute miteinander, die sich auch in den Gesichtszügen und Ohrstellungen widerspiegeln. Zebras können sogar eine Art von Lächeln zeigen, indem sie eine zähnebleckende Grimasse schneiden, die Aggressionen unterbinden soll. Außerdem zeigen sie ihre Zusammengehörigkeit durch das gegenseitige Knabbern und Kratzen an unzugänglichen Körperstellen.

Erwachsene Tiere stechen natürlich durch ihre auffällige Färbung ins Auge: Die schwarz-weiß gestreifte Musterung ist so individuell wie der menschliche Fingerabdruck. Forscher können die Tiere anhand der Breite, Anordnung und Färbung der Streifen identifizieren. Die Streifen schützen die Tiere vor ihren Feinden – Löwen und Leoparden –, da eine dicht zusammenstehende Herde zu einer Fläche von Streifen wird, in der man einzelne Tiere nicht mehr ausmachen kann.

Den Umschlag dieses Buches hat Michael Oreal gestaltet.

Als Textschrift im Buch verwenden wir die Myriad Pro. Das Buch wurde mit Adobe® InDesign® CS6 gesetzt.

Geesche Kieckbusch hat das Tierportrait für dieses Kolophon geschrieben.